Karl Rosenkranz

Diderot's Leben und Werke

Zweiter Band

Karl Rosenkranz

Diderot's Leben und Werke
Zweiter Band

ISBN/EAN: 9783742894014

Hergestellt in Europa, USA, Kanada, Australien, Japan

Cover: Foto ©Thomas Meinert / pixelio.de

Manufactured and distributed by brebook publishing software
(www.brebook.com)

Karl Rosenkranz

Diderot's Leben und Werke

Diderot's Leben und Werke.

Von

Karl Rosenkranz.

Motto:

Diderot ist Diderot, ein einzig Individuum; wer an ihm oder seinen Sachen mäkelt, ist ein Philister, und deren sind Legionen. Wissen doch die Menschen weder von Gott, noch von der Natur, noch von ihresgleichen dankbar zu empfangen, was unschätzbar ist.

Goethe an Zelter 9. März 1831.

Zweiter Band.

Leipzig:
F. A. Brockhaus.

1866.

Inhaltsverzeichniß des zweiten Bandes.

Seite

Sophie Voland.

Wir haben früher schon gesehen, daß die Ehe mit Annette Champion Diderot in geistiger Beziehung nicht befriedigte und daß er deshalb in eine Liebschaft mit Frau von Puisieux gerathen war, die mit seinem Gefängniß in Vincennes endete. Die Irrthümer, in welche die Memoiren seiner Tochter über die Dauer und Folgen dieses Verhältnisses verfallen, haben wir theils aus ihnen selbst, theils aus der Chronologie der Diderot'schen Schriften berichtigt. Im Jahre 1759 stoßen wir in den uns vorliegenden Zeugnissen auf ein neues Verhältniß, in welchem er Ersatz für den Mangel seiner Ehe suchte, in ihr keine ihm geistig ebenbürtige Frau zu besitzen. Es war dies die Liebe zu Fräulein Sophie Voland. Wann sie sich eigentlich angesponnen habe, wissen wir nicht, vermuthen jedoch, daß dies schon zwischen 1755—56 geschehen sei, da er selber in einem Briefe an sie vom 28. Sept. 1767 von den zwölf Jahren ihrer Verbindung spricht, und wir der Sophie, wie oben erwähnt, neben Grimm bereits in der an diesen gerichteten Schrift über die dramatische Poesie 1758 gedacht finden. Mit großer Innigkeit ruft Diderot zuweilen seiner Freundin die Erinnerung an den Anfang ihrer Bekanntschaft zurück, wie sie dabei an einem kleinen grünen Tisch einander mit aufgestützten Elnbogen gegenübergesessen hätten. Es geschah dies, während Diderot's Frau mit ihrer Tochter zu dem Großvater nach Langres gereist war und dort so lange verweilte, bis inzwischen, gerade wie früher mit Frau von Puisieux, das Unglück geschehen und Diderot's Herz von neuem bestrickt war. Im Jahre 1759, von wo ab wir seine Briefe an sie besitzen, war diese Liebe schon so befestigt, daß Diderot ihre Unauflöslichkeit in einem Gedicht besang, von dem wir nur die Anfangsstrophen hersetzen wollen:

Je veux en prenant ta chaine
La porter jusqu'au trépas;
Et tu serais inhumaine
Que je ne changerai pas.

Je veux en prenant ta chaine
La porter jusqu'au trépas.
D'une voix foible et mourante
C'est toi que j'appellerai;
Et d'une main défaillante,
C'est toi que je chercherai.
D'une voix foible etc.
S'il arrive que je tienne
Ta main au dernier instant,
Et que tu serres la mienne,
Je puis expirer content etc.

Die ganze Epoche, in welcher Diderot lebte, war voll von Pseudoehen und voll von Wahlverwandtschaften, welche ihre Lücken zu ergänzen strebten. Es war eine Zeit der sittlichen Corruption, die innerhalb der unsittlichen Form oft wieder, so sonderbar dies klingen mag, zu einer gewissen Sittlichkeit fortschritt. In Diderot's nächstem Kreise war es nur der Baron Holbach, der ein vollkommen tadelloses Familienleben führte. Ihm zunächst stand Helvétius mit einer glücklichen Ehe. Rousseau lebte im Concubinat. Grimm lebte mit Frau von Epinay; St.-Lambert mit Frau von Houdetot. Diese letztere Personen entwickelten aber, wie Diderot mit Sophie Voland, in der außerehelichen Liebe alle Tugenden der reinsten Hingebung und treuesten Aufopferung, weil jede in der andern, welcher sie sich widmete, in der That die sie ergänzende, wahlverwandte Individualität gefunden hatte. Diderot's Verhältniß zu seiner Geliebten läßt sich nur mit dem vergleichen, welches Goethe zu Frau von Stein hatte. Es war eine Liebe, welche seine innerste Seele durchdrang und idealisch beflügelte, sodaß er gleichsam, obschon längst ein Vierziger, noch eine neue höhere Jugend erlebte.

Fräulein Voland war die älteste Tochter eines schon verstorbenen Beamten. Ihre Familie war wohlhabend und besaß in Isle an den Ufern der Marne ein Landgut, auf welchem Getreide, Ripps und Wein gebaut wurde. Auf Flußinseln — les vordes —, die sich malerisch präsentirten, hatte es auch einen reichen Holzbestand. Diderot hat uns eine ziemlich ausführliche Schilderung desselben hinterlassen, als er nach dem Tode seines Vaters von Langres aus einen Besuch auf Isle machte. Im Sommer pflegte die Mutter mit den Töchtern Paris zu verlassen, um die Landluft zu genießen und selbst bei der Ernte und dem Verkauf derselben gegenwärtig zu sein. Diese regelmäßige Abwesenheit vom Juli bis November wurde die Veranlassung eines Briefwechsels zwischen Diderot und Fräulein Voland, der von 1759—74 dauerte. Um diese Zeit scheint die Familie das Gut verkauft und sich in der Stadt so eingerichtet zu haben, daß sie auch den Sommer über daselbst verbleiben konnte. Ein Theil des Briefwechsels wurde auch durch den Aufenthalt Diderot's in Grandval bei Baron Holbach oder in der Chevrette bei Frau von Epinay veranlaßt. Vom December bis Juli, also gerade während des bewegtesten pariser Treibens, tritt in die Correspondenz immer eine Lücke.

Fräulein Voland hatte noch zwei Schwestern, die verheirathet waren, Madame Legendre und Frau von Blacy. Die erstere war eine schöne Frau, die gern in einem erhabenen Stil zu empfinden liebte, ohne deshalb der Gesellschaft und der Koketterie zu entsagen. Diderot nannte sie oft Urania, war aber mit ihr zuweilen sehr unzufrieden, weil sie nur mit dem Kopf, nicht mit dem Herzen liebe, weil sie die Männer anziehe, ohne doch ihrer angeregten Neigung mit Ernst entgegenzukommen. Frau von Blacy dagegen war eine anmuthige, gefühlvolle Frau, die sich nach der religiösen Seite hinneigte. Diderot scheint an ihr immer mehr Geschmack gefunden zu haben. In den letzten fünf, sechs Jahren des Briefwechsels erklärt er sich immer für ihren Liebhaber und gibt ihr das Epitheton: „Mon amoureuse."

Die Mutter wird in den ersten Jahren mit wechselnden Farben gemalt. Diderot ist im ganzen auf sie zuerst erbittert, weil sie offenbar sich seinem Umgang mit ihrer Tochter entgegenstellte. Oft tadelt er ihr Benehmen gegen ihre Tochter mit Heftigkeit und gibt ihr den Spitznamen Morphyse. Späterhin ändert sich dieser Ton; die Mutter gab allmählich den Verhältnissen nach, erkannte die Treue Diderot's und fand an ihm auch einen trefflichen Berather für ihre Angelegenheiten. Als einmal die Scheunen und Wirthschaftsgebäude ihres Gutes niederbrannten, bemühte sich Diderot, ihr auf mehrere Jahre eine Herabsetzung der Grundsteuer, der Vingtième, zu verschaffen, was ihm auch durch Vermittelung seines Freundes Damilaville gelang. Diese Handlung besonders scheint auf die Mutter günstig eingewirkt zu haben, denn von diesem Augenblick an finden wir ihrer nur in zärtlicher Weise gedacht. Der Name Morphyse verschwindet gänzlich, und Diderot spricht von ihr mit der Anhänglichkeit eines wirklichen Schwiegersohns.

Damilaville, der erste Commis bei dem Bureau der Vingtième, bediente sich des Siegels des Generalcontroleurs der Finanzen, um die Briefe seiner Freunde portofrei zu befördern. Das Porto war damals noch eine sehr kostspielige Sache, zumal Diderot seiner Freundin oft auch die neuesten, irgendwie Aufsehen machenden Schriften sandte, und seine eigenen Briefe keinen geringen Umfang hatten. Damilaville wird daher in der Correspondenz unendlich oft erwähnt. Er muß ein ganz vortrefflicher Mensch gewesen sein, den Diderot außerordentlich liebte und der zu seinem großen Schmerz gegen das Ende der sechziger Jahre an einem langwierigen Halsleiden starb.

Sophie Voland's Briefe sind uns leider nicht aufbehalten, und wir können uns nur nach dem Reflex, den sie in die Diderot'schen werfen, ein Bild von ihr machen. Sie muß aber eine Person von seltenen Eigenschaften des Geistes und des Herzens gewesen sein, denn es war keine Kleinigkeit, dem leidenschaftlichen Diderot gegenüber auszuhalten und ihn immer aufs neue immer tiefer zu fesseln. Er liebte sie mit einer grenzenlosen Hingebung. Die Wendungen, in denen er seine Liebe zu ihr ausdrückt, sind oft erhaben, oft bis zu Thränen rührend, oft graziös, oft scherzhaft, öfter bizarr. Er durchläuft in seinen Ergüssen eine unendlich mannichfaltige Scala von dithyrambischen Ergüssen des Gefühls durch die glückliche Beschränkung der Idylle bis zum Spott des Epigramms. Er liebt das Schmollen mit ihr, um die Süßigkeit der Versöhnung zu schmecken. Jedes Motiv zur Eifersucht ist ihm willkommen, sich beklagen zu können. Das Ausbleiben eines Briefs zur erwarteten Frist kann ihn zur Verzweiflung bringen. Er verliert dann seine gute Laune, die Lust zur Arbeit, wird zerstreut und kann selbst im heitern Grandval gegen seine besten Freunde verstimmt werden. Wenn Sophie nach längerer Abwesenheit ihre Rückkehr in Aussicht stellt, so zählt er von Woche zu Woche, von Tag zu Tag mit der Ungeduld eines Jünglings, und fällt sogar krank, wenn ihre Rückkehr sich unerwartet verschiebt, denn er bedarf ihrer, ein thätiger, ein besserer Mensch zu sein. Sein ganzes Selbst wird durch ihre Gegenwart gehoben und verklärt.

Anfang November 1759 schreibt er ihr von Grandval aus:

„Ich habe die Weisheit aller Nationen kennen gelernt und gedacht, daß sie nicht der süßen Thorheit werth ist, welche meine Freundin mir einflößte. Ich habe ihre erhabenen Reden gehört, und ich habe gedacht, daß Ein Wort aus dem Munde meiner Freundin eine Bewegung in meine Seele brächte, welche sie mir nicht geben. Sie malten mir die Tugend und ihre Bilder erwärmten mich, aber ich hätte lieber noch meine Freundin in der Stille betrachten und eine Thräne vergießen mögen, welche ihre Hand getrocknet oder ihre Lippen aufgesammelt hätten. Sie suchten mir die Wollust und ihre Trunkenheit zu schildern, weil sie flüchtig und trügerisch ist; und ich brannte, sie in den Armen meiner Freundin zu finden, weil sie sich darin erneut, wenn es ihr gefällt, weil ihr Herz rechtschaffen, weil ihre Liebkosungen wahr sind. Sie sagten mir: Du wirst altern, und ich antwortete bei mir selbst: ihre Jahre werden mit den meinigen hinschwinden. Ihr werdet beide sterben, und ich fügte hinzu: wenn meine Freundin vor mir stirbt, so werde ich sie beweinen und glücklich sein, indem ich sie beweine.

Sie macht heute mein Glück; sie wird mein Glück morgen machen und übermorgen und noch einmal morgen und immer, weil sie sich nicht andern wird, weil die Götter ihr den guten Geist gegeben haben, Geradheit, Gefühl, Freimüthigkeit, Tugend, Wahrheit, die keine andere wird. Und ich schloß das Ohr vor den herben Rathschlägen der Philosophen und ich that wohl daran, nicht wahr, meine Sophie?"

Was fehlt diesen Worten außer dem Metrum, ein Gedicht zu sein?

Andern Tags schreibt er von ebendort:

„Ich dachte daran, daß für einen Mann, der nicht Frau, nicht Kind noch sonst eine Anhänglichkeit an etwas hätte, die den Reichthum wünschenswerth macht und nie einen Ueberfluß zuläßt, es fast gleichgültig wäre, arm oder reich zu sein. Arm, verließe man sein Vaterland, oder beugte sich der alten Verdammniß, die von der Natur über die menschliche Gattung verhängt ist, und verdiente sein Brot im Schweiß seines Angesichts. Diese Paradoxie gehört zur Gleichheit, die ich zwischen den Lagen der Menschen statuire, und zu dem geringen Unterschied, den ich in Ansehung des Glücks zwischen dem Herrn des Hauses und seinem Thürsteher setze. Bin ich gesund an Seel und Leib, habe ich ein rechtschaffenes Gemüth und ein reines Gewissen, verstehe ich das Wahre vom Falschen zu scheiden, vermeide ich das Böse und thu' ich das Gute, fühle ich die Würde meines Wesens, erniedrigt mich nichts in meinen Augen und bin ich, fern von meinem Vaterlande, von den Menschen nicht gekannt, deren Gegenwart mich vielleicht erröthen machte, so kann man mich nennen, wie man will, Mylord oder Sirrah; das englische Sirrah bedeutet im Französischen einen Faquin, die Qualität, welche ein übelgelaunter Stutzer seinem Diener gibt. — Das Gute thun, das Wahre erkennen, das ist's, was einem Menschen vom andern unterscheidet; der Rest ist nichts. Die Dauer des Lebens ist so kurz; seine wahren Bedürfnisse sind so beschränkt, und wenn man davongeht, kommt es so wenig darauf an, etwas oder nichts gewesen zu sein. Zuletzt bedarf es nur eines Stücks alter Leinwand und vier Breter Tannenholz. — Früh morgens höre ich unter meinen Fenstern die Arbeiter. Kaum beginnt der Tag zu leuchten, so haben sie den Spaten zur Hand, graben die Erde und rollen die Karren. Sie essen ein Stück Schwarzbrot; sie löschen ihren Durst im vorüberfließenden Bach. Mittags schlafen sie eine Stunde auf der Erde und machen sich bald wieder an ihr Werk. Sie sind heiter, singen, belustigen sich untereinander durch derbe Späße und lachen. Abends gehen sie, um ganz nackte Kinder, einen verräucherten Herd, eine häßliche, schmuzige Bäuerin, ein Bett von getrocknetem Laub wiederzufinden, und ihr Los ist nicht schlechter, nicht besser, als das meinige. — Sie haben Glück und Unglück erfahren, sagen Sie mir, scheint Ihnen die Gegenwart härter als die Vergangenheit? — Den ganzen Morgen bin ich einem Gedanken nachgelaufen, der mich wieder floh. Traurig kam ich herunter, hörte von den öffentlichen Miseren sprechen, setzte mich ohne Appetit an eine üppige Tafel, hatte den Magen noch voll von gestern und überlud ihn mit neuer Zufuhr; nahm den Stock, ging, mich zu erleichtern, kam zurück und setzte mich an den Spieltisch, die Stunden, die mich drückten, zu betrügen. Ich hatte einen Freund, von dem ich nicht sprechen hörte; ich war fern von meiner Freundin, nach der ich mich sehnte. Pein auf dem Lande, Pein in der Stadt, Pein überall. Der, welcher die Pein nicht kennt, ist nicht unter die Menschenkinder zu zählen. Alles gleicht sich aus, das Uebel durch das Gute, das Gute durch das Uebel und das Leben ist nichts.

„Wir gehen vielleicht morgen Abend oder Montag früh, einen Tag in der Stadt zuzubringen. Ich werde also diese Freundin wiedersehen, nach der ich mich sehne; ich werde diesen schweigsamen Freund wieder entdecken, von dem ich nicht sprechen hörte. Aber am andern Morgen werde ich sie verlieren, und je mehr ich das Glück an ihrer Seite gefühlt haben werde, um so mehr werde ich leiden, mich davon zu trennen. So geht alles. Drehe dich, drehe dich wieder, immer wird ein zerknittertes Rosenblatt dich verwunden. Ich liebe meine Sophie; die Zärtlichkeit, welche ich für sie habe, schwächt in meinen Augen jedes andere Interesse. In der ganzen Natur sehe ich nur Ein mögliches Unglück, aber dies Unglück vervielfältigt sich und stellt sich mir unter hundert Formen dar. Verbringt sie einen Tag, ohne mir zu schreiben — was hat sie, sollte sie krank sein? Und sofort fliegen Chimären um meinen Kopf und quälen mich.

„Lassen Sie mich von Ihrer Mutter vergessen, da es einmal ihr Vorsatz ist.

„Oft habe ich es Ihnen gesagt: es ist und wird immer nur Eine Frau für mich auf der Welt sein. Und diese Frau, wer ist sie? Es ist meine Sophie. Sie denkt an mich, aber sie schreibt mir nicht. Da kommt mein Bote von Charenton ohne Briefe zurück. Ich habe üble Launen und will zu Bett gehen, aus Furcht, zur Unzeit zu grollen und alle Epitheta zu verdienen, die ich einem Bedienten geben würde, denn am Ende ist es nicht seine Schuld, wenn man mir von Paris nicht schreibt und wenn mich dies verdrießt."

Diese so unendlich geliebte Sophie war keineswegs sehr schön. In diesem Betracht wurde sie von ihren Schwestern übertroffen, denen Diderot auch den Hof machte. Sie war nicht mehr jung, war kränklich, litt häufig an Schnupfen, an der Brust, an Rheumatismen, mußte zuweilen am Stock gehen, trug beim Lesen und Arbeiten eine Brille — aber ihre Seele, ihr Geist waren für Diderot, wie er eines weiblichen Wesens bedurfte, das ihn zu verstehen, das sein Herz und seinen Geist zu theilen fähig war. Ihre Bildung, ihr Interesse an der Entwickelung von Staat und Kirche, von Kunst und Literatur, ihre Auffassung von Personen und Charakteren, ihre Liebenswürdigkeit, Güte und Reinheit, und, wie er es einmal nennt, etwas Barockes in der Selbständigkeit ihres Wesens, fesselten ihn unwiderstehlich. Die Gewohnheit des Verkehrs vollendete die Innigkeit ihrer Freundschaft, die bis zu ihrem Tode dauerte. Sophie starb ein Jahr früher als Diderot.

Der einzige Stachel in dieser Liebe war, daß Diderot sie seiner Frau geheimhalten mußte. Anfänglich machte auch Sophiens Mutter, wie schon angedeutet, große Schwierigkeiten. Am 15. Jan. 1760 schreibt er z. B. an Sophie, daß die Mutter ihn seit einem Monat in Verzweiflung setze. Am 1. Juli 1760 berichtet er, daß er mit Grimm im Theater gewesen sei, den „Spartacus" von Saurin zu sehen; vergeblich habe er alle Logen mit seiner Lorgnette durchlaufen, er habe dort nicht gesehen, was er suchte. Im Tuileriengarten hatten sie eine Bank für ihre Rendezvous bestimmt; ebenso im Palais-Royal. Sie schickte ihre Briefe an ihn durch die Adresse von Grimm oder Damilaville. Wenn Diderot nichts am Quai der Miramionen fand, lief er geschwind nach der Rue neuve de Luxembourg. Es ist ein ganz hübscher Weg, aber er fühlte sich, wie er versichert, nur dann ermüdet, wenn er mit leeren Händen zurückkam. In Grimm's und Damilaville's Wohnung war Diderot wie zu Hause und schrieb oft von dort an seine Geliebte. Grimm und Damilaville waren seine Vertrauten in dieser Angelegenheit; Rousseau hat offenbar nie etwas davon erfahren. Er würde sonst nicht ermangelt haben, Fräulein Voland ebenso zu mishandeln, als er es mit Madame Diderot gethan hat.

In den Briefen sehen wir diese von Diderot anfänglich fast ähnlich wie Madame Voland behandelt. Er ist empfindlich und hat manches Kreuz zu tragen. Die Frau ist oft krank, launisch und in ihren Ausdrücken gegen ihn hart, vielleicht weil sie trotz all seiner Vorsicht, sie nicht zu kränken, dennoch durchfühlte, daß Diderot mit seinem innersten Herzen anderwärts weilte. Er tadelt ihre Behandlung der Dienstboten und rügt ihre Grillen, z. B. nachts 2 Uhr dem Mädchen zu klingeln, damit es die Uhr, welche aufzuziehen vergessen worden, Herrn Diderot bringe. Er fürchtet für die Erziehung der einzigen Tochter, die ihm von vier Kindern übriggeblieben war. Als aber diese Angelika zu einem ganz hübschen und recht gescheiten Mädchen heranwuchs, als sie in ihrem frühreifen Urtheil sich nicht, wie Diderot nach den Einflüssen der devoten Madame Diderot erwartet hatte, pietistisch beschränkt, vielmehr sehr rationalistisch zeigte und ihn sogar mit voltairisch kecken Fragen ab und zu in Verlegenheit setzte, als sie endlich für die Musik, die er, wie alle Kunst, enthusiastisch liebte, ein entschiedenes Talent vortheilhaft entwickelte, änderte sich das häusliche Zusammenleben in einer sehr glücklichen Weise. Diderot fand wieder Behagen am Familienleben, pflegte seine kranke Frau, unterrichtete die Tochter in der Musik und Geschichte, ging mit ihr spazieren, lockte durch Fragen ihren Witz hervor und trug sich mit Sorgen für ihre Ausstattung. Er wollte nicht gern sterben, ohne sie an einen braven Mann verheirathet zu sehen. Er ging nun von seinem Arbeitszimmer wieder gern zu den Seinigen, plauderte bei ihnen mit Neckereien umher und verfehlte nicht, die Namenstage festlich zu begehen. Er macht dem Fräulein Voland von diesen heitern Ereignissen humoristische Beschreibungen. Bei einer solchen Feier trank man einmal bis spät in die Nacht, nach seinem Bericht, außer andern Weinen und Liqueuren, zehn Flaschen rothen und drei Flaschen weißen Champagner, den Diderot von dem Weinberge seiner Schwester aus der Champagne in vorzüglicher Qualität empfing. Wenn er einen Freund oder Fremden bei sich zu Tisch behielt und seine Frau eine gute Wirthin machte, gedenkt er dessen in seinen Briefen an Sophie mit Dank. Diderot dankt auch dieser für die Theilnahme, welche sie seiner Tochter während seines Aufenthalts in Petersburg habe angedeihen lassen. Sie war in dieser Zeit schon verheirathet.

Wir haben 139 Briefe übrigbehalten, die sich gegenwärtig auf der kaiserlichen Bibliothek in Petersburg befinden. Diderot hat sie selber durchgesehen und alle Stellen, die er für die Einsicht eines dritten ungeeignet hielt, bis zur absoluten Unleserlichkeit durchstrichen. Ohne diese Briefe gelesen zu haben, kann man sich weder von der unbeschreiblichen Mannichfaltigkeit ihres Inhalts, noch von der Originalität und Frische ihres Tons eine Vorstellung machen, denn Diderot gibt darin nicht nur eine tagebuchartige Chronik seines eigenen Lebens, sondern auch eine Chronik der Stadt Paris, weil er seine Freundin gern von allen interessantern Vorgängen unterrichten wollte, um ihr, wie er am 31. Aug. 1760 scherzt, bei ihren müßigen Nachbarinnen auf dem Lande alle Wichtigkeit zu geben, welche sie ambitionnire.

Den Vordergrund in ihnen nehmen natürlich seine Herzensangelegenheiten ein. Er will hören, daß er geliebt wird. Er will versichern, wie er selber liebt, glühend, rein, unwandelbar, immer derselbe. Wie am ersten

Tage, an jenem kleinen grünen Tisch, so wird er auch am letzten lieben oder vielmehr so zu lieben wird er nie aufhören.

Auf diese leidenschaftlichen Ergießungen folgen die Angelegenheiten der Familie seiner Geliebten, die zuweilen auch recht unangenehm und verworren werden, wobei er denn die Besonnenheit und das richtige Urtheil aufrecht zu halten und guten Rath zu ertheilen bemüht ist. Mit dieser Familie waren ein Herr Vialet, ein Abbé Gaschon, ein Herr de Prisye, der als Fabeldichter bekannte Abbé Lemonnier, ein Fräulein Boileau und eine Familie Digeon näher verbunden. Diderot gerieth mit allen diesen Personen in einen engern Verkehr, aber dieser ganze Kreis war in sich abgeschlossen und berührte sich nirgends mit Diderot's übrigem Umgang.

Das Gegenstück hierzu machen die Schilderungen seiner eigenen Häuslichkeit.

Als ein Rival seiner Geliebten erscheint Grimm, von dem er fast immer mit Leidenschaft spricht, jedoch zuweilen auch bitter sich über ihn beklagt, weil er ehrgeizig, herrschsüchtig und gelegentlich etwas hart in seinen Anforderungen war. Einigemal besorgte Diderot bei Grimm's länger dauernder Abwesenheit von Paris die literarische Correspondenz desselben, die nunmehr den Namen Grimm's mit dem Diderot's untrennbar verknüpft hat. Aber diese Fronarbeit — corvée — ekelte ihn an. Um alles Geld möchte er eine solche nicht bleibend übernehmen. Er sehnt sich jedesmal, das Schurzfell wieder abzuthun und die literarische Butike seines Freundes wieder verlassen zu können.

Oeffentliche Ereignisse, wie der Sturz der Jesuiten, literarische Neuigkeiten, wie namentlich Voltaire's Schriften, neue Bekanntschaften, z. B. mit dem Fürsten von Galizyn, hervorragende Theatervorstellungen, musikalische Genüsse, wie das Harfenspiel des litauischen Generals Kasimir Oginski, Ausflüge in die schöne Umgegend von Paris nach Marly, Meudon, St. Cloud, Massé u. s. w., bilden ein buntes Mosaik von Kritiken, Porträts, Beschreibungen, wie sich kaum etwas Unterhaltenderes finden läßt. Diderot läßt sich hierbei in der reizendsten Weise gehen. Zuweilen irrt er in philosophische Digressionen ab, besonders wenn er von den Unterhaltungen berichtet, die er in Grandval mit dem Schotten Hoop, einem in allen Welttheilen gereisten Sonderling, mit dem Abbé Galiani, mit dem Baron Holbach, oder in der Chevrette mit Frau von Epinay, Frau von Houdetot und Grimm gehabt hat. Diese philosophischen Dialoge werden jedoch in Grandval nicht selten von den burlesken Ausbrüchen einer cynischen Laune unterbrochen, zu denen Holbach's Schwiegermutter, Frau von Aine, den Ton anstimmt. Diese Komik erreicht ihren Gipfel in der Schilderung, welche Diderot von dem Versuch macht, eines Abends seinen Artikel „Philosophie der Sarazenen" vorzulesen und hierbei durch Frau von Aine mit dem barocksten Cynismus glossirt wird.

Endlich aber versäumt Diderot nicht, seiner Freundin alle Witzworte, alle Anekdoten, alle Skandalgeschichten mitzutheilen. Wir heutzutage begreifen kaum, wie er Lust und Zeit zu diesen ausführlichen Berichten haben konnte, aber es gehörte damals zum guten Ton, auch in solchen Dingen zu Hause zu sein. Die Zeit vor der Revolution legte noch einen großen Werth auf dieselben. Konnte doch Voltaire in Genf nicht leben, ohne sich von Paris durch d'Alembert und Thiriot auch den pariser Skandal berichten zu lassen. Hatte doch die geschriebene „Correspondance" Grimm's, auf welche so viele europäische Fürsten abonnirt waren, keinen andern Grund, als das Bedürfniß, von Paris mit Genauigkeit bis zu seinen Broschüren und Skandalgeschichten hin unterrichtet zu sein. Eine Operntänzerin war damals noch eine sehr wichtige Person. Diderot ist ein classischer Erzähler pikanter Anekdoten. Seine Briefe wimmeln von ihnen. Mitunter erweitern sie sich zu kleinen Novellen und Romanen, wie die Geschichte der Schauspielerin Hus mit Herrn Bertin; die der Schauspielerin Arnould mit dem Grafen Lauragais; die des Engländers Wilke mit einer neapolitanischen Courtisane; die einer jungen Frau, welche von zwei Männern zugleich geliebt wird, beide wiederliebt und keinem den Vorzug geben will u. s. w. Vom gewöhnlichen Conversationston geht Diderot dann in eine dramatische Lebendigkeit über. Er muthet übrigens Sophie Dinge zu hören zu, die man für unmöglich halten sollte, einer Dame brieflich erzählt zu werden. „Wenn Sie wollen", sagt er bei einer solchen Gelegenheit, „können Sie Frau und Mann sein." Manchmal sind diese bedenklichen Naivetäten höchst komisch beschrieben, z. B. die Demuthshandlungen Diderot's in seiner Familie, den H——n seiner Frau, um ein Hüftleiden derselben zu lindern, mit Salz, Senf und Branntwein einzureiben u. s. w. Er selbst schilt sich oft einen Bavard, aber es ist die Freundin, die ihn schwatzen läßt, die er mit seinem Geschwätz zu unterhalten hofft.

Rousseau hat seine „Bekenntnisse" mit der ausgesprochenen Absicht verfaßt, in ihnen ein getreuestes Bild seines Lebens aufzurollen. Weil er aber diese Absicht in apologetischer Tendenz verfolgte, so hat er auch oft ihr zu Liebe die Darstellung gefärbt, namentlich von da an, wo er sich mit Theresen dauernd verband, und noch mehr von da an, wo er mit seinen alten Freunden gebrochen hatte. Er ist daher oft unwahr geworden. Diderot hat die Briefe an Sophie Voland ohne jede weitere Absicht geschrieben, als die der offensten, aufrichtigsten Mittheilung seiner Gefühle, seiner Urtheile, seiner Erlebnisse. So sind sie zu einem Bekenntniß geworden, aus welchem man ihn als Menschen auf das genaueste kennen lernen kann, denn er verschweigt seiner Geliebten nichts, weder Gutes noch Böses. Er macht sich ihr bis in das Innerste seiner Seele gleichsam durchsichtig und macht es uns möglich, ihn in den höchsten wie in den niedrigsten Angelegenheiten des Menschen sich ganz rücksichtslos äußern zu hören. Der Gesammteindruck, der daraus entsteht, ist ein für ihn entschieden günstiger, denn es ist unmöglich, seiner unendlichen Liebenswürdigkeit zu widerstehen. Wir sehen hier, daß es ihm mit seiner Verehrung der Tugend vollkommen Ernst war; daß er alle Pflichten, welche ihm oblagen, mit Gewissenhaftigkeit zu erfüllen strebte; daß er immer den ganzen Menschen einsetzte. Diese letztere Eigenschaft halten wir für seine größte. Aus ihr entsprang seine unvergleichliche Frische und jene Verschmelzung von Philosophie und Poesie, die ihn im Kreise der Encyklopädisten zu einer so idealistischen Erscheinung macht.

Der Briefwechsel Diderot's mit Fräulein Voland, richtiger, seine an sie gerichteten Briefe, wurde zuerst Paris 1830 gedruckt und erregte für Diderot ein ganz neues Interesse. Börne schrieb darüber in seinen „Pariser Briefen": „Daß so breite Briefe zugleich so tief sein könnten — ich hätte es nie gedacht. Sie nehmen kein Ende, und doch hört das Vergnügen, sie zu lesen, nur mit jeder letzten Zeile auf. Alles ist darin, das Schlechte und Gute, Schöne und Häßliche, Gift und Balsam, Gestank und Wohlgeruch, Ekel und Erquickung des 18. Jahrhunderts. Denn man muß jene Zeit als die Apotheke betrachten und die Schriftsteller als die Apotheker, welche unser Jahrhundert geheilt haben. Sollten Sie wol glauben, daß ich Mensch, ein Vierziger, der alle sieben Farben durchgelebt hat, mehr als zwanzigmal dabei roth geworden bin? Es ist wahr, die französische Sprache ist eine Art Flor, der den häßlichen Anblick blässer und milder macht, aber der Deutsche, der sich beim Lesen das übersetzt, zieht den Flor weg und schaudert zurück. Den schönen Aberglauben der Unschuld, der eine irdische Freude zur himmlischen macht, zerstören sie, und von der ganzen Ewigkeit bleibt nichts übrig, als eine Minute. Und so verfuhren sie mit der Tugend und mit der Religion. Waren jene Schriftsteller des 18. Jahrhunderts darum sittenlos, entartet, schlecht, gottlos? Gewiß nicht. Sie führten Krieg."

Fragmente aus Diderot's Briefwechsel mit Fräulein Voland zur Charakteristik seines Gemüths.

Wenn wir diese Briefe Diderot's an seine Geliebte nicht besäßen, so würde uns das eigentliche Wesen seiner Individualität nur sehr unvollkommen erschlossen sein. Sie geben uns das Mittel, ihn auch in Zuständen kennen zu lernen, die uns sonst an Menschen in der Regel verborgen bleiben. Es muß der natürliche Wunsch entstehen, uns das Wesen seines Gemüths aus diesen Zeugnissen zu verdeutlichen. Es läßt sich dies, wie von uns bereits geschehen, in allgemeinen Sätzen, den abstracten Resultaten der Analyse, thun, aber diese Beschreibungen reichen nicht aus. Man muß Diderot selber hören; man muß seine Empfindungen in dem eigensten Ausdruck vernehmen, den er ihnen gibt, denn nur so kann man sich seine ganze Originalität vergegenwärtigen. Wir werden daher für diesen Zweck eine Reihe von Fragmenten aus den Briefen ausheben, indem wir dabei den sachlich unterhaltenden Theil unbeachtet lassen, der von dem damaligen Paris und seiner Gesellschaft so viel interessante Nachrichten aufbewahrt hat. Wir abstrahiren auch von dem lehrreichen Material der Briefe, welches sich auf ästhetische, ethische, sociale Themata bezieht; wie z. B. der Bericht, den Diderot von dem Eindruck macht, welches England bei seinem Freunde, dem Baron Holbach, hinterlassen hatte, oder der Entwurf zu einer Vertheidigung des alten Calas, als ihm Voltaire's Vertheidigung nicht genügt, oder die Auseinandersetzung des Baues der Peterskirche, das eigentliche Geheimniß seiner Schönheit zu entdecken u. s. w.; ganz zu geschweigen von der Galerie von Personen, die er porträtirt. Manche dieser Porträts, z. B. das des Fräuleins Boileau, das der Madame Le Breton und andere, sind in ihrer Kürze meisterhafte Schilderungen. Wie gesagt, wir lassen diesen ganzen Reichthum anziehender Thatsachen, sinniger Reflexionen, treffender Gemälde beiseiteliegen, um uns nur auf solche Stellen zu beschränken, durch welche wir dem Leser die Seele Diderot's näher zu veranschaulichen hoffen, als es durch eine bloße Beschreibung ohne seine eigenen Worte möglich wäre. Man wird daraus ersehen, daß Diderot keineswegs, wie er oft gezeichnet ist, in einer ununwölkten epikuräischen Ataraxie lebte, sondern daß ihm auch die Empfindungen der Sorge, des Kummers, der Traurigkeit, der Entmuthigung, ja der Verzweiflung, nicht unbekannt waren. Der letzte Brief aus Paris ist vom 20. Nov. 1770. Dann folgen vom 22. Juli 1773 bis zum 3. Sept. 1774 noch einige Briefe aus Haag vor und nach der Reise nach Petersburg. Wir werden unsere Blumenlese natürlich aus den ersten Jahrgängen der Correspondenz am reichlichsten machen, weil die spätern viel Wiederholungen der nämlichen Empfindungen darbieten. Wir beginnen mit einem Fragment aus einem Briefe, der auf dem Landsitz der Madame Voland geschrieben ist:

„Diese Werder (vordes) gefallen mir. — Welch ein schöner Ort! Wenn Sie ihrer sich erinnern, wie können Sie den Anblick Ihrer symmetrischen Tuilerien und den Spaziergang Ihres trübseligen Palais-Royal ertragen, wo alle Spitzen der Bäume zu Kohlköpfen verkrüppelt sind und wo man erstickt, wie viel Mühe man sich auch gegeben habe, indem man alles ausweitete, beschnitt, zerbrach, verdarb, um Ihnen ein wenig Luft und Raum zu schaffen? Was machen Sie? Wo sind Sie? Sie würden besser thun, zu uns zu kommen als uns zu sich zu rufen. Das Wilde dieser Werder und aller Orte, welche die Natur gepflanzt hat, ist von einer Erhabenheit, welche die Hand des Menschen verniedlicht, wenn sie daran rührt. O gottesschänderische Hand! Du wurdest es, als du den Spaten verließest, um dafür das Gold und die Edelsteine zu handhaben. Ich habe ihn gesehen; wir haben darin gesessen; wir haben auch geplaudert in dem kleinen Kiosk, den Sie durch Ihre Ideen geheiligt haben. — — Es bedarf nur eines Augenblicks in diesem einsamen Orte, um zu begreifen, daß das ewige Wesen, welches die Natur belebt, welches Sie umgibt, wenn es ist, gut ist, und sich mehr um die Reinheit unsers Herzens, als um die Wahrheit unserer Meinungen kümmert. Doch! was liegt ihm daran, was wir von ihm denken, wenn es nur, indem es uns handeln sieht, als seine Nachahmer und als seine Kinder erkennt."

Châlons, 25. Aug. 1759.

Wenn das Leben ein übel Ding ist, so ist wenigstens der Grund, der uns seinen Leiden unterwirft, ein guter. Setzen Sie Ihre Spaziergänge im Palais-Royal fort; zerstreuen Sie diese Schwester; zerstreuen Sie sich; rufen Sie mich zuweilen auf die Bank der Allée d'Argenson und sagen Sie denen, welche sie in Beschlag genommen haben, daß sie der theuern Mama gehört und daß sie sich zu drücken haben. Ja, meine Sophie, unsere Spaziergänge werden mir stets köstlich erscheinen; ja, wir werden sie noch erneuen; wir werden unsere Seelen befragen, und, mit ihrer Antwort zufrieden, werden wir wenigstens das Bewußtsein haben, nichts verheimlicht zu haben. Ist Ihr Gewissen immer hübsch rein? Fände sich etwas darin, was ich Ihnen verzeihen müßte, so würde ich es ohne Zweifel thun, aber es würde mir sehr schwer werden. Ich bin so sehr daran gewöhnt, Sie unschuldig zu finden. Das ist eine sonderbare Phrase; woher aber kommt es, daß die anständigsten Ausdrücke fast lächerlich geworden sind? Inmitten des Stücks ist offenbar ein großer Oelfleck, der sich so ausgedehnt hat, daß er bis zum Saum vorgedrungen ist.

Da habe ich nun das Verbot des Conseil. Was haben wir für Feinde! Wie hartnäckig, wie böse sind sie! Wahrhaftig, wenn ich unsere Freundschaften mit unserm Haß vergleiche, so finde ich die erstern schwächlich, kleinlich, gebrechlich; wir verstehen zu hassen, wir verstehen nicht zu lieben. Ich, ich, ich, meine Sophie, ich sage dies. Sollte es also doch wahr sein? Bei dem Gerücht, daß ich nach Holland abgereist, daß David mir vorangeeilt wäre, daß wir unser Werk vollenden würden, war ich darauf gefaßt. Zweifeln Sie, mein pyrrhonisches Fräulein, an allem, was Ihnen beliebt, falls Sie nur die zärtlichen Gefühle ausnehmen, die ich Ihnen gewidmet habe; sie sind wahr, wie am ersten Tage.

Paris, 9. Oct. 1759.

Ich bin bei meinem Freunde und schreibe an die, welche ich liebe. O theuere Frau, haben Sie gesehen, wie sehr Sie mein Glück machen? Wissen Sie endlich, durch welche Bande ich an Sie gefesselt bin? Zweifeln Sie, daß meine Gefühle nicht ebenso lange dauern als mein Leben? Ich war von der Zärtlichkeit, welche Sie mir eingeflößt hatten, erfüllt, als ich inmitten unserer Gäste erschien. Sie glänzte in meinen Augen, sie durchglühte meine Reden, sie bestimmte meine Bewegungen; sie zeigte sich in allem. Ich erschien ihnen außerordentlich, begeistert, göttlich. Grimm hatte nicht genug Augen, mich zu sehen, nicht genug Ohren, mich zu hören; alle waren erstaunt; ich selbst empfand ein inneres Genügen, das ich Ihnen nicht schildern kann. Es war wie ein Feuer, das im Grunde meiner Seele brannte, von dem meine Brust entflammt war, welches sich auf alle verbreitete und sie entzündete. Wir haben einen Abend des Enthusiasmus verbracht, von welchem ich der Herd war. Nicht ohne Bedauern entzieht man sich einer so süßen Situation. Doch mußte es geschehen; die Stunde meines Rendezvous schlug; ich bin gegangen und habe zu d'Alembert wie ein Engel gesprochen. Ich werde Ihnen dies Gespräch von Grandval aus schreiben. Beim Herausgehen aus der Allée d'Argenson, wo Sie nicht waren, bin ich zu Montamy zurückgekehrt, der sich, als er mich verließ, nicht enthalten konnte zu sagen: Ach, mein Herr, welch ein Vergnügen haben Sie mir gemacht! Und ich antwortete dem kalten Menschen, den ich bewegt hatte, ganz leise: Nicht ich war es; sie ist es, sie ist es, die in mir thätig war.

Grandval, 15. Oct. 1759.

— Der Rest des Abends verging in Schmerzen über meine Paradoxie (daß das Lebende immer gelebt habe und zu leben nie aufhören werde). Man bot mir schöne Birnen an, welche lebten, Weintrauben, welche dachten, und ich sagte: die, welche sich während des Lebens geliebt haben und sich nebeneinander begraben lassen, sind vielleicht nicht so thöricht, als man denkt. Vielleicht berührt, mischt, vereinigt sich ihre Asche! Was weiß ich! Vielleicht haben sie nicht alles Gefühl, nicht alle Erinnerung ihres ersten Zustandes verloren. Vielleicht bleibt ihnen noch etwas Wärme und Leben, dessen sie in ihrer Weise in der Tiefe der kalten Urne genießen, welche sie einschließt. Wir urtheilen über das Leben der Elemente nach dem Leben der rohen Massen. Vielleicht ist der Verhalt ein ganz anderer. Man glaubt, daß nur Ein Polyp existirt. Und warum sollte nicht die ganze Natur derselben Ordnung folgen? Wenn der Polyp sich in 100000 Theile getheilt hat, so ist das ursprüngliche und zeugende Thier nicht mehr da, aber alle seine Schößlinge sind lebendig. O meine Sophie! Es bliebe mir also eine Hoffnung, Sie zu berühren, Sie zu fühlen, Sie zu lieben, Sie zu suchen, mich mit Ihnen zu vereinigen, mich mit Ihnen zu verschmelzen, wenn wir nicht mehr sein werden, falls es für unsere Elemente ein Gesetz der Affinität gäbe, falls es uns bestimmt wäre, ein Einziges Wesen auszumachen, falls ich in der Folge der Jahrhunderte mit Ihnen ein gemeinsames Ganze bilden sollte, falls die aufgelösten Atome Ihres Geliebten sich bestreben müßten, die Ihrigen durch die Natur zerstreuten wieder zu suchen! Lassen Sie mir diese Chimäre, sie ist mir süß, sie würde mich der Ewigkeit in und mit Ihnen vergewissern.

Paris, 5. Sept. 1760.

Ich habe keine Vorstellung mehr weder von den Fasten, noch von den Tristien, noch den Heroiden Ovid's; seine Metamorphosen aber haben mir immer Vergnügen gemacht. Es ist Feuer, Phantasie, Leidenschaft und von Zeit zu Zeit ein erhabener Zug darin. Der Streit des Ajax mit dem Odysseus um die Waffen Achill's hätten Homer und Virgil nicht besser gemacht. Schön ist auch das Haupt des Orpheus, auf den Fluten des Hebrus dahingetragen, seine Zunge, die sich noch anstrengt, den Namen der Eurydice auszusprechen, die Wellen, welche die Saiten seiner Leier schlagen und ihnen gewisse zärtliche, harmonische Töne entlocken, welche die Ufer wiederholen und von denen die Wälder widerhallen. Wird nie eine Zeit kommen, wo ich ganz meiner Sophie und diesen göttlichen Menschen leben werde, abwechselnd beschäftigt, Sie zu lieben und sie zu lesen? Ein schönes Stück Beredsamkeit, eine schöne Probe Poesie, ein Blick, ein Lächeln, ein süßes Wort meiner Sophie, können mich fast gleich sehr berauschen. Alles, was einen Charakter von Wahrheit, Größe, Festigkeit, Rechtschaffenheit trägt, rührt und entzückt mich.

— — — — — — — — — — — — — — —

Ich weiß nicht, ob ich nicht nächste Woche einige Tage in der Chevrette zubringen werde. Sie wollen alle, daß ich den „Spieler" zurechtstutze, ihn dem Théâtre français zu übergeben. Das wird dort meine Beschäftigung sei. Adieu, meine zärtliche Freundin! Ich liebe Sie von ganzer Seele. Dies ist ein Gefühl, welches nichts schwächen kann; im Gegentheil halte ich es zuweilen des Wachsthums fähig. Wenn ich an Ihrer Seite bin, wenn ich Sie anschaue, so scheint es mir, als hätte ich Sie nie so geliebt als in diesem Augenblick. Aber das ist eine Täuschung! Wie wär' es auch möglich, daß die Erinnerung des Glücks nicht dem Genusse weichen müßte? Welcher Vergleich zwischen dem Entzücken der Vergangenheit und der Trunkenheit der Gegenwart? Ich erwarte Sie, darüber zu urtheilen.

In der Chevrette, 15. Sept. 1760.

Was mich betrifft, so unterscheide ich nicht mehr Ort, Zeit, Umstände. Ihre Abwesenheit hat alles ins Niveau gesetzt. Ich trage überall auf der Brust eine Last, die mich unaufhörlich drückt und mich zuweilen erstickt. O meine Freundin! Wenn Sie nur die Hälfte meiner Langeweile empfänden, so würden Sie ihr nicht widerstehen. Wenn Ihre Rückkehr mich trösten soll, wann werden Sie denn zurückkehren? Als Daphnis seine Chloë nach einem langen und grausamen Winter, der sie getrennt hatte, wiedersah, verwirrte sich das erste mal sein Blick, seine Knie versagten ihm den Dienst, er wankte und wäre gefallen, wenn Chloë ihm nicht den Arm gereicht hätte, ihn zu halten. Meine Freundin, wenn ich Sie durch einen Zauber plötzlich an meiner Seite fände, so könnte ich in Momenten vor Freude sterben. Es ist gewiß, daß ich weder Anstand noch Respect kenne, die mich aufzuhalten vermöchten. Ich würde mich auf Sie stürzen, ich würde Sie mit aller Gewalt umarmen und würde mit meinem Gesicht so lange auf dem Ihrigen gehaftet bleiben, bis meinem Herzen der Schlag zurückgekommen wäre und ich die Kraft gewonnen hätte, mich zu entfernen, Sie anzuschauen. Lange würde ich Sie anschauen, bevor ich zu Ihnen sprechen könnte; ich weiß nicht, wann ich die Stimme wiederfinden, wann ich eine Ihrer Hände nehmen würde, sie an meinen Mund, an mein Augen, an mein Herz zu bringen. Ich empfinde, indem ich mir diesen Moment vorstelle und Sie davon unterhalte, ein Schmerz in allen Gliedern meines Leibes und fast eine Ohnmacht. Ach! theuere Freundin, wie liebe ich Sie und wie werden Sie es sehen, wenn wir uns einander wieder zurückgegeben sein!

Von ebendort, 17. Sept. 1760.

Es ist mir ein kleiner Unfall zugestoßen. Ich ging um ein großes Wasserbecken, worauf Schwäne spazieren. Diese Vögel sind so eifersüchtig auf ihr Besitzthum, daß sie sofort auf jeden, der sich nähert, mit Heftigkeit zufliegen. Ich ergötzte mich, sie zu necken, und wenn sie an dem einen Ende ihres Reichs angelangt waren, erschien ich sogleich am andern. Ich mußte dazu mit all meiner Geschwindigkeit laufen, und so geschah es, daß ich mit einem meiner Füße an eine Eisenstange stieß, die als Schlüssel zu den Oeffnungen dient, welche man in der Nähe von eingeschlossenen Gewässern anbringt und die man Brunnenstuben nennt. Der Stoß war so heftig, daß die Stange den Buckel meines Schuhs fast ganz entzweibrach und ich das Spann ganz zerschunden und fast zermalmt hatte. Das hat mich nicht gehindert, über meinen Fall zu scherzen, der mich in Pantoffeln hält, den Fuß auf ein Taburet ausgestreckt. Man hat diesen Augenblick der Haft und Ruhe benutzt, mich zu malen; man macht ein bewundernswerthes Porträt von mir. Ich bin in bloßem Kopf im Schlafrock, in einem Armstuhl sitzend dargestellt, mit dem rechten Arm den linken stützend, der wieder dem Kopf zur Stütze dient, den Hals frei und meine Blicke in die Ferne werfend, wie ein Nachdenkender. In der That denke ich auf dieser Leinwand nach; ich lebe darin, ich athme, empfinde; der Gedanke scheint durch die Stirn hindurch.

Von ebendort, September 1760.

Ich empfinde die nämliche Langeweile wie Sie. Der Abbé Galiani ist gekommen. Seine Erzählungen ergötzen mich nicht mehr wie sonst. Ich befand mich besser zwischen Herrn Grimm und seiner Freundin. Grimm hat Frau von Epinay ein wenig misfallen. Er fand die Behauptung eines unserer Bekannten, des Herrn Venel, nicht stark genug, daß man mit seinen Freunden die gewissenhafteste Redlichkeit beobachten müsse, daß es aber eine Thorheit sei, mit den andern besser zu verfahren, als sie mit uns verfahren. Wir behaupteten, sie und ich, daß man mit jedermann ohne Unterschied gut handeln müsse. Der Abbé Galiani hat mir sehr misfallen, mir, als er bekannte, daß er niemals in seinem Leben geweint und daß der Verlust seines Vaters, seiner Brüder, seiner Schwestern, seiner Geliebten ihm keine Thräne gekostet habe. Es schien mir, als ob dies Geständniß nicht weniger Frau von Epinay verletzt habe.

— — — — — — — — — — — — —

„Der Spieler“ befindet sich in den Händen des Herrn d'Argental, der seine Lektüre wünschte. Wir werden sehen, was er sagt. Ich glaube nicht, daß die Veränderungen, die unser Geschmack erheischt, so beträchtlich sind, als Sie glauben. Der Zuschauer ist auf die Veränderungen der Decorationen hinlänglich vorbereitet.

Den 30. Sept. 1760.

Ihr Dem . . ., meine Freundin, taugte zu nichts. Es war nicht Stoff genug in ihm, weder ihn zum ehrlichen Mann, noch ihn zum Schuft zu machen. Wenn er noch nicht ganz stupide ist, so wird es doch nicht lange dauern. Uebrigens sieht man mit Einem Blick über die Consequenzen und Widersprüche der Menschen, daß die Mehrzahl halb dumm, halb närrisch, ohne Charakter wie ohne Physignomie geboren wird; sie sind weder für das Laster noch für die Tugend entschieden; sie verstehen weder die andern noch sich selbst aufzuopfern; mögen sie Gutes, mögen sie Uebles thun, sie sind unglücklich und ich habe Mitleid mit ihnen. Diese Vorstellungen hängen mit andern zusammen, die ich, unklug genug, gestern bei Tisch vorbrachte, denn das Futter war für unsern kleinen Magen zu stark. Ich konnte mich nicht enthalten, die menschliche Natur zu bewundern, selbst wenn sie zuweilen ins Gräßliche abirrt. Man verurtheilt zum Beispiel, sagte ich, einen Menschen wegen Plakate zum Tode und am Morgen seiner Hinrichtung findet man an den Straßenecken noch aufrührerischere. Man richtet einen Dieb hin und im Gedränge stehlen andere und setzen sich derselben Strafe aus, welche sie vor Augen haben. Welche Verachtung von Tod und Leben! Wenn die Bösen diese Energie nicht im Verbrechen hätten, so hätten auch die Guten sie nicht ebenso in der Tugend. Wenn der abgeschwächte Mensch sich nicht mehr zu großen Unthaten ermannen könnte, so auch nicht mehr zu großen Edelthaten; will man ihn nach einer Seite hin verbessern, wird man ihn nach der andern erniedrigen. Wenn Tarquin nicht wagt, die Lucretia zu nothzüchtigen, so wird Scävola seine Faust nicht über ein glühendes Kohlenbecken halten. Dies ist sonderbar. Man ist im allgemeinen mit den Dingen unzufrieden genug und man würde nicht daran rühren, ohne sie zu verschlimmern. Im Verlauf der Unterhaltung über die menschliche Natur kam man auf die Frage, wie es zugehe, daß es den Dummen immer gelänge, während es gescheiten Leuten in allem mislänge, sodaß man sagen möchte, daß die einen von aller Ewigkeit her zum Glück, die andern zum Unglück vorherbestimmt zu sein schienen? Ich antwortete, daß das Leben ein Hazardspiel sei: daß die Dummen nicht lange genug spielten, um den Lohn ihrer Dummheit, noch die gescheiten Menschen, den ihrer Umsicht einzuernten. Sie verlassen die Würfel, bevor die Wendung eingetreten wäre, sodaß, mir zufolge, ein glücklicher Dummkopf und ein unglücklicher Mensch von Geist nicht lange genug gelebt haben.

So schwatzen wir hier. Sie haben zwei meiner Briefe und ich zwei der Ihrigen auf einmal empfangen. Sie sprechen von einer Verirrung der Phantasie, von einer unbedachten Lebhaftigkeit? Gut, allein Uebelgesinnte, die unserm Glück entgegenarbeiten wollten, würden sich dabei nicht anders benehmen. So würde es ihnen gelingen, mich meiner Sophie gleichgültig, und meine Sophie ihrer Mutter verhaßt zu machen. Und wo bleibt die Delicatesse? Dies ist ein sinnloses Wort, wenn sie nicht darin besteht, die kleinen Dinge, die verletzen, verwunden, betrüben, demüthigen, schaden könnten, vorherzufühlen und für seine Freunde, um sie ihnen zu entziehen, alle jene leisen Rücksichten zu haben, welche sie von den Indifferenten nicht zu fordern berechtigt sind und welche sie vergeblich von dem runden und behaglichen Wohlwollen der dicken Leute erwarten würden, die derselben unfähig sind. Sie alle beide müssen wissen, daß ich Sie unaufhörlich an die Idee halte, die ich mir von Ihrem Geist und von Ihrem Charakter gebildet habe, und daß dies Maß kein gewöhnliches ist. Die Mehrzahl der andern würde sich daran sehr klein ausnehmen. Diese Nichtigkeiten, die zu bemerken ich der Menge gar nicht die Ehre anthun würde, würde ich Ihnen mit Härte vorwerfen und würde mich erzürnen, wenn Sie gegen mich nicht dieselbe Strenge übten. Ich will, daß Sie alles von mir erwarten möchten, was Sie von Gott erwarten würden, wenn er meine Güte und ich seine Macht hätte, und daß Sie jedesmal erstaunt seien, wenn ich Ihre Erwartung täuschen sollte. Wenn ich zuweilen ein argwöhnischer und schwieriger Liebhaber bin, so kommt dies daher, weil ich vor Leidenschaft für Sie sterbe, und wenn ich mich schnell gegen sie (d. h. Madame Le Gendre) erzürne, daher, weil niemand auf der Welt sie höher achtet als ich. O Frauen, ihr würdet mir sehr gleichgültig von dem Tage an sein, wo ich euch sagen und thun ließe, was euch gefällt! Ich liebe die, welche mich schelten, und ich schelte gern die, welche ich liebe; und wenn ich nicht mehr schelte, liebe ich nicht mehr. Von allen, die mich nahe berühren, bin ich der, den ich am strengsten und am häufigsten tadle. Wenn ich mich in diesem Punkt meinen Freunden vorziehe, so geschieht es, alles wohl erwogen, weil ich noch mehr besorgt bin, mich selber, als die andern, besser zu machen.

— — — — — — — — —

Wie werde ich Sie umarmen! Im voraus preßt sich mir davon

das Herz, im voraus weine ich darüber. Wenig Tage, wo ich mich nicht in den Gedanken dieses Moments verzückte; es ist unmöglich, Ihnen zu malen, was ich in dieser Art von Wahnsinn werde, wo ich Sie sehe, wo ich suche, ob Sie sich gut befunden haben, ob Sie es sind, ob es immer meine Sophie ist, ob sie glücklich ist, den wiederzufinden, der sie so zärtlich liebt und der sie so lange erwartet hat. Ich verschlinge Sie mit den Augen; meine Lippen zittern: ich möchte zu Ihnen sprechen; ich kann es nicht. Aber was werde ich, wenn diese Illusion verschwindet und ich mich allein finde?

— — — — — — — — — — — — — —

Es gibt zwei bis drei rechtschaffene Männer und zwei bis drei rechtschaffene Frauen in dieser Welt, welche die Vorsehung mir zugewiesen hat. In Wahrheit, wenn ich dies Geschenk verdiene, so werde ich den ganzen Werth desselben empfinden; und wenn ich seinen ganzen Werth empfinde, so werde ich nicht mehr Lust haben, mich über sie zu beklagen. Wenn sie das Wort nähme und mir sagte: Ich habe dir Grimm und Urania (Madame Le Gendre) zu Freunden; ich habe dir Sophie zur Freundin gegeben; ich habe dir Didier zum Vater und Angelika zur Mutter gegeben; du weißt, was sie waren und was sie für dich gethan haben; was bleibt dir von mir zu fordern? Ich weiß nicht, was ich ihr antworten sollte. Ja, theuere Freundin, ich werde in Grandval die, welche ich dort verlassen habe, außer d'Alinville, wiederfinden; aber ich werde nichts von dem thun, was Sie vermuthen; ich werde trinken, essen, schlafen, abends philosophiren, Sie jeden Morgen schmerzlich vermissen und manchmal am Tage sehr rücksichtslos seufzen. Frau von Holbach wird es bemerken und darüber lachen. Frau von Aine wird sagen, daß sie, wenn es dauert, mich aus Mitleid wird ersäufen lassen.

— — — — — — — — — — — — — —

Ich habe Ihnen nicht gesagt, daß der Graf von Bissy (Pierre) dem Marquis von Ximenes für mich eine englische Tragödie in Einem Act ganz und gar im Geschmack des „Spieler“ geschickt hat. Sie ist betitelt „L'extravagance fatale“. Ein Mann von Geburt ist durch die Verschwendung zum äußersten Elend geführt. Er kann den Gedanken der Erniedrigung, worin er mit Frau und Kindern fallen soll, nicht ertragen. Er überredet sich, daß es besser sei, zu sterben. Ist aber der Tod für ihn besser als das Leben, warum sollte für seine Frau und Kinder das Leben besser sein als der Tod? Er überzeugt sich, daß er sich unwürdig gegen sie verfehlen würde, wenn er sie nicht einem Geschick zugesellte, welches er dem ihn bedrohenden glaubt vorziehen zu müssen. Er entledigt sich daher seiner selbst, seiner Frau und seiner beiden Kinder. Diese Katastrophe ist von einer empörenden Gräßlichkeit; doch ist die letzte Scene von einem zerreißenden Pathos. Stellen Sie sich vor, daß dieser Mann auf dem Punkt war, ergriffen und in ein Gefängniß geworfen zu werden. Seine Frau kommt zu ihm und schlägt ihm vor, ihre Kinder unter ihre Arme zu nehmen und sich mit ihm nach irgendeinem sichern Ort hinzuretten. Die ganze letzte Scene dreht sich um den Doppelsinn der Ausdrücke Reise, Asyl, Friedenswohnung, Entfernung von den Menschen, letztes Ziel des Mißgeschicks, Ruhe, die gleichmäßig eine wirkliche Flucht oder den Tod bezeichnen können. Die Frau versteht sie immer von der Flucht, während der Mann vom Tode spricht. Die Unwissenheit dieser Frau, welche den Schicksalstrank ihres Gatten empfangen und ihn mit eigener Hand ihren beiden Kindern gegeben hat, die Zärtlichkeit ihrer Reden, die Gegenwart ihrer Kinder, in denen der Tod vibrirt, machen einen tausendfach schrecklichern Eindruck als das Schauspiel des „Oedipus", der die Augen ausgestochen hat und sich bückt, seine Kinder zu suchen. Sehen Sie indeß, wenn Sie den Pere Brumoy haben, diese Scene im fünften Act des „Oedipus" von Sophokles nach.

Grandval, 11. Oct. 1760.

Wir, Vater Hoop und ich, sind allein von 3 bis 6 Uhr spazieren gegangen. Dieser Mann gefällt mir mehr als je. Wir haben über Politik gesprochen und ich habe ihm hundert Fragen über das Parlament von England gethan. Dies ist eine Körperschaft von etwa 500 Personen. Der Ort, wo sie ihre Sitzungen hält, ist ein ungeheueres Gebäude. Noch vor sechs bis sieben Jahren stand der Zutritt jedermann offen und die wichtigsten Staatsangelegenheiten wurden unter den Augen der versammelten Nation selbst verhandelt, die in großen Tribünen über dem Kopf der Abgeordneten saß. Glauben Sie, meine Freundin, daß ein Mensch angesichts eines ganzen Volks es wagen würde, ein schädliches Project vorzuschlagen oder sich einem vortheilhaften Project zu widersetzen und sich öffentlich für schlecht oder stupid zu bekennen? Sie werden auch ohne Zweifel fragen, weshalb diese Berathungen gegenwärtig bei geschlossenen Thüren gehalten werden? Ich richtete diese selbe Frage an den Vater Hoop und er antwortete mir, daß es ich weiß nicht wie viel Geschäfte gibt, deren Erfolg vom Geheimniß abhängt, das man nicht hätte bewahren können. Wir haben, fügte er hinzu, Menschen, die eine abgekürzte Schrift besitzen und deren Feder der größten Geschwindigkeit des Wortes zuvorkommt. Die Reden der Kammer erschienen hier und im Auslande Wort für Wort, wie sie gehalten waren. Das war ein großer Misstand.

— — — — — — — — — — — —

Was mich betrifft, so billige ich nur, daß man sich zwischen dem 18. und 25. Jahre von seinem Vaterlande entferne. Ein junger Mensch muß selbst sehen, daß es überall Muth, Talente, Weisheit und Fleiß gibt, um nicht das Vorurtheil zu behalten, daß alles anderwärts, als in seinem Lande, schlecht ist. Ist diese Zeit vorüber, so muß er seiner Frau, seinen Kindern, seinen Mitbürgern, seinen Freunden, den Gegenständen der süßesten Bande leben. Und diese Bande erheischen ein seßhaftes Leben. Ein Mensch, der sein Leben auf Reisen zubrächte, gliche jemand, der sich von Morgen bis Abend beschäftigte, vom Boden in den Keller hinunter und vom Keller zum Boden hinaufzusteigen, indem er alles prüfte, was seine Zimmer verschönern könnte, ohne sich einen Augenblick an der Seite derer, die mit ihm wohnen, niederzusetzen.

Grandval, 18. Oct. 1760.

Theuere Frau, wie liebe ich Sie, wie achte ich Sie! An zehn Stellen hat Ihr Brief mich mit Freude durchdrungen. Ich kann Ihnen nicht sagen, was die Rechtlichkeit und die Wahrheit über mich vermögen. Wenn die Anschauung der Ungerechtigkeit mich zuweilen zu solchem Unwillen fortreißt, daß ich den Verstand darüber verliere und daß ich in diesem Wahnsinn tödten, vernichten würde, so erfüllt mich auch die Billigkeit mit einer Süßigkeit, entflammt mich mit einer Wärme und einem Enthusiasmus, in welchem das Leben, wenn ich es verlieren müßte, mir nichts gilt. Dann scheint es mir, als ob mein Herz sich in mir ausdehnt, als ob es schwimmt; ich weiß nicht, welche köstliche und plötzliche Empfindung mich überall durchströmt; ich habe Mühe zu athmen; auf der ganzen Oberfläche meines Leibes entsteht ein Schauer; besonders an der obern Stirn, am Anfang des Haars, läßt er sich fühlen; die Symptome der Bewunderung und des Vergnügens mischen sich auf meinem Gesicht und meine Augen füllen sich mit Thränen. So bin ich, wenn ich mich wahrhaft für den, der das Gute thut, interessire. O meine Sophie, wie viel schöne Momente verdanke ich Ihnen, wie viel werde ich Ihnen noch verdanken! O Angelika, mein theueres Kind, ich spreche hier zu dir und du vernimmst mich nicht; aber wenn du jemals diese Worte liesest, wann ich nicht mehr sein werde, denn du wirst mich überleben, so wirst du sehen, daß ich mich mit dir beschäftigte und daß ich in einer Zeit, wo du nicht wußtest, welch Schicksal du mir bereitetest, sagte, daß es von dir abhinge, mich vor Vergnügen oder vor Schmerz sterben zu lassen. Die Aeltern sind nie betrübt genug, wenn ihre Kinder das Böse, nie glücklich genug, wenn sie das Gute thun.

— — — — — — — — — — — — — — —

Wir sprachen über Leben und Tod, über die Welt und ihren angeblichen Urheber.

Jemand bemerkte, daß, möge nun ein Gott existiren oder nicht, es unmöglich sein würde, diese Maschine in die Natur oder in eine Frage einzuführen, ohne sie zu verdunkeln.

Ein anderer, daß, wenn eine Voraussetzung alle Erscheinungen erklärte, daraus nicht folgte, daß sie wahr sei, denn wer weiß, ob die allgemeine Ordnung nur Einen Grund hat? Was also soll man von einer Voraussetzung denken, die, fern davon, die einzige Schwierigkeit, derentwillen man sie ersinnt, zu lösen, eine unendliche Menge anderer entstehen läßt?

Theuere Freundin, ich denke, daß unser Geschwätz am Kamin Sie immer unterhält, und verfolge es.

Unter diesen Schwierigkeiten ist Eine, die man so lange aufgestellt hat, als die Welt Welt ist; die, daß die Menschen leiden, ohne es verdient zu haben. Man hat noch nicht darauf geantwortet. Es ist die Unverträglichkeit des physischen und moralischen Uebels mit der Natur des ewigen Wesens.

Man sagt: es ist entweder Ohnmacht oder böser Wille in ihm; Ohnmacht, wenn Gott das Uebel hat verhindern wollen und wenn er es nicht gekonnt hat; böser Wille, wenn er es hat verhindern können und wenn er es nicht gewollt hat.

Ein Kind würde das verstehen. Dazu hat man die Schuld des ersten Vaters, die Erbsünde, die zukünftigen Strafen und Belohnungen, die Fleischwerdung, die Unsterblichkeit, die beiden Principe des Manichäismus, den Ormuzd und Ahriman der Perser, die Emanationen, das Reich des Lichts und der Finsterniß, die Folge der Leben, die Seelenwanderung, den Optimismus und andere Absurditäten ersonnen, die bei den verschiedenen Völkern der Erde beglaubigt sind und in denen man immer als Antwort auf eine klare und bestimmte Thatsache eine hohle Vision findet.

Welche Partei soll man hierbei als die des richtigen Verstandes nehmen? Die, meine Freundin, welche wir genommen haben. Was uns auch die Optimisten sagen mögen, wir werden ihnen erwidern, daß wenn die Welt nicht ohne empfindende Wesen und diese nicht ohne Schmerz existiren konnten, man sie hätte in Ruhe lassen sollen. Es wäre wol eine Ewigkeit vergangen, ohne daß diese Dummheit geschehen wäre.

Die Welt eine Dummheit! Ach, meine Freundin, aber doch die schöne Dummheit. Nach einigen Einwohnern von Malabar ist dies eine von den 74 Komödien, mit denen der Ewige sich amusirt.

Leibniz, der Begründer des Optimismus, ein ebenso großer Dichter als tiefer Philosoph, erzählt irgendwo, daß in einem Tempel zu Memphis eine hohe Pyramide von übereinandergethürmten Kugeln war; daß ein Priester, den ein Fremder über diese Pyramide und über diese Kugeln befragte, antwortete, daß dies alle möglichen Welten wären und daß die vollkommenste sich auf dem Gipfel befände; daß der Reisende, neugierig, diese vollkommenste der Welten zu sehen, auf die Spitze der Pyramide stieg und daß das erste, was seine Augen auf der Kugel des Gipfels erblickten, Tarquin war, der die Lucretia nothzüchtigte.

Ich weiß nicht, wer es war, der diesen Zug zurückrief, den ich kannte und von welchem ich Sie glaube unterhalten zu haben.

Das Gespräch ist ein sonderbares Ding, zumal wenn die Gesellschaft ein wenig zahlreich ist. Solche Umläufe haben wir gemacht; die Träume eines delirirenden Kranken sind nicht verschiedenartiger. Da indessen weder im Kopf eines Träumenden noch in dem eines Narren etwas Unvermitteltes ist, so hat auch in der Unterhaltung alles seine Beziehung. Es würde aber manchmal sehr schwierig sein, die unmerklichen Ketten wiederzufinden, die so viel disparate Ideen herbeigezogen haben. Jemand wirft ein Wort hin, welches er von dem, was in seinem Kopf vorherging und folgte, ablöst; ein anderer macht es ebenso; fasse es, wer es fassen kann, Eine einzige physische Qualität kann den Geist, der sich damit beschäftigt, zu einer unendlichen Menge verschiedener Bezüge führen. Nehmen wir eine Farbe, die gelbe z. B.: das Gold ist gelb, die Seide ist gelb, der Neid ist gelb, die Galle ist gelb, das Licht ist gelb, das Stroh ist gelb; wie viel andern Fäden entspricht dies nicht? Die Narrheit, der Traum, die Ungebundenheit der Unterhaltung bestehen darin, von einem Gegenstande zu einem andern durch den Zwischensatz einer gemeinschaftlichen Qualität überzugehen.

Der Narr bemerkt nicht, daß er damit wechselt. Er hält einen Halm von gelbem und schimmerndem Stroh in der Hand und schreit, daß er einen Sonnenstrahl ergriffen habe. Wie viel Menschen gleichen diesem Narren, ohne es zu ahnen, und ich selbst vielleicht in diesem Augenblick.

Das Wort Nothzucht verknüpft die Schandthat Tarquin's mit der Lovelace's. Lovelace ist der Held des Romans „Clarisse", und so waren wir von der römischen Geschichte zu einem englischen Roman übergesprungen. Man stritt viel über die „Clarisse". Die, welche dies Werk verachteten, verachteten es schlechthin. Die, welche es achteten, ebenso übertrieben in ihrer Achtung, als die erstern in ihrer Verachtung, betrachteten es als eine der Kraftproben des menschlichen Geistes. Ich besitze es und ärgere mich, daß Sie es nicht in Ihren Reisekoffer mit eingeschlossen haben. Ich werde weder mit Ihnen noch mit mir zufrieden sein, als bis ich Sie dahin gebracht, die Wahrheit von „Pamela", „Tom Jones", „Clarisse" und „Grandison" zu schmecken.

Wenn die Thiere, deren Geisel wir sind, über den Menschen nachdachten, wie wir über sie, würden sie nicht eine Schlacht als eine besondere Aufmerksamkeit der Vorsehung betrachten, und würden sie nicht untereinander sprechen: ohne diese Wuth, welche die Natur dem Menschen einflößt, und welche sie ihn zeitweise zu befriedigen drängt, würde diese verdammte Race die ganze Oberfläche der Erde bedecken und es wäre um uns geschehen. Wenn die Hirsche dächten, welch großes Ereigniß wäre für die Hirsche des Waldes von Fontainebleau der Tod Ludwig's XV.? Was würden sie davon sagen?

Und die Fische unserer Gräben, denen nach dem Essen Brot zuzuwerfen wir uns belustigen, was denken sie von dem Manna, welches ihnen im Herbst vom Himmel fällt? Ist da nicht irgendein schuppiger Moses, der sich die Ehre unserer Wohlthätigkeit aneignet?

Grandval, 28. Oct. 1760.

Ich habe mich öfter gefragt, warum ich mit einem sanften und leichten Charakter, mit Nachsicht, Heiterkeit und Kenntnissen, so wenig für die Gesellschaft gemacht bin. Darum, weil ich darin unmöglich so wie mit meinen Freunden sein kann, und weil ich diese kalte und sinnlose Sprache nicht verstehe, die man mit den Gleichgültigen spricht; ich bin dann schweigsam oder unüberlegt, die schöne Gelegenheit zu marivaudiren! Und warum sollte ich mich ihr verweigern? Das Schlimmste ist, mit den andern lang zu sein. Je kürzer meine Briefe mit Ihnen sind, um so weniger befriedigen sie mich; im Gegentheil, je länger sie sind, um so zufriedener bin ich damit. Ich sagte mir: welch Vergnügen wird sie haben, wenn sie dies Packet empfängt. Zunächst wird sie es mit der Hand wiegen, sie wird es an sich drücken, wenn sie allein ist, sie wird nicht lange allein sein und es mit hastiger Begierde öffnen, weil sie glaubt, wenigstens eine Broschüre darin zu finden. Keine Broschüre, aber einen Band von meiner Handschrift in einzelnen Blättern. Man wird diese Blätter ordnen, man wird fast die ganze Nacht lesen, die Hälfte davon wird noch für den andern Morgen bleiben. Am Morgen wird man vollenden und für sich und für die liebe Schwester die Zeilen, die am meisten gefallen haben, von neuem lesen; denn wäre man nicht sehr geliebt, so würde man es scheinen wollen, und wäre der Liebhaber nicht sehr liebenswürdig, so wollte man, daß er so erscheinen sollte. Die Liebenden scheinen mir in diesem Punkt noch recht schaffener und zarter als die meisten Ehegatten.

Dieser Band Handschrift, den man mit so vielem Vergnügen empfangen und gelesen hat, was wird er enthalten? Nichts. Aber eins dieser Nichtse an das andere gereiht bilden die wichtigste aller Geschichten, die des Freundes unsers Herzens.

Die Rechnung, welche Sie so schlecht finden, ist nichtsdestoweniger die aller Leidenschaften. Ganze Jahre des Trachtens nach dem Genuß eines Augenblicks, das ist ihre Arithmetik, und so lange die Welt dauern wird, werden sie so rechnen.

— — — — — — — — — — — — — —

Ob es mir recht ist, immer bis zum Wahnsinn geliebt zu werden? Nur so geziemt es mir, immer zu lieben und immer geliebt zu werden. Sie wissen, daß die kleinen abgezirkelten Leidenschaften mein Mitleid erregen. Ich glaube Ihnen die Gründe dafür gesagt zu haben. Fügen Sie hinzu, daß sie ebenso viel als die großen kosten und fast nichts einbringen.

— — — — — — — — — — — — — —

O die Menschen, die Menschen! Ich habe mit diesem Fräulein d'Ette Bekanntschaft gemacht. Sie scheint nach der Haut und den Farben eine Flamänderin. Ihr Gesicht ist wie eine große Satte Milch, auf welche man Rosenblätter geworfen hat; sie hat Brüste, welche dem Kinn zum Kissen dienen können, und gefallsame Hinterbacken; wenigstens nahm ich es an. Sie ist von guter Herkunft. Der Ritter von Valory entführte sie dem väterlichen Hause im Alter von 14 Jahren, lebte ein Dutzend Jahre mit ihr, entehrte sie, machte ihr Kinder, versprach sie zu heirathen, verliebte sich in eine andere und ließ sie sitzen. Und das nennt man honnete Leute! Sie haben solche Handlungen hinter sich, sie gestehen sie ein, man kennt sie und doch gehen sie erhobenen Hauptes einher. Sie sprechen mit Ihnen von Tugend und Laster, ohne zu stottern, ohne zu erröthen. Sie loben, sie tadeln; niemand ist schwieriger in persönlichen Rücksichten bis zur Scrupelhaftigkeit; man muß hören, wie sie darüber entscheiden. Ich erstarre darüber. Ich würde mich in ein Loch verbergen, ich würde nicht mehr ausgehen, oder, bei Begegnung meiner Bekanntschaften, in eine Allee einbiegen und die Thür hinter mir schließen. Bei dem Wort Rechtschaffenheit würde mein Gesicht sich zersetzen und der Schweiß mir davon herabrieseln.

Ich sehe das alles und breche noch Lanzen zu Gunsten der menschlichen Gattung. Ich hatte den Baron herausgefordert, mir in der Geschichte einen Bösewicht herauszufinden, dessen Leben, wie glücklich es auch gewesen sei, mir nicht die stärkste Vermuthung eines seiner Schlechtigkeit proportionirten Unglücks darböte, und einen guten Menschen, dessen Leben, so unglücklich es gewesen sei, mir nicht die stärkste Vermuthung eines seiner Güte proportionirten Glücks böte.

Theuere Freundin, welch schöne Aufgabe, die unbekannte und geheime Geschichte dieser beiden Menschen! Wenn ich sie nach meinem Wunsch erfüllte, so würde die große Frage des Glücks und der Tugend sehr vorgeschritten sein. Nun wir wollen sehen.

Vor einigen Tagen begegnete mir etwas, was mir die Seele mit Bitterkeit erfüllte. Es war vor dem Essen. Ich nahm einen Band der Universalgeschichte vom Kamin und las beim Oeffnen des Buchs auf weniger als 20 Seiten hundert Schandthaten, und der Baron sagte ironisch zu mir: Siehe da die Erhabenheit, die eingeborene Schönheit, die natürliche Güte der menschlichen Gattung.

Grandval, 31. Oct. 1760.

Wind, Regen, Sturm, ein dumpfes Murren, das unsere Corridore ohne Aufhören widerhallen läßt. Ich, ich liebe diese Winde, diesen Regen, den ich unsere Traufen die ganze Nacht schlagen höre, dies Gewitter, das mit Tosen die Bäume um uns bewegt, diesen ununterbrochenen Baß, der um mich brummt; ich schlafe um so tiefer, ich finde mein Kopfkissen um so weicher, ich versenke mich in mein Bett, ich wickele mich in einen Wulst. Es macht sich in mir eine geheime Vergleichung meines Glücks mit dem traurigen Zustand der Obdachlosen, die in der Nacht ohne Dach, ohne Schutzstätte, der ganzen Ungnade dieses Himmels ausgesetzt sind, die vielleicht mehr werth sind als ich, den das Schicksal ausgezeichnet hat, und ich genieße des Vorzugs.

Tibull fühlte wie ich; aber ich bin allein in meinem Bette und er hielt die, von der er geliebt war, in seinen Armen, er beruhigte sie über den Tumult der Luft um ihn herum, und dieser Tumult erhöhte sein Glück vielleicht nur durch seine Gewißheit, daß niemand es ahnte und während des Gewitters es stören würde. Dieses Wetter schließt die Zudringlichen ein, ich weiß es. Wie oft ist mir nicht ein Himmel, der sich in Wasser auflöste, günstig gewesen! Das Geräusch eines knarrenden Bettes verliert sich, verbirgt sich, oder wird von einer Mutter auf Rechnung des Windes gesetzt. Dann kann man auf Fußspitzen aus seiner Stube schleichen, dann kann eine Thür, indem sie sich öffnet, kreischen, sich mit Härte schließen, dann kann man rückkehrend einen falschen Tritt ohne weitere Folgen thun. Ach! wenn ich in Isle wäre und wenn Sie wollten! Am andern Morgen würde man sagen, welch abscheuliche Nacht ist das gewesen! Und wir würden schweigen und würden uns lächelnd ansehen.

Paris, 6. Nov. 1760.

(Bei Gelegenheit edelmüthiger Handlungen, welche der General Dieskau erzählt.)

Nein, theuere Freundin, die Natur hat uns nicht schlecht gemacht. Die schlechte Erziehung, das schlechte Beispiel, die schlechten Gesetze verderben uns. Ist dies ein Irrthum, so bin ich sehr zufrieden, ihn im Grunde meines Herzens zu finden, und ich würde sehr betrübt sein, wenn Erfahrung oder Nachdenken mich jemals enttäuschten. Was würde aus mir? Man müßte entweder allein leben oder sich stets von Bösen umgeben glauben. Weder das eine noch das andere sagt mir zu.

— — — — — — — — — — — — — — —

Wo bleibt, werden Sie mir sagen — bei diesen Wilden — die natürliche Güte. Wer hat diese Irokesen corrumpirt? Wer hat ihnen Rachsucht und Verrätherei eingeflößt? Die Götter, meine Freundin, die Götter. Die Rache ist bei diesen Unglücklichen eine religiöse Tugend. Sie glauben, daß der große Geist, der hinter einem Berge nicht fern von Quebec wohnt, sie nach ihrem Tode erwartet, daß er sie richten, daß er ihr Verdienst nach der Zahl der Kopfhäute, welche sie ihm darbringen werden, schätzen wird. Sehen Sie also einen Irokesen einen Feind mit einem Keulenschlag niederstrecken, sich über ihn bücken, sein Messer ziehen, ihm die Stirnhaut aufschlitzen und ihm mit den Zähnen die Kopfhaut abreißen, so geschieht es, seinem Gotte zu gefallen. Es gibt kein Land, es gibt kein einziges Volk, wo der Befehl Gottes nicht irgendein Verbrechen geheiligt hätte.

— — — — — — — — — — — — — — —

Ich glaube wohl, daß Racine Ihnen großes Vergnügen macht. Er ist vielleicht der größte Dichter, der je existirt hat. Hüten Sie sich wohl, den Charakter der Iphigenie anzugreifen. Ihre Resignation ist ein Enthusiasmus von einigen Stunden. Der Charakter ist poetisch und folglich etwas größer als bloße Natur. Hätte der Dichter ihn in ein episches Gedicht eingeführt, wo diese Episode mehrere Tage hingenommen hätte, so würden Sie ihn von allen Erschütterungen, welche Sie fordern, bewegt gesehen haben. Iphigenie empfindet wol einige derselben, aber stets durch Sanftmuth, Achtung, Hingebung, Gehorsam ermäßigt. Alle Ihre Einwürfe kommen darauf zurück: Iphigenie und ich sind zwei. Der Charakter Iphigeniens war leicht zu malen, auch der von Achilles und Ulysses, der Klytämnestra's noch leichter, aber der Agamemnon's, von welchem Sie nichts sagen, wie haben Sie an diesen nicht denken können? Ein Vater opfert seine Tochter aus Ehrgeiz und soll doch nicht gehässig erscheinen. Welch ein Problem zu lösen! Betrachten Sie alles, was der Dichter dafür gethan hat. Agamemnon hat seine Tochter nach Aulis gerufen. Das ist der einzige Fehler, den er gemacht hat und zwar bevor noch das Stück anfängt. Er ist von Gewissensbissen bewegt; er steht während der Nacht auf; er will sie hindern, in Aulis anzukommen; es gelingt ihm nicht; er verzweifelt bei ihrer Ankunft. Die Götter sind es, die ihn betrügen. Durch wen läßt man die Sache seiner Tochter bei ihm vertreten? Durch einen wüthenden Liebhaber, der sie mit seinen Drohungen verdirbt; durch eine wüthende Mutter, die ihren Gemahl unterjochen will. Mitten in diesen Wirren über läßt man den aufgereizten Vater dem schlauesten Manne Griechenlands. Dennoch steht er auf dem Punkt, seine Tochter dem Messer zu entreißen, als Eriphyle den Griechen und Kalchas seine Verfehlung anzeigt, welche nun die Tochter mit großem Geschrei fordern. Zehn Jahre werden die Griechen vor Troja liegen; es ist kein Häuptling in der Armee, der dann nicht einen Vater, einen Sohn, einen Bruder, einen Freund, für das den Atriden zugefügte Unrecht verloren hätte. Ist aber das Blut der Atriden das einzig kostbare Griechenlands? Verdankt Agamemnon, abgesehen von jedem Gefühl des Ehrgeizes, nichts den Göttern, nichts den Griechen? Wie viel zusammengehäufte Umstände, den Irrthum Eines Moments zu decken! Das Geheimniß dieser Büchse ist Ihnen entgangen.

— — — — — — — — — — — — — — — —

Ich bitte Sie, meine Freundin, keine Vergleichung zwischen Grimm und mir. Ich tröste mich über seine Superiorität, indem ich sie anerkenne. Ich bin eitel auf den Sieg, den ich über meine Selbstliebe davontrage, und man muß mir diesen armen kleinen Vortheil nicht rauben.

Warum setzt das Lob in Verlegenheit? Weil es gegen die Gerechtigkeit ist, die man sich selber schuldet, es zurückzuweisen, da man es verdient, und gegen die Bescheidenheit, die man heischt, es anzunehmen, da man alsdann den andern sich beigesellen würde, sich zu rühmen. Man ist ohne Fassung, wie man es immer sein wird, wenn man antworten soll und nicht weiß, ob man Ja oder Nein sagen soll. Ich wünsche für mich, daß dies Ihre Auflösung wäre. —

Wie lange werden Sie in Ihrer Familie eine Fremdlingin sein! Und die Rolle der Iphigenie erstaunt Sie und Sie sehen nicht, daß die Ihrige viel härter ist? Agamemnon opferte seine Tochter nur einmal, und Morphyse opfert die ihrige des Tags zehnmal. Es ist leichter, einen großen Schmerz zu erleiden, als sein ganzes Leben kleine Quälereien dulden, die ins Endlose fortgehen.

— — — — — — — — — — — — — — — —

Ich weiß nicht, was in meinem letzten Briefe über Laster und Tugend so Leidliches gestanden hat, daß Sie es Ihrer Frau Mutter mitzutheilen gewagt haben. Wovon handelte es sich? Ich mache mit dem, was ich Ihnen schreibe, so wenig Anspruch, daß das Einzige, was mir von einem Kurier bis zum andern davon übrigbleibt, dies ist, daß ich Ihnen von allen Augenblicken eines Lebens, das Ihnen gehört, habe Rechenschaft geben und Sie auf dem Grunde eines Herzens, wo Sie herrschen, habe lesen lassen wollen.

— — — — — — — — — — — — — — —

Ich würde den Gedanken nicht ertragen können, daß ein Mann diesen Vortheil über mich gehabt hat (Worte aus einem Briefe des Fräulein Voland) u. s. w. — Dieser Mann ist ein guter Mann, ich muß es wenigstens voraussetzen. Er ist Ihnen ergeben, mit Seel und Leib, er lebt nur für Sie, er studirt jede Richtung Ihres Willens. Sie sind es, welche sein Glück, seine Pein, seine Ruhe, seine Unruhe ausmachen; sein Los ist dem Ihrigen verknüpft. Er würde die Reise um die Welt machen, Ihnen einen Strohhalm zu suchen, der Ihnen gefiele, und wenn Sie ihm den einzigen Lohn zugestehen, den er sich verspricht, und wenn er sich bestrebt, ihn zu verdienen, so nennen Sie das, ihm einen Vortheil über sich gewähren? Ist das der Ausdruck? Ich beziehe mich auf Sie selbst, da Sie einen gerechten Geist haben. Bei jedem andern Umstand würde man sagen: es ist Rückgewährung, es ist Billigkeit. Die Koketten lassen sich Vortheil abgewinnen; die galanten Frauen und die Frauen von Temperament auch; die Thörinnen, die Leichtfertigen, mit Einem Wort alle, die auf ihre Gunst keinen honneten Preis setzen und die man besitzt, ohne sie verdient zu haben. So aber ist es nicht mit den übrigen.

— — — — — — — — — — — — — — —

Voltaire beklagt sich gegen Grimm sehr bitter über mein Schweigen. Er sagt, daß die Höflichkeit wenigstens fordere, seinem Advocaten zu danken. Und wer zum Teufel hat ihn gebeten, meine Sache zu vertheidigen? Er hat, sagt er, den lebhaftesten Schmerz gefühlt. Man würde diesem Mann kein Haar ausraufen können, ohne ihn nicht lautes Geschrei ausstoßen zu lassen. Er ist über 60 Jahre, er ist Autor, berühmter Autor, und er ist noch nicht an den Schmerz gewöhnt. Er wird sich nie daran gewöhnen. Die Zukunft wird ihn nicht bessern; er wird das Glück bis zum Augenblick erhoffen, wo ihm das Leben hinschwindet.

— — — — — — — — — — — — — — —

Meine Collegen haben fast nichts gethan. Ich weiß nicht, wann ich aus dieser Galere herausgehen werde. Soll ich dem Ritter von Jaucourt glauben, so ist sein Vorsatz, mich noch ein Jahr darin festzuhalten. Dieser

Mann lebt seit sechs bis sieben Jahren in der Mitte von sechs oder sieben Schreibern, jeden Tag über 13 14 Stunden lesend, dictirend, arbeitend — und diese Position hat ihn noch nicht gelangweilt.

Paris, 21 Nov. 1760.

Glauben Sie wol, daß bei Gelegenheit der Krankheit der Madame Helvétius diese Jesuiten, die ihren Mann so grausam verfolgt haben, den Muth gehabt haben, ihm ihren Besuch zu machen? Ich möchte Ihnen wol die Aeußerungen wiedergeben können, die er ihnen in seiner drolligen Bonhomie gethan hat. Es ist kein Wort davon zu verlieren:

„Aber wie, meine Väter, Sie sind es? Sie sind unbegreifliche Menschen. Sie halten sich dazu gemacht, alles zu unterjochen, Freunde, Feinde."

„Es thut uns leid, aber wir konnten nicht anders."

„Ich weiß wohl, daß Sie rechtschaffene Leute sein würden, wenn dies von Ihnen abhinge. Es gibt viele andere Leute in der Gesellschaft, die genau in dem nämlichen Falle sind; es hängt nicht von ihnen ab, es sind Schurken, denen ich verzeihe, es zu sein, aber ich sehe sie nicht."

Was denken Sie davon? Der Rest ist mir nicht mehr gegenwärtig, aber ist gerade wie diese Probe.

Paris, 23. Nov. 1760.

Es ist mir lieb, daß hier und da in meinem Gekritzel einige Worte sich finden, welche Sie Ihrer Frau Mutter vorlesen können, und derentwegen sie Ihnen die Genauigkeit dieses Verkehrs ein wenig verzeiht, denn ohne einigen Eigennutz würde sie mir leicht eine Leidenschaft vergeben, welche Sie unglücklich machte.

— — — — — — — — — — — — — — —

Sie sind also sehr stolz auf ihre (der Mutter) gute Laune? Genießen Sie derselben. Was mich betrifft, so würde ich darüber betrübt sein. Ich könnte es nicht ertragen, den Preis meiner Anhänglichkeit, meiner Sorgfalt, meiner Zärtlichkeit, einer Unendlichkeit persönlicher Eigenschaften, der Genugthuung einer elenden kleinlichen Einbildung zu verdanken. Es ist recht schade, daß sie nicht alle Tage zerfetzte Wämser wieder zu flicken hat. Dann wären Sie davon entbunden: wahr, sanft, ehrlich, aufmerksam, freimüthig, gehorsam, tugendhaft, uneigennützig zu sein; Sie wären geliebt ohne alle diese Erbärmlichkeiten.

— — — — — — — — — — — — —

Der Ritter von Jaucourt! Fürchten Sie nicht, daß er sich langweile, Artikel zu modelliren. Gott hat ihn dazu geschaffen. Ich wollte, Sie sähen, wie seine Physiognomie sich verlängert, wenn man ihm das Ende seiner Arbeit oder vielmehr die Nothwendigkeit, sie zu beenden, ankündigt. Er sieht dann wahrhaft trostlos aus. Vor Ostern werde ich mit meinem Werk fertig oder todt sein. Was mir eine unendliche Zeit nimmt, sind die Briefe, die ich meinen trägen Collegen schreiben muß, um sie zu beschleunigen. Sie haben eine so harte Haut, daß ich mit beiden Sporen zudrücken muß. Sie gehen deshalb nicht geschwinder, aber ohne die Aufmerksamkeit, ihnen den Sporn unaufhörlich in die Seite zu setzen, würden sie ganz und gar stillstehen.

— — — — — — — — — — — — — — —

Ich finde, daß Sie die Frage über das Lob bei weitem vielseitiger als ich aufgefaßt haben. Allein Sie haben mich nur gefragt, warum es in Verlegenheit setze. Es ist wahr, daß Sie ein wenig barock sind. Wie sich auch die andern an Ihnen gerieben haben, so haben Sie doch Ihre natürliche Rauheit nicht abstumpfen können. Ich bin darüber sehr froh. Ich liebe Ihre eckige und holperige Oberfläche viel mehr als die inhaltlose und gewöhnliche Glätte aller dieser Leute von Welt. Wenn Sie mitten in ihr dumpfes und eintöniges Gesumme ein dissonirendes Wort werfen, so frappirt es und man bemerkt es.

— — — — — — — — — — — — — — —

Frau von Epinay hatte einen Kopfschmerz zum Umkommen. Ich ging andern Tags zu ihr und wir brachten den Abend zusammen hin. Die Strenge der Principien ihres Freundes (Grimm) verliert sich; er unterscheidet zweierlei Gerechtigkeiten, eine zum Gebrauch der Souveräne. Ich sehe das alles, wie sie, indessen entschuldige ich ihn, wie ich kann. Zu jedem Vorwurf füge ich einen Refrain: aber er ist jung, aber er ist treu, aber Sie lieben ihn, und dann lacht sie.

— — — — — — — — — — — — — — —

Ich habe diesen Morgen den Besuch des Herrn von Buffon empfangen und werde an einem der nächsten Abende einige Stunden mit ihm zubringen. Ich liebe die Menschen, die zu ihren Talenten großes Vertrauen haben. Er ist Director der Französischen Akademie und in dieser Eigenschaft beauftragt, drei oder vier Aufnahmereden zu halten, eine grausame Fronarbeit. Was soll man von einem Herrn Watelet sagen? Was von den Todten, was von den Lebenden? Da es nicht gestattet ist, sie durch Verachtung zu beleidigen, so muß man sie loben, und er sagte: „Nun wohl, ich werde sie gut loben und man wird mir Beifall zollen. Findet der beredte Mensch irgendein Thema unfruchtbar? Gibt es irgendetwas, worüber er nicht zu sprechen wüßte?“ Ich lobe dies Vertrauen ganz uneigennützig, denn ich besitze es nicht. Alles erschreckt mich beim ersten Anblick, und ich muß hundert Ellen über einer Arbeit sein, soll ich sie nicht hundert Fuß über mir finden.

Paris, 1. Dec. 1760.

Trotz mir, trotz Ihnen, habe ich doch an diesen „berühmten Flüchtling des Sees" schreiben müssen. Er hat zwei reizende Briefe geschrieben, einen an Thiriot, den andern an Damilaville; sie sind voll der süßesten und verbindlichsten Dinge. Thiriot ist beauftragt gewesen, mir die 20 Bände seiner Werke gebunden zuzustellen. Ich erhielt sie Mittwoch; Freitag war meine Danksagung fertig und Sonnabend auf dem Wege nach Genf. Damilaville und Thiriot erklären sie für sehr gut. Sie besteht in einer ziemlich verständigen Kritik seines „Tancred", in einem Lob seiner Werke, vorzüglich seiner „Universalgeschichte", von welcher sie behaupten, daß ich erhaben gesprochen habe, in einer Entschuldigung meiner Trägheit, in einer Mahnung, uns ein Leben zu erhalten, das ich als das kostbarste und ehrenvollste der Welt betrachte: denn man hat Könige, Souveräne, Richter, Minister zu aller Zeit, aber es bedarf der Jahrhunderte, einen Mann wie ihn zu entdecken u. s. w.

Drei Männer, Herr von Limoges, Herr Watelet und Herr de la Condamine, concurrirten, in die Akademie zu treten. Es waren nur zwei Stellen offen: Herr von Limoges, dem die erste gesichert war, hat sich zurückgezogen, seinen beiden Concurrenten* die Unannehmlichkeit einer Weigerung zu ersparen. Das ist sehr rechtschaffen, und solcher Handlungen geschehen jeden Tag Hunderttausende. Wir haben uns, Helvétius, Saurin und ich, das Weiße aus den Augen gerissen. Sie behaupteten gestern Abend, daß es Menschen gebe, die durchaus kein Gefühl der Rechtschaffenheit, keine Vorstellung der Unsterblichkeit hätten. Wir verfochten unsere Meinungen mit Wärme, wie es immer der Fall sein wird, wenn man Frauen zu Richtern hat. Frau von Valory, Frau von Epinay, Frau von Holbach hatten den Vorsitz. Ich räumte ein, daß die Furcht vor der Rache der stärkste Damm der Schlechtigkeit sei, allein ich wollte, daß man zu diesem Beweggrunde noch einen andern fügte, der aus dem Wesen der Tugend selbst entspränge, wenn die Tugend kein bloßes Wort sein sollte. Ich wollte, daß ihr Charakter sich nie ganz, auch nicht in den entartetsten Seelen, auslöschte; ich wollte, daß ein Mensch, der seinen eigenen Nutzen dem öffentlichen vorzöge, mehr oder weniger fühlte, daß man besser handeln könne, und daß er sich weniger achtete, nicht die Kraft, sich zu opfern, gehabt zu haben; ich wollte, daß man, wie man sich nicht nach Belieben närrisch, so auch nicht schlechter machen könnte, daß, wenn die Ordnung etwas ist, man nie dazu gelangt, sie zu ignoriren, als ob sie nichts wäre, daß, wie sehr man auch die Nachwelt verachte, niemand wäre, der nicht ein wenig litte, wenn man ihm versicherte, daß die, die er nicht vernehmen würde, von ihm sagten, daß er ein Bösewicht gewesen. Wir stritten lebhaft. Was mir aber besonders gefiel, war, daß diese rechtschaffenen Leute, nachdem der Streit sich kaum beruhigt hatte, ohne es zu merken, die stärksten Dinge zu Gunsten der Meinung sagten, welche sie soeben bekämpft hatten. Sie sprachen von selbst die Widerlegung ihrer Ansicht aus. Sokrates, an meiner Stelle, hätte sie ihnen entrissen, hätte dann den Widerspruch ihrer Aeußerungen aufgedeckt und ihnen zuletzt mit seinem Lächeln den Rücken gekehrt. Theuere Freundin, wenn Sie von dieser Methode mit der Feinheit, Kaltblütigkeit, Gerechtigkeit, welche Sie besitzen, Gebrauch machen wollten, so würde dies niemand mehr als Ihnen gelingen und Sie würden meine Aspasia sein. Jene Aspasia des Sokrates war nicht so weise als Sie. Ich habe tausend Dinge zu thun. Ich sollte auf dem Hôtel-des-Fermes, ich sollte bei dem Kassirer des Herrn von St.-Julien, ich sollte bei Frau von Epinay sein und ich bin bei Ihnen und kann Sie nicht verlassen. Leben Sie wohl, meine Freundin! Ach! Sie lieben mich nicht so, wie ich Sie liebe. Sie nehmen den Aufschub Ihrer Rückkunft nicht wie ich. Um so besser. Sie würden zu sehr zu beklagen sein, wenn Sie vor Liebe so krank wären als ich.

Paris, 12. Sept. 1761.

Ich habe die Seele von allen Seiten zermartert. Seit ungefähr 25 Tagen hatte ich mich nicht um mein Kind gekümmert und finde es ganz und gar verschlechtert. Sie schnarrt, macht Mienen, schneidet Grimassen, sie kennt die ganze Gewalt ihrer Launen und Thränen; sie schmollt und weint um nichts; sie hat das Gedächtniß voll von dummen Rebus; sie ist schlotterig; man kann mit ihr nicht zu Ende kommen; der Geschmack an Arbeit und Lektüre, der ihr natürlich ist, verliert sich. Ich sehe das alles und würde untröstlich darüber sein, wenn die Wirkung meiner Gegenwart seit einigen Tagen mich nicht einige Besserung hoffen ließe. Sie ist groß, von Gesicht hübsch genug, zu allen körperlichen und geistigen Uebungen geschickt; Urania oder ihre Schwester hätten etwas Außerordentliches aus ihr gemacht. Ihre Mutter, die sich ihrer bemächtigt hat, wird nie dulden, daß man etwas aus ihr mache. Nun wohl! Sie wird hunderttausend andern gleichen, und wenn sie einen dummen Mann hat, wie das, hundert gegen eins zu wetten, geschehen wird, so wird sie weniger unzufrieden sein, als wenn eine bessere Erziehung sie schwieriger gemacht hätte.

Ein anderer Gegenstand der Pein. Diese fürchterliche Revision ist beendet. Ich habe 25 Tage hintereinander, 10 Stunden Arbeit des Tags, daran zugebracht. Meine Corsaren haben alle ihre Manuscripte vor Augen. Es ist eine ungeheuere Masse, welche sie erschreckt. Sie überschätzen selbst meine Arbeit und ich sage mir: also werde ich nichts dafür erhalten. Die Folgerung ist richtig. Hätten sie Lust, diese Arbeit zu bezahlen, so wurden sie dieselbe unterschätzen. Ich bin meiner Logik so sicher, daß ich auf nichts, schlechterdings auf gar nichts rechne. Sollte ich mich zufällig täuschen, so würde ich nicht erröthen, es einzugestehen, aber ich tausche mich nicht, ich wette, was man will.

Grimm kommt diesen Abend in der Chevrette an. Ich hatte ihm versprochen, in den Salon zu gehen und ihm ein flüchtiges Urtheil über die vornehmsten darin ausgestellten Stücke zu skizziren. Ekel, Verstimmung, Melancholie haben mich verhindert, ihm Wort zu halten, und das ist noch ein Aerger für mich.

Paris, 17. Sept. 1761.

Meine ganze Seele ist zerstört. Ich schreibe Ihnen nur, Sie zu verhindern, sich zu beunruhigen. Sie wissen, welch heftigen Schmerz Ungerechtigkeit und Unvernunft mir zufügen. Nun stellen Sie sich vor, daß ich eine Ueberflutung damit ertragen mußte, die über zwei Stunden dauerte, bevor sie verlief. Aber sagen Sie mir, welch ein Vortheil dieser (nämlich seiner Frau) daraus erwächst, wenn sie mir ein Gefäß in der Brust zersprengt oder die Fibern des Gehirns in Unordnung bringt! Ach! wie hart scheint mir das Leben zu erdulden. Wie viel Augenblicke, in denen ich sein Ende mit Freuden hinnähme! Stoßen Sie sich nicht an diesen Empfindungen. Sie sind fern von mir, und das Herz ist mir noch ganz geschwollen. In drei oder vier Stunden werde ich in der Tiefe dieser Seele, welche die Ungeduld und der Unwille beherrschen und quälen, die Liebe wiederfinden, die Furien werden während des Schlafs gewichen sein; die Zärtlichkeit und all ihr süßes Gefolge wird wieder ihren Platz einnehmen, und ich werde nicht mehr sterben wollen.

— — — — — — — — — — — — — — —

Ich erhalte soeben ein Billet von Grimm, welches meine so delicate Seele verwundet. Ich habe mich verbindlich gemacht, ihm einige Zeilen über die im Salon ausgestellten Gemälde zu entwerfen; er schreibt mir, daß, wenn sie nicht bis morgen fertig sind, es unnütz sei, sie zu vollenden. Ich werde über diese Art von Härte gerächt sein und ich werde es sein, wie es mir ziemt. Ich habe gestern den ganzen Tag, heute die ganze Nacht gearbeitet. Ich werde morgen Nacht und Tag daran zubringen und um 9 Uhr soll er einen Band Handschrift haben.

— — — — — — — — — — — — — — —

Die Cacouacs? So nannte man vorigen Winter alle diejenigen, welche die Grundsätze der Moral nach der Taxe der Vernunft abschätzten, welche die Dummheiten der Regierung bemerkten und sich freimüthig darüber erklärten, und welche Briochet, den Vater, den Sohn und den Abbé, in den Koth schleiften. Es fehlt nur noch, daß Sie mich fragen, wer Briochet ist? Das ist der erste Marionettenspieler, der in der Welt existirt hat. Alles wohl verstanden, werden Sie begreifen, daß ich ein verteufelter Cacouac bin, daß Sie und Ihre Schwester es auch ein wenig sind und daß es keinen Menschen von Geist und Rechtschaffenheit gibt, der nicht mehr oder weniger zur Clique gehöre.

Paris, 22. Sept. 1761.

Alles, was Sie für Morphyse thun, ist sehr schön, ich lobe es. Sie liebt Sie deshalb nicht mehr; aber Ihre Pflichten sind erfüllt und Sie achten sich darum mehr. Und übrigens weiß ich nicht, ob man nicht dadurch eine Stärke erwirbt, die man ohnedem nicht hätte. Man fürchtet das Gute, das man gethan hat, zu verderben und erträgt um so leichter die üble Laune und ihre jähen Ausbrüche. Wenn ich mich wohl befinde, bin ich heiter und scherzhaft, befinde ich mich unwohl, verdaue ich schwer, schwillt mir die Gallenblase, so moralisire ich.

— — — — — — — — — — — — — — —

Ich bitte Sie, Uranien zu fragen, warum sie ihren Kindern nicht die Augen aussticht? Die Unwissenheit ist die Mutter aller unser Irrthümer. Ist es gut, die Wahrheit zu kennen? Ist es gut, die Tugend zu lieben? Ist es wichtig, das Gute und Böse, den Werth der Dinge des Lebens zu kennen und zu wissen, was man sich und andern schuldig ist? Oder ist es besser, in der Finsterniß zu irren, keine bestimmte Idee zu haben, das Gute aus Dummheit, das Böse, man weiß nicht warum zu thun, in Verachtung zu fallen, ohne Ansehen zu leben u. s. w. u. s. w.? Hierauf ungefähr reducirt sich die Beobachtung Uraniens. Ohne Zweifel ist die Einsicht ein Gut, das man misbrauchen kann. Unwissenheit aber und Stupidität, die Gefährtinnen der Ungerechtigkeit, des Irrthums und des Aberglaubens, sind immer ein Uebel.

— — — — — — — — — — — — — — —

Der Herr Ambassadeur (Grimm) geht soeben ein wenig hart mit mir um. Er verlangt von mir ein Wort über die Gemälde; ich gehe sie sehen, komme zurück, schreibe, schreibe einen Band; ich verbringe Tage und Nächte, ihn zu befriedigen; Sie werden aus seinem Briefe sehen, wie es mir gelungen ist; ich schicke Ihnen denselben. Sie müssen wissen, daß ich ihm schrieb, mir nicht von Dankbarkeit zu sprechen, weil dieser Fall mir welche zu erheischen schien.

Paris, 28. Sept. 1761.

Auf, meine Freundinnen, Muth! Zerstören Sie, reinigen Sie die

Welt von allen mißthätigen Wesen. Ich sehe, daß Sie sich die Allmacht und die souveräne Gerechtigkeit angemaßt haben. Könnten Sie mir sagen, ob Morphyse noch lebt? Beruhigen Sie mich über alle Ihre Verwandte und alle Ihre Freunde; beruhigen Sie mich über mich selbst. Bei der ersten Unzufriedenheit, beim ersten Misverständniß, wird diejenige, welche es der andern an Schnelligkeit zuvorthut, bis zu dem Moment ganz allein bleiben, wo sie, indem sie sich den Mord so vieler Leute, über die sie kein Recht hatte und welche sie nach einer Handlung beurtheilte, von der sie die Reue voraussah, den vernichtenden Act an sich selbst ausübt, ein viel scheußlicheres Ungeheuer, als alle, welche sie vernichtet haben würde. So steht es hiermit. Sie finden, daß der Lauf der Welt schlecht geht; Sie setzen sich an die Stelle dessen, der sie gemacht hat und sie regiert und Sie machen seine Dummheiten gut. Sie beurtheilen die Handlungen, Sie! Sie verfügen Strafen und Belohnungen zwischen Dingen, die keine Beziehung aufeinander haben; Sie richten über die Güte und Bosheit der Wesen; Sie haben ohne Zweifel im Grunde der Herzen gelesen. Sie kennen den ganzen Ungestüm der Leidenschaften; Sie haben alles in Ihrer ewigen Wage gewogen. Sind Sie ganz sicher, die eine wie die andere, nicht einige ungerechte Handlungen begangen zu haben, welche Sie sich verziehen haben, weil ihr Gegenstand ein unbedeutender war, die im Grunde aber mehr Bosheit zeigten, als ein vom Elend oder von der Wuth eingegebenes Verbrechen? — Ich bitte Sie, meine Freundinnen, sich unverzüglich von Ihrem Amt als Criminalrichter des Universums los zu machen. Die Obrigkeiten, die von der Erfahrung, von den Gesetzen, von den Conventionen unterstützt werden, welche sie zuweilen zwingen und sie bevollmächtigen, gegen das Zeugniß ihres Gewissens zu urtheilen, zittern noch, wenn sie über das Schicksal eines Angeklagten den letzten Spruch zu fällen haben. Und seit wann ist es einem andern Wesen als Gott erlaubt, zu gleicher Zeit Richter und Ankläger zu sein?

Freilich, dieser Lovelace hat eine reizende Gestalt, die Ihnen wie jedermann gefällt und von welcher Sie sich im Geist ein verführerisches Bild gemacht haben. Freilich, er hat Seelenschwung, Erziehung, Kenntnisse, alle angenehmen Talente, Leichtigkeit, Kraft, Muth; freilich es ist nichts Niedriges in seinem Verbrecherthum; freilich, es ist unmöglich, ihn zu verachten; freilich ziehen Sie vor, mit Lovelace von der Hand des Kapitäns Morden zu sterben, als mit Solmas zu leben; freilich lieben wir, alles zu allem genommen, ein halb gutes, halb böses Wesen mehr als ein indifferentes. Wir hoffen durch unser Glück oder durch unsere Geschicklichkeit seiner Bosheit zu entrinnen und seine Güte gelegentlich zu nützen.

Glauben Sie, daß jemand unter dem Himmel ungestraft Clarisse den hundertsten Theil des Unrechts anthun dürfte, welches Lovelace ihr zufügt? Ein Verfolger, der zugleich, indem er uns quält, uns gegen alles, was uns umgibt und bedroht, beschützt, ist schon etwas. Und über dem ahnen Sie, daß dieser Mann, der sich gegen eine andere verhärtete, sich für Sie erweichte.

Die erste Frage ist nicht, zu wissen, ob die Tödtung eines Menschen ein Gut oder ein Uebel, sondern was gut oder böse ist, was Strafe oder Lohn, Gnade oder den Tod verdient; ob derjenige, den Sie mit Ihrer Autorität zerstören, nicht durch eine einzige gute Handlung mehr Gutes in der Welt gethan hätte, als er jemals Unordnung darin anrichten könnte. Sie entscheiden über mehrere sehr dunkle Sachen. Wer hat Ihnen gesagt, daß es erlaubt sei, irgendjemand das Leben zu nehmen, außer wenn er uns an das unserige wollte? Wenn es erlaubt ist, eines Diebstahls halber zu tödten, so gibt es nichts, wofür man nicht tödten könnte; man wird für eine Nadel tödten. Wenn die von den Gesetzen angeordnete Tödtung des Menschen nicht ein Vertrag wäre, den wir alle unterschrieben haben, so wüßte ich nicht, wie man sie rechtfertigen wollte. Wozu dienen die Gesetze, wenn Sie sich an ihren Platz stellen und unbekannter Verbrechen halben wüthen? Wer wird Sie in den Augen der Menschen rechtfertigen? Ich fürchte, daß Ihre Lösung Sie nur deshalb in Verlegenheit setzt, weil Sie unmögliche Bedingungen in das Problem haben eintreten lassen. Bleiben Sie in der Natur; gehen Sie nicht aus ihrem Stande heraus; setzen Sie die Ordnung als nothwendig voraus und Sie werden sehen, daß alle Ihre Phantome verschwinden, wenn das Verbrechen unbekannt ist, und daß nichts Ihre Züchtigung rechtfertigt. Sehen Sie nicht, daß derjenige, welcher sich denselben Despotismus, wie Sie, anmaßt, gegen Sie wüthen kann, ohne weder die Humanität und die Justiz, noch das Gewissen und die Gesetze zu verletzen? Beachten Sie wohl, daß Sie ohne Beruf, ohne Amt, über das ganze Leben eines Menschen nach einigen Augenblicken urtheilen. Ach! dieser Unglückliche, den Sie einer Handlung wegen vernichten, wer hat Ihnen gesagt, daß er nicht mehrere hinter sich hat, derentwegen Sie ihn, besser von Ihnen gekannt, wieder auferwecken würden? Haben Sie sich auf den Richterstuhl nur gesetzt, um zu morden? — Sie lassen die guten Leute in Sicherheit — Aber von diesen handelt es sich nicht, sondern von der Menge, die abwechselnd gut oder schlecht ist. Wägen Sie erst ihr Verdienst und ihr Unverdienst und dann thun Sie Ihren Spruch.

— — — — — — — — — — — — — — — —

Wissen Sie, wie ich mich an Grimm gerächt habe? Zunächst hat er den Band über die Gemälde gelesen und ihn mit feinen und sehr angenehmen

Ideen erfüllt gefunden. Während er ihn las, machte ich zwei andere Stücke, die ich ihm soeben zusende, das eine über die Wahrscheinlichkeit der Ereignisse, das andere über die Vortheile und Nachtheile der Impfung, beides Gegenstände von zwei Denkschriften, welche d'Alembert jetzt mit andern mathematischen Arbeiten veröffentlicht hat.

(Diese Stücke existiren nicht in Grimm's gedruckter „Correspondance", weil sie vom 11. April 1761 bis zum 15. Juni 1762 eine Lücke hat.)

Paris, 2. Oct. 1761.

Ich werde diesen Herbst nicht aus Paris gehen. Verdrießlichkeit folgt sich auf Verdrießlichkeit. Ich nutze meine Augen über Kupfertafeln ab, die von Zahlen und Buchstaben starren, und mitten in dieser peinlichen Arbeit der bittere Gedanke, wieviel Ungerechtigkeit, Verfolgungen, Qualen, Verluste die Frucht davon sein werden. Ist das nicht angenehm? Freund Grimm wird gut predigen haben, es wird deshalb nicht mehr, nicht weniger sein; ich kann mich nicht mehr an Rauch ersättigen. Eine köstliche Ruhe, eine süße Lektüre, ein Spaziergang an einem frischen, einsamen Ort, eine Unterhaltung, worin man sein Herz öffnet, worin man sich seiner ganzen Empfindung hingibt, eine starke Erregung, welche Thränen zum Rand der Augenlider bringt, das Herz klopfen macht, die Stimme abschneidet, uns in Entzücken versetzt, sei es, daß es durch die Erzählung einer großmüthigen Handlung oder durch ein Gefühl der Zärtlichkeit, der Gesundheit, der Heiterkeit, der Freiheit, der Muße, des Wohlstandes sich erzeuge. Das ist das wahre Glück, ich werde nie ein anderes kennen.

Paris, 25. Oct. 1761.

Sie lieben es nicht, daß meine Freunde, die eigenwilligsten Menschen von der Welt, und vor allem Grimm, der eigenwilligste unter ihnen, mir darüber schmollen, daß ich mich zuweilen emancipire, meinen Willen zu thun. Auch ich liebe es nicht, aber seien wir gerecht. Haben sie unrecht, eine Herrschaft zu nehmen und auszuüben, die ich ihnen überließ? Wär' ich an ihrer Stelle weiser, rücksichtsvoller als sie gewesen? Ist niemand, den ich beherrsche, ohne ein anderes Recht, als die Schwäche dessen zu haben, der sich beherrschen läßt?

Paris, 28. Juli 1762.

Indem ich mich mit dem Mühsal eines andern beschäftige, vergesse ich das meinige. Ich sage es Ihnen, ich sage es allen Menschen: befinden Sie sich mit sich selbst übel, thun Sie schnell irgendein gutes Werk. Grimm verliert seine Augen eher, als Sie die Ihrigen. Hüten Sie sich, mir von dem Mann meines Herzens Böses zu sagen. Der Augenblick naht, wo ich erfahren werde, was unsere Betheuerungen, unsere Wünsche, unsere gegenseitige Hochachtung werth sind; kurz, ob ich Freund zu sein weiß! Wenn mein Freund blind wird, nehme ich Sie zur Zeugin meines Betragens. Lernen Sie mich, lernen Sie Ihren Geliebten kennen, denn was er für seinen Freund thun wird, das hätt' er auch für seine Geliebte gethan; und ich glaube nicht, daß er etwas für seine Geliebte gethan hätte, was für seinen Freund zu thun er nicht die Kraft gehabt hätte. Der traurige Moment für meinen Freund! Der große Moment für mich, wenn ich mich nicht irre!

(Diderot irrte sich, Grimm wurde nicht blind. Diderot hatte schon, wie er schreibt, den Stock und Hund für ihn bereit gehalten.)

Paris, 5. Aug. 1762.

Grimm und ich haben Montag früh eine große Unterredung gehabt. Ich sehe nicht das mindeste, was in der Tiefe seiner Seele vorgeht, aber ich kann sie nicht verdächtigen. Seit zwei Jahren haben sich alle dunkeln Dinge zu seinen Gunsten aufgeklärt. Sein Betragen gleicht wie ein Tropfen dem andern, dem Grandisson's in den beiden ersten Bänden. Er fühlt wohl, daß er den Schein und das Urtheil der Indifferenten, um das er sich gar nicht kümmert, gegen sich hat. Zuletzt versichert er, daß er, wenn wir jemals nach Rom gehen, mir das Geheimniß seines Betragens im Pantheon erklären wird.

Paris, 8. Aug. 1762.

Es ist Voltaire, welcher für diese unglückliche Familie — der Calas — schreibt. Ach! meine Freundin, welch eine schöne Anwendung des Genies! Dieser Mensch muß Seele, muß Gefühl besitzen, daß die Ungerechtigkeit ihn empört und daß er den Reiz der Tugend fühlt. Was denn sind ihm die Calas! Was kann ihn für sie interessiren? Welchen Grund kann er haben, die Arbeiten, die er liebt, aufzugeben und sich mit hrer Vertheidigung zu beschäftigen? Gäbe es einen Christus, so würde Voltaire, ich versichere es Sie, gerettet sein.

Paris, 12. Aug. 1762.

Mir scheint, als säh und hörte ich Voltaire, wie er seine Augen und Hände gen Himmel erhebt und sagt: Herr, nun lässest du deinen Diener, weil meine Augen dein Heil gesehen haben. Dieser unbegreifliche Mensch hat ein Papier gemacht, welches er „Éloge de Crébillon" nennt. Nun, Sie werden sehen, was für ein artiges Lob dies ist. Es ist die Wahrheit, aber die Wahrheit beleidigt im Munde des Neides. Ich kann ine solche Kleinlichkeit einem so großen Manne nicht hingehen lassen. Er will alle Statuen umstürzen. Er arbeitet an einer Ausgabe Corneille's. Ich wette, wenn man will, daß die Anmerkungen, mit denen sie ausgestopft sein wird, ebenso viel kleine Satiren sein werden. Möge er immerhin thun, immerhin herabsetzen, ich sehe ein Dutzend Männer bei unserer Nation, die, ohne sich auf die Fußspitzen zu stellen, ihn stets mit dem Kopf überragen werden. In allen Gattungen ist dieser Mensch nur der zweite.

Paris, 26. Aug 1762.

Ich habe nicht Zeit, länger mit Ihnen zu plaudern. Ich habe drei Tage verwendet, wie ein Galerensklave für rechtschaffene Leute zu arbeiten, die ich ein wenig kenne. Sie haben eine wichtige Entdeckung gemacht und ich konnte ihnen den Dienst, sie auseinanderzusetzen, nicht abschlagen. Während ich aber mit ihrer Sache mich beschäftige, blieb die meinige liegen. Ich schreibe ihnen von Le Breton angesichts eines Haufens von Correcturen, auf welche man wartet. Grimm muß doch wol recht haben, daß wir über die Zeit nicht nach unserm Wohlgefallen verfügen können, daß wir sie zuerst unsern Freunden, unsern Verwandten, unsern Pflichten schulden und daß in der Verschwendung, die wir mit ihr für uns gleichgültige Menschen treiben, ein fehlerhafter Grundsatz liegt. Wär' ich wahrhaft wohlthätig gewesen, warum fühlte ich Reue darüber? Entweder meine Handlung oder mein Gewissen muß fehlen, und ich will lieber glauben, daß es meine Handlung sei.

Paris, 23. Sept. 1762.

Die beständige Folge nützlicher und mannichfaltiger Beschäftigungen macht den Aufenthalt auf dem Lande so süß, und den der Stadt so widerwärtig für die, welche sich an die ländlichen Beschäftigungen gewöhnt haben.

Warum man, je erfüllter das Leben ist, um so weniger daran festhält? Wenn dies wahr ist, so kommt es daher, weil ein beschäftigtes Leben gewöhnlich ein unschuldiges ist; weil man weniger an den Tod denkt und ihn weniger fürchtet, weil man sich unmerklich mit dem Lose bescheidet, welches allen Wesen gemeinsam ist, die man unaufhörlich um sich her sterben und wieder erstehen sieht; weil man, nachdem man eine Reihe von Jahren den Arbeiten genügt hat, welche die Natur jährlich zurückführt, sich davon losmacht und sich daran ersättigt; die Kräfte verlieren sich, man wird schwächer, man wünscht das Ende des Lebens, wie man, hat man tüchtig gearbeitet, das Ende des Tages wünscht; weil man, indem man im Stande der Natur lebt, sich nicht gegen die Ordnung empört, die man als eine allgemeine und nothwendige sich vollziehen sieht, weil man, nachdem man die Erde so oft umgegraben, weniger Widerwillen hat, in sie hinabzusteigen, weil man, nachdem man so oft auf der Erde geschlafen, um so mehr gestimmt ist, ein wenig unter ihr zu schlummern, weil niemand unter uns, nach schwerer, erschöpfender Arbeit, nicht sein Bett gewünscht und den Augenblick des

Schlafengehens nicht mit höchstem Vergnügen herannahen gesehen, weil das Leben für manche Personen nur eine lange Mühsal, der Tod nur ein langer Schlaf, der Sarg nur ein Ruhebett und die Erde nur ein Kissen ist, auf welches den Kopf, um ihn nie wieder zu erheben, niederzulegen süß ist. Ich gestehe Ihnen, daß der Tod unter diesem Gesichtspunkt und nach den langen Drangsalen, die ich erduldet habe, mir überaus angenehm ist. Ich will mich gewöhnen, ihn immer mehr so anzusehen.

Paris, 26. Sept. 1762.

Geboren werden in der Unmündigkeit, unter Schmerz und Geschrei; das Spielwerk der Unwissenheit, des Irrthums, des Bedürfnisses, der Krankheit, der Schlechtigkeit und der Leidenschaften sein; Schritt vor Schritt von dem Augenblick, wo man stammelt, bis zu dem fort gehen, wo man faselt; zwischen Schelmen und Charlatanen aller Art leben; auslöschen zwischen jemand, der uns den Puls fühlt, und einem andern, der uns bestürzt macht; nicht wissen, woher man kommt, warum man gekommen ist, wohin man geht; das nennt man das wichtigste Geschenk unserer Aeltern und der Natur: das Leben.

— — — — — — — — — — — — — —

Dies Werk (die Encyklopädie) wird mit der Zeit sicher eine Revolution in den Geistern hervorbringen, und ich hoffe, daß die Tyrannen, die Unterdrücker, die Fanatiker und die Intoleranten nicht dabei gewinnen werden. Wir werden der Menschheit gedient haben, aber wir werden schon längst zu kaltem und fühllosem Staub verwandelt sein, bevor man uns einigen Dank dafür weiß. Warum die guten Menschen nicht bei Lebzeiten loben, da sie unter dem Grabe nichts davon hören? Da muß man sich trösten, indem man sich das Gebet eines Muselmanen zurückruft: O mein Gott, verzeihe den Bösen, weil du nichts für sie gethan hast, da sie schlecht geworden sind; die Guten haben nichts mehr von dir zu verlangen, weil du, als du sie gut machtest, alles für sie gethan hast.

(Diderot's Frau war im Herbst 1762 ungewöhnlich krank. In mehrern Briefen beschreibt er ihr Leiden und die Mittel, welche die Aerzte gegen sie anwendeten. Er zeigt sich mistrauisch gegen die Medicin und behauptet, daß die Aerzte die moralischen Symptome zu wenig beachteten. Ein Kranker sei sehr krank, wenn er seinen Charakter verliere; er bessere sich, wenn er denselben wieder aufnehme. Daher schreibt er am 5. Oct. 1762:)

Man kann nichts weiter (von dem Verlauf der Krankheit) verstehen, außer daß der Kummer und die Magerkeit erschrecklich zunehmen und daß die Kräfte immer mehr schwinden. Aber ein Symptom erschreckt mich mehr als irgendein anderes, das ist die Sanftheit des Charakters, die Geduld, die Stille, und, was schlimmer ist, eine Rückkehr der Freundschaft und des Vertrauens zu mir. Niemand, weder sie noch wer um sie ist, schläft. Nur der Arzt ist immer zufrieden. Ich denke, daß er nicht weiß, was er thut und daß das Uebel eine ganz andere als die von ihm vorausgesetzte Ursache hat; allein ich würde nicht wagen, den Mund darüber zu öffnen. Wenn ich zufällig falsch dächte, wenn er meinen Irrthum annähme, und wenn die Aenderung der Methode schlimme Folgen hätte, so würde ich mich niemals darüber trösten. Man muß also von Morgen bis Abend dem Kranken Dinge bieten, die man für seinen Zustand, wenn nicht widersprechend, wenigstens für fehlgegriffen und nicht für heilsam hält, die üble Wirkung davon sehen und schweigen.

(Diderot fühlte sich sehr niedergedrückt. Das Lächeln war ihm unmöglich geworden. Er klagte über die Härte des Daseins und machte sich Vorwürfe, seinen Freundinnen den Jammer seiner Verzweiflung zu zeigen.)

Aber muß ich denn mir Gewalt anthun, aus Furcht, sie zu verwunden? Und wenn ich mich zwänge, würde denn, was ich sagte, oder vielmehr was im Grunde meiner Seele vorginge, was ich ohne ihr Wissen dächte, fühlte, beschlösse, sie beleidigen? Gewiß verlange ich glücklich zu sein. Ist es meine Schuld, wenn ich an allem Fehler erblicke, die mich betrüben, wenn das ganze Leben nur eine Lüge, eine Verkettung trügerischer Hoffnungen ist? Man erkennt dies zu spät. Wir sagen es unsern Kindern, die es nicht glauben: sie haben graue Haare, bis sie davon überzeugt sind. Leben Sie wohl! Werfen Sie dies verdrießliche Geschwätz beiseite. Störte ich einen Augenblick Ihr Vergnügen, Ihr Glück, Ihre Ruhe, so würde ich jenem dicken Mann gleichen, dick wie sechs andere, der im Gewühl erstickte und schrie: Welch verdammtes Gedränge, welche Presse! Ein Nachbar sagte zu ihm: Nun, du wandelndes Bierfaß, worüber beklagst du dich? Siehst du nicht, daß, wenn alle Welt dir gliche, diese Presse noch funfzigtausendmal größer wäre? — Ich, der ich vielleicht meiner ganzen Umgebung Kummer bereite, der das Leben derjenigen vergiftet, die ihm am theuersten sind, was fällt mir ein, gegen das Leben zu schreien? Schrien alle andern ebenso laut als ich, so würde man sich nicht verstehen; es wäre der entsetzlichste Lärm auf der Erde. Wenn alle andern so launisch, so ungerecht, unbequem, empfindlich, mistrauisch, eifersüchtig, närrisch, ebensolche Bestien und Werwölfe wären, so wär' es nicht zum Aushalten. Also, weil wir nicht besser sind als die, von denen wir sagen, daß sie nichts werth sind, leiden wir sie und schweigen wir. Ich schweige daher und leide. Adieu!

(Das Jahr 1764 fällt im Briefwechsel aus.)

Paris, 21. Juli 1765.

Wohl haben sie gesagt, daß das Leben ein Traum sei. Allein warum haben sie nicht zugleich gesagt, daß es ein böser Traum sei? Gab es unter ihnen einige, denen die Natur einen bessern Geist, eine sanftere Seele, eine dauerhaftere Gesundheit, mehr zuverlässige Freunde, eine bessere Freundin als mir zugestanden hätte? Nein. Aber diese Natur ist eine Thörin, die mit einer Hand verdirbt, was sie mit der andern gut macht und sich darin gefällt, die wenigen Bonbons, welche sie ihren Kindern reicht, mit Chicotin zu mischen. Das System zweier Grundwesen, eines wohl- und eines übelthätigen, ein auf der Erde so allgemein verbreitetes System, ist nicht so abenteuerlich, als man auf der Sorbonne behauptet. Man muß da hindurch oder an den Jupiter Homer's glauben, der in zwei Tonnen alle Güter und Uebel des Lebens eingeschlossen hat, und einen aus ihnen gemischten Regen unaufhörlich auf die Köpfe der armen Sterblichen fallen läßt, von denen einige mehr Uebel, andere mehr Gutes erhalten, am Ende aber alle so ziemlich gleichmäßig durchnäßt werden. Ginge das Leben nicht so, wer könnte sich entschließen, es zu verlassen? Wär' es ein Faden reinen Glücks ohne anderweiten Einschlag, wer wollte es für sein Vaterland aussetzen, wer es für Vater, Mutter, Weib, Kinder, Freund, Geliebte opfern? Niemand. Die Menschen würden nur eine elende Heerde glücklicher Wesen ohne alle heroische Handlung sein. Trunken würden sie leben, rasend würden sie sterben.

Paris, 25. Juli 1765.

Ich schreibe Ihnen von Le Breton, wohin ich gekommen war, um die Blätter durchzusehen, die ich dort lasse. Ich werde nicht mehr in dies verdammte Atelier zurückkehren, wo ich meine Augen für Menschen abgenutzt habe, die mir nicht einen Stock geben würden, mich zu führen. Es bleiben uns nur noch 14 Hefte zu drucken, das Werk von acht bis zehn Tagen. Dann werde ich also das Ende dieser Unternehmung sehen, die mich seit 20 Jahren beschäftigt, die, weit gefehlt, mein Glück zu machen, mich öfter der Gefahr ausgesetzt hat, mein Vaterland zu verlassen oder meine Freiheit zu verlieren, und die ein Leben verzehrt hat, das ich nützlicher und ruhmvoller hätte verwenden können. Das Opfer des Talents für das Bedürfniß würde viel seltener sein, wenn es sich dabei blos um sich handelte. Man würde sich eher entschließen, Wasser zu trinken, eine Brotrinde zu essen und auf einer Bodenkammer seinem Genie zu folgen; aber für Frau und Kinder, wozu entschließt man sich nicht? Wollte ich mich geltend machen, so würde ich ihnen nicht sagen: ich habe 30 Jahre für euch gearbeitet, sondern ich würde sagen: ich habe für euch 30 Jahre dem Beruf der Natur entsagt; ich habe vorgezogen, gegen meinen Geschmack das, was euch nützlich ist, dem, was mir angenehm war, zu thun: das ist die wirkliche Verpflichtung, die ihr gegen mich habt und an die ihr nicht denkt.

Paris, 1. Aug. 1765.

Das Schicksal bedroht uns überall gleich sehr; doch scheint es, als fürchte man es weniger da, wo es uns kein Uebel zugefügt hat; man weiß nicht, was es uns anderwärts bereitet. Wenn ich Sie von hier sähe, wenn ich nur einen Zauberspiegel hätte, der mir meine Freundin jeden Augenblick zeigte; wenn sie vor meinen Augen in einem Spiegel, wie an dem Ort ginge, welchen sie bewohnt, so scheint es mir, als würde ich ruhiger sein. Ich würde diesen Spiegel gar nicht verlassen; wie oft würde ich nachts aufstehen, Sie schlafen zu sehen. Wie oft würde ich ausrufen: Meine Freundin, nehmen Sie sich in Acht, Sie ermüden sich zu sehr, kommen Sie auf diese Seite, sie ist schöner, die Sonne wird Ihnen schaden, Sie wachen zu lange, Sie lesen zu viel, essen Sie dies nicht, was haben Sie? Sie scheinen mir traurig. Sie würden mich nicht hören, aber wenn die Vernunft Sie nach meinem Wunsch geleitet hätte, würde ich ebenso zufrieden sein, als ob Sie mir gehorcht hätten. Es ist sehr ungewiß, ob mein Spiegel mir nicht manchmal mehr Schmerz als Vergnügen verursachen würde. Es ist sehr ungewiß, ob ich ihn nicht eines Tages zerbräche; es ist sehr gewiß, daß ich, nachdem ich ihn zerbrochen, alle Stücke zusammenlesen würde. Wenn ich darin sähe, wie jemand Ihnen die Hand küßt, wie Sie lächeln; wenn ich fände, daß Sie mich zu sehr und zu lange vergessen! Nein, nein, ich mag keinen Zauberspiegel; meine Phantasie dient uns beiden besser.

Paris, 6. Oct. 1765.

Ein Volk, welches glaubt, daß der Glaube an einen Gott, nicht die guten Gesetze es sind, welche rechtschaffene Leute machen, scheint mir nicht sehr vorgeschritten. Ich behandle die Existenz Gottes in Rücksicht auf das Volk wie die Ehe. Diese ist als ein Stand, jene als ein Begriff vortrefflich für die Allgemeinheit. Das Gelübde der unauflöslichen Ehe muß fast ebenso viel Unglückliche als Gatten machen. Der Glaube an einen Gott macht und muß fast ebenso viel Fanatiker als Gläubige machen. Ueberall, wo ein Cultus ist, wird die natürliche Ordnung der sittlichen Pflichten umgestürzt und die Moral verderbt. Früh oder spät kommt ein Moment, wo die Nation, die einen Thaler zu stehlen verhindert hat, hunderttausend Menschen hinschlachten läßt. Schöne Ausgleichung! So war, so ist und so wird zu allen Zeiten und bei allen Völkern die Wirkung einer Lehre sein, über welche man sich nicht einigen kann und auf welche man eine größere Wichtigkeit als auf das eigene Leben legt. Ein Engländer ließ sich einfallen, gegen die Unsterblichkeit der Seele zu schreiben. Man gab ihm in öffentlichen Blättern eine grausame Antwort in Form eines Dankes. „Wir alle, Buhlerinnen, Kuppler, Straßenräuber, Meuchelmörder, Händler, Minister, Souveräne, danken ganz ergebenst dem Verfasser der Abhandlung gegen die Unsterblichkeit der Seele, uns darüber belehrt zu haben, daß, wenn wir nur geschickt genug sind, den Züchtigungen in dieser Welt zu entrinnen, wir in einer andern nichts mehr zu fürchten haben."

Paris, 21. Nov. 1765.

Mein Geschmack an der Einsamkeit wächst von Minute zu Minute. Gestern ging ich im Schlafrock und in der Nachtmütze aus, bei Damilaville zu Mittag zu essen. Ich habe den Visitenrock in Abschen genommen, mein Bart wächst, wie es ihm gefällt. Noch einen Monat dieses spaßhaften Lebens, und die Wüsten des Pachomius würden keinen besser conditionirten Einsiedler gesehen haben. Ich schwöre Ihnen, daß wenn der Prior der Kartäuser, als ich mich in meinem 18. oder 19. Jahre zum Novizen anbot, mich beim Wort genommen hätte, er mir keinen zu übeln Streich gespielt haben würde. Ich würde einen Theil meiner Zeit verwendet haben, den Besenstiel zu handhaben, meinen kleinen Garten zu graben, mein Barometer nachzusehen, über das beweinenswerthe Geschick derer nachzudenken, die in den Straßen laufen, guten Wein trinken, niedliche Weiber liebkosen, und den andern Theil, an Gott die brünstigsten und zärtlichsten Gebete zu richten, ihn von ganzem Herzen liebend, wie ich Sie liebe, mich mit den schmeichelhaftesten Hoffnungen berauschend, wie ich es thue, und sehr aufrichtig die Unsinnigen beklagend, welche arme Freuden des Augenblicks, vorübergehende kleine Genüsse, der Süßigkeit eines ewigen Entzückens vorziehen, um das ich mich nicht kümmere.

Paris, 1. Dec. 1765.

Es ist wahrhaftig recht traurig, sich an eine Creatur gefesselt zu haben, bei der man sich nicht versprechen kann, ihr je den geringsten Vorwurf machen zu dürfen, weder den der Untreue, noch den des Ekels, noch auf Ausschreitungen rechnen zu können; weder den Muth zu haben, gegen sie zuzufehlen, noch die geringste Hoffnung, daß sie gegen uns fehlen wird; sich in der Nothwendigkeit zu befinden, entweder sich selbst zu hassen oder sie, solange man lebt, anzubeten; das ist zum Verzweifeln. Das ist eine ganz einzige Begebenheit, für die ich aufgespart war.

Diese Stellen aus den anderthalb hundert Briefen an Sophie werden hinreichen, uns von dem Innersten Diderot's ein wahres hüllenloses Bild zu schaffen, nach welchem wir ihn besser kennen und richtiger zu beurtheilen vermögen als nach den Meinungen anderer über ihn, seine eigene Tochter nicht ausgenommen.

Acht Jahre nach ihrem Erscheinen sagte Joguet in dem Artikel „Diderot" der „Encyclopédie nouvelle": „Wenn irgendein Name für das Anathema und die Verachtung seelenloser Professoren, die unsere Literaturgeschichte verstümmelt und entstellt haben, gerächt werden müßte, so wäre es gewiß der dieses außerordentlichen Mannes. Von allen Rehabilitationen, die in der letzten Zeit vollbracht sind, ist keine so gewichtig und so legitim. Keine ist mit so allgemeinem Beifall aufgenommen. Sie war nicht nur, wie so manche andere, das Werk des wiedergeborenen, tiefern und zartern Kunstgefühls, sie war zugleich das Lebenszeichen der französischen Philosophie, die inmitten fremder Systeme, welche sich um ihre Herrschaft streiten, wieder erschien und deren Vater mit Pietät und Liebe wieder begrüßt wurde. Das ist, unserer Meinung nach, der Sinn des leidenschaftlichen Beifalls, der sich vor einigen Jahren fast von allen Seiten her zu Ehren Diderot's erhob, als sein Briefwechsel mit Fräulein Voland und mit Falconet erschien."

Beglückt und gehoben durch die Liebe und den Geist seiner Sophie, sollte Diderot nun auch durch den Tod seines Vaters, der in den Armen seiner Kinder sanft entschlief, ein Vermögen erben, das ihm einen freiern Genuß des Lebens ermöglichte. Er schrieb von hier ab bis zu seiner Reise nach Petersburg seine besten, seine eigenthümlichsten Werke, ließ aber keins derselben drucken. Sehen wir ihn in seinen frühern Arbeiten noch mit Shaftesbury, mit Voltaire, mit Montesquieu, mit Condillac, mit Bacon, in einem Verhältniß der Abhängigkeit seiner Bildung, so wird er in dieser Periode ganz und gar selbständig. Sein Stil verliert eine gewisse Gereiztheit und Hastigkeit und fängt an, eine sanfte und heitere Behaglichkeit zu athmen.

Diderot's Reise nach Langres nach dem Tode seines Vaters. 1759.

Diderot's Vater, den er so innig liebte, starb in hohem Alter im Juli 1759. Seine Mutter Angelika war zwölf Jahre zuvor gestorben. Diderot reiste nach Langres, um mit seinem Bruder und seiner Schwester die Erbschaftstheilung vorzunehmen. Er hat in seinen Briefen an Fräulein Voland seine Geschwister und sein Verhalten zu ihnen ausführlicher geschildert. „Es ist unmöglich, sich drei verschiedenere Charaktere zu ersinnen als meine Schwester, meinen Bruder und mich. Meine Schwester ist lebhaft, thätig, lustig, entschieden, schnell zu beleidigen, langsam zu vergeben, ohne Sorge weder über Gegenwart noch Zukunft, weder durch Dinge noch Personen sich imponiren lassend; frei in ihren Handlungen, freier noch in ihren Reden; eine Art weiblicher Diogenes. Ich bin der einzige Mann, den sie geliebt hat; auch liebt sie mich sehr! Mein Vergnügen entzückt sie, mein Schmerz würde sie tödten. Der Abbé ist von Natur gefühlvoll und heiter. Er würde Geist haben, hätte die Religion ihn nicht scrupulös und kleinmüthig gemacht. Er ist traurig, stumm, beobachtend und leicht erzürnbar. Unaufhörlich trägt er mit sich eine unbequeme Regel umher, nach welcher er sowol sein Betragen als das der andern mißt. Er ist befangen und macht befangen. Er ist eine Art christlicher Heraklit, stets bereit, über die Narrheit seinesgleichen zu weinen. Er spricht wenig, hört viel und ist selten befriedigt." Diderot, sanft, leicht, nachsichtig, machte zwischen ihnen eine passende Mitte aus. An Rechtlichkeit und Uneigennützigkeit waren die Geschwister sich gleich. Ihr Vater hatte ihnen 50000 Francs in Contracten, 10000 Livres in Korn, ein Haus in der Stadt, zwei reizende Häuschen auf dem Lande, Weinberge, Waaren und ein Mobiliar, wie es sich für seinen Stand eignete, hinterlassen. Sie verkauften das eine der Landhäuschen; das andere, welches zugleich ein Weinkeller und Kornboden war, behielten sie. Nachdem sie noch außenstehende Forderungen ihres Vaters eingezogen, belief sich das gesammte Vermögen auf etwa 200000 Francs. Sie theilten es in drei Theile, sodaß jeder seine besondern Einkünfte hatte, der Schaden aber im Ertrag der Ernten u. s. w. ihnen gemeinschaftlich zu kam. Diese Theilung war ein Wetteifer der Liebe unter ihnen. Keiner wollte etwas vor dem andern voraushaben. Als sie den Theilungsvertrag unterzeichneten, waren sie drei allein. Diderot als der älteste unterschrieb zuerst, reichte dann die Feder stillschweigend dem Abbé, dieser der Schwester und hierauf umarmten sie sich mit Thränen in den Augen.

Diderot suchte Bruder und Schwester miteinander auszugleichen um ihnen eine Einrichtung vorzuschlagen, welche ihre so verschiedenartigen Naturen und Bedürfnisse zu befriedigen schien, die aber späterhin doch nicht Stich hielt, weil der Abbé zu ungesellig und zu widerborstig war, sodaß er sich endlich von der Schwester ganz und gar trennte.

Diderot hatte sich anfänglich in Langres zurückgezogen und war gegen Abend gewöhnlich nach einem Wasserfall gegangen, der von Terrasse zu Terrasse in ein Becken mit einer Fontaine auslief, das von alten Linden umringt war, zwischen denen Bänke standen, worauf sich abends die Liebespaare des Orts zu versammeln pflegten. Allmählich wurde er aber in die Gesellschaft hineingezogen. Man nöthigte ihn, sich an den Gastmahlen zu betheiligen; man suchte alles hervor, ihm zu gefallen. Die, mit welchen er die Schule besucht hatte, waren fast alle gestorben. Einige, die noch in der Nachbarschaft lebten, kamen, ihn wiederzusehen, was ihn sehr rührte und erfreute. Den einen von ihnen hörte er predigen, und wie er bemerkt, gar nicht übel. Eine Frau lebte noch, welche die Freundin eines jungen Mädchens gewesen war, das er geliebt hatte und das gestorben war. Er erinnerte sich mit ihr der alten Zeiten. Sie hatte ihm, als er vor Jahren wieder in die Provinz gekommen war, auf dem Kirchhof, ohne ein Wort weiter zu sagen, das Grab seiner Geliebten, ihrer Freundin, gezeigt.

Diderot macht von seinen Landsleuten eine Beschreibung, die er auf sich selbst anwendet: „Die Bewohner dieses Landes haben viel Geist, zu viel Lebhaftigkeit, die Unbeständigkeit einer Windfahne. Es kommt dies, wie ich glaube, von dem Wechsel ihrer Atmosphäre, die in 24 Stunden von Hitze zu Kälte, von Stille zum Gewitter, von Heiterkeit zu Regen übergeht. Es ist unmöglich, daß diese Wirkungen sich nicht bei ihnen sollten fühlbar machen und daß ihre Seelen eine Zeit lang in derselben Verfassung bleiben könnten. So gewöhnen sie sich von der zartesten Kindheit an, sich nach jedem Winde zu drehen. Der Kopf eines Langrois steht auf seinen Schultern, wie der Hahn der Kirche auf dem Glockenthurm. Er steht niemals still, und wenn er auf den Punkt zurückkommt, den er verlassen hat, so geschieht es nicht, um sich auf ihm zu verweilen. Bei einer überraschenden Geschwindigkeit in ihren Bewegungen, Begierden, Entwürfen, Phantasien,

Gedanken, haben sie doch eine langsame Sprache. Was mich anbetrifft, so gehöre ich meinem Lande an, nur daß der Aufenthalt in der Hauptstadt und angestrengter Fleiß mich ein wenig gebessert haben. Ich bin in meinem Geschmack beständig. Was mir einmal gefällt, gefällt mir immer, weil meine Wahl immer motivirt ist. Sei es, daß ich hasse oder liebe, so weiß ich warum. Es ist wahr, daß ich von Natur geneigt bin, die Mängel zu vernachlässigen und mich für die guten Eigenschaften zu begeistern. Der Reiz der Tugend ergreift mich mehr, als die Häßlichkeit des Lasters; ich mache mich sacht von den Schlechten los und fliege vor den Guten einher. Findet sich in einem Werk, in einem Charakter, in einem Gemälde, in einer Statue, eine schöne Stelle, so haften dort meine Augen. Ich sehe nur dies, ich erinnere mich nur hieran, das übrige ist fast vergessen. Was werde ich, wenn alles schön ist!"

Von Langres reiste Diderot nach Isle auf das Landgut der Madame Voland, die jedoch diesmal dort allein war. Die Töchter waren, ich weiß nicht weshalb, in Paris geblieben. Ende August traf er selbst dort wieder ein. Anfang October ging er zum ersten mal für längere Zeit nach Grandval.

Grandval.

Der Baron Holbach war ein Pfälzer von Geburt. Er war sehr reich. Er heirathete die Tochter des Herrn von Aine, eines ebenfalls sehr reichen Maitre des requêtes. Als diese starb, heirathete er ihre Schwester. Seine Schwiegermutter, eine höchst originelle Frau von vieler Herzensgüte, war nach dem Tode ihres Mannes zu ihm gezogen und leitete eigentlich sein großes und luxuriöses Hauswesen. Er hatte in der Stadt ein Haus in der Rue royale, welches seine Freunde scherzhaft die Synagoge zu nennen pflegten. Hier brachte er die Winterhälfte des Jahres zu. Den Sommer und Herbst verlebte er auf dem Lande in einem Schlosse Grandval an den Ufern der hier in die Seine einmündenden Marne, des heimatlichen Stroms unsers Diderot. Holbach beschäftigte sich ernstlich mit den Wissenschaften. Er übersetzte viel naturwissenschaftliche Werke aus dem Deutschen und verfaßte auch für die Encyklopädie viel Artikel über Naturobjecte, besonders aus der Mineralogie. Ohne ein Gelehrter im strengen Sinn des Wortes zu sein, war er ein vielseitig unterrichteter Mann, und ohne den Titel eines Philosophen in Anspruch zu nehmen, unaufhörlich mit Nachdenken über alle möglichen Gegenstände beschäftigt. In der Ausgabe der Werke Diderot's durch Brière, Thl. XII, S. 115—117, findet man ein vollständiges Verzeichniß seiner vielen Schriften, welche er ohne seinen Namen durch Naigeon's Vermittelung in Holland drucken ließ. Gewöhnlich tragen sie den Druckort London. Obwol sie das damals herrschende theologische und politische System auf das heftigste angriffen, so hatte ihr Verfasser doch das Glück, persönlich unangetastet zu bleiben. Seine Schriften wurden vom Parlament verurtheilt und verbrannt, gegen ihn selbst aber richtete sich kein Verdacht. Er entging auch, da er 1789 starb, den Schrecken der Revolution, die er als Autor so emsig heraufbeschworen hatte.

Als Mensch war er durch Redlichkeit, Sanftmuth, Wohlwollen, Sittenstrenge ausgezeichnet. Er übte ganz im stillen eine außerordentliche Wohlthätigkeit mit großem Takt aus, wovon uns einige rührend pikante Züge authentisch überliefert sind. Seine schwache Seite war die Neugierde, die ihn sehr leichtgläubig machte. Er war kein productiver Kopf, sondern verarbeitete nur die Gedanken anderer mit einem rüstigen Verstande und mit eisernem Fleiße. Der Stil seiner Schriften erweckt Langeweile. Man kann von allen sagen, was Voltaire von seinem „Système de la nature" sagt: „Que dis tu de ce livre? Il m'a fort ennuyé."

Obwol in Deutschland, in Heidesheim, 1723 geboren, war er doch, weil er sehr früh nach Paris gekommen, ganz und gar Franzose geworden. Die französische Lebensart und Geselligkeit sagte ihm im höchsten Grade zu. Die französische Küche wurde in seinem Hause wahrhaft classisch besorgt und alle Zeitgenossen, die bei ihm gegessen haben, gedenken ihrer mit Enthusiasmus. Er gab keine großen, zahlreichen Gesellschaften, wohl aber viele Diners und Soupers von etwa zwanzig Personen, sodaß bei Tisch immer eine mehr oder weniger gemeinschaftliche Unterhaltung aufkommen konnte, welche die eigentliche Seele des Mahls wurde. Er lud vorzugsweise Männer der Wissenschaft, außer ihnen auch Musiker ein. Von den philosophischen Notabilitäten jener Zeit, Condillac, Turgot, Rousseau, Morellet, St.-Lambert, Hume, Raynal, Helvétius, Marmontel, Diderot u. s. w. fehlte niemand. Diderot wurde allmählich der Mittelpunkt der Gesellschaft des Barons, weil er sich hier, in einem engern Kreise, unter Gleichgesinnten, mit der ganzen Naivetät seiner Improvisation äußern durfte. Von Hause aus war er schüchtern und sogar verlegen. Große Gesellschaften verursachten ihm Unbehagen; er wurde in ihnen, wie er selber sagt, entweder stumm oder unüberlegt und ärgerte sich hinterher über die Dummheiten, zu denen sein Freimuth und seine Lebhaftigkeit ihn hingerissen hatten. Bei Holbach wußte er sich geachtet und geliebt; er war der Liebling des ganzen Hauses, auch der Frauen, auch der Dienerschaft. Mit welcher Freude, mit welchen Liebkosungen wurde er jedesmal empfangen! Wie betrübte er durch sein Scheiden. Er wußte, daß man hier ihn gern sprechen hörte. Er wußte, daß man ihm paradoxe Einfälle und kecke Ausdrücke nicht übel nahm. Was wunder also, daß er hier oft den höchsten Schwung seiner Beredsamkeit entfaltete und die Zuhörer mit Bewunderung erfüllte.

Außer den Philosophen kamen noch genug andere Personen, Männer sowol als Frauen, in das Holbach'sche Haus, es vor doctrinärer Einseitigkeit zu behüten und den heitern Grundton desselben zu beleben.

Diderot brachte von 1759 fast jeden Herbst vier bis sechs Wochen in Grandval zu. Wenn er es dem Baron einmal abschlug, schmollte dieser mit ihm. Diderot wird nicht müde, seiner Freundin Voland jedes Jahr von neuem den Aufenthalt in Grandval als den für Leib und Seele gedeihlichsten zu preisen. Nur sie fehlte ihm zur Vollständigkeit seines Glücks. Man genoß als Gast der größten Ungenirtheit, obwol eine allgemeine Lebensordnung durchgeführt ward. Jeder Gast konnte seine Morgenstunden nach Belieben hinbringen. Diderot arbeitete auf seinem reizenden Stübchen oft von früh 6 Uhr bis Mittag 1 Uhr. Zuweilen kam der Baron, öffnete die Thür, ging, wenn er Diderot beschäftigt sah, sofort zurück, blieb, wenn er ihn unbeschäftigt fand, ein Stündchen mit ihm vertraulich zu plaudern. Um 1 Uhr wurde ein reichliches Mittagsmahl gemeinschaftlich eingenommen. Nach Tische ruhte man auf den Sofas mit aller Gemächlichkeit aus, trank Kaffee, rauchte und rüstete sich dann, einen mehrstündigen Spaziergang in der köstlichen Umgegend zu machen. Auf diesen Gängen gesellte man sich in der Regel paarweise und vertiefte sich mit der Unterhaltung in ein Thema, es nach allen Seiten hinzuwenden, wie Diderot uns so von seinen schon erwähnten Gesprächen mit dem Vater Hoop ein Beispiel gegeben hat. Kam man nun aus der frischen Luft nach Hause, so spielte man eine Partie Piquet, machte etwas Musik, conversirte und scherzte, bis die Zeit zum Souper kam, das wiederum sehr reichlich ausfiel. Dann steckte man sein Wachslicht an, sich nach oben auf sein Zimmer zurückzuziehen, stand aber oft noch lange mit dem Lichte in der Hand, weil das Gespräch nicht endigen wollte. Um 11 Uhr lag alles in gesundem Schlaf.

Diderot bekam diese Lebensart immer vortrefflich. Er setzte von dem guten Essen und Trinken, das eine heilsame Bewegung verdauen half, gewöhnlich ein Embonpoint an. Es schmeckte ihm so vortrefflich und in der Zerstreutheit aß er mitunter auch wol mehr, als ihm gut war. Wie soll man aber, ruft er aus, diesen herrlichen Aalen, diesen zarten Rebhühnern, diesem saftigen Sauerkraut, diesem süßen Rosinenkuchen (baba), diesen duftenden Torten widerstehen? Wie soll man es anfangen, Frau von Aine nicht böse zu machen, wenn man von diesen leckern Speisen nichts genießt? Diderot hatte einen ausgezeichneten Appetit. Essen und Trinken mundete ihm. Das haben kleinliche Menschen ihm nachgetragen, als ob er ein Schlemmer gewesen wäre. Sie haben ihm die Indigestionen aufgetrumpft, welche er sich durch seine Unmäßigkeit zugezogen. Da er selber es ist, der alles dies seiner Freundin Sophie mit der Einfalt eines Kindes erzählt, da sich diese paar Indigestionen durch zehn bis zwölf Jahre vertheilen, so ist es in der That überstrenge, ihm hieraus einen so bittern Vorwurf zu machen. Die stärkste Verdauungsbeschwerlichkeit z. B., von welcher er berichtet, hatte er sich worin zugezogen? In Brot, das er gedankenlos genossen.

Diderot vergalt dem Baron die liebenswürdige Gastfreundschaft, die er ihm widmete, dadurch, daß er ihm seine Manuscripte durchsah. Er erzählt seiner Freundin selber, daß der Baron ihm des Abends seine Papiere gebracht habe, die ihm dann für den andern Morgen zu thun gegeben hätten. Einen zu großen Werth scheint er auf die schriftstellerischen Producte Holbach's nicht gelegt zu haben, wenn man aus dem verächtlichen Ausdruck, ses chiffons, auf sein Urtheil darüber schließen darf. Daß Diderot also die Holbach'schen Schriften kannte, daß er an ihnen kritisch betheiligt war, ist gewiß, allein bis zu welchem Grade wissen wir nicht. Er beobachtet, auch gegen die Voland, das strengste Stillschweigen hierüber. Wenn die Schriften gedruckt sind, nennt er sie ihr öfter, aber als ob er selber zum ersten mal von ihnen hörte, wie z. B. 1768 die „Contagion sacrée", „L'éxamen des prophéties", „La vie de David" u. s. w.

Holbach war der entschiedenste Atheist. Das Hauptinteresse aller seiner Schriften war die Polemik gegen alle Religion, gegen den Theismus. Er war für den Atheismus begeistert, weil er in ihm die Grundlage aller echten Moral, aller wahren politischen Freiheit fand. Wir dürfen nicht zweifeln, daß Diderot hierin mit ihm völlig übereinstimmte. Was er aber niemals öffentlich auszusprechen, was er nie im Zusammenhang auseinanderzusetzen wagte, das predigte Holbach in vielen dicken populären Schriften, von denen sich der „Christianisme dévoilé" (1767), das „Système de la nature" (1770) und die „Philosophie du bon sens ou les idées naturelles, opposées aux idées sur naturelles" (1772) noch am meisten im Andenken erhalten haben, vorzüglich das „Système de la nature", weil es in der That als der dogmatische Inbegriff des damaligen pariser Atheismus gelten kann. Holbach schob es Herrn von Mirabaud, dem ehemaligen Secretär der pariser Akademie, unter, der schon über ein Decennium todt war. Er glaubte, daß alles Unglück der Menschen von ihrer Verkennung der Natur herrühre. Beachteten sie die Gesetze derselben als ewige, als unerschaffene, deren Nothwendigkeit sie sich einmal zu fügen haben, so würden sie sich nicht durch falsche Vorstellungen Qualen bereiten, denn nur die Natur ist das ewig durch sich selbst existirende Absolute. Die Natur ist aber wesentlich Materie und die Bewegung der Materie eine mechanische. Da nun in der mechanischen Bewegung alles Geschehen ein vermöge der Causalität durchaus nothwendiges ist, so ist, weil kein anderes Geschehen existirt, alles, was geschieht, nothwendig. Es kann nicht nicht sein und es kann auch nicht anders sein. Einen Gott also außerhalb der Materie als ein immaterielles Wesen annehmen, welches die Materie schaffe, ist ein Hirngespinst, womit die Menschen sich selbst täuschen. Ebenso ist es aber auch ein Irrthum, zu glauben, daß das, was wir den Geist des Menschen nennen, eine von seinem physischen Organismus unterschiedene Substanz sei. Das Gehirn ist der sogenannte Geist. Was wir Denken und Wollen nennen, sind nur materielle Processe des Gehirns, wie sich dies durch die Hirnkrankheiten ergibt, die als Seelenkrankheiten erscheinen. Angeborene Ideen sind daher unmöglich, weil alle Vorstellungen ursprünglich auf sinnlichen Empfindungen beruhen. Freiheit des Willens ist unmöglich, denn der Wille ist nur das Resultat einer mechanischen Veränderung, das Product einer gewissen Summe vorangegangener Bewegungen. Unsterblichkeit ist unmöglich, denn die Seele ist eine Fiction. Mit dem Organismus gehen auch seine Verrichtungen zu Grunde. Eine zerbrochene Uhr kann nicht mehr die Stunden zeigen. Hieraus folgt, daß alles, was die Menschen von einer Belohnung und Bestrafung nach dem Tode glauben, grundlos ist.

Wenn kein Gott existirt, wenn Freiheit und Unsterblichkeit ein Wahn sind, so ist alle Religion Aberglaube. Factisch leugnet der Mensch auch durch sein Handeln die Existenz Gottes, da, wie Holbach meint, niemand von diesem imaginären Wesen ernstlich eine Hülfe erwartet. Die Religion betrügt den Menschen durch Vorspiegelung einer Freiheit, die er nicht hat, und zwingt ihm dadurch Reue über vergangene Handlungen ab, als ob er anders, denn geschehen, hätte handeln können. Sie betrügt ihn endlich durch die Vorstellung von Freuden und Leiden nach dem Tode, die ganz unmöglich sind, weil die Unsterblichkeit unmöglich ist.

Den Beweisen für das Dasein Gottes widmet Holbach eine eigene Widerlegung, zu zeigen, daß sie elende Sophistereien sind. Der Atheismus ist das einzig vernünftige, einzig wahre System, weil er auf dem Materialismus beruht. Er ist auch nicht unmoralisch, sondern er erkennt, daß das Interesse jedes einzelnen als ein intérêt bien entendu eine Ausgleichung zwischen unsern Interessen und denen der übrigen Menschen fordert. Holbach's Natursystem vereinigt den Materialismus, den Sensualismus, den Fatalismus und Atheismus mit einer aus Egoismus wohlwollenden Moral. Durch das ganze in seiner antideistischen Tendenz classische Buch zieht sich die Klage über die Blindheit der Menschen, die offenbare Wahrheit zu verkennen, sich durch Illusionen zu betrügen, sich zum Spielwerk der Priester zu machen und durch den Wahnsinn der Religion die Tyrannei mit dem Nimbus der Heiligkeit zu schmücken.

Wir haben diese Gedanken Holbach's hier wieder in Erinnerung gebracht, weil sie in der That die vorzüglichsten Punkte enthalten, über welche man sich in Grandval unterhielt. Sie bewegen sich in dem Widerspruch, einerseits alles, was geschieht, als Product einer mechanischen Nothwendigkeit zu erklären und doch andererseits von den Menschen einen andern Glauben, den Glauben an die Freiheit, zu fordern. Sie leugnen die Freiheit und appelliren doch an die Freiheit. Sie behandeln die Pfaffen und Despoten, als ob sie die andern Menschen aus der Freiheit ihres Willens heraus beherrschten, statt nach der Hypothese des Systems anzuerkennen, daß sie gar nicht anders zu handeln vermocht hätten. Moralität, von der unaufhörlich declamirt wird, ist nur denkbar, wenn Denken und Wollen nicht mechanische, sondern spontane Acte sind. Das ganze dramatische System Diderot's steht mit dem Holbach'schen System der Natur, so sehr er damit sympathisiren mochte, in schreiendem Widerspruch, denn eine mechanische Bewegung der Materie ist nun und nimmer eine moralische Handlung, und umgekehrt. Eine Maschine kann kein Pathos haben. Wenn diese Männer so viel Geist aufwendeten, Gott zu leugnen, die Religion als ein Vorurtheil, le grand préjugé, zu behandeln, so entsprang diese negative Tendenz nicht nur aus den Consequenzen des Sensualismus und Materialismus, sondern auch aus der berechtigten Empörung über den Zwang, der damals von Staat und Kirche gegen die Glaubens- und Denkfreiheit geübt wurde. Wenn sie die fanatischen Greuel erwogen, zu welchen sowol die jesuitische als die jansenistische Partei sich hinreißen ließ, wenn sie die Verdammung, die Confiscation, die Verbrennung aller irgend freisinnigen Schriften durch Henkershand erlebten; wenn sie jeden freimüthigen oder auch nur unvorsichtigen Autor von der Bastille bedroht, wenn sie einen Calas hingerichtet, einen La Barre verbrannt sahen; wenn die notorisch unsittlichsten Menschen die edelsten Regungen, die rechtschaffensten Leute, sobald sie ihnen unbequem wurden, im Namen des Christenthums verfolgten, so begreift es sich, wie ein solches Extrem in das entgegengesetzte Extrem, in die absolute Negation aller Religion, umschlagen konnte. Die gedankenlose Tyrannei erzog selber den Rachegeist der Revolution, der sie vernichtete.

Diderot hat in seinen Briefen an Sophie Voland viele Unterhaltungen aus Grandval mitgetheilt, die uns ein anschauliches Bild von ihnen geben. Wir ersehen daraus, daß der Abbé Galiani die Atheisten durch seine Fabeln und Parabeln zuweilen in Verlegenheit setzte und daß Holbach's Schwiegermutter, Frau von Aine, mit ihren burlesken Aeußerungen gleichsam das lustige Satirdrama zum Ernst der Tragödie darstellte. Unter dem 4. Oct. 1767 meldet Diderot seiner Freundin, daß Frau von Aine ein esprit fort geworden sei. „Sie glaube, daß ihre Seele mit ihrem Leibe in der Erde verfaulen würde. — Aber warum beten Sie denn zu Gott? Wahrhaftig, ich weiß es nicht. — Sie glauben also auch nicht an die Messe? — Einen Tag glaube ich daran, einen andern glaube ich nicht daran. Aber an dem Tage, an welchem Sie glauben? — An dem Tage bin ich übler Laune. Und Sie gehen zur Beichte? Was soll man machen? — Sie bekennen Ihre Sünden? — Ich begehe keine. Und wenn ich welche beginge, und wenn ich sie dem Priester sagte, würden sie deshalb weniger gethan sein? Sie fürchten also die Hölle nicht? So wenig, als ich das Paradies hoffe. Aber wo haben Sie das alles hergenommen? Aus den schönen Unterhaltungen mit meinem Schwiegersohn. Man mußte, meiner Treu, einen guten Vorrath von Religion haben, um mit ihm auch nur ein Krümchen zu behalten. Ja, Sie, mein Schwiegersohn, Sie haben meinen Katechismus besudelt. Sie werden es vor Gott zu verantworten haben. — Sie glauben also an Gott? — An Gott? Es ist so lange her, daß ich nicht daran gedacht habe, daß ich Ihnen weder Ja noch Nein sagen kann. Alles, was ich Ihnen sagen kann, ist, daß, wenn ich verdammt bin, ich es nicht allein sein werde. Und wenn ich zur Beichte oder zur Messe ginge, so würde das doch nichts daran ändern. Es lohnt sich nicht, sich so viel um nichts zu quälen. Wäre mir das, als ich jung war, in den Sinn gekommen, so hätte ich vielleicht manches Süße gethan, was ich nicht gethan habe. Aber heute weiß ich nicht, warum ich nichts glaube. Es gilt mir nicht einen Pfifferling. Wenn ich die Bibel nicht lese, so muß ich einen Roman lesen, sonst würde ich mich wie ein Hund langweilen. — Aber die Bibel ist ein ganz guter Roman. Wahrhaftig, Sie haben recht; in diesem Geist habe ich sie nie gelesen. Morgen werde ich anfangen. Vielleicht gibt mir das etwas zu lachen. — Lesen Sie zuerst Ezechiel. — Ach ja, wegen dieser Olla und dieser Oliba und der Assyrier. Sie alle werden nun in einer Viertelstunde schlafen und ich muß noch meine Gebete hersagen. — Allein haben Sie uns nicht eben gesagt, daß Sie nicht zu Gott beten? — Muß ich denn aber nicht für meine Kammerfrau mich hinknien? — Und wenn Sie auf den Knien liegen, wovon träumen Sie? Ich träume von dem, was wir morgen essen werden. Das hält eine Weile vor, und meine Kammerfrau geht sehr erbaut davon, denn sie ist fromm, ohne deshalb besser zu sein."

Wenn ich ein Maler wäre, würde ich von dieser Scene eine Vignette zeichnen, damit dies Kapitel von Grandval zu beschließen. Alle Gäste schnarchen in ihren Betten. Nur Frau von Aine ist noch in ihrem Zimmer wach. Sie kniet neben ihrem Bett vor einem Tischchen, auf welchem ein Crucifix steht. Neben ihr an einer andern Seite des Tischchens kniet ihre Kammerfrau, ein junges Mädchen, deren Züge die seelenvolle Andacht eines unbedingten Glaubens athmen. Wie ist sie erbaut durch die Frömmigkeit ihrer Gebieterin! Diese, eine robuste, wohlhäbige Gestalt, unter den grauen Haaren' ein Gesicht mit den satten Formen und Farben der Rubens'schen Weiber zeigend, faltet die weichen, fleischigen Hände, schlägt die sinnlich schelmischen Augen nieder und öffnet die rothen Lippen, Gebete zu murmeln. Sie spricht ein Paternoster, ein Ave-Maria.

Und woran denkt sie unterdessen, daß ihre Zofe sie mit Gott beschäftigt glaubt?

Guter Gott, sie denkt daran, was für Braten, Fische, Geflügel, Kuchen sie morgen auftischen wird. Sie macht den Küchenzettel und vertieft sich darin aus purer Gutmüthigkeit, ihre Kammerfrau in einem Glauben nicht zu früh zu stören, den sie selber nicht mehr hat.

Galiani antwortete den Atheisten in Grandval einst folgendermaßen: „Ich setze voraus, meine Herren, daß derjenige von Ihnen, der von der Zufälligkeit der Welt am meisten überzeugt ist, nicht etwa in einer Kneipe, sondern in einem der besten Häuser von Paris, beim Würfelspiel seinen Gegner einmal, zweimal, dreimal, endlich beständig einen Pasch von sechs werfen sieht. Wie kurz das Spiel auch dauere, so würde mein Freund Diderot, der so sein Geld verlöre, doch ohne zu zaudern, ohne einen Augenblick daran zu zweifeln, sagen: Die Würfel sind gefälscht; ich bin in einer Mördergrube. Aha! Philosoph, wie so? Weil zehn bis zwölf Würfe aus dem Becher so hervorgegangen sind, daß Ihr 6 Francs verloren habt, glaubt Ihr festiglich, daß dies die Folge eines geschickten Kunstgriffs, einer schlauen Combination, einer wohlberechneten Gaunerei. Und indem Ihr in diesem Universum viele Combinationen seht, die tausend und tausendmal viel schwieriger, viel verwickelter, viel andauernder, viel nützlicher sind, vermuthet Ihr nicht, daß die Würfel der Natur gefälschte sind und daß dort oben ein großer Gauner ist, der sich ein Spiel daraus macht, Euch zu ertappen?“

Die atheistischen Philosophen in Grandval wußten nichts zu erwidern, blieben aber Atheisten.

Die Philosophen und der pariser Salon.

Die Franzosen besitzen eine Menge vortrefflicher Schilderungen ihrer großen Autoren. Die Form des „Éloge", wie Fontenelle und d'Alembert sie erschufen, Thomas und Condorcet sie fortsetzten, hat unstreitig viel dazu beigetragen, die Kunst eines solchen Porträtirens bei ihnen zu einer außerordentlichen Höhe zu steigern, wie wir sie noch gegenwärtig an Ste. Beuve bewundern. Eine genetische Entwickelung aber des gesammten literarischen Processes, in welcher die Autoren nur Momente bilden, ist bei ihnen zurückgeblieben und muß auch noch bei den neuesten Bearbeitern ihrer Literaturgeschichte, wie Nisard, vermißt werden. Der Hauptmangel, der daraus entstanden ist, scheint mir die Vernachlässigung der *chronologischen Ordnung* zu sein. Man muß zwischen dem *Leben* der Schriftsteller und zwischen den *Werken* unterscheiden, mit denen sie epochemachend in die Literatur eingriffen. Es sei mir erlaubt, mit Bezug auf die Stellung Diderot's hierüber einige Andeutungen zu geben.

Wir sehen die Literatur zuerst aus dem Zeitalter Ludwig's XIV. während der Regentschaft einen gleichsam noch unbefangenen Uebergang machen. Die alte Cartesianische Schule erreicht in Pascal, Bossuet, Fénelon, Bayle ihre höchste nationale Blüte, während zugleich schon die Spuren anderweitiger Tendenzen bemerklich werden, die sodann im Auslande, in Preußen, durch Friedrich den Großen einen stärkern Nachdruck empfangen. Der entschiedene Wendepunkt der Philosophie erfolgt aber erst in Paris durch Condillac, d. h. durch die bewußte Aufnahme des englischen Empirismus und Skepticismus. David Hume schrieb die erste Abfassung seines „Essai" in Frankreich, wo auch Bolingbroke lange Zeit lebte. Diese englische Richtung wurde durch Diderot und d'Alembert auf das ganze Reich des Wissens ausgedehnt und von Helvétius in der Moral auf ihre stricte Consequenz fortgeführt, gegen welche Rousseau reagirte. Nun erst, nachdem durch ihn aus der Mitte der modernen Philosophie die Existenz Gottes, die Freiheit des Menschen, die Unsterblichkeit des Geistes wieder anerkannt und, wenn auch nicht der christlichen Kirche, doch ihrem Glauben wieder gehuldigt war, folgten die Schriften Holbach's, in denen sich der Materialismus zum fanatischen Atheismus gestaltete und seine Moral zur Politik überging.

Jenen Uebergang aus dem Zeitalter Ludwig's XIV. in das Ludwig's XV. machten zunächst Perrault, Lamotte und Fontenelle. Perrault stellte in seiner Parallele der Alten und Modernen diese bereits über jene, d. h. er riß die französische Literatur von dem Ideal los, welches seit der Zeit Franz' I., seit der Pleïade, für sie gegolten hatte. Lamotte, 1672—1731, ging in seinem Tadel der Alten noch weiter und erklärte die Prosaform schon für das Mittel, den poetischen Gehalt eines Gedichts zu messen. Fontenelle, 1657—1757, bewegte sich einerseits mit Fertigkeit in allen fixirten Formen der französischen Poesie, war aber andererseits in seiner Denkart schon ganz der Aufklärung zugewandt und führte die Philosophie aus der engern Sphäre der Schule in die Kreise der Gesellschaft, aus dem dogmatischen Lehrernst in den epigrammatisch spielenden Ton der geistreichen Unterhaltung. Seine „Dialogues des morts" (1683) wurden noch von d'Alembert nachgeahmt. Sein „Entretien sur la pluralité des mondes" (1686) nahm der Erde das Monopol, der exclusiv weltgeschichtliche Stern zu sein, und stellte das Muster eines eleganten Dialogs über einen wissenschaftlichen Gegenstand auf. Seine „Histoire des oracles", wozu er das Material aus dem gelehrten Werk des Holländers van Dalen schöpfte, nährte die Vorstellung, daß die schlauen Priester durch Orakel und andere Institutionen das einfältige Volk dupirten. Seine Lobreden, die er als vieljähriger Secretär der Académie française verfaßte, schmeichelten sich durch Klarheit und panegyrische Charakteristik ein. Diderot lernte ihn erst wenige Jahre vor seinem Tode kennen und mußte in Thränen ausbrechen, als ihm die Eitelkeit des literarischen Ruhms und der menschlichen Größe so nahe gerückt wurde. Fontenelle bemerkte seine Bewegung und fragte nach ihrer Ursache. Diderot wußte ihm nur zu antworten, daß er von einem eigenthümlichen Gefühl ergriffen sei. Bei dem Wort Gefühl hielt Fontenelle ihn an und sagte lächelnd: „Mein Herr, es sind achtzig Jahre, daß ich das Gefühl in die Eloge verabschiedet habe."

Der erste, bei welchem in dieser Periode neben der Bildung des bel esprit der englische Einfluß sich bemerklich machte, war Chamblain de Marivaux, 1688—1763, der, nach einigen kleinern Erzählungen, 1722 einen „Spectateur français" nach dem Vorgange von Addison und Steele herausgab. Im Jahre 1743 wurde er Mitglied der Académie française. Seine vorzüglichsten und dauerndsten Leistungen gehörten dem Drama an; er dichtete seine reizenden Komödien nicht für das französische, sondern für das italienische Theater, das ihm mehr Spielraum gestattete. In seinen größern Romanen: „La vie de Marianne“ 1731—41, in elf Lieferungen, und in seinem „Paysan parvenu“ (1735), schrieb er eigentlich schon vor Richardson den bürgerlichen Roman. Er hatte einen Hang zur psychologischen Analyse, der ihm durch die Weitläufigkeit und Feinheit des Details den Ruf der Subtilität und den Vorwurf eines mit Antithesen kokettirenden Stils zuzog, sodaß man dafür den Ausdruck Marivaudage und Marivauder erfand. Diderot hatte denselben Hang und war Marivaux auch in der Sonderbarkeit seiner metaphorischen Malereien verwandt, weshalb er in seinen Briefen an Fräulein Voland, wenn er sich grüblerisch in die Metaphysik des Herzens verliert, zuweilen fragt, ob er nicht marivaudire?

Marivaux war mit seiner pointirenden Manier der Gegensatz zur einfach fortströmenden Erzählungsweise von Prévost und in seiner züchtigen Haltung der Gegensatz zu dem schlüpfrigen Ton des jüngern Crébillon. Diesem war mit seinem ersten Auftreten Duclos, 1704—72, verwandt. Er war ein Lebemann, der in seiner Jugend sich viel in den Kaffeehäusern, namentlich im Café Gradot am Quai de l'Ecole, herumtummelte, wo er sich an eine schroffe, schreiende, seinen Gegner niedersprechende Art gewöhnte, die ihn auch später in der bessern Gesellschaft nicht wieder verließ. Vor dem Diner war er ein anderer als nach demselben, indem er nämlich beim Nachtisch, wo andere toleranter und freundlicher werden, unzugänglicher und heftiger wurde, und oft mit rücksichtslosen Sarkasmen verletzte, die man ihm nur seines Witzes halber verzieh. Er schonte alsdann weder Dinge noch Personen, war jedoch klug genug, den König von seinem franc parler auszunehmen. Er schrieb 1740 „Histoire de la baronne de Luz“ und 1741 „Confessions du comte de ...“, zwei frostige Compositionen, die aber viel Glück machten, weil sie treffende Porträts aus der pariser Gesellschaft enthielten. Eine kleinere Erzählung von ihm 1744: „Acajou et Zirphile“, war nur ein Kunststück, aus einer Wette entsprungen, phantastische Figuren des Malers Boucher in eine Erzählung zu verweben. Im Jahre 1751 gab er „Considérations sur les moeurs de ce siècle“ heraus, worin er besonders die veränderte Bedeutung untersuchte, welche synonyme Ausdrücke erhalten hatten, z. B. le ridicule, la singularité et l'affectation, oder la célébrité, la renommée et la considération und ähnliche. Ohne eigentlich etwas geleistet zu haben, nur als ein vielversprechendes Talent, war Duclos 1739 in die Akademie aufgenommen und 1751 nach dem Tode Mirauband's Secretär derselben geworden, eine Stellung, die von hier ab seinen Briefwechsel mit Voltaire belebte. Als dieser sein Amt eines Historiographen Frankreichs freiwillig niederlegte, wurde Duclos sein Nachfolger und schrieb als solcher 1745 seine „Histoire de Louis IX". Obwol eng mit Diderot befreundet, gab er für die Encyklopädie doch nur einen Artikel: „Déclamation des anciens."

Duclos gehörte zwar der philosophischen Partei an, war jedoch selber weder ein Philosoph noch ein Anhänger der englischen Literatur, wie dies der Fall mit Montesquieu, 1689—1755, war, der 1729 im October nach England ging, wo er, mit Chesterfield befreundet, zwei Jahre dem Studium der englischen Verfassung lebte. Schon 1721 hatte er mit seinen „Lettres Persanes" der alten Zeit den Fehdebrief hingeworfen. Er hatte den ernsten Usbek und den heitern Rica ihrem Freunde Rhedi in Ispahan das ganze damalige Paris mit seinen Moden, Gesellschaften, Kaffeehäusern, Theatern, Akademien schildern lassen. Auch kritisirten sie mit frivolem Witz die theologischen Händel und ließen sich bereits auf politische Themata, die Steuerpacht, die stehenden Heere u. dgl. ein. Im Jahre 1734 folgten seine „Considérations sur les causes de la grandeur et de la décadence des Romains", worin er zeigte, wie Rom, durch die Aufopferung seines Patriotismus groß geworden, durch die Maßlosigkeit seiner Eroberungen zu Grunde ging, welche nur die Kälte des genußgierigen Egoismus und das dürftige Interesse des Privatrechts zurückließen. Endlich 1748 erschien sein „Esprit des lois" in Genf, der in 18 Monaten 22 Auflagen erlebte und noch dazu, auch in Paris, heimlich nachgedruckt wurde. Er war eine politische That, denn seit diesem Augenblick wurde der Begriff des Constitutionalismus den europäischen Völkern eingeimpft. Das Gesetz definirte er als den rapport nécessaire de l'essence des choses. Dies Werk war nicht etwa eine doctrinäre Exposition; den 31 Büchern mit ihren 600 Kapiteln und Kapitelchen fehlte es an einer logischen Ordnung; statt einer erwarteten Abhandlung fand man öfter eine Anekdote oder eine Satire; allein die gesunde innere Anschauung hielt die fragmentarisch erscheinende Fülle des Ganzen einheitlich zusammen. Englands Verfassung wurde im sechsten Kapitel des elften Buchs abgehandelt, obschon darin wenig von England, desto mehr von Kreta, Sparta, Rom und Venedig die Rede ist. Montesquieu's Einfluß auf die französische Literatur war so groß, daß er fast dem von Voltaire gleichkommt. Diderot verehrte Montesquieu außerordentlich und entriß sich, wie er selbst erzählt, einer sehr lieben Gesellschaft, um seinem Leichenbegängniß zu folgen.

Noch war die Anerkennung der descriptiven Naturwissenschaft zurück. Sie wurde das Werk Leclerc's de Buffon, 1707—88. Er war in seiner Jugend durch seine Bekanntschaft mit dem Herzog von Kingston angeregt, nach England zu gehen, wo er länger verweilte und, um sich der englischen

Sprache ganz zu bemächtigen, einige naturwissenschaftliche Schriften aus dem Englischen ins Französische übersetzte. Im Jahre 1739 übertrug ihm der König die Oberleitung des Botanischen Gartens, den er zu einer bewundernswerthen Centralisation aller Reiche der Natur umwandelte. Im Jahre 1749 erschienen die ersten Bände seiner „Histoire naturelle", derenthalben er 1753 in die Académie française aufgenommen ward. In der Ausarbeitung des Stils war er peinlich und soll sein berühmtestes Werk, „Les époques de la nature", die erste wissenschaftlich begründete Geologie, achtzehnmal umgeschrieben haben. Für die Encyklopädie übernahm er nur den Artikel „Nature", hielt sich aber, wie Duclos, von jeder Parteistellung fern.

Diese Akademiker: Fontenelle, Marivaux, Duclos, Montesquieu, Buffon, machten, wie ich oben sagte, einen unbefangenen Uebergang aus dem novantiken Zeitalter Ludwig's XIV. in die Periode der Aufklärung unter Ludwig XV. Neben ihnen entwickelte sich eine nachdrücklich auf Paris zurückwirkende Bewegung von Berlin aus durch Friedrich den Großen. Sie concentrirte sich in der berliner Akademie, deren Geschichte wir jetzt in dem trefflichen Werk verfolgen können, welches Christian Bartholomeß darüber geschrieben hat: „Histoire philosophique de l'Académie de Prusse depuis Leibniz jusqu'à Schelling, particulièrement sous Frédéric le Grand" (2 Bde., Paris 1851). Wir sehen daraus, daß die Akademie im wesentlichen der Leibniz-Wolf'schen Philosophie anhing, welche Formey, 1711—97, durch seine „Belle Wolfienne" in sechs Bänden (Haag 1752—60) auch in Frankreich zu verbreiten suchte. Der französische Skepticismus, Materialismus und Atheismus fand bei ihr keinen Eingang, am wenigsten bei den deutschen Mitgliedern Lambert, Sulzer, Wegelin. Der Marquis d'Argens 1704—70, war der erste Franzose, welchen Friedrich berief. Er hatte in seiner Jugend in Spanien, in der Türkei, in Tunis, Algier und Tripolis, ein sehr abenteuerliches Leben geführt, war von seinem Vater enterbt und Militär geworden, bis ein Sturz mit dem Pferde 1734 ihn nöthigte, den Dienst aufzugeben. Er ging nach Holland, dem damaligen Paradies der liberalen Autoren, sich durch Schriftstellerei zu ernähren, und schrieb 1736 fünf Gespräche über Logik, Astronomie u. s. w. unter dem Titel „La philosophie du bon sens", worin er Fontenelle's Dialog über die Mehrheit der Welten mit flüchtiger Keckheit nachahmte. Ihr folgten seine „Lettres Juives", worin er Montesquieu's „Lettres Persanes" zum Vorbilde nahm, indem er drei Juden: Aron Moneca, Isaak Onis und Jakob Brito, in England, Frankreich und Genf umherreisen und sich ihre Bemerkungen über die christlichen Europäer mittheilen ließ. Die Sittenstrenge und erhabene Gesinnung dieser ehrlichen Juden contrastirte er mit der Sittenverwilderung und religiösen Heuchelei der Nazaräer. Da diese Briefe Glück machten, so verfaßte er in ähnlicher Manier noch „Lettres Chinoises" und „Lettres cabalistiques". In seinen „Lettres philosophiques" schöpfte er vorzüglich aus der Lektüre Bayle's. Jordan empfahl ihn dem Könige, der ihn 1743 mit dem Titel und Gehalt eines Kammerherrn nach Berlin berief und zum Mitglied der Akademie machte. Er übersetzte noch einige philosophische Schriften aus dem Griechischen, unter anderm auch die Satiren des Kaisers Julianus Apostata, um die Vortrefflichkeit des Heidenthums gegen die Geistlosigkeit der christlichen Superstition nachzuweisen, obwol er selber in vielen Stücken abergläubisch war, den Freitag für einen Unglückstag hielt, nicht mit 13 Personen an Einem Tisch aß u. s. w. Friedrich vergnügte sich an seiner angenehmen, mit Erinnerungen von seinen Reisen und Abenteuern, mit Anekdoten und Witzen geschmückten Unterhaltung und würdigte ihn auch seiner Correspondenz. Als er aber ohne sein Wissen sich noch in hohem Alter mit einer Schauspielerin vermählte, erzürnte er sich gegen ihn. Der Marquis ging auf Reisen in seine Heimat und starb zu Aix, wo Friedrich ihm ein prächtiges Denkmal errichten ließ.

Im Jahre 1745 ernannte Friedrich Maupertuis, dessen Ruf durch die Leitung der französischen Expedition 1736 nach Lappland zur Erforschung der Abplattung der Erdgestalt am Pol festgestellt war, zum Präsidenten der Akademie. Moreau de Maupertuis, 1698—1750, war anfänglich Offizier, widmete sich dann aber den Wissenschaften mit solchem Erfolg, daß die pariser Académie des sciences ihn 1723, die Royal Society von London ihn 1727 zum Mitglied aufnahm. Im Jahre 1728 ging er selber auf einige Zeit nach England. Im Jahre 1732 schrieb er eine Abhandlung: „Sur les lois de l'attraction" und einen „Discours sur la figure des astres", worin er als entschiedener Anhänger Newton's auftrat. In seinem „Essai de Cosmologie" stellte er nicht nur ein beredtes Gemälde des Kosmos auf, sondern gab auch eine Kritik des physiko-teleologischen Beweises für die Existenz Gottes, an welche er den Versuch knüpfte, aus dem Begriff der Bewegung noch einen neuen Beweis zu finden, indem er die Ursache der Bewegung nach der Newton'schen Theorie des Stoßes, welchen Gott den Weltkörpern gegeben haben soll, unmittelbar in Gott selber verlegte. Er wollte auch ein neues Naturgesetz entdeckt haben, das er bald le principe de la moindre quantité d'action, bald die lex minimi, bald die lex parsimoniae naturae nannte, das sich aber aus der Wissenschaft wieder verloren hat, weil es im Grunde auf das allgemeine Gesetz der Causalität zurückkommt, daß die Wirkung der Ursache proportionirt sein muß. Newton hatte schon gesagt: „Causae non praeter necessitatem multiplicandae." Maupertuis stand einerseits auf dem Boden der Aufklärung, andererseits noch auf dem des Glaubens. Er verzweifelte daran, die Unsterblichkeit der Seele beweisen zu können, aber als Christ glaubte er sie. Er hielt als Moralist den Selbstmord unter gewissen Bedingungen für erlaubt, aber als Christ verabscheute er ihn. Er war überzeugt, daß die Summe der negativen Momente des Lebens, d. h. das Unglück, die Summe der positiven, d. h. des Glücks übertreffe u. s. w. Welchen großen Anstoß er Diderot durch seine Abhandlung: „De naturae systemate", gegeben, haben wir oben schon bei der Interpretation der Natur gesehen. Sie war mit ihren vitalen Atomen eine Consequenz der Leibniz'schen Monadologie. Der König hielt sehr viel auf Maupertuis, allein als Voltaire 1750 nach Potsdam kam, verleidete ihm derselbe durch seine satirischen Ausfälle auf ihn seine Stellung. Friedrich ließ zwar Voltaire's Pasquill: „Diatribe du Dr. Akakia, médecin du pape", mit welchem er einige seltsame Meinungen von Maupertuis in seiner Abhandlung: „Le progrès des sciences", lächerlich gemacht hatte, von Henkers Hand öffentlich verbrennen, allein Maupertuis nahm sich die Sache so zu Herzen, daß er erkrankte, auf Reisen ging und zu Basel im Hause seines Freundes Bernoulli starb.

Unter seiner Präsidentschaft wurden zwei sehr entgegengesetzte französische Mitglieder in die Akademie aufgenommen, Lametrie und Prémontval. Die Berufung des erstern vermittelte er selber, weil er sein Landsmann aus St.-Malo war. Julien Offroy de Lametrie, 1709—51, hatte unter Boerhave zu Leyden Medicin studirt, wurde Regimentsarzt bei der Garde und machte einen Feldzug in Deutschland mit. Bei der Belagerung von Freiburg wurde er krank und glaubte zu bemerken, daß mit dem Sinken seiner physischen Kraft auch seine geistige herabgestimmt werde. Sofort schloß er daraus, daß der Begriff Geist als einer von der Materie unterschiedenen Substanz ein Irrthum sei, und schrieb in diesem Sinne 1745 eine „Histoire naturelle de l'âme". Die Folge davon war, daß er seine Stelle als Regimentsarzt verlor, worauf er 1746 eine Satire gegen die Aerzte: „La politique de médecin Macchiavel", schrieb, welche die Kunstgriffe der Aerzte, sich Kunden zu schaffen, mit bitterm Witz geiselte und seine Zunftgenossen gegen ihn empörte.

Das pariser Parlament verurtheilte sie zum Feuer und ihren Verfasser zum Exil. Er floh 1747 nach Holland und schrieb sogleich eine neue Satire gegen die Aerzte, eine Komödie: „La faculté vengée", machte sich aber auch für Holland, für das Asyl der Freidenker, 1748 durch seine Schrift: „L'homme machine", unmöglich. Die Holländer verurtheilten seine

Schrift zum Feuer und ihren Verfasser zum Exil. In dieser Nothlage wandte er sich an Maupertuis, der ihn dem Schutze Friedrich's empfahl. Friedrich stand damals noch in seiner skeptischen Periode. Er hatte, wie er an Maupertuis schrieb, wahrzunehmen geglaubt, „que l'académie des sciences chrétienne et dévote", und so war ihm die Berufung eines verneinenden Geistes als Sauerteig recht. Er gab Lametrie die Stelle eines Vorlesers und machte ihn zum Mitglied der Akademie. Er fand an seiner heitern Laune, an seinem kaustischen Witz, selbst an seiner Ungenirtheit Gefallen und ließ ihm viele Formlosigkeiten hingehen. Im Jahre 1748 übersetzte Lametrie Seneca's Schrift „De vita beata" unter dem Titel „La vie bienheureuse", fügte aber einen „Antisenèque" hinzu, weil natürlich Seneca's stoische Moral sich nicht mit der epikuräischen seines Materialismus vertrug. Dieser „Antisenèque" war es, der, wie wir später sehen werden, Diderot zu einer sehr scharfen Aeußerung gegen Lametrie bewog. Noch in demselben Jahre 1748 schrieb er „L'homme plante"; 1750 „Réflexions sur l'origine des animaux"; 1751 „L'art de jouir"; und eine „Vénus métaphysique ou Essai sur l'origine de l'âme humaine". Er, der die Kunst zu genießen geschrieben hatte, verzehrte im nämlichen Jahre bei dem englischen Gesandten Tyrconnel eine ganze Trüffelpastete, wurde davon krank, behandelte sich selbst mit falschen Mitteln und starb am andern Morgen mit dem Wunsch, im Garten des Gesandten begraben zu werden. Statt dessen wurde er in der katholischen Kirche beigesetzt, wo sich zu finden, er ganz erstaunt sein wird, wie Voltaire sagte. Der König verfaßte selber sein „Éloge", weil ein anderer es auch schwerlich übernommen hätte, und ließ es durch seinen Privatsecretär d'Arget in der Akademie lesen, was allgemeine Misbilligung nicht nur in dieser, nicht nur in Berlin, nicht nur in Preußen, sondern in ganz Deutschland erfuhr. Der König trotzte aber in seiner damaligen Laune der öffentlichen Meinung und gab sogar einer Courtisane, welche Lametrie mit nach Berlin gebracht hatte, eine Pension von 600 Livres. Und wäre nur Lametrie in Berlin glücklich gewesen, allein aus seinen Briefen an Voltaire und dessen Nichte, Mademoiselle Denis, wissen wir, wie sehr er sich beständig nach Frankreich zurücksehnte. Lametrie ist für die Geschichte der französischen Philosophie dadurch zu so großem Ruf gelangt, daß er die materialistische Doctrin mit cynischer Keckheit in vollkommener Consequenz aussprach. Die Philosophie sollte nach ihm nur von der Beobachtung der Natur ausgehen, wenn auch der Philosoph in der gemeinen Wirklichkeit sich den positiven Anordnungen des Staats und der Kirche zu fügen habe, bis die Farce des Lebens ausgespielt sei. Atheisten würden die besten, die ruhigsten Bürger sein, denn die

Geschichte zeige, wie gerade die Theologen durch ihre Streitigkeiten über die Religion die größten Unruhen und die blutigsten Kriege hervorgerufen hätten. Die Theologen seien die ärgsten Feinde der menschlichen Ruhe und Glückseligkeit, weil sie den Aberglauben an die Gewissensbisse unterhielten, als ob der Mensch durch gewisse Handlungen sich mit einem imaginären Begriff, Pflicht genannt, oder mit einem imaginären Wesen außer ihm, Gott genannt, von welchem niemand eine Erfahrung habe, entzweien könne. Alles, was geschieht, alles, was wir thun, ist nur eine mechanische Nothwendigkeit. Wir sind von der Natur zum Genießen bestimmt und es ist Thorheit, einen Genuß zu verschieben, weil die Tugenden nur Zierden: ornemens, nicht Grundlagen: fondemens, unserer Glückseligkeit sind.

Eine ganz entgegengesetzte Richtung hatte Prémontval, 1716—64. Wir sind ihm schon oben bei den mathematischen Arbeiten Diderot's begegnet. Als er von der Schweiz 1752 nach Berlin kam, wurde er selber Akademiker und seine elegante Frau Vorleserin der Gemahlin des Prinzen Heinrich von Preußen. Er machte viel Aufsehen durch seine Bestrebungen für den Purismus der französischen Sprache, für welchen er ein „Préservatif contre la corruption de la langue françoise en Allemagne" schrieb. Als Philosoph war er ein ernster, wenn auch oft paradoxer Denker, der 1753 in seinen „Lettres sur la monogamie" in drei Bänden philosophisch, physisch, ethisch und historisch die Polygamie bekämpfte. In seinem „Hasard sous l'empire de la providence" (1754) versuchte er nicht blos philosophisch, sondern auch mathematisch den Begriff des Zufalls mit dem der Vorsehung auszusöhnen. Er bestritt das Leibniz-Wolf'sche System und wollte in einem eigenen System der Psychokratie den Theismus mit dem Atheismus in der Art vereinigen, daß er den Begriff der Schöpfung verwarf, weil ein Schöpfer unmöglich eine Welt mit so vielen Uebeln hätte hervorbringen können. Er nahm daher eine Aseitas aller Dinge als primitiver Einheiten an und unterschied von ihnen die Aseitas Gottes als der in sich unendlichen Unendlichkeit. Er spottete über die Wolfianer, daß sie sich bemühten, den Begriff des Nichts und des Etwas u. s. w. zu bestimmen, hatte aber selbst eine Neigung zur Ontologie. Mit Lambert wollte er auch ein Alphabet der menschlichen Kenntnisse herausgeben. Er war ein affectvoller Mensch, der 1764 aus Aerger darüber starb, daß der König ihm nicht die Professur der Rhetorik für die Kriegsschule gab, sondern den auch schon erwähnten Toussaint dafür berief, obwol derselbe ihn in seiner Zeitung zuweilen le brigand du Nord genannt hatte. Toussaint war zwar Moralist und liebte besonders die Zeichnung von Tugenden und

Lastern in der Manier der La Bruyère'schen Charaktere, aber er war auch, wie auf seinem Todtenbett zum Vorschein kam, noch ein gläubiger Mensch.

Als Maupertuis gestorben war und d'Alembert abgelehnt hatte, sein Nachfolger zu werden, kamen auch Jaucourt, der eine so allgemeine Hochachtung genoß, und Diderot für die Präsidentur in Vorschlag. Auf Diderot ging der König gar nicht ein; wegen Jaucourt, welchen die Akademie sich von ihm erbat, schwankte er. Da erschien 1765 der Rest der Encyklopädie und mit ihm der Artikel „Prusse" in zwei Abschnitten von Jaucourt und Diderot. Bartholomèß (a. a. O., I, 222) erzählt, daß dieser die Veranlassung wurde, daß Friedrich nicht nur von Diderot, sondern auch von Jaucourt für immer Abstand nahm und nie wieder einen Band der Encyklopädie öffnete. Jaucourt's Artikel war sehr schmeichelhaft für Preußen und von Friedrich selber hatte er gesagt:

„Kaum hat er den Thron bestiegen, so hat er sich durch seine Gesetzgebung, durch seine Wiederherstellung der berliner Akademie und durch seinen Schutz der Künste und Wissenschaften, worin er selber sich ausgezeichnet, unsterblich gemacht. Nachdem er dem Hause Oesterreich durch seine Tapferkeit, seinen Waffenruhm und aufeinanderfolgende Siege furchtbar geworden, hält er heutzutage allein durch seine hohen Thaten die Wage gegen die vereinten Kräfte Frankreichs, der Kaiser-Königin von Ungarn, der Zarin, des Königs von England und des Deutschen Reichs. Ein König, der nur Gelehrter, Dichter, Geschichtschreiber wäre, würde die Pflichten des Thrones schlecht erfüllen; wäre er aber zugleich der Gesetzgeber, der Vertheidiger, der Feldherr, der Staatswirth und Philosoph der Nation, so würde er das Wunder des 18. Jahrhunderts sein."

Zu diesen Worten Jaucourt's hatte Diderot im zweiten Abschnitt des Artikels noch einen Zusatz gemacht. Bartholomèß ist der Meinung, daß Friedrich zwar die Gelehrsamkeit des Ritters bewunderte, daß er ihn aber zu ernst, zu respectvoll gegen die geoffenbarte Religion und politisch vielleicht zu liberal gefunden habe, denn von Jaucourt rührte die bekannte Aeußerung her, daß die Zeit der allgemeinen Monarchie glücklicherweise ebenso gut für die Philosophen als für die Könige vorüber sei. Diderot, dessen Ungläubigkeit ihm schon recht gewesen wäre, der aber seinem Geschmack nicht zusagte, verdarb es mit ihm vollends durch jenen Zusatz, der nämlich also lautete:

„Friedrich II. hat seit zwanzig Jahren dem Weltall das seltene Schauspiel eines Kriegers, Gesetzgebers und Philosophen auf dem Throne gegeben. Seine Liebe zu den Wissenschaften läßt ihn nicht vergessen, was er seinen Unterthanen und dem Ruhme schuldig ist. Seine Klugheit und Tapferkeit haben lange der Kraft der größten Mächte Europas widerstanden. Ohne Pracht an seinem Hofe, thätig und unermüdlich an der Spitze der Armeen, unerschütterlich im Mißgeschick, hat er die Achtung und Bewunderung selbst derjenigen errungen, die an seinem Untergang arbeiteten. Die Nachwelt, die nicht nach dem Erfolg des Zufalls urtheilt, wird ihm unter den größten Männern einen Rang zuweisen, welchen der Neid ihm schon bei Lebzeiten nicht streitig machen kann. Man hat unter seinem Namen verschiedene Prosawerke in französischer Sprache veröffentlicht. Sie haben eine Eleganz, eine Stärke und selbst eine Reinheit, welche man in den Productionen eines Mannes bewundern würde, der von der Natur einen ausgezeichneten Geist empfangen und sein Leben in der Hauptstadt zugebracht hätte. Seine Dichtungen, welche man uns unter dem Titel der Werke des Philosophen von Sanssouci gegeben hat, sind voller Ideen, voller Wärme, voller großer und kräftiger Wahrheiten. Ich wage zu behaupten, daß wenn der Monarch, der sie mehr als dreihundert Meilen weit von Frankreich schrieb, ein oder zwei Jahre im Faubourg St. Honoré oder St.-Germain umherspaziert wäre, einer der ersten Dichter unserer Nation sein würde. Es bedurfte nur des leisesten Hauches eines Mannes von Geschmack, um einige Körner des berliner Sandes davon wegzublasen. Unsere Dichter, die nur Correctheit des Ausdrucks und der Harmonie besitzen, werden in den künftigen Jahrhunderten viel von ihrem Werth verlieren, wenn die Zeit, welche den Sturz aller Reiche herbeiführt, auch unser Volk zerstreut, unsere Sprache vernichtet und unserm Lande andere Bewohner gegeben haben wird. So wird es nicht mit den Versen des Philosophen von Sanssouci sein. Das aufmerksame Auge wird darin keinen fremden Firnis mehr entdecken. Die Gedanken und Vergleichungen, alles, was das wahre Verdienst eines Gedichts ausmacht, wird dann in einem wolkenlosen Glanze strahlen. Sonderbar, daß dieser kleine Mangel sich in den aus Prosa und Versen gemischten Briefen nicht bemerklich macht. Sie sind voller Geist, Leichtigkeit und Delicatesse ohne die geringste Spur von Exoterismus. Es hat dieser bewundernswürdigen Flöte nichts gefehlt als ein reinerer Ansatz (embouchure)."

Diderot konnte Friedrich eher einer verlorenen Schlacht halber tadeln, als ihn so in seiner feinsten Eigenliebe zu verwunden, der französischen Sprache vollkommen Meister zu sein. Er konnte dem pariser Kritiker nicht verzeihen, daß er in seinen Gedichten Spuren des berliner Sandes fand. Uebrigens geben wir Friedrich, ganz abgesehen von seiner Verstimmung gegen Diderot, recht, wenn er ihn nicht zur Präsidentur der Akademie berief, weil er nicht dazu getaugt, sie auch wahrscheinlich so wenig als d'Alembert angenommen hätte. D'Alembert besuchte Friedrich 1763; Helvetius 1765;

beide wurden von ihm mit der größten Auszeichnung, d'Alembert auch mit wahrhafter Freundschaft aufgenommen. Der Atheismus aber mit seiner beständigen Gereiztheit gegen das Christenthum und mit seinem beständigen Hinschielen auf die Republiken des Alterthums nahm Friedrich immer mehr gegen die Encyklopädisten ein und bewog ihn sogar zu einer Widerlegung von „Holbach's System der Natur", die er an d'Alembert schickte. Die Akademie von Berlin blieb der Leibniz'schen Philosophie zugethan, und Formey ging sogar damit um, in ihrem Sinne der französischen Encyklopädie eine preußische entgegenzusetzen.

Der wahre principielle Ausgang des französischen Materialismus war der Locke'sche Sensualismus, wie Condillac, 1715—80, denselben von Paris aus in Frankreich einführte. Sein erstes Werk: „Sur l'origine des connaissances humaines" (2 Bde., 1746), wurde, wie wir früher gehört haben, von Diderot zum Druck befördert. Im Jahre 1749 widerlegte Condillac in seinem „Traité des systèmes" die drei Systeme, welche dem Locke'schen entgegenstanden, das Cartesianische, Spinozische und Leibniz'sche. In demselben Jahre erschienen von ihm in zwei Bänden „Recherches sur l'origine des idées, que nous avons de la beauté". 1754 gab er sein Hauptwerk heraus: „Traité des sensations", worin er alle Acte der Intelligenz als eine „transformation de la sensation" entwickelte. Die Selbständigkeit des Ichs fiel fort. „Le moi de chaque homme n'est que la collection des sensations, qu'il éprouve et de celles, que la mémoire lui rappelle, c'est tout à la fois la conscience de ce, qu'il est et le souvenir de ce qu'il à été." Diese Psychologie des Menschen vervollständigte er 1735 noch durch eine Thierpsychologie in zwei Bänden: „Traité des animaux, ou après avoir fait des observations critiques sur le sentiment de Descartes et celui de Mr. de Buffon, on entreprend, d'expliqueur leurs principales facultés." — Unabhängig von Condillac war Charles Bonnet in Genf, 1720—93, ebenfalls von Locke aus zu einer sensualistischen Psychologie gekommen. Er war von Réaumur 1740, nachdem er die Entdeckung gemacht hatte, daß die Blattlaus sich ohne Begattung fortpflanze, zum Correspondenten der pariser Akademie der Wissenschaften ernannt und gab 1745 eine „Insectologie" heraus. Infolge der Anstrengung mit dem Mikroskop beim Studium der Raupen erblindete er beinahe, beobachtete aber in seiner unfreiwilligen Muße die Blattentwickelung und veröffentlichte 1747 seine für die Physiologie der Pflanze so wichtigen „Recherches philosophiques sur l'usage des feuilles dans les plantes". Bis dahin war er reiner Empiriker gewesen, allein in seinem Zustande der Halbblindheit fing er an, Locke's Versuch über den menschlichen Verstand zu studiren, und entwarf

1748 einen „Essai de psychologie ou Considérations sur les opérations de l'âme", den er 1760 noch durch einen „Essai analytique sur les facultés de l'âme" vervollständigte. Aber aus dieser Hinneigung zum Sensualismus arbeitete er sich wieder durch ein Studium der Leibniz'schen „Theodicee" heraus und legte zuerst 1762 in seinen „Considérations sur les corps organisés" Zeugniß davon ab. Ihnen folgte 1764 seine „Contemplation de la nature" und 1771 seine „Palingénésie philosophique ou idées sur l'état futur des êtres". Rousseau behandelte in seinen „Confessions" Bonnet fälschlicherweise als einen Materialisten und bigoten Fanatiker.

Diderot, 1713—84, d'Alembert, 1717—83, waren es, welche den neuen Standpunkt des sensualistischen Empirismus mit Bewußtsein über seinen Gegensatz gegen die bis dahin geltende Weltanschauung aufnahmen und ihn durch die Encyklopädie von 1750 an über alle Gebiete der menschlichen Thätigkeit ausbreiteten. Diese Krisis ist oben in dem Kapitel von der allgemeinen Bedeutung der Encyklopädie geschildert worden. Sofern diese auch ein System der Wissenschaft sein sollte, konnte sie nicht genügen. Sie war eine Registratur aller Begriffe, denen nach einer allgemeinen Topologie ihre Heimat zugewiesen wurde. Die alphabetische Zerstückelung des Wissens, nach welcher das Heterogenste nebeneinanderrückt, hemmte dies einfächernde Verfahren nicht und half im einzelnen aufräumen; für den systematischen Zusammenhang aber, der den Hintergrund der atomistisch auftretenden Artikel ausmachen sollte, reichte das psychologische Princip des Baconisch-Locke'schen Empirismus nicht aus. D'Alembert versuchte, wie wir gesehen haben, in seiner Vorrede zur Encyklopädie noch eine andere Eintheilung der Wissenschaften, war sich aber nicht klar, nach welchem Princip er sie eigentlich organisiren sollte. Man erkennt wol, daß er an die Stelle der subjectiven Eintheilung eine objective, durch den Inhalt bestimmte setzen will, allein es fehlt ihm an einem festen Kriterium für die Aufeinanderfolge, durch welches sie auch zu einer Auseinanderfolge, zu einer sich selbst erzeugenden Einheit aller ihrer Unterschiede geworden wäre. Der Begriff eines Systems fordert, daß der niedrigere Begriff dem höhern als Bedingung vorangehe. Der niedrigere Begriff wird aber oft mit dem höhern verwechselt, weil er abstracter ist. Der Begriff der logischen Bestimmungen z. B. ist allgemeiner als der der physischen und psychischen; diese aber sind concreter und enthalten die logischen Kategorien in sich. Die Arithmetik ist universeller als die Geometrie, diese universeller als die Stereometrie, aber diese ist concreter. Die Stereometrie ist ohne die Geometrie, die Geometrie ohne die Arithmetik nicht denkbar. So ist die unorganische Natur die Bedingung, aber nicht der Grund der organischen. So ist die Psychologie die

Bedingung der Ethik, nicht aber die Ethik die der Psychologie u. s. w. Obwol die später auftretende Wissenschaft sich die frühere als Bedingung voranschickt und insofern von ihr abhängt, so steht sie doch principiell höher und entwickelt sich aus ihrem eigenen, in sich selbständigen Princip. Das Wissen muß einen niedrigsten und einen höchsten, einen abstract allgemeinsten Begriff von dem weitesten Umfang als Anfang und einen concret allgemeinsten Begriff vom tiefsten Inhalt als Ende, als Finalprincip, in sich schließen. Dieser letzte Begriff muß der des Absoluten an und für sich sein, der nicht blos die formale Grundlage der Begriffe, sondern auch der reale Grund alles Daseins ist. D'Alembert war nun zwar ein sehr vielseitiger Mann, allein als Philosoph nur ein unvollkommener Skeptiker. Diderot war viel resoluter als er, sprach sich aber, nachdem er die Encyklopädie vollendet, öffentlich nicht weiter aus. Er wurde von Schritt zu Schritt skeptischer, bis er eines guten Tags beim entschiedenen Materialismus und Atheismus angelangt war, mit diesem Standpunkt aber zugleich die Garantie für die wahrhaft sittliche, politische und wissenschaftliche Freiheit erreicht zu haben glaubte. In ethischer Hinsicht opponirte er daher den Consequenzen, die man aus dem sensualistischen Princip zog. Locke selber hatte in der Ungleichheit des Besitzes, in dem Elende, das sich neben dem Reichthum wie neben der Armuth aufhäuft, das größte Unglück gefunden. Der Abbé Morelly folgerte daher die Nothwendigkeit der Eigenthumslosigkeit, der Gütergemeinschaft. Er that dies zuerst 1753 in einem utopischen Gedicht „La Basiliade“, worin er den königlichen Menschen der Freiheit schilderte, sodann 1755 in einem systematischen Werke: „Code de la nature“, der nicht nur von Babeuf in der Französischen Revolution, sondern noch von Moritz Arndt, der ihn 1843 ins Deutsche übersetzte, Diderot zugeschrieben wurde. Morelly erblickte in dem désir, d'avoir pour soi, im Privateigenthum, die Quelle alles Unglücks der Menschheit, aller Barbarei, aller Kriege. Er hat den Gedanken der Organisation der Arbeit als einer sittlichen und versittlichenden Thätigkeit des Menschen zuerst ausgesprochen.

Helvétius, 1715—71, erklärte in seinem Buch: „De l'esprit“ (1758), das individuelle Interesse, speciell das physische des Geschlechtstriebes, für das Princip aller Handlungen, wogegen Diderot, wie wir sahen, mit Recht bemerkte, daß er den Begriff des Motivs mit dem des Princips verwechsele. Helvétius ereiferte sich zwar gegen den Communismus, wollte aber jedem Eigenthum verschaffen, allen Erziehung und durch sie Bildung gewähren, und die tägliche Arbeit auf sieben bis acht Stunden herabsetzen. Seine unaufhörlichen Anspielungen auf Frankreichs Zustände unter der seit Montesquieu stereotyp gewordenen Form von Sultanen und Vezieren reizten die

Regierung zur Verbrennung seines Buchs wol mehr als seine Lehre von intérêt personnel, die im damaligen Paris als allgemeine Thatsache existirte. Forkert in Berlin machte eine Uebersetzung davon, welche Gottsched 1760 in Leipzig herausgab. In der langen Vorrede dazu rechtfertigt er sich, weshalb er als Censor den Druck dieses Buchs freigegeben habe, widerlegt den Materialismus mit sehr triftigen Einwürfen und blickt im Bewußtsein der Freiheit des Heiligen Römischen Reichs, seiner Wahlcapitulationen und Landstände, recht mitleidig auf das vom Despotismus und Pfaffenregiment geknechtete Frankreich herab.

Von Mably, dem Bruder Condillac's, 1709—85, der die Nationalökonomie zum Socialismus fortbildete, und von dem Abbe Morellet, 1727—1819, ist schon früher die Rede gewesen. Dieser schrieb für die Encyklopädie die Artikel „Fils de Dieu“, „Gomariste“ u. a., that sich aber vorzüglich dadurch hervor, daß er Beccaria's Werk „Dei delitti e delle pene“ nach einer logischern Ordnung französisch bearbeitete. Es erlebte acht Auflagen und trug viel dazu bei, einen richtigern Begriff der Natur des Verbrechens aufzustellen und die Grausamkeit der Criminalstrafen als eine unnütze und sogar verderbliche abzuschaffen. Zu diese praktischen Consequenzen des neuen Princips gehören auch Turgot, Raynal und St. Lambert

Turgot, 1727—81, war anfänglich Theologe, wandte sich aber der Verwaltung zu und machte zuerst durch eine „Lettre sur le papier monnaie“ Aufsehen, worin er den Wahn bestritt, als ob der Staat an der Creirung von Papiergeld eine Quelle unerschöpflichen Reichthums besitze. Kann der Staat den Nominalwerth einer Kassenanweisung nicht mehr realisiren, so wird sie zu einem gleichgültigen Stück Papier, während das Metallgeld immer seinen Metallwerth behält. Für die Encyklopädie schrieb er die trefflichen Artikel „Étymologie“, „Existence“, „Fondation“, „Foires“, „Marchés“, zog sich aber, als er Intendant von Limoges wurde, von ihr zurück, weil er die fernere Theilnahme mit seiner magistralen Stellung nicht für vereinbar hielt. Im Jahre 1774 gab er sein berühmtes Werk „Réflexions sur la formation et la distribution des richesses“ heraus, mit welchem er dem Werk von A. Smith über den Nationalreichthum noch voranging. Smith hatte ihn selber bei einem Aufenthalt in Paris kennen gelernt. In demselben Jahre wurde Turgot von Maurepas zum Ministerium der Finanzen berufen, das er nur kurze Zeit, aber ruhmreich, verwaltete. Turgot vertrat mit Gournay gegen Quesnay das Interesse der Industrie gegen die Einseitigkeiten der Oekonomisten oder Physiokraten. Raynal, 1711—96, vertrat die Polemik gegen die Sklaverei und stand damit der Forderung der Revolution zur Proclamirung der allgemeinen

Rechte des Menschen am nächsten. Er war in seiner Jugend Jesuit gewesen, hatte sich von dem Orden losgerissen, historische Studien getrieben und durch eine „Geschichte der Scheidung Heinrich's VIII. von Katharina von Aragonien" einen Namen gewonnen. In der Unterhaltung war er einseitig. Man machte ihm den Vorwurf, immer nur von Handel, Steuern, Colonien sprechen zu wollen. Sein Hauptwerk: „Histoire philosophique et politique des établissemens de commerce des Européens dans les deux Indes", erschien erst 1773. Die Sorbonne brandmarkte es als die Verwirrung einer nichtswürdigen Seele, und das Parlament verurtheilte es zum Feuer. Raynal mußte fliehen und ging zunächst nach der Schweiz, wo er im Vierwaldstättersee auf der Insel Arstaff den Gründern des Rütlibundes auf seine Kosten einen Obelisken mit der Unterschrift: „Raynal natione Gallus", errichten ließ. Man tadelte dies als Eitelkeit, allein für seinen Freiheitsenthusiasmus bleibt der Zug charakteristisch. Er ging auch nach Berlin, wo er schon einmal zehn Jahre früher gewesen war und wo man ihn diesmal langweilig fand, weil man seine Anekdoten schon kannte. Die Verdammung seiner Schrift kam derselben natürlich als eine Empfehlung zugute, denn von allen Seiten empfing er, ähnlich wie Buffon für seine „Naturgeschichte", unaufgefordert Beiträge und Berichtigungen, die ihn in den Stand setzten, 1780 eine neue sehr wesentlich verbesserte Auflage zu veranstalten. — St.-Lambert, 1716—1803, hatte in seiner Jugend als Kapitän der Garde gedient, am Hofe des Königs Stanislaus zu Luneville der Frau von Boufflers, dann der Frau von Châtelet den Hof gemacht. Diese war Voltaire's Geliebte, der sie die göttliche Emilie zu nennen pflegte. Sie starb zu seinem aufrichtigen Entsetzen an den Folgen der Entbindung von einem Kinde, dessen Vater nicht Voltaire, sondern St.-Lambert war. Hierauf wurde die Gräfin Houdetot seine Geliebte, welcher er mit unverbrüchlicher Treue, wie sie ihm, und wie ihr Mann seiner Geliebten, anhing. Er schrieb für die Encyklopädie einige Artikel zur Politik. Im Jahre 1770 wählte ihn die Académie française wegen seines Gedichts von den Jahreszeiten zum Mitgliede. Diderot hatte 1769, als es erschien, auf den Wunsch des Verfassers eine sehr ausführliche Kritik davon gegeben, der man anmerkt, wie viel Mühe er aufwenden muß, die Langeweile, die es ihm verursacht hatte, anständig zu verbergen und den Autor durch seinen Tadel nicht zu verletzen. St.-Lambert führte später einen Gedanken d'Alembert's aus, die neue Weisheit für die Jugend und das Volk in einem „Catéchisme universel" zu popularisiren.

Grimm, 1723—1807, Marmontel, 1719—99, und Thomas, 1735—85, waren die eigentlichen Schöngeister des encyklopädischen Kreises.

D'Alembert hatte 1756 seine Artikel aus der Encyklopädie in fünf Bänden unter dem Titel „Mélanges“ wieder abdruken lassen und in den ersten Band auch seinen „Discours préliminaire“ aufgenommen, wodurch derselbe eine so große Bekanntheit empfing. Marmontel folgte seinem Beispiel und zog 1763 alle seine für die Encyklopädie gelieferten Artikel unter dem Titel einer „Poëtique“ in zwei Bänden zusammen. Thomas hatte zur Encyklopädie kein Verhältniß mehr, denn sie war schon im wesentlichen fertig, als er in seinem 22. Jahre Professor an der Universität wurde. Seine Stärke war die Beredsamkeit. Er bahnte sich den Weg zum Ruhm 1759 durch sein „Éloge du Maréchal de Saxe“, welches die Académie française krönte. Im Jahre 1772 gab er einen „Essai sur le caractère, les moeurs et l'esprit des hommes“ und 1773 einen „Essai sur les éloges“ heraus. Diderot liebte und schätzte ihn sehr; Thomas hatte ihn durch seine Lobrede auf Marc Aurel ganz für sich gewonnen. Thomas ging damit um, auch Peter den Großen zu verherrlichen.

Wenn Helvétius aus dem Materialismus die consequente Moral des Eigennutzes zog, so war die von Diderot die inconsequente, denn er erkannte, auch nachdem er Materialist geworden war, doch die Pflicht an, das Gute zu thun. Von beiden unterschied sich Rousseau, 1712—78, durch seine unbestimmte Moral des guten Herzens. Diese Moral ist zwar sehr beliebt, allein sie ist noch schlechter als die des intérêt bien entendu, weil sie noch viel zufälliger und unbestimmter ist. Sie ist die Moral des natürlichen Menschen, der sich nicht durch den Gehorsam gegen das Sittengesetz zur objectiven Wahrheit der Selbstbestimmung erhoben hat. In ihrer subjectiven Launenhaftigkeit thut sie ebenso wol das Gute als gelegentlich das Böse, wird aber das Böse als ein Gutes behaupten, weil es aus dem Gefühl des guten Herzens entsprungen sei. Man muß bei Rousseau zwischen dem Moralisten und dem Politiker unterscheiden. Als Moralist schwärmte er für die Tugend, die man jedoch ihm als Menschen nicht zumuthen durfte, denn für sich wollte er nur nach seinem persönlichen Interesse handeln. Er war hierin nicht ein Haar besser als seine Zeitgenossen. Alle kategorische Forderung einer Pflichterfüllung war ihm unerträglich, wie er dies in den bekannten Briefen an Malesherbes selbst ausgesprochen. Sofern ihm eine Pflicht Vergnügen machte, erfüllte er sie auch, aber der Pflicht um der Pflicht willen zu gehorchen, war ihm unausstehlich, und er war stets erfinderisch genug, sich von der Verbindlichkeit gegen sie loszusagen und seinen Fall als einen Ausnahmefall hinzustellen, ohne deswegen aufzuhören, von andern die Erfüllung dessen, was er als ihre Pflicht gegen ihn ansah, zu erwarten und zu fordern. Immer verlangte er im Namen der Tugend die

Aufopferung der andern für ihn, die ihm auch reichlich von seinen Freunden und Freundinnen zutheil wurde, während er selber sich niemals opferte, wohl aber Handlungen seines Eigennutzes als Opfer seiner Tugend ausmalte. Als Politiker war er Individualist, d. h. er ging für den Begriff des Staats von dem Begriff des abstracten Individuums aus. Er schrieb 1756 für die Encyklopädie den Artikel „Économie politique" und zeigte darin schon den Standpunkt der politischen Souveränetät jedes einzelnen, den er später im „Contrat social" (1762) geltend machte. Er reagirte gegen die Familie als der wahren Grundlage des Staats. Die politische Gemeinde bestand für ihn nur aus atomen Personen, die allerdings tugendhaft sein sollten, um durch Mäßigkeit, Arbeitsamkeit, Ordnung u. s. w. das Wohl des Staats zu fördern. In seinem Roman „Julie ou la nouvelle Héloise" (1759) und in seinem pädagogischen Roman „Émile" (1762) stellte er seine Ansichten ganz populär hin. In beiden finden wir nur Privatpersonen, keine Familie, keine Gemeinde, keine Genossenschaft. Ein Hauslehrer, St.-Preux, erzieht die Kinder des Herrn Wolmar, dessen Frau Julie die Geliebte eben dieses Hauslehrers ist. Ein Hofmeister erzieht den Emil. Dieser heirathet zwar eine nach denselben Grundsätzen erzogene Sophie, weiß aber mit dieser Musterfrau nichts Besseres anzufangen, als nach Paris zu gehen, wo sie ihm untreu wird. Er entdeckt den Ehebruch und flieht, um sie glücklich zu machen, sehr unglücklich unter einem fremden Namen in die Provinz, wo er als Tischlergeselle arbeitet. Als er von der Frau hier aufgespürt wird, flieht er wieder und geräth endlich nach Afrika, wo er Sklave wird. Emil ist immer, wie Rousseau, der isolirte Mensch. Im Princip der subjectiven Freiheit, der unendlichen Berechtigung des einzelnen Menschen, weil er Mensch ist, war Rousseau von den Encyklopädisten nicht unterschieden. Auch im Postulat, die Natur an die Stelle der Corruption zu setzen, stimmten sie mit ihm überein, wollten aber deshalb die Cultur nicht aufgeben. Sie wollten in der Cultur die Bildung nach den Gesetzen der Natur; sie bekämpften die Ausartung der Cultur, wollten sie aber nicht mit der Roheit der wilden und egoistischen Natürlichkeit vertauschen. Diderot und d'Alembert hatten diese Abweichung von Rousseau in dem Vorwort zur Encyklopädie offen ausgesprochen, ihn sonst aber ganz als den ihrigen behandelt. Er war durch sie literarisch emporgebracht, was ihm an sich zwar angenehm, seiner Gemüthsart aber verdrießlich war. Als er den Brief an d'Alembert veröffentlicht hatte, schickte Diderot ein Exemplar desselben an Fräulein Voland und schrieb ihr am 1. Juni 1759, daß er noch nicht ruhig genug sei, über das Werk des großen Sophisten ohne Unparteilichkeit zu urtheilen. Es bekümmere ihn, daß man beredt und gefühlvoll ohne wirkliche Freundschaft und Wahrhaftigkeit sein könne, und er beklage ihn, wenn er sich ein System von paradoxen Begriffen zurecht gemacht habe, sich mit seinem Verfahren zu versöhnen. Rousseau schob den Encyklopädisten die Schuld zu, ihn von sich entfernt zu haben, während die Losreißung von ihnen sein Wunsch war. In jenen Romanen trennte er sich von ihnen noch entschiedener als durch alle vorangegangenen Schritte, die ich früher erzählt habe, indem er das Bekenntniß ablegte, an Gott, Freiheit und Unsterblichkeit zu glauben. Obwol er damit gar nichts Neues sagte, obwol er damit nur den Standpunkt des ganz gewöhnlichen Deismus aussprach, obwol er Christus, wenn er ihn auch über Sokrates stellte, doch nur als einen göttlichen Menschen verehrte, obwol er stets ein unkirchliches Leben führte, obwol er die protestantische Geistlichkeit nicht weniger gegen sich aufbrachte als die katholische, obwol sein „Emile" so gut in Frankreich als in der Schweiz verbrannt wurde, so war doch die Thatsache, daß einer der Encyklopädisten, daß einer der modernen Philosophen, daß ein Rousseau sich von den Encyklopädisten, sich von seinem Freunde Diderot trennte und sich dem religiösen Glauben, wenn auch nicht einer Kirche, wieder zuwandte, von einer ganz außerordentlichen Tragweite. Nun erst war sein Bruch mit den Encyklopädisten völlig und für immer entschieden. Rousseau floh vor der gegen ihn decretirten prise de corps 1762 nach der Schweiz und kam 1765 nach Paris zurück, wo die Regierung ihn so lange ignorirte, bis er durch seine Promenaden auf den Boulevards und im Luxembourggarten in armenischer Tracht die Aufmerksamkeit der Massen erregte und daher 1766 mit Hume nach England ging, das er aber schon 1767 wieder verließ, um unter dem Namen Renou in Trye auf einem Schloß des Prinzen von Conti zu leben. Unter der Bedingung, nichts mehr über Staat und Kirche zu schreiben, wurde ihm 1770 der Aufenthalt in Paris wieder gestattet und er wohnte wieder in der Rue Platrière, die jetzt seinen Namen führt. Er kam nicht mehr aus der Hölle heraus, sich von unaufhörlichen Machinationen seiner Feinde verfolgt zu sehen, deren absichtlichem Wirken er alles zuschrieb, was ein ganz natürlicher Verlauf der Dinge war. Auch die freundlichste Begegnung wurde seinem Wahnsinn verdächtig. Er schrieb noch seine „Rêveries d'un promeneur solitaire", die so viel reizende Schilderungen enthalten, aber auch so viel Beweise seines sophistischen Egoismus darbieten. Bei einem Picknick, das er mit seiner Therese besuchte, hatte ihn ein Mädchen gefragt, ob er in seiner Ehe auch Kinder gehabt habe, und Rousseau hatte diese Frage mit einem entschiedenen Nein beantwortet. Nun quälte ihn hinterher diese Lüge und, um sich von ihr zu absolviren, schreibt er eine lange Abhandlung über die Fälle, in denen das Lügen erlaubt sei. Die Unverschämtheit einer Frage sei einer dieser Fälle. Hätte Rousseau über seine Kinder ein gutes Gewissen gehabt, so würde er natürlich die Frage des jungen Mädchens nicht unverschämt, sondern voller Theilnahme gefunden haben. Vier Jahre, 1772—76, brachte er damit zu, die Dialoge „Rousseau, juge de Jean Jacques" zu verfassen, in denen sein leidenschaftlicher Haß gegen die Encyklopädisten alle möglichen Tonarten anschlägt. Der zweite Dialog ist zuweilen speciell gegen Diderot gerichtet. Das Wort desselben in seinem „Fils naturel", daß der Schlechte allein sei, beschäftigt ihn wieder lebhaft, und am Ende des Dialogs beschuldigt er Diderot, von ihm gesagt zu haben, daß er sich das Notenabschreiben wie ein Jude bezahlen lasse, wobei er nicht verfehlt, sich als den Armen mit Diderot als dem Reichen zu contrastiren. Wie unglücklich Rousseau auch in seiner Vereinsamung war, denn er hatte der Reihe nach mit allen seinen Freunden gebrochen, so darf man doch nicht vergessen, daß er, wie aus jenen Dialogen hervorgeht, zugleich eine geheime Genugthuung darin fand, ein so einziger Mensch zu sein, zu dessen Verfolgung die ganze Welt sich waffnete.

Nun erst, nachdem durch Rousseau die Religion wieder anerkannt war, erschienen von 1766—76 alle Schriften des Barons Holbach, der von 1723—89 lebte. Holbach war der schlechthin consequente Atheist. Er schob seine zahlreichen Schriften nicht selten Verstorbenen unter, z. B. wie Valkenaer bewiesen hat, die „Lettre de Thrasybule à Leucippe" (1766) und den „Examen des apologistes du christianisme" (1768) Fréret, der schon 1739 gestorben war. Es erschien, angeblich immer in London, factisch in Amsterdam oder Leyden: „Le christianisme dévoilé" (1767); „L'esprit du clergé ou le christianisme primitif vengé des entreprises et des excès de nos prêtres modernes" (1767); „De l'imposture sacerdotale" (1767); „Les prêtres démasqués" (1767); „La contagion sacrée ou histoire naturelle de la superstition" (1768); „David ou l'histoire de l'homme selon le coeur de Dieu" (1768); „Examen des prophéties" (1768); „Lettres à Eugénie ou préservatif contre les préjugés" (1768); „Lettres philosophiques sur l'origine des préjugés du dogme de l'immortalité de l'âme etc." (1768); „Théologie portative ou dictionnaire abrégé de la religion chrétienne" (angeblich vom Abbé Bernier und 1775, 1776 und 1802 wieder aufgelegt); „De la cruauté religieuse" (1769); „L'enfer détruit ou examen raisonné de l'éternité des peines" (1769); „L'intolérance convaincue de crime et de folie" (1769); „Système de la nature" (1770); „Histoire critique de Jésus Christ ou analyse raissonnée des évangiles" (1770); „L'esprit du Judaisme ou examen raisonné de la loi de Moyse et de son influence sur la religion chrétienne" (1770); „Examen critique de la vie et des ouvrages de St.-Paul" (1770) u. s. w.

Alle diese Schriften, die, wie man sieht, unter sich ein großes Ganzes ausmachen und vorzüglich eine rationalistisch consequente Kritik der biblischen Geschichte liefern, waren von Holbach in der Stille vorbereitet und stürzten nun wie ein Strom hervor, der alle Bollwerke des Glaubens zu durchbrechen trachtete. Das „System der Natur" wird immer das Hauptwerk Holbach's bleiben, weil es die Hauptaufgabe zu lösen versuchte, nämlich die Nichtexistenz Gottes zu beweisen. Goethe hat in seinem Leben den lähmenden Eindruck geschildert, welchen dies Buch auf ihn und seine Genossen in Straßburg machte. Er sagt: „Alles sollte nothwendig sein und deswegen kein Gott. Könnte es denn aber nicht auch nothwendig einen Gott geben? fragten wir." Goethe klagt, daß das Buch ihn und seine Freunde besonders dadurch getäuscht habe, daß sie durch dasselbe nichts von dem eigentlichen Wirken und Leben der Natur erfuhren, und es kann auffallen, daß er Robinet's Werk „De la nature" (1761 und 1763) nicht erwähnt, in welchem er eine ganz andere Nahrung gefunden haben würde, da dasselbe schon als eine schwungvolle Bevorwortung der Schelling'schen Naturphilosophie angesehen werden kann. Robinet, 1735—1820, hatte übrigens kein persönliches Verhältniß zu den Encyklopädisten und kam erst 1778 nach Paris, wo er königlicher Censor wurde, bis die Revolution die Censur aufhob. Er verließ Paris, um in seine Vaterstadt Rheims zurückzukehren. Das Holbach'sche Natursystem wurde durch Uebersetzungen und viele neue Auflagen weit verbreitet; 1817—24 erschienen in Frankreich allein acht neue Auflagen. Auch in Deutschland wurde die deutsche Uebersetzung dreimal aufgelegt, das letzte mal in unserm Jahrhundert, als Feuerbach und Moleschott bei uns die Holbach'schen Gedanken mit Begeisterung erneuerten. Holbach kam als Atheist nicht aus dem Gedankengange heraus, daß der Aberglaube uns unglücklich macht; daß wir abergläubisch sind, weil wir uns fürchten, und daß wir uns fürchten, weil wir unwissend sind. Nun wollte er doch aber die Menschen, welche der Glaube an supernaturale Wesen, an ein jenseitiges Leben u. s. w. so grenzenlosen imaginären Leiden überantwortet, recht reell glücklich machen. Er wollte als ein ehrlicher Menschenfreund nicht blos niederreißen, er wollte auch aufbauen, und dies that er in seinen spätern moralischen, politischen und socialen Schriften, in denen er überall denselben Gedanken verfolgt, daß die Gesellschaft selber durch ihre Einrichtungen und Gesetze das Verbrechen und das Elend hervorrufe. Sie bestrafe das Verbrechen, zu dessen Begehen sie selber anreize. Die

Moralität des einzelnen sei zu ohnmächtig gegen den Druck der verkehrten, unsittlichen Ordnung, in deren Mitte er leben müsse. Diese, wie man sieht, zwar nicht im Ton, wohl aber in der Richtung revolutionären Schriften waren: „La politique naturelle“ (1773); „Système social ou principes naturels de la morale et de la politique“ (1773); „La morale universelle ou les devoirs de l'homme, fondés sur sa nature“ (1776); „Éthocratie ou le gouvernement fondé sur la morale“ (1767). Von diesem Jahre ab schwieg er. Man sieht also, daß seine ganze Schriftstellerei gerade ein Jahrzehnt umfaßt. Was Lametrie mit naiver Leichtfertigkeit versichert hatte, suchte sie in aller Breite und Förmlichkeit gründlich zu beweisen. Mit ihr hatte sich der negative Fanatismus, die Polemik gegen den Begriff Geist, der nur ein grammatisches Subject mit lauter negativen Merkmalen sein sollte, erschöpft. Holbach's Schriften sind langweilig und voller Wiederholungen, allein sie sind nichtsdestoweniger die gründlichsten und consequentesten ihrer ganzen Richtung. Das Holbach'sche „Système de la nature“ hat sich noch jetzt in der Erinnerung erhalten, während die Widerlegungen desselben vergessen sind, obwol zwei sehr vorzügliche darunter waren, eine von dem Italiener Jean de Castillon, der in Berlin Akademiker war: „Réfutation du système de la nature“ (1771), und eine von dem Schwaben Johann Georg Holland, Lambert's Freunde: „Réflexions philosophiques sur le système de la nature“ (2 Bde., 1772).

Das System der alten Monarchie und Kirche, das noch im Besitz der Macht war, verfolgte die Aufklärung mit allen ihm zu Gebote stehenden Zwangs- und Schreckmitteln, sodaß diese, sich auch aussprechen zu können, alle möglichen Listen anwenden mußte. Es war natürlich, daß die großen Interessen, die vor dem kleinlichen Lärm des Tages sich immer entschiedener hervordrängten, die tiefer blickenden Geister lebhaft bewegten und nicht nur einen regen schriftlichen, sondern auch mündlichen Verkehr hervorlockten, der sich von Epoche zu Epoche in verschiedenen Gesellschaften centralisirte. Früherhin hatte der Hof die gesammte höhere Geselligkeit in sich absorbirt; seit der Regentschaft aber hatte sich eine sociale Opposition gegen Versailles zu bilden angefangen, die in Paris ihren Sitz hatte. Reiche Finanzmänner wie La Popelinière, Dupin, Helvétius, Bernard, wohlhabende Schauspielerinnen wie die Quinault, verschwenderische Tänzerinnen wie die Guimard, vermögend gewordene Manufacturisten wie der Spiegelfabrikant Geoffrin und andere, fingen an, ein Haus zu machen und die Berühmtheiten des Tages bei sich zu sehen. Der Reiz der geistigen Erregung, der guten Unterhaltung, der witzigen Plauderei, der Neugierde, der Kritik der Tagesereignisse überwog die Rücksichten, die man früher genommen hatte. Die

Stände fingen an, sich in der Gesellschaft zu mischen. Angesehene Fremde, englische Lords, Gesandte, kleine deutsche und italienische Fürsten brauchten sich ohnehin nicht an die Etikette zu binden und suchten gern die Stätten auf, wo sie unter Künstlern, Gelehrten, Staatsmännern, Philosophen sich auf die Höhe der damaligen europäischen Bildung versetzen konnten. Es wurde üblich, von dem Salon zu sprechen; der wahre Salon wurde von klugen und gewandten Frauen geleitet. Schon die Schauspielerin Adrienne Lecouvreur vereinigte bis 1730 um ihren Geliebten, den Marschall von Sachsen, eine kleine, aber auserwählte Gruppe geistreicher Männer, wie Fontenelle, Dumarsais, d'Argental, Voltaire, den Grafen von Caylus u. a. Die eigentliche Schöpferin des Salons wurde d'Alembert's Mutter, Frau von Tencin, welche Männer und Frauen, gens de monde und gens de lettres, bis 1748 bei sich versammelte. Der in den pariser Gesellschaften unvermeidliche Fontenelle, Bolingbroke, Pont de Veyle, Mairan, Marivaux, Montesquieu, Trublet, der junge Helvétius, glänzten bei ihr. — Die Erbin ihrer Gesellschaft war Madame Geoffrin. Sie war 1690 im Bürgerstande geboren und heirathete einen Obersten der Nationalgarde, der die erste deutsche Spiegelmanufactur errichtete, ein Privilegium darauf erwarb und einen bedeutenden Gewinn daraus zog, der es seiner Frau möglich machte, Gelehrte und Künstler als ihre „providence" zu unterstützen und jeden Montag und Mittwoch ein großes Diner zu geben. D'Alembert, Morellet und Marmontel empfingen von ihr nicht unbedeutende Jahrgelder und ehrten sie, als sie 1777 starb, jeder durch eine kleine ihrem Andenken aus Hochachtung und Dankbarkeit gewidmete Schrift. Alles, was Paris an Einheimischen und Fremden Ausgezeichnetes besaß, rechnete es sich zur Ehre, bei ihr zu erscheinen. Außer den schon genannten Philosophen waren der neapolitanische Gesandte Graf Caraccioli, der dänische Gesandte Graf von Gleichen, der schwedische Gesandte Graf von Creutz, besondere Zierden ihres Salons. Der Chevalier Jean Jacques Rutlidge verspottete ihn 1771 in einem fünfactigen Lustspiel in Prosa unter dem Titel „Le bureau d'esprit".

Madame Geoffrin hielt ihren Salon bis 1774. Ihre sehr schöne Tochter, Frau von Laferté-Imbault, setzte ihn nicht fort, denn sie haßte die Philosophen. — Neben diesem Salon stand der der Marquise du Deffand, 1697—1780. Sie war in ihrer Jugend einmal 14 Tage die Geliebte des Regenten gewesen, zog sich, als sie das Unglück hatte, zu erblinden, 1740 zurück und gab seitdem zweimal in der Woche ein Souper. Der Präsident Hénault, der Dichter Pont de Veyle und der jüngere Walpole waren nacheinander ihre Verehrer. Sie war eine Frau von vielem

Geist und vielem Urtheil, welche wir erst aus ihrer Correspondenz mit Horace Walpole, den sie von der Geoffrin zu sich hinüberzog, genauer kennen gelernt haben. Zwischen 1760—70 treffen wir alle berühmten Engländer, Hume, Gibbon, Wilkes, Sterne, bei ihr. Sie wohnte in dem geistlichen Stift St.=Josephe und hatte von 1754—64 die natürliche Tochter einer Madame d'Albon, Fräulein Eleonore de l'Espinasse, als Gesellschafterin bei sich, die nicht schön, aber höchst unterrichtet, wißbegierig und liebenswürdig war. Als es zwischen ihr und Frau von Deffand zu einer Verstimmung kam, schossen ihre Freunde zusammen und mietheten ihr ein Quartier in der Rue Belle Chasse, in welches auch d'Alembert aus der fernen Straße Michel le Comte zog, wo er so lange bei seiner Pflegemutter, der alten Glaserfrau Rousseau, gewohnt hatte. D'Alembert war ihr Freund, aber nicht ihr Geliebter, denn dies war erst der Spanier de Mora, der plötzlich starb, und dann der Oberst de Guibert, an welchen sie eine Reihe schön stilisirter Briefe schrieb, welche wir noch besitzen. Der Salon der Espinasse war daher der geistvollste, in welchem man immer sicher sein durfte, die beste Unterhaltung zu finden. Als sie 1776 starb, war d'Alembert untröstlich über ihren Verlust. — Helvétius gab jeden Dienstag ein großes Mittagessen, verstand aber nicht, das Gespräch allgemein zu machen. Als er 1771 starb, zog seine Frau sich nach Auteuil auf ein Landgut zurück, wo sie mit dem Abbé Morellet, dem säcularisirten Benedictiner Laroche und dem Arzte Cabanis bis zur Revolution in glücklicher Harmonie lebte. Franklin, der in ihrer Nähe, in Passy, lebte, war, wie wir auch aus seinen Briefen an sie wissen, ihr großer Verehrer. — Madame Necker eröffnete ihren Salon 1765. Thomas war die Stütze desselben. Alle renommirten Philosophen verkehrten bei ihr, sie gab jeden Freitag ein Diner. Bevor sie die Gattin des berühmten Finanzmannes wurde, war sie Gouvernante gewesen. Sie hatte in der Unterhaltung etwas Berechnetes, was ihr den Spitznamen l'Enveloppe zuzog. — Kleinere Gesellschaften versammelte in jüngern Jahren Grimm bei sich; Morellet gab bis 1777 jeden Sonntag ein Frühstück, bei welchem auch Musik gemacht wurde. Holbach gab seine großen Diners jeden Sonntag und Donnerstag. Das philosophische Interesse concentrirte sich in seinen Gesellschaften, in welchen die extremsten Meinungen gleiche Berechtigung hatten, sich rücksichtslos allen Consequenzen hinzugeben, wenn man nur die Toleranz gegen Andersdenkende bewahrte.

In den pariser Salons wurden alle Tagesereignisse vom größten bis zum kleinsten, alle wichtigen und unwichtigen Erscheinungen der Literatur, alle Leistungen der schönen Künste und des Theaters, alle Probleme der fortschreitenden Wissenschaft, alle noch so widersprechenden Meinungen durchgearbeitet; ich sage, durchgearbeitet, denn bei aller Elasticität der dialogischen Form, bei aller Neigung zur Witzelei, brütete doch in den aufgeregten Gemüthern ein tiefer Ernst. Der Kern der eigentlichen Salons war in der That ein philosophischer, ein unersättliches Bedürfniß, durch gemeinschaftliches Denken sich über alle höhern Interessen klar zu werden. Der Scherz, die Anekdote, das Wortspiel hatten auch ihre Stelle, aber eine untergeordnete. Der Marquis von Chastellux war darauf erpicht, Rebus zu machen. Der Maler Boucher führte seine Sucht auf ihren richtigen Werth zurück, indem er von ihm sagte: „Quantum est in Rebus inane!" Eine geistreichere, gedankenthätigere, freimüthigere Geselligkeit, in welcher die Würde sinniger Forschung mit der Anmuth gefälliger Einkleidung sich paarte, hat selten existirt. Das gute Essen und Trinken war Nebensache. Wir begegnen allerdings den Diners und Soupers unaufhörlich, allein sie sollten doch nur die Gelegenheit für das Gespräch sein. Bei der jüngern Quinault versammelte sich z. B. eine Gesellschaft, welche sich La société du bout du banc nannte und zu welcher auch Grimm gehörte. Bei den Soupers derselben stand in der Mitte des Tisches ein Tintenfaß, damit jeder der Gäste sogleich schreiben konnte, und hier wurden viele pikante Broschüren verfaßt, wie „Les étrennes de St.-Jean", „Le recueil de ces Messieurs" u. s. w. Epochenweise herrschten verschiedene Themata vor; zwischen 1740—50 mathematische und physikalische; zwischen 1750—60 philosophische; zwischen 1760—70 ökonomische; zwischen 1770—80 politische; moralische und ästhetische waren durch alle Epochen hin gleich sehr cultivirt, und Diderot gibt in seinen Briefen an Sophie Voland genug Beispiele derselben. Der Vorwurf der Frivolität, welcher von Schlosser und andern den Salons gemacht ist, kann daher nur als theilweise richtig angesehen werden, und ein Franzose, der Graf de Sault, hat sie in dieser Hinsicht ausdrücklich gegen Hettner vertheidigt (vgl. „Revue Germanique", X, 1860, 594 fg.). Der Salon des Fräulein Lespinasse wagte übrigens einen Schritt, der für die ganze französische Sitte so folgenreich geworden. Sie empfing zwar von Madame du Deffand eine Jahresrente, war aber doch nicht reich genug, sich auf eine kostspielige Bewirthung einzulassen. Auch die Mittel d'Alembert's, der außerordentlich wohlthätig war, reichten dazu nicht hin. Sie entschlossen sich daher, von aller Bewirthung, ein Glas Zuckerwasser ausgenommen, zu abstrahiren. Diese ökonomische Neuerung that aber der Geselligkeit nicht nur keinen Eintrag, sondern steigerte sie, und der Salon in der Straße Belle Chasse war der glänzendste, was den geistigen Gehalt betrifft. Fontenelle in der ersten und d'Alembert in der zweiten Hälfte des Jahrhunderts waren wol diejenigen Philosophen, welche die Kunst des Salongesprächs zur höchsten Virtuosität ausbildeten. Diderot war für die zerstreuende Vielseitigkeit und Rücksichtnahme des Salons nicht gemacht. Uebrigens muß man erwägen, daß das damalige Paris noch nicht die unüberschliche Weitläufigkeit des heutigen besaß. Es hatte erst 800000 Einwohner. Die Wechselwirkung zwischen den verschiedenen Schichten und Kreisen der Gesellschaft war daher noch eine innigere. Die Anzahl der Personen, die sich in den Salons bewegten, war, wie wir aus den Memoiren jener Zeit sehen, nicht übergroß; einige zwanzig scheint schon das Maximum gewesen zu sein. Massen, wie sie heutzutage ohne allen geistigen Austausch die Zimmer füllen und jede Individualität schon in der quetschenden Enge des Raums erdrücken, existirten noch nicht.

Der, welcher diese ganze Welt der pariser Philosophen und Salons beherrschte, war nicht Diderot, sondern Voltaire an den Ufern des Genfersees. Diderot berührte sich zwar mit allen in diesem Culturdrama spielenden Personen, und Morellet nennt ihn sogar als einen der Gäste Quenay's, des Leibarztes der Frau von Pompadour, der den Philosophen im Entresol des Schlosses von Versailles zuweilen Diners gab. Diderot verstand anzuregen und zu helfen; er hatte das seltene Talent, die Arbeiten anderer mit Selbstentsagung zu fördern; aber er verstand nicht zu herrschen oder auch nur in größern Gesellschaften sich nach seinem Werth geltend zu machen. Der Spaziergang, die kleine Tafelrunde, das trauliche Kaminfeuer, das waren die ihm gemäßen Bühnen, seinen Enthusiasmus zu entzügeln. Der Herrscher der pariser Philosophen und Salons war eben Voltaire, dessen unerschöpfliche Vielseitigkeit und unermüdliche Thätigkeit nicht nur Paris, sondern ganz Europa beschäftigte. Gerade dadurch, daß er seit der Mitte des Jahrhunderts nicht in Paris lebte, gerade dadurch, daß er der pariser Gesellschaft fern stand, wurde ihm eine Herrschaft erleichtert, auf welche er eifersüchtig war. Seine Correspondenten mußten ihn, wie schon früher erwähnt, von allem Bemerkenswerthen in Kenntniß erhalten. Von 1760 ab besorgte Damilaville auch für ihn Briefe und Packete portofrei bis an seinen Tod am Ende des Jahres 1768. Die Briefe, welche Voltaire an ihn richtete, hat Grimm in seine „Correspondance" aufgenommen. Damilaville schrieb, um Marmontel an Riballier und Cogé zu rächen, 1767 ein anonymes Werk: „L'honnêteté théologique", das für ein Product Voltaire's selber gehalten ward und mit den oft wiederholten Worten anfing: „Depuis que la théologie fait le bonheur du monde."

Palissot und der Colporteur.

Die conservative Opposition gegen die neue Philosophie hatte zahlreiche Organe, aber nur mittelmäßige Talente und noch geringere Charaktere. Daher kam es, daß auch subalterne Naturen, wenn sie nur Muth und Ausdauer besaßen, zu einer Bedeutung gelangen konnten, die in keinem Verhältniß zu dem Werth ihrer Leistungen stand. Hierher gehören Fréron und Palissot. Fréron ist als Herausgeber der „Année littéraire" hinlänglich bekannt, weil er darin einen unermüdlichen Krieg gegen Voltaire führte. Weniger bekannt, wenn auch oft genannt, ist Palissot de Montenoy, der aus der Verfolgung Diderot's und der Encyklopädisten das Geschäft seines Lebens machte. Er war 1730 zu Nancy geboren und schrieb 1751 ein Trauerspiel: „Zarès", das auf der Bühne ohne Erfolg blieb. Er arbeitete es später unter dem Titel „Ninus" um. Im Jahre 1755 sollte in Nancy dem Könige Ludwig XV. eine Statue errichtet und bei ihrer Einweihung ein Festspiel gegeben werden. Palissot dichtete hierzu eine Comédie in Prosa: „Le cercle ou les originaux", mit einem Prolog. Die Personen dieses Stücks sind lauter Abstractionen, ein Mann der hohen Finanz, ein Arzt, ein Poet, ein Philosoph u. s. w. Mit dem Philosophen spielte Palissot sehr unzweideutig auf Rousseau an. Der König Stanislaus von Polen, der bei der Feier gegenwärtig war, misbilligte dies als eine Verunglimpfung Rousseau's, dessen Paradoxen er selbst zu widerlegen versucht hatte. Die Akademie von Nancy, deren Mitglied Palissot war, wollte diesen aus ihren Registern streichen, was indessen, auf Rousseau's Verwendung, unterblieb.

Im Jahre 1757 bot ihm die Aufführung von Diderot's „Fils naturel" eine willkommene Gelegenheit, sich gegen die neue Philosophie zu kehren. Er schrieb, wie wir oben erzählt haben, seine „Petites lettres sur de grands philosophes", eine kleine Broschüre, die zu einem ganz übermäßigen Ansehen gelangte. Sie war an die Fürsten von Robecq gerichtet, welche Palissot patronisirte und den Minister Choiseul bewog, bei einem übeln Bankrott, worin derselbe verwickelt war, eine Caution von 20000 Francs für ihn zu stellen. Palissot schrieb zwei Briefe, einen, worin er die Encyklopädisten als eine für Staat und Kirche, für die Moral und den Geschmack gefährliche, neuerungssüchtige und anmaßende Sekte schilderte; und einen zweiten, worin er den „Fils naturel" kritisirte und einige ganz richtige Einwendungen gegen ihn machte, gegen das Neue seiner Tendenz und Sprache aber verschlossen blieb.

Im Jahre 1760 schrieb Palissot seine Komödie „Les philosophes". Die Zeit war günstig für sie gestimmt, weil die Opposition durch die Akademie unterstützt wurde, welche den christlichgesinnten Dichter, den Marquis Le Franc de Pompignan, aufgenommen hatte, der 1734 durch ein Trauerspiel: „Didon", und später durch seine „Odes sacrées" zu einigem Ruf gelangt war. In diesen Oden hatte er die Atheisten einem rohen Negervölkchen verglichen, welches den Sonnengott verhöhnte, aber:

Le Dieu poursuivant sa carrière,
Versait des torrens de lumière
Sur ses obscurs blasphémateurs.

Am 10. März 1760 hielt er seine Antrittsrede in der Akademie und griff in derselben Voltaire, Buffon und die Encyklopädisten als Feinde des Christenthums an. Hierdurch reizte er Voltaire so sehr, daß dieser einige Monate hindurch jede Woche ein fliegendes Blatt gegen ihn: „Les quand", „Les si", „Les pourquoi", „Les car", „Les Ah! Ah!" u. s. w. nach Paris schleuderte und von seinen Oden sagte: „Sacrées elles sont, car personne n'y touche." Das Publikum amusirte sich daran, allein die Akademie, der oberste Gerichtshof der französischen Literatur, machte Voltaire doch so wenig eine Concession, daß sie 1761 den Abbé Trublet aufnahm, der sich durch „Essais de littérature et de morale" bekannt gemacht, vorzüglich aber als Mitarbeiter an dem „Journal chrétien" die Gunst der Königin und des Präsidenten Hénault gewonnen hatte. Palissot's „Philosophen" gelangten im April 1760 zur Annahme und am 2. Mai zur Aufführung. Ich habe oben in der Geschichte der Encyklopädie den Inhalt dieses Lustspiels nach dem Originaldruck der zweiten Ausgabe (Paris 1782, Veuve Duchesne) angegeben. Von der ersten Ausgabe besitze ich nur einen Nachdruck (Haag, Pierre Gosse) mit vielen Druckfehlern. Diderot, der in der zweiten Ausgabe Marphutius genannt wurde, hieß darin Dortidius. Diesen Namen hat er in dem Abdruck des Stücks in Palissot's sämmtlichen Werken (Lüttich 1772) im zweiten Bande, behalten. Bei der zweiten Aufführung sah Palissot sich genöthigt, manche Aenderungen zu machen, welche die Schärfe, richtiger die Roheit seines Angriffs milderten. Er nannte daher Diderot nicht mehr Dortidius, und ließ eine ganze Scene weg, auf welche Diderot in seinem „Neveu de Rameau“ ausdrücklich anspielt, wenn er ihn sagen läßt, daß er selber die Scene mit dem Colporteur nach der „Théologie en quenouille“ geliefert habe. Der Colporteur war eine wichtige Person für die Literatur jener Zeit. Er ging überall ein und aus, verbreitete alle Journale, Broschüren, fliegende Blätter, alle erlaubten und besonders alle unerlaubten Schriften. Er studirte seine Kunden und Gelegenheiten, speculirte auf die Neugierde, auf die Leidenschaften, auf das Tagesinteresse, auf den Skandal und wurde von den Schriftstellern, den Buchhändlern, den Schauspielern, den Parteien gebraucht, im Publikum die Aufmerksamkeit nach einer bestimmten Richtung hin zu erregen. Die lüsternen Romane, die bissigen Epigramme, die schadenfrohen Satiren, verbarg er vor dem Auge der Polizei unter falschen Titeln von Leichenreden, gelehrten Dissertationen und würdevollen Autoritäten. In seiner Gesinnungslosigkeit galt es ihm gleich, was er verkaufte, wenn er nur ein gutes Geschäft machte und der Polizei nicht in die Hand fiel, nach Fort l'Evêque abgeführt zu werden. Alles Sittenverderbliche, alles Freche, Obscöne, alles Revolutionäre wurde am besten verkauft. Die Masse der kleinen niederträchtigen, witzigen oder witzelnden Schriften, welche jene Zeit hervorbrachte, ist ungeheuer gewesen. Einen solchen Colporteur nun ließ Palissot unter dem Namen Mr. Propice in den „Philosophen“ auftreten, um Diderot dem Spott des Publikums preiszugeben. Wie giftig sollen die Denunciationen sein, aber wie schal, wie geistlos, wie alles Witzes bar sind sie!

Cydalise.

Entrez, Monsieur Propice.
Avez Vous de nouveau?

Propice.

Je ne cours pas après,
Madame. Avez Vous là les «Bijoux indiscrets»?
C'est une gaillardise assez philosophique,
Du moins à ce qu'on dit.

Cydalise.

L'idée en est comique,
Mais cela n'est pas neuf.

Propice.

Cela se vend toujours.

Cydalise.

Passons.

Propice.

Connaissez Vous «La lettre sur les sourds»?

Cydalise.

L'auteur m'en fit présent.

Propice.

Tout son mérite y brille.
Vous ne voudriez pas du «Père de famille»?
Cela n'est pas trop bon.

Dortidius (ironiquement).

Vous Vous y connaissez.

Propice.

Mais le public le dit, et je l'en crois assez.
Pour le livre «Des moeurs» je m'en souviens, Madame,
De Vous l'avoir vendu.

(Il lit les titres.)

«Réflexions sur l'Ame.»

Cydalise.

Voyons. Je les connais. Est ce tout?

Propice.

Vraiment non.
«L'interprétation de la nature.»

Cydalise.

Bon,
C'est un livre excellent.

Dortidius.

Sublime.

Théophraste.

Nécessaire.

Cydalise.

Je le garde; quelqu'un m'a pris mon exemplaire etc. etc.

In dem andern von uns erwähnten Stück: „L'homme dangereux", ließ Palissot ebenfalls einen Colporteur als Mr. Pamphlet auftreten. Was in den „Philosophen" Madame Cydalise, das ist hier Herr Oronte, der in Gefahr steht, von Herrn Valère trotz Dorante's Warnungen betrogen zu werden, als jener Colporteur aus den Locken seiner Perrüke eine Broschüre hervorholt:

J'ai cru devoir user de ces précautions.
La police a partout de nombreux espions.

Es ist eine Satire Valère's auf Oronte. Der entlarvte Valère entflieht; Mr. Pamphlet ruft aus:

Il sort! Et mon argent?

Oronte.

Ton argent, malheureux?
Colporteur de libelle. Ah! d'un bras vigoureux
Je m'en vais te payer d'une belle manière.

(Mr. Pamphlet s'enfuit.)

Scène dernière.

Oronte

(à Julie et à Dorante, en unissant leurs mains).
Oublions, mes enfans, ce fourbe de Valère.

Marton.

Enfin tout imposteur est banni de céans,
Et nous ne verrons plus que des honnêtes gens.

Palissot brachte hier am Schluß dieselben Verse an, mit denen er die „Philosophen" das erste mal geschlossen hatte. Indessen sollte im „L'homme dangereux" Valère als „imposteur" dem Philosophen Dorante mit der Absicht gegenübergestellt werden, zu zeigen, daß man zwar sonderbare Meinungen hegen, jedoch ein braver Mann sein könne, weshalb schließlich Julie auch den Philosophen heirathet. Das Stück ist daher zwar in seiner Structur ganz ebenso gebaut wie „Les philosophes", allein in seiner Tendenz diesen gerade entgegengesetzt. Die Plattheit und Feigheit des Philosophen Dorante, der doch noch ein honnête homme sein soll, empörten Diderot, dessen ästhetische Analyse des Stücks ganz richtig ist. Er zeigte Herrn von Sartines, daß dasselbe nur ein modificirter Abklatsch von Molière's „Tartuffe" ist und Oronte dort die nämliche Rolle spielt wie hier

Orgon. Palissot schrieb noch einige andere Lustspiele: „Les méprises“, „Le barbier de Bagdad“, „Les tuteurs“, „Les courtisanes“ u. s. w.

Es ist ganz unsaglich, welch eine Breite die Komödie der „Philosophen“ in der französischen Literatur bis auf den heutigen Tag einnimmt. Palissot zehrte sein ganzes Leben hindurch von ihr. Seine sämmtlichen Werke, die in verschiedenen Ausgaben erschienen, drehen sich in den wechselndsten Wendungen um die Angriffe, welche sie ihm bereitet, um die Widerlegungen, die er geschrieben, um die Anerkennung, welche er erfahren. Fréron hatte ihn nicht nur Molière an die Seite gestellt, sondern ihn auch den französischen Aristophanes genannt, was dem Publikum von Zeit zu Zeit wieder einzuprägen Palissot nicht vergaß. Grimm, den er auch als den Propheten von Böhmisch-Broda verspottet hatte, äußerte sich in seiner „Correspondance“ unter dem 1. Juli 1760 sehr empfindlich über die Aufführung der „Philosophen“.

Er zeigt sich empört darüber, daß man so würdige Männer, als Diderot und Helvétius, dem öffentlichen Hohne ausgesetzt habe. Er findet in dieser Nachsicht der Regierung gegen die persönliche Satire, welche sie sonst so unerbittlich verfolge, ein bedeutungsvolles Zeichen der Zeit. Die Philosophie werde verleumdet und mit allen Mitteln der Chicane angegriffen. Der Hof hege die Meinung, daß der Verlust der Flotte, der Verlust der Schlachten von Roßbach und Minden, überhaupt alle Leiden Frankreichs in den letztern Jahren lediglich den verderblichen Einwirkungen der Philosophie beizumessen seien.

Der Abbé Morellet schrieb, wie wir früher erzählt haben, gleich nach der ersten Aufführung noch in der Nacht seine Vorrede zu den „Philosophen“ oder „Vision de Charles Palissot“, welche Palissot der Fürstin von Robecq als „de la part de l'auteur“ in einem Exemplar zuzusenden die Schändlichkeit hatte. Die Abscheulichkeiten aus dem Leben Palissot's, auf welche Morellet darin anspielt, hatte er, wie er in seinen Memoiren erzählt, durch La Condamine erfahren. Sie wurden viel stärker in einer andern Broschüre hervorgehoben, welche die „Quand“ von Voltaire gegen Herrn von Pompignan nachahmte: „Les quand, adressés à Mr. Palissot et publiés par lui-même. Notes utiles ou prologue de la comédie des philosophes.“ Ich erlaube mir, nur einige Stellen daraus mitzutheilen, weil sie auf die Schilderung, welche Diderot im „Neveu de Rameau“ von Palissot gemacht hat, ein aufklärendes Licht werfen. Es heißt unter anderm:

„Wenn man mehrfach von dem Verfasser des Buchs «De l'esprit» Geld geliehen hat und es ihm noch schuldig ist, so kann man sich davon dispensiren, seinen Charakter und seine Talente zu verleumden, und um seine Principien zu kritisiren, müßte man anfangen, für ihr Verständniß fähig zu sein.

„Wenn man seine Stelle als Akademiker von Nancy Herrn Rousseau von Genf verdankt, so darf man ihn nicht mit Unverschämtheit auf der Bühne travestiren. Wenn man nicht Seele genug hat, das Vergnügen zu empfinden, dankbar zu sein, so ist man dieser Tugend wenigstens eine äußerliche Huldigung schuldig.

„Wenn man einen erklärten Bankrott gemacht hat, dessen Umstände in einer vom Verfasser der «Cacouacs» (Advocat Moreau gedruckten Denkschrift enthalten sind, wenn man mehrere theils geheime, theils öffentliche Diebstähle begangen; wenn man unter anderm seinen Associés ihren Antheil an dem Privilegium der «Gazettes étrangères» gestohlen hat: so darf man einen Diener, der seinen Herrn bestiehlt, nicht sagen lassen: «Je deviens philosophe», 1) weil man keine Albernheit sagen soll; 2) weil man im Hause des Gehenkten nicht vom Strick spricht.

„Wenn man tagtäglich scham- und maßlos die Religion und Sittlichkeit zerfleischt; wenn man bei einer Gasterei einen Betrunkenen das Christenthum abschwören läßt; wenn man sich einen Scherz daraus gemacht hat, ihn zu Gotteslästerungen zu stacheln, so darf man die von Aberglauben freien Philosophen nicht der Unfrömmigkeit und Irreligion zeihen, sie, welche von der Gottheit mit Ehrfurcht reden und zwar nicht die Heuchelei Palissot's, aber auch nicht seine Frechheit haben.

„Wenn man seine Frau zu Nancy und Paris prostituirt, und, als sie keinen Gewinn mehr abwarf, hat einsperren lassen: so darf man die Philosophen nicht beschuldigen, weder Liebende noch Gatten zu sein; man darf ihnen nicht vorwerfen, den süßesten und heiligsten Neigungen einem schmuzigen Eigennutz vorzuziehen; schwarze und gräßliche Handlungen, welche durch ihr Leben und ihre Werke Lüge gestraft werden."

Palissot schrieb zu seiner Vertheidigung damals ein Blatt, das er heimlich verkaufen ließ: „Lettre de l'auteur de la comédie des philosophes au public, pour servir de préface à la pièce." Er stellte darin die Philosophen als eine despotische Sekte dar, welche mit der Fackel der Philosophie die Geister, statt zu erleuchten, entflamme; welche die Religion, die Gesetze und die Sittlichkeit angreife; welche den Pyrrhonismus und die Unabhängigkeit predige und, während sie alle Autorität zerstöre, eine allgemeine Tyrannei usurpire, indem sie nicht nur ihre Meinungen anspruchsvoll verkünde, sondern auch jedem, der sich nicht vor ihrem Götzenbilde beuge, den Krieg erkläre. Die Encyklopädie, ein Werk, welches ein Buch der

Nation zur Verherrlichung des Jahrhunderts sein sollte, sei dadurch die Schande derselben geworden, und unter dem Namen von esprits forts hätten seine Proselyten sogar den Frauen Ideen der Anarchie und des Materialismus mitgetheilt. Durch die große Macht, welche diese Sekte erlangt habe, sei die Berechtigung gegeben, sie auf dem Theater anzugreifen und so dasselbe auf seine ursprüngliche Bestimmung zurückzuführen. Er habe sich die Schwierigkeiten eines solchen Angriffs nicht verhehlt; auch nicht, daß man in seinen Figuren Porträts von Personen wiederfinden würde, deren Talente er achte, deren Sitten er respectire. Die wahre Philosophie des Bürgers sei der Muth, sein Vaterland gefährlichen Irrthümern zu entreißen und sich gänzlich seinem Ruhm zu widmen. Daher hätten keine persönlichen Bedenken ihn zurückzuhalten vermocht, und er vertraue der Theilnahme von solchen, die noch mit Achtung von der Autorität, von den Gefühlen der Natur und der alten Sittlichkeit sprächen. Um nun den Materialismus und die Sittenlosigkeit dieser scheußlichen Sekte zu beweisen, tischte er am Schluß ein Ragout von Stellen auf, die er aus Lametrie's „Vie heureuse", aus der Encyklopädie und angeblich aus Diderot's „Interprétation de la nature" aufgerafft hatte; ich sage, angeblich, denn die Stelle findet sich nirgends in dieser Schrift; ebenso wenig eine d'Alembert zugeschriebene Stelle aus dem „Discours préliminaire"; einige Stellen über das „Gouvernement" aus diesem Artikel der Encyklopädie, die er offenbar auf Diderot's Rechnung bringen wollte, mußten diesen Zweck verfehlen, weil der betreffende ausführliche Artikel vom Ritter Jaucourt herrührte, den niemand mit den sogenannten Encyklopädisten zusammenwerfen konnte und dessen Name deutlich darunter verzeichnet steht. Voltaire hielt Palissot diese Sünden vor; er wies ihm nach, daß er Stellen aus den „Lettres Juives" von d'Argens u. s. w. den Encyklopädisten untergeschoben habe, und forderte von ihm einen öffentlichen Widerruf in den Journalen. Palissot entschuldigte sich bei ihm obenhin durch die Versehen der Copisten, der Buchdrucker, widerrief nicht und wußte der Eitelkeit Voltaire's dermaßen zu schmeicheln, daß derselbe ihm endlich wieder in Gnaden gewogen wurde. Daher blieb nun Palissot auch zeitlebens ein warmer Anhänger Voltaire's und veranstaltete sogar eine Ausgabe seiner ausgewählten Werke, die er hier und da mit Anmerkungen begleitete.

Diderot irrte sich, wenn er Fräulein Voland unter dem 28. Oct. 1760 von Grandval aus schrieb: „Es ist nun sechs Monate her, daß man über die Komödie der «Philosophen» außer sich war. Was ist aus ihr geworden? Sie ist in den Abgrund versunken, der sich allen sitten- und geistlosen Werken öffnet, und die Schmach ist dem Verfasser geblieben. Wie schön ist das Wort des atheniensischen Philosophen! Er sagte zu denen, welche ihn beklagten: Nicht mich, sondern Anytus und Melitus musst ihr beklagen. Wenn ihr an ihrer oder an meiner Stelle sein solltet, würdet ihr schwanken? In wie vielen Umständen des Lebens möchte man sich ebenso trösten!"

Ich sage, Diderot irrte sich, wenn er Palissot's Komödie so schnell für immer vergessen glaubte, denn Palissot selber sorgte dafür, daß sie unaufhörlich dem Publikum wieder in Erinnerung gebracht wurde. War sie doch die größte That seines Lebens, womit er sich für die Aufrechterhaltung der „Autorität und der alten Sittlichkeit" aufgeopfert hatte! Die ungeheuere geistige Regsamkeit von Paris während des 18. Jahrhunderts kam auch in einer unendlichen Menge von epigrammatischen Gedichten zum Vorschein, in denen das kritische Bewußtsein alle Thatsachen rastlos verarbeitete. So wurde, man weiß nicht von wem, auf Palissot nach der Aufführung der „Philosophen" ein Epigramm gemacht, welches ihn als einen „sot" behandelte und ihn anreizte, dies Epitheton recht ausführlich auf seine Gegner zurückzuwerfen. Es hieß:

Un petit Grec, singe d'Aristophane,
Veut l'imiter dans ses emportemens;
Le roquet mord et de sa dent profane
Va déchirant et sages et savants.
Enfin sa main compose et fait un drame,
Fruit avorté du cerveau de Callot.
De zélateurs tout un peuple falot
Crie au miracle, et puis l'auteur s'enflamme.
La cour, dit on, protège le marmot.
D'où vient cela? Je démèle la trame.
C'est que l'auteur est à coup sûr un sot.

Er schrieb daher, Pope's Vorbild nachahmend, 1764 ein episches Gedicht: „La Dunciade ou la guerre des sots", in drei Gesängen, das er später, bis zu zehn erweitert, in der ersten, und mit Kupfern verziert, in der zweiten Ausgabe seiner Werke (Bd. 3, 1772) wieder abdrucken ließ. Es sollte im Ton die Manier der „Pucelle" nachahmen, ist aber ein so schwerfälliges, langweiliges, erfindungsloses Product wie nur irgendeins. Sein einziges Pathos ist der Haß gegen Diderot und gegen alle, die mit ihm zusammenhängen, wie Coyer, der den „Discours sur la satire contre les philosophes" geschrieben hatte, Raynal, Beaumarchais u. s. w. Die Göttin der Dummheit, la sottise, regiert diese Autoren, welche sich mit der Canaille der Literatur, mit einem Abbé Sabatier, Lincer, Baculard, Lamorlière u. s. w. vermischen. Etwas anderes, als daß sie dumm seien, weiß der armselige Palissot von ihnen nicht zu sagen. Diderot muß alle Augenblicke, bald seiner Dramen, bald der Encyklopädie halber, herhalten. Voltaire, d'Alembert, Poinsinet, Buffon, Lebrun, vor allen Palissot selber werden als die großen Männer der Nation gefeiert. Das Gedicht sollte, seiner satirischen Tendenz zu entsprechen, heiter sein, aber es ist nur trocken, mürrisch, witzlos, ohne Charakter, ohne Handlung. Es scheint nur der literaturgeschichtlichen Remarques halber dazusein, welche den Text beständig begleiten. In ihnen entledigt sich Palissot seiner ganzen Galle. Was dem Leser in den Versen an Bosheit entgangen sein könnte, das wird hier mit aller Deutlichkeit in Prosa berichtet, damit keine der unaufhörlichen Anspielungen verloren gehe. Der Refrain bleibt auch hier einerseits das unsterbliche Verdienst, welches sich Palissot durch seine Komödie „Les philosophes" um die Nation, um die Erhaltung von Thron und Altar, um den guten Geschmack erworben habe; andererseits der Wust und Jargon der unförmlichen Encyklopädie, welche die Göttin Sottise als ihr kühnstes Werk schildert:

Elle a paru cette Encyclopédie,
Où les savants, que j'ai su réunir,
Dictent mes lois aux siècles à venir.
Sa masse énorme, immense, impénétrable,
Est à ma gloire un monument durable.
Ce beau recueil, dont envain l'on médit,
Dit à lui seul tout ce qu'on avoit dit.
Pourrait-il craindre une aveugle critique?
C'est la raison par ordre alphabétique,
C'est un chef d'oeuvre, un livre tout divin,
Un livre d'or, un livre, un livre enfin!
Par Vous, mes fils, sur l'une et l'autre scène
Je rétablis mon ancien domaine.
O doux espoir! Je pouvrais aux Français
Faire abjurer Thalie et Melpoméne!
Je verrais Phèdre et Tartuffe et Chimène
Ensevelis sous mes drames Anglais!

Der sechste Gesang, „Le soupé", ist Diderot, dem „peintre galant des «Bijoux indiscrets», tantôt cynique et tantôt moraliste", ausschließlich gewidmet. Palissot beschreibt den pariser Salon:

Vous avez vu peut-être dans Paris
De ces bureaux ouverts aux beaux esprits.
Communement une Sibylle ontique
Fait les honneurs du cercle académique.

Tous les talens confus, humiliés,
Sont étonnés de ramper à ses pieds,
Car la Sibylle est surtout despotique.
Il faut lui plaire. Écoutez ses flatteurs,
C'est Calliope, Euterpe ou Polymnie.
Stupidité, par ses admirateurs,
Est prise aussi pour le Dieu du génie.
On applaudit à ses moindres propos;
On porte aux cieux et sa galanterie,
Et du festin la noble symmetrie;
On boit, on rit, on chante, on se récrie:
C'était vraiment le paradis des sots.

Die Narren betrinken sich. Fréron geräth mit Diderot in Streit, weil dieser nicht dulden will, daß man einen Lemière über Voltaire erhebe:

Mais Diderot, esprit dur et chagrin,
Gourmande ainsi l'auteur folliculaire:
C'est bien à toi, Zoïle hebdomadaire,
Ivre d'orgueil encore plus que de vin,
D'oser fixer le rang d'un écrivain!
Va, si tu peux, recommencer à boire,
Mais ne crois pas distribuer la gloire.
Qu'appelles tu la gloire? dit Fréron.
Il te sied bien, d'en prononcer le nom,
Déclamateur indigeste et barbare!
Eh! quel lecteur, armé contre l'ennui,
Put achever ton **Aveugle Tartare!**
Du Nord envain tu mendias l'appui.
Il s'est lassé de ton jargon bizarre:
D'un pôle à l'autre on te siffle aujourd'hui.

Er wirft Diderot eine Flasche an den Kopf, worauf dieser nicht ermangelt, ihn voller Wuth mit seinen Fäusten zu bearbeiten, bis der Rektor Baculard Ruhe stiftet. Diese Prügelscene ist auch durch ein Kupfer mit porträtähnlichen Figuren verherrlicht. Zu den Worten „Aveugle Tartare" macht Palissot eine Anmerkung, welche literargeschichtlich nicht unwichtig ist. Ich habe früher erzählt, daß in der ersten Sammlung Diderot'scher Schriften, welche angeblich zu London 1773 erschien, sich ein Drama befindet: „L'humanité ou le tableau de l'indigence. Triste drame par un aveugle Tartare", welches Diderot 1749 vielleicht in Vincennes selbst gedichtet haben könnte. Es findet sich vor dem Stück eine Einleitung, in welcher der Verfasser, angeblich ein blinder Tatar, ganz kurz die Schicksale erzählt, die ihn nach Paris in die Mitte der Franzosen geführt haben, deren Bildung in so vielen Künsten und Wissenschaften er zwar bewundern muß, bei denen er aber noch das Mitleid der echten Humanität mit dem Unglück, mit dem Verbrecher, und in deren Theater er noch die Natur vermißt, die man einem künstlichen System von äußerlichen Rücksichten geopfert hat. Das Drama selbst schildert die Noth einer gebildeten Familie, die umsonst alles geopfert hat, sich ihren Unterhalt zu erwerben und, dem Hungertode preisgegeben, nicht einmal mehr einem kranken sterbenden Sohne die nöthige Pflege widmen kann. In seiner Verzweiflung stürzt der unglückliche Vater auf die Straße und erpreßt von einem Manne Geld, für welches er Lebensmittel und Holz kauft. Der Raubanfall ist aber bemerkt worden. Die Polizei verhaftet den Thäter und es findet sich, daß der Staatsanwalt, der im Namen des Gesetzes die Anklage gegen ihn erhebt, derselbe Hermes ist, welcher seine Tochter Julie liebt. Es findet sich aber auch, daß der Vater dieses jungen Mannes eben jener Beraubte ist und daß derselbe den Angeklagten durch die Gnade des Königs befreit, worauf schließlich Hermes und Julie sich die Hand zum ehelichen Bunde reichen. Aus diesen Andeutungen möge man sich eine Vorstellung der marterxvollen Scenen machen, die uns mit dem Elend in seinen traurigsten Formen bestürmen. Dies Stück, in kräftiger Prosa mit einer guten theatralischen Anordnung, hat hinter sich eine Kritik, ähnlich wie Diderot dem „Fils naturel“ die Selbstkritik hat folgen lassen. In dieser Kritik unterhält sich eine Gesellschaft über das Stück, das ihr vorgelesen worden. Sie beschäftigt sich vorzüglich mit der Prätension des Tataren, die Natur dargestellt zu haben. Ein blonder, honigsüßer Ritter sagt darüber:

„Ich habe erstaunliche Studien gemacht und ich wüßte nichts, was der schönen Natur weniger gliche, als wir soeben gehört haben. Zunächst kann man den Ort, wo die Handlung vor sich geht, anständigen Leuten nicht vorführen. Von den drei Männern, welche die Hauptrollen haben, ist der eine ein bettelarmer Held, die beiden andern gehören dem Beamtenadel. Eine schöne Natur! Die Frauen sind ohne Schminke, ohne Reifröcke, ohne Manieren, ohne übliche Redeweise, weiter nichts als eine Mutter und eine Tochter. Die schöne Natur! Heißt das malen? Heißt das jene Autoren nachahmen, zart wie die Nation, die täglich den Ehebruch unter so lieblichen Zügen darstellen, um nicht die kindliche Scham unserer Helenen zu entrüsten? Ließen die Schauspieler sich einfallen, ein so sonderbares Stück zu spielen, so würde ich ihnen wol die 20 Sous einiger Bürger garantiren, aber ich würde ihnen mein Ehrenwort geben, daß die Logen des ersten Ranges zehn Jahre hindurch leer bleiben würden. Ueberdem ist der Autor ein Fremder und ein Fremder ist unfähig, die schöne Natur zu verstehen.“ — Die moralische Tendenz, durch Rührung über den Anblick der Dürftigkeit die menschenfreundlichen Gefühle des Mitleids und der Wohlthätigkeit hervorzulocken, ist dem Stück deutlich genug aufgeprägt, allein der blinde Tatar hat unter dem Personenverzeichniß zur Angabe der Scene noch folgende Worte gesagt: „Die Scene kann nur in einer großen Stadt, wie Paris, sein, wo das ungeheuere Vermögen der einen nothwendig das äußerste Elend der andern voraussetzt; wo der Fortschritt des Luxus und der Phantasie die wahrhaften Bedürfnisse verkennen läßt; wo die Intrigue Rang, Wohlthaten und Kronen vertheilt; wo die Härte der Seele sich das Ansehen des Standes oder der Philosophie gibt; und wo alles, was sich auf das Volk und die Dürftigkeit bezieht, in Unterdrückung und Erniedrigung schmachtet."

Dies Drama, das dem Inhalt wie der Form nach der Diderot'schen Theorie so sehr entspricht, auf diese aber nicht die geringste Anspielung macht, kann, wer immer auch sein Urheber sei, nicht vor 1747 geschrieben sein, denn einer der Kritiker sagt: „Ich stelle alle diese Stücke, worin man uns nur tugendhafte Leute gibt, unter die schlechteste Parade. Es findet sich darin kein Witz, kein Zug, woran man sich und die Gesellschaft, in welcher man lebt, zu erkennen vermöchte. «Le méchant»! Bei Gott, das ist ein interessantes Stück. Nichts ist so gut, so wahr, als «Le méchant». Es lebe «Le méchant»! Kommen Sie zum «Méchant»? Man spielt heute den «Méchant»." Diese Komödie von Gresset geiselte eine Modekrankheit, über alles in einem nergelnden, verdächtigenden, schwarzsichtigen Ton zu reden, nicht sowol aus Bosheit, sondern weil man sich einbildete, dadurch interessant zu sein. Kleon, der Held des Stücks, klatscht und verleumdet nicht, um wirklich Böses zu stiften, sondern als ein Müßiggänger, der durch das Nachtheilige, was er von Dingen und Personen vorbringt, unterhaltender und pikanter zu sein glaubt. Dies Stück wurde 1747 häufig gegeben. Die Schilderung der Gesellschaft, welche die Kritik des „triste drame" des Tataren uns vorführt, paßt noch zu jener Zeit; die ganze Atmosphäre ist überdem noch royalistischer und das Stichwort: la belle nature, war durch Batteux' Schrift „Les beaux arts, réduits à un même principe" (1746) gegeben. Später als 1749 kann das Stück auch nicht wohl geschrieben, wohl aber muß es viel später erst gedruckt sein. Lessing erwähnt es in seiner hamburgischen „Dramaturgie" unter dem 16. Juni 1767, als er davon spricht, daß das bürgerliche Trauerspiel bei den Franzosen, trotz Diderot und Marmontel, nicht besonders in Schwung kommen werde, weil die Nation zu eitel, weil sie in Titel und andere äußerliche Vorzüge zu verliebt sei. Doch könne man nicht wissen, was ein Genie über sein Volk vermöge; die Natur habe nirgends ihre Rechte aufgegeben und sie erwarte vielleicht auch dort nur den Dichter, der sie in aller Wahrheit und Stärke zu zeigen verstehe. „Der Versuch", sagt er, „den ein Ungenannter in einem Stück gemacht hat, welches er das Gemälde der Dürftigkeit nennt, hat schon große Schönheiten, und bis die Franzosen daran Geschmack gewinnen, hätten wir es für unser Theater adoptiren sollen." Hieraus geht hervor, daß das Stück schon längere Zeit da war, allein bei den Franzosen keinen Beifall gefunden hatte. Es geht daraus auch hervor, daß Lessing es Diderot nicht zuschreibt. Dies geschieht aber von Palissot mit Entschiedenheit in der „Dunciade", die bei ihrem ersten Erscheinen in weniger als einem Jahre sechs Auflagen erlebte und in ihrer erweiterten Gestalt seinen sämmtlichen Werken einverleibt ward. Hierin machte er zu den Worten „Aveugle Tartare", a. a. O., S. 92, folgende Anmerkung:

„Mögen diejenigen, welche Herrn Diderot aufs Wort bewundert haben, wenn sie es können, wirklich die Rhapsodie des blinden Tataren lesen, die einer noch seltsamern Rhapsodie zur Einleitung dient, welche betitelt ist: «L'humanité ou le tableau de l'indigence. Triste drame.» In keiner Sprache kennt man etwas Schlechteres, Abgeschmackteres, Ausschweifenderes."

Wenn also die an sich unberufenen Herausgeber der sämmtlichen Werke Diderot's 1773 das Stück in den fünften Band aufnahmen, so folgten sie darin nur der allgemeinen und durch längere Zeit bestandenen Annahme.

Als Voltaire in dem Briefe an Palissot, den wir früher nach dem von Goethe gemachten Auszug mitgetheilt haben, ihm vorhielt, wie unedel es sei, Schriftsteller auf dem Theater zu verhöhnen, die ohnedem schon verfolgt genug seien, leugnete Palissot in seiner Antwort diese Thatsache und rechnete das Gerede von Verfolgung zum Charlatanismus der philosophischen Partei, sich interessant zu machen und das große Publikum zu ihrem Gunsten zu stimmen. Sobald die Regierung aber ihm Schwierigkeiten bereitete, z. B. die öffentliche Verbreitung seiner „Dunciade" beschränkte, die Aufführung seiner „Courtisanes" zuerst beanstandete, obwol er doch in ihnen die bis zum äußersten gestiegene verführerische Kühnheit derselben angegriffen habe u. s. w., so schrie er über Verleumdung und Verfolgung und imputirte jedes Hinderniß den Intriguen und Cabalen der philosophischen Partei. Als 1765 die letzten zehn Bände der Encyklopädie erschienen, erregte der Artikel „Parade", vom Grafen von Tressan, Palissot's Ingrimm, weil darin seine Komödie „Les philosophes" als eine erbärmliche Parade behandelt war. Der Graf hatte 1763 ihm einige verbindliche Briefe geschrieben, die er auch abdrucken ließ. Und dieser artige Mann sollte gegen ihn sich geäußert haben? Unmöglich. Er machte also die Hypothese, daß die Philosophen, d. h. hier der

Redacteur Diderot, dem Grafen jenen Ausfall untergeschoben hätten, und ließ diese Ansicht nicht nur in mehreren Journalen laut werden, sondern schrieb auch einen Brief an den Minister Choiseul, seinen Schutz anzurufen, und einen andern an den Grafen, in welchem er denselben um eine Erklärung ersuchte. Er gesteht aber selbst, keine Antwort bekommen zu haben.

Im Jahre 1769 gab er „Mémoires pour servir à l'histoire de nôtre littérature depuis François I jusqu'à nos jours" in alphabetischer Form heraus, worin er das meiste von dem, was er sonst schon, namentlich in den Anmerkungen zur „Dunciade", vorgebracht hatte, wiederholte und die noch lebenden Schriftsteller freundlich oder feindlich je nach seinen Absichten behandelte. Von den Verstorbenen war Molière derjenige, den er mit dem reichlichsten Lobe überschüttete, weil er ihn als sein Vorbild in der Komödie und sich selbst als den Molière seiner Zeit ansah. Von den Modernen wurden Buffon, d'Alembert, Rousseau, Voltaire mit großer encomiastischer Geschicklichkeit dargestellt. Bei Voltaire hob er dessen religiöses Gefühl hervor, weshalb die neuen Philosophen ihn nicht als ihren Chef ansehen könnten. Der große Voltaire müsse nicht die Schwäche haben, sich bei den Streitigkeiten der Philosophen für betheiligt zu halten, sondern wie der Jupiter Homer's über allen Parteien stehen. Er müsse bedenken, daß sein Ruf von dem Beifall der Philosophen unabhängig sei; daß derselbe, weit entfernt, dadurch vermehrt, viel eher dadurch vermindert werden könnte, und daß er schon eines kolossalen Ruhms sich erfreue, während die Mehrzahl dieser philosophischen Pygmäen, unwürdig, seiner Statue als Fußgestell zu dienen, gänzlich unbekannt seien. Wie geschickt war dies nicht auf Voltaire's Eitelkeit berechnet! Diderot ist eigentlich das verschwiegene Thema des ganzen Buchs. Bald von dieser, bald von jener Seite macht Palissot einen Ausfall gegen ihn, ist aber klug genug, in dem Artikel „Diderot" selber scheinbar sehr gemäßigt und gerecht über ihn zu sprechen. Ueber die Encyklopädie bringt er das Urtheil Diderot's in Erinnerung, welches dieser selber über die Unvollkommenheiten des Werks in dem Artikel „Encyclopédie" gefällt hatte. Bei seinen „prätendirten" Komödien wundert er sich, daß Diderot sich für den Erfinder einer neuen Gattung halte. Oder wenn sie eine neue sei, so sei sie von Voltaire als ein unglückliches aus Ohnmacht entsprungenes Gemisch des Tragischen und Komischen verworfen worden. Außerdem tadelt er seinen frostigen Enthusiasmus, wie in der Lobrede auf Richardson, seine Dunkelheit, seinen schwülstigen Stil, dessenthalb man ihn den Lykophron der Philosophen genannt habe. Daß Palissot sich selbst unaufhörlich als den Retter Frankreichs, ja Europas lobt, der einzig den Muth gehabt habe, gegen die destructiven Lehren, gegen die tyrannischen Anmaßungen, gegen den lächerlichen Jargon der Philosophen aufzutreten, versteht sich von selbst.

Goethe hat in seinen Anmerkungen zur Uebersetzung von „Rameau's Neffen" (1805) die alphabetische Form der Memoiren Palissot's nachgeahmt und ihm selber darin einen ausführlichen Artikel gewidmet, worin er ihn mit vieler Nachsicht behandelt. Ja er schließt den Artikel „Rameau" mit folgenden Worten: „Wir sind weit entfernt, Palissot für den Bösewicht zu halten, als der er im Dialog aufgestellt wird. Er hat sich als ein ganz wackerer Mann, selbst durch die Revolution durch, erhalten, lebt wahrscheinlich noch und scherzt in seinen kritischen Schriften, in denen sich der gute, durch eine lange Reihe von Jahren ausgebildete Kopf nicht verkennen läßt, selbst über das schreckliche Fratzenbild, das seine Widersacher von ihm aufzustellen bemüht gewesen." In der That lebte Palissot noch bis 1814. Er hatte ein Gütchen in Pantin bei Paris und eine Wohnung im Palais des arts, weil er Vorsteher der Mazarin'schen Bibliothek war.

Voltaire hielt Palissot, als dieser ihm seine „Dunciade" zuschickte, mit Nachdruck vor, weshalb er Diderot beständig verfolge, da derselbe ein rechtschaffener Mann von vielen Kenntnissen sei, der ihm nie etwas zu Leide gethan und den er selber nie gesehen habe. Palissot entgegnete hierauf, daß Diderot ihn allerdings durch zwei „lettres dédicatoires" tief verletzt habe. Das waren jene Zeilen, welche Grimm der Uebersetzung Deleyre's von Goldoni's „Wahrem Freund" und „Familienvater" vorgesetzt und deren Schuld, wie ich früher erzählt habe, Diderot auf sich genommen hatte, oder die ihm wenigstens zugeschoben war, sodaß Palissot daran glaubte. Diderot hat öffentlich sich niemals gegen ihn gewendet. Wie er aber über ihn dachte, ersehen wir aus dem „Neveu de Rameau". Hier wirft er ihn zur Gesellschaft der Espèces, in welcher alle falschen Prätensionen, alle anrüchigen Charaktere, alle bankrotten Lebensläufe sich zusammenfinden. Er nennt sie ironisch eine Schule der Humanität, eine Erneuung der alten Gastlichkeit, worin alle gefallenen Dichter, alle verschrienen Musiker, alle nicht gelesenen Autoren, alle ausgepfiffenen Schauspielerinnen, alle ausgehöhnten Schauspieler, ein Haufe von verschämten Armen, Plattköpfen und Parasiten, von Rameau's Neffen dirigirt wurden. Diese Gesellschaft gleicht einer Menagerie übellauniger Bestien, die zwar munter scheinen, im Grunde aber heißhungeriger als Wölfe sind, wenn die Erde lange mit Schnee bedeckt ist; sie zerreißen wie Tiger alles, was Glück macht. Manchmal vereinigen sich Bertin, Mésenge und Villemorin. Dann gibt es einen Höllenlärm in der Menagerie. Da hört man nur die Namen Buffon, Duclos, Montesquieu, Rousseau, Voltaire, d'Alembert, Diderot und Gott weiß mit was für Beinamen begleitet. Niemand hat Geist, der nicht so abgeschmackt ist wie sie. Diderot vernichtet nun Palissot in seinem Dialog nicht nur dadurch, daß er ihn in diese Gesellschaft hinunterstößt, sondern vorzüglich dadurch, daß er ihn von Rameau als einen Stümper in der nichtswürdigen Kunst des Parasitenthums verurtheilen läßt, auf den er, der Virtuose der Pantomime, des Klatsches, der Kuppelei, der schmeichlerischen Lüge, mit Verachtung herunterblickt. Rameau belehrt Diderot über die Nothwendigkeit, daß man von Schuften nichts anderes als Schuftereien zu erwarten und sich daher nicht zu beklagen habe, wenn man sie erfährt. Er sagt: „Mag Helvétius laut aufschreien, daß Palissot ihn auf der Bühne als einen malhonneten Menschen hinstellt, ihn, dem er noch Geld für die Kosten schuldet, die er ihm zur Cur seiner schlechten Gesundheit, zu seiner Nahrung und Kleidung abgeliehen hat. Hat er sich ein anderes Verfahren von seiten eines Menschen versprechen können, der mit allen Arten Infamien besudelt ist, der zum Zeitvertreib seine Freunde die Religion abschwören läßt, der sich des Eigenthums seiner Associés bemächtigt, der weder Treue, noch Glauben, noch Gefühl hat, der dem Glück per fas et nefas nachläuft, der seine Tage nach Verbrechen zählt und der sich selbst der Bühne als einer der gefährlichsten Schurken überliefert hat; eine Unverschämtheit, von welcher ich glaubte, daß sie in der Vergangenheit ohne Beispiel ist und in der Zukunft ohne ein zweites bleiben wird? Nein. Es ist also nicht Palissot, es ist Helvétius, welcher unrecht hat. Wenn man einen jungen Menschen aus der Provinz in die Menagerie von Versailles führt und er sich aus Dummheit einfallen läßt, seine Hand durch das Gitter des Käfigs eines Tigers oder Panthers zu stecken; wenn dann der junge Mensch seinen Arm in dem Rachen des wilden Thieres läßt, wer hat unrecht? Alles das steht in dem stillschweigenden Vertrag geschrieben; um so schlimmer für den, der ihn nicht kennt oder vergißt. Wie sehr würde ich diesen allgemeinen und heiligen Vertrag bei Leuten rechtfertigen, welche man der Schlechtigkeit zeiht, während man sich selbst der Dummheit beschuldigen sollte! Ja, dicke Gräfin, Sie haben unrecht, wenn Sie das um sich versammeln, was man bei Leuten Ihrer Sorte Espècen nennt, und wenn diese Espècen Niederträchtigkeiten gegen Sie begehen und Sie begehen machen und Sie dem Tadel der rechtschaffenen Leute aussetzen. Die Rechtschaffenen thun, was sie müssen, die Espècen auch, und Sie haben unrecht, sie bei sich aufzunehmen.“ Wir wollen uns einmal ganz auf den Standpunkt der Gegner Diderot's versetzen und demgemäß urtheilen, daß ein Wörterbuch nicht als das Werk eines Genies angesehen werden könne; daß seine Redacteure, da sie die von ihnen befolgte Eintheilung der Wissenschaften eingeständlich aus Bacon schöpften, ohne Originalität erscheinen müßten; daß ein solches Wörterbuch, als von so vielen verschiedenen Autoren verfaßt, von Widersprüchen wimmeln müsse, daß der Ton seiner Ankündigung, ihr Appell an die Nation, nicht ohne Prätension gewesen sei; daß Diderot's Dramen sehr mangelhaft seien und in der französischen Literatur nicht als neu zu gelten vermöchten, da Diderot selber die „Sylvie“ von Landois, die am 17. Aug. 1741 ausgepfiffen wurde, weil, wie Palissot sagt, der alte Geschmack noch dem Parterre angehörte, als die Präcedenz eines in Prosa geschriebenen bürgerlichen Trauerspiels anführe; endlich, daß die Bühne doch nicht die Satire ausschließe, wie Palissot immer durch Aristophanes, Molière und Gresset zu beweisen sucht — wie gesagt, wir wollen dies alles sammt dem dunkeln, orakelnden, incorrecten Stil, welchen Diderot schreiben soll, zugeben, so bleibt immer die Frage, weshalb die Komödie der „Philosophen“ einen so großen Anstoß erregte?

Mir scheint der letzte Grund doch nicht in den äußern Umständen, sondern in der parteiischen Zerrissenheit der Zeit und in der Gesinnungslosigkeit und Talentlosigkeit des Verfassers zu liegen. Palissot war selber zeitlebens nur ein literarischer Colporteur, wenn er auch Membre de l'Institut und der Jury d'Opéra wurde und unzählige Nachdrücke seiner „Philosophen“ und seiner „Dunciade“ erlebte. Er war, auch wenn er dichten wollte, nur ein Plagiator und Compilator. Es fehlte ihm an aller productiven Selbständigkeit, allein er war ein industrielles Talent, der alles, was er machte, was ihm begegnete, alle Antikritiken, die ihn trafen, zu seinem Nutzen zu verwerthen und sich in den Ruf zu bringen wußte, ein scharfer Kritiker zu sein, der einen guten Stil schreibe. Er war, wenn man ihm doch einmal eine Stellung in der Literatur geben soll, Voltairianer. Wie konnte er die Philosophen angreifen? Er rächte sich an ihnen in der Komödie „Les philosophes“. Warum begnügte er sich nicht mit dem Erfolge, den ihm dieselbe bereitete? Warum schrieb er die „Dunciade“? Warum verfaßte er die „Memoiren der Literatur“? Alles dies nur aus der gemeinsten persönlichen Gesinnung. Die „Dunciade“ arbeitete er fortwährend um, je nachdem er loben oder tadeln wollte. In spätern Ausgaben brachte er Couthon, Marat, St.-Just mit Diderot zusammen. Er knetete dies jämmerliche Machwerk wie ein Stück Gummi beständig nach seinen kleinlichen Absichten um. Dasselbe that er mit den „Memoiren“, indem er in den verschiedenen Ausgaben, die in und außerhalb Frankreich davon erschienen, bald Artikel wegließ, bald andere hinzusetzte, wie er es gerade seiner Situation vortheilhaft erachtete. Er selber bleibt das Hauptthema seiner gesammten Schriftstellerei, und wo er nicht von sich redet, weil es zu unverschämt sein würde, da müssen es scheinbar seine Herausgeber thun und in Vor und Nachreden das Lob des Herrn Palissot mit vollen Backen singen. Ein so hämischer, nie von sich loskommender Mensch konnte auch ein ganzes Leben hindurch seinen Haß gegen eine Person bewahren und seine Rache gegen sie ins Endlose erneuen. Diderot herabzusetzen, das war der Hauptinhalt seines Strebens, zumal er sich selbst damit zugleich zum Helden, zum Märtyrer für die gute Sache der Nation hinaufwetterte.

Wenn er die Encyklopädie, wenn er den „Père de famille“, wenn er die „Interpretation der Natur“ u. s. w. gegen ihn bald so, bald so verbraucht hat, so darf man sicher sein, daß er ihm noch die „Bijoux indiscrets“ als den Haupttreffer an den Kopf wirft. Er behauptete, in den „Philosophen“ nur der erlaubten Satire gehuldigt zu haben, da er nicht sowol die Personen, als nur deren Principien angegriffen habe. In der That hatte ja auch Aristophanes den Sokrates und sogar mit seinem Namen angegriffen, und Palissot wollte, wie er sagte, die Komödie ihrer ursprünglichen Bestimmung der Satire im Interesse des Wohls der Gesellschaft zurückgeben. Aber welch ein Unterschied! Aristophanes stellte in seinem Sokrates eine ganze Gattung hin. Er bediente sich seiner in ganz Athen bekannten Figur, um die Inhaltlosigkeit und Gefährlichkeit einer sophistischen, maßlosen Klügelei zu zeigen, welche alle Pietät und mit dieser die ewige Grundlage des Staats in der Familie untergraben müßte, aber er denuncirte nicht Personen und Schriften, die schon der Verfolgung unterlagen, dem Publikum. Aristophanes ist durch und durch poetisch; seine Satire ist durch und durch komisch. In der Handlung folgt Schlag auf Schlag, begleitet von dem tiefsinnigen Chor der Wolken, der den Realismus der gemeinen Thatsachen mit dem höchsten Idealismus menschlichen Dichtens und Denkens verknüpft. Der Bürger Strepsiades, der in Verlegenheit ist, seine Gläubiger zu bezahlen, will seinen Sohn Pheidippides, der für die Pferderennen verschwendet, zu Sokrates schicken, die Dialektik zu erlernen, vermöge deren man sich von seinen Schulden losreden könne. Er selber ist von Sokrates zu dumm erfunden worden. Sein alter Kopf hat es zwar versucht, sich in die Feinheiten der Naturphilosophie, den Flohsprung zu messen und dergleichen hineinzudenken, allein es geht nicht, und so schickt er seinen Sohn zu Sokrates. Der Sohn erlernt nun auch die neue Trugkunst, wendet sie aber gegen seinen Vater selber an, indem er ihm die Berechtigung beweist, daß er, als der besser Wissende, ihn, den schlechter Unterrichteten, schlagen dürfe. Der alte Strepsiades, der zuerst selber gegen seinen Sohn mit dem Atheismus, mit den grammatischen Subtilitäten u. s. w. großgethan, geht nun in seiner Wuth hin, die ganze Denkerei, d. h. das Gedankenatelier des Sokrates sammt der Schwebemaschine mit der Axt zu vernichten.

Dieser Sokrates, der gegen Honorar „Truggewinnungsideen" lehrte, hatte mit dem persönlichen Sokrates weiter nichts gemein, wohingegen Palissot stets die Personen im Sinn hatte. Cydalise hat ein Buch geschrieben, worin sie von den Pflichten aller handeln will. Es fehlt ihr noch ein Vorwort. Sie sinnt und sinnt und sinnt, wie sie dasselbe anfangen solle. Da fällt ihr aus Diderot's Vorwort zu seiner „Interpretion" der Anfang ein: „Jeune homme, prends et lis", welche Worte sie mit lächerlicher Emphase wiederholt. Die Philosophen reden ihr von einer neuen Art von Tragödie vor, die einer der Ihrigen erfunden habe: la tragédie purement domestique, weil der Philosoph als Kosmopolit, als Verehrer der Menschheit, sich nicht mehr um die Kleinlichkeit der Staatengeschichte zu bekümmern habe. Wer war mit dieser gegen das Geschick der Völker und Könige gleichgültigen Gesinnung gemeint? Diderot, der Vertheidiger des Drame domestique. Wer hatte die Schriften verfaßt, welche der Colporteur Cydalisen anbietet? Diderot. Diese poesielose, dürre, literaturgeschichtklittrige Manier war das, was an Palissot's „Philosophen" abstieß. So sehr war er in das Persönliche der Beziehung versunken, daß er vor allen Dingen sich selber nicht vergaß. Er läßt die Philosophen von einem jungen Manne erzählen, der den Muth habe, sie auf dem Theater spielen zu wollen. Sie beruhigen sich über diese zuerst alarmirende Nachricht durch die Reflexion, daß man sie fürchte, daß ihr Einfluß weit reiche, daß der Beifall der Logen von ihnen commandirt werde, daß sie die Presse beherrschten, daß sie in den Soupers das Urtheil der Gesellschaft bestimmten u. s. w. Wenn Diderot nicht nur, sondern auch andere Helvétius als den am meisten von Palissot Beleidigten hervorheben, so hat dies seinen Grund wol darin, daß Valère, der bei Cydalise um die Hand der Tochter wirbt, die schlechteste Rolle unter den Philosophen spielt und daß ihm von Palissot die Lehre vom „intérêt personnel" als das Princip der Befreiung von allen moralischen und socialen Vorurtheilen in den Mund gelegt wird. Dieser Valère wurde auf Helvétius, Cydalise auf Madame Geoffrin, Dortidius auf Diderot, Théophraste auf Duclos gedeutet. Rousseau kam nur insofern vor, als Crispin, der Bediente von Damis, sich der Gesellschaft kurzweg als einen Philosophen anmelden läßt und nun auf Händen und Füßen hineinkriecht:

Pour la philosophie un goût, à qui tout cède,
M'a fait choisir exprès l'état de quadrupède:
Sur ces quatres piliers mon corps se soutient mieux,
Et je vois moins de sots, qui me blessent les yeux.

— — — — — — — — — — — — — — — — — — —

En nous civilisant, nous avons tout perdu,
La santé, le bonheur, et même la vertu.
Je me renferme donc dans la vie animale,
Vous voyez ma cuisine, elle est simple et frugale.
(Il tire une laitue de sa poche.)

Bei dieser Stelle macht Palissot in der Originalausgabe von 1782 die Bemerkung, daß er diese Scene allerdings für die Aufführung in Paris habe müssen fallen lassen, daß die Provinzialtheater hingegen sich an sie gewöhnt hätten.

Als Palissot seinen „Satirique ou l'homme dangereux“ schrieb, der halb aus Molière's „Tartuffe“, halb aus Gresset's „Méchant“ zusammengestohlen ist, benutzte er die Figur des spottsüchtigen Valere, ihn alle seine Polemik gegen Diderot aussprechen zu lassen, die Polemik gegen das bürgerliche Schauspiel nicht ausgenommen:

Je ne me pique point de ce ton emphatique,
De ce style imposant, lugubre, magnifique;
Mais j'ose maintenir, que vos drames bourgeois
Outragent Melpomène et Thalie à la fois.
Que c'est mal à propos embrouiller les deux scènes,
Que tous ces lieux communs, et ces peintures vaines
De crimes révoltans, d'incroyables vertus;
Ces traits exagérés et toujours rebattus,
Aussi loin du bon sens que loin de la nature,
Sont du plus mauvais goût la preuve la plus sûre.

Der Philosoph Dorante, der, wie schon oben erwähnt, hier wenigstens ein ehrlicher Mann bleibt, soll doch wieder an Diderot erinnern und bei den Worten, die er zu sagen hat: „Croyez moi, le méchant est seul dans l'univers“, verabsäumt Palissot nicht, in einer Anmerkung den Leser höhnisch zu belehren: „Pensée très belle de Mr. Diderot.“ Genug, Palissot bleibt zeitlebens in seinen Dramen wie in seinen sonstigen Schriften nichts als der literarische Colporteur der Phrasen und Invectiven, mit denen er in seinen „Petites lettres sur de grands philosophes“ aufgetreten war. Er verstand nichts von der Philosophie und wollte doch stets die Philosophen verspotten.

Le Neveu de Rameau. 1760.

Die Widersprüche des Zeitgeistes gestalteten sich in Diderot zu einem höchst eigenthümlichen Ausdruck. Dies war der Dialog „Le Neveu de Rameau".

Wir haben desselben schon bei der Geschichte der Encyklopädie erwähnt, denn unstreitig entstand er, von außen her angesehen, durch den Angriff Palissot's auf die Philosophen. Diderot hielt ihn aber geheim, wie es scheint, selbst vor den vertrautern Freunden, sodaß er ihn vielleicht nur Sophie Voland mittheilte. Naigeon erwähnt ihn flüchtig in seinen Memoiren, ohne näher darauf einzugehen. Das Original befindet sich unter dem handschriftlichen Nachlaß Diderot's auf der kaiserlichen Bibliothek in Petersburg, Nr. 381. Schiller gelangte in Besitz einer Abschrift, die er Goethe mit der Aufmunterung sie zu übersetzen anvertraute. Goethe ging darauf ein und gab 1805 zu Leipzig seine Uebersetzung mit vortrefflichen literarischen Nachweisen heraus. Hieraus wurde durch Herrn de Saur 1821 zu Paris eine französische Uebersetzung veranstaltet, die sich als Abdruck des Originals gerirte, bis 1822 das wirkliche Original nach einer Abschrift, welche sich damals in den Händen der noch lebenden Tochter Diderot's befand, im 22. Theil der Ausgabe Brière, S. 1—148, abgedruckt ward. Seitdem sind mehrere Abdrücke erschienen, der letzte durch Charles Asselineau, Paris 1862. Eine neue deutsche Uebersetzung kam in Berlin 1864 heraus. Ich habe ausführlich über den Dialog und seine ganze Literaturgeschichte in Michelet's philosophischer Zeitschrift „Der Gedanke", 1864, Bd. 5, Heft 1, S. 1—25, gehandelt.

Man hat Nachforschungen angestellt, ob der Neffe Rameau's eine wirkliche historische Person gewesen sei, und sie haben ergeben, daß der bekannte Componist Philippe Rameau, der 1764 in Paris starb, allerdings einen Neffen gehabt hat, der als eine originelle Persönlichkeit in den pariser Kaffeehäusern bekannt war. Mercier im zwölften Bande seines „Tableau de Paris" hat eine Schilderung von ihm gegeben. Cazotte war mit ihm auf der Schule befreundet worden. Ihre Freundschaft hatte sich gegenseitig erhalten. Rameau verfaßte von sich 1766 ein komisches Gedicht: „La Raméide", welches er selber in den Kaffeehäusern verkaufte. Grimm erwähnt es in seiner „Correspondance" im Juni 1766 und nennt es den unbeschreiblichsten Gallimathias. Rameau sei ein Narr, wenn auch ein Genie unter den Narren. Der arme Rameau wurde wenig von seiner Broschüre los. Cazotte wollte ihm helfen. Er verfaßte ein anderes Gedicht: „La nouvelle Raméide. Poëme revu, corrigée et presque refondu par M. Rameau, fils et neveu de deux grandes hommes, qu'il ne fera pas revivre."

Er ließ es zum Besten Rameau's verkaufen, und Rameau war ihm über diesen Scherz nicht böse, weil er sich gut gezeichnet fand. Cazotte hat es in seinen „Oeuvres badines et morales. Nouvelle édition, corrigée et augmentée" (London 1788, VI, 87—113), wieder abdrucken lassen und eine Vorrede dazu geschrieben, in welcher er von den Lebensumständen Rameau's und von seiner sonderbaren Individualität einige Nachricht gibt. Er besaß nach ihm Talent zu mehr als Einer Gattung, ermangelte aber der Durchbildung in jeder. Man konnte die Art seines Humors nur mit der Sterne's in seiner „Sentimentalen Reise" vergleichen. Seine Witze waren instinctive Aeußerungen, die aus der tiefsten Kenntniß des menschlichen Herzens hervorzugehen schienen. Seine burleske Physiognomie erhöhte das Pikante seiner Einfälle, die man von ihm um so weniger erwartete, als er in der Regel albernes Zeug sprach. Er war ein geborener Musiker, ebenso sehr und vielleicht mehr als sein Oheim. Leicht fand er zu Worten, die man ihm gab, eine angenehme und ausdrucksvolle Melodie, aber ein wirklicher Componist hätte seine Erfindungen ordnen und corrigiren müssen. Von Figur war er ebenso schrecklich als komisch, häßlich, oft sehr langweilig, weil sein Genie ihn selten inspirirte, wenn aber die Begeisterung über ihn kam, so machte er bis zu Thränen lachen. Er lebte arm, weil er sich zu keinem bestimmten Stande entschließen konnte. Seine Armuth machte ihm Ehre, denn von Geburt war er nicht ohne Vermögen. Weil er aber seinen Vater des Genusses seines mütterlichen Erbtheils hätte berauben müssen, so wollte er denselben, der sich wieder verheirathete und Kinder hatte, nicht in Dürftigkeit sinken lassen. Solche Beweise seines guten Herzens hat er bei verschiedenen Gelegenheiten gegeben. Für den Ruhm, den er doch in keiner Gattung erlangen konnte, war er leidenschaftlich eingenommen. Er starb in einem geistlichen Stift, in welches seine Familie ihn hingegeben hatte. Er hatte hier die letzten vier Jahre seines Lebens zugebracht und sich die Liebe aller, die mit ihm in Berührung kamen, erworben. In der „Raméide“ selber läßt Cazotte ihn seine Geschichte erzählen, wie er alles versucht habe, wie er Soldat, Mönch, Musiker gewesen sei, wie er geheirathet und in Einem Jahre ein Kind und ein Buch gemacht, wie er dann Frau und Kind durch den Tod verloren und sich nun dem Gott Momus ergeben habe. Schließlich beantragte Rameau im Namen dieses Gottes, das Amt der Hofnarren wieder einzuführen und ihm ein solches zu geben.

Daß also der Neffe Rameau's, wie Diderot ihn schildert, mit dem wirklichen Jean Rameau, wie Mercier und Cazotte ihn uns beschreiben, eine Porträtähnlichkeit besitzt, ist unzweifelhaft. Diderot hat namentlich auch zwei der Dogmen ausgebeutet, die er in den Kaffeehäusern mit satirischer Laune predigte, wie Mercier von ihm anführt, nämlich, daß wir in unserm Geschick ganz von unsern Vorfahren abhängen: quisque suos patimur manes, und daß alles, was wir thun, nur den Zweck habe, etwas zwischen die Zähne zu bekommen. Essen, womöglich gut essen, und leicht verdauen, darum drehe sich alles. Hierauf arbeite die ganze Gesellschaft hin, wie sehr sie auch diesen Zweck verkleide und ihm den Namen großer Tugenden gebe. Daß Diderot Rameau gekannt, daß er sich öfter mit ihm unterhalten, daß er ihn sogar unterstützt hat, ist auch kein Zweifel. Er hatte ihm Geld zu seiner Einrichtung gegeben, als er heirathete. Noch im „Salon“ von 1767 (Brière, IX, 273) erwähnt er seiner: „Quisque suos patimur manes! dit Rameau le fou.“ Nach seiner realistischen Manier knüpfte er an den historischen Rameau an, idealisirte ihn aber zu einem genialen Typus, zum Typus einer ganzen Klasse von Menschen, die unstreitig Talente haben, allein sie für niedrige Zwecke misbrauchen, jedoch durch diesen Misbrauch an noch erbärmlichern Subjecten, als sie selber sind, die Gesellschaft rächen. Sie schmeicheln den Reichen und Vornehmen, sie lügen ihnen Schönheit, Grazie, Bildung, Talente an, gut bei ihnen zu essen und zu trinken; sie dienen ihren Schlechtigkeiten; sie helfen ihnen unschuldige Mädchen verführen, sie organisiren die Claque, bei einem Concert, bei einem neuen Stück im Theater, bei einer neuen Broschüre einen gemachten Beifall durchzusetzen, um als Parasiten auf Kosten der von ihrer Heuchelei Betrogenen leben zu können. Sie verlachen hinter ihrem Rücken ihre Gönner. Niemand kennt die Untugenden, Albernheiten, Mängel, Schwächen, Laster, Ungeschicklichkeiten derselben besser als sie. Sie stehen an Einsicht weit über diesen dummen, selbstsüchtigen, eiteln Rentiers, Bankiers, Tänzerinnen, Gräfinnen, Herzoginnen, welche sie zu vergöttern scheinen. Sie würden sich über ihre eigene Thorheit und Schlechtigkeit empören, wenn ihnen eine solche sittliche Anwandlung etwas nützte, ja, wenn eine zufällige

Aeußerung derselben sie nicht bedrohte, einen wohlbesetzten Tisch, das Geschenk eines Kleides, einer Uhr u. s. w. zu verlieren. Ihre dicken, bornirten Gönner behandelten sie als Sklaven. Rameau hatte einmal gewagt, Vernunft zu haben. Wie bereute er es! Seht, hatte man gesagt, das Vieh will auch Vernunft haben! Und man hatte ihn fortgejagt.

Diderot hat in der Zeichnung Rameau's die charakteristischen Eigenheiten eines solchen *Parasitenthums*, wie eine verderbte Gesellschaft es hervorbringt, zu einer Einheit verschmolzen. Um nun das Widrige einer solchen Corruption ertragbar zu machen, hebt er an Rameau sein *musikalisches Talent* hervor. Er läßt ihn die damalige französische Oper auf das treffendste und geistreichste kritisiren und selbst gegen seinen Onkel Gerechtigkeit üben. Es versteht sich, daß Diderot hier die Figur Rameau's benutzt, seine eigenen Urtheile ihm in den Mund zu legen. Es kommen die höchsten Fragen der musikalischen Composition hierbei zur Sprache, sodaß Goethe geneigt war, die Musik überhaupt als den eigentlichen Gegenstand dieses Dialogs anzusehen. Das ist jedoch nicht der Fall, sondern die Musik ist nur das ideale Gebiet, auf welchem der Neffe Rameau's sich aus seiner Niedrigkeit und Verworfenheit zum erhabensten Schwunge aufrafft und uns fühlen läßt, wie in einer Seele, die scheinbar ganz im Koth der Gemeinheit untergegangen ist, doch noch ein Ort sein kann, in welchem die Gottheit in all ihrer Majestät ihr sich zu offenbaren würdigt. Durch seine Begeisterung für die Musik, durch die Tiefe, mit welcher er sie begriffen, durch die Wehmuth, mit welcher er in der Liebe zu ihr auf sein verfehltes Leben hinblickt, das in ihr vielleicht etwas Großes hätte leisten können, wird er dem Philosophen vollkommen ebenbürtig. Obwol Diderot, wie er sagt, es nicht über sich gewinnen kann, mit solchen Originalen, wie Rameau, vertraut zu werden, so weicht er ihnen doch auch nicht aus und mag sich im Laufe des Jahres gern ein paar mal mit ihnen unterhalten, weil sie in ihrer kaustischen Manier der Sauerteig sind, der die ganze Gesellschaft aufrüttelt und jeden an seine eigene Individualität erinnert. Er erstaunt oft über die Wahrheiten, welche Rameau ausspricht.

Mit dem musikalischen Talent läßt er ihn ein *pantomimisches* verbinden, und auch hier hat er seine Figur benutzt, seine eigene Vorliebe für die pantomimische Kunst zu befriedigen. Wir erinnern uns aus seinen dramaturgischen Ansichten, wie hoch er die Pantomime stellte, wie sehr er die Pantomimen des Alterthums bewunderte, die nach Lucian's Bericht ganz allein eine Tragödie darzustellen vermochten. So hat er hier mit ganz unbeschreiblicher Poesie durch Rameau eine ganze Scala pantomimischer Situationen in den stufenweisen Uebergängen von einem Extrem bis zum andern vorgeführt. Rameau verwandelt sich in alle Personen, von denen er spricht. Er drückt alle Affecte unverkennbar aus. Er spielt den unterwürfigen Sklaven so gut als den hochmüthigen Tyrannen.

Wie aber ist es möglich, mit so viel richtiger Einsicht, mit so viel Talent, mit so viel Phantasie so viel Leichtsinn, Schlechtigkeit, ja Verworfenheit zu verbinden? Rameau zeigt, wie er seine Beredsamkeit misbraucht, den Klatsch herumzutragen, den Kuppler zu machen; wie er seine musikalische Bildung misbraucht, schlechten Unterricht in der Musik zu ertheilen; wie er seine pantomimische Virtuosität misbraucht, seinen ebenso reichen und stolzen als beschränkten und armseligen Gönnern Bewunderung zu heucheln. Rameau entschuldigt sein Verfahren durch die Gesellschaft selber, die ihn dazu zwinge, die ihn nicht anders haben wolle. Man verachte ihn, aber man könne ihn nicht entbehren. Er verachte seine Mäcene auch, aber er könne ihrer ebenso wenig entbehren. Man wolle nicht das Wahre, Gute und Schöne, man wolle nur sich. Durch den ganzen Dialog zieht sich daher die Frage nach der Erziehung des Menschen zur Moralität. Rameau schildert meisterhaft die ganze damalige pariser Musik, wie sein Oheim Ph. Rameau den Florentiner Lulli verdrängt, wie er den Franzosen eine französische Musik gegeben hat, um wieder von dem Italiener Duni verdrängt zu werden. Alle Schwächen und Stärken der Componisten, der Stilarten und Methoden kommen hierbei zum Vorschein, aber auch die skandalösen Geschichten der Sängerinnen und Tänzerinnen. Rameau beschreibt die verschiedenen Moden, eine Klavierstunde zu geben, die Idiotismen des Handwerks, sich dabei wichtig zu machen, aber auch die Jämmerlichkeit unserer Erziehung, indem er das Gespräch referirt, das er mit der Mutter, der Tochter, die er unterrichtet, vor und während der Stunde hat. Das Klavierspiel, wie es getrieben wird, ist blos ein Mittel, sich bemerklich zu machen, die Aufmerksamkeit in der Gesellschaft einen Augenblick auf sich zu lenken, der Salongesang ein Mittel, zu kokettiren, der Klavierlehrer ein Mittel, von allen Familien, bei denen er unterrichtet, die Neuigkeiten zu erfahren u. s. w. Rameau kritisirt die pariser Theater in ihrer unnatürlichen Gesticulation, aber er stellt auch die Positionen dar, denen alle Menschen unterworfen sind, wollen sie ihre Wünsche befriedigen. Selbst den Souverän nimmt er nicht aus, weil er, seiner Maitresse gegenüber, ebenso wol genöthigt ist, seine Position zu machen, als sein Minister dem Souverän, als der Bittsteller dem Minister gegenüber. Rameau schildert die Künste des Schmarotzers, sich eine gute Mahlzeit zu schaffen, aber auch die innere Ergrimmtheit, mit welcher er die Demüthigungen hinnimmt, die er stillschweigend von Menschen erdulden muß, denen er sich überlegen weiß, die nur eine espèce sind. So geht der Dialog von jedem Element, das er zur Sprache bringt, immer auf das Moralische und Pädagogische zurück. Zwei Systeme werden gegeneinandergestellt: die Erziehung zur Moralität und zur Immoralität. Diderot vertheidigt jenes, Rameau dieses. Diderot will seine Tochter zur Tugend, Rameau seinen Sohn zum Laster erziehen. Er vertheidigt sein System durch den Zustand der Gesellschaft, in welcher man durch die Tugend nur unglücklich, glücklich nur durch das Laster werden könne. Er bemitleidet den Philosophen Diderot wegen seines Aberglaubens an die Tugend und nöthigt ihm das Zugeständniß ab, daß thatsächlich alle Anstrengungen der Gesellschaft darauf hinauszulaufen schienen, gut zu essen, gute Weine zu trinken, in Palästen zu wohnen, bei hübschen Weibern zu schlafen und seiner lieben Person Weihrauch streuen zu lassen. Wer Carrière machen wolle, müsse den Lastern der Reichen, Vornehmen, Mächtigen schmeicheln. Da er seinem Sohn ein gutes Fortkommen wünsche, so werde er ihn in dieser Kunst unterrichten und diesen Unterricht damit anfangen, ihm den unschätzbaren Werth des Geldes begreiflich zu machen, weil es das Mittel sei, alle Genüsse zu erlangen. Die Einwürfe, welche Diderot ihm macht, sind ihm lächerlich, z. B. die Pflicht, denn durch Erfüllung seiner Pflichten mache man sich nur Feinde. Gewissen, Vaterland — Chimäre! Durch die Offenheit, mit welcher Rameau sich zu diesen Grundsätzen bekennt, durch die Ehrlichkeit, sich nicht schlechter, aber auch nicht besser zu machen, als er ist, versöhnt er gewissermaßen mit sich selber. Wenn er den Nachweis führt, daß er nur das wolle, was die ganze Gesellschaft wirklich thue, obwol sie sich unaufhörlich verstelle, so weiß Diderot ihm oft nichts zu entgegnen.

Welches System ist es denn aber, das Rameau vertheidigt? Es ist das System der atheistischen, der materialistischen Philosophie. Rameau ist Atheist. Der Götze eines persönlichen Gottes ist eines schönen Morgens für ihn in den Staub gefallen. Alles geht von der Natur, von der Materie, von der Urfaser, von der Sinnlichkeit aus. Wer hatte denn die Consequenzen des materialistischen Standpunkts für die Moral und Pädagogik gezogen? Helvétius, eben jener mitleidige, wohlwollende, rechtschaffene Helvétius, gegen welchen der Schmarotzer Palissot so undankbar gewesen war, ihn und sein Haus in einer Komödie zu verhöhnen. Hatte aber Helvétius in seinem Buche „De l'esprit" nicht gelehrt, daß alles nur Empfindung, daß auch das Denken nur Empfinden, daß das jugement ein sentiment sei, d. h. daß kein von der Materie unterschiedener, rein ideeller Geist existire? Hatte er nicht gelehrt, daß alle Begriffe der Moral relativ seien, d. h. daß die Idee des Guten und Gerechten nicht auf Absolutheit

Anspruch machen könne? Hatte er nicht gelehrt, daß die Erziehung es sei, die alles aus dem Menschen mache? Hatte er nicht gelehrt, daß der physische Genuß, namentlich der sexuelle, das wenn auch oft versteckte Triebrad aller menschlichen Handlungen sei? Ist nun, frage ich weiter, das System der Immoralität, zu welchem Rameau seinen Sohn erziehen will, wesentlich von den Lehren des Helvétius verschieden? Gewiß nicht.

Nun haben wir allerdings auch gehört, wie Diderot Helvétius zu widerlegen versuchte, aber eben diese Widerlegung setzte den Begriff der Freiheit und der Selbständigkeit des Geistes voraus, ein Begriff, der nach den Consequenzen des Materialismus ein sinnloser ist, da nach ihm alles, was existirt, nur eine mechanische Bewegung von Atomen ist, die, mag man sie auch noch so sehr verkleinern, doch immer, um Atome, um überhaupt Materie zu bleiben, einen Raum einnehmen müssen. Wenn das Wort Moralität eine Bedeutung haben soll, so muß in dem Menschen außer der physischen Kraft noch eine andere sein, die es ihm ermöglicht, sich unabhängig von der Sinnlichkeit bestimmen, sich gegen die Natürlichkeit negativ verhalten zu können. Ohnedem ist Heroismus, Aufopferung, Delicatesse u. s. w., von denen Diderot so gern spricht, die er so aufrichtig bewundert, unmöglich. Ist der Materialismus wahr, so ist, was wir Moralität nennen, eine leere Einbildung. Der natürliche Mensch wird dem Egoismus seiner Natur folgen. Die Natur, meinte Diderot, hat den Menschen gut geschaffen; die Erziehung, die schlechten Gesetze, die wahnsinnigen Religionen haben ihn verdorben. Er suchte in der Geschichte nach guten Handlungen, sich die natürliche Güte des Menschen darzuthun; der Baron Holbach suchte in der Geschichte nach schlechten Handlungen, ihm zu beweisen, daß der Mensch von Natur roh, grausam, selbstsüchtig, boshaft sei. Die Lektüre der Voltaire'schen Universalgeschichte hinterließ bei ihm den Eindruck, als hätten die schlechten Menschen, deren immer die Mehrzahl gewesen, stets den Sieg über die guten davongetragen. So quälten sich diese Philosophen, statt die Principien zu suchen, mit den problematischen Wahrscheinlichkeiten der beschränkten Empirie umher. Sie hatten eine unbestimmte Vorstellung des Universums, welche sie dem Gedanken Gottes entgegensetzten, aber sie hatten den Begriff des Absoluten verloren. Sie sprachen beständig von der Vernunft, aber sie wußten nicht den Verstandesbegriff von dem Vernunftbegriff, von der Idee, zu unterscheiden. Dieser Schritt wurde erst von Kant wieder gethan. Wenn Diderot also in dem vorliegenden Dialoge die Moral gegen die Unmoral, die Macht der Freiheit gegen den Zwang des Determinismus, den Sieg des Wahren, Guten und Schönen über den Pessimismus jeglicher Art vertheidigte, so widersprach er damt

Helvétius, Holbach), dem ganzen Standpunkte des Raisonnements, das man für Philosophie hielt. Sollte nicht das Gefühl dieses Widerspruchs, in dem er selber befangen war, ihn bestimmt haben, diesen Dialog so geheim zu halten, daß selbst sein Adept Naigeon ihn nicht gelesen zu haben scheint?

So viel über den Inhalt dieses Dialogs. Wir können aber auch seine Form nicht ohne eine kurze Betrachtung lassen, denn sie ist eine höchst kunstvolle im Anschein der größten Natürlichkeit. Ste.-Beuve in dem Artikel „Diderot" („Causeries du lundi", Bd. III) kann das Lob, welches Goethe ihr ertheilt hat, nicht begreifen. Er findet in dem Dialog nur einen Haufen kecker Behauptungen mit einem zweideutigem Schluß und billigt das Urtheil des Marquis von Chastellux, daß es betrunkene Gedanken seien, die einander nachlaufen. Das Urtheil des sonst so billigen Ste. Beuve ist nicht gerecht. Als Stilist hat Diderot nichts hervorgebracht, das vollkommener wäre. Alle Gaben seines Geistes haben sich hier zu einer Harmonie vereinigt, die unvergleichlich ist. Der Dialog fängt gleichsam spielend an. Diderot macht seinen Abendspaziergang nach dem Palais-Royal, trifft hier Rameau, plaudert mit ihm, lacht über seine drolligen Einfälle und pikanten Anekdoten, reizt ihn bald durch Fragen, bald durch Stillschweigen zu weitern Aeußerungen und beachtet in seinem halb trockenen, halb neugierig tastenden Ton immer das Local, wo er sich unterhält, erst den Garten des Palais-Royal, dann das Innere des Café de la régence, in welchem er Rameau eine Erfrischung reichen läßt. Aber von diesem schlendernden Hinundherreden erhebt sich der Dialog Schritt um Schritt zu immer größerm Ernst, zu immer höhern Fragen, zu immer wichtigern Gegenständen bis zu den letzten Problemen, um welche sich unser Menschenleben überhaupt dreht. Diderot erkennt in dem unverschämten polisson Rameau den großen Künstler, er erkennt in ihm den Philosophen. Er vernimmt, wie Rameau sich selber frank und frei als einen Niederträchtigen bekennt, der sogar seine allerliebste Frau nur geheirathet hatte, um sie abzurichten, in der Weise der Manon Lescaut reiche Dummköpfe auszufangen und den Gewinn mit ihm zu theilen. Er schaudert vor diesem Abgrunde sittlicher Entartung, aber er kann dem Unglücklichen, der sich in seinen Lastern mit naiver Unschuld bewegt, der ein vollkommenes Bewußtsein über die Corruption der Welt hat, die ihm seine Existenz möglich macht, sein Interesse nicht versagen. Er kann die Folgerichtigkeit der Schlüsse, die er macht, nicht widerlegen. Die außerordentliche Kunst Diderot's besteht hier in der Verschlingung der allgemeinen Ideen, die sozusagen den Chor des Dialogs ausmachen, mit den Reizen des Details, in welchem jeden Augenblick eine Person auftritt, die ihre Rolle spielt. Welch eine Mannichfaltigkeit von socialen Gemälden, welch eine Fülle von Charakteren, welch eine Unerschöpflichkeit epigrammatischer Anekdoten! Die Verworfenheit des ganzen damaligen Paris concentrirt sich in diesen, wie es scheint, nachlässig hingeworfenen Schilderungen. Diderot's Sprache ist hier von einer Energie, einem Zauber, der unwiderstehlich fesselt. Es würde vergeblich sein, durch einzelne herausgerissene Beispiele eine Anschauung der Malerei zu geben, mit welcher Diderot hier darstellt. Wenn man die Frage aufgeworfen hat, ob Diderot ein bloßes Talent oder ein Genie gewesen, so hat man sich nur dieses Dialogs zu erinnern, um zu wissen, daß er ein Genie, ein großes Genie war, denn nur einem solchen konnte ein solches Kunstwerk gelingen. Die Ironie, welche den ganzen Dialog durchhaucht, hat ihm einen Stempel der Modernität aufgedrückt, den man mehr und mehr erkannt hat und welchen die Einleitung Asselineau's zu seiner Ausgabe ausdrücklich und schlagend auseinandersetzt.

Jules Janin hat hundert Jahre später, als Diderot diesen einzig dastehenden Dialog schrieb, das Andenken an denselben durch eine Fortsetzung: „La fin du monde et du Neveu de Rameau", gefeiert. Er hat darin umfassende Studien der Zeitgeschichte vor der Revolution verarbeitet; er hat die Sprache Diderot's nachzuahmen versucht und viele vortreffliche Scenen erdichtet. Er hat richtig erkannt, daß die Zeit, in welcher ein Rameau leben und mit einem Philosophen, wie Diderot, über den Werth der Tugend streiten konnte, zum Untergang durch eine Revolution reif war. Er hat aber Rameau ein falsches Uebergewicht über Diderot gegeben, denn er läßt diesen von Rameau überwinden, überwinden durch die Mahnung, sich dem Glauben der römisch-apostolischen Kirche, den Priestern, der Beichte, dem Sakrament, wieder zuzuwenden. Nein, das ist ein Irrthum Janin's. Hier hätte er höher greifen müssen. Hier hätte er die Wiedergeburt der Ideen des Christenthums durch eine tiefere Erkenntniß ihrer ewigen Vernunft, nach Abstreifung alles Vergänglichen seiner geschichtlichen Entfaltung, als die Perspective, nicht aber eine bloße Rückkehr zu dem positiven Katholicismus, hinstellen müssen. Diderot selber freilich, wir können es nicht leugnen, ging einem nihilistischen Dogmatismus immer sorgloser entgegen, als hätte er mit ihm die Wahrheit an und für sich ergriffen, aber bei diesem kunstreichen Dialog war noch ein Skepticismus in ihm lebendig, dessen Kühnheit und sittliche Kraft ihm die Mysterien der christlichen Ideen hätte entschließen können.

Es ist gewiß anzuerkennen, daß Diderot eine Erziehung zur Moralität will, daß er an den Ideen des Wahren, Schönen und Guten festhält, aber verbergen können wir uns nicht, daß er diese Ideen nur empirisch aufnimmt, daß er sie nirgends bis in ihre letzten Tiefen, bis in ihre innerste Einheit verfolgt. Der Atheismus ist ein System von unendlicher Bequemlichkeit, weil er eine Menge von Problemen mit Einem Schlage beseitigt. Diese Probleme existiren für ihn nur als Absurditäten. Ist aber die Lösung des Welträthsels, welche er durch die Versicherung der Ewigkeit der Materie und der Gesetzlichkeit der Natur gibt, eine wirkliche Lösung? Erklärt er, wie die Menschen dazu kommen, sich so viel Illusionen zu machen, welche dem Materialismus widersprechen? Wenn die Materie das Absolute ist, warum denken sie nicht alle wie Rameau? Warum fallen sie in die Caprice, dem offenkundigen Weltlauf entgegen, ihre Kinder zur Sittlichkeit erziehen zu wollen, wie Diderot?

Die Deutschen haben durch Brachvogel's Trauerspiel „Narciß" die Figur von Rameau's Neffen zu einer der beliebtesten ihres jetzigen Repertoire gemacht. Die Franzosen haben Diderot's Dialog in die „Bibliothèque nationale" mit einem Anhang aufgenommen, in welchem R. David eine Analyse von der Fortsetzung J. Janin's gibt. Diese Ausgabe hat in Paris 1865 schon die vierte Auflage erlebt. Sie hat ihm auch das ausführliche Urtheil Goethe's über den Dialog aus der Édition Brière vorangeschickt, aus welchem ich hier nur folgende Worte anführen will: „Diejenigen, welche in Diderot das Talent der Composition verkannt und ein so oberflächliches Urtheil über ihn gefällt haben, hatten also seinen «Jacques le fataliste» gar nicht oder doch nur mit den Augen gelesen? Sein «Neveu de Rameau» widerlegt sie auf eine nicht weniger ausdrückliche Weise. Welcher andere Schriftsteller hätte dies Werk mit dem Stempel eines ursprünglichen und unnachahmlichen Genies bezeichnet? Aber vor allem wer anders hätte auf einem so leichten Grunde, der anfangs nur eine Laune der Phantasie zu sein scheint, den idealen Zusammenhang einer so künstlerisch gestalteten Composition und den realen Zusammenhang eines so vollständigen und so treffenden Gemäldes der ganzen menschlichen Gesellschaft gezeichnet?"

Éloge de Richardson. 1761.

Der consequente Naturalismus kann keine Moral haben, denn die Natur weiß nichts von ihr. Diderot war als Philosoph inconsequent, wenn er die Moralität festhielt und sich sogar immer mehr für sie begeisterte. Es war der englische Philosoph Shaftesbury gewesen, dessen moralischen Standpunkt er sich zuerst angeeignet hatte, und über welchen er eigentlich nie hinauskam. Es war ein englischer Dichter, der seinen Moralenthusiasmus vorzüglich nährte, Richardson. Als dieser 1761 starb, widmete er ihm ein „Éloge". „Richardson", ruft er aus, „ist nicht mehr. Welch ein Verlust für die Kunst und für die Menschheit! Dieser Verlust hat mich betroffen, als ob er mein Bruder gewesen wäre. Ich trug ihn im Herzen, ohne ihn gesehen zu haben, ohne ihn außer durch seine Werke zu kennen." Jeden Engländer, den er sprach, fragte er zuerst, ob er den Dichter Richardson, dann, ob er den Philosophen Hume kenne? Das zustimmende oder ablehnende Urtheil über Richardson's Romane machte er zu seinem moralischen Prüfstein. Er schrieb über ihn, seine Dankbarkeit für den Genuß auszudrücken, den „Clarisse", „Pamela" und „Grandison" ihm gewährt hatten. Besonders „Clarisse", die 1745 erschien, hatte einen unauslöschlichen Eindruck auf ihn gemacht. Er las diese Romane in englischer Sprache und behauptete, daß die elegante französische Uebersetzung nicht genüge, ihren ganzen Werth zu erkennen. Er schrieb diese Zeilen, wie er sagt und wie wir ihm gern glauben wollen, ohne Plan, ohne Ordnung, wie sie ihm der Tumult seines Herzens eingab. So ließ er sie in dem von Prévost begründeten „Journal étranger" abdrucken. Einer der Mitarbeiter, der Abbé Arnaud, gab sie für Bemerkungen aus, die er in einem englischen Exemplar der „Clarisse" gefunden habe. Man veranstaltete auch einen besondern Abdruck davon, von welchem Diderot, wie er dem Fräulein Voland erzählt, zwei Exemplare kaufte, eins für sich und eins für sie.

Enthusiastischeres, als diese Zeilen, hat Diderot nie geschrieben; Enthusiastischeres ist über Richardson nie gesagt worden. Uns kann dies Lob heutzutage nur sehr übertrieben erscheinen, damals aber bebte die Wirkung, die Richardson in der Literatur hatte, noch mit frischen Schwingungen nach. Er verließ die bis dahin übliche Form des Romans, sich biographisch abzuwickeln, und concentrirte sie auf Eine Begebenheit, bei welcher die Personen successiv den Einblick in ihr Leben enthüllten. Er schrieb nämlich seine Romane in Briefform, die ihm zu einem genauen Eingehen in die psychologische Motivirung der Handlungen Raum gab und dadurch den Roman von der Aeußerlichkeit der Handlung auf die Innerlichkeit des Gemüths hinwandte; — eine Form, die Rousseau mit nicht geringerm Erfolg in seiner „Julie“ und Diderot, obwol einseitig, in seiner „Religieuse“ nachahmte. Richardson, der Sohn eines Tischlers, war zuerst Buchdrucker. Er erwarb sich durch seine Schriften Achtung und Ruhm. Als Dichter war er Realist. Er schilderte das wirkliche Leben, nahm seinen Gegenstand aus der Sphäre des bürgerlichen Standes und entsprach damit der gesammten Zeitbestimmung; er war zugleich Moralist, denn er zeigte, daß die Tugend allein es ist, die uns auch ohne Hinblick auf ein zukünftiges Dasein, in allen, auch den unglücklichsten Lagen, zu beseligen im Stande ist.

Erwägt man dies alles, so wird die Begeisterung Diderot's für ihn begreiflich, wenn wir sie auch heutzutage nicht mehr zu theilen vermögen, da uns im Gegentheil die Breite des psychologischen Detail bei Richardson oft langweilig erscheint. Die Briefform begünstigt das lyrische Element der Empfindung und das Didaktische der Reflexion zu stark, als daß nicht das Epische, das eigentliche Wesen des Romans, zu sehr dadurch beeinträchtigt würde. Bei einem kürzern Roman, wie „Werther's Leiden“, läßt man sie sich gefallen, bei einem achtbändigen wird sie ermüdend.

Diderot belegt die erstaunlichen Wirkungen, welche die Richardson'schen Romane nicht nur auf ihn, sondern auch auf seine Zeitgenossen hatten, mit anziehenden Thatsachen, weiß aber außer der Moralität des Inhalts auch die künstlerische Form zu würdigen.

„Was ist“, fragt er, „die Tugend? Sie ist, von welcher Seite her man sie auch betrachte, ein Opfer seiner selbst. Das Opfer, das man von sich in der Vorstellung bringt, ist eine vorgefaßte Disposition, sich in der Wirklichkeit zu opfern.“

Diderot entzückt an Richardson die Kunst, mit welcher er die Sophistik des Selbstbetrugs aufdeckt, durch den wir an der Stelle von geheimen, unehrenhaften Motiven uns zu ehrenhaften Motiven zu überreden wissen, die sich uns als die nächsten und ersten darzustellen beeilen. Es entzückt ihn die Kunst, mit welcher Richardson die Sprache der Leidenschaft bei allen Ständen, bei jedem Alter, bei jedem Geschlecht, unter den verschie densten Bedingungen zu individualisiren versteht, sodaß z. B., wo die Lüge auftritt, wir sofort bei dem ersten Ton ihren Unterschied von der Wahrhaftigkeit herausfühlen. Er behauptet, erst durch Richardson eine tiefere Erkenntniß der Menschen gewonnen zu haben, die er immer mit den von ihm geschilderten Charakteren vergleiche. Er ehrt in ihm einen Wohlthäter der Menschheit, weil er uns lehre, uns mit den Uebeln des Lebens zu versöhnen und uns für die Unglücklichen zu interessiren. „Richardson", sagt er, „hat bei mir eine Melancholie hinterlassen, die mir gefällt und andauernd ist. Zuweilen bemerkt man sie und fragt: was haben Sie? Sind Sie nicht wohl? Was ist Ihnen begegnet? Man befragt mich über meine Gesundheit, mein Vermögen, meine Verwandten und Freunde. O meine Freunde! «Pamela», «Clarisse», «Grandison» sind drei große Dramen! Entrissen mich ernste Pflichten dieser Lektüre, so empfand ich einen unüberwindlichen Ekel. Ich ließ die Pflichten liegen und nahm die Lektüre wieder vor. Nehmt euch in Acht, diese bezaubernde Werke zu öffnen, wenn ihr gerade Pflichten zu erfüllen habt." Er würde, wenn es sein müßte, für seine Kinder alle seine Bücher verkaufen, aber Richardson würde er behalten: Richardson würde mit Moses, Homer, Euripides und Sophokles auf demselben Brete stehen und er würde sie einen um den andern lesen.

Er vertheidigt Richardson gegen den Vorwurf der Breite. „Hundertmal", meint er, „habt ihr den Untergang der Sonne und den Aufgang der Sterne gesehen. Ihr habt das Gefilde vom Gesang der Vögel widerhallen gehört, aber wer von euch hat gefühlt, daß es der Lärm des Tages war, der die Stille der Nacht um so reizender machte? Nun gut, es ist mit den moralischen Phänomenen wie mit den physischen. Der Ausbruch der Leidenschaften hat oft euer Ohr getroffen, aber ihr wart fern davon, alles das zu erkennen, was es in ihrem Accenten und Ausdrücken Geheimnißvolles gibt. Jede hat ihre Physiognomie; alle diese Physiognomien folgen sich auf dem Gesicht, ohne daß es aufhörte, dasselbe zu sein, und die Kunst des großen Malers und Dichters besteht darin, euch eine flüchtige Schattirung zu zeigen, die euch entgangen war."

Diderot geht näher auf die Mannichfaltigkeit der Charaktere bei Richardson und auf die plastische Anschaulichkeit ein, mit welcher er sie geschildert hat. Mit richtigem Instinct fühlt er heraus, daß der geistreiche, durch seine elegante Formen sich einschmeichelnde Wüstling Lovelace die bedeutendste Schöpfung Richardson's ist, welche besonders die französischen Romandichter hundertmal nachgeahmt haben. Wir haben früher schon gesehen, wie dringend Diderot die Lektüre Richardson's seiner Freundin empfahl. Wir finden in seinen Briefen an sie wiederholte Bemerkungen über den Libertin

Lovelace. Einmal, 22. Sept. 1761, finden wir auch den Entwurf zu einem andern Schluß des Romans, wenn nämlich Miß Howe, die immer nur spricht, mit Lovelace in Action gebracht wäre. Clarisse sei nur ein Lamm, das zwischen die Zähne des Wolfes falle, aber Miß Howe hatte Lovelace zu schaffen gemacht. Clarisse legt in einem Augenblick der Verzweiflung Hand an sich selbst. Miß Howe würde in einem ähnlichen Moment, wo man ganz außer sich ist, ihre Hände gegen Lovelace gekehrt haben und Clarisse würde gerettet worden sein.

Villemain in seinem „Cours de littérature française“ (1828, 15. April) hat dies „Éloge“ den Studenten gegenüber sehr geschickt gegen Diderot benutzt. Er führt erst das Urtheil Voltaire's an, den „Clarisse“ scheußlich langweilte, nachdem er, auf die Empfehlung der Anglomanen hin, den Roman gelesen und damit, wie er sagt, seine Zeit verloren hatte. Dann führt er von Diderot die auch von uns oben citirte Stelle an, wo er die Melancholie schildert, in welche ihn die Lektüre Richardson's versetze. Hierauf fährt er fort: „Das ist ein sehr lebhafter, etwas sonderbarer Enthusiasmus. Stellen Sie sich einen Mann vor, den man über seine Gesundheit, über sein Vermögen befragt, und der Ihnen antwortet: «O meine Freunde! Pamela — —.» (Man lacht.)“

La Religieuse. 1760.

Richardson wurde von Diderot selber in einem sittengeschichtlichen Roman, in der „Religieuse", nachgeahmt, zu welcher sein Freund, Herr von Croismare, die Veranlassung gab. Eine junge Nonne der Abtei von Longchamps hatte 1758 gegen die Grausamkeit ihrer Verwandten protestirt, sie zur Ableistung der Klostergelübde zu zwingen. Ohne sie zu kennen, hatte der Marquis von Croismare sich für sie verwendet, aber ohne Erfolg. Die Unglückliche wurde verurtheilt, ihr Leben in einem Kloster zu beschließen. Der Marquis war ein edler Charakter, ein unterrichteter Mann, ein witziger, liebenswürdiger Gesellschafter, der in dem Holbach'schen Kreise schlechtweg nur der „charmante Marquis" hieß. Privatverhältnisse nöthigten ihn 1758, sich auf ein Landgut in der Nähe von Caen in der Normandie zurückzuziehen. Vergeblich hatten seine Freunde auf seine Rückkehr gehofft. Schon war er funfzehn Monate abwesend.

Da verfielen sie auf eine sonderbare Intrigue. Sie erinnerten sich der ritterlichen Anstrengung, mit welcher der Marquis sich jener unglücklichen Nonne angenommen hatte, deren Proceß verloren ging. Sie fingirten daher, daß die Nonne ihrem Kloster entsprungen sei, sich in einer elenden Lage befinde und sich ihres edeln Beschützers erinnert habe. Sie fingirten, daß sie sich an ihn wende, um ihr im Schos einer Provinz eine verborgene Existenz zu schaffen, wo sie als Kammerfrau, als Musiklehrerin, als Weißwäscherin oder sonstwie sich ernähren könne. Sie wünsche nur Freiheit und Ruhe.

Wir „Banditen", wie Grimm sich und seine Freunde nennt, fingirten weiter, daß die Nonne bei Madame Madin, der Frau eines Infanterieoffiziers in Versailles, einen vorläufigen Anhalt gefunden habe, weil sie derselben von Jugend auf bekannt gewesen. Hierauf ließen sie die vermeintliche Nonne, welche sie Schwester Susanne tauften, zwar in Paris wohnen, allein den Briefwechsel mit ihr durch Madame Madin vermitteln. Diese gute Frau wußte von gar nichts. Sie hatte nur die Briefe der „Kinder

Belial's" unter ihrem Couvert abzusenden, die des Marquis in Empfang zu nehmen und an Grimm zu befördern. Der edle Mann ging sofort mit der wärmsten Theilnahme auf die Unglückliche ein, aber in einem andern Sinne, als seine Freunde erwartet hatten, die mit ihrer Fiction nichts bezweckten, als ihn nach Paris zu locken, während er wünschte, Susanne möchte zu ihm auf sein Landgut kommen, wo er angemessen für sie sorgen werde. Man beschloß daher, die fictive Nonne krank werden zu lassen, um dadurch ihre Nichtabreise zu motiviren und den Marquis um so eher zur Rückkehr nach Paris zu veranlassen. Allein er kam nicht. Susanne selbst schrieb ihm nun einige Briefe voller Dankbarkeit und voller Hoffnung auf baldige Genesung. Sein Interesse steigerte sich. Er hatte eine einzige Tochter und erklärte die Erziehung derselben der Schwester Susanne anvertrauen zu wollen.

Als das „Complot" erfuhr, daß er mit diesem Entschluß vollkommen Ernst machen, ein Schloß einrichten, die bisherige Bonne für seine Tochter abschaffen wollte, sah es sich genöthigt, der Intrigue ein Ende zu machen. Es ließ Susanne sterben. Madame Madin schrieb — ohne ein Wort davon zu wissen — den rührendsten Brief über die letzten Stunden des unglücklichen, herrlichen, von ihm so sehr geliebten Mädchens, und der Marquis antwortete in einem Schreiben, das seinem gefühlvollen Herzen die größte Ehre machte.

Damit war die Geschichte aus. Diderot hatte übernommen, die Memoiren der Nonne zu schreiben, welche sie zur nähern Begründung ihrer Bitte dem Marquis schicken sollte. Allmählich war Diderot von Begeisterung für seine Heldin ergriffen worden; da man sie aber mußte sterben lassen, so konnte von seiner Arbeit kein Gebrauch gemacht werden, und Grimm glaubte schon, sie wäre ganz verloren gegangen. Er vorzüglich betrieb die Intrigue und gesteht, daß, obwol sie bei Frau von Epinay oft unter Scherz und Lachen die Antworten an den Marquis verfaßt hätten, sie doch sämmtlich zuletzt den innigsten Antheil an Susannens Geschick genommen und den Edelmuth des Marquis, wie billig, auf das höchste geehrt und bewundert hätten.

Dieser wunderliche Briefwechsel hatte vom Februar bis zum Mai 1760 gedauert. Acht Jahre später kam Herr von Croismare wieder nach Paris und lebte bald, wie sonst, wieder unter seinen Freunden. Niemand von ihnen dachte mehr an die ihm gespielte Mystification. Eines Tags aber befand er sich bei einer Freundin, die zu dem Complot gehört hatte, als zufällig auch Madame Madin hier anwesend war. Sowie er den Namen derselben hörte, ergriff er eifrigst die Gelegenheit, sich nach den nähern

Umständen von Susannens Tode zu erkundigen. Die gute Frau wußte, wie schon gesagt, von nichts, und so deckte sich die Intrigue auf. Croismare stürmte nun zu Grimm, welchem er, nachdem er den ganzen Hergang erfahren, unter Thränen und Lachen Verzeihung schenkte.

Das ist der Ursprung von Diderot's „Religieuse", wie Grimm ihn selber 1770, als Laharpe's Drama „Mélanie" denselben Gegenstand behandelt hatte, in seiner „Correspondance" ausführlich mit dem Abdruck aller Briefe erzählte. Diese Aufklärung wurde von Naigeon unter dem Titel „Suite de la Religieuse" in seinem Abdruck derselben 1798 in der Gesammtausgabe zuerst mitgetheilt und daher von den Herausgebern der „Correspondance" selber nicht aufgenommen. Ein Abdruck der „Religieuse" erschien schon vorher 1796 bei Buisson in Paris. Cramer hat sie ins Deutsche übersetzt, Riga 1797.

Auch bei diesem verrufenen Buche wird es, wie bei allen Romanen Diderot's, erforderlich sein, den Inhalt desselben in der Kürze anzugeben, um die halben und schiefen, nach dieser oder jener Seite hin übertriebenen Vorstellungen von ihm zu berichtigen.

Diderot fingirt Susannen als die dritte Tochter einer Familie, die in anständigen, allein nicht gerade sehr behäbigen Umständen lebt. Ihre Schwestern werden verheirathet und die Mitgift, die man ihnen stiftet, sowie die Beisteuer, die man ihnen während ihrer Verheirathung zukommen läßt, zehren das Familienvermögen auf. Sie selbst wird von den Aeltern mit Härte behandelt. Diese Härte klärt sich später dadurch auf, daß sie die Frucht eines Ehebruchs und daß ihr Vater wenigstens mit Mistrauen gegen die Geburt ihrer Legitimität erfüllt war. Man will sich daher ihrer entledigen. Gewaltsam wird sie zum Noviziat gezwungen, erklärt aber, als sie eingekleidet werden soll, laut und fest ihre Weigerung, das Gelübde zu übernehmen. Ihre Familie ist gegen sie empört. Die Habsucht ihrer Schwestern vereinigt sich mit der Verstimmung ihrer Aeltern, welche sie aus dem Kloster fortnehmen, um sie bei sich zu Hause in einer dumpfen Stube unter schmählicher Behandlung gefangen zu halten. Die Mutter macht ihr endlich selbst das traurige Geständniß, daß sie das unselige Geschöpf einer ehebrecherischen Verirrung sei, und bestimmt sie, wieder in ein Kloster, das von Longchamps, zu gehen. Als der Tag ihrer Einkleidung herankommt, besteht sie den furchtbarsten Kampf mit sich, wird bis zum Unbewußtsein hinfällig und läßt alles mit sich mechanisch geschehen.

So wird sie widerwillig Nonne. Zuerst hat sie aber eine sehr würdige Oberin, welche sie lieben und verehren lernt. Leider stirbt dieselbe bald und es folgt ihr eine andere, mit welcher sie sich nach und nach entzweit, weil sie der Willkür und Gewaltherrschaft derselben die Berufung auf die Klosterregeln und die Erinnerung an die treffliche Leitung der Nonnen unter der vorigen Oberin entgegensetzt. Die gehässigsten, kleinlichsten, schmutzlichsten Verfolgungen entspringen für sie hieraus, indem fast alle Nonnen sich gegen sie vereinigen. Durch diabolische Vorkehrungen zwingt man sie, Fehler gegen die Ordnung und Disciplin des Klosters begehen zu müssen. Bald schließt man sie in ihre Zelle oder in die Kirche ein, bald schließt man sie davon aus. Man beunruhigt sie im Schlaf; man stiehlt ihr das Gebetbuch, das Crucifix, den Rosenkranz; man streut Glasscherben vor ihre Stubenthür; man entzieht ihr frische Leibwäsche und beraubt sie der nöthigsten Gefäße, sodaß sie nachts wie ein gescheuchtes Thier umherirren muß, ihre Nothdurft in irgendeinem dunkeln Winkel verrichten zu können. Man verurtheilt sie zu kärglicher, ekelhafter Nahrung; man vermischt diese dürftige Speise mit Asche und läßt sie dieselbe am Boden des Refectoriums kauernd verzehren. Man verbreitet die schändlichsten Gerüchte über sie, man erklärt sie endlich für besessen und belastet sie mit den härtesten Bußen. Ein Archidiakonus Hebert wird mit der Untersuchung des Klosters beauftragt und tritt der Grausamkeit der Superiorin mit kalter Strenge und Gerechtigkeit entgegen, sodaß wenigstens die äußere Lage Susannens wieder verbessert und vermenschlicht wird.

Nur eine einzige Nonne, Ursula, aus einer edeln und wohlhabenden Familie, liebt sie aufs zärtlichste. Es gelingt Susannen, durch sie an den berühmten Advocaten Manouri eine Klageschrift gelangen zu lassen, worin sie die Auflösung ihres Klostergelübdes als eines erzwungenen beantragt. Manouri nimmt sich ihrer auf das wärmste an, verliert aber den Proceß. Sofort bricht die etwas verhaltene Wuth wieder gegen sie los. Sie muß eine Ehrenbuße überstehen und sich gleichsam von neuem einkleiden lassen, nachdem man sie zuvor in einen Sarg gelegt und sie als eine Verstorbene behandelt hatte. Die Verfolgung wächst, und kein Mittel des geistlichen Terrorismus bleibt gegen sie unversucht. Man droht ihr mit dem Tode, man sucht ihre Phantasie zu verwildern. Sie wird krank und verliert ihre Freundin Ursula. So steht sie nun allein und verzehrt sich im furchtbaren Kampf mit den Bosheiten, denen sie sich stündlich ausgesetzt sieht. Der Archidiakonus Hebert muß von neuem einschreiten und theilt ihr mit, daß es dem edeln Manouri gelungen sei, ihr in einem andern Kloster eine Stelle zu kaufen, für welche er die Mitgift aus seinen eigenen Mitteln bezahlt habe.

Sie wird nun nach dem Hause Arpajon des heiligen Eutrop gebracht und findet hier eine freundliche Aufnahme. Die Oberin, eine wohlgenährte

Frau in den besten Jahren, empfängt sie mit mütterlicher Zärtlichkeit. Durch ihr Betragen, durch ihr Klavierspiel und ihren Gesang macht sie sich beliebt. Im Kloster Longchamps hatte man bei großen Fasten von ihren musikalischen Talenten Nutzen gezogen, und sie bei solchen Gelegenheiten geschont, damit ihre Stimme rein und kräftig genug wäre, das elegante Publikum, das sich dann zu versammeln pflegte, zu entzücken. Hier erfreute man sich an ihrem Talent ohne Nebenabsicht. Die Superiorin wurde von ihrer Schönheit und Liebenswürdigkeit vollkommen hingerissen und versuchte, sie zu wollüstigen Erwiderungen ihrer Liebkosungen zu bewegen. Susanne duldete diese Zärtlichkeiten unbefangen, ihr Beichtvater aber, dem sie davon Mittheilung machte, verbot ihr dieselben, ohne ihr den Grund des Verbots zu sagen. Sie mußte sich nun gegen die Oberin mit schnöder Kälte benehmen und dadurch wurde ihr Verhältniß zu ihr gespannt. Eine sehr schöne, bleiche Nonne, Therese, liebte die Superiorin leidenschaftlich und betrug sich gegen Susanne als Nebenbuhlerin. So war sie hier in einer übeln Lage. In einer neuen Beichte fragte der Beichtiger abermals nach dem Verhalten der Superiorin. Susanne verhehlte ihm nicht, welcherlei Liebkosungen sie ihr wieder habe aufdringen wollen, ja wie sie nachts in ihre Zelle gekommen sei und sich, weil ihr fröstelte, zu ihr ins Bett gelegt habe, sich von ihr wärmen zu lassen. Sie verstehe das Betragen der Oberin nicht und halte sie für krank. Als nun hierauf der Beichtiger die Superiorin allein spricht, kann Susanne, echt weiblich, sich nicht enthalten, zu horchen. Hier erfährt sie das Verbrecherische im Betragen ihrer Oberin, die ihre Beichte mit den Worten beginnt: „Mein Vater, ich bin verdammt!“ Was sie gebeichtet hat, wird nicht erzählt, allein Susanne schreibt dem Marquis, daß sie von dieser Aufklärung an die Superiorin für eine abscheuliche Frau habe halten müssen, obwol sie auch Mitleid mit ihr empfand, weil sie sah, wie sehr dieselbe sie liebte.

Das Kloster erhielt hierauf zum Gewissensrath einen jungen Benedictiner, der endlich durch Nachfragen Susannens ganze Geschichte von ihr erfuhr und ihr gestand, im Haß gegen das Klosterleben mit ihr zu sympathisiren. Die Oberin verfiel in Wahnsinn. Mit glühenden Augen irrte sie Tag und Nacht in den Corridoren umher, fastete, betete, heulte, erblickte Teufel um sich her, fühlte die Qualen der ewigen Verdammniß voraus, flehte in der rührendsten Weise, für sie zu beten, verfluchte sich und ihre Geburt, magerte ab und starb nach einigen Monaten. Im Kloster betrachtete man Susanne als die Ursache ihres Todes und haßte sie daher, weil die Oberin immer gutmüthig, freundlich, nachsichtig gewesen war und weil man meinte, Susanne hätte mit einiger Klugheit, ohne Schaden an ihrer

Seele zu nehmen, ihr entgegenkommen und dem Beichtiger ihre Geständnisse ersparen können.

Die neue Superiorin war eine finstere Frau. Der junge Benedictiner überredete Susannen, mit ihm zu fliehen. Es geschah. Sie verstauchte sich aber beim Sprunge von der Klostermauer die Füße, sah sich von dem Mönch mit brutalen Anträgen bedroht und flüchtete vor seiner libertinen Zudringlichkeit in Paris erst zu einem Lichtzieher, dann zu einer Wäscherin, in deren Dienst sie trat und von wo aus sie diese traurige Geschichte ihres Lebens, welche sie nachts bei der Lampe schrieb, dem Herrn von Croismare schicken wollte.

Diderot wurde, während er diese Erzählung erdichtete, von seiner Phantasie fortgerissen und stockte nur einmal, vier Wochen lang, indem er nicht wußte, mit welchen Worten er die Oberin die Beichte ihres Vergehens sollte beginnen lassen. Er trug endlich der Frau von Holbach seine Verlegenheit vor, welche ihm erwiderte, daß ihr die Sache ganz einfach schiene. Eine solche Frau, die schon im Beginn der Beichte nur sich selber richte, könne nur sagen: „Mon père, je suis damnée." Diderot fand das ganz richtig, nahm die Worte auf und hob diesen Fall als einen Beweis des treffenden Instincts der weiblichen Seele hervor.

Die Geschichte selber zerfällt, wie man sieht, in mehrere Abschnitte, denn es folgen sich als ganz verschiedenartige Scenen Susannens Kampf mit ihrer Familie, ihr Aufenthalt in Longchamps als Novize, ihre Gefangenschaft im älterlichen Hause, ihre Leiden als Nonne in Longchamps und ihr Kampf um eine gerichtliche Befreiung, ihr Leben im Kloster Arpajon und ihre Flucht aus demselben, welche ihr Hilfsgesuch an den Marquis motivirte. Dies alles ist untadelhaft erzählt, einfach, malerisch, dramatisch, würdevoll. Der Umstand, daß Diderot die Nonne ihre Geschichte als einen Brief an den Marquis schreiben läßt, hat ihn hier vor seiner sonstigen Unart geschützt, sich selbst zu unterbrechen und über seine Darstellung zu reflectiren. Es ist eine Einheit, ein fortströmender Fluß in der Erzählung, die uns das große Talent Diderot's in glänzendem Licht erscheinen lassen. Die Unnatur des Klosterlebens forderte zwar seine Kritik heraus, aber er läßt sie nicht auswachsen, wie anderwärts, weil er sie in die Form von Betrachtungen hüllt, welche sich der leidenden Susanne unwillkürlich aufdringen. Er stellt sich ganz objectiv auf den Boden des positiven Christenthums und zeigt sich mit dem System der kirchlichen Einrichtungen innigst vertraut. War doch die eine seiner Schwestern als Nonne selber im Wahnsinn gestorben! Er erkennt die Superiorität des Christenthums über alle andere Religionen vorzüglich darin an, daß es die Religion des Leidens und des Schmerzes, des Mitleids und der Entsagung sei. Man fühlt durch, wie Diderot zwar der Ungerechtigkeit, der Unmenschlichkeit, der Heuchelei, dem leeren Ceremoniendienst, dem Aberglauben, dem frivolen Spiel mit der Religion den unversöhnlichsten Krieg erklärt, wie er aber im tiefsten Gemüth von dem evangelischen Geist des Christenthums, von der Liebe, Aufrichtigkeit und Aufopferung, als der einzig wahren Religion bezwungen ist.

Diejenigen, welche dies Buch gelesen haben, wie z. B. der Historiker Schlosser, gestehen ihm auch unbedingt zu, daß es als eine treue Schilderung des Innern der Nonnenklöster einen classischen Werth ansprechen dürfe. Die Methoden, Nonnen zu formiren, die Geldinteressen der Klöster, die Eifersucht derselben aufeinander, die Neugier und Verstellung, die sich unwillkürlich in jeder Nonne ausbilden, die Verirrungen der Phantasie, welche der unterdrückte Geschlechtstrieb hervorruft, alles dies ist von Diderot mit unnachahmlicher Wahrheit und mit einer erstaunlichen bis in das geheimste Detail dringenden sachlichen Kenntniß geschildert worden. Bei der Darstellung der sinnlichen Corruption ist er mit einer Zartheit zu Werke gegangen, die man bei seinem realistischen Tic vielleicht nicht von ihm erwartet. Nichts Lüsternes oder gar Obscönes. Diderot hat immer vor Augen, daß er ein Mädchen schreiben läßt, welches das Laster, von dessen Gefahr es bedroht ist, nur dunkel ahnt. Er läßt es nur so viel sagen, als nothwendig ist, diese Gefahr zu begreifen. Als die Superiorin des Hauses Arpajon ihrem Beichtiger sich wirklich enthüllt, läßt er in der Handschrift eine Lücke eintreten. Welche meisterhafte, psychologisch correcte, tiefergreifende Darstellung des Wahnsinns, mit welchem sich bei der Superiorin das Bewußtsein ihrer lasterhaften Verirrung rächt! Wie wäscht sie ihre Hände, aber umsonst! Die Schuld, die Unschuld verführt zu haben, haftet im Geist. Erst Agathe, dann Therese, die ihr bald nachstirbt, sind ihre Opfer. Susanne sollte Theresen folgen. Sie wurde gerettet und diese Rettung wurde zum Gericht über die Superiorin. Die Verdammniß des Fluchs unnatürlicher Wollust kann nicht erschütternder, als hier geschehen, ausgedrückt werden.

Weshalb aber ist dies Buch, worin sich kein unkeusches Wort findet, doch dem Index infernaler Bücher zugesellt? Man sagt sich, daß ein junger Mensch, ein junges Mädchen, selbst eine junge Frau, solche libidinose Verirrungen, als hier andeutungsweise beschrieben sind, gar nicht wissen sollten, und daß die Folgen der Lektüre eines solchen Buchs unberechenbar sind. Wie wüthet Diderot selber in einem Briefe an Sophie Voland über die Roheit eines seiner Freunde, der ihm eines Tags ein englisches Werk mit infamen Kupfern nicht versiegelt, sondern in einem losen Umschlag zugeschickt hatte! Wenn nun dasselbe seiner Tochter in die Hände fiel, wenn es ihre Phantasie vergiftete! Aber Diderot's Nonne muß nicht nur aus einer pädagogischen, sie muß auch aus einer ästhetischen Rücksicht verworfen werden. Als Culturstudie, als ein psychologisches Nachtgemälde angesehen, läßt sich gegen diese Schilderung der lesbischen Liebe nichts einwenden, aber schön wird man auch die treueste und äußerlich decenteste Darstellung unnatürlicher Regungen nicht nennen können. Nur in der trockenen Form des Juristen, des Pädagogen oder Mediciners ist sie ertragbar, nicht aber als Gegenstand der Dichtung. Die Poesie kann auch das Unnatürliche darstellen, aber nicht das Ekelhafte. Wenn eine Phädra ihren Stiefsohn liebt, so ist das auch eine sittliche Verirrung, aber als ein sittliches Unglück, in welchem an sich nichts Unnatürliches ist, denn sie hat diesen Sohn nicht geboren, sie hat ihn sogar heirathen sollen, bevor Theseus sie zu seiner Gattin machte. Hier aber ist es dasselbe Geschlecht, das sich mit sexuellen Regungen begegnet. Das ist eine Unnatur, durch deren Darstellung, wie gelungen sie sei, die Poesie sich selbst besudelt.

Diderot's Nonne, wie vollendet sie als eine sittengeschichtliche Studie sei, ist daher kein wahres Kunstwerk. Naigeon meinte, man müsse durch Wegschneiden der üppigen Ranken helfen. Génin hat, solchem Rath folgend, im ersten Bande seiner „Oeuvres choisies de Diderot" die „Religieuse" in der Art abdrucken lassen, daß er die ganze Erzählung von der unseligen so liebenswürdigen Superiorin wegläßt. Dann fehlt aber der Gegensatz zum Kloster Longchamps und die schrecklichste Erfahrung Susannens, denn das Kloster des heiligen Eutrop charakterisirt mit seiner feinen Sinnlichkeit, mit seiner fleischlichen Tändelei, mit seinen geheimen Lüsten ebenso wol eine ganze große Richtung der Nonnenklöster, als das Kloster Longchamps mit seiner strengen Disciplin, seiner magern Kost, seiner Neigung zur Geisel und zum härenen Bußgürtel.

Diderot war als Dichter nicht glücklich in seinen Thematen. Zu seiner Entschuldigung bei der Nonne müssen wir uns erinnern, daß er sie nicht mit der Prätension schrieb, sie drucken zu lassen.

Diderot als Aesthetiker überhaupt.

Wir müssen hier in unserer Geschichte Diderot's einen Augenblick anhalten, eine Betrachtung über ihn als Aesthetiker im allgemeinen anzustellen, weil wir jetzt an eine Epoche seines Lebens kommen, in welcher er sich zehn Jahre hindurch auf das angelegentlichste mit der ästhetischen Kritik, namentlich mit der Malerei, beschäftigte. Diderot, dieser in so seltener Weise universelle Mensch, der Mathematiker und Physiker, Philosoph und Theologe, Dichter und Technologe war, besaß für alles Schöne und für alle Künste ein tiefes Gefühl und er besaß auch eine bewundernswerthe Gabe, es auf das anziehendste auszusprechen. Die Frische, mit welcher er über alles Natur- wie Kunstschöne sich ausläßt, hat eine Magie, eine Wärme, einen Schimmer, die uns noch jetzt unwiderstehlich fesseln, obwol die Gegenstände, auf welche seine concreten Urtheile sich beziehen, für uns größtentheils verschwunden sind. Diese Frische entspringt bei ihm wol nicht allein aus seiner Liebe zum Schönen, aus seinem intimen Verständniß desselben, sondern auch aus der Freiheit, welche ihm das ästhetische Gebiet gestattete. Hier fiel der Zwang fort, den ihm anderwärts der Staat, oder die Kirche, oder der materialistische Standpunkt seiner Philosophie auferlegte. Hier durfte er sich rücksichtslos äußern, ohne zu fürchten, sich in Conflicte zu verwickeln. Hier durfte er die menschlichen Angelegenheiten ohne Opposition nach ihrer formalen Erscheinung auffassen.

Der Umfang seiner ästhetischen Empfänglichkeit hatte keine Grenze. Er war für die bildende, die musikalische und die poetische Kunst gleich sehr organisirt. In seinen Briefen an Fräulein Voland kommen die interessantesten Beschreibungen des Genusses vor, den ihm Natur und Kunst gewährten. So beschreibt er, sogar zweimal, den Garten und das Schloß von Marly auf das hinreißendste, aber nicht weniger das Spiel des Deutschen Osbruck auf dem von ihm erfundenen Instrumente Pantaleone. Seine ästhetische Fähigkeit war jedoch so groß, daß er nicht blos reproductiv sich verhielt, sondern in der Reproduction bis zu productiven Vorschlägen fortging, wie ein Werk anders, wie es noch besser hätte ausgeführt werden können. Ein Beispiel hiervon haben wir oben schon an seinem Vorschlag gehabt, wie Richardson, wenn er Miß Howe gegen Lovelace ins Spiel gebracht, Clarissen hätte retten können.

Die Stärke Diderot's ist das Detail, die Analyse des einzelnen Kunstwerks. Die Erhebung zu abstractern Begriffen, zu einer systematischen Verknüpfung derselben, verursacht ihm Anstrengung. Sie fehlten ihm nicht. Sie waren ihm schlechthin geläufig, allein es fehlte ihm an Ruhe, sie genetisch, Schritt vor Schritt zu entwickeln. Er wirft hastig eine Definition hin; er zählt nummerweise die Bestimmungen eines Begriffs, die Unterschiede eines Objects her; er ist nicht unlogisch, aber er ist nicht dialektisch. Er verfährt in der Regel analytisch, aber er ist nicht gründlich genug in seiner Analyse, um feste, unanfechtbare Resultate zu gewinnen. Nur zu oft springt er aus einem analytischen Ansatz in eine dogmatische Behauptung über, aus welcher er sofort Consequenzen zieht, ohne die Ausdauer und Zusammenschau des Synthetikers zu haben. Anregen wird er unser Denken immer, weil er von Geist übersprudelt, allein nachhaltige Befriedigung, wie Lessing sie uns gibt, wird er uns oft vermissen lassen.

Natürlich hatte er das Bedürfniß, die Ideen bis in ihre abstracte Allgemeinheit zu verfolgen, allein er behalf sich oft mit einer Nominaldefinition oder mit einer Definition, wie er sie gerade bei irgendeinem Autor vorfand. Sein Scharfsinn kritisirt dann auch wol das Ungenügende der vorgefundenen Bestimmungen, vergißt aber, etwas Besseres, Positives an ihre Stelle zu setzen. So hat er in der Encyklopädie den Artikel „Beau" geschrieben. Er zeigt, wie mangelhaft die Definitionen von Platon, Augustinus, Wolf, Crousaz, Hutcheson und André sind. Güte, Einheit, Vollkommenheit, Ordnung, Nützlichkeit, Harmonie, erschöpfen sie den Begriff des Schönen? Keineswegs. Was ist es denn aber? Es ist, meint Diderot, ein Verhältniß, un rapport, den unser Verstand entdeckt und der auch in den Dingen selber Realität hat. Man sieht aus seinen Aeußerungen, daß er das Schöne nicht blos subjectiv als ein Gefühl, das wir haben, oder als eine Vorstellung, die wir uns machen, sondern auch objectiv als in der Beschaffenheit der Sache liegend definiren möchte. Die Verhältnisse sollen es sein, die es ausmachen. Sind es physische, moralische, literarische, technische u. s. w., so entsteht nimmer eine andere Art des Schönen. Modificiren sich die Verhältnisse, werden sie größer oder kleiner, stärker oder schwächer, so entsteht eine andere Form des Schönen. Das Object als solches, meint er, ist indifferent, erst der Rapport zu andern Objecten oder Subjecten macht es schön und zwar gerade zu diesem specifisch

Schönen. Die Worte z. B.: „Qu'il mourût!" können je nach ihrem Zusammenhang eine tragische oder komische Färbung in verschiedenen Abstufungen annehmen, während sie an sich immer dieselben Worte sind. Diderot glaubt daher, mit seinen rapports allen Ansprüchen genügt zu haben. Allein welcher Art müssen die Verhältnisse sein, um gerade einen ästhetischen Effect zu machen? Verhältniß ist ja ein ganz allgemeiner Begriff, der alle möglichen Rapporte unter sich begreift. Hier läg es nun ganz nahe, die Eigenthümlichkeit der Form als den entscheidenden Punkt aufzufinden, der das Object als ein ästhetisches constituirt. Diderot erinnert sich auch aller Unterschiede in der Idee des Schönen, des Erhabenen, des Großen, des Edeln, des Niedlichen, Zierlichen u. s. w., allein er denkt nicht daran, sie nach ihrem eigenen Zusammenhang aus dem allgemeinen Begriff als dessen verschiedene Besonderheiten abzuleiten. Zuweilen macht er einen Ansatz dazu, gibt aber den Verfolg bald wieder auf und stellt sich zuletzt gewöhnlich mit Bemerkungen zufrieden, die er aus dem Sprachgebrauch nimmt. Einmal ist er nahe daran, das Erhabene, le sublime, einerseits, das Niedliche, le joli, andererseits als die Extreme in der Gestaltung des Schönen zu entdecken; macht aber einen falschen Contrast, indem er das Schöne dem Niedlichen entgegensetzt. Das Schöne, sagt er, bewundern wir, das Niedliche gefällt uns. Als ob das Niedliche nicht auch schön wäre! Es ist die Schönheit des Kleinen, des Details, des Miniaturreizes. Ein Veilchen ist nicht erhaben wie eine hundertarmige Eiche, aber ist es in seiner bescheidenen Zierlichkeit nicht schön? Diderot streift auch diejenigen Formen des Schönen, die, wie es scheint, den gewöhnlichen Kategorien des Begriffs des Schönen widersprechen, wenn sie die Regularität, Symmetrie, Einheit fordern. Warum ist denn, fragt er, ein Wald mit seinem Dickicht, ein Gewitter mit seinen aufgethürmten, vom Blitz zerrissenen Wolkenmassen, eine Schlacht mit ihrem blutigen Getümmel doch schön? Er hat recht, diese Frage aufzuwerfen, aber er beantwortet sie nicht. Er begnügt sich, mit ihr die akademische Weisheit zu beunruhigen. Ebenso macht er es mit dem Häßlichen, das ihm immer noch lieber als die charakterlose, fade, gemeinplätzliche Schönheit ist. Wir haben ihn schon in einer Anmerkung zu Shaftesbury vortrefflich über das Monströse sprechen gehört; er durfte nur etwas tiefer sich einlassen; er durfte nur erwägen, daß das Häßliche, mit Kant zu reden, die negative Schönheit ist, um zu erkennen, daß es in seinen Formen alle Formen des positiv Schönen umgekehrt wiederholen müsse. Würde er dann nicht gefunden haben, daß der Gegensatz des Schönen gegen sich selbst von dem Widerspruch desselben mit sich zu unterscheiden ist? Das Erhabene ist dem Gefälligen entgegengesetzt, aber es widerspricht ihm nicht. Eine Ceres kann ihr majestätisches Haupt mit einem zierlichen Kranz von Kornähren schmücken. Das Gemeine aber widerspricht dem Erhabenen, das Widrige dem Zierlichen, Niedlichen. Eine Laus ist klein, aber nicht joli, weil ihr zum Blutsaugen eingerichteter Kopf plump, ihr Leib geschwollen, ihre Füße dickgegliedert und mit Haken gerüstet sind, die ihnen das Ansehen kleiner chirurgischer Instrumente geben. Eine Laus ist häßlich, häßlich auch durch ihre nichtssagende Farbe. Wie niedlich ist dagegen ein Johanniswürmchen!

Was Diderot aber unter den französischen Aesthetikern des vorigen Jahrhunderts auszeichnet, das ist der offene Sinn, welchen er auch für die Schönheit der Natur besitzt. Die Franzosen hatten über die gemachte Schönheit ihrer socialen Kunst die freie Schönheit der Natur in Berg und Wald, am Meeresstrande, zwischen Kornfeldern, in den Bewegungen der Thiere, fast vergessen. Diderot läßt überall in seinen Kritiken die Anschauung der wirklichen Natur als einen Fundamentalartikel für die Kunst durchblicken, um sie von der Steifheit des akademischen Stils zu erlösen. Er rechnet zur Naturanschauung auch das Studium des Volks, wie es sich in den unbefangenen Handwerkern, in den Bauern, in den Fischern und Jägern, in dem Gesinde, in den Bettlern, darstellt. Er liebte das Volk und seine damalige Lage jammerte ihn oft. Wenn er ein Schloß mit seinen schönen Laubgängen, mit seinen Blumengärten, seinen Rasenplätzen, seinen Wasserkünsten, seinen Thürmen, Pavillons und Sälen beschrieben hat, schauert er bei dem Gedanken zusammen, daß rings um diese Herrlichkeit armselige Strohhütten zerstreut liegen, in deren dumpfer Enge die hart arbeitenden Bauern oft kaum eine Brotrinde haben, ihren Hunger zu stillen. Er behauptete, daß man dem Volk zuhören müsse, wenn es erzähle, denn es erzähle im rechten epischen, im natürlichen Ton. Er forderte die Künstler auf, die Leute in ihrem gewöhnlichen Treiben, auf der Straße, auf den Plätzen, in den Schenken, bei öffentlichen Festen zu beobachten, wenn sie eine Anschauung des naturwahren Ausdrucks der Affecte haben wollten.

Wenn aber Diderot dem Künstler die Nachahmung der Natur empfahl, so wollte er doch keineswegs die Kunst zu einer bloßen Copistin der Natur herabsetzen. Er verhielt sich realistisch gegen den falschen Idealismus, allein er war in der Kunst ein ganz entschiedener Idealist. Die Schilderungen, die man gewöhnlich von seinem Naturalismus als einem unbedingten macht, sind falsch. Das Studium der Empirie war ihm nur Mittel zur Verwirklichung des wahren Ideals. Allerdings gibt es genug Aeußerungen bei ihm, in denen er von der Schönheit der

9*

Natur sich so überwältigt zeigt, daß er von nichts anderm wissen will. Namentlich in der Polemik gegen den todten und einförmigen Schematismus der schulmäßigen Afterkunst predigt er dann Natur und wieder Natur. Daher kommt es denn wol, daß man ihn nicht selten als einen Apostel des puren Naturalismus in der Kunst nimmt, allein, wenn man ihn im Ganzen auffaßt, so thut man ihm damit unrecht. Er weiß sehr wohl, daß der Künstler die Natur idealisiren muß und daß das Genie eben die einer Seele eingeborene Tendenz dazu ist. Am nachdrücklichsten hat er dies, wie wir später sehen werden, bei der Kunst des Schauspielers auseinandergesetzt, der seine Rolle nur dann gut spielen kann, wenn er sich von dem Charakter, den er darzustellen hat, ein einheitliches Bild in seiner Phantasie entwirft, das ihn beseelt und in Gang, Geberde, Physiognomie, Stimme, zu einem ganz andern Menschen macht, als er wirklich ist. Ich will aus dem Briefe an Grimm, mit welchem Diderot den „Salon" von 1767 eröffnet, diejenigen Stellen hersetzen, die mir am zweifellosesten Diderot's Meinung hierüber auszusprechen scheinen:

„Gestehen Sie, daß es weder ein ganzes Thier noch einen Theil von einem Thier geben kann, welche Sie der Strenge nach zum absoluten Muster nehmen könnten. Es ist eine alte Geschichte, daß die Alten, um jene Natur zu bilden, welche ich das ideale Muster oder die wahre Linie nenne, die Natur durchlaufen hätten, aus einer Unzahl von Individuen die schönsten Theile herauszulesen, um aus ihnen eklektisch ein Ganzes zusammenzusetzen. Wie hätten sie die Schönheit dieser Theile erkannt, vorzüglich derjenigen, die unsern Augen sich selten darstellen, wie der Bauch, die Hüften, die Gliederung der Schenkel oder der Arme, wo das poco più und das poco menò von einer so kleinen Anzahl von Künstlern gefühlt wird? Sie heißen nicht schön nach der Volksmeinung, welche der Künstler bei seiner Geburt vorfindet und die sein Urtheil entscheidet. Zwischen der Schönheit einer Form und zwischen ihrer Misform liegt nur die Dicke eines Haares. Wie hatten sie den Takt erworben, den man haben muß, bevor man aus zerstreuten schönen Theilen ein Ganzes zusammensetzen kann? Darum handelt es sich. Und wenn sie nun auch diesen Formen begegneten, durch welch unbegreifliches Mittel vereinigten sie dieselben? Durch welche Inspiration entdeckten sie das wahre Maß, auf welches man sie zurückführen mußte?

„Ich will nicht versuchen, zu erklären, wie die Alten, die keine Antiken hatten, sich dabei benommen haben. Das schönste, das vollkommenste Modell eines Mannes oder einer Frau würde das eines Mannes oder einer Frau sein, die zu allen Verrichtungen des Lebens vorzüglich geschickt, das Alter der völligsten Entwickelung erreicht hätten, ohne eine der Functionen geübt zu haben. Da aber die Natur uns nirgends dies große Modell weder ganz noch theilweise zeigt; da sie alle ihre Werke mit Fehlern behaftet hervorbringt; da die vollkommensten, die aus ihrer Werkstatt hervorgehen, noch Bedingungen, Verrichtungen, Bedürfnisse haben, welche sie entstellen; da sie durch die bloße wilde Nothwendigkeit, sich zu erhalten und wiederzuerzeugen, immer mehr von der Wahrheit des Urbildes, des intellectualen Bildes, sich entfernt haben, so hat es niemals ein Ganzes, also auch keinen Theil, gegeben und kann es nicht geben, die nicht gelitten hätten."

Diderot setzt vortrefflich auseinander, daß auch die scrupulöseste Nachahmung der Natur nur ein Porträt, eine individuelle Schönheit hervorbringt, während das Genie die absolute Schönheit, ein être imaginaire, erschafft. Er sagt zum Künstler: „Räumen Sie ein, daß Sie, wenn Sie etwas Schönes machen, nichts von dem, was ist, sogar nichts von dem, was sein kann, machen."

Der Künstler antwortet: „Sie setzen mich in Verlegenheit. Das alles ist ja nur Metaphysik."

„Nun, du dummes Vieh, hat deine Kunst nicht ihre Metaphysik? Ist diese Metaphysik, die zu ihrem Gegenstande die Natur, die schöne Natur, die Wahrheit, das Urmuster hat, nach welchem du, bei Strafe, ein gemeiner Porträtist zu sein, dich bilden mußt, nicht die erhabenste Metaphysik? Laß diesen Vorwurf, welchen die Narren, die nicht denken, den tiefen Menschen machen, welche denken."

Diderot beschreibt den langsamen Weg, auf welchem sich die Künstler von der Anschauung der empirischen Natur durch allmähliche Entfernung vom Porträt zum Ideal erhoben haben, und ruft aus: „Das Ideal der Schönheit, das nur im Kopf eines Agasias, eines Rafael, Poussin, Pujet, Pigalle, Falconet existirt; das Ideal der Schönheit, von welchem subalterne Künstler aus der Antike oder aus den incorrecten Werken der Natur annäherungsweise nur incorrecte Begriffe schöpfen; das Ideal, welches diese großen Meister ihren Schülern nicht so genau, als sie es erfassen, einzuflößen vermögen; das Ideal, über welches sie sich spielend hinausschwingen können, das Chimärische, die Sphinx, den Centauren, den Hippogryphen, den Faun und alle vermischte Naturen hervorzubringen, unter welches sie heruntersteigen können, um je nach der Zuthat von Lüge, die ihr Zweck erfordert, die verschiedenen Porträts des Lebens, die Uebertreibung, das Monstrum, das Groteske, hervorzubringen; das Ideal, die wahre, nicht traditionelle Linie, die fast mit dem genialen Menschen verschwindet, und lange Zeit den Geist, den Charakter, den Geschmack eines Volks, eines Jahrhunderts, einer Schule, ausmacht.“ Die sklavischen und stupiden Nachahmer der Natur betrachten sie als vollkommen, nicht als perfectibel. Sie wenden sich zur Natur lediglich, um sich der Copie derselben bei ihren Vorgängern zu nähern. Vom Geschicktesten unter ihnen hat Poussin gesagt, daß er ein Adler wäre in Vergleich mit den Modernen und ein Esel in Vergleich mit den Alten.

So richtig, so groß dachte Diderot von der Schönheit und von der Kunst. Er kennt auch die Grenzen der verschiedenen Künste sehr wohl. Er fordert nicht von der Sculptur oder Malerei, was nur die Poesie vermag. In dem Artikel „Art“ der Encyklopädie, den er auch geschrieben, würde man freilich umsonst nach einem System der Künste suchen. Er handelt nur von den mechanischen Künsten; von den freien, meint er, brauche er nicht zu reden, da sie sich selbst oft genug besungen hätten, während jene in ihrer Wichtigkeit und Schönheit nur zu oft verkannt seien. In den „Salons“ kommt er aber häufig auf die Grenzen der verschiedenen Künste zu sprechen und zeigt hier an vielfältigen Beispielen, wie deutlich ihm der Unterschied der Sculptur von der Malerei und beider von der Poesie war. Ich will hier zur vorläufigen Bewährung aus dem „Salon“ von 1765 nur anführen, was er über die Sculptur im allgemeinen sagt: „Sie ist eine strenge, schwere und keusche Kunst. Sie spielt zuweilen um eine Urne oder Vase selbst in großen und pathetischen Compositionen. Man erblickt im Basrelief Kinder, die um ein Becken umhertollen, welches das menschliche Blut aufnehmen soll; aber sie spielt zugleich mit einer gewissen Würde. Sie ist ernst, selbst wenn sie scherzt. Sie übertreibt ohne Zweifel, allein die Uebertreibung steht ihr eher zu als der Malerei. Der Maler und der Bildhauer sind zwei Dichter, aber dieser verändert sich niemals. Die Sculptur leidet nicht das Närrische, das Burleske, das Vergängliche, selten sogar das Komische. Der Marmor lacht nicht. Sie berauscht sich jedoch mit den Faunen und Sylvanen; sie läßt die Satyrn anmuthig den alten Silen auf seinen Esel setzen oder die wankenden Schritte seines Schülers unterstützen. Sie ist wollüstig, aber nie schmuzig. Sie zeigt häufiger und offener beide Geschlechter in ihrer Nacktheit, weil ihr Stoff so kalt, so rebellisch, so undurchdringlich ist. Sie bewahrt selbst in der Wollust noch etwas Auserlesenes, Zurückhaltendes, das mir verräth, wie langwierig, peinlich, schwierig ihre Arbeit ist. Wenn man mit dem Pinsel irgendeinen leichtfertigen Einfall in einem Augenblick auf die Leinwand werfen und ebenso rasch wieder vertilgen kann, so ist es nicht ebenso mit dem Meißel, der eine sorgfältige, originelle Wahl getroffen haben muß, um den Gedanken des Künstlers in einen harten widerstrebenden Stoff von ewiger Dauer niederzulegen. Der Zeichenstift ist libertiner als der Pinsel. Der Pinsel libertiner als der Meißel. Die Sculptur setzt einen hartnäckigern und tiefern Enthusiasmus voraus; sie fordert mehr von jener starken Begeisterung, die anscheinend ruhig ist, mehr von jenem verborgenen Feuer, das im Innern glimmt. Sie ist eine heftige, gewaltsame, aber schweigende und rücksichtsvolle Muse. Duldet sie keine gewöhnliche Idee, so duldet sie noch weniger eine mittelmäßige Ausführung. Eine leichte Incorrectheit der Zeichnung, die man bei einem Gemälde kaum bemerken würde, ist in einer Statue unverzeihlich. Das Manierirte, immer geschmacklos, ist es in Marmor oder Erz noch vielmehr als in Farbe.

„Oh! das lächerliche Ding, eine manierirte Statue."

Man macht Diderot den Vorwurf, daß er die Poesie zu malerisch, die Malerei zu poetisch habe machen wollen. Dieser Vorwurf ist einmal dadurch entstanden, daß er für das Drama die vernachlässigte Pantomime wieder emporbringen wollte; jede Scene sollte auch ein Gemälde, eine malerische Gruppe, darstellen; sodann dadurch, daß er in seiner Beschreibung der Gemälde, um sie zu erklären, sich oft bis zum Ausmalen eines kleinen Romans fortziehen läßt, namentlich wenn es sich um die Genrebilder seines Freundes Greuze handelt.

Vergleichen wir die ästhetische Facultät Diderot's mit den übrigen Gaben seines Geistes, so müssen wir sie als seine höchste anerkennen. Alles, was er als Gelehrter, als Mathematiker, als speculativer Philosoph, als dramatischer Dichter sonst geleistet hat, steht hinter dem zurück, was seine dramaturgischen Unterhaltungen über die Poesie, sein „Neffe Rameau's" über die Musik und seine Gemäldebeschreibungen über die Malerei uns an tiefer Einsicht, an glücklichem Ausdruck und an begeistertem Humor bieten. Alle seine Artikel in der Encyklopädie werden vergessen sein, wenn man jene Schriften immer von neuem zu lesen nicht müde werden wird. Heinse in seiner „Beschreibung der düsseldorfer Galerie", Forster in seinen „Ansichten des Niederrheins", Friedrich Schlegel in seiner „Vergleichung der dresdener Galerie mit der des Louvre" sind hierin nur seine Nachfolger gewesen. Seine „Salons" wurden zwar nicht eher als während der Revolution gedruckt, aber sie circulirten in Abschriften. Madame Necker war eine vorzügliche Bewundererin derselben und behauptete, erst durch sie die Kunst, Kunstwerke zu sehen, gelernt zu haben. Nach dem Auslande gelangten sie als Beilagen der Grimm'schen „Correspondance".

Essai sur la peinture, pour faire suite au Salon de 1765. — Pensées détachées sur la peinture, la sculpture, l'architecture et la poësie. Pour servir de suite aux Salons. 1776.

Diderot hatte, wie wir vorhin bemerkten, selber das Bedürfniß, sich aus der Fülle fragmentarischer Reflexionen, die sich ihm aufdrängten, zu allgemeinern Ansichten zu erheben. Er hat für die bildenden Künste zweimal den Versuch gemacht, sich zu einem gewissen systematischen Abschluß zusammenzufassen, das eine mal 1765, nachdem er die Beschreibung vom „Salon" dieses Jahres vollendet hatte, in seinem „Essai sur la peinture", und das zweite mal zehn Jahre später 1776 in seinen „Pensées détachées sur la peinture etc.". Obwol wir der chronologischen Ordnung ein klein wenig vorgreifen, wenn wir diese Schriften hier schon in Erinnerung bringen, so thun wir es doch, weil sie die allgemeinen Gesichtspunkte enthalten, die ihn bei der Betrachtung der Kunstwerke selber leiteten, und weil es unmöglich ist, ihm bei der Beschreibung der Gemälde und Statuen, die zusammen weit über anderhalb tausend Nummern umfaßt, in das Einzelne zu folgen.

Der „Essai sur la peinture" wurde von Karl Friedrich Cramer, deutschem Buchdrucker und Buchhändler zu Paris, wie er sich selbst auf dem Titel nennt, 1797 ins Deutsche übersetzt und in Riga bei Hartknoch herausgegeben. Goethe hat ihn auszugsweise übersetzt und mit Anmerkungen begleitet, die sich vorzüglich auf den Begriff der Farbe beziehen.

Wenn Diderot auch in diesen Versuchen nach einer gewissen Systematik strebt, so läßt er sich doch aus den allgemeinern Bestimmungen unaufhörlich in das bunteste Detail fallen. Er hat selber ein Bewußtsein über sein Laisser-aller und verräth es in der ironischen Manier, mit welcher er seine Kapitelüberschriften macht. Er trägt über die Zeichnung seine seltsamen Gedanken, über die Farben seine kleinen Ideen, über das Helldunkel, was er zeitlebens davon verstanden, vor. Vom Ausdruck will er sagen, was alle Welt weiß. In dem Paragraphen von der Composition hofft er, daß er davon sprechen werde. Der Gang seiner Betrachtung ist, wie man sieht, richtig geordnet: Zeichnung, Farbung, Ausdruck, Composition. Nun würde eine solche ganz subjective Manier unerträglich bei einem Schriftsteller werden, der ohne Neuheit der Gedanken, ohne vielseitige Erfahrung in den Künsten, ohne genaue Kenntniß ihrer Technik wäre. Das alles aber besitzt Diderot. Und es ist nicht nur die Ursprünglichkeit seiner Individualität, die alles, was sie ergreift, verjüngt, sondern es ist auch die große Welt, in welcher er lebt, die man überall durchfühlt. Es ist Paris mit seinen Kunstschätzen, mit seinen Künstlern, mit seinem bildungsbeflissenen Publikum, mit seiner steten literarischen und socialen Agitation, welches Diderot trägt und ihm unter dem kräuselnden Schaum der bewegten Oberfläche doch auch die gehaltvollsten Stoffe, die belehrendsten Anregungen, entgegenbringt. Er wollte immer mit seinem Freunde Grimm nach Italien reisen. Es wurde nichts daraus, allein Paris selber besaß seit dem Eindringen der italienischen Kunst durch die Florentiner viele classische Werke der italienischen Malerei und viele werthvolle antike Statuen und Büsten, sodaß es Diderot nicht an Anschauungen von Tizian, Rafael, Correggio, Baroccio, Guido Reni u. s. w. fehlte, von Rubens und van Dyck ganz zu geschweigen.

Als eine Vorstudie zu seinem „Essai" kann man die ausführliche Kritik ansehen, die er 1760 von Watelet's Gedicht „Sur la peinture" machte. Watelet war Generaleinnehmer der Finanzen. Er handelte in vier Gesängen von der Zeichnung, von der Farbe, von der malerischen und von der poetischen Erfindung. Im Jahre 1769 gab Lemierre, der Dichter des Dramas „Guillaume Tell", ebenfalls ein Gedicht „Sur la peinture" in drei Gesängen heraus, das Diderot auch beurtheilte. In seinem „Essai" will Diderot zuerst von der Zeichnung reden. Es ist richtig, wenn er für sie von der Natur ausgeht. Die Natur, versichert er, bringt nichts Incorrectes hervor; jede schöne oder häßliche Form hat ihre Ursachen und von allen existirenden Wesen ist nicht eins, das so wäre, wie es sein soll. Mit Recht bemerkt Goethe, daß es statt: nichts Incorrectes, heißen müßte: nichts Inconsequentes, wie Diderot hinterher selber zuweilen sagt, denn er will nur die reine Nothwendigkeit des ursachlichen Zusammenhangs ausdrücken, die, so gut es geht, immer nach Einheit strebt, sodaß z. B. bei dem Buckeligen alle Knochen und Muskeln in ein heterollites System sich vereinigen. Kindheit und Alter sind beinahe Caricaturen; die wahre Schönheit der Gestalt liegt zwischen diesen Extremen. Das Studium der

Muskeln unter der Haut ist nothwendig, muß aber nicht zu lange betrieben werden, soll nicht der Künstler einen zu harten Ausdruck dadurch bekommen. Das sieben Jahre lang fortgesetzte akademische Zeichnen nach dem Modell, welches der Herr Professor stellt, gibt nicht die Wirklichkeit der verschiedenen Zustände wieder, erzeugt aber die Einbildung, sie treu copirt zu haben. Das Modell fingirt sie nur, wie es eben gestellt wird. „Lieber Gott", läßt Diderot den Maler beten, „erlöse mich vom Modell!" Man muß das wirkliche Leben, um seine wahre Erscheinung zu fassen, beobachten, man muß es aus seinem Innern heraus verstehen lernen. Die akademische Dressur erzeugt nur eine kalte, ärmliche und todte Manier. „Verlaßt diesen Kramladen der Manier!" Zwei Jahre zeichnen nach dem Modell und zwölf Stunden jährlichen Unterrichts über die Muskellage nach abgezogener Haut würden hinreichen. Statt der Verkleidungen der Modelle müßte man wirkliche Menschen von der Straße her in das Atelier nehmen und ihnen den selbsteigenen Ausdruck belassen. So würde man die Zusammenstimmung alles Aeußern aus seiner innern Einheit erkennen.

Die Zeichnung gibt dem Wesen die Form, die Farbe ist es, die ihm Leben gibt. Sie ist der göttliche Hauch, der sie beseelt. Ueber die Zeichnung sind nur die Meister der Kunst gute Richter, über die Farbe kann jedermann urtheilen. Es fehlt nicht an vortrefflichern Zeichnern, allein es gibt wenig gute Coloristen. Wie es zehn frostige Logiker gegen Einen großen Redner, zehn große Redner gegen Einen erhabenen Dichter gibt, so gibt es zehn correcte Zeichner gegen Einen treffenden Coloristen. Nicht die Wahl der einzelnen Farben als solcher, nur die Freiheit, Sicherheit, Kühnheit in der Behandlung des Pinsels bringt die wahre Harmonie des Colorits hervor. Was den guten Coloristen so selten macht, ist die Beschränkung so vieler Maler durch den Meister, den sie sich zum Muster nehmen. Sie gewöhnen sich dadurch an eine Auffassung, welche sie nicht leicht wieder verläßt und die nicht Natur ist. Le Prince malt röthlich, ziegelfarben, Greuze graue, violette Farben u. s. w.

Die einzelne Farbe für sich thut es auch nicht, denn die Farben temperiren sich in der Zusammenwirkung durcheinander. Ein Atlaskleid, für sich allein gemalt, würde vielleicht gar nicht wie Atlas aussehen, aber auf dem Grunde, von welchem es sich abhebt, und in der Wechselwirkung mit allen übrigen Farben des Bildes wird es zum Atlas. Wie in der Zeichnung, gibt es auch in der Farbe Caricaturen. Gewiß ist der Regenbogen in der Malerei dasselbe, was der Generalbaß in der Musik. Man kann zweifeln, ob irgendein Maler auf diesen Theil seiner Kunst sich besser versteht als eine nur ein wenig kokette Frau, oder als ein geübtes Sträußermädchen, allein nichts ist abgeschmackter als der Schlendrian, in der Abstufung der Farben nur der Ordnung des Regenbogens zu folgen und sich zum Knecht derselben zu machen. Das Schwerste aber bleibt, das menschliche Fleisch zu malen, weil es so unendlich viele Farben und Töne hat, da es durch Rasse, Jugend, Alter, Geschlecht, Beschäftigung, Affect in zahllosen Nuancen verändert wird. Es ist die Verzweiflung des Malers.

Das Helldunkel ist die richtige Vertheilung der Schatten und des Lichts. Auch hier kann es Caricaturen geben. Der Himmel verbreitet eine allgemeine Färbung oder richtiger Stimmung der Farben über alle Gegenstände. Durch die Perspective, die nicht dringend genug empfohlen werden kann, werden die Schatten gestärkt oder geschwächt und der Ton des Lichts verändert. Es entstehen jene vielfachen Reflexe des Lichts, welche die Maler repoussoirs nennen, die intermédiaires postiches, die réveillons, die demiteintes, die boucherons, die chevilles, die bouche-trous. Auch die Schatten haben ihre Farben, selbst der Schatten eines weißen Körpers. Schatten und Formen können ineinander verschwinden. Welche Wunder von Licht und Schatten, von Dunkel und Helldunkel entstehen nicht in einem Walde, wenn ein Sonnenstrahl durch die dickwipfeligen Bäume bricht, auf den Aesten und Blättern spielt und auf das goldene Grün des moosigen Bodens hinschimmert!

Einige Bemerkungen über die Zusammengehörigkeit des Details mit dem Hauptgegenstande führen Diderot hier zuletzt auf den Tadel eines Porträts, das man ihm von seinem Vater gemacht und nach Paris geschickt hatte. Er erwähnt desselben auch in seinen Briefen an Fräulein Voland fast mit denselben Worten. Er hätte den alten Messerschmidt in seinem Werktagskleid mit der Schürze, eine Zange in der Hand, die Brille auf der Nase, zu sehen gewünscht. Statt dessen hatte man seinen Vater in der Perrüke, in einem Visitenkleide, mit einer Dose in der Hand, gemalt. „Ich hatte um meinen Vater gebeten, wie er alle Tage ist, und Ihr habt mir nur meinen Sonntagsvater geschickt“, schrieb er an die Seinigen. Er tadelt auch den Maler Latour wegen des Porträts, das er von Rousseau gemacht. Diderot hatte darin den Censor unserer Wissenschaften, den Cato und Brutus unsers Jahrhunderts gesucht. Er erwartete einen Epiktet in vernachlässigter Kleidung mit zerzauster Perrüke zu sehen, der durch die Strenge seines Blicks die Literaten und die Weltleute erschreckt. Er fand statt dessen den Verfasser des „Dorfwahrsager“, gut gekleidet, schön frisirt, auf einem Strohstuhl.

Der Ausdruck ist im allgemeinen das Abbild eines Gefühls und individualisirt sich daher ins Unendliche. Er ist schwach oder gar falsch, wenn er über das Gefühl unsicher läßt. Eine Physiognomie wird durch das Laster oder die Tugend umgebildet. Der Ausdruck entscheidet oft über die Färbung. Er verstärkt sich durch kleine Zuthaten (accessoires), welche die Harmonie noch erleichtern, wie z. B. Wanderer, die bei einer Ruine oder einem Grabe vorübergehen, die Vorstellung der Vergänglichkeit erhöhen.

Diderot erwähnt hier bei der Physiognomie eine besondere Erfahrung, welche er selbst darüber gemacht hatte. „Ich habe in der Vorstadt St.-Marceau, wo ich lange Zeit wohnte, Kinder mit reizendem Gesicht gesehen. Im Alter von zwölf bis dreizehn Jahren waren diese sanften Augen frech und brennend geworden; dieser angenehme kleine Mund hatte sich seltsam verzerrt; dieser so runde Hals zeigte geschwollene Muskeln; diese weichen und vollen Wangen waren von harten Erhöhungen durchsäet. Sie hatten die Physiognomie der Hallen und des Marktes angenommen. Sie hatten durch Zürnen, Schimpfen, Schreien, durch Streitigkeiten über einen Heller, für das ganze Leben die Miene des schmuzigen Eigennutzes, der Unverschämtheit und Ergrimmtheit angenommen."

Diderot ergeht sich in einer längern Betrachtung der Wechselwirkung der Poesie mit den bildenden Künsten über den Cultus der Schönheit im alten Griechenland, wo die Füße der Thetis, der Busen der Aphrodite, die Schultern Apollo's, die Brust Poseidon's, das Haupt des Zeus Artikel der Rechtgläubigkeit gewesen seien, gegen welche der Künstler nicht hätte fehlen dürfen. Er vergleicht mit diesen schönen Göttern die christliche Religion, welche die Anschauung des Nackten verbanne und in ihren geschundenen, gerösteten, gekreuzigten, geräderten Märtyrern dem Künstler nur häßliche Gegenstände darbiete. Er wird im Ausmalen der Vorstellung, wie das Christenthum durch eine gewisse Hinwendung ins Griechenthum auch eine Kunstreligion hätte werden können, cynisch bis zur frivolen Ekelhaftigkeit. Diderot verkennt an andern Orten nicht die Schönheit des Cultus, die im kirchlichen Leben sich entfaltet. Er betrachtet im „Salon" von 1765, Nr. 163, die Bilderstürmer und Verächter der Processionen, der Bilder, der Statuen und des ganzen Apparats des äußerlichen Gottesdienstes als Auspfänder im Solde eines vom Aberglauben gelangweilten Philosophen. Wenn man alle sinnlichen Symbole unterdrückt, so wird, meint er, bald nur ein metaphysischer Gallimathias übrigbleiben, der in jedem Kopf eine andere bizarre Form annehmen wird. Man wird sich gegenseitig nicht mehr verstehen. „Diese absurden Rigoristen kennen die Wirkung der äußern Ceremonie auf das Volk nicht. Sie haben niemals die Anbetung des Kreuzes am Charfreitag, die Begeisterung der Menge bei der Fronleichnamsprocession gesehen, eine Begeisterung, die zuweilen mich selbst ergreift. Nie habe ich diese lange Reihe von Priestern in kirchlichen Gewändern, diese jungen Akoluthen in ihren weißen Chorhemden mit breitem blauem Gürtel, Blumen streuend vor dem heiligen Sakrament, diese Menge, die ihnen in ehrfürchtigem Schweigen vorangeht und nachfolgt, so viel Menschen, die ihre Stirn zur Erde niederwerfen, gesehen; nie habe ich diesen ernsten und pathetischen Gesang der Priester vernommen, dem eine Unzahl Stimmen von Männern und Frauen, von jungen Mädchen und Kindern antwortete, ohne daß mein Eingeweide sich bewegte und die Thränen mir in die Augen kamen. Es liegt etwas Großes, Düsteres, Feierliches, Schwermüthiges darin. Ich habe einen protestantischen Maler gekannt, der mir gestand, daß er in St.-Peter niemals den Papst in der Mitte des Klerus und der Cardinäle das Hochamt hätte verrichten sehen, ohne katholisch zu werden. An der Thür der Kirche wurde er wieder Protestant." Noch mehr aber; 1769 in der oben angeführten Kritik des Lehrgedichts von Lemierre über die Malerei vertheidigt er das Christenthum gegen denselben, vertheidigt er die Darstellung der Martyrien, die uns, wie er in den „Pensées détachées" sagt, den Griechen als Henker und Anthropophagen würde haben erscheinen lassen. „Was kann", ruft er aus, „geeigneter sein, mich mit den Uebeln des Lebens, mit dem Elend meines Zustandes zu versöhnen, als das Bild der Qualen und der Standhaftigkeit, durch welche die Märtyrer die Krone erlangt haben, die jeder Christ anstreben soll? Ist der Mensch im Unglück, so werde ich ihm seinen leidenden Gott zeigen und sagen: halt, schau her und beklage dich, wenn du vermagst. — Bei welcher Frau würde nicht der Anblick des nackten auf den Knien seiner Mutter ausgestreckten Christus die Verzweiflung um den Verlust ihres Sohnes hemmen? Ich würde ihr sagen: Bist du besser als diese hier? War dein Sohn besser als dieser hier? Der Christianismus ist die Religion des leidenden Menschen; der Gott der Christen ist der Gott der Unglücklichen." Diderot kommt in diesem Thema so weit, an auseinandergelegenen Punkten sich zu widersprechen, aber nicht so weit, seine Widersprüche zusammenzubringen. Er erinnert daran, daß die größten Künstler der Darstellung von Martyrien ihre Berühmtheit danken; daß nichts ein solches Studium des Nackten und eine solche Kenntniß der Verkürzungen fordere; daß nichts eine größere Bewunderung errege, als der Anblick eines Menschen, der sich über alle Schrecknisse erhebt; daß solche Scenen nicht weniger eine ästhetische Berechtigung besitzen, als die Heiterkeit der griechischen Götter, die übrigens auch eine Nachtseite an sich haben, welche ihm nie in den Sinn kommt. Ihm schwebt immer nur der Olymp als ein Göttersalon vor, in welchem Hebe und Ganymed Nektar und Ambrosia credenzen. An die Schatten und Qualen des Hades, an die finstere Macht des Schicksals, dem auch die Götter sich beugen mußten, denkt er nicht.

Die Composition des Bildes muß durch sich selbst jedem Menschen von gesundem Verstande klar sein. Ihre Einfachheit muß jede müßige Figur, jedes überflüssige Beiwesen ausschließen. Der Gegenstand muß Einer sein und kann nur in Einem Moment, nicht gleichzeitig in verschiedenen, dargestellt werden. Der Widerspruch in einem Zustande selber z. B., wenn jemand in seinen gewöhnlichen Beschäftigungen von einer Katastrophe betroffen wird, ist etwas anderes. Einem Maler, der mir zumuthet, ein Emblem oder einen Logogryphen zu enträthseln, kehre ich den Rücken. Die Scene muß innerhalb ihrer Einheit mannichfaltig sein und jedes Einzelne, indem es seiner eigenen Nothwendigkeit folgt, mit dem allgemeinen Zustande übereinstimmen, wie er in einem einzigen, gegebenen Moment möglich ist. Die Anordnung muß den falschen akademischen Contrast vermeiden. Die Vermischung allegorischer Wesen mit historischen Personen ist widrig. Diderot kritisirt Pigalle's Monument zu Rheims, von den Segnungen des Handels, wie es hätte dargestellt werden sollen. Er kritisirt das Unschöne unserer modernen Kleidung, die Erlaubtheit ihrer Aenderung und predigt die Beachtung der guten Sitten. Die Tugend lieben, das Laster hassen zu lehren, das muß der Zweck des Künstlers sein, der die Feder, den Pinsel oder den Meißel ergreift.

Jede ausdrucksvolle Composition muß zugleich malerisch sein. Es gibt unzweifelhaft undankbare Gegenstände, aber für den gewöhnlichen Künstler sind sie gewöhnlich und für einen unfruchtbaren Kopf ist alles undankbar. Anordnung ohne Ausdruck ist nicht so selten, als man glaubt. Die Grundidee muß alle andern beherrschen und nur nach dem umgekehrten Verhältniß des Abstandes abnehmen, sodaß nichts Zweideutiges zurückbleibt. In unserer Kunst herrscht Schwäche des Entwurfs und Armuth der Ideen. Die Maler haben zu wenig Poesie der Erfindung. Je umfassender eine Composition ist, desto mehr bedarf sie, zusammengehalten zu werden, des Studiums der Natur. Man rechnete damals noch die Blumen-, Thier- und Landschaftsmalerei zur Genremalerei, welche man der historischen entgegensetzte. Beide Gattungen lagen miteinander in Streit und verachteten sich gegenseitig. Diderot hält die Herabsetzung des Genre gegen die Historie für ungerecht, weil es, um wahre Kunstwerke zu liefern, mindestens ebenso schwer, wo nicht schwerer sei als diese, da es nicht durch die Bedeutsamkeit seiner Gegenstände unterstützt werde. Es fordert ein sorgfältiges Studium des Einzelnen, was die Geschichtmaler oft ungebührlich vernachlässigen. Bemerkungen über die Drapirung, welche das Nackte unter der Bekleidung zeigen soll, und andere über den Zusammenhang der Sculptur und Malerei mit der Baukunst, führen Diderot zu einer Betrachtung über die Peterskirche, welche den Widerspruch darbietet groß zu sein und klein zu scheinen. Er meint, daß die Details, in der Nähe besehen, riesig sind, aber in den Proportionen des Ganzen sich verkleinern.

Der gute Geschmack als die richtige Auffassung des Schönen in den Kunstwerken ist im Grunde so alt als die Welt, aber er ist selten, weil er die Vereinigung von Gefühl, Erfahrung und Nachdenken fordert. Daher die Ungewißheit des Beifalls bei einem Werke des Genies. Es steht allein da. Man schätzt seinen Werth nur durch seinen Vergleich mit der Natur. Und wer wird bis so weit zurückgehen? Nur ein anderer Genius.

Dies sind die Hauptgedanken von Diderot's Versuch über die Malerei, die im allgemeinen vortrefflich sind. In den „Pensées détachées" hat er sie wiederholt, bereichert, ergänzt und besonders mit treffenden Beispielen und mit einer Menge allerliebster Anekdoten illustrirt. Diese „Pensées" kann er nicht vor 1776 geschrieben haben, weil er darin zweier antiquarischer Schriften über die Venus erwähnt, die eine von Larcher (1775), die andere von G. de Lachau, über die Attribute der Venus (1776). Man kann sich für einen Künstler nichts Anregenderes ersinnen, als diese von einer reifen Erfahrung, einem erprobten Geschmack und einem tiefen Gefühl für das Schöne inspirirten Gedanken. Die Künstler könnten sich ein Taschenbuch daraus machen, ein ästhetisches Brevier.

Unter dem 15. Jan. 1763 gibt Grimm in seiner „Correspondance" (I, 3) einen Auszug, den Diderot aus dem Buche eines Engländers Webb über die Malerei gemacht hatte, behauptet aber, daß das, was man darin liest, nicht sowol Webb als Diderot gehöre. Jedenfalls ersieht man so viel daraus, daß seine realistische Tendenz im Gegensatz zur Abstraction des akademischen Schulideals Nahrung und Stärkung dadurch empfangen hat.

Les Salons.

Wir werden nun sehen, wie die allgemeinen ästhetischen Begriffe Diderot's, wie seine besondere Auffassung der Malerei, in seiner Beurtheilung einzelner Gemälde zum Vorschein kommen. Sein Freund Grimm nämlich verstand ihn auszubeuten. Er forderte ihn auf, die öffentliche Ausstellung von Gemälden und Statuen zu beurtheilen, um diese Kritik stückweise seiner „Correspondance" als eine besondere Zierde zur Belehrung und Unterhaltung der fürstlichen Personen, für die er schrieb, beizulegen. In Grimm's „Correspondance" finden wir schon im Jahre 1759 einen etwas kürzer gehaltenen Bericht über die Ausstellung jenes Jahres, den Grimm, wie er sagt, von einem Freunde erhalten hat. Wer dieser Freund gewesen, sagt er nicht. Der Bericht ist vom 1. Nov. datirt und umfaßt nur S. 451—464 im zweiten Bande der „Correspondance". Er beginnt mit der Vorbemerkung Grimm's, daß man, nachdem die Gemälde ohne Geschmack und Urtheil maßlos in den Journalen gelobt wären, es nicht ungern sehen würde, ein gerechteres und bestimmteres Urtheil darüber zu erhalten. „Was Sie lesen werden, ist an mich gerichtet und wird Ihnen ohne Zweifel mehr Vergnügen machen, als alles, was ich über diesen Gegenstand hätte schreiben können." — Der Bericht selber beginnt mit diesen Worten: „Da ist ungefähr das, was Sie von mir verlangt haben. Ich wünsche, daß Sie Gebrauch davon machen können. Viel Gemälde, mein Freund, viel schlechte Gemälde. Ich lobe gern, ich bin glücklich, wenn ich bewundere. Ich wollte nur glücklich sein und bewundern." Nun folgen Gedankenstriche und die Kritik beginnt sogleich mit einer Verwerfung der Porträts des Marschalls d'Estrées und der Frau von Pompadour.

Weder im Inhalt noch in der Form der Kritik ist ein Unterschied von den beglaubigten „Salons" von Diderot zu entdecken. Zum Ueberfluß erwähnt er bei einem Bilde Vien's eines Urtheils darüber von seiner Sophie. Diderot hat wol nur einen flüchtigen Ueberblick in einigen Stunden niedergeschrieben, allein er könnte doch ausführlicher gewesen sein. Wir wissen durch Naigeon, daß Grimm die Berichte Diderot's einer Sichtung für seine Zwecke unterwarf. Er behandelte sie gerade wie Le Breton die gefährlich scheinenden Artikel der Encyklopädie. Er castrirte sie und schnitt von den üppigen Ranken des Diderot'schen Geistes fort, was ihm hier zu cynisch, dort zu freisinnig oder zu individuell erschien. Er machte auch zuweilen Gegenbemerkungen. In dem „Supplément aux oeuvres de Diderot", das bei Belin zu Paris 1818 erschien, ist der „Salon" von 1761 und 1769 mit den Zwischenreden Grimm's abgedruckt. Man kann sich daraus eine Vorstellung machen, wie Grimm verfuhr. Er vergaß über der Kritik nicht die Rücksicht auf die Personen, für welche er schrieb, und modificirte danach den rein sachlichen Diderot. Dann fährt er gewöhnlich mit der Phrase fort: Je cède la plume à Diderot. Einen solchen vielleicht castrirten Bericht haben wir hier vor uns. Daher erklärt sich nicht nur die außerordentliche Kürze, sondern vorzüglich auch das Unzusammenhängende. Es fehlen die kleinern Vermittelungen, wie sogleich der vorhin mitgetheilte Anfang zeigt.

Es scheint, als wenn dieser erste flüchtige Bericht seine Entstehung der Absicht verdankte, dem oberflächlichen Urtheil der Tagespresse ein gründlicheres und unparteiischeres gegenüberzustellen; aber es scheint auch, als ob ein glücklicherer Erfolg dieses Erstlings Grimm auf den Gedanken gebracht habe, von da ab seiner „Correspondance" immer einen solchen Kunstbericht beizulegen. Wir finden in Diderot's Briefe an Fräulein Voland wiederholt seine Klagen über die Härte, mit welcher Grimm gegen ihn in dieser Beziehung verfährt. Wir finden darin seine Schilderung von der Anstrengung, die er machte, seinen tyrannischen Freund zu befriedigen. Tag und Nacht arbeitete er oft, ihm gefällig zu sein. Er fühlte, wie bei dieser Beschäftigung ihm trotz seines vorgerückten Alters doch die ganze Kraft seiner Jugend zurückkam, wie das Feuer der Begeisterung ihn durchströmte. Er gewann bei dieser Vertiefung in die Kunst die Einsamkeit so lieb, daß er tagelang nicht aus dem Schlafrock herauskam. Er hatte ein vollkommenes Selbstbewußtsein über den Werth seiner Arbeit. Würde sie gedruckt werden, sagt er zu Fräulein Voland, so würde er unendliche Bewunderung ernten. Aber er schaudert vor diesem Gedanken, denn er fürchtet, daß er durch seine Freimüthigkeit auf das Schicksal der Künstler, die er fast alle persönlich kannte, die er liebte, auch wenn er sie tadelte, einen nachtheiligen Einfluß hätte üben können. Das hätte ihn höchst unglücklich gemacht. Nur unter der Voraussetzung, daß seinen leidenschaftlichen Ergüssen keine Oeffentlichkeit gegeben würde, ließ er sich mit solcher Unbedingtheit gehen. Es sind von den „Salons", außer jenem verstümmelten von 1759, das Jahr 1761, 1765, 1767, 1769 gedruckt. Von diesen wurde der von 1765 zuerst nach einer schlechten Copie aus der Grimm'schen „Correspondance" in Paris bei Buisson 1797 mit dem „Essai sur la peinture" gedruckt. Cramer übersetzte ihn danach ins Deutsche. Von dem des Jahres 1769 sind zwölf Briefe verloren gegangen; die letzten noch übrigen fünf sind zum ersten mal gedruckt in dem „Supplément aux oeuvres de Diderot". Hier erschien auch der „Salon" von 1761 zum ersten mal. Naigeon ließ die „Salons" von 1765 und 1767 zuerst in seiner Gesammtausgabe 1798 nach den eigenen Handschriften Diderot's abdrucken. Es existiren aber in Petersburg unter dem handschriftlichen Nachlaß Diderot's auf der kaiserlichen Bibliothek noch drei „Salons", der von 1771, 1775 und 1781. Der letztere ist im Novemberheft der „Revue de Paris" von 1857, gedruckt. Die Handschriften der „Salons", die sich aus Diderot's Nachlaß auf der kaiserlichen Bibliothek in Petersburg befinden, gehen von 1759—81 und stehen unter Nr. 384 des Katalogs verzeichnet.

Die Sitte der öffentlichen Ausstellung von Werken der Malerei und Sculptur, welche den Namen Salon schlechtweg erhielt, ging von Italien aus; 1723 machte die Akademie der bildenden Künste im Palais-Royal, wo sie ihre Sitzungen hielt, die erste Ausstellung; 1727 finden wir eine solche im Louvre; 1737 ordnete der Generaldirector der Bauten, Orry, eine jährliche Ausstellung an, bis man seit 1743 immer ein Jahr ausfallen ließ. Die Ausstellung dauerte vier bis sechs Wochen. Diese französische Einrichtung ist seitdem eine europäische geworden.

Gemälde richtig aufzufassen und gut zu beschreiben, ist eine sehr schwere Kunst. Diderot machte seinem Freunde Grimm das Compliment, daß er, wenn er etwas darin leiste, es ihm verdanke. O überbescheidener Diderot! Grimm wußte es besser.

Schon die Alten haben Gemälde beschrieben, aber, soweit wir aus den uns gebliebenen Beschreibungen urtheilen können, ohne Kritik. Diderot vereinigte in einer seltenen Weise die anschaulichste Beschreibung des Gegenstandes mit der durchdringendsten Kritik der Art und Weise seiner Darstellung. Er hatte einen ganz objectiven Blick. Er sah in der Regel, selbst bei seinen Lieblingen, scharf und unbestochen und faßte den Gegenstand ebenso klar, als die Manier seiner Bearbeitung. Von seiten des Gegenstandes ist ihm nichts fremd; Natur, Geschichte, Mythologie, das menschliche Leben in allen Ständen und Lagen sind ihm vertraut. Nur einmal, bei den Bildern von Le Prince, welche russische Gegenden und Sitten darstellen, entschuldigt er sich, über die Richtigkeit kein Urtheil haben zu können. Ebenso ist ihm jede Art der Technik, jede Manier der Behandlung geläufig.

Aber dies würden doch nur die äußern Bedingungen sein, Werke der Malerei und Sculptur zu kritisiren. Die höhere Bedingung ist das innere Verständniß, und hier ist es, wo Diderot uns durch die Originalität und Frische seines Urtheils überrascht. Er hat zwar Grundsätze, allein keine ein für allemal fertige Schablone. Er ist immer neu, weil er immer wahr ist. Und ebendeswegen ist auch sein Ausdruck unerschöpflich an neuen Wendungen und von einer reizenden Naivetät. In Lob und Tadel ist er gleich entschieden und in beiden zur Uebertreibung geneigt, weshalb Grimm, der Diderot's Berichte in Briefform redigirte, da, wo er nicht den Vandalismus des Streichens übte, restrictive Zusätze in seiner „Correspondance" machte. Diderot hat selber zuweilen Dialoge zwischen sich und Grimm geschrieben, in denen er ihre Meinungsverschiedenheit darlegt.

Tremblin war ein Trödler auf der Brücke Pont-neuf. Wenn Diderot ein Gemälde verächtlich verwirft, so ruft er kurzweg: „Au Pont-neuf! à Tremblin!" Will er den Tadel steigern, so sagt er bedenklich: „Auch Tremblin wird Schwierigkeiten machen!" Will er ganz vernichten, so versichert er, daß er im Katalog zwar bei der und der Nummer gewisse Bilder von dem und dem Maler verzeichnet finde, daß er jedoch sich von ihnen nichts, schlechterdings nichts, zu erinnern wisse.

Während er tadelt, erzeugt sich in ihm nicht zu selten der Reiz eines bessern Gegenentwurfs. Diese Skizzen sind köstlich, voller Leben, Energie und Sinnigkeit. Es ist hier der Dichter, welcher malt. Oft läßt er sich in Abschweifungen gehen, die jedoch immer einen sachlichen Gehalt haben und sich meistens auf allgemeine ethische und ästhetische Probleme beziehen. Für gewöhnlich scheint er zu plaudern, allein jeden Augenblick ist er bereit, von dieser leichten Tonart zum höchsten Pathos überzuspringen.

Die Kunstwerke, die seinem Urtheil vorlagen, waren im allgemeinen mittelmäßig. Es gehörte der Reiz der Neuheit, das augenblickliche Interesse des pariser Publikums dazu, ihnen eine so große Wichtigkeit zu verleihen, als mit welcher sie bei Diderot erscheinen; wie wenig er sich selbst darüber täuschte, können wir aus seinem „État actuel de l'école française" im „Salon" von 1767 ersehen. Immer schwebt ihm die Natur, das Ideal, das große Muster des Genies vor. Michel Angelo, Rafael, Correggio, Guido Reni, die Caracci, Rubens, van Dyck, Rembrandt, Teniers, Berghem, Wouwerman, Poussin, Lesueur, Lebrun bleiben ihm bei der Malerei ebenso gegenwärtig als die Antike für die Sculptur. Er bekämpft die einseitige Hochschätzung der historischen Malerei, welche damals noch akademisches Vorurtheil war, und ist gerecht gegen die Genremalerei, weil der Enthusiasmus auch in diesen scheinbar kleinen Regionen, namentlich im Colorit, groß sein kann. In Ansehung der religiösen Malerei verräth er selbst, der Ungläubige, aus seinem rein menschlichen Gefühl, die tiefste Sympathie für die Würde ihres Gegenstandes, aus welcher heraus er die Kleinheit, Schiefheit, Fadheit, Erbärmlichkeit, Misheiligkeit der Compositionen der Maler seinerzeit auf das treffendste geiselt. Historische Größe geht ihm ans innerste Herz. Gegen das Allegorische sträubt er sich. Kann die Allegorie nicht einfach und erhaben sein, so mag er sie gar nicht, weil sie zu lauter Linkischem und Manierirtem verführt. Mit geheimer Wollust, in den amusantesten Wendungen, zerfleischt er solche abgeschmackte, gezwungene, leere, zweideutige, unverständliche Compositionen.

Einen ganz außerordentlichen Blick zeigt Diderot für die landschaftliche Schönheit, besonders wenn sie sich in das Wilde verliert. Alle Formen derselben, Berg und Thal, Meer und Strand, Wald und Wüste, Felsen und Wasser, Pflanze und Thier; alles, was die Landschaft belebt, Palast und Hütte, Hirten und Jäger, Fischer und Ackerer, Reiter und Wanderer; alle Metamorphosen des Gewölks, in warmer und kalter Luft, in heiterer Ruhe wie im Gewittersturm; alle Färbungen des Himmels, von dem falben Roth des anbrechenden Tages bis zum Sternenschein der dunkeln Nacht, sind ihm geläufig, und der Zauber der Beleuchtung im Großen wie im Kleinen, in den einfachsten wie in den verwickeltsten Zuständen ist ihm bis in die geringsten Winkel und Schattenpartien offen.

Eine besondere Vorliebe sehen wir bei ihm mit dem steigenden Alter für die Malerei der Ruinen heranwachsen. Er versetzt sich gern in ihre Einsamkeit und überläßt sich in ihren verwitternden Mauern, den stummen Zeugen eines zu Grabe gegangenen Geschlechts, den Ergüssen einer erhabenen Wehmuth. Er fühlt die Vergänglichkeit der Dinge mit einer ossianischen Stimmung und blickt mit Rührung auf seine eigenen dahingeschwundenen Jahre zurück, weil er wenig gelebt und nur eine kurze Jugend genossen habe. Loutherbourg, Robert, Vernet werden immer mehr seine Lieblinge.

Er wimmelt von pikanten Anekdoten und überläßt sich gelegentlich ohne Scheu cynischen Wendungen; allein er wird auch für die Sculptur und Malerei, wie er es für das Drama schon geworden war, immer mehr zum Sittenprediger. Es ist gar nicht zu verkennen, wie sehr die Rücksicht auf die Erziehung seiner eigenen Tochter, die ihm so unendlich am Herzen lag, hierbei mitgewirkt hat. Zuweilen fragt er sich, ob er nicht ein Kunstwerk lasciver Art vernichten würde, wenn er entdeckte, daß es seinen Sohn oder seine Tochter zur Wollust verführte? Er behauptet, daß auch in den bildenden Künsten nur das genre honnête Aussicht auf Dauer habe. Lascive Werke würden über kurz oder lang immer vernichtet.

Eine sehr anziehende Seite ist bei ihm seine Begeisterung für Homer. Wehe einem Maler, einem Bildhauer, wenn sie aus ihm etwas dargestellt haben. Sie können dann sicher sein, daß er sie schwächlich, verzerrt, albern findet, während er sich an der Größe und Schönheit Homer's nicht ersättigen kann. Zuweilen macht er sich auch das boshafte Vergnügen, aufzudecken, wie viel schwächer die Nachbildung Virgil's ist.

Die Epoche der französischen Malerei, mit welcher Diderot von 1759–81 zu thun hatte, lag zwischen der Regentschaft und der Revolution, zwischen Watteau und David. Die Regentschaft war die Zeit der Auflösung des strengen Stils, der unter Ludwig XIV. geherrscht hatte. In der Zeit des Ueberganges von ihr zur Revolution ging die historische Malerei zu Grunde. Hingegen arbeitete sich das sociale Genrebild und die Landschaft immer mehr hervor. Watteau, 1684—1721, der so jung starb und die petite maison des Regenten, Lamuette, decorirte, hatte in seinen galanten Festen die edelmännische Gesellschaft mit der Landschaft vereinigt. Nach ihm traten diese Elemente immer mehr auseinander; Greuze, 1726—1805, malte das bürgerliche Gesellschaftsbild, Vernet, 1714—89, die Landschaft. Die religiöse Malerei konnte nicht mehr in einem Zeitalter des Zweifels und des Unglaubens gedeihen. Die Maler verstanden das Christenthum nicht mehr, und es ist ein seltsames Schauspiel, zu sehen, wie der atheistische Diderot ihnen ihre Verirrungen und Fehler bei der Behandlung biblischer und christlicher Stoffe nachweist. Geschichtliche Malerei im engern Sinne konnte sich unter der Regierung eines Ludwig XV. auch nicht erhalten. Die Franzosen konnten sich für den Siebenjährigen Krieg nicht begeistern. Nur das Porträt erhielt sich noch in einer gewissen Größe durch Charles Vanloo, 1705—65; der König ernannte ihn zu seinem Maler. Watteau hatte die Galanterie der Cavaliere und Damen gemalt. Michelet in seiner „Histoire de la régence" bemerkt sehr fein, daß die Physiognomie seiner Frauen keineswegs eine idyllische Zufriedenheit oder vom Glück berauschte Trunkenheit verräth, daß sie vielmehr die Kämpfe und Schmerzen ahnen läßt, welche sie in ihrem oft so wechselvollen Leben durchzudulden hatten. Sie weinen nur deshalb nicht, um nicht durch Thränen ihrer Schönheit zu schaden. Die Entfesselung von diesem ernsten Hintergrunde, der die Grazie eines bal champêtre von Watteau mit einem melancholischen Hauch überfliegt, unternahm Boucher 1704—70. Er malte im Grunde auch Genrebilder, aber sein Genre war die Orgie, bald in kleinem, bald in großem

Format. Er schwelgte mit Grazie in dem Kitzel wollüstiger Nuditäten. Er malte die Frauen, wie Prévost die „Manon Lescaut" dichtete, qui était expérimentée à quinze ans. Er malte die Ausgelassenheit des Bacchanals, die funkensprühende Sinnlichkeit des Balls, die sich ins Helldunkel verbergende Schlüpfrigkeit der Boudoirs. Lancret potenzirte diese Ueppigkeit noch in seinen Chinesischen Figuren. Erst mit der Revolution und dem Kaiserthum erhob sich die historische Malerei wieder durch David 1748—1825, der, nach Ste.-Beuve's Bericht, Diderot stets für die Ermuthigung dankbar blieb, welche er ihm, dem jungen noch namenlosen Künstler, in seinem Atelier hatte angedeihen lassen.

In der Sculptur wurden von Bouchardon 1698—1762, von Pigalle 1714—85, von Falconet 1716—91, auch von seinem Lehrer Lemoyne, noch immer recht bedeutende Werke geschaffen.

Dies waren die Koryphäen der bildenden Kunst bei den Franzosen im 18. Jahrhundert. Aber welche Menge von Malern und Bildhauern, die nunmehr gänzlich vergessen sind! Es scheint mir jedoch, als könnten die Franzosen Diderot's „Salons" benutzen, um eine recht vollständige und interessante Geschichte der Malerei und Sculptur jener Periode zu machen. Für uns ist es, wie oben schon erinnert worden, unmöglich, Diderot in alle Einzelheiten seiner Beschreibung zu folgen. Wir werden aus seinen „Salons" nur einige Bemerkungen von allgemeinem Interesse ausheben können. Wir fühlen jedoch, daß dieser dem erneuten Andenken Diderot's gewidmeten Schrift etwas Wesentliches fehlen würde, wenn sie dem Leser gar keine Anschauung von der Art und Weise gäbe, mit welcher Diderot Gemälde beschreibt. Wir könnten für diesen Zweck einzelne umfangreichere Darstellungen von Lagrénée, Fragonard, Vien, Hallé, Deshays, Greuze, Parrocel, Robert u. a. benutzen, von den verschiedenen Gattungen der Malerei und Sculptur ein Beispiel zu geben. Wir würden aber in Verlegenheit über die Auswahl sein und einen größern Raum in Anspruch nehmen müssen, als wir nach der Porportion der übrigen Schriften Diderot's thun dürften. Daher scheint es uns das Gerathenste, den „Salon" von 1759 zu übersetzen. Der Leser empfängt dadurch ein Ganzes, das in seiner Kürze ihm Bilder von allen Gattungen vorführt. Diderot steht hier noch nicht auf der vollen Höhe seiner Kritik der Malerei, allein er ist um so unbefangener und hat sich selbst noch nicht durch seine Urtheile beschränkt. Uebrigens ist dieser „Salon" als eine Arbeit Diderot's in der deutschen abbrevirten Uebersetzung von Grimm's und Diderot's „Correspondance" (Brandenburg 1823), II, 28—44, auszugsweise schon übersetzt. Weshalb weder Depping noch Brière ihn in ihre Ausgaben aufgenommen haben, kann ich nicht sagen. Wahr=

scheinlich haben sie gar nicht an ihn gedacht. Die feierliche Art, mit welcher Grimm 1761 die Beschreibung des Salons durch Diderot einführt, konnte allerdings glauben machen, daß dieser Salons der erste sei, den Diderot verfaßte. Im Jahre 1759 hatte aber Grimm die Probe mit ihm gemacht. Damals hatte er nur von einem Freunde gesprochen, dem er die Beschreibung verdankte; 1761, nachdem die Probe glücklich ausgefallen, sagt er: „C'est Mr. Diderot, qui va parler." Die Edition Taschereau der „Correspondance" erklärt sich in einer Note entschieden für Diderot's Autorschaft des „Salon" von 1759. Man erblickt in diesem ersten gleichsam die Keime seiner kritischen Eigenthümlichkeiten auf diesem Felde.

Der „Salon" von 1759.

Da ist ein Porträt des Marschalls d'Estrées, der die Miene eines kleinen Narren oder eines verkleideten Raufbolds hat. Da ist ein anderes von Frau von Pompadour, noch steifer und noch frostiger. Ein zimperliches Gesicht, ein gekniffener Mund, kleine Hände eines dreizehnjährigen Kindes, ein großer fächerförmiger Reifrock, ein Kleid von geblümtem Atlas, gut nachgeahmt, aber von schlechter Wahl. Ich liebe in der Malerei die blumigten Stoffe nicht. Sie haben weder Einfachheit noch Adel. Die Blumen müssen wie Schmetterlinge auf dem Grunde flattern, der, wenn er zumal weiß ist, eine Menge kleiner zerstreuter Lichter gibt. Wie geschickt nun auch ein Künstler sei, er wird aus einem Blumenbeet oder aus einem geblümten Kleide nie ein schönes Gemälde machen können. Dies Porträt hat 7½ Fuß Höhe auf 5½ Fuß Breite. Stellen Sie sich den Raum vor, den dieser blumenumwundene Reifrock einnehmen muß. Diese Porträts und einige andere, die kein Interesse haben, sind von Michel Vanloo.

Von Restout ist eine Verkündigung da, ich weiß nicht, was sie will. Von demselben ein Haman, der aus dem Palast des Ahasverus erzürnt heraustritt, weil Mardochai ihn nicht anbetet. So liest man im Katalog, aber auf der Leinwand erräth man nichts davon. Wenn die Menge, die sich vor dem vorübergehenden stolzen Manne öffnet, sich in den Staub niederwürfe, sodaß man nur einen einzigen Menschen aufrecht erblickte, so würde man sagen: Seht, das ist Mardochai. Der Maler hat aber das Gegentheil gethan. Ein einziger beugt das Knie, die andern bleiben stehen, und man sucht umsonst die Hauptperson. Uebrigens kein Ausdruck, keine Sonderung der Gruppen, eine düstere Farbe, eine nächtliche Beleuchtung. Dieser Künstler verbraucht mehr Oel auf seiner Lampe als auf seiner Palette.

Eine Reinigung der Jungfrau von demselben; ich sage nichts von ihr und damit sage ich Ihnen vielleicht etwas Uebles von ihr.

Endlich haben wir dies berühmte Gemälde: Jason und Medea von Charles Vanloo, gesehen. O mein Freund, was für ein schlechtes Machwerk! Es ist eine Theaterdecoration mit all ihrer Falschheit, eine unerträgliche Farbenpracht, ein Jason von unbegreiflicher Dummheit. Der Blödsinnige zieht sein Schwert gegen eine Zauberin, die in den Lüften davoneilt, die außer seinem Bereich ist und die seine ermordeten Kinder zu seinen Füßen zurückläßt. Statt dessen mußte er verzweifelnd die Arme zum Himmel erheben, mit zurückgeworfenem Haupt, mit gesträubtem Haar, mit irrem Blick einen langen Schrei aus dem geöffneten Mund stoßen. Und nun eine kleine, kurze, steife, eingeschnürte, mit Stoffen überladene Medea, eine Coulissenmedea; kein Tropfen Bluts fällt von der Spitze ihres Dolchs, rinnt auf ihre Arme; keine Unordnung, kein Schrecken. Man blickt hin, wird geblendet und bleibt kalt. Das Gewand um den Leib hat das Matte und den Widerschein eines Panzers, man möchte sagen einer Kupferplatte. Im Vordergrunde ist ein sehr schönes Kind auf den Stufen, die von seinem Blut benetzt sind; aber das ist wirkungslos. Dieser Maler denkt so wenig, als er empfindet. Sein Bild gleicht einem Wagen von ungeheuerer Schwere. Wär' es ein Stück von einem Teppich, so müßte man dem Färber einen Ehrensold bewilligen. Da lobe ich mir seine Badenden. Das ist ein anderes Bild, wo man Frauen nackt aus dem Bade kommen sieht, die eine, der man ein Hemde reicht, von vorn, die andere von hinten. Diese hat kein angenehmes Gesicht; ihre untern Hüften sind platt; sie ist schwarz; ihr Fleisch ist schlaff. Die Hand der andern scheint mir verkrüppelt und zu klein, wenigstens unangenehm; sie hält die Finger gekrümmt; warum nicht ausgestreckt? Die Figur würde sich besser auf die flache Hand stützen. Es athmet Wollust in diesem Gemälde, allein vielleicht fesselt uns weniger das Talent des Künstlers als unser Laster; die Farbe hat Glanz. Die Frauen, welche die Hauptfiguren bedienen, sind mit Besonnenheit behandelt, natürlich und schön, ohne Zerstreuung zu verursachen.

Von Colin de Vermont ist eine schlechte Anbetung der Könige vorhanden; von Jeaurat Kartäuser in Beschauung versunken, die noch schlechter sind. Nichts Stilles, Wildes, Nichts, das an die göttliche Gerechtigkeit erinnert, kein Gedanke, keine tiefe Anbetung, keine innere Sammlung, kein Schauer, keine Verzückung. Von alle diesem weiß unser Mann nichts. Wenn es ihm sein Geist nicht sagte, warum ging er nicht zu den Kartäusern? Da hätte er gesehen, was die Phantasie ihm versagte. Aber glauben Sie, daß er es gesehen hätte? Wenn es wenig Leute gibt, die ein

Gemälde zu sehen verstehen, gibt es etwa viel Maler, welche die Natur zu sehen verstehen? Ich werde Ihnen nichts von vier kleinen Bildern desselben Malers sagen. Da sind Muselmanen im Gespräch; Frauen des Serails, welche arbeiten; eine Schäferidylle; ein Gärtner mit seiner Gärtnerin. Es ist das Colorit von Boucher, ohne seine Anmuth, ohne sein Feuer, ohne seine Feinheit. Das Costüm mag richtig sein, aber von allen Theilen der Malerei lege ich darauf den geringsten Werth.

Hier ist eine Vestalin von Nattier, und Sie stellen sich sofort Jugend, Unschuld, Reinheit, zerstreutes Haar, mächtigen Faltenwurf, ein Gewand vor, das, über den Kopf gezogen, einen Theil der Stirn bedeckt. Auch ein wenig Blässe stellen Sie sich vor, denn Blässe steht der Frömmigkeit ebenso wohl an als der Zärtlichkeit. Nichts von alledem, vielmehr ein eleganter Kopfputz, ein gesuchter Anzug, die ganze Gefallsucht einer Weltdame bei ihrer Toilette und Augen in Wollust schwimmend, um nichts Schlimmeres zu sagen.

Hallé hat zwei Gegenstände von den Gefahren der Liebe und des Weins gemacht. Hier berauschen Nymphen einen Satyr von schönem, hartem, gelbem, wohlgebranntem Ziegelstein; eine Figur, die aus dem Ofen eines Töpfers herauskommt; kein Geist, keine Bewegung, kein Gedanke, aber das Colorit Boucher's. Dieser Mann, den man sehr gut den Fontenelle der Malerei genannt hat, wird sie noch alle verderben.

Der wunderbare Teich von Vien ist eine große Composition nicht ohne Verdienst. Die ganze rechte Seite ist mit einem Haufen bunt und geschmacklos durcheinandergeworfener Figuren überladen, aber die Farbe scheint mir wahr zu sein. Ueber den Kranken schwebt sehr gut ein Engel in der Luft; hinter Christus steht ein Apostel in grauer Leinwand, den Lesueur nicht verschmähen, den er aber vielleicht zurückfordern würde; in der Mitte sitzt ein Kranker, der Effect macht. Er ist freilich stämmig und fett, und Sophie hat recht, zu sagen, daß er, wenn er krank sei, an einem Hühnerauge leiden müsse. Jesus Christus, seinen Jüngern das Brot brechend; St.-Peter, den Jesus nach dem Fischfang fragt, ob er ihn liebe; die Musik; eine Auferweckung des Lazarus, sind vier Bilder von demselben, deren Verdienst ich nicht begreife. Erinnern Sie sich der Auferweckung des Lazarus von Rembrandt, dieser hier und dort zerstreuten Schüler, dieses betenden Christus, dieses in ein Leichentuch gehüllten Kopfes, von dem man nur den Scheitel sieht, und dieser beiden Entsetzen erregenden Arme, die sich aus dem Grabe hervorstrecken? Jene guten Leute glauben, daß es sich um nichts als um ein Arrangement von Figuren handle. Sie wissen nicht, daß der erste, der wichtigste Punkt die

Auffindung einer großen Idee ist, daß man umhergehen, nachdenken und den Pinsel in Ruhe lassen muß, bis man sie gefunden hat.

Von Lagrénée ist eine Himmelfahrt der Maria; Venus, welche von Vulcan in der Schmiede zu Lemnos Waffen für ihren Sohn erbittet; die Entführung des Cephalus durch Aurora; ein Urtheil des Paris; ferner ein Satyr, der sich auf der Panspfeife erlustigt, und einige kleine Bilder, denn die zuvor genannten sind groß. Hätte ich das Heruntersteigen der Venus in die Schmiede von Lemnos zu malen gehabt, so hätte man diese unter gewaltigen Felsen in Feuer erblickt, Vulcan vor seinem Amboß, die Hände auf seinen Hammer gestützt, die Göttin ganz nackt ihm das Kinn streichelnd und die Arbeit der Cyklopen unterbrochen. Einige sehen ihren Herrn an, den seine Frau verführt, und lächeln ironisch; andere lassen das glühende Eisen blitzen, dessen Funken unter ihren Schlägen die Amoretten verscheucht. In einem Winkel der Werkstatt hätten diese Kinder Unordnung angerichtet, und was hätte einen der Cyklopen gehindert, eins von ihnen bei den Fittichen zu erhaschen und zu küssen? Statt solcher Phantasie blicken wir in eine große leere Leinwand, worin sich einige müßige Gestalten verlieren. Man beachtet weder Vulcan noch die Göttin, und ich weiß nicht, ob Cyklopen da sind. Die einzige Figur, die man bemerkt, ist ein in den Vordergrund gestellter Mann, der einen an der Spitze mit Eisen beschlagenen Balken aufhebt. Und was soll ich Ihnen von diesem Urtheil des Paris sagen? Es scheint mir, daß der Ort der Scene eine entlegene, schweigsame, verlassene, jedoch reiche Gegend sein mußte. Die Schönheit der Göttinnen mußte den Zuschauer wie den Richter ungewiß machen und der Charakter des Paris das Werk eines genialen Treffers sein. Mr. de Lagrénée hat nicht so viel Schwierigkeiten gesehen und ist weit entfernt gewesen, die erhabene Wirkung des Ortes der Scene zu ahnen. Sein junger Satyr, der sich auf der Panspfeife erlustigt, hat mehr Busen als ein junges Mädchen. Das übrige ist verlorene Farbe, Zeit und Leinwand.

Ich besinne mich nicht, weder einen heiligen Hippolytus im Gefängniß, noch einen Domine, non sum dignus, noch eine Lucretia, welche dem Brutus den Dolch reicht, noch die andern Gemälde von Challe gesehen zu haben. Sie wissen, mit welch verächtlicher Unaufmerksamkeit man den mittelmäßigen Compositionen vorübergeht.

Von Chardin gibt es eine Rückkehr von der Jagd; Wildpretstücke; die Rückenansicht eines jungen zeichnenden Mädchens; ein stickendes junges Mädchen und zwei kleine Bilder mit Früchten. Da ist immer Natur und Wahrheit. Sie würden diese Flaschen bei dem Hals nehmen, wenn Sie Durst hätten; die Pfirsichen und Weintrauben erwecken die Eßlust und lassen die Hand zucken. Chardin ist ein Mann von Geist; er versteht die Theorie seiner Kunst und malt in einer ihm eigenthümlichen Manier. Seine Gemälde werden einst gesucht sein. Seine Behandlung kleiner Figuren ist ebenso frei, als wenn sie ellengroß wären. Die Freiheit der Behandlung ist unabhängig von der Leinwand und von der Größe der Gegenstände. Bringe man eine Heilige Familie von Rafael auf einen noch so kleinen Maßstab zurück, so wird man die Großheit der Behandlung doch nicht zerstören.

Eine schöne Arbeit ist das Porträt des Marschalls Clermont-Tonnerre von Aved. Er steht neben seinem Zelt in Halbstiefeln, mit einem Büffelkoller, den Aufschläge schmücken, und mit einem ledernen Wehrgehenk. Ich wollte, Sie sähen, mit welcher Farbenwahrheit und Einfachheit das gemalt ist. In der Nähe scheint die Gestalt ein wenig lang; aber vielleicht ist der Mann so gestaltet; ist dies ein Fehler, so entschwindet er bei einiger Entfernung. Mich ärgert nur, daß man im Felde so wohlgestriegelt sein soll; van Dyck hätte die Perrüke vielleicht ein wenig zerzaust; doch ich bin zu schwierig.

Latour hat mehrere Pastellstücke gemacht, die bei ihm geblieben sind, weil man ihm den Platz verweigerte, den er dafür beanspruchte.

Bachelier hat eine große und schlechte Auferstehung in der Manier des Grafen von Caylus gemacht. Herr Bachelier, glauben Sie mir und kommen Sie zu Ihren Tulpen zurück. In Ihrem Gemälde ist weder Farbe, noch Composition, noch Ausdruck, noch Zeichnung. Dieser Christus ist ganz verrenkt; er ist ein Patient, dessen Gliedmaßen schlecht wieder eingerichtet sind. Bei der Art, wie Sie dies Grab geöffnet haben, ist es ein wahres Wunder, daß er daraus hervorgegangen, und wenn man ihn nach seiner Geberde sprechen ließe, so würde er zu den Zuschauern sagen: Leben Sie wohl, meine Herrn, ich bin Ihr ergebenster Diener. Es behagt mir unter Ihnen nicht und ich gehe wieder davon. Alle diese Künstler, die sich mit dem Aufsuchen ganz neuer Methoden abquälen, haben kein Genie.

Wir haben eine Menge Seestücke von Vernet, einige local, andere ideal, und in allen dieselbe Einbildungskraft, dasselbe Feuer, dieselbe Weisheit, dasselbe Colorit, dasselbe Detail, dieselbe Mannichfaltigkeit. Dieser Mann muß mit einer erstaunlichen Leichtigkeit arbeiten. Sie kennen sein Verdienst. In vierzehn bis funfzehn Bildern ist er immer der ganze Vernet. Nach seinem Wohlgefallen erhebt und beruhigt sich das Meer, schwärzt sich der Himmel, entzündet sich der Blitz, grollt der Donner, bricht der Sturm los, gerathen die Schiffe in Flammen. Man vernimmt das Getose der

Wellen, das Geschrei der Umkommenden. Man erblickt — man erblickt alles, was ihm beliebt.

Die Stücke von Madame Vien aus der Naturgeschichte haben alles dafür zu wünschende Verdienst, Geduld und Genauigkeit. Ein Album nach ihrer Behandlungsart würde ebenso unterrichten als ein Naturaliencabinet, würde mehr gefallen und nicht weniger lange dauern.

Wenn Sie neugierig sind, Gesichter von Gips zu sehen, so müssen Sie die Porträts von Drouais betrachten. Was soll diese Falschheit? Sie ist unnatürlich. Diese Leute sehen also in einer Weise und malen nach einer andern.

Man lobt ein Martyrium des heiligen Andreas von Deshays. Ich weiß nicht, was ich davon sagen soll. Es hängt für meine Augen zu hoch. Was seinen Hektor, hingestreckt am Ufer des Skamander, betrifft, so ist er garstig, ekelerregend und scheußlich; ein ganz gemeiner Missethäter, der vom Galgen gefallen ist. Von demselben Maler ist ein Marsch von Reisenden durch ein Gebirge. Ich wage nicht über die Gestalten zu urtheilen, aber die Landschaft scheint mir schön und hat mich mehrfach zu sich herangelockt. Es waltet Poesie in der Composition und Kraft in den Farben. Vergleicht man dies Stück mit andern desselben Malers, so möchte man leugnen, daß es von ihm sei. O die schöne Einsamkeit! Ich vertiefe mich mit Vergnügen darin. Herr von N. N. sagt, sie sei ein Werk der bloßen Phantasie. Ich glaube es gern.

Hagar von Abraham verjagt, umirrend in der Wüste, Wasser und Brotes ermangelnd, sich von ihrem sterbenden Sohn entfernend, welch ein Gegenstand! Elend, Verzweiflung, Tod! Bei Apollo, dem Gott der Malerei, wir verdammen Herrn Parrocel, den Urheber dieser erbärmlichen Composition, die Leinwand so lange zu belecken, bis nichts mehr darauf bleibt, und verbieten ihm, in Zukunft Stoffe zu wählen, die Genie verlangen.

Die Bilder von Greuze sind dies Jahr nicht wunderbar. Seine Behandlung ist steif und die Farbe fade und bleich. Sonst wurde ich davon angezogen; ich kümmere mich nicht mehr darum.

Der Tod der Virginia von Doyen ist eine unermeßliche Composition mit schönen Sachen. Ihr Mangel ist, daß die Hauptpersonen zu groß und die Nebenpersonen zu klein sind. Virginie ist verfehlt. Weder Appius noch Claudius, weder der Vater noch die Tochter fesseln, wohl aber Leute aus dem Volk, Soldaten und andere Personen, die sehr gut gewählt sind. Die Gewänder sind von einer überraschenden Weichheit, Pracht und Farbenkraft. Es sind noch andere Stücke da, welche tief unter diesem stehen.

Sein Fest des Gottes der Gärten ist auch kräftig gemalt, ekelt aber an. Dicke, trunkene, eingeschlafene Weiber, unzeheuerliche und schlecht geordnete Fleischmassen; dennoch eine gewisse Wärme, Poesie, ja Begeisterung. Dieser Mann wird ein großer Künstler oder nichts werden. Man muß abwarten. Die Dilettanten sagen, daß seine Eitelkeit ihn verderben wird, d. h. er fühlt ihre Mittelmäßigkeit und verachtet ihre Rathschläge. Sie, Sie werden deshalb keine schlechtere Meinung von ihm fassen.

Bevor ich zur Sculptur übergehe, darf ich ein kleines Bild von Boucher, eine Geburt Christi, nicht vergessen. Ich gestehe, daß das Colorit darin falsch ist, daß es zu viel Glanz hat, daß das Kind rosenfarben aussieht und daß bei einem solchen Gegenstande nichts so lächerlich ist, als ein zierliches Bett mit einem Baldachin; aber die Jungfrau ist so schön, so liebenswürdig und so rührend, daß man sich nichts Zarteres ersinnen kann. Und dieser schelmische kleine Johannes, der auf dem Rücken liegt und eine Kornähre in der Hand hält. Ich fühle mich immer versucht, mir anstatt der Aehre einen Pfeil vorzustellen. Und nun diese seelenvollen, so heitern, so lebendigen Engelsköpfe; das neugeborene Kind so überaus lieblich. Ich würde nicht böse sein, dies Bild zu besitzen. Jedesmal, wenn Sie zu mir kämen, würden Sie es schlecht machen, aber Sie würden es ansehen.

Unter der großen Anzahl von Sculpturwerken habe ich nur eine Nymphe in natürlicher Größe von Vassé, eine Büste Lemoyne's von einem seiner Schüler Pajou, und eine Diana, ich glaube, von Mignot, bemerkt. Die Nymphe scheint mir seiner Schläferin nachzustehen, die im letzten Salon alle Welt um sich versammelte. Sie liegt nachlässig hingestreckt, hält eine Muschel in der einen Hand und stützt sich auf den Elnbogen des andern Arms. Der Kopf hat Jugend, Anmuth, Wahrheit, Adel. Ueberall große Weichheit des Fleisches und Detailwahrheiten, welche glauben lassen, daß dieser Künstler sich das Modell nicht erspart. Aber wie fängt er es nur an, schöne Modelle zu finden? Die Büste von Lemoyne ist vortrefflich. Er lebt, denkt, schaut, hört, will sprechen. Auch die Büste der Diana ist schön. Man könnte sie für ein Stück halten, das sich aus den Trümmern Athens oder Roms gerettet hat. Welch Gesicht! Welcher Kopfputz! Welcher Wurf der Gewandung! Und diese Haare mit dem schmächtigen Kranze, der sie umschließt. Wir haben viel Künstler, wenig gute, keinen ausgezeichneten. Sie wählen schöne Vorwürfe, aber die Kraft mangelt ihnen. Sie haben weder Geist, noch Erhebung, noch Wärme, noch Phantasie. Fast alle sündigen durch Colorit. Viel Zeichnung, keine Idee.

Der „Salon“ von 1761.

Wir haben oben in dem Auszuge, den wir von Diderot's Briefen an Fräulein Voland gaben, unter dem 22. Sept. 1761 die bittere Klage gelesen, mit welcher Diderot sich über die Härte und Undankbarkeit Grimm's beschwert, der ihn wieder zur Kritik des Salons aufgefordert und sich dabei mit herrischer Dringlichkeit benommen hatte, während die Arbeit Diderot's eine ungleich sorgfältigere und gründlichere als jene erste skizzenhafte von 1759 war.

Diderot ist mit der Ausstellung des Salons 1761 äußerst zufrieden. Er hält ihn für einen der schönsten; fast gar kein schlechtes Gemälde, mehr gute als mittelmäßige und eine große Anzahl vortrefflicher. Er motivirt seine Urtheile über die einzelnen Gemälde mit Besonnenheit und Ausführlichkeit. Deshays, der einen heiligen Victor, Andreas und Benedict gemalt, lobt er diesmal als einen genialen Componisten. Chardin tadelt er, weil er seit einiger Zeit nichts mehr vollende. Er arbeitet wie ein talentvoller Weltmann mit Leichtigkeit und begnügt sich, seine Gedanken mit einigen Pinselstrichen zu skizziren. Er hat vortreffliche Sachen voller Naturwahrheit gemacht, wie die Gouvernante mit ihren Kindern, allein er fängt an, sich zu vernachlässigen. Doyen hatte einen Kampf des Diomedes mit dem Aeneas ausgestellt; Diderot macht einen Entwurf desselben, wie er nach dem fünften Buch der Ilias hätte componirt werden müssen. Von Greuze feiert er das jetzt in der Galerie des Louvre befindliche Gemälde: L'accordée de village; der Vater der Verlobten zahlt den Brautschatz der Tochter. Diderot hat das Bild sehr eingehend beschrieben. Es fiel ganz in seine Lieblingskategorie des Familiendramas. Von Boucher entwirft er bei Gelegenheit einer Pastorale eine allgemeine Charakteristik.

„Niemand“, sagt er, „versteht sich so wie Boucher auf die Kunst des Lichts und der Schatten. Er ist ganz dazu gemacht, zwei Klassen von Personen den Kopf zu verdrehen, den Weltleuten und den Künstlern. Seine Eleganz, Tändelei, romantische Galanterie, Koketterie, sein Geschmack, seine Leichtigkeit und Mannichfaltigkeit, sein Glanz, seine geschmückte Färbung, seine Ausschweifung, müssen die Stutzer, die Buhlerinnen, die jungen Leute, die Weltmenschen, die ganze Menge derer bezaubern, denen der wahre Geschmack, die richtigen Ideen, die wahre Strenge der Kunst fremd bleiben. Wie sollten sie dem Witz, den Zierathen, den Entblößungen, der Liederlichkeit, dem Epigramm Boucher's widerstehen? Die Künstler, welche sehen, bis zu welchem Grade dieser Mensch die Schwierigkeiten der Kunst überwunden hat, und für welche dies Verdienst, das nur von ihnen erkannt wird, alles ist, beugen ihr Knie vor ihm. Er ist ihr Gott. Leute von einem großen, von einem strengen und antiken Geschmack machen nichts daraus."

Der „Salon" von 1765.

Diderot schreibt am 10. Nov. 1765 an Fräulein Voland: „Endlich, nach einer hartnäckigen Arbeit von vierzehn Tagen, bin ich damit fertig. Grimm, der in allem rechtlich ist, macht sich die Unterbrechung unsers Umgangs, den er mit vollem Grunde als die einzige uns verbliebene Wohlthat betrachtet, meine Abwesenheit von der Synagoge der Rue royale, wo ich von meinen Freunden vermißt ward, die Gefahr endlich zum Vorwurf, welcher er meine Gesundheit durch eine so lange Einsamkeit ausgesetzt glaubt, zumal unter Anstrengungen, denen man in keinem Alter sich ungestraft überläßt, am wenigsten in dem meinigen, wenn man von einer Arbeit von zwanzig Jahren herkommt. Schließlich blieb er starr vor Verwunderung. Er schwört in zwei oder drei seiner Briefe, daß nie ein Mensch unter dem Himmel über diese Materie ein ähnliches Werk gemacht hat noch jemals machen wird. Zuweilen ist es die reine Conversation, wie man sie am Kamin macht; ein andermal ist es alles, was man nur von tiefer Beredsamkeit ersinnen kann. Ich fühle mich von ganz entgegengesetzten Empfindungen gezwickt. Es gibt Augenblicke, in denen ich wollte, daß dies Werk gedruckt vom Himmel mitten in die Hauptstadt herunterfiele; öfter noch, wenn ich den tiefen Schmerz erwäge, den es vielen Künstlern verursachen würde, die es nicht verdienen, so grausam dafür bestraft zu werden, daß sie vergeblich sich angestrengt haben, unsere Bewunderung zu gewinnen, würde ich trostlos sein, falls es erschiene. Noch weiter bin ich davon entfernt, eine so verkehrte Eitelkeit in meinem Herzen zu hegen, wenn ich mir vorstelle, daß es nicht einmal so viel bedürfte, das Brot armen Künstlern zu entreißen, die in Wahrheit elende Sachen fertigen, die aber nicht mehr in einem Alter sich befinden, wo man sich ändern kann und die Frau und Kinder haben, dann verdamme ich zur Dunkelheit eine Production, von welcher Ruhm und Gewinn zu ziehen mir nicht schwer werden sollte. Das ist auch ein Kummer Grimm's, in seine Butike, wie er zu sagen pflegt, etwas einzuschließen, das gewiß nicht gemacht zu sein scheint, ignorirt zu bleiben. Dieser Versuch ist für mich eine süße Genugthuung gewesen. Ich habe mich überzeugt, daß mir vollkommen alle Phantasie, alle Wärme, wie vor dreißig Jahren, geblieben ist, mit einem Gehalt an Kenntniß und Urtheil, wie ich sie damals nicht besaß. Ich nahm die Feder. Ich schrieb vierzehn Tage hintereinander, von Abend bis zum Morgen, und habe mit

Ideen und Stil über 200 Seiten in der kleinen und gedrängten Schrift erfüllt, mit welcher ich Ihnen meine Briefe schreibe, auch auf demselben Papier. Es würde das einen schönen Band für den Druck geben. Zugleich habe ich die Erfahrung gemacht, daß meine Eigenliebe keiner populären Belohnung bedarf, ja daß mir selbst die Schätzung durch die, mit denen ich gewöhnlich verkehre, mehr oder weniger gleichgültig ist, und daß ich zufrieden sein könnte, wenn auf der ganzen Welt ein Mensch wäre, den ich achtete und der wüßte, was ich werth bin. Grimm weiß es und vielleicht hat er es nie so gewußt wie jetzt. Auch ist es mir süß, zu denken, daß ich meiner Wohlthäterin, der Kaiserin von Rußland, einige Momente der Unterhaltung geschafft, hier und da den Fanatismus und die Vorurtheile zerstört und gelegentlich den Fürsten, die sich deshalb nicht bessern werden, einige Lehren gegeben habe; es ist nun ihre Schuld, da sie die Wahrheit, die rückhaltslose Wahrheit gehört haben. Von Zeit zu Zeit male und apostrophire ich sie als Arbeiter, die Unglück und Täuschung bereiten, als Kaufleute, die mit Furcht und Hoffnung handeln."

Diderot eröffnet diesen „Salon" durch ein Gespräch mit Chardin über die Bildung der Maler. Der erste Maler, den er bespricht, ist Charles Vanloo, der am 15. Juli 1765 starb. Er gibt einen Nekrolog von ihm. Unter den Gemälden, die er für die Ausstellung hinterlassen, befand sich auch ein allegorisches: die bittenden Künste, die sich nämlich an das Schicksal für ihre Erhaltung durch Frau von Pompadour wenden, welche sie in der That beschützte. Diderot schließt diesen Artikel mit einer bittern Aeußerung über sie, die wir nicht übergehen wollen. „Die Bittenden Vanloo's empfingen nichts vom Geschick, das Frankreich günstiger war als den Künsten. Frau von Pompadour starb in dem Augenblick, als man sie außer Gefahr glaubte. Nun, was ist von dieser Frau geblieben, die uns an Menschen und Geld erschöpft, die uns ohne Ehre und Kraft gelassen und das politische System Europas umgewälzt hat? Der Vertrag von Versailles, der so lange dauern wird, als er kann; der Amor von Bouchardon, den man immer bewundern wird; einige geschnittene Steine von Gai, welche die künftigen Antiquare in Erstaunen setzen werden; ein kleines Gemälde von Vanloo, das man zuweilen anschauen wird, und eine Fingerspitze Asche."

Gegen Boucher wird er noch strenger, als er ihn schon 1761 beurtheilte. Er behauptet, daß die Entartung seiner Sitten sich auch in seinen Bildern spiegele. Er weiß nichts von Wahrheit; auch wenn seine Gestalten ganz nackt sind, sieht man doch immer die Schminke, die Schönpflästerchen, die Zierathen und allen Firlefanz der Toilette. 1761 hatte er ihn noch mit Ariosto verglichen; jetzt vergleicht er ihn mit dem jüngern Crébillon, mit welchem er allerdings die Unsittlichkeit theile, ohne seine Unerschöpflichkeit zu besitzen.

Bei Lagrénée erkennt er die Fortschritte an. Den Tod von Deshays beklagt er, weil er tragische Scenen mit dichterischer Kraft und richtigen Contrasten zu malen verstanden habe. Er beschreibt von ihm eine Artemisia am Grabe des Mausolus mit besonderer Anerkennung. Deshays hatte eine Tochter Boucher's zur Frau, war aber liederlich und starb im fünfunddreißigsten Jahre an Erschöpfung. Diderot gibt einen Nekrolog und eine allgemeine Charakteristik von ihm.

Bei Bachelier tadelt er die Armuth an Erfindung und sagt: „Es scheint mir, daß, wenn man den Pinsel nimmt, man irgendeine starke, sinnreiche, zarte oder pikante Idee haben und sich irgendeine Wirkung, irgendeinen Eindruck vorsetzen muß. Einen Brief zum Forttragen zu geben, ist eine so gewöhnliche Handlung, daß man ihr schlechterdings durch irgendeinen besondern Umstand oder durch eine höhere Behandlung ein Interesse verleihen muß. Es gibt wenig Künstler, die Ideen haben; es gibt fast keinen einzigen, der ihrer entbehren könnte. Ja, es ist Chardin ohne Zweifel erlaubt, uns in eine Küche zu führen, wo die Magd, über eine Tonne gebeugt, Geschirr reinigt; allein man muß sehen, mit welcher Wahrheit diese Handlung gemalt ist, wie das Mieder der Magd die Formen ihres Oberkörpers zeichnet und wie die Falten ihres Rockes alles zeichnen, was darunter ist. Man muß die erstaunliche Wahrheit aller Wirthschaftsgeräthe, die Farbe und die Harmonie der ganzen kleinen Composition sehen. Keine Mitte. Entweder interessante Ideen oder eine erstaunliche Meisterschaft; das Beste wäre, beides zu vereinigen, den originellen Gedanken und die glückliche Ausführung. Wenn die außerordentliche Vollendung der Technik nicht da wäre, so wäre das Ideal Chardin's erbärmlich. Merken Sie sich das, Herr Bachelier!" 1761 hatte Diderot Chardin sehr getadelt, aber diesmal ist er seines Lobes voll, weil er in seiner unvergleichlichen Naturwahrheit den echten Genremaler erblickte.

Challe hatte einen Hektor, welcher dem Paris seine Feigheit vorwirft, ausgestellt. Diderot citirt nun den Text Homer's von dieser Scene und macht sich dann darüber her, ihm über den armseligen Reichthum seiner verwirrten Composition den Text zu lesen.

Servandoni, einen verschwenderischen Maler, den alles Gold Perus nicht bereichern würde, lobt er als einen ganz vorzüglichen Künstler. Er bespricht ein Thierstück von ihm, welches ihn dazu führt, die Darstellung des Hercules überhaupt zu analysiren, und diese Analyse führt ihn wieder zur Aufstellung eines Systems von Typen für die Zeichnung des Ideals der männlichen Schönheit, als deren Extreme er einerseits den Hercules als das Ideal des arbeitenden, andererseits den Antinous als das Ideal des müßigen Mannes annimmt, zwischen welchen Extremen die Gestalt Mercur's sich in ihrer Eleganz doch zu den athletischen Formen des Hercules, die Gestalt Apollo's von Belvedere in ihrer anmuthigen Erhabenheit zu den weichen Formen des Antinous hinneigt. Diderot zeigt, wie durch Verlängerung und Verkürzung, Erweiterung und Verengung, Verstärkung und Abschwächung gewisser Theile diese vier Typen ineinander übergehen. Das ist, wird man sagen, eine Metaphysik der Zeichnung. Nun wohl, antwortet Diderot, jede Kunst hat ihre Metaphysik und das Genie unterwirft sich ihr aus Instinct. — Zwei Stücke Servandoni's mit antiken Ruinen entlocken ihm folgende Betrachtung: „Mit diesen Gegenständen verknüpft sich ein Gefolge von sittlichen Ideen über die Energie der menschlichen Natur, über die Macht der Völker. Welche Massen! Das schien ewig dauern zu sollen. Und doch ist es zerstört, doch geht es vorüber und wird bald ganz vergangen sein. Wie lange schon ist es her, daß die zahllosen Menschen, die sich um diese Monumente herumtummelten, sich haßten, sich bekriegten, nicht mehr sind. Unter diesen Menschen war ein Cäsar, ein Demosthenes, ein Cicero, ein Brutus, ein Cato. An ihrer Stelle sind Araber, Tataren, Priester, wilde Thiere, Schlangen, Dornen. Wo die Menge lärmte, herrscht nur noch die Stille und Einsamkeit. Die Ruinen sind schöner beim Sonnenuntergang als am Morgen. Der Morgen ist der Uebergang der Welt zum tumultuarischen und geräuschvollen Leben. Der Abend ist der Moment, wo sie schweigsam und ruhig wird. Gedanken und Empfindungen haben ihre Analogien."

Vernet's Landschaften entreißen ihm einen Panegyrikus dieses Malers, worin er ihn zuletzt dem Jupiter Lucian's vergleicht, der, müde, das klägliche Geschrei der Menschen zu hören, bei Tisch aufsteht und sagt: Hagel nach Thrazien! Und sogleich sieht man die Bäume entlaubt, die Ernten zerschlagen, das Strohdach der Hütten zerstreut. Die Pest nach Asien! Und sofort erblickt man die Häuser verschlossen, die Straßen leer und die Menschen voreinander fliehend. Hierher einen Vulkan! Und die Erde erbebt unter den Füßen, die Gebäude stürzen, die Thiere werden wild, und die Bewohner der Städte eilen auf das Feld. Dorthin einen Krieg! Und die Nationen laufen zu den Waffen und erwürgen einander. Nach diesem Ort eine Hungersnoth! Und der alte Bauer stirbt vor Hunger auf seiner Schwelle. Das nennt Jupiter die Welt regieren, und er hat unrecht. Das nennt Vernet Bilder machen, und er hat recht.

Bei einem Bilde von Roslin, welches die Familie Rochefoucauld darstellt, spricht Diderot vortrefflich über die Einwirkung der Massenbildung auf die Entwickelung der Künstler. „Nehmt jene 60000 Arbeiter, welche unsere Manufactur von Lyon ausmachen, und zerstreut sie im Königreiche. Die Handarbeit bleibt vielleicht dieselbe, aber der Geschmack wird sich verlieren." — „Alle Tage sehe ich hier, in der Hauptstadt, Meister und Schüler den großen Geschmack verlieren, den sie von der römischen Schule heimgebracht haben. Ich sehe es, der ich den Einfluß des Aufenthalts in der Provinz kenne; ich, der mit Preißler und Wille auf derselben Bodenkammer gelebt hat und der weiß, was aus ihnen geworden ist."

Dem Schlachtenmaler Casanova spendet er das größte Lob, wenn er auch die Monotonie seiner Anordnung tadelt, in die Mitte seiner Schlachtbilder immer ein großes Pferd mit oder ohne Reiter zu stellen und von diesem Punkt aus rechts und links die Gruppen derartig zu vertheilen, daß sie nach dem Hintergrunde zu eine Pyramide bilden, deren Basis der Horizont ist. Es ist, meint Diderot, die umgekehrte Art zu pyramidiren. Ganz ausgezeichnet ist seine Beschreibung eines Gemäldes, worin Casanova eine Armee auf dem Marsche gemalt hat, wie sie einen Hohlweg hinunterklimmt, über eine Brücke, unter welcher ein Strom hinschäumt, in ein Schloß zu ziehen, das mit seinen stolzen Thürmen auf einem Felsen kühn emporragt.

Baudouin malte frivole Genrebilder, eine Bäuerin, die ihre Tochter auszankt; einen Kirschenpflücker; einen Beichtstuhl; eine galante Idylle; das Lever einer jungen Dame u. dgl. Er malte nicht schlecht, fiel aber ins Schmuzige, wenn er auch zuweilen ernstere Regungen hatte, wie in der Stärke des Bluts, wo ein Mädchen im Findelhause von Notre-Dame ihr Kind wiedererkennt. — Das moralische Genrebild dagegen war der Ruhm Greuze's, der diesmal eine große Anzahl werthvoller Bilder, unter ihnen den undankbaren Sohn und die Bestrafung des schlechten Sohnes, ausgestellt hatte. Diderot liebte diesen Maler und hat die Beschreibung seiner Bilder bis zu kleinen Romanen ausgedichtet, selbst ein so unbedeutendes Bild, wie das von einem jungen Mädchen, das seinen todten Vogel beweint. Es ist für ihn eine köstliche Elegie.

Wir übergehen, was Diderot über die Bilder von Briard und Brenet sagt, welche religiöse Stoffe darstellten, um etwas bei dem zu verweilen, was er bei den Landschaften Loutherbourg's, der in diesem Salon zum ersten mal auftrat, über die Symmetrie und die Massenwirkung äußert. Loutherbourg, der ein Jagdrendezvous des Prinzen Condé im Walde von Chantilly, den Anfang eines Gewitters bei

Sonnenuntergang, eine Karavane, Räuber, welche Reisende in einer Bergschlucht anfallen, die Nacht, einen Tagesanbruch, einen Frühling u. s. w. ausgestellt hatte, gewann sogleich sein ganzes Herz. Gleichsam väterlich besorgt warnte er ihn vor einer falschen Anwendung der Symmetrie bei landschaftlichen Objecten. „Die Symmetrie kommt nur den großen Massen der Baukunst zu, der Baukunst allein, nicht der der Natur, wie in den Gebirgen, weil ein Gebäude ein regelrechtes Werk, bei welchem die Symmetrie die Aufmerksamkeit unterstützt und vergrößert. Die Natur hat das Thier symmetrisch gemacht, eine Stirn, deren eine Seite der andern gleicht, zwei Augen, in der Mitte eine Nase, zwei Ohren, einen Mund, zwei Backen, zwei Arme, zwei Brüste, zwei Schenkel, zwei Füße. Zerlegt man das Thier senkrecht durch die Mitte der Nase hindurch, so wird die eine der beiden Hälften der andern ganz gleich sein. Hierdurch wird Bewegung und Gegensatz in die Stellung der Glieder eingeführt, sodaß sie mannichfaltig sich ändern. Hierdurch wird das Profil des Kopfes angenehmer als die Vorderansicht, weil dort Ordnung und Mannichfaltigkeit ohne Symmetrie herrscht; hierdurch wird der Dreiviertelkopf noch vorzüglicher als die Profilansicht, weil er Mannichfaltigkeit und Symmetrie ausgesprochen und verdeckt zugleich enthält. Wenn man in der Malerei einen Hintergrund mit einem Bauwerk decorirt, so stellt man es schräg, um seine Symmetrie zu entziehen, die verletzen würde; oder wenn man es von der Stirnansicht her zeigt, so nimmt man einige Wolken oder Bäume zu Hülfe, um sie zu brechen. Wir wollen nicht alles auf einmal wissen. Den Frauen ist das nicht unbekannt; sie bewilligen und versagen; sie enthüllen und verhüllen. Wir lieben die Dauer des Vergnügens und es muß also einige Fortschritte machen können. Die Pyramide ist schöner als der Kegel, der einfach, aber ohne Mannichfaltigkeit ist. Die Reiterstatue gefällt mehr als die Statue zu Fuß; die gebrochene gerade Linie, das Oval mehr als die Kreislinie; die Wellenlinie mehr als das Oval. Was nach der Mannichfaltigkeit uns am meisten frappirt, ist die Masse. Daher sind die Gruppen anziehender als die vereinzelten Gestalten; die großen Beleuchtungen schön; alle durch große Theile sich darstellende Gegenstände schön. In Natur und Kunst fesseln uns die Massen. Wir staunen über die ungeheuere Masse der Alpen und der Pyrenäen, über die Weite des Oceans, über die dunkle Tiefe der Wälder, über die Ausdehnung der Façade des Louvre, obwol sie häßlich ist; über das große Werk der Thürme von Notre-Dame, trotz der unendlichen Menge von kleinen Ruhepunkten, die ihre Höhe theilen und der Kunst, sie zu messen, nachhelfen, über die Pyramiden Aegyptens, über den Eleanten, den Walfisch, die großen, vielgefältelten Röcke obrigkeitlicher

Personen; über die lange, buschige, gesträubte und schreckliche Mahne des Löwen. Diese insgeheim aus der Natur geschöpfte Idee der Massen mit ihrem Gefolge, dem Begriff von Dauer, Größe, Macht und Festigkeit, hat der einfachen, großen und breiten Behandlungsart, selbst in den kleinsten Dingen, den Ursprung gegeben, denn man macht ein Umschlagtuch breit. Die Abwesenheit dieser Idee macht bei einem Künstler seinen Geschmack klein in seinen Formen, klein und zerknittert in seinen Gewändern, klein in seinen Charakteren, klein in seiner ganzen Composition. Geben Sie mir und geben Sie jenen die Cordilleren, die Pyrenäen und die Alpen und wir werden beide glücklich damit zu Ende kommen, ihren großen majestätischen Effect zu zerstören, jene aus Schwachsinn, ich durch ein Kunststück. Wir brauchen sie blos mit kleinen runden Rasenstücken und kleinen kahlen Plätzen zu bedecken und sie werden aussehen, als ob sie von einem großen Stück Zeug mit kleinen Vierecken bedeckt wären. Je kleiner die Vierecke und je größer das Stück Zeug, desto lächerlicher wird der Contrast des Kleinen zum Großen sein, denn das Lächerliche entspringt oft aus der Nachbarschaft entgegengesetzter Qualitäten. Ein ernstes Thier macht uns lachen, weil es Thier ist und die Haltung der Würde annimmt. Der Esel und die Eule sind lächerlich, weil sie dumm sind und die Miene annehmen, als ob sie nachdächten. Der Affe, der sich in tausend Wendungen dreht, wird lächerlich, wenn man ihm einen Hut aufsetzt."

Le Prince hatte Ansichten von Petersburg, plündernde Kosacken, eine russische Bauernstube, einen Halt von Tataren auf der Wanderung, den Ausbruch einer Horde, eine russische Taufe u. s. w. dargestellt. Diderot lobt sie und mischt hier sich selbst ein, wie er, wenn er in Rußland wäre, an das Haus in der Straße Neuve Luxembourg, d. h. an Grimm, an das in der Rue neuve des petits champs, d. h. an Frau von Epinay, an das in der Rue royale St.-Roch, d. h. an Holbach, und an das in der Rue des Vieux Augustins, d. h. an Sophie Voland, denken würde.

Bei den folgenden Bildern vom jüngern Deshays, von L'Epicie, von Amand, die er schlecht findet, erzählt er um so mehr lustige Anekdoten von Piron, von Voisenon u. s. w. Bei einem bedeutenden Bilde von Fragonard, wie der Großpriester Koresus sich selbst opfert, um Kallirrhoë zu retten, war er in Verlegenheit, weil er durch Zufall es nicht hatte sehen können. Er fingirt daher ein Traumgesicht, das er die Höhle Platon's nennt, worin er das Bild Fragonard's erblickt, das er nicht gesehen, d. h. er entwirft selber eine ausführliche schöne Composition des Gegenstandes. Dann läßt er Grimm, der das Bild gesehen, die Kritik desselben übernehmen.

Einige später noch ausgestellte Bilder von Restout geben Diderot die Veranlassung, ein Porträt von Anakreon und Diogenes, wie es hätte sein sollen, zu entwerfen, und zu einem Bilde von Greuze: ein junges Mädchen an einem offenen Fenster, wieder eine ganze Novelle hinzuzudichten.

Die Kritik der Werke der Bildhauer können wir nur im Fluge berühren, da wir zur Charakteristik Diderot's genöthigt sind, aus seiner Einleitung zu ihr schon einen längern Passus mitzutheilen, der Rousseau und Winckelmann betrifft. „Ich liebe die Schwärmer", sagt Diderot; „nicht diejenigen, die euch eine absurde Glaubensformel präsentiren, euch den Dolch auf die Brust setzen und schreien: unterzeichne oder stirb! wohl aber diejenigen, die, von irgendeinem besondern und unschuldigen Geschmack ergriffen, nichts ihm Vergleichbares mehr sehen und ihn aus allen Kräften vertheidigen; die nicht den Speer, sondern den Syllogismus in Bereitschaft haben und damit alle Welt zwingen wollen, entweder ihre Albernheit oder die Superiorität ihrer Dulcinea über alle Creaturen anzuerkennen. Diese sind reizend. Sie unterhalten mich, sie lassen mich zuweilen erstaunen. Haben sie zufällig die Wahrheit getroffen, so entwickeln sie dieselbe mit einer Energie, die alles zerbricht und niederwirft. Wenn sie in dem Paradoxen Bild auf Bild häufen, alle Macht der Beredsamkeit zu Hilfe nehmen, die kühnsten Vergleichungen nicht scheuen, die Phantasie entflammen, die Seele und ihr Gefühl von allen Seiten her angreifen, so gewähren ihre Anstrengungen noch ein schönes Schauspiel. So ist Jean Jacques Rousseau, wenn er sich gegen die Wissenschaften kehrt, die er sein ganzes Leben hindurch gepflegt hat, gegen die Philosophie, die er lehrt, gegen die Gesellschaft unserer verderbten Städte, in deren Mitte zu wohnen er brennt und worin unbeachtet, miskannt, vergessen zu sein er verzweifelt sein würde. Er mag immerhin das Fenster seiner Einsiedelei schließen, das auf die Hauptstadt geht; sie ist doch der einzige Ort der Welt, den er erblickt. Inmitten seines Waldes lebt er doch anderwärts. Er ist in Paris. So ist Winckelmann, wenn er die Werke der neuen und der alten Künstler vergleicht. Was sieht er nicht in dem Rumpf eines Mannes, welchen man den Torso nennt! Die Muskeln, die auf seiner Brust schwellen, sind nichts Geringeres als die Wellenbewegungen des Meeres; seine breiten, abgerundeten Schultern sind ein großes Gewölbe, das man durch Lasten, die man ihm auflegt, nicht zerbricht, nur befestigt, und seine Nerven? Die Stricke der Wurfmaschinen, die ganze Felsstücke auf ungeheuere Entfernungen schleuderten, sind im Vergleich zu ihnen nur Spinnfäden. Fragt diesen herrlichen

Enthusiasten, auf welchem Wege Glykon, Phidias und andere dazu gekommen sind, so schöne und vollkommene Werke zu machen? Er wird euch antworten: durch das Gefühl der Freiheit, welches die Seele erhebt und ihr große Dinge einflößt, durch die Belohnungen der Nation, durch die öffentliche Achtung, durch den Anblick, das Studium, die Nachahmung der schönen Natur, durch die Ehrfurcht vor der Nachwelt, durch den Rausch der Unsterblichkeit, durch angestrengte Arbeit, durch die glückliche Einwirkung der Sitten, des Klimas und des Genies. Unzweifelhaft ist in dieser Antwort kein Punkt, den man bestreiten könnte. Aber legt ihm eine zweite Frage vor, ob es besser sei, die Antike oder die Natur zu studiren, ohne deren Kenntniß, Studium und Geschmack die alten Künstler trotz aller besondern Begünstigungen uns doch nur mittelmäßige Werke hinterlassen hätten? Die Antike, wird er ohne Zaudern antworten, die Antike. Und da findet sich der Mann, der noch soeben Geist, Wärme und Geschmack bewies, plötzlich mitten in der Nacht im schönsten Toboso. Wer die Antike für die Natur verschmäht, läuft Gefahr, in Zeichnung, Charakter, Ausdruck und Draperie immer nur klein, schwach und gewöhnlich zu bleiben. Wer die Natur für die Antike vernachlässigt, wird Gefahr laufen, kalt, leblos, ohne jene verborgenen und geheimnißvollen Wahrheiten zu bleiben, die man nur in der Natur selbst wahrnimmt. Es scheint mir, daß man die Antike studiren muß, um die Natur sehen zu lernen. Die modernen Künstler haben sich gegen das Studium der Antike empört, weil es ihnen von Dilettanten gepredigt worden ist, und die modernen Schriftsteller haben das Studium der Antike vertheidigt, weil es von den Philosophen angegriffen ist. Es scheint mir, als ob die Bildhauer noch mehr auf die Antike halten als die Maler. Sollte dies daher rühren, weil die Alten uns einige schöne Statuen hinterlassen haben, ihre Gemälde uns aber nur aus Beschreibungen und aus den Zeugnissen der Literaturen bekannt sind? Es ist ein großer Unterschied zwischen einer Zeile des Plinius und dem Fechter des Agasias. Es scheint mir daher noch schwerer, über die Sculptur als über die Malerei zu urtheilen, und diese meine Meinung, wenn sie wahr ist, muß mich noch vorsichtiger machen."

Nach einer genauern Darlegung des Verhältnisses der Sculptur und Malerei geht Diderot zur Beantwortung von fünf speciellen Fragen fort, die wir nur andeuten können; warum nämlich die Sculptur, eine so keusche Kunst, doch oft weniger bedenklich ist als die Malerei, und beide Geschlechter häufiger und offener in ihrer Nacktheit zeigt; warum die Sculptur, die antike sowol als die moderne, das Weib jenes Schleiers beraubt hat, mit welchem die Schamhaftigkeit der Natur und das Alter der Mannbarkeit die geschlechtlichen Theile verhüllen, während sie ihn dem Manne gelassen hat; weshalb die Alten ihre Figuren immer mit benetztem Linnen bekleidet haben; warum das verkürzte Bein Laokoon's länger ist als das andere; welches die Wirkung des schönsten und wahrsten Colorits auf einer Statue sein würde?

Von Falconet gibt Diderot eine allgemeine Charakteristik und zeichnet ihn auch als Menschen. Er stellt ihn außerordentlich hoch und rühmt von ihm, sehr entgegengesetzte Eigenschaften zu vereinen. Er sei höflich und grob, leutselig und barsch, sanft und kaustisch, scherzhaft und ernsthaft. Er sei ein Philosoph, der lese und nachdenke, der an nichts glaube, allein wisse, warum. Er sei ein guter Vater und habe seine Geliebte, die er grenzenlos geliebt habe, schon lange verloren, seit welcher Zeit er düster und melancholisch geworden sei. So eifersüchtig er auf das Lob seiner Zeitgenossen sei, so gleichgültig sei er gegen das der Nachwelt und würde keinen Thaler darum geben, der schönsten seiner Statuen eine ewige Dauer zu sichern, eine Meinung, über welche Diderot später, als Falconet in Petersburg war, einen Briefwechsel mit ihm hatte. Er stellt ihn über Pigalle, der lediglich die Natur wahr und warm nachahme, aber kein Ideal in sich trage. Seine Freundschaft für ihn hindert ihn jedoch nicht, ein schönes Basrelief, welches Alexander darstellt, wie er dem Maler Apelles die Courtisane Campaspe überläßt, in seinen Einzelheiten streng zu beurtheilen.

Zum Schluß der Sculptur gibt er eine Biographie des Bildhauers René-Michel Slotz, der 1705 in Paris geboren war, bis 1747 in Rom lebte und dann nach Paris zurückkehrte, wo er 1764 in Aerger und Kummer über sein durch Nebenarbeiten verwüstetes Talent starb.

Zuletzt kritisirt er die Kupferstecher. Sie sind nach ihm die Prosaiker, welche den Dichter einer Sprache in einer andern wiedergeben. Die Farbe verschwindet, aber Wahrheit, Zeichnung, Composition, Ausdruck und Charakter bleiben. Er bedauert, daß die Griechen diese Kunst nicht gekannt haben, uns von den Meisterwerken ihrer Malerei eine Anschauung zu hinterlassen. Er geht specieller auf die verschiedenen Methoden der Kupferstechkunst ein. Von Cochin erwähnt er eine Skizze, das allegorische Frontispiz zur Encyklopädie, das 1772 von Prevost gestochen wurde. Die Wahrheit steht zwischen der Vernunft und Phantasie. Jene sucht ihr den Schleier zu entreißen, diese müht sich, sie zu verschönen. Die Metaphysik in ihrem Stolz strebt die Wahrheit mehr zu errathen als zu sehen. Die Theologie dreht ihr den Rücken und erwartet das Licht von oben.

Der „Salon" von 1767.

Die Eröffnung desselben macht ein Brief an Grimm, in welchem Diderot, wie wir früher schon angeführt haben, das ästhetische Ideal über die bloße Nachahmung der Natur stellt, welche nur eine Seite der Kunst, die Richtigkeit der Formen der Erscheinung, in sich schließt. Diderot beklagt seine Erschöpfung, seine Unfruchtbarkeit. Er wünscht, in Italien gewesen zu sein. Mit tiefer Wehmuth bedauert er das oft so traurige Los der Künstler und die Abhängigkeit, in welche die sogenannten Liebhaber sie nicht selten versetzen und ihr Talent nach ihrer Laune ausbeuten. Er beschwört Grimm, den Maître du Houx toujours vert, wie er ihn scherzhaft mit Anspielung auf eine Stechpalme in einem Siegel, das er ihm einst zu Neujahr geschenkt hatte, zu nennen pflegte, seinen Kunden Stillschweigen über seine „Salons" aufzulegen, weil er durch seine Freimüthigkeit niemand betrüben, aber auch sich selbst nicht in Ungelegenheit versetzen möge. Er will zu den Feinden, die er schon hat, sich nicht noch neue hinzumachen. Die Künstler sind leicht zu verletzen und heftiger und gefährlicher als die Wespen. Seine rücksichtslosen Aeußerungen über sie würden ihm ein Aussehen von Schlechtigkeit, Falschheit, Schwärze und Undankbarkeit geben und seine Angriffe auf die nationalen Vorurtheile, auf die Laster der Großen, auf die Ausschweifungen der Gesellschaft, auf die Akademie, würden hinreichen, hundert besser als er gestützte Menschen zu verderben.

Diderot eröffnet die Reihe der Maler mit Michel Vanloo, der unter anderm auch Diderot's Porträt ausgestellt hatte, das er ganz objectiv bespricht, als ob er das eines andern vor sich hätte. „Ich liebe Michel, aber ich liebe noch mehr die Wahrheit. Aehnlich genug. Er (der Diderot im Bilde) kann zu denen, die ihn nicht wiedererkennen, wie der Gärtner in der komischen Oper sagen: das kommt daher, weil sie mich nie ohne Perrüke gesehen haben. Recht lebendig! Das ist seine Sanftmuth mit ihrer Lebhaftigkeit, aber zu jung, zu kleinlich, allerliebst wie eine Frau blinzelnd, lächelnd, süßlich, ein Spitzmäulchen machend, das Herz nicht auf den Lippen — und dann ein Kleiderluxus, einen armen Literaten zu ruiniren, wenn der Einnehmer der Kopfsteuer ihn nach seinem Schlafrock einschätzen sollte. Das Schreibzeug, die Bücher, das Nebenwerk ist so gut als möglich, wenn man farbenglänzend und harmonisch hat sein wollen, funkelnd in der Nähe, kräftig von weitem, vorzüglich das Fleisch. Uebrigens sind die Hände gut modellirt, ausgenommen die linke, die nicht richtig gezeichnet ist. Man sieht ihn von vorn; er hat den Kopf bloß; seine graue Stirnlocke und seine Schmachtblicke geben ihm das Ansehen einer alten Kokette, welche noch die Liebenswürdige spielt, das Gepräge eines Staatssecretärs und nicht das eines Philosophen. Die Falschheit des ersten Wurfs hat alles übrige mitbestimmt. Daran ist die tolle Madame Vanloo schuld, die mit ihm schwatzte, während man ihn malte. Sie hat ihm diese Miene gegeben. Hätte sie sich an das Klavier gesetzt und etwas gespielt oder gesungen:

Non ha ragione, ingrato,
Un core abbadonato,

oder ein ähnliches Stück, so würde der gefühlvolle Philosoph einen andern Charakter angenommen haben, der dem Porträt zugute gekommen wäre. Oder besser noch hätte man ihn allein seiner Träumerei überlassen sollen. Dann würde sein Mund sich geöffnet, sein zerstreuter Blick sich in die Ferne versenkt, die Arbeit seines stark beschäftigten Kopfes sich auf seinem Gesichte gemalt haben und Michel hätte etwas Schönes gemacht. Mein niedlicher Philosoph, Sie werden mir stets ein köstliches Zeugniß der Freundschaft eines Künstlers, eines trefflichen Künstlers, eines noch trefflichern Menschen sein. Was werden aber meine Enkel sagen, wenn sie meine tristen Werke mit diesem lachenden, zierlichen, weibischen alten Gecken vergleichen werden? Meine Kinder, ich erkläre euch im voraus, daß ich das nicht bin. Ich hatte an einem Tage je nach dem Gegenstande, der mich bewegte, hundert verschiedene Physiognomien. Ich war heiter, traurig, träumerisch, zärtlich, heftig, leidenschaftlich, begeistert; niemals war ich aber so, wie ihr mich dort seht. Ich hatte eine große Stirn, sehr lebhafte Augen, ziemlich große Züge, den Kopf ganz im Charakter eines alten Redners, eine Gutmüthigkeit, welche der Dummheit sehr nahe kam und nach der Unbeholfenheit der alten Zeiten schmeckte. Ohne die Uebertreibung aller dieser Züge in dem Kupferstich, den man nach einer Zeichnung von Grenze gemacht hat, würde ich darin viel besser getroffen sein. Ich habe eine Maske, welche den Künstler betrügt, sei es, daß zu vielerlei darin verschmolzen ist, sei es, daß die Affecte meiner Seele, indem sie sich rasch einander folgen, sich alle auf dem Gesicht spiegeln, und daß das Auge des Malers, das von Moment zu Moment nimmer einen andern Diderot findet, eine schwierigere Aufgabe empfängt, als er glaubte. Ich bin nie besser gemacht, als von einem armen Teufel Namens Garant, der mich zufällig packte, wie es einem Dummen geht, dem ein guter Witz gelingt. Wer mein Porträt von Garant sieht, sieht mich. Ecco il vero Polichinello! Grimm hat es stechen lassen, theilt es aber nicht mit. Er wartet stets auf eine Inschrift, die er nicht eher haben soll, als bis ich etwas hervorgebracht haben werde, das mich verunsterblicht. — Und wann wird das sein? —

Wann? Morgen vielleicht. Wer weiß, was ich vermag! Ich habe das Bewußtsein, noch nicht die Hälfte meiner Kraft angewendet zu haben. Bis jetzt habe ich nur Kindereien getrieben. Unter den guten Porträts von mir vergaß ich die Büste von Fräulein Collot, besonders die letzte, die meinem Freunde Grimm gehört. Sie ist gut, sehr gut. Sie hat bei ihm die Stelle einer andern eingenommen, die ihr Meister Falconet gemacht hatte und die nicht gut war. Als Falconet die Büste seiner Schülerin gesehen hatte, nahm er einen Hammer und zerschlug die seinige vor ihren Augen. Das war frank und muthig. Als diese Büste unter den Schlägen des Künstlers in Stücke fiel, legte sie zwei schöne Ohren bloß, die sich unter einer abscheulichen Perrüke ganz erhalten hatten, mit welcher Madame Geoffrin mich recht absichtlich hatte ausputzen lassen. Grimm konnte der Madame Geoffrin diese Perrüke nie verzeihen. Nun sind sie, Gott sei gedankt, ausgesöhnt, und dieser Falconet, dieser Künstler, der auf seinen zukünftigen Ruf so wenig eifersüchtig ist, dieser so entschiedene Verächter der Unsterblichkeit, dieser Mann, der gegen die Nachwelt so misehrfürchtig (irrespectueux) ist, von der Sorge befreit, ihr eine schlechte Büste zu überliefern. Doch muß ich von dieser schlechten Büste sagen, daß man darin die Spuren eines geheimen Seelenschmerzes wahrnahm, der, als der Künstler mich machte, mich verzehrte. Wie geht es zu, daß der Künstler die groben Züge einer Physiognomie, die er vor Augen hat, verfehlt und auf die Leinwand oder in den Thon Empfindungen übergehen läßt, die in der Tiefe einer ihm unbekannten Seele verborgen sind?"

Wir wiederholen, daß es unmöglich ist, von der Fülle der Gedanken, Vergleiche, Anekdoten, von denen die „Salons" strotzen, durch einen Ueberblick, auf den wir uns hier beschränken müssen, eine adäquate Vorstellung zu geben. Wollten wir weiter gehen, so würden wir aus dem Citiren nicht herauskommen. Eine nur katalogisirende Kürze vermag das Wesentlichste dieser Betrachtungen, den Reiz ihrer humoristischen Freimüthigkeit und die Unbedingtheit ihres naiven Ausdrucks nicht wiederzugeben. Wir fühlen dies vorzüglich bei diesem „Salon", der an fruchtbaren Einblicken, an glücklichen Wendungen, an witzigen Anekdoten, an schlagenden Pointen, alle andern übertrifft. Wir haben zwar Diderot soeben versichern gehört, daß er bis dahin nur getändelt, nur die Hälfte seiner Kraft verwendet habe, allein das sind so die Meinungen der Sterblichen über sich selbst. Er hatte mit dem „Neveu de Rameau" den Moment schon hinter sich, in welchem alle seine Talente sich zur höchsten Production, deren er fähig war, vereinigt hatten. Dieser steht der „Salon" von 1767 am nächsten. Gehaltvolleres, Kühneres, Vielseitigeres, Belehrenderes und zugleich Unterhaltenderes hat Diderot nicht wieder geschrieben. Wir entschuldigen uns eben mit diesem vollendeten Reichthum Diderot's über die unansehnliche Dürftigkeit unserer Blumenlese, durch welche wir dem Leser nur eine sehr entfernte und unvollkommene Anschauung geben könnten, die wir ganz unterlassen würden, dürften wir seine Bekanntschaft mit den „Salons" voraussetzen. Es ist leicht gesagt, daß Diderot sich in denselben der ganzen Nachlässigkeit einer privaten Plauderei hingebe, und vom Hundertsten zum Tausendsten übergehe. Und gewiß hat er öfter, wenn er die Feder über ein Bild ansetzte, nicht gewußt, was er zehn Minuten später äußern, wohin der Gedanke ihn führen würde, denn es ist das Denken und zwar ein männliches Denken, was ihn unberechenbar in seinen Combinationen macht. Es ist nicht, wie man ihn nicht selten geschildert findet, ein unklarer Gefühlsdusel, eine schwammigte Empfindelei, ein verworrener Bilderwust, in deren chaotischer Trübheit das Denken untergeht, sondern es ist ein recht thätiges, energisches Denken, das auch in der Form eine gewisse künstlerische Haltung nicht vermissen läßt, wiewol er zuweilen ins Geschmacklose fällt, weil sich Sinnlichkeit, eine gewisse bürgerliche Philisterei, moralisirende Trivialität seiner bemeistern. Es sind das die Schwächen, die ihn von Lessing scheiden. Doch ist er keineswegs verworren, wie er oft getadelt wird. Die Uebergänge, die Absprünge, sind motivirt. Ich will gleich aus dem Anfang dieses „Salon" von 1767 ein paar Beispiele geben. Der erste Artikel desselben über Michel Vanloo fängt mit der Erinnerung an, daß dies nicht Charles, sondern Michel sei, denn Charles sei todt, und endigt mit einer Kritik von Hutcheson's Theorie des moralischen Sinnes. Was liegt nicht alles zwischen diesem Anfang und Ende! Und doch kommt dies Ende ganz unmerklich, ganz natürlich heran. Diderot hat schon bei seinem Porträt bemerkt, daß Michel Vanloo ein noch besserer Mensch, als Künstler sei. Er hat ihm für sein Bild als für einen Beweis seiner Freundschaft gedankt. Gegen Ende tadelt er ihn noch einmal, daß er die Haut der Frauen nicht zu malen wisse, und meint, daß männliche Porträts ihm besser gelängen. Dann sagt er: „Ich liebe ihn, weil er einfach und rechtschaffen, weil er das personificirte Wohlthun ist. Niemand hat mehr als er die Physiognomie seiner Seele. Er hatte einen Freund in Spanien, der ein Schiff ausrüsten wollte. Michel vertraute ihm dazu sein ganzes Vermögen. Das Schiff ging unter, das Vermögen war verloren und der Freund ertrunken. Michel vernimmt das Unglück, und das erste Wort, das aus seinem Munde kommt, ist: «Ich habe einen guten Freund verloren.» Das ist so viel werth als ein gutes Gemälde." Und nun kommt Diderot auf die Frage, wie eigentlich in uns eine moralische Regung entstehe, und dies bringt ihn auf Hutcheson's Hypothese eines besondern Moralsinnes, den er verwirft. — Besonders lehrreich ist in Hinsicht auf Ideenassociation seine Betrachtung eines Bildes von Vien, welches die Blatternepedimie, les Ardents, darstellt, die im 12. Jahrhundert in Frankreich wüthete, denn wenn man die verschiedenen Gegenstände, welche darin versammelt sind, äußerlich aufzählen wollte, so würden sie wie ein buntes Durcheinander erscheinen, mit denen ein irrlichterirender planloser Kopf spielt, während eine genauere Analyse den innern Zusammenhang aufdeckt, worin alle diese Dinge, die schlechten Heiligenbilder, welche Wunder thun, was man von den classischen Bildern der Madonna u. s. w. nicht vernimmt, die Schilderung eines Schauspielhausbrandes, Hercules, die Athenienser und Spartiaten, Rafael's Besessener, Poussin's Mannasammlung u. s. w., miteinander stehen. Vien's figurenreichem Gemälde nämlich war der Vorwurf der Kälte gemacht; Diderot erwähnt, daß man auch Rafael diesen Vorwurf gemacht habe. Er fragt daher, wodurch Leben und Wärme in eine Composition komme? Diese Frage bringt ihn auf den Gegensatz des Großen und Kleinen; das erstere bedürfe mehr der Ruhe, das zweite der Bewegung. Der Uebergang von der Ruhe zur Bewegung bringt ihn auf den Gegensatz der Massen und der Gruppen. Die Massen gehen in Gruppenbildung über, sobald eine gemeinschaftliche Handlung die einzelnen in Bewegung setzt. Die Leute, die im Theater noch soeben als stille Masse dagesessen haben, fangen sofort an, tumultuarisch zu werden und Gruppen zu bilden, als ein Brand im Hause ausbricht und jeder sich zu retten sucht. In der Mannasammlung Poussin's sind alle Israeliten mit der gleichen Handlung, mit dem Sammeln des Manna beschäftigt und ebendadurch entstehen verschiedene Gruppen. Wenn wir auf antiken Werken den Hercules und andere Heroen oft so ruhig dargestellt finden, während die Handlung, welche sie verrichten, mehr Bewegung erfordert hätte, und wenn wir diese Unvollkommenheit nicht mehr dem Mangel der Kunst zuschreiben können, die schon auf einer höhern Stufe stand, so können wir den Grund davon nur in einer religiösen Beziehung finden, sofern solche Bildwerke nicht einen ästhetischen, sondern einen mnemonischen Zweck hatten, für welchen die traditionelle, einmal geweihte, alterthümliche Form als die wirksamere beibehalten wurde. Rafael, diese große Natur, ist ein Muster in der Kunst der Gruppenbildung. Die Entwickelung derselben in der Geschichte der Kunst ist eine langsame. Die wahre Kunst bedient sich ihrer mit weiser Oekonomie, die verfallende geht verschwenderisch damit um, wie der wahren Beredsamkeit die declamatorische folgt, welche Figuren und Apostrophen häuft. So leitet Diderot nun die besondern Gesetze für die Composition ab, das Große und das Kleine, das Ruhige und Bewegte, die Masse und die Gruppen, den Contrast der Gruppen, die Mitte der Extreme, das Quantum der Bewegung in den übermäßigen Gestalten u. s. w. darzustellen. Wenn er auch ganz individuell spricht, wenn er auch, wie gesagt, den Ton der Plauderei hat, so fehlt ihm doch selten der tiefere Hintergrund. Zu jeder Abstraction stehen ihm sogleich hundert concrete Beispiele zu Gebote. — Ein anderes Bild Vien's, das technisch gut behandelt war, Cäsar vor dem Standbilde Alexander's in Cadiz, empört ihn wegen der ideenlosen Nullität, mit welcher der große Cäsar darin dargestellt worden. Was hilft nun alle Technik! „Ihr Leute der Akademie, das ist für euch ein schönes Bild? — Sehr schön, und für Sie? — Für mich ist es nichts."

Lagrénée hatte unter vielen großen Gemälden auch Zeus und Here auf dem Gipfel des Ida, eingeschläfert durch Morpheus, ausgestellt. Er muß es büßen, denn Diderot citirt den Text Homer's, gegen seine Größe die Kleinheit, gegen seine Wahrheit die Falschheit dieser Composition darzuthun. Here, die mächtige Göttin, hatte an diesem Tage sich von der Aphrodite eigens den Gürtel geliehen, ihren Mann zu verführen, zu bezaubern, und Lagrénée malt sie wie ein junges Mädchen, das am Busen ihres Vaters in aller Unschuld eingeschlafen ist. Noch vernichtender behandelt Diderot ein Bild desselben Malers, die Rückkehr des Odysseus und des Telemach zur Penelope. Er gibt die Hoffnungen auf, die er auf Lagrénée gesetzt hatte. Für diese kalte impertinente und absurde Würde will er lieber eine Carikirung der großen Scene, wo ein Vater, ein Sohn und eine Mutter sich nach so vielen Jahren und Drangsalen wiedersehen, nach der Manier der flamändischen Schule. Aber noch heftiger greift er ein Bild von ihm an, welches den sterbenden, von seiner Familie umgebenen Dauphin darstellte, wie der Herzog von Burgund ihm die Krone der Unsterblichkeit überreicht. Diderot entwirft vier verschiedene Skizzen, wie dieser Gegenstand angemessener als in einem lächerlichen, höfischen Ceremonialstil hätte behandelt werden können. Er trifft im Salon mit Naigeon zusammen, der selber Bildhauer und Maler gewesen war und der Lagrénée's Gemälde in technischer Hinsicht noch weit schärfer als Diderot verurtheilt. Naigeon gesteht in einer Anmerkung, daß dies Gespräch in der That so, wie Diderot berichtet, stattgefunden habe, bittet jedoch den Leser wegen der harten Ausdrücke, deren er sich bedient, um Nachsicht. Als er fortgegangen ist, will Diderot sich nach der Rue royale begeben, stößt auf Grimm, zieht ihn in die einsame Galerie Apollo und knüpft mit ihm ein Gespräch über das Verhältniß des Reichthums und des Luxus zur Entwickelung der schönen Künste an, aus welchem wir folgende Aeußerungen hervorheben, die uns den traurigen Zustand Frankreichs schildern, das unter Fronen und Steuererpressungen, unter Anleihen und Papiergeldspeculationen der Revolution entgegenging. Wie oft kommt Diderot bei den verschiedensten Gelegenheiten darauf zurück, das Elend in den Provinzen, wo der Dorfgeistliche nicht einen Pfennig, den Armen an der Thür seiner Kirche zu unterstützen, und der ausgesogene, verlumpte Bauer unter dem Strohdach seiner Hütte kaum eine Brotrinde hatte, sein Leben zu fristen, mit der sinnlosen Verschwendung der Hauptstadt und des Hofes zu contrastiren.

Diderot.

Verflucht sei für immer, der zuerst die Aemter käuflich machte!

Grimm.

Verflucht, der zuerst die Industrie auf Kosten des Ackerbaues erhob!

Diderot.

Amen!

Grimm.

Und der, nach Erniedrigung des Ackerbaues, den Austausch durch alle möglichen Hindernisse erschwerte!

Diderot.

Amen!

Grimm.

Und der, welcher zuerst die großen Steuereintreiber und ihre ganze zahllose Familie einsetzte!

Diderot.

Amen!

Grimm.

Und der, welcher unsinnigen und verschwenderischen Fürsten ihre ruinirenden Anleihen erleichterte!

Diderot.

Amen!

Grimm.

Und der, welcher ihnen die Mittel schaffte, die heiligsten Bande für den unwiderstehlichen Reiz zu zerreißen, ihr Vermögen zu verdoppeln, zu verdreifachen, zu verzehnfachen!

Diderot.

Amen, Amen, Amen! Im selben Augenblick, als die Nation von diesen verschiedenen Geißeln getroffen wurde, vertrockneten die Brüste der gemeinsamen Mutter.

Ein kleiner Theil schwelgte in Reichthümern, während der größere in Dürftigkeit hinschmachtete.

Dies Gespräch summt in der Seele Diderot's nach und führt ihn, in sein Studirzimmer zurückgekehrt, dazu, eine Satire gegen den Luxus in der Manier des Persius zu schreiben, die ganz vortrefflich ist. Sie ist dialogisch gehalten. Sie schildert den Luxus, der aus wirklichem Reichthum infolge eines blühenden Ackerbaues entsteht, und den Scheinluxus, der, den wirklichen durch Surrogate nachahmend, nur eine Maske des Elends ist. Da aber, wie in China, der aus dem Ackerbau entstehende Reichthum zur Uebervölkerung führt, in deren Mitte der Sinn für das Erhabene und Schöne erstirbt, weil der Mensch, um nur nicht zu verhungern, sich immer auf das Nützliche hin richten muß, so ruft Diderot zuletzt erschreckt aus: „Wo soll ich leben? Wo ist die Wohnung, die mir und meinen Nachkommen ein dauerndes Glück verspricht? Man muß sich resigniren und sich dem Schicksal unterwerfen, denn es ist das Gesetz der Natur, gegen ein Extrem durch ein anderes zu reagiren."

Bei einem Gemälde von Belle, der Erzengel Michael als Sieger über die aufrührischen Engel, meint Diderot, es sei schon lange her, daß derjenige nicht mehr existire, der alles das, was dieser bedeutsame Gegenstand erfordere, Unwillen mit Adel, Eleganz mit Kraft, englische Grazie mit richterlichem Ernst zu vereinigen, zu leisten im Stande war: Rafael.

Seinem geliebten Vernet bereitet er dagegen den höchsten Triumph. Er hatte sieben Landschaften ausgestellt. Um sie zu beschreiben und ihren malerischen Werth recht tief empfinden zu lassen, mystificirt Diderot den Leser zuerst und erzählt, daß er sich einige Zeit in einer köstlichen Gegend auf einem Schloß am Meere aufgehalten habe. Der Erzieher der Kinder seines Besitzers habe alle schönen Punkte sorgfältig erforscht gehabt und sich ein Vergnügen daraus gemacht, ihn zu denselben hinzuführen. Nun beschreibt Diderot diese Spaziergänge und die herrlichen Landschaftsprospecte, welche sich ihnen bald auf ein von Fels und Wald umschlossenes Thal, bald auf einen von Bergen, Kornfeldern und Büschen umgebenen Teich, bald im Ausblick auf das Meer, wie es am Strande von Fischern, in der Ferne von Segeln belebt worden, bald in der Fernsicht auf das Schloß mit seinen Thürmen, Zinnen und Gästen in der wechselndsten Beleuchtung dargeboten hätten, bis er zuletzt bei einer gewitterigen Mondscheinnacht sein Geheimniß plötzlich, gleichsam in einem unbewachten Augenblick, verräth, nicht wirkliche Landschaften, sondern Landschaftsgemälde Vernet's geschildert zu haben.

So hat er seinen Freund auf die feinste und geistreichste Weise gelobt, indem er das Werk seiner Kunst in ein Werk der Natur selber verwandelte. Und zugleich hat er die herrlichste Idylle eines Landaufenthalts gedichtet. Der Abbé, welcher die Kinder des Schloßherrn unterrichtet, diese Kinder selber, die Wanderungen mit ihnen, ein Imbiß auf grünem Rasen unter alten Bäumen, das sinnige Brüten der Seele auf einem einsamen Abendgange, die ganze Luft, Licht- und Tonwelt in den mannichfachsten Abstufungen, die Gesellschaft auf dem Schlosse, die von der schönen Natur, in deren Mitte sie lebt, nichts weiß, sondern nur ihre städtischen Vergnügungen in einem ländlichen Local fortsetzt — das alles ist mit den frischesten Farben gemalt. In den Unterhaltungen mit dem Abbé und in seinen Selbstgesprächen entfaltet Diderot eine reizende Gedankenträumerei. Die wichtigsten Themata der Menschheit über das Gute und Böse, über die Nothwendigkeit des ursachlichen Zusammenhangs, über das Wohlgefallen am Schrecklichen, über die Nachahmung der Natur, über das Genie, über das Leibniz'sche Princip der Individualität, über die Abfolge von Poesie und Philosophie in den Epochen der Geschichte, über die Ertödtung der Poesie durch die Philosophie der Aufklärung u. s. w., klingen ungesucht in den anmuthigsten Accorden und wechselndsten Stimmungen an. Nirgends hat sich Diderot's Rousseau'sches Element, seine Sehnsucht nach der einfachen Natur, mit solcher rührenden Aufrichtigkeit und lieblichen Schönheit ausgesprochen.

Nachdem er das siebente Bild Vernet's, die Mondscheinnacht, hinreißend beschrieben, faßt er seine Anerkennung des Malers in eine begeisterte Totalcharakteristik desselben zusammen. Aber damit hat er sich noch nicht erschöpft und erzählt noch zwei furchtbare Träume, die er von einem brennenden und von einem gescheiterten Schiff, dessen Passagiere sich an das Ufer retteten, gehabt habe, um hieran die anziehendsten Bemerkungen über die eigenthümliche Schönheit des Schattens, des Helldunkels und der Finsterniß zu knüpfen.

Diese Verherrlichung Vernet's ist von nicht geringem Umfang. Sie läuft in der Édition Brière, Bd. IX, von S. 159—211. Wenn sie als eine eigene kleine Schrift in deutscher Uebersetzung erschiene, so würde sie bald als das Seitenstück zu „Rameau's Neffen" erkannt werden, der uns die Corruption der pariser Sitten, die Entwickelung der Musik, den Kampf einer Pädagogik des Lasters und der Tugend, schildert. Weil durch Goethe's Uebersetzung dieser Dialog eine so große Popularität erhalten hat, ist er, in Deutschland wenigstens, fast zu einseitig zur Charakteristik Diderot's benutzt. Wie ich aber oben schon gesagt habe, erreichte er in dem „Salon" von 1767 noch eine Höhe der Production, welche der von „Rameau's Neffen" am nächsten steht und sie im Inhalt wie in der Form ergänzt, weil sie der völlige Contrast derselben ist. Sie contrastiren, wie der künstliche Garten und der Salon des Kaffeehauses im Palais-Royal, worin Diderot sich mit Jean Rameau unterhält, und das freie landschaftliche Terrain von Meer, Berg und Wald, in welchem Diderot hier mit dem Abbé und seinen Zöglingen umherwandert. Dort überwiegt der satirische Ton, hier der elegische. Dort zeigt sich das Genie Diderot's in der Kunst, mit welcher er die Zerrbilder der Gesellschaft in ihrer oft so lächerlichen Erniedrigung zeichnet, hier zeigt es sich in der Kunst, die Betrachtung im Angesicht des erquickenden Schauspiels einer großen und schönen Natur auf eine metaphysische Tiefe zurückzulenken, welche die Sackgassen der Reflexion immer durch den Aufblick zur Menschheit, durch den Aufschwung zum Universum, durchbricht.

Wie ist es möglich, fragt Diderot bei den Gemälden von Millet Francisque, zu welchem er von Vernet übergeht, solche Sudeleien aufzunehmen, wie ist es möglich, sie neben Loutherbourg oder Vernet hinzuhängen, wie ist es möglich, so talentlose Subjecte zur Kunst heranzuziehen? Nachdem sie einmal so weit gebracht sind, schlechte Bilder zu machen, muß man es ihnen verzeihen, denn es ist immer noch besser als Hungers zu sterben, aber den Aeltern, den Lehrern ist es nicht zu verzeihen. Existirt ein anderes Leben, so werden sie gewiß dafür bestraft werden, diese Gemälde zu sehen, sie unaufhörlich anzublicken und sie immer schlechter zu finden, wie die Mutter Jean Marie Fréron's sein Journal in alle Ewigkeit lesen wird. Welche Strafe!

Wir übergehen Lundberg, Lebel, Venevault, Perronneau, Drouais, Roslin, Valade, Madame Vien, de Machy, Julliart, um einen Augenblick bei Doyen zu verweilen, welcher die Heilung jener Epidemie der Ardents 1129 durch die heilige Genoveva, der wir schon einmal begegneten, gemalt hatte. Diderot widmet ihm eine lange, ruhige, gründliche Auseinandersetzung, weil er soviel zu loben als zu tadeln hat. Bei der Gruppirung bemerkt er, daß in jeder Composition eine Linie durch die Spitzen der Massen der Gruppen gezogen werden könne, welche er die Verbindungslinie nennen möchte. Hat sie zu viel Krümmungen und Winkel, so wird die Composition spielend und dunkel sein; schlängelt sie im Gegentheil sich nicht genug, trifft sie auf keinen Gegenstand, der sie durchbricht, so wird sie eine Leere, ein Loch haben; wird dies Loch durch ein unnützes Nebenwerk zugedeckt, so wird sie einen Fehler durch einen neuen verbessern. Diderot tadelt sich selbst, daß er seine Urtheile oft berichtigen müsse, weil ihm im Augenblick die Sprache, das Wort versage, welches die Wahrheit träfe. Der in der Einsamkeit lebende Mensch sei hierin glücklicher, weil er sich in der Stille selbst zu vernehmen vermöge. Sein Gefühl entwickele sich allmählich und er finde den rechten Ausdruck, welcher den andern die Augen öffne und sie mit sich fortreiße. Spricht er hier nicht in der That, ohne daran zu denken, zu Gunsten Rousseau's?

Casanova lobt er wieder. Mit Baudouin ist er diesmal zufriedener, obwol er vieles auszusetzen hat und ihm wieder Moral predigt. Das Unheil, das ein frivoles Buch, ein schmuziges Gemälde, eine wollüstige Statue, anrichteten, sei unberechenbar. Die Statue der Venus Kallipygos im Garten von Versailles sei mit infamen Inschriften bedeckt, welche ihre verderbliche Wirkung auf die Phantasie der Menschen bewiesen. Die Genrebilder aus Rußland von Le Prince haben wieder seinen Beifall und entlocken ihm bittere Aeußerungen über das Unästhetische unserer verschnörkelten, gezierten, naturwidrigen Kleidung. Die Ruinenstücke von Robert entzücken ihn. Er vertieft sich ganz in sie. Er beginnt ihre Beschreibung mit einer Reflexion über das Reisen, dessen vornehmste Ursache er in einem Uebermaß von Energie findet, welche den Menschen, dem sie einmal innewohnt, rastlos umtreibe und deren Wirkung auf ihn er mit mancherlei Motiven verkleide. Die Ideen, welche die Ruinen in Diderot erwecken, sind groß. Alles vernichtet sich, verdirbt, vergeht. Nur die Welt bleibt, nur die Zeit dauert. Wohin er die Augen wendet, kündigt jeder Gegenstand ihm sein Ende an und mahnt ihn an das, welches ihn selbst erwartet. Was ist seine ephemere Existenz gegen die dieses Felsens, der verwittert, dieses Thals, das sich aushöhlt, dieses Waldes, der hin- und herschwankt? Der Marmor der Gräber fällt in Staub und ich, ich will nicht sterben? Ein Strom reißt die Nationen, eine nach der andern, in die Tiefe eines gemeinsamen Abgrundes und ich, ich allein verlange, an seinem Ufer mich festzuhalten und die Flut, die zu meinen Seiten strömt, zu durchbrechen? Eine süße Melancholie beschleicht ihn. Er versetzt sich mit seinem Freunde, mit seiner Geliebten unter diese gigantischen Zeugen einer einst so lebendigen Vergangenheit. Die Einsamkeit, die andere langweilen würde, thut ihm wohl. „Sind die Ruinen der Aufenthalt der Unschuld oder der Gewissensbisse? Das eine und das andere je nach der Seele, die man mitbringt. Der Schlechte flieht die Einsamkeit, der Gerechte sucht sie. Er ist mit sich selbst sehr gut daran." Da hätten wir denn bei Diderot nach zehn Jahren den Gegenschlag zu den Worten, die er 1757 im „Fils naturel" Dorval in den Mund legte und durch welche er ungeahnt seinen Freund Rousseau so verwundete. Da stehen sie: „Le méchant fuit la solitude, l'homme juste la cherche." Er suchte, wie wir früher in seinen Bekenntnissen an seine Sophie gehört haben, jetzt oft selber die Einsamkeit, kam wochenlang nicht aus seiner Stube und fand sich durch die Zudringlichkeit der Menschen, durch die Anforderungen seiner Freunde beengt und bedrängt. Bei ihm, dem geselligsten aller Menschen, war diese Stimmung eine Verstimmung, die wol daraus entsprang, daß er fühlte, was er würde leisten können, wenn er sich mehr zurückzöge und nicht beständig andern sich opferte. Auch das herannahende Alter ließ ihn solche Zumuthungen immer schwerer empfinden. Er erzählt bei einem Bilde, welches die preußische Malerin Therbouche ausgestellt hatte, selbst ausführlich ein Beispiel von solchen Tribulationen, mit denen man seine Gutmüthigkeit überbürdete. Diese Madame Therbouche war nach Paris gekommen, weil es einmal die Pforte zur europäischen Berühmtheit ist. Sie hatte Empfehlungen mitgebracht, um zur Ausstellung zugelassen zu werden, und malte ein großes Bild, Jupiter und Antiope. Dies fand jedoch keine Aufnahme, sondern nur ein unbedeutendes Gemälde: ein Mann, ein Glas in der Hand, von einem Licht erleuchtet. Vor Aerger darüber war sie nahe daran, sich zu erstechen. Nun wollte sie durchaus, um von der Akademie als Mitglied aufgenommen zu werden, ein Bild für den König malen und beschwor Diderot, dies durchzusetzen, der ihr die Unmöglichkeit der Gewährung ihres Wunsches umsonst demonstrirte. Sie hatte ihm eine Kleopatra geschenkt und ihn selber ganz nackt, bis zum Gürtel, nicht schlecht, wie er sagt, porträtirt. Er verschaffte ihr, weil sie in ihren Ausgaben verschwenderisch war und daher in ewigen Geldverlegenheiten lebte, durch seine Bekanntschaft 5—600 Louisdor und gab ihr selbst nicht unansehnliche Zubußen. Sie entfloh endlich aus Paris und schickte ihre Gläubiger Diderot über den Hals. In seinen Briefen an Sophie Voland finden wir die nähern Data dieses Handels, der ihm unendliche Unruhe verursachte und über welchen er schließlich im „Salon" folgendes Resultat zusammenfaßt: „Der arme Philosoph, der gegen das Elend voll Mitgefühl ist, weil er es erfahren hat; der arme Philosoph, der seine Zeit gebraucht und sie dem ersten besten schenkt; der arme Philosoph hat sich neun Monate hindurch gequält, für die preußische Künstlerin Arbeit zu erbetteln. Der arme Philosoph, dessen lebhaftes Interesse man misdeutete, ist verleumdet worden, bei einer Frau geschlafen zu haben, die nicht hübsch ist. Der arme Philosoph hat sich in der Nothwendigkeit befunden, entweder die Unglückliche ihrem traurigen Schicksal zu überlassen, oder die widrigsten Verdächtigungen für ihn zu beglaubigen, die zugleich von den übelsten Consequenzen für die waren, welchen er helfen wollte. Der arme Philosoph hat sich darüber mit der Unschuld seines Betragens beruhigt und anzügliche Reden verachtet, die einen andern, als ihn, gehindert hätten, das Gute zu thun. Der arme Philosoph hat die Großen, die Kleinen, die Indifferenten, seine Freunde herangezogen und die verschwenderische Künstlerin 5—600 Louisdor verdienen lassen, von denen nach sechs Monaten nicht eine Stecknadel übrig war. Der arme Philosoph hat die Preußin zwanzigmal auf der Schwelle des Schuldgefängnisses aufgehalten. Der arme Philosoph hat die Wuth ihrer Gläubiger besänftigt, welche sich an die Räder ihres Postwagens geklammert hatten. Der arme Philosoph hat für die Rechtlichkeit dieser Frau Bürgschaft geleistet. Was hat der arme Philosoph nicht für sie gethan und was ist die Belohnung, die er davon geerntet hat? — Doch wol die Genugthuung, das Gute gethan zu haben? — Ohne Zweifel, aber nichts nach den Beweisen der schwärzesten Undankbarkeit. Die unwürdige Preußin behauptet jetzt, daß ich ihr Glück vernichtet habe, weil ich sie in dem Moment aus Paris vertrieben hätte, wo sie dicht daran gewesen sei, höchst angesehen zu werden. Die unwürdige Preußin behandelt unsern Lagrénée, unsern Vien, unsern Vernet als abscheuliche Schmierer. Die unwürdige Preußin vergißt ihre Gläubiger, die unaufhörlich an meine Thür pochen. Die unwürdige Preußin schuldet hier Gemälde, für welche sie den Preis erhalten hat und welche sie nicht machen wird. Die unwürdige Preußin beschimpft ihre Wohlthäter. Die unwürdige Preußin hat — — einen verdrehten Kopf und ein verderbtes Herz. Die unwürdige Preußin hat dem armen Philosophen eine gute Lehre gegeben, von welcher er keinen Nutzen ziehen wird, denn er wird gut und dumm bleiben, wie Gott ihn gemacht hat."

Wir haben oben in der Einleitung zu den „Salons" gesagt, daß Diderot, der Atheist, der die Religionen für ein Unglück der Menschen hielt, doch für die ästhetische Seite des Christenthums eine tiefe Sympathie besaß, welche ihn das Schwächliche und Verfehlte in den religiösen Gemälden der zeitgenössischen Maler sehr lebhaft empfinden ließ. Es ist nur zu verwundern, daß die ästhetische Würdigung, da sie, ohne zugleich eine ethische zu werden, unmöglich war, ihn so wenig anregte, den wahren Geist des Christenthums von seiner mythischen und symbolischen Hülle zu unterscheiden. Weil sein Verstand an den Wundern Anstoß nimmt, weil der Heilige Geist in der Form einer Taube ihm lächerlich ist, weil ihm stets die Greuel gegenwärtig sind, zu denen der religiöse Fanatismus Juden und Heiden, Katholiken und Protestanten, Jesuiten und Jansenisten, hingerissen hat, wendet er sich immer von der Religion ab, obwol, wie wir wiederholt von ihm gehört haben, das Christenthum als die Religion der Armen, der Unterdrückten, der Unglücklichen, ihm das Bekenntniß abzwingt, daß es durch seine Vorstellung der Aufopferung des Sohnes Gottes selbst zur Beseligung der Menschen eine Kraft absoluter Versöhnung mit allem Uebel, allem Leiden, ja mit dem Bösen, in sich trage. Ich habe von ihm oben die Stelle angeführt, wo er bei Erwähnung der Maria, welche den Leichnam ihres Sohnes auf dem Schos hat, ausspricht, welch ein unendlicher Trost für den Leidenden in dieser Anschauung liege, weil er sich fragen müsse, ob er mehr Anrecht auf Glück habe als diese schmerzensreiche Mutter, und ob er denn besser als dieser Sohn sei? Gewöhnlich vergißt Diderot im „Salon" seine theologische Kritik und verhält sich ganz objectiv so, wie er bei Darstellungen aus der griechischen Mythologie es auch thut. Ein Bild von Parrocel: Jesus Christus auf dem Oelberge, zeigt uns in einer kurzen, nachdrücklichen Weise diesen objectiven Sinn. Er nennt das Bild ein plattes, sublime dans son genre. „In der Höhe erblickt man Engel, die ganz vergnügt mit der Lanze, dem Kreuz, der Geisel und den andern Marterwerkzeugen der Passion spielen. In der Mitte steht ein großer Engel aufrecht, der zu Christus zu sagen scheint: Nun, warum bleibt Ihr nicht, wo Ihr wart? Ging es Euch nicht gut? Warum mußtet Ihr Euch darauf einlassen, für die Thorheiten anderer zu zahlen? Warum erklärtet Ihr Euerm Vater nicht rundheraus, daß diese Rolle nicht für Euch paßte? Dieser Engel ist ganz wie ein Schalksnarr gemacht. Christus scheint von der Richtigkeit seines Tadels genugsam durchdrungen. Das ist nicht der Christus des Evangeliums, niedergebeugt, mit dem Tode kämpfend, von Blutschweiß bedeckt, den bittern Kelch zurückstoßend. Diese Verzagtheit ist Herrn Parrocel eines Gottes unwürdig erschienen. Er hat sich darauf gelegt, den esprit fort zu spielen, wo es sich darum handelte, Maler zu sein. Wir wissen so gut als du, mein Freund, daß diese Fabel lächerlich ist, aber muß man deswegen alberne Gemälde daraus machen? — Unterhalb schlafen drei Apostel in voller Seelenruhe. Und man kann ihnen die geringe Theilnahme für ihren Meister kaum zum Vorwurf machen, weil der Maler ihn nicht interessant gemacht hat." — Sie (d. h. sein Freund Grimm, an den er die „Salons" richtet) „fühlen, daß Verbindung der Gruppen fehlt. Oben spielen die Engel, unten schlafen die Apostel. Aber schneiden Sie die Leinwand nicht in drei Stücke. Ich will noch ungerner drei schlechte Bilder als eins."

Loutherbourg veranlaßt Diderot zu einer Besprechung des Horazischen: Ut pictura poesis erit. Die Gemälde des jungen Künstlers, Schlachten, Seestücke, Ruinen, haben seinen ganzen Beifall. Er erblickt in ihm einen aufstrebenden Nebenbuhler Vernet's. Er tadelt die Einförmigkeit der Staffage seiner Landschaften, immer nur Hirten und Vieh, Vieh und Hirten, und hält ihm als Muster sinnreicher Staffage die Landschaft von N. Poussin vor, welche man eine Schreckensscene zu nennen pflegt, worin durch eine große Schlange, die aus einem Sumpf hervorkriecht, alle

Personen, die in verschiedenen Situationen die Landschaften beleben, in verschiedenen Graden, je nach ihrer Entfernung, bedroht werden. Ein Mann im Vordergrunde erblickt die Schlange und flieht; ein anderer links hört dies und springt von seinem Sitz auf; er hat die Gefahr verstanden; eine Wäscherin etwas weiter hin hört das Geräusch und wird aufmerksam; im Hintergrunde überlassen sich Wanderer noch einer sorglosen Ruhe. So kommt Einheit in die Staffage.

Diderot bemerkt bei einem mittelmäßigen, aber von der Menge vielbewunderten Bilde, daß die glückliche Mittelmäßigkeit dem Künstler den größten Erfolg sichert, weil das Publikum sie am leichtesten versteht. Diejenigen, welche sich über die Durchschnittsbildung der Sitten und des Geschmacks einer Nation erheben, werden Narren, bizarre und originelle Menschen genannt; die, welche unter dieselbe heruntersinken, sind platt und beschränkt. Der Fortschritt des menschlichen Geistes bei einem Volk macht den Maßstab beweglich und mancher Mensch lebt für seinen Ruf zu lange. Der, welcher seinem Jahrhundert voraneilt, darf nur auf geringe Zustimmung rechnen und sich über seine Vergessenheit Glück wünschen, weil sie ihn der Verfolgung entzieht.

Nachdem Diderot Amand, Fragonard, Monnet, Taraval, Restout abgefertigt hat, hält er einen Augenblick inne, durch einen état actuel de l'école française das Resultat seiner bisherigen Betrachtungen festzustellen. Es ist nicht erfreulich. Die Schule ist gesunken und wird immer mehr sinken, weil der Luxus und die schlechten Sitten den Geschmack verderben. Sein Lob wie seinen Tadel will er nur relativ genommen wissen; das Lob in Verhältniß des Malers zu seinen Zeitgenossen; den Tadel im Verhältniß zu dem Titel eines Akademikers, mit welchem der Maler geschmückt ist. Er legt keinen Werth auf seine Urtheile.

Bei einem Bilde von du Rameau, der Triumph der Gerechtigkeit, das für die Chambre criminelle von Rouen bestimmt war, tadelt er das ewige Allegorisiren, mit dessen hundertmal verbrauchten abstracten Figuren sich immer nur etwas Gewöhnliches machen läßt, wohingegen der Maler einen concreten Fall aus der Geschichte hätte hervorsuchen müssen, den Richtern die Schwäche der menschlichen Natur zu vergegenwärtigen und sie zum Mitleiden und zum Mistrauen gegen sich selbst zu stimmen. Er erinnert mit glühender Beredsamkeit an den Justizmord des Calas und warnt vor der Gefahr, sich durch das Toben eines blinden und fanatischen Volks einschüchtern zu lassen. — Bei Renou kommt er noch einmal auf den poetischen Rhythmus zurück, Homer und Virgil miteinander zu vergleichen. Ich brauche nicht erst zu sagen, wem er den Vorzug gibt.

Zum Schluß der Gemäldekritik wendet Diderot sich gegen Webb's Meinung, daß die Bibel und das Martyrologium der Kunst keinen Stoff zu schönen Gemälden liefern könnten. Er meint, daß Webb den Mord der unschuldigen Kinder durch Lebrun oder Rubens, die Abnahme vom Kreuz durch Annibale Carracci, St.-Paul predigend zu Athen durch Lesueur, die heilige Magdalena durch Correggio, die heilige Jungfrau durch Baroccio u. s. w. unmöglich gesehen haben könne. „Warum soll ein Hercules, der den Nemäischen Löwen zerreißt, für die Malerei schön, und Simson, der dasselbe thut, häßlich sein? Warum soll der Christus, der die Absolution der Ehebrecherin mitten unter den beschämten Pharisäern mit dem Finger in den Sand schreibt, nicht ein ebenso schönes Bild sein, als Phryne, vor dem Areopag der Unfrömmigkeit angeklagt? Wenn der Abbé Galiani meint, daß die Maler und Bildhauer die Gestalten der antiken Götter und Heroen auf die christlichen Figuren hätten übertragen und Christus z. B. als einen Hercules mit dem Kreuz in der Hand darstellen müssen, so ist das ein grober Irrthum. Kann wol der arme, wehmüthige, fastende, betende, wachende, leidende, geschlagene, geohrfeigte Christus jemals die Statur jenes kräftigen Räubers haben, der in der Wiege damit anfing, Schlangen zu zerdrücken, und sein übriges Leben hinbrachte, mit einer Keule in der Hand Ungeheuer zu tödten und Mädchen zu entjungfern? Kann man der jungfräulichen Mutter Maria wol die Hände, Arme, Schultern, Hüften und Schenkel der Venus Kallipygos geben? Das geht nicht. Man kann nur wie Rafael und Poussin handeln, die Formen der antiken Gestalten nach ihren Proportionen für die christlichen Stoffe zu benutzen, sodaß bei dieser Metamorphose nur der Unterrichtete, der Gelehrte den zum Muster genommenen Typus durchschimmern sieht. Wenn man den christlichen Aberglauben so undankbar für die Kunst als Webb hält, so heißt das die Kunst und die Geschichte der Religion ignoriren und gar keine Vorstellung von dem Stolz haben, mit welchem manche christliche Schwärmer sich am Fuß des Tribunals der Prätoren auslieferten; keine Vorstellung von der prätorialen Majestät, von der kalten und ruhigen Wildheit der Priester; keine Vorstellung davon, daß solche Compositionen mich mehr als alle Philosophen der Welt über diese Art der dämonischen Erregtheit und dessen, was sie vermag, belehren. Der Patriotismus und die Theophobie sind die Quellen großer Tragödien und furchtbarer Gemälde. Was? Der Christ, der ein Opfer unterbricht, die Altäre umstürzt, die Götterstatuen zerschlägt, den Hohenpriester beschimpft, der Obrigkeit trotzt, sollte kein großes Schauspiel darbieten? Solche Ansichten scheinen mir durch die kleinen Brillen der Antikomanie gesehen."

Die Kritik der Sculpturwerke dieses „Salon" übergehen wir. Bei den Porträtbilsten verfolgt Diderot mit Ironie den Gedanken, welche Wuth viele Menschen beseelt, ihre dumme Physiognomie zu verewigen. Zum Schluß gibt er zwei besondere Stücke, eine Abhandlung über die Manier und eine Erzählung von den beiden Akademien, die Ungerechtigkeiten derselben bei ihren Preisvertheilungen zu rügen. Die Abhandlung über die Manier untersucht die Entstehung derselben aus der Entwickelung des Geschmacks der Nationen, der Schulen, der Künstler. Die Manier als solche, sobald damit der bestimmte Typus in dem Stil ausgedrückt wird, wie wenn man von der Manier Rafael's oder Poussin's spricht, ist kein Fehler; erst das Manierirte ist die ästhetische Sünde, weil es gesucht, gezwungen, bizarr, albern, gehaltlos, gekünstelt ist, wie bei den ohnmächtigen Nachahmern großer Meister. Weil das primitive Modell in der Natur wegen ihrer unvermeidlichen Unvollkommenheit empirisch nicht zu finden ist und weil es dem Geist der Künstler nur mehr oder weniger unbestimmt vorschwebt, so kann er sich ihm nur durch Versuche nähern, in welche seine Individualität eintritt und die ihm eigene Manier erzeugt, die erst dann Tadel verdient, wenn sie naturwidrig und affectirt wird. Das Manierirte der Zeichnung, des Colorits, des Helldunkels, des Ausdrucks, ist die Grimasse der correcten Form, die falsche Uebertreibung der Größe oder Kleinheit, der Contraste, der Nachahmung der Natur, die als übertreu ins Armselige fällt, der Idealität, die sich ins Gedunsene und Leere verliert. Die Uebertreibung (l'exagération) ist noch nicht zu tadeln, sobald sie harmonisch bleibt, und der schönen Natur nicht widerspricht. In der Ilias sind alle physischen und moralischen Phänomene größer, als sie in einem Roman, der die Wirklichkeit reflectirt, erscheinen können. Eben deshalb bewundern wir sie.

Der „Salon" von 1769.

Wir besitzen, wie oben berichtet worden, nur einen kleinen Rest von ihm, der mit Greuze anhebt, welcher ein großes historisches Bild ausgestellt hatte, wie der Kaiser Septimius Severus seinem Sohne Caracalla vorwirft, ihm in den schottischen Engpässen nach dem Leben gestellt zu haben. Diderot kann sich mit ihm nicht einverstanden erklären, denn Greuze ging damit aus seinem eigentlichen Gebiet, aus der Genremalerei, heraus. In der Akademie waren aber nur die peintres d'histoire bevorzugt, die Professuren und sonstige Ehrenfunctionen der Akademie in Anspruch nehmen zu dürfen; die Genremaler waren davon ausgeschlossen.

Wollten sie also die Berechtigung erwerben, so mußten sie eine historische Composition riskiren. Von den Genrebildern lobt Diderot ein kleines Mädchen, das einen schwarzen Hund zwischen den Knien hält, über alle maßen. Es ist nach ihm Greuze's Meisterstück; seit der Wiederherstellung der Malerei hat man nichts Besseres gemacht als den Kopf und das Knie dieses Mädchens. Die Künstler selbst erklären es für das beste Werk des Salons u. s. w. Ich besitze ein Kupferstichwerk, die Galerie des Herzogs von Choiseul, welche Basan 1771 zu Paris herausgab, und in welchem sich, unter andern Sachen Greuze's, auch dies kleine Mädchen befindet, das mit seinem Hunde spielt. De Launay le jeune hat es gestochen. Darf ich nach diesem Stich urtheilen, so halte ich Diderot's Lob für ganz unbegreiflich. Das Bild ist eine höchst gewöhnliche Composition, wenn sie auch im Farbenglanz mehr interessiren mochte.

Die schlechten Bilder erwecken in Diderot eine beklommene Empfindung. Er spürt den Untergang der schönen Kunst, welcher durch die wachsende Richtung des Tags auf das Reelle, Nützliche, Oekonomische beschleunigt ward. Konnte es anders sein bei dem traurigen Zustande der Verwaltung Frankreichs! Mußte nicht die Finanznoth des Hofes, der unsagliche Steuerdruck der Landleute, die Beschäftigung mit der Nationalökonomie, der ein Boisguillebert, Vauban, Turgot, Necker ihre Kräfte widmeten, zu einer immer dringendern machen? Diderot sagt: „Ich fürchte, mein Freund, daß die Weissagung des Großkanzlers von England im Begriff ist, sich in Frankreich zu erfüllen: daß nämlich die Philosophie, die Poesie, die Wissenschaften und die schönen Künste bei einem Volke sich dem Verfall zuneigen, wenn die Köpfe, den Gegenständen der Nützlichkeit zugewendet, sich mit der Verwaltung, dem Handel, dem Ackerbau, der Ein- und Ausfuhr und den Finanzen beschäftigen. Ihr Freund, der Abbé Raynal, könnte sich rühmen, der Held der Revolution gewesen zu sein:

Saepe sinistra cava praedixit ab ilice cornix.

Inmitten dieses Geistes der Berechnung verbreitet sich der Geschmack an sinnlicher Behaglichkeit und der Enthusiasmus verliert sich. Ich werde den Geschmack und die Sitten sich drei- bis viermal in Frankreich ändern gesehen haben und ich werde nicht lange gelebt haben. Der Geschmack an den schönen Künsten setzt eine gewisse Nichtachtung des Vermögens, eine gewisse Sorglosigkeit über seine häuslichen Angelegenheiten, eine gewisse Thorheit voraus, die von Tag zu Tag abnimmt. Man wird weise und platt; man lobt die Gegenwart, man bezieht alles auf den kleinen Moment seiner Existenz und seiner Dauer. Das Gefühl der Unsterblichkeit, die Achtung vor der Nachwelt, sind sinnleere Worte, die aus Mitleid lächeln lassen.

Man will genießen; nach uns die Sündflut! Man spricht hin und her, man prüft, man fühlt wenig, man vernünftelt viel, man mißt alles nach dem scrupulösen Niveau der Logik, der Methode, und selbst der Wahrheit. Was sollen die schönen Künste, die alle auf Uebertreibung und Täuschung begründet sind, unter Menschen werden, die sich unaufhörlich mit Realitäten beschäftigen, die von Standes wegen Feinde der Phantasiegebilde sind, welche ihr Hauch verschwinden macht? Gewiß ist die Wissenschaft der Oekonomie eine schöne Sache, aber sie wird uns verdummen. Schon erblicke ich unsere Enkel, den Rechenknecht in der Tasche und das Portefeuille der Finanzen unter dem Arm. Der Strom, der uns fortreißt, ist nicht der des Genies." Gewiß nicht; es war der der Revolution.

Diderot meint, man werde in seinen „Salons" manchmal etwas suchen, was man nicht darin finde, und dagegen auch manches finden, was man nicht suche. Er erzählt nun einige pikante Anekdoten von der Schlechtigkeit der Prinzenerziehung und dankt seinen Aeltern für die Erziehung, welche sie ihm gegeben haben. Gott bittet er, sich der Schlechten anzunehmen. „Was soll man in einem vorgerücktern Alter von Menschen erwarten, denen man in ihrer Kindheit eine so ausschweifende Vorstellung ihrer Macht beigebracht hat? Ein Musiklehrer gab einem Prinzen Unterricht. Er sang falsch. Der Lehrer hielt ihn an und sagte: So muß man singen. Man muß? sagte der Prinz mit verwundertem Blicke zu ihm, und der elende Lehrer hatte nicht den Muth, zu erwidern: Ja, mein Herr, man muß. Glauben Sie, daß die Tonleiter von Ihnen abhängt? Es gibt noch viel wichtigere Dinge, die nicht von Ihnen abhängen, und wenn Sie nicht mit Kothseelen zu thun haben, werden Sie noch oft dies Man muß! zu hören bekommen. — Ich bedauere, daß für diese verruchten Verderber jener Kinder keine Hölle existirt. Es ist also nur zu wahr, daß kein Ort der Strafe für sie nach diesem Leben da ist, welches sie mit ihren Schandthaten besudelt, mit unsern Thränen getränkt haben. Sie haben uns weinen machen und sie werden nicht weinen! Ich leide tödlich, nicht an Gott glauben zu können. Ach Gott, würdest du diese Ungeheuer, die uns beherrschen, und die, welche sie gebildet haben, dulden können, wenn du mehr wärst als ein bloßes Schreckbild der Nationen?"

Die Finanznoth ließ sich auch schon in der Akademie spüren. Diderot erzählt gelegentlich, bei der Musterung der Bildhauerarbeiten, daß die Professoren nicht mehr bezahlt, daß die Schüler keine Modelle mehr haben würden, wenn Privatpersonen sie nicht aus einem Schamgefühl der nationalen Ehre bezahlten; daß der Verkauf des Katalogs für 12 Sous an der Thür des Salons seit einigen Jahren die ganze Einnahme der Akademie ausmachte.

Ueber den Bildhauer Bouchardon, der 1762 starb, schrieb er einen eigenen Aufsatz, gegen welchen Grimm geistreich replicirte.

Die „Salons" von 1771, 1775, 1781.

Diese „Salons", die ich in einer Copie besitze, welche ich in Petersburg mir von ihnen habe machen lassen, enthalten noch viele gute Beschreibungen und treffende Bemerkungen, namentlich der von 1775, welcher die Form eines Dialogs zwischen Diderot und einem Künstler, Herrn de St.-Quentin, hat. Allein im ganzen stehen sie den frühern „Salons" sehr nach. Das Urtheil in ihnen ist vielleicht sogar richtiger, allein es fehlt ihnen die Frische, die ideale Ueberschwenglichkeit, das Abspringen zu allgemeinern Betrachtungen; die Wendungen der Kritik sind schon stereotyp geworden und der Ton hat oft das Säuerliche einer kennerischen Sicherheit. Diderot ist noch Kritiker, aber er ist nicht mehr Dichter.

Um hier die Arbeiten Diderot's über die bildende Kunst abzuschließen, bemerke ich noch, daß seine schon bei der Encyklopädie erwähnte Geschichte der Wachsmalerei: „L'histoire et le secret de la peinture en cire", von ihm 1755 geschrieben war, wie er in der Vorrede zum sechsten Bande der Encyklopädie 1756 berichtet. Er ließ sie in Duodez ohne Namen und Datum, 103 Seiten, mit einem falschen Titel, in einer nur kleinen Anzahl von Exemplaren drucken, von denen Naigeon endlich eins auftrieb, das er 1798 in seiner Gesammtausgabe abdrucken ließ. Sie geht vom technischen Interesse aus und enthält besonders die Geschichte des Blumenmalers Bachelier, der 1749 ein Gemälde in Wachs gefertigt hatte, das Flora und Zephyr darstellte.

Wir sehen, daß Diderot in der bildenden Kunst einen ähnlichen Kampf als in der Poesie durchstritt. In dieser war es die zur Unwahrheit gewordene conventionelle Form des Dramas, gegen welche er die Wahrheit der Natur, den Realismus der Wahrscheinlichkeit, den prosaischen Stil, geltend zu machen suchte. Er ehrte Racine und Molière im höchsten Grade, aber er empfand einen Ekel vor der innern Leblosigkeit, zu welcher die Tragödie und Komödie heruntergesunken waren, immer denselben Kreis der traditionellen Charaktere und Sentenzen in den Antithesen des Alexandriners zu durchlaufen. So langweilte ihn auch in der Malerei die historische Gattung mit ihren Göttern, ihren allegorischen Figuren, ihren Heiligen. Und noch mehr langweilte ihn die Todheit der akademischen Formen, in welchen diese Gegenstände, die im Bewußtsein der Nation keine lebendige Gegenwart mehr hatten, immer von neuem dargestellt wurden. Gegen dies ermüdende Einerlei in der Vertheilung von Licht und Schatten, in der Wahl und Contrastirung der Farben, in der Anordnung der Gruppen, in dem Ausdruck der Affecte, predigte er das Evangelium der Naturwahrheit, der Beobachtung und Nachahmung des wirklichen Lebens in seiner unendlichen Mannichfaltigkeit. Daß er diese Nachahmung nicht in dem beschränkten Sinn einer bloßen Copirung der Natur verstanden wissen wollte, haben wir uns hinreichend überzeugt. Sie sollte nur das Mittel werden, die Verfälschung der Natur zu vermeiden, denn das Ideal, welches den Künstler begeistern soll, wird nicht in der Natur gefunden. Die Natur bringt das schlechthin Vollkommene nicht hervor, wie er im Vorwort zum „Salon" 1767 ausdrücklich auseinandersetzt. Es gehört dem Geist an. Was wir Genie nennen, ist die productive Kraft des Künstlers, aus dem Ideal, das ihm vorschwebt, Gestalten zu schaffen, die uns entzücken, weil sie größer, weil sie anmuthiger, weil sie schöner sind als alles, was wir empirisch wahrzunehmen vermögen. Wenn Diderot die Unendlichkeit des Universums, die Riesenkräfte der Natur erwägt, denen gegenüber der Mensch zunächst so klein und schwach erscheint, so erstaunt er über die Macht des Genies in einem Vernet, der wie ein Gott Licht, Luft, Blitz, Sturm, Felsen, Wälder, Meere schafft. Die Opposition gegen die Manierirtheit des herrschenden dramatischen Systems hatte ihn dazu gebracht, das bürgerliche Drama in prosaischer Rede als die fruchtbarste, im Boden der Wirklichkeit wurzelnde Gattung zu empfehlen. Dieselbe Opposition gegen die Manierirtheit des herrschenden Systems der akademischen Malerei brachte ihn dahin, in ihr das Genrebild zu bevorzugen. Das bürgerliche Drama und das Genrebild sind bei ihm auch darin Parallelen, daß sie der moralischen Tendenz am günstigsten sind. Greuze wird daher, weil er gleichsam Familiendramen malt, sein Liebling. Die moralische Tendenz der Diderot'schen Aesthetik war ihre Einseitigkeit, in welche ihn der Widerspruch gegen die immer größere Entsittlichung der Zeit stürzte, und insofern durchaus berechtigt. Doch war er zu gebildet und liberal, um nicht auch dem religiösen und heroischen Pathos, den grotesken und burlesken Gestalten der Komik und selbst den Fictionen der phantastischen Composition ihr Recht zu lassen. Die Landschafterei aber mußte er lieben, weil sie die Natur darstellt. Die akademischen Vorurtheile konnten ihre Entwickelung am wenigsten hemmen.

Wir besitzen nun von Diderot zwei Producte, welche ihn als Aesthetiker noch nach zwei Seiten hin illustriren und welche gleich hier aufzunehmen uns am schicklichsten und lehrreichsten scheint. Das eine ist sein Briefwechsel mit Falconet über die Unsterblichkeit des Nachruhms und das andere sind seine Ansichten über die Schauspielkunst, bei denen er das Studium der Natur einerseits und die schöpferische Thätigkeit des Künstlers aus dem Ideal heraus andererseits als die beiden gleich sehr nothwendigen Bedingungen eines glücklichen Erfolgs hinstellte.

Wenn wir bei unserer Durchmusterung der „Salons" die Sculptur wenig berücksichtigt haben, so liegt der Grund davon nicht darin, daß Diderot nicht auch ihre Werke Nummer vor Nummer recensirt und oft mit geistreichen Bemerkungen begleitet hätte, sondern darin, daß die damaligen Bildhauer, mit Ausnahme von Lemoyne, Bouchardon, Pigalle, Falconet, noch unbedeutender waren als die Maler, und daß Diderot, wenn er zu ihnen gelangt, das, was er von allgemeinern ästhetischen Begriffen mitzutheilen angeregt war, in der Regel schon bei der Besprechung der Bilder erschöpft hatte. Für eine genauere Geschichte jener Periode der Kunst bei den Franzosen würden die Nachrichten und Bemerkungen Diderot's über die Bildhauer natürlich noch immer von Werth sein.

Arsène Houssaye hat 1860 in Paris ein sehr elegantes Buch unter dem Titel „Histoire de l'art français au dix-huitième siècle" geschrieben, darin jedoch nicht sowol eine Geschichte der Kunst in ihren verschiedenen Epochen, als nur einzelner hervorragender Künstler gegeben. Das Romanhafte im Leben derselben hat ihn vorzüglich angezogen und er hat ihre Liebesgeschichten mit reizender Anmuth erzählt. Er kennt Diderot's „Salons" und gesteht, daß man in der Kunstkritik mit Diderot anfangen und aufhören müsse. Trotz dieser Anerkennung scheint es mir, als habe er Diderot nicht genugsam ausgebeutet. Er führt einzelne pikante Aeußerungen von ihm an, allein er benutzt ihn nicht, wie er für eine Zeit benutzt werden kann, deren Werke sich so sehr verloren haben, weshalb, außer der Beschreibung, welche der „Mercure de France" von den Salons brachte, Diderot's Kritiken und Nachrichten als eine Hauptquelle betrachtet werden müssen. Das, was in einem deutschen Buch: „Kunst und Künstler des 18. Jahrhunderts", von W. Becker und A. Görling (Leipzig, 1865), über die französische Kunst sich findet, ist wesentlich nur ein Auszug aus Houssaye. Die Schilderung, welche darin von dem „Schöngeist" Diderot gemacht wird, der mit der größten Unbefangenheit geschauspielert haben soll, beruht auch schwerlich auf eigener Kenntniß seiner „Salons".

Briefwechsel Diderot's mit Falconet über das Verlangen, seinen Namen der Nachwelt zu überliefern. 1765—67.

Falconet war 1716 im Waadtlande geboren. Wie Rousseau und Diderot arbeitete er sich in Paris, wo der Bildhauer Lemoyne sein Lehrer wurde, von unten nach oben empor. Er hatte es bis zu einem jährlichen Einkommen von ungefähr 10000 Francs gebracht, wozu noch sein Jahrgehalt von der Manufactur von Sèvres und das von der Akademie kamen, deren Mitglied er seit 1745 war. Seine Statue Milon's von Krotona verschaffte ihm die Aufnahme darin. Ein Pygmalion, eine Badende, ein drohender Amor, ein Christus für die Kirche St.-Roch, eine Iphigenie, ein Ambrosius für das Invalidenhotel u. s. w. hatten ihm einen bedeutenden Ruf gemacht. Diderot schlug ihn der Kaiserin Katharina vor, um die Reiterstatue Peter's des Großen in Petersburg zu fertigen. Sein Brief an den General Betzky, in welchem er 1765 seinen Freund empfiehlt und die Bedingungen für den Vertrag mit ihm entwirft, ist noch vorhanden. Er ist ebenso verständig und umsichtig als liebevoll. Der Vertrag kam zu Stande und Falconet ging nach Petersburg 1765; 1778 kehrte er nach Paris zurück. Wir sind Falconet schon in den „Salons" begegnet, in welchen Diderot eine Schilderung seines Charakters entwirft und wiederholt seiner Paradoxie erwähnt, auf die Unsterblichkeit des Nachruhms nichts zu geben. Diderot widersprach ihm hierin, wie er Sophie Voland am 21. Nov. 1765 zuerst schreibt, daß er angefangen habe, gegen einige Scherze Falconet's das Gefühl der Unsterblichkeit sehr ernsthaft zu vertheidigen, und dieser Widerspruch wurde Veranlassung zu einer Reihe von Briefen, die er vom 10. Dec. 1765 bis in das Jahr 1767 fortsetzte, wo der Gegenstand erschöpft war. Falconet's Briefe sind leider nicht vorhanden, nur Auszüge derjenigen Stellen aus ihnen, gegen welche Diderot seine Polemik speciell richtete. Es ist dies zu bedauern, denn Falconet war ein denkender Künstler, der wohl zu schreiben verstand, wie er dies vorzüglich durch seine „Réflexions sur la peinture" (1768) bewies. Die Correspondenz Diderot's mit ihm wurde zuerst 1830 von Paulin, III, 183—459, gedruckt, als er die von Grimm nachgelassenen Schriften herausgab.

Diderot, der Atheist, glaubte nicht an eine persönliche Unsterblichkeit. Mit dem Tode verschwand für ihn, was wir den Geist nennen, in Nichts. Um so leidenschaftlicher aber glaubte er an die Fortdauer des Ruhmes bei der Nachwelt, an die Unsterblichkeit in der Geschichte, welche nur durch eine gänzliche Zerstörung des Erdballs untergehen könnte. Der schlechte Mensch kann durch den Hinblick auf das Urtheil der Nachwelt zum Verbrechen nicht ermuthigt werden, denn dem Verbrechen errichtet man keine Statuen, wohingegen der große, der geniale Mensch in der Zustimmung seiner Zeitgenossen bereits das Urtheil der Nachwelt begrüßt, denn die Gegenwart ist schon der Anfang der Zukunft, wie man die Gegenwart nicht von der Vergangenheit trennen kann. Das Urtheil der Gegenwart ist jedoch nothwendig immer einseitig, und erst die Zukunft, die nicht mehr mit der empirischen Person zu thun hat, kann dem Verdienst völlig gerecht werden. Diese Ueberzeugung vertheidigt Diderot mit hinreißender Beredsamkeit. Sein Pathos ist hier frei von jeder leeren Declamation, weil es aus der innersten Tiefe seiner großen und schönen Seele strömt, die ein frohes Vorgefühl der Stellung hat, welche sie in der Arbeit des Menschengeschlechts und darum in der dankbaren Erinnerung derselben einnehmen wird. Die oft sehr energische und sinnreiche Opposition Falconet's wirkt als eine wohlthätige Herausforderung auf ihn. Wie immer, empfangen seine Aeußerungen durch die treffenden Citate und congruenten Beispiele, die ihm aus allen Sphären zu Gebote stehen, einen besondern Reiz. Die Consequenzen seiner Logik erscheinen im Schmuck eines dichterisch belebten Ausdrucks. Beide Briefsteller gehen übrigens gegeneinander mit einer Aufrichtigkeit und Ungenirtheit heraus, die oft sehr derb wird und sich nur aus der Vertraulichkeit ihrer Freundschaft erklärt.

Falconet theilte diese Briefe der Kaiserin Katharina mit, die ein großes Vergnügen daran empfand. Wie aus einem Briefe Diderot's an Sophie Voland erhellt, ging er damit um, sie drucken zu lassen, und erbat sie sich deshalb von Falconet zurück. Doch kam es nicht dazu. Weshalb, weiß ich nicht.

Der Briefwechsel beginnt mit dem Vorwurf, welchen Diderot seinem Freunde über die Gleichgültigkeit macht, die er gegen das Urtheil der Nachwelt zeigt, weil kein wahrhaft gefühltes Vergnügen chimärisch ist, weil man weder ein Thor noch ein Wahnsinniger ist, zu hoffen, daß die Nachwelt gegen uns Gerechtigkeit üben werde, weil die großen Namen über die

Verwüstung hinaus sind, seit Post und Buchdruk die Aufklärung der G. sie unvergänglich machen, und weil das Vorgefühl der Zukunft und das anticipirte Lob der Nachwelt dem großen Menschen natürlich sind. Wir wollen die Hauptpunkte der Differenz zwischen Falconet und Diderot als These und Antithese kurz nebeneinanderstellen.

These: Die Unsterblichkeit des Nachruhms ist chimarisch.

Antithese: Die Unsterblichkeit des Nachruhms ist eine sehr reelle Existenz, deren Vorstellung das Herz bewegt und in der Seele des Menschen alles ins Spiel bringt, was er von Energie erhalten hat.

These: Das Urtheil der Gegenwart genügt.

Antithese: Es genügt nicht, weil es nicht gerecht sein und weder den Gegenstand noch die Person unbefangen auffassen kann. Erst die Zukunft reinigt es von allem Zufälligen und bringt auch für die ungerecht Beurtheilten endlich die Ehrenrettung.

These: Das Lob der Zeitgenossen berauscht uns; was aber habe ich vom Nachruhm, wenn ich ihn nicht genieße?

Antithese: Ich genieße den Nachruhm, indem ich über die Enge der Gegenwart hinaus auf die Zukunft blicke.

These: Der Lohn — le comptant — ist der Zweck der Arbeit.

Antithese: Das läßt sich von endlicher Arbeit, nicht von der Production idealer Werke und Thaten sagen, die keinen Preis als den Ruhm haben, der selbst ideal ist und daher den Menschen begeistert.

These: Das Urtheil einer kleinen Anzahl von Kennern genügt und man kann das der Masse verachten.

Antithese: Zugegeben, so folgt daraus, daß dies Urtheil Weniger das des Anfangs einer wachsenden Reihe ist.

These: Der tüchtige Mensch kann das Urtheil der Nachwelt verachten.

Antithese: Unmöglich; über die Misachtung der Gegenwart tröstet er sich durch den Blick auf die Zukunft. Für den Unterdrückten, den Unglücklichen, ist der Appell an die Zukunft der einzige Trost. Das Urtheil der Zoilus ist nicht das der Nachwelt.

These: Auch der Einfältige und Eitle kann sich mit dem Ruhm der Nachwelt schmeicheln, wird ihn aber nicht von ihr erlangen.

Antithese: Dies ist richtig, beweist aber nicht gegen, sondern für die Realität des Nachruhms. Die Unsterblichkeit des Verbrechers kann auch existiren, allein sie ist mit dem Abscheu der Menschheit begleitet und der Blick auf die Zukunft wird daher einen schlechten Menschen niemals ermuthigen.

These: Das Genie ist die einzige Ursache großer Dinge und genügt sich selbst.

Antithese: Das Genie ist nicht die einzige Ursache großer Dinge. Sich selbst schlechthin genügende Menschen existiren nicht und das Gefühl für die Zukunft gehört den schönen Epochen der Menschheit an, in denen sie eine monumentale Kunst erschafft. Gerade die Sculptur wird das künstlerische Organ für die Verewigung des Nachruhms.

Dies ungefähr würde die Summe der wesentlichsten Gegensätze in diesen zwölf Briefen sein; die Untersuchung springt jedoch von dem eigentlich philosophischen Faden auch auf concrete nebenliegende Objecte ab, unter welchen besonders drei hervorstechen, der Kopf des Olympischen Zeus von Phidias, des Plinius Kunstgeschichte und die Beschreibung der Gemälde des Polygnot von Pausanias. Plinius war von Falconet verächtlich behandelt worden und Diderot nimmt sich seiner Verdienste gegen ihn an. Er fühlte wohl seine Verwandtschaft mit dem römischen Polyhistor. Die Beschreibung der Halle des Polygnot führt Diderot auf den Homer und gibt zu vielen interessanten Bemerkungen Anlaß, durch welche Diderot zu beweisen unternimmt, daß diese Gemälde nicht das Werk einer erst entstehenden Kunst sein konnten, sondern sich schon eine andere Epoche voraussetzten. Er hatte recht mit dieser Behauptung. Der Philosoph wie der Künstler ertappten sich hierbei gegenseitig auf Fehlern und Irrthümern, sodaß Diderot den elften Brief mit einer „Liste des sottises de Diderot et des inadvertances de Falconet“ schloß.

Um nun dem Leser von der Art und Weise, wie der Kampf zwischen ihnen geführt wurde, eine Anschauung zu geben und die Hoheit des ethisch-ästhetischen Idealismus unsers Philosophen zu beurkunden, werde ich eine Anzahl besonders prägnanter Stellen aus dem Briefwechsel als ein kleines zusammenhängendes Ganzes vorlegen. Bei der relativen Unbekanntheit der Diderot'schen Schriften scheint mir dies der einzig sichere Weg, dem Leser ein selbständiges Urtheil zu ermöglichen. Ich werde aus allen Briefen einen einzigen machen.

„Es ist süß“, beginnt Diderot, „während der Nacht ein Flötenconcert in der Ferne zu hören, von welchem wir nur einige zerstreute Töne vernehmen, die es unserer Phantasie zu verbinden gelingt und woraus sie einen zusammenhängenden Gesang macht, der um so mehr Reiz hat, als er guten Theils ihr eigenes Werk ist. Ich glaube, daß das in der Nähe aufgeführte Concert seinen Werth hat, aber glauben Sie mir, mein Freund, nicht dies, sondern das erstere ist es, welches berauscht. Der Kreis, der uns umgibt und worin man uns bewundert, die Dauer, während welcher wir existiren und unser Lob vernehmen, die Zahl derer, welche das Lob, das wir verdient haben, geradezu an uns richten, das alles ist zu klein für die Capacität unserer ehrgeizigen Seele. Vielleicht würden wir uns für unsere Arbeiten durch die Kniebeugungen der gesammten gegenwärtigen Welt nicht genugsam belohnt finden. Zur Seite derer, welche schon prosternirt sind, lassen wir auch noch diejenigen knien, welche noch nicht sind. Nur eine unbegrenzte Menge von Anbetern kann einem Geist genugen, dessen Schwung immer ins Unendliche hin gerichtet ist.

„Sie sehen, mein Freund, daß ich über alles dies spotte, daß ich mich und alle die Köpfe, die so schlecht, als der meinige sind, persiflire. Und doch, ich gestehe es, finde ich, wenn ich in das Innere meines Herzens blicke, dort das Gefühl, über welches ich spotte, und ein Ohr, mehr eitel als philosophisch, hört selbst in diesem Augenblick einige kaum vernehmliche Töne des fernen Concerts.

„O curas hominum! O quantum est in rebus inane!

„Das ist wahr, allein nur, wenn man das Glück auf die Realität zurückführt.

„Ich habe es Ihnen gesagt und ich wiederhole es: unser Eifer proportionirt sich heimlich der Zeit, der Dauer, der Anzahl der Zeugen. Ihre Skizze machen Sie vielleicht für sich, allein Sie beendigen dieselbe für andere. Also, wenn alles unter uns übrigens gleich ist, — gleiches Gefühl, gleiches Talent, gleiche Liebe der gegenwärtigen Achtung, gleiche Furcht vor dem Tadel der Gegenwart, — so werde ich, wenn ich hierzu den Gedanken der Nachwelt füge, wenn ich die Zahl derer, die mich anerkennen und die mich verwerfen, mit der unendlichen Menge der künftigen Zeugen vermehre, meine Sache gut zu machen, ein Motiv mehr als Sie haben. Sie werden der Mann des Katafalks sein, den man heute errichtet und morgen zerstört; ich werde der Mann des Triumphbogens sein, den man für die Ewigkeit errichtet.

„Die Energie dieses besondern Antriebes ist nur denen wohlbekannt, die ihn besitzen. Urtheilen Sie über dieselben nach ihren Reden und Handlungen; je mehr Werth sie dem künftigen Leben beigelegt haben, um so mehr haben sie auf das gegenwärtige gelegt. Sie sind vor allem tausend Meilen weit über den kleinen Ehrgeiz erhaben, einen Nebenbuhler zu übertreffen. Ich könnte es unendlich besser, als er, gemacht haben und könnte doch verzweifeln. Ich projectire ein Denkmal, das mich unsterblich macht. Ich will die Bewunderung des Jahrhunderts und der kommenden Jahrhunderte, und wenn ich mir eine Zeit vorstellen könnte, wo meine Arbeit verachtet sein wird, so würde aller Beifall meiner Zeitgenossen mich nicht über den Lärm der künftigen Verspottung blenden.

„Das Gefühl der Unsterblichkeit, die Achtung vor der Nachwelt, schließt keine Art des Wetteifers aus. Beide haben überdem ich weiß nicht welche geheime Analogie mit der Begeisterung der Poesie. Vielleicht verkehren Poeten und Propheten mit Vergangenheit und Zukunft in diesem Zustande. Sie rufen so oft die Todten an; sie richten sich so oft an die kommenden Geschlechter, daß ihr Gedanke immer diesseit oder jenseit ihrer Existenz ist. Es sind dies seltene, außerordentliche, erstaunliche Wesen. Es ist nicht Krankheit, es ist Poesie, welche man τὸ ϑεῖον nennen müßte.

„Lassen Sie mich, sage ich Ihnen, mit Ihrem kleinlichen und schäbigen: Was wird man dazu sagen? in Ruhe. Das wahre: Was wird man dazu sagen? ist das ewige. Ich frage nicht blos nach dem, was man morgen und übermorgen dazu sagen wird, sondern nach dem, was man in hundert Jahren dazu sagen wird. Wahrhaftig, wenn Ihr: Was wird man morgen dazu sagen? das Genie außer sich versetzen kann, so wird augenscheinlich mein: Was wird man morgen und nach zwanzig Jahrhunderten davon sagen? es nicht niederdrücken. Je mehr Raum ich umfasse, je mehr Zeugen ich anrufe, je mehr ich von der Perfectibilität des Menschen und seiner Werke überzeugt bin, um so mächtiger ist das Ziel, das ich mir vorsetze. Ich habe den nämlichen Gerichtshof wie Sie, und ich mache mir noch einen viel strengern als diesen. Es ist keine Ursache ohne Wirkung. Ich trage in mir eine Ursache mehr, und wenn Sie von der Gewalt dieser Ursache erschreckt sein wollen, so wandern Sie einen Augenblick mit Ihrer Phantasie in der Geschichte umher und sehen Sie, ob mein Schweigen, wenn ich überhaupt geschwiegen habe, ein Zeugniß für das ist, was Sie die Wahrheit zu nennen belieben.

„Ich soll undankbar gegen meine Zeitgenossen sein? Ich? Ich lege den größten Werth auf ihre Achtung, wenn sie aufrichtig, verständig und beständig ist. Woher nehmen Sie, daß dieser Ehrgeiz, der meinen Blick über ihre und meine Existenz hinausträgt, der ein Stachel mehr in meinem Sporn ist und der auf tausend dornigen Pfaden der einzige ist, welcher ihr bleibt, jemals angegriffen werden könne? Um die Menschen richtig zu beurtheilen, handelt es sich um ihre wahre Stimme. Hier ist die meinige. Ich sage zu meinen Zeitgenossen: Meine Freunde, wenn ich euch gefallen kann, ohne mich zu verachten, ohne mich euern kleinen Einbildungen, euerm falschen Geschmack zu beugen, ohne die Wahrheit zu verrathen, ohne die Tugend zu beleidigen, ohne die Güte und Schönheit zu verkennen, ich will es. Aber ich will auch denen gefallen, die euch folgen und die keins euerer Vorurtheile haben werden, und wenn ich nur euch vor Augen hätte, so würde ich vielleicht diesen nicht gefallen und Gefahr laufen, euch selbst vielleicht lange Zeit nicht zu gefallen. Ich habe nur Ein Mittel gefunden, mich der Dauer euers Lobes, wenn ich es verdiene, zu vergewissern; es zu hoffen, wenn es mir gefehlt hat: mich zu trösten, wenn ich davon verzweifelte, d. h. auf den großen Richter zu schauen, der uns alle richten wird.

„Entweder man hat eine heroische und beseligende Illusion nicht oder man genest nie davon. Brutus rief sterbend aus: O Tugend, du bist nur ein leerer Name! Voltaire wird vielleicht im Sterben ausrufen: O Gefühl der Unsterblichkeit, du bist nur eine Chimäre! Mein Freund, verzeihen wir einem Sterbenden einen Augenblick übler Laune.

„Und was Teufel sprechen Sie von den »petites débauchées«, die sich hinter dem Rücken ihrer Väter, Mütter, Gatten malen lassen und die oben in einer Etuischeide oder unten in einer Schönpflästerchenschachtel das schmachvolle Bild eines heimlichen Ehebruchs verhehlen? Sind diese Seelen für das Gefühl der Nachwelt, für den Eifer und die Unsterblichkeit gemacht? Muß man auf dergleichen zurückgehen, um an die künftigen Jahrhunderte zu appelliren? Dieser Ruf ist der Schrei der Tugend, die unter dem Druck erliegt, der Schrei des von seinem eigenen Werk entzückten Genies, der Schrei des Heroismus, der Schrei des Gewissens nach einer erhabenen Handlung; und dieser Schrei ist niemals lächerlich weder in der Gegenwart noch in der Zukunft, wenn er von der Zustimmung eines durch die Wahrheit aufgeklärten Volks autorisirt oder durch die Barbarei eines rohen und stupiden Volks entrissen wird.

„Es ist ein sehr grausamer und sehr ungerechter Scherz, das ganze Verdienst des Jupiter von Phidias auf das »schale und kalte Kolossale« zurückzuführen. Begreifen Sie den Misbrauch, den Sie von Ihrer Heiterkeit machen und bis wie weit Sie das Opfer desselben sein könnten? Nicht deshalb, mein Freund, wurde Phidias von seiner Zeit verehrt und von der Nachwelt gerühmt, daß er einen ungeheuern Jupiter ausgehauen, sondern weil er Jupiter einen Kopf gegeben hatte, der den Bösen zittern machte; weil er den Jupiter des heidnischen Katechismus gut wiedergegeben hatte, den Gott, der mit einer einzigen Bewegung seiner schwarzen Brauen den Olymp erschütterte. Das majestätische und drohende Haupt Jupiter's kam aus dem Glauben. Und wenn Phidias die drohende Majestät Jupiter's nicht dargestellt hätte, so würde der Block des häretischen Marmors in seiner Werkstatt geblieben sein.

„Ob ich glaube, daß das Vorgefühl der Zukunft und der vorweg genommenen Gunst des Lobes der Nachwelt dem großen Manne natürlich sind? Ebenso natürlich als sein Talent, und ich würde sehr unrecht haben, mich dem Beweise zu entziehen, den Sie davon geben, indem Sie sagen, daß die Gegenwart eine nothwendige Folge der Vergangenheit ist. Diese Gegenwart ist ein untheilbarer und fließender Punkt, auf welchem der Mensch sich ebenso wenig als auf der Spitze einer Nähnädel erhalten kann. Seine Natur nöthigt ihn, beständig auf diesem Fulcrum seiner Existenz zu oscilliren. Er wiegt sich auf diesem Standpunkt, sich nach dem Maß der Kraft seiner Seele nach rückwärts oder nach vorwärts wendend. Die Grenzen seiner Oscillationen schließen sich weder in dem kurzen Zeitraum seines Lebens, noch in dem engen Bogen seines Kreises ab. Epikur, auf seiner Wage über die Grenzen der Welt hinausgetragen, stößt an den Thron Jupiter's; Horaz in der seinigen, in einem Abstand von zweitausend Jahren, eilt uns zu, sein Werk in der Hand, und sagt uns: Nehmt, lest und bewundert. Ich markire Ihnen die beiden äußersten Enden des schwingenden Menschen. Wenn der lyrische Dichter sagt:

Vitae summa brevis spem nos vetat
Inchoare longam,

so hat er das Glas in der Hand, trinkt, schaut, singt, ist in der dunkeln Nacht, vor seiner düstern Lampe, nicht allein. Er fühlt nicht mehr seine Arme sich mit Federn bedecken und seine Gestalt die eines Schwanes annehmen, er schwingt sich nicht mehr zu den hyperboräischen Gegenden hinauf, er spricht von der Gegenwart. Aber er wird nicht säumen, den Ton zu ändern und auszurufen:

Exegi monumentum, aere perennius,

und sich an die Nachwelt zu wenden, ebenso trunken, ebenso glücklich, sei es, daß er vollen Bechers die Unsterblichkeit trinkt, sei es, daß er die Ambrosia der Zukunft verschmäht und sagt:

Nos ubi decidimus,
Quo plus Aeneas, quo Tullus divus, et Ancus,
Pulvis et umbra sumus.

„Die Nachwelt ist es, der man alles bestimmt, was man Beredtes gegen sie schreibt. Die entsetzliche Arbeit der Schmähungen, die man an sie richtet, ist ein großes Zeichen der Achtung, welche man für sie hegt. Man betet sie an, selbst indem man sie beschimpft. Eine Satire gegen sie, die ihr überliefert zu werden nicht verdiente, wäre auch nicht der Mühe werth, gemacht zu sein.

„Wenn das verführerische Phantom Ihnen noch nicht erschienen ist, so liegt dies nur daran, daß Sie es nicht zur Stunde der Geistesarbeit erwartet haben. Nicht, wenn das Genie mit der Schwierigkeit seines Werkes kämpft, nicht, wenn die arbeitende Muse ringt, nicht, wenn die Pythia schäumt und sich auf dem Dreifuß windet:

Si poete le poeut
Excussisse Deum

regen, gestalten und zeigen sich die Schatten unserer Enkel, sondern dann, wenn das Orakel gegeben, wenn diese fliegenden Blätter dem Heiligthum entronnen sind, und die Völker sie gelesen haben. Diese Schatten lieben die ruhigsten Augenblicke. Wenn die Gegenwart gesprochen hat, in der Stille, welche dem Gelärm ihres Lobes folgt, vernimmt man ihr Geraunmel. Die Schmerzen der Geburt sind vorüber, wenn man der Mutter das Neugeborene zeigt. Ihr zärtliches Lächeln verschmilzt auf ihrem Gesicht mit den Spuren der Mühsal; ihre Neugier erwacht nicht eher; sie legt das Kind nicht eher auf ein Kissen vor sich und bildet sich nicht eher ein Prognostikon über das, was es werden wird, als bis die Familie sich entfernt hat.

„Ich habe weder die Stärke, Ihnen zu glauben, noch die Ihnen weiter zu predigen. Ich bin ein Saulus auf dem Wege nach Damaskus, aber ich bin es auch, der da ruft: Saul, Saul, warum verfolgst du mich? Sagen Sie mir, warum habe ich so viel Mühe, Ihnen zu glauben? Warum würden Sie unter hundert Menschen kaum zwei finden, die Ihnen glaubten, wenn es nicht wäre, daß Sie, ein Mensch, gegen ein Gefühl kämpfen, das dem Menschen natürlich ist? Was, Sie wissen nichts von der Achtung vor der Nachwelt, Sie, der Sie eine rechtschaffene, redliche Seele haben? Sie trotzen dem Urtheil der Nachwelt, Sie, der Sie einsam leben, der Sie Ihres Rufs wenig genießen, Sie, dessen Werke zu ihrer endlichen Vollendung einer unendlichen Arbeit bedürfen? Sie schwören das Gefühl der Unsterblichkeit ab, dies Gefühl, durch welches hindurch Sie stets den Marmor, den Sie bearbeiten, anschauen sollten? Sie verjagen die süßeste, tröstlichste Idee, mit welcher Sie in Ihrer Zurückgezogenheit sich unterhalten könnten, von ihm? Entfernt vom Umgang derer, welche Sie bewundern, des Verkehrs mit denen beraubt, welche Sie einst bewundern werden, bleibt Ihnen nur noch übrig, diejenigen von Ihnen zu entfernen, welche Sie bewundern, um allein zu sein.

„Eines Tages sagte Fontenelle, daß, wenn in einem Koffer eine von seiner Hand geschriebene Denkschrift läge, die ihn als den größten Bösewicht von der Welt schilderte, und wenn er die mathematische Gewißheit hätte, daß diese Schrift bei seinen Lebzeiten unbekannt bleiben würde, er sich nicht die Mühe geben würde, den Koffer zu öffnen, um sie zu verbrennen. Diese Rede verursachte allen, welche sie hörten, Pein, und niemand glaubte sie, weil man sich sagte, daß ein gegen das Andenken, welches er hinterläßt, so gleichgiltiger Mensch gar nicht anstehen würde, ein Verbrechen zu begehen, wenn es ihm nützlich wäre und wenn er die mathematische Gewißheit hätte, daß es bei seinen Lebzeiten nicht bekannt würde. Man liebt diese Leute nicht, die so viel Wichtigkeit auf das Datum legen.

„Wenn es Statuen für große Verbrechen wie für die großen Tugenden gäbe, so würden Sie ganz andere Verbrechen sehen. Was mich die Achtung vor der Nachwelt, das Gefühl der Unsterblichkeit lieben läßt, ist, daß sie dem Grunde einer schönen Seele entkeimen. Nicht den Fluch der Jahrhunderte, sondern das Lob derselben strebt man an.

„Sie erweisen mir die Ehre, mich über den Antrieb zu großen Dingen zu fragen, und ich betheuere Ihnen mit aller Aufrichtigkeit, deren ich fähig bin, daß mitten in den Verfolgungen, die ich erduldet habe, es tröstend für mich war, gewiß zu sein, daß eines Tages der Wechsel eintreten müßte. Ich sah eine gerechtere Zukunft. Ich rief mir zurück, daß meinetwegen der Lauf der Welt sich nicht ändern dürfe. Ich wiederholte mir die schönen Verse Horaz':

Ploravere suis non respondere favorem
Speratum meritis.

Aber glauben Sie mir, daß meine Seele zerknirscht war und daß ich mich hundertmal versucht fühlte, mich der Ruhe in die Arme zu werfen und die Blinden gehen zu lassen, welche mit ihrem Stock diejenigen schlagen, die sich bemühen wollen, ihnen das Gesicht wieder zu schaffen.

„«Die außerordentlichen Menschen, die sich selbst genügen.» Ich glaube nicht daran. Wir haben alle mehr oder weniger von der Kokette, die mitten im Walde Schönpflästerchen auflegt, oder von der Betschwester, die eine saubere Toilette macht, weil man auf einen Unverschämten stoßen könnte. Für Ihre Fanatiker, welche den Himmel verbrennen und die Hölle auslöschen, stehe ich nicht ein. Ich werde den ausschweifenden und augenblicklichen Schwung eines Schwärmers nicht für den natürlichen Zustand der Seele halten. Ihre Atheisten haben lieber sterben, als entehrt leben wollen. Das thun die Militärs alle Tage. Und übrigens, wer sagt Ihnen, daß sich nicht etwas von dem Gedanken an die Unsterblichkeit darin mischt? Der Mensch muß eine Belohnung, ein ideales oder reales Motiv haben. Noch mehr, vereinigen Sie beide. Geben Sie ihm das Glück, solange er lebt, und zeigen Sie ihm die Statue, wenn er nicht mehr sein wird. Das ist das Mittel, alle seine Kraft zu entfalten. Wozu nützt es, denen, die nicht mehr sind, Denkmale zu setzen, den Marmor, der ihre letzte Asche bedeckt, mit erhabenen Inschriften zu füllen, den Bürgern die Büsten von den Vertheidigern ihrer Freiheit darzustellen, die Erzählung ihrer Thaten in ewigen Schriften niederzulegen? Ist es für die Todten, daß dies geschieht? Nein, man richtet sich an die Lebenden. Man sagt ihnen: Sieh, wenn du so handelst, so erwarten dich diese Ehren. Du wirst denen als Beispiel dienen, welche dir folgen werden, wie sie denen gedient haben, die ihnen gefolgt sind. Wir werden gegen dich nicht undankbarer sein als gegen sie; achte das Leben, liebe den Tod!

„Die schöne Liste der Helden, welche die Abtei von Westminster geschaffen hat! Wie viel Bürger haben jene Statuen, welche ganz Griechenland bevölkerten, hinschlachten lassen! Alexander weinte am Grabe Achill's. Ueberall sehe ich nur Menschen, die sich zu den Füßen meiner beiden Phantome aufopfern.

„Wie kommt es, wenn Sie erlauben, daß die Geschichte, in welcher man bei jeder Zeile das Verbrechen glücklich an der Seite der unterdrückten Tugend, die Mittelmäßigkeit belohnt an der Seite des verfolgten Talents, die Unwissenheit unter dem Purpur, das Genie unter Lumpen, die Lüge geehrt, die Wahrheit in Fesseln findet, nicht die verderblichste aller Lektüren ist? Wenn das Urtheil der Nachwelt nichts ist, so würde jeder gescheite Mensch zum Historiker sagen: du sprichst wundervoll, aber was hilft mir dein Lob, wenn ich viel gelitten haben und nicht mehr sein werde? Ich sehe, daß man mit den Todten recht anständig verfährt, aber ich lebe und will glücklich leben, wenn ich kann; und ich bin meiner Sache fast sicher, indem ich die Verwünschungen verdiene, die ich nicht hören werde.

„Die reellen oder physischen Leiden und Vergnügungen sind fast nichts. Die Leiden und Vergnügungen der Meinung sind unzählig. Ich muß entweder das Gefühl der Unsterblichkeit, den Gedanken der Nachwelt, alle idealen, anticipirten Freuden achten, oder ich muß alle Vergnügungen der Meinung angreifen. Wollen Sie mir das zumuthen?

„Wenn ich von der öffentlichen Stimme spreche, so handelt es sich wahrhaftig nicht um jenen Haufen bunt miteinander gemischter Leute, der im Parterre ein Meisterwerk tumultarisch auspfeift, Staub im Salon macht und im Textbuch nachsieht, ob er bewundern oder tadeln darf. Ich spreche von jener kleinen Heerde, von jener unsichtbaren Kirche, welche sieht, nachdenkt, leise spricht, deren Stimme auf die Länge durchdringt und die öffentliche Meinung bildet. Ich spreche von jenem gesunden, ruhigen und überlegten Urtheil einer ganzen Nation, einem Urtheil, das niemals falsch, das niemals ungewußt ist, einem Urtheil, welches jeder Production ihren richtigen Werth anweist, einem unzweideutigen Urtheil ohne Appell, wenn die Nation in Uebereinstimmung mit den größten Künstlern über das tiefempfundene und anerkannte Verdienst der ältern Leistungen sich in dem Spruch, den sie über die neuern fällt, competent zeigt; denn in Angelegenheiten der Kunst sieht man wol bei genauerm Hinblick, daß die öffentliche Meinung, welche den Ton angibt, die der Künstler selber ist, sowie in Angelegenheiten der Literatur die der Schriftsteller, welche die Menge unterschreibt.

„Das Verlangen nach Ruhm setzt in den andern das Gefühl der Gerechtigkeit voraus und die Gerechtigkeit wird von der Gegenwart und Zukunft gefordert. Après nous le déluge! ist ein Sprichwort, das nur für die kleinen, erbärmlichen, nur mit ihrer lieben Person beschäftigten Seelen gemacht ist. Nie wird ein großer Monarch, ein würdiger Minister, ein guter Vater es wiederholen. Die elendeste und verächtlichste Nation würde diejenige sein, wo jeder es engherzigerweise zur Richtschnur seines Betragens machte.

„Wir preisen die, welche nicht mehr sind. Kann ich umhin, nicht zu wissen, daß die Nachwelt uns nachahmen wird? Sind unsere Stimme und die unserer Enkel nicht gleich sehr berechtigt? Ist es nicht gleich schön, sich um sie zu bewerben und sie zu verdienen? O ihr Weisen Athens und Roms, wenn ich euern Bildsäulen am Eingang einer einsamen Allee begegne, wenn sie mich fesseln und ich vor ihnen entzückt voll Bewunderung bleibe, wenn ich mein Herz beim Anblick euerer erhabenen Bilder vor Freude klopfen fühle, wenn ich den göttlichen Enthusiasmus empfinde, der von euerm kalten Marmor auf mich übergeht; wenn, indem ich mir euere großen Thaten und die Undankbarkeit euerer Mitbürger zurückrufe, Thränen der Rührung das Auge füllen, wie süß würde es für mich sein, mein Gewissen zu befragen und das Zeugniß von ihm zurückzuempfangen, daß auch ich mich um meine Nation und mein Jahrhundert wohl verdient gemacht habe! Wie süß wäre es meinem Gedanken, meine Statue inmitten der euerigen zu erheben und mir vorzustellen, daß man eines Tages vor ihr die köstlichen Entzückungen empfinden werde, welche ihr mir einflößt. — Das Gefühl der Unsterblichkeit tritt nie in eine gemeine und niedrige Seele ein. Der schlechte Mensch, schon beunruhigt durch die Reden der Gegenwart, wird sich niemals mit sich selbst über das Urtheil der Zukunft unterhalten.

„Was ist das Werk eines Dichters, eines Redners, eines Philosophen, eines Künstlers? Die Geschichte einiger glücklichen Momente seines Lebens, die er eifersüchtig ist, der Vergessenheit zu entreißen. Das Individuum vergeht, aber die Gattung hat kein Ende. Das rechtfertigt den Menschen, der sich verzehrt; das Brandopfer, geopfert auf den Altären der Nachwelt. Ohne Begeisterung für den Ruhm, ohne den Rausch der Unsterblichkeit, ohne Interesse für die Zukunft, ohne Achtung vor der Nachwelt, gäbe es keine der Monumente, denen sich Väter, Söhne, Enkel nacheinander gewidmet haben; keine jener Unternehmungen, deren Vortheil der Zukunft, deren Mühsal der Gegenwart anheimfällt. Kein Achill mehr, der sich opfert. Die Griechen kehren zurück und Ilion wird bestehen bleiben. Ilion ist das Symbol einer großen Sache.

„Wollt ihr die Gebäude in Trümmer fallen, die Erde sich mit Dornen bedecken sehen, so erweckt die Narrheit der Millenarier. Der Mensch, welcher arbeitet, setzt die Welt und sein Werk als ewig voraus. Berechnet, daß ein Komet im Zusammenstoß mit der Erde in 5–6000 Jahren diese zertrümmert, und sucht einen Dichter, der einen Vers macht, einen Fürsten, der eine Statue machen läßt."

Das sind mit Diderot's eigenen Worten die Hauptgedanken, durch welche er die Liebe zum Ruhm, die Achtung vor dem Urtheile der Nachwelt, das Gefühl der Unsterblichkeit, gegen Falconet zu vertheidigen sucht, dessen artistischer Egoismus gegen die Zukunft gleichgültig war. Was aus den Aeußerungen Diderot's erhellt, ist, daß er selber für den Ruhm begeistert war, was man nach der Fahrlässigkeit, mit welcher er sein Talent behandelte und es in mündlichen wie schriftlichen Improvisationen verschleuderte, kaum erwarten sollte. Eine gute Handlung zu verrichten, galt ihm mehr, als eine gute Zeile zu schreiben. Das war die tausendmal von ihm ausgesprochene Maxime, nach welcher er in der That lebte und mit seiner rücksichtslosen Hingebung an die Interessen anderer oft eine Grenze erreichte, die er, wie wir schon gesehen haben, vor sich selber nur mühsam und künstlich rechtfertigen konnte. Man stiehlt mir meine Zeit nicht, ich gebe sie! war sein Sprichwort, und er fiel gegen alle Vorsätze gehörer Oekonomie und gegen alle Mahnungen Grimm's immer wieder mit liebenswürdiger Großmuth in die Verschwendung seines Lebens zurück.

Mit dem elften Briefe hatte sich die Betrachtung des Themas zwischen den Freunden erschöpft. Es ist noch ein zwölfter Brief vorhanden, der es nicht weiter entwickelt, sondern die bis dahin gesandten Briefe zum Wiederlesen zurückzuschicken bittet. Er fürchtete, wie er an Sophie gesteht, daß Falconet sie ohne seine Betheiligung in Petersburg drucken ließ. In diesem Briefe vom Jahre 1767 gibt Diderot auch Nachrichten von seiner Tochter, die ihn durch ihre Urtheile über Racine, Corneille, Voltaire entzückt. Er klagt über den Verfall der Wissenschaften und Künste in Frankreich, denen man die Religion, den Staat, die Sitten zum Gegenstand zu machen verbiete. Womit, fragt er, will man, daß sie sich beschäftigen sollen? Der Rest ist nicht der Mühe werth. Er lobt Falconet, Voltaire gut behandelt zu haben. „Es würde meinem Falconet nicht zukommen, die letzten Augenblicke des Lebens eines Greises zu vergiften, der durch die unsterblichen Werke seiner ersten und durch die tugendhaften Handlungen seiner letzten Jahre ehrwürdig ist. Mit dreißig Jahren hat er «Zaïre» gemacht und mit siebzig rächt er Calas. Welch ein Mann, mein Freund, dieser Voltaire! Man muß ein rechter Stoiker sein, sein Lob zu verschmähen." Er berührt sein Verhältniß zur petersburger Akademie und die Gründe, welche ihn von einer Uebersiedelung dahin zurückhalten und die von uns schon bei der Geschichte der Encyklopädie angezogen sind. Er schließt mit einer zärtlichen Erinnerung: „Gestern gingen wir, in der Chaumière der Rue d'Anjou Mittag essen, der Prinz von Galizyn, Herr de la Rivière, Grimm und ich. Die Hitze des Tages verjagte uns aus der Laube und ließ uns Luft, Schatten und Kühlung im kleinen Atelier suchen. Als ich eintrat, blieb ich stehen und streckte die Arme aus, wo ich ihn arbeiten gesehen hatte, und sagte: wo ist er jetzt, wo ist er, was macht er? Gewiß geht es ihm gut, wo er ist, aber wir würden nicht unzufrieden sein, ihn zu besitzen."

Diderot's Ansichten über die Schauspielkunst: Lettres à Mlle. Jodin und Paradoxe sur le comédien.

Blicken wir auf Diderot's bisherige Entwicklung zurück, so stellt sich heraus, daß ihn zuerst philosophisch-theologische Fragen beschäftigten, auf welche die allgemein wissenschaftliche Arbeit für die Encyklopädie folgte, die ihn einerseits vorzüglich zur Geschichte der Philosophie, andererseits zur Technologie führte. Als er diese Arbeit im Groben hinter sich hatte, als er etwas mehr Muße für sich gewann, sehen wir ihn als dramatischen Dichter und als Dramaturgen auftreten. Würde er mit seinen Dramen auf dem Theater einen größern Erfolg gehabt haben, als es der Fall war, so kann man nicht wissen, wie dies auf ihn zurückgewirkt, wie es ihn angeregt hätte, als dramatischer Dichter fortzufahren. Da er jedoch nur einen succès d'estime davontrug, so zog er seine Stücke wieder zurück und warf sich, durch Grimm dazu veranlaßt, auf die Kritik der Malerei und Sculptur, worin er so Außerordentliches leistete. Das Interesse für das Drama blieb aber bei ihm unverändert, und wenn er das Theater auch nicht mehr so viel als in seiner Jugend besuchte, so erfahren wir doch aus seinen Briefen an Fräulein Voland, daß er die Aufführung von wichtigern Novitäten, von Stücken classischer Autoren, wie Voltaire, selten versäumte. Er kannte viele Schauspieler und Schauspielerinnen persönlich. Er kannte auch Tänzer, wie Marcel, Tänzerinnen, wie die Guimard. Als er einmal seine Bekanntschaft mit der letztern in einem Briefe an Sophie erwähnt, fragt diese neugierig: Woher kennen Sie denn Mademoiselle Guimard? „Mein Gott", antwortete er, „in meinem Alter, in meinem Stande, bei meinen Beschäftigungen ist das ganz natürlich. Und der Umgang mit diesen Mädchen ist zudem ebenso bequem als lehrreich." — Eine ganz besondere Freude für ihn war es, Garrick kennen zu lernen, als derselbe auf den Reisen, die er 1763—65 machte, auch Paris besuchte, wo er ein halbes Jahr nach der Rückkehr aus Italien verweilte und sich im Umgange mit den Philosophen besonders gefiel. Garrick war seiner Abkunft nach eigentlich ein Franzose aus einer normännischen Familie La Garrique, die nach dem Edict von Nantes nach England geflohen war. Gewiß wurde Diderot durch ihn auch auf Shakspeare aufmerksamer, allein zu spät für seine eigene Entwickelung. Er hatte sich schon zu sehr in seiner eigenen Theorie befestigt. Von Zeit zu Zeit kritisirte Diderot die dramatischen Arbeiten anderer, wie „Don Carlos" vom Marquis von Ximenes 1759, wie „Le siége de Calais" von de Belloy 1765, wie Voltaire's „Tancrèd" in einem Briefe an denselben 1760 und dessen „Guèbres" 1769 u. s. w. Seine ästhetischen Principien entwickelte er aber vorzüglich nach der Seite der Schauspielkunst weiter in einigen Briefen an Fräulein Jodin, eine Schauspielerin, und in einigen kleinern Aufsätzen, namentlich in einem köstlichen Dialoge: „Paradoxe sur le comédien."

Fräulein Jodin war die Tochter eines pariser Uhrmachers, der für die Encyklopädie mehrere Artikel über die Uhrmacherkunst und andere Gegenstände der Mechanik verfaßte. So hatte Diderot ihn kennen gelernt. Er starb und hinterließ eine Tochter, die einen unwiderstehlichen Drang zum Theater besaß, welchem sie trotz des Abrathens von Diderot folgte. Sie ging von Paris nach Warschau. Ein Graf von Schulenburg aus Salzwedel im Magdeburgischen verliebte sich in sie und machte sie zu seiner Maitresse. Von Warschau ging sie über Dresden und Salzwedel mehrere Jahre später nach Bordeaux. Diderot's Briefe an sie, 19 an der Zahl, umfassen die Jahre 1765—69. Sie sind sehr streng geschrieben. Er hat, wie man wohl durchfühlt, weder von dem Talent noch von dem Charakter der Jodin eine große Meinung.

Die Regeln, die er ihr gibt, muß man zum Theil als ganz individuell für sie passende, nicht als schlechthin generelle betrachten. Er empfiehlt ihr vor allem Ordnung, Sittsamkeit, Sparsamkeit. Er empfiehlt ihr Beobachtung der Natur, Vertiefung in die Rolle, Spiel in ruhigen Momenten. Er warnt sie vor dem hoquet tragique, dem tragischen Schluchzen, vor der übertriebenen Declamation. Er gibt ihr zu bedenken, wie sehr die Wirkung einer Rolle erhöht werde, wenn die Sitten einer Schauspielerin den Tugenden, welche sie darstellt, wenigstens nicht widersprächen, und wie sehr eine Schauspielerin sich durch sittliche Festigkeit ohne Pedanterie auch unter ihresgleichen Unabhängigkeit und Achtung schaffen könne.

Viel Noth machte ihm die Mutter des Fräulein Jodin, eine beschränkte, verschwenderische Frau, welcher er ein halbes Jahr den Mittagstisch gab. Noch mehr Noth machte ihm ein alter Onkel, den er zuletzt, weil er ihn als einen abscheulichen Lügner entlarvte, bei sich zur Thür hinauswarf.

Man erkennt in diesen ernsten Briefen den erfahrenen, wohlmeinenden Berather, der aus Pietät gegen einen Verstorbenen und aus Mitleid gegen dessen Familie sich derselben annimmt, sogar gefällig genug ist, die Ersparnisse der Jodin zu den besten Zinsen unterzubringen und zu verwalten, und in ewiger Sorge vor Ueberstürzungen und Fehltritten seiner Clientin lebt.

Die Schauspielkunst soll die Natur nachahmen, denn sie stellt ja das wirkliche Leben dar, aber sie kann dies nicht empirisch, sondern, wie alle Kunst, nur durch Erhebung zum Ideal, welches der Künstler in seinem Geist tragen muß. Das Drama ist die Spitze aller Kunst, nicht nur dem Begriff nach, nicht nur, weil es Architektur, Malerei, Musik, Tanz zu seiner Unterstützung heranzieht, sondern auch, weil es den Menschen selber zum Material seiner Darstellung macht, welche die höchste Realität, das menschliche Handeln, zum Inhalt hat. Diderot fand sich hier mit den Consequenzen der materialistischen Philosophie, welche die Negation der Freiheit fordern, im grellsten Widerspruch, denn er mußte einräumen, daß es die spontane Subjectivität sei, welche durch den Verstand, die Phantasie, den Willen, im Schauspieler die Verwandlung hervorbringe, die ihn vorübergehend als einen ganz andern Menschen erscheinen läßt. Die nähere Bekanntschaft mit Garrick hatte ihm das Spiel der Willkür des Geistes mit seinem Organismus in einer Weise vorgeführt, die ihn staunen ließ. Garrick hatte, wie er öfter erzählt, im Verlauf weniger Minuten auf das täuschendste die verschiedensten Affecte ausgedrückt, die er nicht selber empfunden, sondern nur aus seiner Seele, aus seiner Vorstellung, heraufbeschworen haben konnte. Es kam 1770 eine Broschüre heraus: „Garrick ou les acteurs anglais. Ouvrage contenant des réflexions sur l'art dramatique, sur l'art de la représentation et le jeu des acteurs; avec des notes historiques et critiques sur les différents théâtres de Londres et de Paris. Traduit de l'Anglais."

Hierüber schrieb Diderot „Observations", welche Grimm zunächst in seine „Correspondance" aufnahm. Diderot machte vor allem aufmerksam, daß das englische Drama ein ganz anderes als das französische sei, und daß daher ein Schauspieler, der eine Rolle in einem Drama Shakspeare's zu spielen habe, ein ganz anderes Verfahren beobachten müsse als ein Schauspieler, der in einem Stück von Racine auftrete. Die Declamation eines englischen Schauspielers müsse, als einem ganz andern theatralischen System angehörig, eine ganz andere sein als die eines französischen. Der Unterschied der englischen und französischen Mimik führt ihn zur Frage nach dem

Verhältniß der Naturwahrheit zur Kunstwahrheit. Die Kunst soll die Natur nachahmen; gewiß, allein diese Nachahmung kann nicht zur Kunst werden, ohne die Natur zu verändern. Die Sprache des Dichters und des Schauspielers kann nicht dieselbe mit der des gewöhnlichen Lebens sein, sondern wird sich gewissen conventionellen Bedingungen unterwerfen müssen. Der Grund hiervon ist das Ideal, welches sowol dem Dichter als dem Schauspieler vorschweben muß. Wenn der Schauspieler nur nach den Eingebungen seines Gefühls spielt, so wird er bald gut, bald schlecht spielen. Wenn er aber aus der idealen Vorstellung des Charakters, den er darstellen soll, spielt, so wird ihn dieselbe schöpferisch begeistern. Daß ein Schauspieler Gestalt, Stimme, Verstand, Phantasie, Gesticulation besitze, das ist die Voraussetzung der äußern Mittel, durch welche er wirkt, daß er ein guter Beobachter der Leidenschaften sei, um die äußere Erscheinung derselben genau kennen zu lernen, ist nothwendig, um ihm Sicherheit für die Wahl seiner Mittel zu geben. Daß er aber einen Standpunkt gewinne, der ihn sowol von sich, als relativ auch vom Dichter unabhängig mache, um sich selbst in seinem Spiel berechnen und beobachten zu können, das ist ihm nur durch das Ideal möglich, dem er nachstrebt. Nicht die Improvisation des Gefühls, sondern nur das Durchdenken seiner Rolle, nur die Ueberlegung, nur das Studium, kann ihn zur Vollkommenheit erziehen. Das Talent der Nachahmung muß er von Natur besitzen, aber das Spiel selber muß zur Kunst, zur Erzeugung eines Scheines werden, welcher die Wahrheit der Natur in einer eigenthümlichen Weise ausdrückt, die mit der empirischen Form keineswegs zusammenfällt. Ein Schauspieler, der im gemeinen Leben so sprechen, so gesticuliren wollte wie auf dem Theater, würde sich lächerlich machen. Und umgekehrt, ein Schauspieler, der auf dem Theater so sprechen und so sich geberden wollte wie im gemeinen Leben, würde gar keine Wirkung hervorbringen. Der theatralische Zorn der Mademoiselle Clairon, den sie mit vollkommener Seelenruhe und sorgfältiger Berechnung hervorbringt, und der wirkliche Zorn derselben in ihrem häuslichen Sichgehenlassen sind zwei ganz verschiedene Erscheinungen.

Daß die Anekdoten nicht fehlen, ist natürlich von Diderot zu erwarten. Von sich selbst bekennt er, daß er, als ein gefühlvoller Mensch, nur ein mittelmäßiges Genie sein könne, und erzählt einen Zug von sich, der ihn in seinem Affect dem beobachtenden Künstler gegenüber schildert. Sédaine hatte seinen „Philosophe sans le savoir“ gegeben. Das Stück schwankte bei der ersten Aufführung, und Diderot war darüber betrübt. Bei der zweiten ging sein Erfolg bis in die Wolken und er war darüber vor Freude entzückt. Am andern Morgen läuft er zu Sedaine, der kalt und stier war. Er geht an alle Orte, wo er ihn zu finden hoffte, und erfährt, daß er sich am äußersten Ende der Vorstadt St. Antoine befinde. Er eilt in der strengsten Kälte mit einem Fiaker dorthin, redet ihn an, wirft seine Arme um seinen Hals. Die Stimme gebricht ihm und die Thränen strömen seine Wangen hinunter. Das ist der gefühlvolle und, setzt er hinzu, mittelmäßige Mensch. Sedaine, kalt und unbeweglich, blickt ihn an und sagt zu ihm: Ach, Herr Diderot, wie schön sind Sie! Das ist, meint er, der Beobachter und der Mann von Genie. Um den Unterschied der wirklichen Empfindung von der gespielten recht schlagend zu zeigen, erzählt er, daß das Parterre bei der ersten Aufführung von „Ines de Castro", als man ihre Kinder herbeiführte, zu lachen angefangen habe. Die Duclos, welche die Ines spielte, erzürnte sich und rief: Lache doch, du dummes Parterre, bei der schönsten Stelle des Stücks! Das Parterre verstand, bemeisterte sich, die Schauspielerin setzte ihr Spiel und ihre Thränen weiter fort, denen bald die der Zuschauer folgten. Glaubt man nun, daß man so rasch von dem Gefühl des Unwillens zu dem des Schmerzes übergehen könne? Ihr Unwille war reell, ihr Schmerz simulirt. — Als Voltaire eine seiner Rollen von der Clairon vortrefflich gespielt sah, rief er verwundert aus: Bin ich es, der das gemacht hat?

Ganz den nämlichen Inhalt, oft mit denselben Worten, hat nun der Dialog „Paradoxe sur le comédien". Er ist eine weitere Ausführung der „Observations". Er kann nicht vor 1776 verfaßt sein, weil Diderot darin nicht nur seiner „Salons", sondern auch seines Lustspiels, des „Officieux persifleur", gedenkt, das er 1776 schrieb. Er unterhält sich darin mit einem Ungenannten, der nur gerade so viel zu sagen hat, als nothwendig ist, ihn wieder zur Antwort zu veranlassen.

Diderot wiederholt seine Behauptung, daß der Schauspieler nicht durch das Gefühl, sondern durch das Studium der Natur und durch das Ideal der Phantasie sich im Spiel müsse leiten lassen. Das Gefühl, la sensibilité, vermöge wol einzelne glückliche Momente zu erzeugen, nicht aber eine mit Bewußtsein durchgeführte Charakteristik. Der Schauspieler solle nicht selbst den Affect fühlen, den er darstellt, sondern bei aller Wahrheit der Darstellung solle er in sich frei davon sein, um ihn mit voller Kraft nach dem Bilde hervorzubringen, welches der dramatische Dichter selber davon gehabt hat und welches von dem Schauspieler sogar noch idealisirt werden kann. Für diese Ansicht beruft er sich auf eine große Menge interessanter Erfahrungen, die er selbst in seinem Umgange mit Schauspielern gemacht hat. Er erzählt die pikantesten Anekdoten. Unter andern führt er ein Ehepaar dialogisch ein, das sich haßte, allein eine Liebesscene zu spielen gezwungen war. Das Spiel war vortrefflich, allein jeder Vers wurde, dem Publikum unhörbar, von einer Randglosse begleitet, welche seinem Inhalt widersprach. Er beruft sich auch hier auf sich selbst, daß das Gefühl das Kennzeichen eines guten Herzens, aber auch das der Mittelmäßigkeit des Geistes sei. Wenn die Natur eine gefühlvolle Seele erschaffen habe, so sei es die seinige. Das Geständniß, was er von sich ablege, sei ein nicht allzu gewöhnliches.

Das Paradoxe der Behauptung Diderot's liegt nun darin, daß der Schauspieler durch die Wahrheit seines Spiels doch unser Gefühl bestimmen und also von den Affecten, die er darstellt, ganz durchdrungen scheinen soll. Der Interlocutor Diderot's fordert deshalb, daß der Schauspieler selber von diesen Gefühlen erfüllt sei, daß Liebe und Haß, Muth und Furcht, Entzücken und Entsetzen, ihm unmittelbar die Haltung seines Körpers, den Blick des Auges, den Ton der Stimme, geben sollen. Dies bestreitet Diderot und scheint damit dem Zweck des Schauspielers zu widersprechen. Er verlangt, daß der Schauspieler die Wirklichkeit sorgfältig studire; daß er sich klar mache, was der Dichter mit einer Rolle gewollt habe; daß er sogar über den Dichter hinausgehe, insofern er sich in das Ideal des ganzen Charakters versetze, welchen der Dichter nur in bedingten Situationen geschildert hat. Der Dichter zeichnet den Geiz, die Menschenscheu, die Herrschsucht, die Spielwuth u. s. w., aber in ganz bestimmten Verhältnissen. Der Schauspieler soll sich daher den allgemeinen Charakter einer Leidenschaft vergegenwärtigen, um ihn in einer besondern Form mit Freiheit gestalten zu können. Spielt er ohne solche Einsicht in das Wesen seiner Rolle, ohne künstlerisches Bewußtsein, so wird er keinen Leitfaden für das besitzen, was er in einem gegebenen Moment zu thun hat. Dem Naturalisten, der sich den Eingebungen seines Gefühls überläßt, kann die Improvisation glücken, allein sie ist eben nur ein glücklicher Zufall. Der Naturalist spielt daher ungleich, heute so, morgen so; der wahre Künstler hingegen, wie eine Clairon, ein Caillot, ein Brizard, bleibt nicht nur sich immer gleich, sondern spielt immer besser, je tiefer er in den Geist seiner Rolle und des Dramas, dem sie angehört, eindringt.

Diderot hat ganz recht. Man hat zwischen dieser Auffassung der Schauspielkunst und zwischen seinem Dringen auf Naturwahrheit einen Widerspruch finden wollen, zumal er auch stark betont, daß die Wahrheit des Theaters eine gewisse Convention in sich schließe, die mit der nackten Realität keineswegs zusammenfalle. Allein der Dichter copirt ja die Natur nicht sklavisch, sondern er ahmt sie mit Freiheit nach. Dasselbe soll der

Schauspieler thun. Alle künstlerische Darstellung wird daher zwischen einem Extrem des Realismus und des Idealismus schweben und sich bald der einen, bald der andern Seite zuneigen. Die Prosa wie der Vers des dramatischen Dichters ist nicht identisch mit der Sprache des gewöhnlichen Lebens, und so darf auch die Gesticulation und Declamation des Schauspielers nicht die Geberde und Sprache des gemeinen Lebens sein, wenn gleich sie die ganze psychische und ethische Wahrheit desselben enthalten soll. Diderot widerspricht sich also nicht, wenn er die Naturwahrheit in die Kunstwahrheit aufhebt. Die Naturwahrheit als solche setzt er nur den einseitigen, den halbwahren oder falschen Idealen der akademischen Beschränktheit entgegen.

Von der Wirkung, welche die freie und doch überlegte Rede zu haben vermag, erzählt er aus seiner eigenen Erfahrung ein sehr merkwürdiges Beispiel: „Ein Schriftsteller, dessen Namen ich verschweigen werde, war in die äußerste Dürftigkeit gefallen. Er hatte einen Theologen zum Bruder, der sehr reich war. Ich fragte den Dürftigen, warum sein Bruder ihn nicht unterstütze? Weil ich, antwortete er mir, großes Unrecht gegen ihn habe. Ich erhielt von ihm die Erlaubniß, zu dem Herrn Theologen zu gehen. Ich gehe. Man meldet mich an. Ich trete ein. Ich sage, daß ich mit ihm von seinem Bruder sprechen will. Er nimmt mich barsch bei der Hand, läßt mich niedersitzen und bemerkt mir, daß ein verständiger Mensch denjenigen, dessen Sache er zu führen unternimmt, kennen zu lernen sucht. Dann fragt er mich heftig: Kennen Sie meinen Bruder? — Ich glaube es. — Sind Sie von seinem Verfahren gegen mich unterrichtet? Ich glaube es. — Sie glauben es? Sie wissen also? Und sofort zählt mir der Theologe in größter Geschwindigkeit eine Menge gräßlicher Handlungen auf, von denen eine immer noch empörender als die andere war. Mein Kopf verwirrt sich, ich fühle mich niedergedrückt, ich verliere den Muth, ein so scheußliches Ungeheuer, als man mir schilderte, zu vertheidigen. Glücklicherweise läßt mir mein Theologe in seiner etwas weitschweifigen Philippika Zeit, mich wieder zu erholen. Allmählich zieht sich der Gefühlsmensch zurück und macht dem beredten Menschen Platz, denn ich wage es zu behaupten, daß ich es bei dieser Gelegenheit war. Mein Herr, sagte ich kalt zu dem Theologen, Ihr Bruder hat noch Aergeres gethan, und ich lobe Sie, mir die schreiendste seiner Schandthaten zu verhehlen. — Ich verhehle nichts. — Sie hätten dem, was Sie sagten, noch hinzufügen können, daß er in einer Nacht, als Sie von sich zur Frühmette gingen, Sie bei der Kehle packte, ein Messer unter seinem Rock hervorzog und dicht daran war, es Ihnen in den Busen zu stoßen. — Er ist dessen wohl fähig; wenn ich ihn aber dessen nicht beschuldigt habe, so ist der einfache Grund, daß es nicht wahr ist. — Und ich, indem ich mich plötzlich erhob und einen festen und strengen Blick auf meinen Theologen warf, schrie mit donnernder Stimme, mit dem ganzen Nachdruck des Unwillens: Und wenn es wahr wäre, mußten Sie ihrem Bruder nicht doch Brot geben? Der Theologe bleibt zuerst zerschmettert, beschämt und stumm, geht auf und ab, kommt zu mir zurück und bewilligt seinem Bruder eine jährliche Pension."

Der Dialog ist reich an vielen scharfsinnigen, durch glückliche Beispiele unterstützten Bemerkungen über die dramatische Poesie überhaupt, und wendet sich auch dem Stande der Schauspieler zu. Es fehlte ihm damals, nach Diderot's Urtheil, mit einigen ehrenvollen Ausnahmen, an sittlicher Würde, weil man die Schauspieler wie Sklaven des Publikums behandelte, und an einer Bildung, die schon von früh auf die Kunst im Auge hätte. Man werde gewöhnlich Schauspieler, wenn man sich anderweit, in einem andern Stande, nicht hätte durchbringen können. Auch sei zu bedauern, daß das Drama selber so viel Stoffe enthalte, welche die Schauspieler nöthigten, mit frecher Stirn vor einer Menge von Hörern Dinge zu bieten, die sie an ihrem eigenen Herde zu vernehmen erröthen würden. Wären die Schauspieler in der Regel nicht corrumpirt, so würde kein Dichter wagen, ihnen dergleichen zuzumuthen. Er selber würde im Gegentheil bestrebt sein, eine Reinheit, Zartheit und Eleganz zu erreichen, von welcher die dramatische Kunst allerdings noch weiter, als die Dichter es ahnten, entfernt sei. Er habe es versucht, mit seinem „Père de famille" hierin eine Metamorphose herbeizuführen, und der Vorstand der Polizei habe ihn aufgemuntert, diese Gattung weiter zu verfolgen.

Der Unterredner.

Warum thaten Sie es nicht?

Diderot.

Weil ich nicht den Erfolg erlangte, den ich mir davon versprochen hatte. Weil ich mir nicht schmeichelte, es viel besser zu machen, fand ich keinen Geschmack mehr an einer Laufbahn, für die ich nicht Talent genug zu haben glaubte.

Der Unterredner.

Und warum ward dies Stück, welches heutzutage den Zuschauerraum von halb fünf Uhr füllt, und welches die Schauspieler jedesmal ankündigen, wenn sie ein Tausend Thaler bedürfen, warum ward es anfänglich so lau aufgenommen?

Diderot.

Einige sagten, daß unsere Sitten zu verzwickt seien, um einer so einfachen Gattung sich hinzugeben, um Geschmack an einer so weisen Gattung zu finden.

Der Unterredner.

Das war nicht unwahrscheinlich.

Diderot.

Die Erfahrung hat jedoch bewiesen, daß dies nicht wahr gewesen, denn wir sind nicht besser geworden. Ueberdem hat das Wahre, das Ehrenhafte so viel Macht über uns, daß, wenn das Werk eines Dichters diese beiden Charaktere besäße, und wenn der Verfasser Genie hätte, sein Erfolg nur um so gesicherter sein würde. Gerade wenn alles falsch ist, liebt man das Wahre; gerade wenn alles verderbt ist, ist das Schauspiel am meisten gewürzt. Der Bürger läßt beim Eintritt in das Theater alle seine Laster zurück, um sie erst beim Austritt wieder aufzunehmen. Dort ist er gerecht, unparteiisch, guter Vater, guter Freund, Freund der Tugend und oft habe ich an meiner Seite schlechte Menschen vollkommen empört über Handlungen gesehen, welche selber zu begehen sie nicht ermangelt haben würden, hätten sie sich in denselben Umständen befunden, in welche der Dichter die von ihnen verabscheute Person versetzt hatte. Wenn ich anfänglich nicht durchdrang, so lag es daran, daß die Gattung den Schauspielern wie den Zuschauern fremd war, daß man gegen das, was man eine comédie larmoyante nennt, ein Vorurtheil aufgestellt hatte, das noch besteht; daran, daß ich am Hofe, unter der Stadt, unter dem Magistrat, unter den Kirchenleuten und Gelehrten eine Wolke von Feinden hatte.

Der Unterredner.

Und wie hatten Sie sich so viel Haß zugezogen?

Diderot.

Bei meiner Treu, ich weiß es nicht, denn ich habe nie weder gegen Große noch Kleine eine Satire gemacht und niemals jemand auf dem Wege des Glücks und der Ehren gekreuzt. Es ist wahr, daß ich zur Zahl derer rechnete, die man Philosophen nennt, die man damals für gefährliche Bürger hielt und gegen welche das Ministerium zwei oder drei Subalternbeamte losgelassen hatte, ohne Tugend, ohne Einsicht, und, was schlimmer, ohne Talent. Doch lassen wir das.

Ich theile dies Urtheil Diderot's über sich selbst mit, weil es den Irrthum zeigt, in welchem er befangen war. Er verharrte auf dem moralischen Standpunkt, während die Zeit schon zum politischen fortgeschritten war. Er wollte mit seinen tugendhaften Dramen rühren, und die Zeit wollte die politischen Misbräuche und Ungerechtigkeiten bekämpfen.

Er wollte das Ideal eines Standes schildern, und die Zeit wollte das Recht des dritten Standes gegen die Vorrechte des Adels und des Klerus durchsetzen. Diderot hatte in seiner hierin unbewußten Genialität mit seinem „Père de famille“ selber schon alle diese Elemente berührt. Er hatte den adelichen St.-Albin, den Sohn des Herrn von Orbesson, sich als den Arbeiter Sergi verkleiden lassen, um sich einem armen Nähtermädchen Sophie nähern zu können. Er hatte eine Misheirath des Sohnes zum Gegenstand des Zorns des Vaters gemacht. Er hatte in dem Comthur einen Adelichen vom Schlage des alten Mirabeau gezeichnet, der nicht Anstand nahm, seinen eigenen Sohn jahrelang in verschiedenen Staatsgefängnissen schmachten zu lassen. Er hatte durch die Motivirung der Katastrophe mit der Lettre de cachet den wundesten Fleck des herrschenden Despotismus bezeichnet und hatte mit ihm schon die Politik gestreift; allein ein Bewußtsein über die Bedeutung des politischen Elements für die Bühne hatte er noch nicht. Aber auch die Zeit entbehrte desselben noch und erhob sich erst allmählich zu ihm. Die Bewunderung, welche 1765 de Belloy's Schauspiel „Die Belagerung von Calais“ hervorrief, war, wie das Stück selbst, schon ein bedeutsames Zeichen des nationalen Selbstgefühls. Wir haben in den „Salons“ Diderot's Klagen über das Absterben des ästhetischen Enthusiasmus vernommen; wir haben seine Verwunderung über das immer allgemeinere Interesse gesehen, welches die nationalökonomischen Fragen erregten. Es war eben der politische Enthusiasmus, das Streben nach der Reform des Staats im Wachsthum begriffen, das, als es immer von neuem gehemmt ward, endlich in die Revolution umschlug. Diderot erlebte selber noch den dramatischen Uebergang vom moralischen Standpunkt zum politischen in einem Dichter, der von ihm ausgegangen war, in Beaumarchais. Dieser hatte 1767 seine „Eugénie“ geschrieben und sich in einer Abhandlung über das genre sérieux ausdrücklich auf Diderot als auf den Dichter bezogen, dessen Beispiel ihn geleitet habe. Er hatte aber mit der „Eugénie“, sowie 1770 mit seinem Drama „Les deux amis ou le négociant de Lyon“, so gut als Diderot mit seinem „Familienvater“, nur einen succès d'estime. Auch sein „Barbier de Seville“, den er 1771 schrieb und endlich 1775 auf die Bühne brachte, hatte zuerst kein Glück, bis er seine fünf Acte in vier zusammenzog. „Le Mariage de Figaro“ dichtete er 1781 und brachte dies Stück erst im Todesjahre Diderot's, 1784, zur Aufführung. Es erlebte hintereinander 68 Vorstellungen! Das war la folle journée, der Durchbruch der Revolution. Seine Sarkasmen gegen den Adel, gegen die Hofleute, gegen die Censur sind in Frankreich sprichwörtlich geworden. Im

Jahre 1791 kehrte er mit seinem rührenden Drama: „La mère coupable“, zum Diderot'schen Genre zurück.

Ein renommirter französischer Kritiker, Alfred Michiels, hat 1842 eine „Histoire des idées littéraires au XIXe siècle et de leurs origines dans les siècles antérieurs“, und im ersten Theil derselben im fünften Capitel auch über Diderot und Beaumarchais geschrieben; er stellt die Theorie, welche Beaumarchais 1767 seiner „Eugénie“ voranschickte, weit über die des Diderot, von welcher er behauptet, daß sie sich einzig mit den Personen, den Kleidern, den Decorationen und der Pantomime beschäftige, und schließt seine Kritik über Diderot mit der Versicherung, daß er nur über die Inscenirung richtige Vorstellungen besitze, übrigens sich in seinen Aeußerungen und Forderungen beständig widerspreche. Er gibt zu, daß er eine große Freiheit der ästhetischen Speculation besitze: „Seulement on retrouve là le désordre accoutumé de l'auteur. Il mêle, il joint des opinions entièrement incompatibles.“ Solche Urtheile sind es, die mich bewogen haben, die dramatische Theorie Diderot's ausführlicher mitzutheilen, als ich sonst es vielleicht gethan hätte. Man greift, sie zu loben oder zu tadeln, gewöhnlich nur den einen oder andern Punkt heraus, ohne das Ganze zu überblicken. Die Franzosen besitzen eine ebenso gelehrte als geistreiche Geschichte ihres Theaters von Hippolyte Lucas: „Histoire philosophique et littéraire du théâtre français depuis son origine jusqu'à nos jours“ (3 Bde., Paris 1862). Im zweiten Bande derselben, S. 72—76, ist Diderot zwar kurz, allein richtiger als gewöhnlich beurtheilt worden. Lucas erkennt, daß das Stück „Le père de famille“ durch seine Emphase, Unwahrscheinlichkeit und mangelhafte Auflösung weit davon entfernt sei, ein Meisterwerk zu sein, daß aber der Adel d'Orbesson's, der Schwung St.-Albin's und die Schärfe des Commandeurs es auch in den beiden letzten, etwas schleppenden Acten halten und daraus eins der besten Stücke machen, welche die Franzosen besitzen. Und er erkennt auch an, daß Diderot in seinen Dramen der Macht des Reichthums und der Autorität die Macht der Natur entgegensetzte und in dem schwankenden d'Orbesson den Fortschritt, im Comthur die Reaction gegen ihn zeichnete. In seiner Theorie habe er die Richtung des Dramas auf die Socialreform noch entschiedener markirt.

———

Die Verheirathung von Diderot's Tochter und der Verkauf seiner Bibliothek.

Diderot hatte von seinen Kindern nur eine einzige Tochter, Angelika, übrigbehalten, die er, wie wir in dem Kapitel von Sophie Voland berichteten, zärtlich liebte und selbst in der Musik unterrichtete, für welche sie ein entschiedenes Talent besessen zu haben scheint. Als diese Angelika sich der Mannbarkeit näherte, fing der Vater an, sich über ihre Zukunft zu beunruhigen. Er wünschte sie gut zu verheirathen und ihr eine anständige Aussteuer zu geben. Am 2. Oct. 1761 schreibt er zuerst an Fräulein Voland, daß er die Veränderung voraussehe, welche bald mit seiner Tochter sich vollziehen werde. Sie werde die Augen öffnen, ihr Busen werde sich runden, ihre Lustigkeit verschwinden, und in ihren Gefühlen werde eine bis dahin unbekannte Unruhe, in ihrem Herzen eine unbestimmte Sehnsucht entstehen. Sie werde des Nachts zu träumen anfangen, Seufzer ersticken, tags über verstohlene Blicke auf die Männer werfen. „Das wird", setzt er hinzu, „die Zeit sein, mein kleines Vermögen in zwei Hälften zu theilen. Das, was ich ihr abgeben werde, muß zu ihrem, das, was ich behalte, zu meinem Wohlstande ausreichen."

Die Art, wie Diderot seine Tochter selber eines Tags mit ihrer künftigen Bestimmung als Gattin und Mutter bekannt machte, erzählt er seiner Freundin unter dem 22. Nov. 1768 folgendermaßen: „Ich bin ganz närrisch, von meiner Tochter zu schwatzen. Sie sagt, daß ihre Mama zu Gott betet und daß ihr Papa das Gute thut; daß meine Denkweise meinen Pantoffeln gleicht, die nicht für alle Welt, sondern warme Füße zu haben angezogen werden; daß es mit den Handlungen, die uns nützlich und andern schädlich sind, wie mit dem Knoblauch sich verhalte, den man, obwol man ihn liebt, nicht ißt, weil er einen stinkenden Athem macht; daß sie, wenn sie bedenkt, was um uns her vorgeht, nicht wage, über die Aegypter zu lachen; daß, wenn sie Mutter einer zahlreichen Familie und in derselben ein böses, recht böses Kind wäre, sie sich nie entschließen könnte, es bei den Füßen zu nehmen, um es mit dem Kopf in einen Ofen zu stecken. Und das alles in einer anderthalbstündigen Plauderei vor dem Mittagessen. — Ich fand sie so vorgeschritten, daß ich vorigen Dienstag, als die Mutter mich beauftragt hatte, sie spazieren zu fahren, mich entschloß, ihr alles zu enthüllen, was sich auf den Stand der Frau bezieht, indem ich mit dieser Frage anfing: Kennst du den Unterschied der beiden Geschlechter? Von hier nahm ich Gelegenheit, ihr alle jenen Galanterien zu commentiren, welche man an die Frauen richtet. Sie bedeuten, sagte ich ihr, so viel: Mein Fräulein, wollten Sie wohl, aus Gefälligkeit für mich, sich entehren, ihren Stand untergraben, sich aus der Gesellschaft verbannen, sich für immer in ein Kloster einschließen und Vater und Mutter vor Schmerz sterben lassen? Ich unterrichtete sie, wo sie sprechen und wo sie schweigen, was sie verstehen, aber nur hören müsse. Ich zeigte ihr das Recht ihrer Mutter auf ihren Gehorsam, wie schwarz die Undankbarkeit eines Kindes sei, welches diejenige betrübe, die ihr Leben daran gewagt habe, es ihr zu geben; daß sie mir Zärtlichkeit und Achtung nur als einem Wohlthäter schulde; daß es mit ihrer Mutter aber nicht ebenso sei; ich zeigte ihr, was die wahre Grundlage der Sittsamkeit sei, die Theile seiner selbst zu verhüllen, deren Anblick zum Laster einlade. Ich ließ sie mit nichts unbekannt, was ich ihr anständigerweise sagen konnte, worauf sie bemerkte, daß nunmehr, nachdem sie unterrichtet sei, ein Fehler sie um so strafbarer machen würde, weil sie sich weder mit Unwissenheit noch mit Neugier entschuldigen könne. Bei Erwähnung der Bildung der Milch in den Brüsten und der Nothwendigkeit, sie zur Nahrung des Kindes zu verwenden oder sie auf anderm Wege zu verlieren, rief sie: Ach, Papa, wie scheußlich ist es, die Nahrung seines Kindes in die Bekleidung zu schütten! Welchen Weg könnte man nicht mit diesem Kopfe machen, wenn man es wagte!"

Diderot fährt noch mit einigen Mittheilungen über die Tochter fort und schließt sie mit den Worten: „Wenn ich dies Kind verlöre, würde ich vor Schmerz umkommen; ich liebe es mehr, als ich Ihnen sagen kann." Um so mehr sorgte er sich, sie glücklich zu verheirathen und angemessen auszustatten.

Diderot war kein Verschwender, allein sein Leben war kostspielig. Er trug für seine Frau, für sein Hauswesen, für die Erziehung seiner Tochter die größte Sorgfalt, sodaß es ihnen nie fehlte. Zuweilen schickte er sie auch einige Wochen auf das Land, lebte dann, wie er zur Voland sagt, als Witwer und aß in Restaurationen zu Mittag. Was er aber, nachdem er so für die Bedürfnisse des Haushalts gewissenhaft gesorgt, übrigbehielt, das verzettelte er in einer unberechenbaren Weise. Er konnte seinen Anwandlungen, ein neues oder seltenes Buch, einen schönen Kupferstich zu kaufen, nicht widerstehen. Er konnte Hülfesuchenden nichts abschlagen und gab öfter über seine Kräfte. Er gab, um nur im Laufe dieser Erzählung uns bekannt gewordene Thatsachen anzuführen, der alten Levasseur jährlich 200 Francs, wie Grimm auch that; er gab der Witwe Jodin, wie wir im vorigen Kapitel erzählten, sechs Monate hindurch einen Mittagstisch; er unterstützte die Malerin Therbouche in jeder Weise; er hatte Rameau, dem Neffen, als er sich verheirathete, das Geld zu seiner Einrichtung gegeben u. s. w. Er verborgte häufig Geld, ohne es zurückzuerhalten, ohne es zurückzufordern. Er verfuhr viel Geld in Fiakern, weil er, bei der Weitläufigkeit von Paris, sonst den Verkehr mit seinen Bekannten nicht hätte durchführen können. Er wohnte allerdings recht günstig, nahe bei St.-Sulpice, in einem Hause der Straße Taranne, welches nach der Rue St.-Benoit eine Ecke bildete. Er hatte es also nicht weit zur Universität, zum Luxembourg, zum Palais-Royal und zur Bibliothek in der Rue Richelieu. Wenn wir aber sagen, nicht weit, so ist das relativ gesagt, nach dem Maßstabe einer Weltstadt, denn ein Kleinstädter würde z. B. den abendlichen Spaziergang Diderot's über die Seinebrücke bis zum Palais-Royal gar nicht so kurz finden. Diderot spielte auch gern nicht nur Billard und Schach, sondern auch Karte und verlor hierbei oft aus Zerstreutheit. Der Besuch von Theatern und Concerten, wenn auch ein mäßiger, kostete doch immer Geld. Von dem, was er für seine Freundin Voland an Geschenken verbraucht haben mag, wollen wir ganz wegsehen. Aus der Correspondenz mit ihr erfahren wir freilich nur von dem Blumenstrauß zu ihrem Namensfeste. Die Erbschaft von seinem Vater war für ihn eine große Erleichterung, allein doch nicht ausreichend, ihm über große außerordentliche Ausgaben fortzuhelfen. Er verfiel daher darauf, seine Bibliothek zu verkaufen, um seiner Tochter eine Mitgift oder, falls sie sich nicht verheirathete, eine Rente zu schaffen. Am 28. Sept. 1761 schrieb er an Sophie, daß seine Bibliothek so gut wie verkauft sei. Die Herren Palesy, de Farges und ein Dritter wollten sie nehmen. Seine Tochter sagt, daß ein Advocat Anteuil sie kaufen wollte. Es wurde aber nichts daraus. Grimm vermittelte durch den russischen Gesandten, den Fürsten von Galizyn, daß die Kaiserin von Rußland sie 1765 für 15000 Francs kaufte und ihn mit Belassen ihrer Nutznießung zu ihrem Bibliothekar mit 1000 Francs jährlichen Gehalts ernannte. Sie hatte ihm auch angeboten, nach Petersburg zu kommen, dort die Encyklopädie zu vollenden. Dies Interesse für ihn bewegte ihn so tief, daß er von hier ab den Entschluß faßte, wenigstens nach Petersburg zu reisen, um ihr seinen Dank persönlich abzustatten. Als der Fürst von Galizyn 1767 Diderot einmal fragte, ob ihm auch sein Gehalt ausgezahlt wäre, mußte er erfahren, daß er noch keinen Pfennig davon erhalten habe. Die Kaiserin, hiervon unterrichtet, befahl, ihm den Gehalt sofort auf fünfzig Jahre voraus, also 50000 Francs, zu bezahlen, was auch in der That geschah.

Diderot hatte auch die Freude, seine Tochter, noch während seines Lebens, an Herrn von Vandeul aus Langres zu verheirathen und mit seinen Enkeln zu spielen. Als Brière seine Ausgabe der Werke Diderot's veranstaltete (1821), lebte sie noch in Paris.

Von jener kaiserlichen Wohlthat ist nun unendlich oft die Rede gewesen. Von den Lebensumständen Diderot's ist keiner so bekannt geworden. Und gewiß verdient auch das Verfahren der Kaiserin alle Anerkennung. Allein so groß, so überschwenglich die Dankbarkeit Diderot's selber war, der vor allem die hohe Gesinnung der Geberin ehrte, so muß man doch nicht glauben, als wenn diese Gabe in materieller Beziehung für Diderot so ganz ohne eine Schattenseite gewesen wäre. Um die 15000, oder, wie er in einem Briefe vom 21. Juli 1765 an Sophie schreibt, 16000 Livres für die Bibliothek zu erhalten, hatte er eine Anweisung auf Herrn von St. Marc bekommen. „Ich trage sie", erzählt er, „sieben bis acht Tage mit mir herum, weil Interessen des Eigennutzes mich zu wenig in Bewegung setzten. Endlich befinde ich mich eines Abends 6 Uhr an der Thür des Hôtel des Fermes, erinnere mich meines Briefs und trete ein. Herr von St.-Marc war nicht in seinem Bureau, wurde aber, wie seine Leute mir sehr artig sagten, erwartet. In der That kam er auch, während sie noch mit mir sprachen. Ich gehe Herrn Colin de St.-Marc entgegen, der mich nicht versteht. Herr Colin de St.-Marc marschirt mit dem Hut auf dem Kopfe und ich folge ihm fast laufend nach. Er kommt in seinem Bureau an, wirft sich in einen Lehnstuhl und läßt mich stehen. Ich präsentire ihm meinen Brief, er nimmt ihn, öffnet ihn und liest ihn, blickt einen Augenblick nach der Decke, wirft mir den Brief nach einer Ecke des Tisches zu und sagt mir: Ich erinnere mich hiervon nichts. Dann nimmt er eine Feder, fängt an zu schreiben und läßt mich stehen, ohne mit mir zu sprechen. Während er, ohne mich anzusehen, schrieb, declinirte ich ihm meinen Namen und berichtete ihm den Zusammenhang. Am Ende meiner Erläuterung hält er ein, reckt sich die eine Hand mit den Fingern der andern und sagt mir: Ach ja, ich besinne mich. Ich habe Ihre Wechsel erhalten. Es sind keine Kassenbillete für Sie da. Alles will von diesen Billeten. Es ist eine wahre Raserei, ich weiß nicht warum. Ich weiß nicht, wann ich welche haben werde. Ich werde Ihretwegen nicht jemand berauben, der welche davon hat. Kommen Sie wieder, morgen, in acht Tagen, in einem Monat, in zwei Monaten. Und hierauf fängt mein Mann wieder an zu schreiben und ich entferne mich. Wie gefällt Ihnen das? Muß Herr Colin de St.-Marc, weil er 100000 Livres Renten hat, mich wie einen Eckensteher behandeln?"

Erst nach zwei Monaten empfing Diderot in der That das Geld, das ihm auch manchen häuslichen Zwist bereitete. Am 8. Sept. 1765 äußert er: „Ich besaß ein beschränktes Vermögen. Die Nothwendigkeit, es zu der Zeit, wo eine mannbare Tochter von mir die Aussteuer fordern würde, zu theilen, die Unmöglichkeit dieser Theilung, ohne das Auskommen in der Provinz zu suchen oder ohne in Paris bittern Mangel zu leiden, beunruhigte mich und schien mich bis in das Alter der Schwachheit und der Ruhebedürftigkeit zur Arbeit zu verdammen. Ein unerwartetes Ereigniß bereichert mich und nimmt mir jede Sorge für die Zukunft. Bin ich deshalb glücklicher gewesen? Keineswegs. Eine ununterbrochene Kette kleiner Leiden hat mich bis zu diesem Moment geführt. Wollte ich die Geschichte dieser Leiden erzählen, so weiß ich wohl, daß man darüber lachen würde, und ich selber thue dies zuweilen; aber was macht das? Meine Augenblicke sind deshalb nicht weniger verstört gewesen und ich sehe noch nicht, daß die folgenden ruhiger sein werden."

Noch nach zwei Jahren, am 19. Sept. 1767, schreibt er: „Bewundern Sie nicht, wie schlecht wir über die Dinge urtheilen und wie sehr wir uns über die Vortheile betrügen, die wir an sie knüpfen? Ich habe mein Vermögen fast in einem Augenblick verdoppelt gesehen. Ich habe die Mitgift meiner Tochter völlig bereit gesehen, ohne von meiner Einnahme, die mäßig genug ist, etwas hinzunehmen; ich habe den Wohlstand und die Ruhe meines Lebens gesichert gesehen. Ich habe mich darüber gefreut und Sie haben sich mit mir gefreut. Nun, was habe ich bisjetzt davon gehabt? Was ist in alle diesem Reelles? Diese kaiserliche Gabe hat mich zu einem Anlehen gezwungen; dies Anlehen hat mein kleines Einkommen vermindert, der neue Gebrauch meines Geldes, dessen Fonds durch die Rente, die ich im voraus darauf gezogen, verkleinert worden, hat ein neues Anlehen verursacht, und von Theilübertragungen zu Theilübertragungen würde der Fonds sich auf die Länge in Nichts auflösen, ohne daß ich einen Augenblick reicher gewesen wäre oder verschwendet hätte. Das ist wirklich spaßhaft. Was es aber nicht ist, ist, daß ich, wenn ich gegen meine Wohlthäterin nicht undankbar sein will, zu einer Reise von 7—800 Meilen (Lieues) fast gezwungen bin; daß, wenn ich diese Reise nicht mache, ich mit mir selbst, vielleicht auch mit ihr, übel daran sein werde. Alle diese Gedanken machen meine Qual aus.“

Katharina wußte übrigens wohl, was sie that. Ganz abgesehen davon, daß sie an Diderot's Bibliothek einen guten Kauf machte, demüthigte sie durch ihr Verfahren den französischen Hof und machte alle Freunde der damaligen revolutionären Bewegung von ihrer Großmuth Lobpsalmen singen, Voltaire voran. Friedrich war der Salomo, Katharina war die Semiramis des Nordens. Als solche schickte sie einmal den französischen Akademikern schöne Pelze. Das war sehr praktisch, Grimm aber war darüber so entzückt, als ob es die tugendhafteste Handlung gewesen wäre. Diderot selbst steht nicht an, am 29. Dec. 1767 nach Petersburg zu schreiben, daß Katharina nicht dort nur, sondern auch in Paris ihren Ruf habe, zu welchem die aufgeklärtesten, vorzüglichsten Männer der Nation, seine Freunde, gehörten. Wenn Morin („Essai sur la vie et le caractère de Rousseau“, 1851, S. 73) Diderot vorwirft, daß er, ein Philosoph der Opposition, fast ein Demokrat, sich vor Katharina gedemüthigt und eine Pension von ihr angenommen habe, so vergißt er, daß die Philosophen in Katharina auch eine Philosophin erblickten. Die damaligen Fürsten huldigten eben der Aufklärung. Befreiung von Vorurtheilen, Abschaffung der Mißbräuche, Beschränkung der Priesterherrschaft, Uebung der Toleranz, Pflege der Wohlthätigkeit, Begünstigung der Industrie, war auch ihre Losung, und die Philosophen stellten sich ihnen oft mit einem Selbstgefühl gegenüber, dessen Freimuth in den Correspondenzen Voltaire's nicht nur, sondern auch von d'Argens, d'Alembert und Grimm uns erstaunen läßt. Die sensiblerie déclamatoire der Aufklärung war das gemeinschaftliche Pathos. Als Madame Geoffrin, eine bürgerliche Frau, 1766 auf ihrer Reise nach Warschau auch nach Wien kam, wurde sie mit der höchsten Zuvorkommenheit behandelt, benahm sich aber ihrerseits mit einem so feinen Takt, daß sie ihre glänzende Aufnahme auch glänzend rechtfertigte. Und als Diderot in Petersburg verweilte, fühlte er sich im Cabinet der Kaiserin, wenn sie mit ihm philosophirte, so ungenirt, daß er hinterher sich selbst darüber verwunderte. Stockte er einmal, so ermuthigte sie ihn selbst, mit der Sprache herauszugehen.

Entretien entre d'Alembert et Diderot; Rêve de d'Alembert; Suite de l'entretien. 1769.

Wenn wir Diderot ein ganzes Jahrzehnt sich vorzugsweise mit ästhetischen Forschungen beschäftigen sahen, so schlossen dieselben natürlich nicht aus, daß er nicht fortdauernd auch allen andern Problemen mit höchstem Interesse zugewendet blieb. Er gibt uns ein Beispiel hiervon durch einen Dialog, den er 1769 verfaßte, in welchem er die Genesis des Organischen untersuchte. Die Keime zu demselben lagen wol schon in seiner Abhandlung über die Interpretation der Natur. Ganz bestimmt kündigt er den Entschluß, dies Thema gelegentlich zu bearbeiten, in dem „Salon" von 1767 unter dem Artikel „Vernet" an, wo bereits der Vergleich des Gehirns mit einer Spinne vorkommt. Es dürfte nicht unrichtig sein, anzunehmen, daß die Schriften Robinet's ihm einen neuen Anstoß zur Fortentwickelung seiner Ansichten gaben. Robinet hatte ein Werk von vier Bänden: „De la nature", geschrieben, von welchem 1763—66 eine zweite Ausgabe in Amsterdam erschien und zu welchem er ebendaselbst 1768 ein Supplement unter dem Titel herausgab: „Considérations philosophiques sur la gradation naturelle des formes de l'être, ou essais de la nature, qui apprend à former l'homme." Ich habe in Michelet's philosophischer Zeitschrift, „Der Gedanke" (Jahrgang 1, S. 126—146), eine Darstellung und Kritik der Robinet'schen Ansichten mitgetheilt.

Diderot schreibt am 2. Sept. 1769 an Fräulein Voland: „Ich glaube, Ihnen gesagt zu haben, daß ich einen Dialog zwischen d'Alembert und mir gemacht habe. Als ich ihn wieder durchlas, fiel ich darauf, einen zweiten dazu zu machen, und er ist gemacht. Die Unterredner sind d'Alembert, welcher träumt, Borden (sein Arzt) und die Freundin d'Alembert's, Fräulein von Espinasse. Es ist nicht möglich, zugleich tiefer und närrischer zu sein. Ich habe nachher noch fünf bis sechs Seiten hinzugefügt, fähig, meiner Amoureuse (Frau von Blacy) die Haare sträuben zu machen. Auch wird sie dieselben niemals sehen! Was sie aber überraschen wird, ist, daß kein Wort von Religion und kein einziges unanständiges Wort darin vorkommt. Nach allem diesem glaube ich nicht, daß Sie errathen können, was es ist."

Im nächsten Briefe vom 11. Sept. gibt er den wahrscheinlich von Sophie gewünschten weitern Aufschluß:

„Ich habe einen Dialog zwischen d'Alembert und mir gemacht; wir plaudern darin trotz der Trockenheit und Dunkelheit des Gegenstandes lustig und klar genug. Auf diesen Dialog folgt ein zweiter von viel größerer Ausdehnung, welcher dem ersten zur Aufklärung dient. Dieser ist betitelt „Der Traum d'Alembert's". Die Unterredner sind der träumende d'Alembert, Fräulein de l'Espinasse, d'Alembert's Freundin, und der Arzt Borden. Hätte ich den Reichthum des Inhalts und den Adel des Tons opfern wollen, so würden Demokrit, Hippokrates und Leucipp meine Personen gewesen sein; allein die Wahrscheinlichkeit hätte mich in die engen Grenzen der alten Philosophie eingeschlossen und ich würde zu viel verloren haben. Es ist die höchste Ausgelassenheit und zugleich die tiefste Philosophie. Es gehörte einiges Geschick dazu, meine Ideen einem Träumenden in den Mund zu legen. Man muß der Weisheit zuweilen den Anstrich der Thorheit geben, um ihr Eingang zu schaffen."

Diderot entwickelt hier mit einer wirklich kunstvollen Dialektik den Gedanken, den er, wie im Kapitel von der allgemeinen Bedeutung der Encyklopädie angeführt worden, unter dem Artikel „Spinosiste" geäußert hatte, daß die Materie aus und durch sich selbst zum Leben, zum Empfinden übergehe. Die französische Philosophie war durch Descartes nicht minder als durch Gassendi zum Materialismus herangezogen, obwol diese Philosophen selber noch auf dem theistischen Standpunkt stehen blieben. Descartes aber hatte schon die Thiere für Maschinen erklärt. Konnte man sich wundern, wenn Lametrie auch den Menschen für eine Maschine erklärte und dabei, freilich nur ironisch, behauptete, ein Cartesianer zu sein? Gassendi hatte die Atomistik Epikur's erneut und dadurch der Aufnahme des Locke'schen Sensualismus, der alle Vorstellungen von Sensationen ableitete, vorgearbeitet. Die englische Philosophie, wie Condillac sie bei den Franzosen einheimisch machte, half nur, eine Richtung fortzusetzen, zu welcher in der mechanischen Naturphilosophie von Descartes und Gassendi, im Skepticismus von Montaigne, La Mothe le Vayer, Bayle und Sanchez längst der Anstoß gegeben war. Diderot befand sich, solange er an der Encyklopädie arbeitete, auf einem skeptischen, richtiger kritischen Standpunkt, wenn er auch im ganzen dem empirischen Realismus huldigte. Er bevorzugte bei seiner Arbeit die Artikel aus der praktischen Philosophie und folgte bei ihnen in der Regel ganz unverhohlen den Locke'schen Ansichten. La volonté générale, le bien public, sind die fundamentalen Begriffe, auf welche er in allen politischen Artikeln: „Droit naturel", „Société", „Fondation", „Liberté civile", „Privilège", „Représentans" u. s. w. zurückkommt. Bei den Artikeln aus der theoretischen Philosophie ist er, mit Ausnahme des langen Artikels „Sensations", kürzer und mit Locke, so großes Gewicht er ihm beilegt, keineswegs durchaus einverstanden. Die cartesianische Ideenlehre machte ihm noch zu schaffen und er bestreitet Locke, daß die Empfindungen einfache Perceptionen seien. Er hat den Artikel „Locke" selber geschrieben. Er ist kürzer, als man erwarten sollte, was aber wol aus Rücksicht auf die Censur geschah. Er stimmt hier Locke in Ansehung seines sensualistischen Empirismus vollkommen bei. Jedes Wort, das sich nicht auf eine sinnliche Grundlage außer uns zurückführen läßt, ist sinnleer. Die Wörter sind nur Zeichen der Vorstellungen; die Vorstellungen aber würden nicht existiren, wenn sie nicht durch die Erfahrung des Warmen und Kalten, des Schmerzes und der Freude u. s. w. gegeben wären. Die Vorstellung des Warmen oder Kalten u. s. w. ist nicht selber warm oder kalt. Dann geht Diderot zu Locke's Grundsätzen der Erziehung über und schließt mit folgenden Worten: „Locke hatte in seinem «Versuch über den menschlichen Verstand» gesagt, es nicht für unmöglich zu halten, daß die Materie dächte. Kleinmüthige Menschen erschraken vor dieser Behauptung. Was liegt denn aber daran, ob die Materie denkt oder nicht? Was thut dies der Gerechtigkeit oder der Ungerechtigkeit, der Unsterblichkeit und allen politischen oder religiösen Wahrheiten des Systems? Wenn die Empfindung (sensibilité) der erste Keim des Gedankens, wenn sie eine allgemeine Eigenschaft der Materie wäre, wenn sie, durch alle Producte der Natur ungleich vertheilt, schwächer oder stärker je nach der Mannichfaltigkeit der Organisation sich realisirte, welche üble Folgerung könnte man denn daraus ziehen? Keine. Der Mensch würde immer bleiben, was er ist, und man würde ihn immer nach dem guten oder schlechten Gebrauch seiner Fähigkeiten beurtheilen." Aus dieser Aeußerung geht wol eine große Geneigtheit hervor, sich lediglich an die Materie zu halten und sich eines être suprême, eines Dieu créateur, eines esprit infini, wie diese Worte noch in dem Artikel „Sensations" figuriren, zu entschlagen. Grimm spottet in seiner „Correspondance" immer über Voltaire's Bedürfniß nach einem Dieu vengeur. Er tractirt dann den sonst so bewunderten Patriarchen von Ferney als ein Kind, wenn auch als ein enfant joli. Wozu, das ist sein ewiger Refrain, brauchen wir noch ein être suprême, da die Materie ausreicht, uns alles besser zu erklären, als wenn wir außer ihr noch eine Ursache annehmen, deren das Gesetz der Sparsamkeit der Natur nicht bedarf? Was sollen wir mit einem geheimnißvollen Gott, der uns, dem offenbaren Thun der Materie gegenüber, in Verlegenheit setzt, wie wir ihn beschäftigen sollen? Was sollen wir mit einem transscendenten Geist, dessen Eingreifen in unsere Geschichte alle Moralität ruiniren würde? Freilich als der Atheismus Mode wurde, ärgerte er sich wieder über die „atheistischen Kapuzinaden" und erklärte die letzten Schriften Holbach's für ein fanatisches Geschwätz, den Atheismus für Kammerjungfern und Friseure zurechtzumachen. Ja im August 1774 tadelte er sogar schon die Philosophie, den religiösen Enthusiasmus heruntergebracht zu haben, wenn man ihr auch das herrschende Sittenverderben nicht schuld geben könne.

Diderot's Dialog mit d'Alembert ist nun unter seinen nachgelassenen Schriften das erste entschiedene Zeugniß, daß er vom Skepticismus und Sensualismus der Encyklopädie bis zu einem Materialismus und Atheismus fortging, in welchem er den Spinozismus dadurch mit dem Leibnizianismus verband, daß er die Modi der Substanz nach Robinet als molécules, als germes, als brins, als animalcules, individualisirte. Der Materialismus ist darin als wissenschaftlich berechtigt anzuerkennen, daß er eine immanente Entwickelung der Dinge zu geben versucht. Sie werden erst dann begriffen, wenn wir eine Einsicht gewinnen, wie sie zu entstehen vermögen. Wenn der Glaube versichert, daß ein Gott die Welt schaffe und regiere, so bleibt sie ebenso gut ein Wunder, als dieser Schöpfergott, der causa sui, der sich selbst die Ursache sein soll, und der doch, wenn er die Welt continuirlich aus sich hervorbringt, die Natur schon in seinem Wesen besitzen, insofern also an sich auch materiell sein muß. Die Mystik eines Jakob Böhme und St.-Martin, des philosophe inconnu, erkennt auch die Existenz der Natur in Gott an. Hierin hat sie recht, denn die Natur ist das Organon Gottes zu seiner Manifestation. Wenn jene Mystik ferner eine doppelte Natur, eine in Gott und eine außer Gott, in der Art unterscheidet, daß jene als eine himmlische immateriell und erst diese, als eine irdische, materiell sein soll, so kann man hierin noch den Unterschied von Begriff und Realität finden. Wenn sie aber die Ursache der Existenz der materiellen Natur in das Böse verlegt, wenn die Selbstsucht von Gott geschaffener Geister die immaterielle Natur in eine materielle verwandelt, wenn dies Verbrechen der Geisterwelt also den uns bekannten Kosmos als eine Corruption der himmlischen Natur erzeugt haben soll, so fängt sie an, unverständlich zu werden, denn wie das Irrationale, das Böse, das Negative, eine solche productive Macht haben soll, Raum und Zeit und in ihnen dies ungeheuere Universum mit seinen Sonnen, Planeten und Monden hervorzubringen, das bleibt unbegreiflich. Es ist dies, nur in einer andern Form, Manichäismus, um das Uebel in der Welt als eine Thatsache hinzustellen, die nichts mit Gott zu thun habe. Die wahre Natur, die himmlische, die unräumlich-unzeitliche, die immaterielle, soll ohne den Kampf der Elemente, ohne Stürme und Vulkane, ohne Wüsten und Sümpfe, ohne Läuse und Flöhen, ohne Giftschlangen und Tiger, gewesen sein. Alle diese Calamitäten haben erst die revolutionären Geister hervorgebracht. Die diabolische Infection der Natur bleibt hier die theologische Pointe. Die Natur wird selber ein diabolisches Wunder, in welchem Vernunft anzutreffen ich nicht erwarten darf. Von ewigen Gesetzen der Natur, wie der Materialismus sie annimmt, kann hier nicht die Rede sein. Diderot weiß auch nicht, wie er die Existenz des Uebels in der Welt rechtfertigen soll. In vielen Artikeln der Encyklopädie wie in seinen privaten Aeußerungen kommt er darauf zurück, daß sein Dasein entweder die Ohnmacht oder den bösen Willen eines Gottes darthue, falls ein solcher existire. Existire er nicht, so falle die Sophistik der Theodicee hinweg. Man habe dann keinen Gott wegen des Verbrechens anzuklagen, so viele Wesen der Noth, dem Schmerz, der Qual, preisgegeben zu haben. Es ist einmal so. Der Nothwendigkeit muß ich mich unterwerfen. Der Materialismus befreit sich also von den Schwierigkeiten, welche der Gedanke Gottes der Welt gegenüber bereitet, ganz einfach durch seine Ueberflüssigkeit, indem er die Natur als das Absolute und damit als ewig durch sich selbst existirend annimmt. Die Erfahrung läßt ihn in Natur und Geschichte keinen Gott entdecken. In der Natur stoßen wir empirisch zuletzt überall auf Materie, auf physische Kräfte; in der Geschichte zuletzt überall auf Menschen, auf Handlungen, welche diese aus sich ohne alle Intervention einer Gottheit vollbringen. Holbach gab daher seinem „Système de la nature" auch noch den Nebentitel „Ou des lois du monde physique et moral". Gesetz nahm er ganz nach Montesquieu in der früher von ihm angeführten Definition als dem rapport nécessaire de l'essence des choses. Wenn aber nur Nothwendigkeit existirt, so existirt auch im einzelnen nur Zufälligkeit. Sa Majesté, le hasard, wie Voltaire scherzt, ist die von der blos mechanischen Nothwendigkeit unabtrennliche Kehrseite. Nothwendigkeit, bloße Nothwendigkeit, ist noch nicht Vernunft. Allerdings spricht der Materialismus auch von der Vernunft, allein er thut dies, wie sein Gegentheil, die supranaturale Mystik, aus Selbstvergessenheit. Der Begriff der Vernunft als eines Systems unter sich nothwendig zusammenhängender Gedanken ist ihm fremd; er nimmt das Wort nur in dem Sinn des abstracten menschlichen Denkens. Als ein selbständiger Inbegriff ideeller Bestimmungen, welche dem Denken wie dem Seyn inhäriren, würde ihn die Vernunft auf ein absolutes, dieselbe schlechthin denkendes Wesen zurückführen müssen. Das Element des Logischen würde ihm einen Logos offenbaren, welcher der Welt sowol immanent als transscendent ist und im Denken der absoluten Vernunft natürlich auch sich selbst denkt. Der sich selbst klare, sich selbst besitzende Gedanke, nicht das starre, dumpfe, von der Schwere besessene Atom ist der Grund der Welt. Die Transscendenz des Deismus, der seinen Gott als ein höchstes Wesen der Natur und dem Menschen entfremdet, ist so falsch als die Immanenz des Atheismus, welche nichts als die Nothwendigkeit des Causalnexus der Atome bedeutet. Das Wort Immanenz ist vortrefflich, die Freiheit in der Selbstgestaltung der Erscheinungen auszudrücken, sofern sie zugleich durch das von ihnen unabtrennliche Gesetz ihres Wesens bestimmt wird, es hat aber keinen Sinn ohne die sich selbst gleiche Vernunft des Gesetzes, welche in ihrer Allgemeinheit allen noch so zahllosen Modificationen der einzelnen Fälle transscendent bleibt.

Mit Einem Wort, Freiheit ist der Anfang, die Mitte und das Ende der Welt. Ist es uns überhaupt möglich, das Räthsel des Daseins zu lösen, so können wir es nur durch den Begriff der Freiheit, welche sich der Vernunft ihrer Nothwendigkeit selbst bewußt ist. Die Natur ist nur da, um die Freiheit möglich zu machen, und die Geschichte ist nichts ohne die Freiheit. Freiheit ist die Möglichkeit, eine Handlung, unabhängig von aller Vergangenheit, aus sich anfangen zu können. Das ist die Kant'sche Definition der Autarkie der Freiheit. Aber diese Möglichkeit ist unmöglich, wenn ich nicht zu denken, wenn ich nicht kraft des Denkens von allem Gegebenen, Sinnlichen zu abstrahiren und mich nach dem Begriff meiner Handlung zu bestimmen vermag, noch ehe ich gehandelt habe. Und dieses Denken ist nicht Denken, wenn es nicht auch über den allgemeinen Werth urtheilt, den meine Handlung hat, also auf das Gesetz sich zurückbezieht, welches das Wesen des Willens ausmacht. Die Freiheit fordert auch Autonomie. So bin ich frei! Ich verstehe mich selbst in meinem Handeln. Keine Sonne, kein Planet, kein Mineral, keine Pflanze, kein Thier vermag sein Thun mit dem Gesetz zu vergleichen, welches in ihnen thätig ist. Nur der Mensch vermag es. Die Natur im Spiel der Lichtstrahlen, der Wellen und Winde, im Knospen der Blüten, im Taumel der schlafwandelnden Thiere, ist an sich nur das Symbol des Geistes, an dessen Anblick er sich entzückt, das aber doch, wie schön es oft erscheine, für sich als Werkzeug zu verbrauchen er sich nicht scheut, denn er ist mehr als sie. Er ist frei! Und weil er es ist, muß er kämpfen. Sobald Diderot sich in ethischen Betrachtungen ergeht, kennt er die Freiheit sehr wohl. Er will keine Freiheit ohne Kraftanstrengung. Eine faule, sybaritische Genußwelt ohne Heroismus, ohne tragische Conflicte, ohne Aufopferung würde ihn anekeln. Der Poet in ihm ist es, der ihm die Wahrheit offenbart. Seine Sentimentalität entsprang eben aus seiner Sehnsucht nach Freiheit.

Der Dialog mit d'Alembert versucht es, den Naturalismus ganz consequent bis zu dem Extrem durchzuführen, daß die Negation der Freiheit eingestanden wird. Diderot kommt hierbei auf Gedanken, in denen er sich mit Kant auf das nächste berührt, aber er kommt nicht so weit wie Kant, sich den Begriff des Bewußtseins als den spontanen Act eines ideellen Subjects zu denken. Er vermischt den Begriff des Bewußtseins mit dem des Empfindens, welchen Kant unter dem Namen der Receptivität von demselben abscheidet. Er bleibt hier bei der Condillac'schen Definition stehen, die ich im Kapitel „Die Philosophen und der pariser Salon" angeführt habe. Das Ich wird auch von ihm durch das Gedächtniß erklärt, allein das Gedächtniß selber setzt schon das Ich voraus. Wäre der Mensch nicht von Hause aus Subject, so würde er den Inhalt seines Empfindens sich nicht zum Object machen können. Wir müssen das ursprüngliche, das unmittelbare Bewußtsein von dem secundären, vermittelten unterscheiden, daß wir zum Bewußtsein unsers Bewußtseins, zum Begriff unsers Selbstbewußtseins gelangen. Das Ich ist ideell, denn es ist ohne alle Sinnlichkeit. Es ist schlechthin einfach ohne alle Qualität und Quantität. Es ist Gedanke, aber nicht ein Gedanke, der eine Empfindung zum Inhalt hätte; als Gedanke ist es sich selbst der Inhalt; indem es unaufhörlich sich selbst hervorbringt, ist es nicht blos ein Gedanke, wie andere auch, sondern es ist zugleich absolute Realität, eine Macht, welche in ihrer sich selbst gegenwärtigen Selbstbestimmung die Wurzel aller Freiheit ist und über alles, was sie nicht unmittelbar selber ist, übergreift. Nur als ein Ich kann der Mensch sich gegen seine eigene Natürlichkeit negativ verhalten, was dem Thier unmöglich ist. Das Ich verwandelt die Empfindung in Anschauung, die Anschauung in Vorstellung, die Vorstellung in das Wort. Als Ich steht der Mensch allen seinen Vorstellungen frei gegenüber und kann sie willkürlich in sich bewegen. Er hat nur durch diese Freiheit Phantasie, aber auch nur durch sie Gedächtniß, nämlich seiner Vorstellungen in der Form des Wortes sich zu erinnern. Erinnerung der Vorstellung an sich, recordatio, reminiscentia, ist noch nicht Gedächtniß, memoria. Das Wort ist, wie Condillac und Diderot richtig erkennen, das Zeichen für die Vorstellung, aber das vom Geist selber erschaffene, nicht ein irgendwoher empirisch aufgenommenes Zeichen. Das Ich besitzt die Welt seiner Vorstellungen in der von ihm selbst erzeugten Form der Sprache, durch deren Vermittelung es sich zum wirklichen Denken erhebt. Der Weg von der Empfindung bis zum Gedächtniß ist daher viel weiter, als Diderot annimmt, und die Identität des Ichs kann nicht aus Empfindungen erklärt werden, die sich allmählich ineinander continuiren. Nicht das Gedächtniß, welches schon Product ist, erklärt das Ich, sondern das Ich, die identische Subjectivität, erklärt das Gedächtniß. Das Thier ist nur Individualität und hat nur durch Sensation vermittelte Erinnerung an Empfindungen, nicht aber freie Reproduction von Vorstellungen, die es nicht haben kann, oder gar von Wörtern als intelligibeln Zeichen, in denen der Mensch seinen Vorstellungen die Form einer Tonanschauung gibt. Das Thier bleibt in der Vereinzelung der actu ihm gegenwärtigen Empfindung stehen, während die Vorstellung, in welche der Mensch den Inhalt der Empfindung umsetzt, Allgemeinheit und freie Beweglichkeit hat, von ihm, weil er sich von seinen Vorstellungen und weil er Vorstellung von Vorstellung unterscheidet, mit allen andern Vorstellungen in alle irgend möglichen Beziehungen gebracht zu werden. Man kann nun wie Diderot sagen, daß der Mensch ja doch immer Mensch bleibe, möge das Denken ein Act der Materie oder ein Act des von ihr sich unterscheidenden Geistes sein. Die Ideen des Guten, Wahren und Schönen würden dadurch nicht afficirt. In diesem Dialog aber läßt er den Arzt Bordeu auf Grund des Determinismus den Begriff der Tugend in den der bienfaisance und den des Bösen in den der malfaisance verändern; jeder Mensch sei unwiderstehlich zu der einen oder andern hingezogen. Selbstachtung, Schande, Gewissensbisse seien eine „puérilité, fondée sur l'ignorance et la vanité d'un être, qui s'impute à lui-même le mérite ou le démérite d'un instant nécessaire." Aber man muß dies alles bei Diderot selber lesen, zu sehen, wie das Gespräch unvermerkt zu solchen Behauptungen führt. D'Alembert beginnt die Unterredung mit der Unmöglichkeit, sich ein Wesen, wie Gott, denken zu können.

A. Ich gestehe, daß ein Wesen, welches irgendwo existirt und keinem Punkt des Raums angehört; ein Wesen, das ohne Ausdehnung ist und die Ausdehnung einnimmt; welches ungetheilt in jedem Theil dieser Ausdehnung ist; welches wesentlich von der Materie unterschieden und doch mit ihr vereint ist; welches ihr folgt und sie bewegt, ohne sich zu bewegen; welches auf sie wirkt und jeden Wechsel derselben durchmacht; daß dies ein Wesen ist, von dem ich nicht den geringsten Begriff habe. Ein Wesen von einer so widersprechenden Natur ist schwer anzunehmen. Aber andere Dunkelheiten erwarten den, der es verwirft; denn, wenn das Gefühl, das Ihr bei ihm voraussetzt, eine allgemeine und wesentliche Eigenschaft der Materie ist, so muß am Ende auch der Stein Gefühl haben.

D. Warum nicht?

A. Das ist eine harte Zumuthung.

D. Ja, für den, der ihn zerschlägt, zerschneidet, zerreibt und ihn nicht schreien hört.

A. Ich möchte wohl, daß Ihr mir den Unterschied angäbet, den Ihr zwischen dem Menschen und der Natur, zwischen dem Marmor und dem Fleische setzt.

D. Gering genug. Man macht Marmor mit Fleisch und Fleisch mit Marmor.

A. Aber das eine ist nicht das andere.

D. Gerade wie das, was Ihr die lebendige Kraft nennt, nicht die todte ist.

A. Ich verstehe Euch nicht.

D. Ich erkläre mich. Das Versetzen eines Körpers von einem Ort an einen andern ist nicht die Bewegung, ist nur ihre Wirkung. Die Bewegung ist gleich sehr in dem versetzten wie in dem unbewegten Körper.

A. Diese Weise zu sehen ist neu.

D. Nicht weniger ist sie wahr. Räumt das Hinderniß fort, das sich der localen Versetzung des unbewegten Körpers entgegenstellt, und er wird versetzt sein. Nehmt durch eine plötzliche Verdünnung die Luft hinweg, die diesen ungeheuern Eichstamm umgibt, und das Wasser, welches er enthält, wird ihn, indem es sich mit Einem male ausdehnt, in tausend Splitter zertrümmern. Ich behaupte dasselbe von Euerm eigenen Leibe.

A. Mag sein. Was ist aber zwischen der Bewegung und der Sensibilität für ein Zusammenhang? Wär' es vielleicht, daß Ihr eine thätige und unthätige Sensibilität anerkennt, wie es eine lebendige und eine todte Kraft gibt; eine lebendige, welche sich durch die Uebertragung, eine todte, welche sich durch den Druck offenbart; eine thätige Sensibilität, welche sich durch gewisse Thätigkeiten charakterisirt, die am Thier und vielleicht an der Pflanze bemerklich sind; und eine unthätige Sensibilität, deren man durch den Uebergang in den Zustand der thätigen Sensibilität inne würde?

D. Prächtig. Ihr habt's.

A. Also die Natur hat nur eine unthätige Sensibilität, und der Mensch, das Thier, die Pflanze selbst vielleicht sind mit thätiger Sensibilität ausgestattet.

D. Unzweifelhaft unterscheidet sich so der Marmorblock und die Fleischfaser. Ihr begreift aber wol, daß dies nicht der einzige Unterschied ist?

A. Gewiß. Wie ähnlich auch die äußere Form des Menschen und der Statue sei, ihr innerer Organismus hat kein Verhältniß. Der Meißel auch des geschicktesten Bildhauers kann keine Epidermis machen. Es gibt aber ein sehr einfaches Verfahren, eine todte Kraft in den Zustand der lebendigen übergehen zu lassen; eine Erfahrung, die sich täglich vor unsern Augen hundertmal wiederholt. Dagegen sehe ich nicht recht ein, wie man einen Körper vom Zustand der unthätigen Sensibilität in den der thätigen übergehen läßt.

D. Ihr wollt es nur nicht sehen. Diese Erscheinung ist ebenso gewöhnlich.

A. Und diese so gewöhnliche Erscheinung, welche ist sie, wenn's Euch gefällt?

D. Ich will's Euch sagen, da Ihr einmal die Beschämung haben wollt. Sie ist da, so oft Ihr eßt.

A. So oft ich esse?

D. Ja; denn was macht Ihr beim Essen? Ihr räumt die Hindernisse aus dem Wege, welche sich der thätigen Sensibilität des Nahrungsmittels in den Weg stellten. Ihr macht es Euch selbst gleich; Ihr macht Fleisch davon; Ihr animalisirt es; Ihr macht es sensibel; und was Ihr so an einem Nahrungsmittel thut, das werde ich, wenn mir's gefällig ist, am Marmor thun.

A. Und wie das?

D. Wie? Ich werde ihn eßbar machen.

A. Den Marmor eßbar machen? Das scheint mir nicht leicht.

D. Das ist meine Sache, Euch das Verfahren dazu anzugeben. Ich nehme die Statue, die Ihr seht, werfe sie in einen Mörser und mit derben Stößen der Stampfkeule . . .

A. Sacht, wenn's Euch beliebt: das ist Falconet's Meisterstück. Ja, wenn es noch ein Stück Holz von Huez oder einem andern wäre . . .

D. Das thut Falconet nichts. Die Statue ist bezahlt und Falconet ist die gegenwärtige wie die folgende Betrachtung ziemlich gleichgültig.

A. Nun zu, pulverisirt darauf los.

D. Ist der Marmorblock zu fühllosem Staub gemacht, so mische ich diesen Staub mit Damm- oder Pflanzenerde, knete sie gehörig zusammen, wässere das Gemisch, lasse es ein Jahr, zwei Jahre, ein Säculum faulen; auf die Zeit kommt mir's nicht an. Hat sich nun alles in eine ungefähr gleichartige Masse, in Humus, umgebildet, wißt Ihr, was ich mache?

A. Ich bin sicher, daß Ihr den Humus nicht eßt.

D. Nein; aber es gibt ein Einigungs-, ein Aneignungsmittel zwischen mir und der Dammerde, ein Latus, wie Euch der Chemiker sagen würde.

A. Und dieser Latus ist die Pflanze?

D. Vortrefflich. Ich säe darin Erbsen, Bohnen, Kohl, andere Gemüse. Die Pflanzen nähren sich von der Erde, und ich nähre mich von den Pflanzen.

A. Wahr oder falsch; dieser Uebergang vom Marmor zum Humus, vom Humus zum Pflanzenreich, vom Pflanzenreich zum Thierreich, zum Fleisch, spricht mich an.

D. Ich mache also vom Fleisch oder, wie meine Tochter sagt, von der Seele, eine wirklich sensible Materie. Und wenn ich die Aufgabe, die Ihr mir stellt, nicht löse, so nähere ich mich ihr wenigstens bedeutend; denn Ihr werdet mir zugeben, daß es von einem Stück Marmor bis zu einem fühlenden Wesen viel weiter ist, als von einem Wesen, welches fühlt, zu einem, welches denkt.

A. Gewiß. Jedoch ist bei alledem das fühlende Wesen noch kein denkendes.

D. Ehe wir einen Schritt weiter thun, erlaubt mir, Euch die Geschichte eines der größten Geometer Europas zu erzählen. Dies wunderbare Wesen, was war es zuvor? Nichts.

A. Wie? Nichts? Aus Nichts macht man Nichts.

D. Ihr nehmt die Worte zu buchstäblich. Ich will sagen, daß, bevor seine Mutter, das schöne und verruchte Stiftsfräulein Tencin, das Alter der Mannbarkeit erreicht hatte, bevor der Soldat Latouche Jüngling war, die Kügelchen, welche die ersten Keime meines Geometers ausmachen sollten, in den jungen, schwanken Maschinen des einen und der andern zerstreut waren, sich mit der Lymphe abklärten, mit dem Blut umrollten, bis sie sich endlich in die zu ihrer Vereinigung bestimmten Behälter begaben, in die Geschlechtstheile seines Vaters und seiner Mutter. Da war dieser seltene Keim gebildet; da, zufolge der allgemeinen Ansicht, durch die Fallop'schen Röhren in die Gebärmutter geführt; da an dieselbe durch eine lange Schnur befestigt, wo er gemach zum Fötus fortwächst; doch kommt der Augenblick seines Hervorgangs aus dem dunkeln Gefängniß; da ist er geboren, ausgesetzt auf der Schwelle von St.-Jean-Lerond, woher er seinen Namen hat; hervorgezogen aus den Findelkindern; angeschmiegt an die Brust der guten Glaserin, der Frau Rousseau; aufgesäugt, groß geworden an Körper und Geist, Literator, Mechaniker, Geometer. Wie hat sich das gemacht? Durch Essen und durch andere rein mechanische Verrichtungen. Hier in vier Worten die allgemeine Formel: eßt, verdaut, destillirt, in vasi licito, et fiat homo secundum artem. Wer der Akademie den Bildungsproceß eines Menschen oder Thieres darstellen wollte, brauchte nur materielle Mittel anzuwenden, deren allmähliche Wirkungen ein unbewegtes, fühlendes, denkendes Wesen sein würden, sodann ein Wesen, welches das Problem vom Vorrücken der Nachtgleichen auflöst, ein erhabenes, wunderbares Wesen, ein Wesen, alternd, verkümmernd, sterbend, aufgelöst und der Pflanzenerde zurückgegeben.

A. Ihr glaubt also nicht an die Präexistenz der Keime?

D. Nein.

A. Ach, wie lieb ist mir das!

D. Das ist gegen Erfahrung und Vernunft, gegen die Erfahrung, welche diese Keime vor einem gewissen Alter im Ei und zwar bei den meisten Thieren vergeblich suchen würde; gegen die Vernunft, welche uns lehrt, daß die Theilbarkeit der Materie, wenn auch nicht im Verstande, doch in der Natur ihre Grenzen hat und welche sich sträubt, einen ganz ausgebildeten Elefanten in einem Atom anzunehmen und in diesem Atom einen andern ganz ausgebildeten Elefanten und so fort ins Unendliche.

A. Allein ohne diese präexistirenden Keime begreift sich die erste Zeugung der Thiere gar nicht.

D. Die Frage nach der Priorität des Eies vor dem Huhn oder des Huhns vor dem Ei macht Euch nur darum verlegen, weil Ihr voraussetzt, daß die Thiere ursprünglich gewesen sind, was sie jetzt sind. Welche Thorheit! Man weiß so wenig, was sie gewesen sind, als man weiß, was aus ihnen werden mag. Der unscheinbare Wurm, der sich im Koth herumbewegt, ist vielleicht auf dem Wege, ein großes Thier zu werden; und das thierische, uns durch seine Größe erschreckende Ungeheuer geht vielleicht dem Zustand des Wurmes entgegen, ist vielleicht eine besondere augenblickliche Hervorbringung dieses Planeten.

A. Wie kommt Ihr darauf?

D. Ich sagte Euch . . . Aber das würde uns von unserer ersten Untersuchung abbringen.

A. Was thut das? Entweder kommen wir darauf zurück oder nicht.

D. Würdet Ihr mir erlauben, einige tausend Jahre von der Zeit vorwegzunehmen?

A. Warum nicht? Die Zeit ist nichts für die Natur.

D. Ihr gebt also Euere Zustimmung, daß ich unsere Sonne auslösche?

A. Um so lieber, als es nicht die erste sein wird, welche erlischt.

D. Die Sonne erlischt. Was wird nun geschehen? Die Pflanzen, die Thiere werden vergehen; die Erde ist einsam und stumm. Zündet dies Gestirn wieder an und Ihr stellt sogleich die Ursache her, welche zu einer unendlichen Fülle neuer Zeugungen nothwendig ist, wobei ich nicht zu versichern wage, ob in der Folge der Jahrhunderte unsere heutigen Pflanzen und Thiere sich wieder hervorbringen werden oder nicht.

A. Und warum sollten die nämlichen, aus ihrer Zerstreuung wieder vereinten Elemente nicht auch wieder die nämlichen Resultate geben?

D. Weil alles in der Natur zusammenhängt und weil das, was ein neues Phänomen voraussetzt oder einen verflossenen Moment zurückführt, wieder eine neue Welt erschafft.

A. Das wird ein tiefer Denker nicht leugnen können. Allein um auf den Menschen zurückzukommen, dessen Existenz die Ordnung der Dinge einmal gewollt hat, so erinnert Euch, daß Ihr mich auf dem Uebergange von einem fühlenden Wesen zu einem denkenden gelassen habt.

D. Ich erinnere mich.

A. Aufrichtig, Ihr würdet mich sehr verpflichten, mich da herauszuziehen. Das Denken ist mir etwas beschwerlich.

D. Käme ich auch nicht zu Ende damit, was würde gegen eine Verkettung unbestreitbarer Thatsachen zu sagen sein?

A. Nichts als daß wir kurz und gut dort stillgestanden wären.

D. Und würde uns, um weiter zu gehen, erlaubt sein, ein Princip zu erfinden, widersprechend in seinen Attributen, ein sinnleeres, unverständliches Wort?

A. Nein.

D. Könntet Ihr mir sagen, was die Existenz eines fühlenden Wesens in Bezug auf es selbst ausmacht?

A. Die Ueberzeugung, vom ersten Augenblick seines Bewußtseins an bis zum gegenwärtigen es selbst gewesen zu sein.

D. Und worauf gründet sich diese Ueberzeugung?

A. Auf die Erinnerung seiner Handlungen.

D. Und ohne diese Erinnerung?

A. Ohne diese Erinnerung würde es nichts von sich selbst haben, denn, da es sein Dasein nur im Moment des Eindrucks fühlt, so würde es keine Geschichte seines Lebens haben. Sein Leben würde eine zerrissene Folge von Empfindungen sein, die nichts untereinander verknüpfte.

D. Sehr schön. Und was ist das Gedächtniß? Woher entspringt es?

A. Aus einer gewissen Organisation, welche wächst, abnimmt und zuweilen sich gänzlich verliert.

D. Wenn also ein fühlendes, für das Gedächtniß organisirtes Wesen die Eindrücke, die es empfängt, verbindet, durch diese Verbindung eine Geschichte, nämlich die seines Lebens, bildet und Selbstbewußtsein erlangt, so negirt, affirmirt, schließt, denkt es.

A. So scheint es mir. Nur bleibt mir noch Eine Schwierigkeit.

D. Ihr täuscht Euch; es bleiben Euch viel mehr als Eine.

A. Aber eine Hauptschwierigkeit. Es scheint mir, als ob wir auf einmal immer nur Eines denken könnten, und daß man doch, nicht etwa nur zu jenen ungeheuern Schlußketten, welche tausend und aber tausend Ideen in ihren Umfang einschließen, sondern schon zur Bildung eines einfachen Satzes wenigstens zwei Dinge gegenwärtig haben müßte, den Gegenstand, der unter dem Blick des Verstandes zu verweilen scheint, während er sich mit der Qualität beschäftigt, welche er ihm beilegen oder absprechen soll.

D. Das denke ich auch. Ich habe daher zuweilen die Fasern unserer Organe sensibeln, schwingenden Saiten verglichen. Die schwingende Saite bebt, hallt noch lange nachher nach, wenn sie angeschlagen ist. Dies Leben ist es, diese Art nothwendigen Nachklangs, welche den Gegenstand gegenwärtig erhält, während der Verstand sich mit der ihm zukommenden Qualität beschäftigt. Aber die schwingenden Saiten haben noch eine Eigenschaft, andere mit erzittern zu lassen. So ruft ein erster Gedanke einen zweiten, diese beiden einen dritten, alle drei einen vierten hervor und so fort, ohne daß man die Grenze der erweckten, verbundenen Gedanken bei dem Philosophen bestimmen könnte, welcher nachsinnt oder in der Stille und Dunkelheit sich selbst belauscht. Dies Instrument macht erstaunliche Sprünge und ein einmal erweckter Gedanke läßt zuweilen einen harmonischen erbeben, der von ihm durch ein unfaßbares Intervall entfert ist. Bemerkt man diese Erscheinung an tönenden, todten und getrennten Saiten, warum sollte sie nicht auch zwischen lebendigen und verknüpften Punkten, zwischen continuirlichen und sensibeln Fasern stattfinden?

A. Wenn das auch nicht wahr ist, so ist es wenigstens sehr sinnreich. Man möchte aber versucht sein, zu glauben, daß Ihr unmerklich in den Widerspruch fallt, den Ihr vermeiden wollt.

D. Welchen?

A. Ihr wollt auf die Unterscheidung der beiden Substanzen hinaus.

D. Ich verhehle mir es nicht.

A. Und wenn Ihr genau zuseht, macht Ihr aus dem Verstand des Philosophen ein vom Instrument verschiedenes Wesen, eine Art von Musiker, der den schwingenden Saiten sein Ohr leiht und über ihre Consonanz oder Dissonanz urtheilt.

D. Möglich, daß ich Veranlassung zu diesem Einwurf gegeben habe den Ihr mir vielleicht nicht gemacht hättet, wenn Ihr den Unterschied des philosophischen Instruments von dem Saiteninstrument bedacht hättet. Das philosophische Instrument empfindet; es ist Musiker und Instrument zugleich. Als empfindend hat es das momentane Bewußtsein des Tons, den es gibt; als animalisch hat es das Gedächtniß davon. Dies organische Vermögen erzeugt und bewahrt die Melodie, indem es die Töne in ihm selber verknüpft. Gebt dem Klavier Empfindung und Gedächtniß und sagt mir, ob es nicht, als seiner selbst bewußt, die Arien, die Ihr auf seinen Tasten gespielt habt, wird wiederholen können? Wir sind mit Empfindung und Gedächtniß begabte Instrumente. Unsere Sinne sind ebenso viel Tasten, welche die uns umgebende Natur anschlägt und welche oft sich selbst anschlagen. Dies ist, nach meinem Urtheil, alles, was in einem organisirten Klavier, wie Ihr und ich, vorgeht. Es gibt einen Eindruck, der seinen Grund im Innern oder Aeußern des Instruments hat; eine Sinnerregung, die von diesem Eindruck entsteht und Dauer hat, denn man kann unmöglich glauben, daß sie in einem untheilbaren Augenblick entstehe und vergehe. Ein anderer Eindruck, der gleichfalls seine Ursache im Innern oder Aeußern des Thiers hat, folgt ihr; also eine zweite Sinnerregung und Stimmen, welche sie durch natürliche oder conventionelle Töne bezeichnen.

A. Ich verstehe. Wenn also dies sensible und lebendige Klavier mit dem Vermögen begabt wäre, sich zu nähren, um sich wieder hervorzubringen, so würde es leben und entweder aus sich oder mit seinem Weibchen kleine lebende und klingende Klaviere zeugen.

D. Ohne Zweifel. Ist nach Euerer Ansicht ein Finke, eine Nachtigall, ein Musiker, ein Mensch etwas anderes? Und findet Ihr zwischen dem Zeisig und der Vogelorgel einen andern Unterschied? Seht Ihr dies Ei? Damit stürzt man alle Schulen der Theologie und alle Tempel der Erde. Was ist dies Ei? Bevor es befruchtet wird, eine gefühllose Masse. Und ist es befruchtet, was ist's dann? Eine gefühllose Masse, denn der Same ist selbst nur eine todte und rohe Flüssigkeit. Wie wird diese Masse zu einer andern Organisation, zur Sensibilität, zum Leben übergehen? Durch die Wärme. Was wird die Wärme hervorbringen? Bewegung. Was werden die allmählichen Wirkungen der Bewegung sein? Statt mir zu antworten, setzt Euch und laßt sie uns von Moment zu Moment verfolgen. Anfänglich ist dies nur ein hüpfender Punkt, ein Fädchen, das sich ausdehnt und sich färbt; Fleisch, das sich bildet; ein Schnabel, Flügel, Augen, Krallen, die erscheinen; eine gelbliche Materie, die sich theilt und Eingeweide hervorbringt; es ist ein Thier. Dies Thier bewegt sich hin und her, schreit; ich höre seinen Schrei durch die Schale; es bedeckt sich mit

Flaumfedern: es sieht. Die Schwere seines schwankenden Körpers bringt seinen Schnabel unaufhörlich gegen die Wand seines Gefängnisses, nun ist sie durchbrochen; es kriecht heraus, geht, fliegt, stößt, flieht, kommt näher, klagt, leidet, liebt, sehnt, freut sich: es hat alle Euere Affecte; es begeht alle Euere Handlungen. Würdet Ihr mit Descartes behaupten, daß dies eine rein nachahmende Maschine sei? Die kleinen Kinder würden sich über Euch lustig machen und die Philosophen würden Euch erwidern, daß, wenn dies eine Maschine ist, Ihr auch eine seid. Gesteht Ihr ein, daß zwischen Euch und dem Thier nur ein Unterschied der Organisation obwaltet, so werdet Ihr Sinn und Verstand zeigen, Ihr werdet aufrichtig sein. Aber man wird gegen Euch den Schluß machen, daß man mit einer todten, auf gewisse Weise gestimmten Materie, wenn sie von einer andern todten Materie, von Wärme und Bewegung geschwängert wird, Sensibilität, Leben, Gedächtniß, Leidenschaften, Gedanken erhält. Es bleibt Euch nichts übrig, als die eine oder andere Partei zu ergreifen, entweder zu glauben, daß in der trägen Masse des Eies ein Element verborgen ist, welches die Entwickelung nur abwartete, sein Dasein zu offenbaren, oder vorauszusetzen, daß sich dies unbemerkbare Element durch die Schale in einem bestimmten Moment der Entwickelung eingeschlichen hat. Allein was ist das für ein Element? Nahm es Raum ein oder nicht? Wie ist es gekommen oder entflohen, ohne sich zu bewegen? Wo war es? Was machte es da oder anderswo? Ward es im Augenblick des Bedürfnisses geschaffen? Existirte es schon? Erwartete es eine Wohnung? Gleichartig, so war es materiell; ungleichartig, so begreift man weder seine Trägheit vor der Entwickelung noch seine Energie in dem entwickelten Thiere. Vernehmt Euch selbst und Ihr werdet Mitleid mit Euch haben; Ihr werdet fühlen, daß Ihr, um eine einfach alles erklärende Voraussetzung, die Sensibilität, als allgemeine Bestimmtheit der Materie, oder als Product der Organisation zuzugeben, dem gesunden Menschenverstand entsagt und Euch in einen Abgrund von Geheimnissen, Widersprüchen und Absurditäten stürzt.

A. Eine Voraussetzung! Ihr gefallt Euch darin. Aber wenn die Sensibilität eine mit der Materie wesentlich unverträgliche Qualität wäre?

D. Und woher wißt Ihr, daß die Sensibilität mit der Materie wesentlich unverträglich ist, Ihr, die Ihr das Wesen von Nichts kennt, was es auch sei, weder von der Materie noch von der Sensibilität? Begreift Ihr die Natur der Bewegung, ihre Existenz in einem Körper, ihre Mittheilung von einem Körper an einen andern?

A. Ohne das Wesen weder der Materie noch der Sensibilität zu begreifen, sehe ich doch, daß die Sensibilität eine einfache, einige, untheilbare und mit einem theilbaren Subject oder Genossen unverträgliche Bestimmtheit ist.

D. Metaphysisch-theologischer Gallimathias. Wie? Ihr seht nicht, daß alle Qualitäten, alle sensible Formen, womit die Materie ausgestattet ist, wesentlich untheilbar sind? Es gibt nicht mehr, nicht weniger Undurchdringlichkeit. Es gibt die Hälfte eines runden Körpers, aber nicht die Hälfte der Rundheit; es gibt ein Mehr oder Weniger von Bewegung, aber nicht mehr oder weniger Bewegung; es gibt keine Hälfte, kein Drittel oder Viertel eines Kopfes, eines Ohres, eines Fingers, ebenso wenig als die Hälfte, das Drittel, das Viertel eines Gedankens. Wenn es im Universum kein Kügelchen gibt, das einem andern gleicht, in einem Kügelchen keinen Punkt, der einem andern gleicht, so räumt ein, daß das Atom selbst mit untheilbarer Form und Bestimmtheit begabt ist; räumt ein, daß die Theilung mit dem Wesen der Formen unverträglich ist, weil sie dieselben zerstört. Seid Physiker und gebt die Hervorbringung einer Wirkung zu, wenn Ihr sie hervorgebracht seht, obgleich Ihr die Verbindung von Ursache und Wirkung nicht nachweisen könnt. Seid Logiker und setzt nicht für eine Ursache, welche da ist und welche alles erklärt, eine andere Ursache, die sich nicht begreift, deren Zusammenhang mit der Wirkung sich noch weniger begreift, die eine unendliche Menge von Schwierigkeiten gebiert und keine einzige aufklärt.

A. Wenn ich aber von dieser Ursache abgehe?

D. Im Universum, im Menschen, im Thier, ist nur eine einzige Substanz. Die Vogelorgel ist von Holz, der Mensch von Fleisch. Der Zeisig ist von Fleisch, der Musiker ist von einem anders organisirten Fleisch; allein beide haben denselben Ursprung, dieselbe Bildung, dieselben Verrichtungen und dasselbe Ende.

A. Und wie kommt es zwischen den Tönen Euerer beiden Klaviere zur Einstimmigkeit?

D. Da ein Thier ein sensibles Instrument ist, welches jedem andern vollkommen gleicht, mit derselben Gestaltung ausgerüstet, mit denselben Saiten bezogen, auf dieselbe Weise von Freude und Schmerz, von Hunger und Durst, von Krampf, Bewunderung, Entsetzen angeschlagen, so ist es unmöglich, daß es unter dem Pol und unter der Linie andere Töne erschallen lasse. Auch findet Ihr in allen todten und lebendigen Sprachen ungefähr dieselben Interjectionen. Den Ursprung der conventionellen Töne muß man aus dem Bedürfniß und dem Zusammensein ableiten. Das sensible Instrument oder das Thier hat erfahren, daß, wenn es diesen Ton ausstieß, diese Wirkung außer ihm erfolgte; daß andere ihm gleiche sensible

Instrumente oder ähnliche Thiere sich naherten, sich entfernten, forderten, anboten, verwundeten, schmeichelten, und diese Wirkungen haben sich in seinem Gedächtniß und in dem der übrigen mit der Bildung der Töne verknüpft. Und bemerkt wohl, daß es im Verkehr der Menschen nur Lärm und Handlungen gibt. Ja, um meinem System seine ganze Kraft zu geben, so bemerkt noch, daß es derselben unübersteiglichen Schwierigkeit unterworfen ist, welche Berkeley gegen die Existenz der Körper aufgestellt hat. Es gab einen Moment des Wahnsinns, wo das sensible Klavier dachte, es sei das einzige Klavier in der Welt und die ganze Harmonie des Universums ginge in ihm vor sich.

A. Darüber läßt sich viel sagen.

D. Gewiß.

A. Zum Beispiel begreift man nach Euerm System nicht recht, wie wir Schlüsse bilden, wie wir Folgerungen machen.

D. Eben weil nicht wir sie machen, weil sie alle durch die Natur gemacht sind. Wir sprechen die Verbindung der Erscheinungen nur aus. Bei den durch Erfahrung uns bekannten ist sie entweder eine nothwendige oder zufällige: nothwendig in der Mathematik, Physik und andern strengen Wissenschaften; zufällig in der Moral, der Politik und andern Conjecturalwissenschaften.

A. Kann denn aber die Verbindung der Phänomene in dem einen Fall weniger nothwendig sein als in einem andern?

D. Nein; aber die Ursache durchläuft im besondern einen zu großen Wechsel, der sich uns entzieht, sodaß wir die Wirkung, welche sich daraus ergeben muß, nicht unfehlbar berechnen können. Die Gewißheit, die wir darüber haben, daß ein heftiger Mensch durch eine Injurie in Zorn gerathen wird, ist nicht mit der zu vergleichen, daß ein Körper, der einen kleinern stößt, diesen in Bewegung setzen wird.

A. Und die Analogie?

D. Die Analogie ist auch in den zusammengesetztesten Fällen nur eine Regeldetri, welche sich in dem sensiblen Instrumente vollzieht. Wenn auf ein bekanntes Naturphänomen ein anderes ebenfalls bekanntes folgt, welches wird das einem dritten folgende Phänomen sein, mag dasselbe durch die Natur gegeben oder der Natur in Gedanken nachgebildet sein? Wenn der Speer eines gewöhnlichen Kriegers zehn Fuß Länge hat, wie lang wird der des Ajax sein? Wenn ich einen Stein von vier Pfund schleudern kann, so muß Diomedes einen halben Felsen bewegen. Die Schritte der Götter und die Sprünge ihrer Pferde werden sich nach dem Verhältniß richten, in welchem sich der Mensch die Götter vorstellt. Dies ist eine vierte Saite, in angemessener Uebereinstimmung mit den dreien, von denen das Thier den Widerklang erwartet, der sich in ihm selbst immer, in der Natur nicht immer vollzieht. Den Dichter kümmert dies nicht; er ist nicht weniger wahr. Mit dem Philosophen ist es anders. Er muß die Natur befragen; oft gibt sie ihm statt des erwarteten Phänomens ein völlig verschiedenes; dann sieht er, wie die Analogie ihn verführt hat.

A. Adieu, mein Freund, Gute Nacht.

D. Ihr scherzt. Doch auf Euerm Kopfkissen werdet Ihr von diesem Gespräch träumen, und kommt es dann zu nichts, um so schlimmer für Euch, denn Ihr werdet Euch genöthigt sehen, noch viel lächerlichere Hypothesen anzunehmen.

A. Ihr irrt; als Skeptiker lege ich mich hin, als Skeptiker stehe ich wieder auf.

D. Skeptiker! Kann man denn Skeptiker sein?

A. Da haben wir's. Unterhaltet Ihr mich nicht davon, daß ich nicht Skeptiker bin? Und wer weiß das besser als ich?

D. Noch einen Augenblick.

A. Geschwind, denn ich bin sehr müde.

D. Ich werde kurz sein. Glaubt Ihr, daß es eine einzige durchsprochene Frage gibt, in Bezug auf welche ein Mensch mit gleich strengem Vernunftmaß dafür und dagegen verharrt?

A. Nein, das wäre Buridan's Esel.

D. Verhält es sich so, dann gibt's auch keinen Skeptiker, denn mit Ausnahme der mathematischen Fragen, welche nicht die geringste Ungewißheit zulassen, gibt es ein Für und Wider in allen andern. Die Wage schwebt nie gleich, es ist ganz unmöglich, daß sie sich nicht auf die Seite neige, auf welcher wir die meiste Wahrscheinlichkeit erwarten.

A. Allein vormittags sehe ich die Wahrscheinlichkeit zu meiner Rechten, nachmittags zu meiner Linken.

D. Das heißt: vormittags seid Ihr Dogmatiker Für, nachmittags Dogmatiker Gegen.

A. Und wenn ich mich abends dieser schnellen Wandlung meiner Urtheile erinnere, so glaub' ich nichts, weder vom Vormittag noch vom Nachmittag.

D. Das heißt: Ihr erinnert Euch nicht mehr des Uebergewichts der beiden Meinungen, zwischen denen Ihr schwanktet. Dies Uebergewicht erschien Euch zu unbedeutend, ein festes Urtheil darauf zu fällen. Ihr beschließt daher, Euch mit so zweifelhaften Dingen nicht mehr zu beschäftigen, ihre Untersuchung andern zu überlassen, nicht weiter davon zu sprechen.

A. Möglich.

D. Nähme Euch aber jemand freundschaftlich beiseite und fragte Euch aufs Gewissen, auf welcher Seite Ihr die geringere Schwierigkeit fändet, wahrhaftig, würdet Ihr um eine Antwort verlegen sein, würdet Ihr Buridan's Esel realisiren?

A. Ich glaube, nein.

D. Also, mein Freund, wenn Ihr die Sache recht überlegt, so werdet Ihr finden, daß überall unser wahres Urtheil nicht das ist, worin wir niemals geschwankt haben, sondern das, worauf wir am gewöhnlichsten zurückgekommen sind.

A. Ich glaube, daß Ihr recht habt.

D. Und ich auch. Nun, guten Abend, mein Freund, et memento, quia pulvis es, et in pulverem reverteris.

A. Traurig.

D. Und nothwendig. Gebt dem Menschen, ich sage nicht einmal Unsterblichkeit, sondern das Doppelte seiner Dauer, und Ihr werdet sehen, was daraus entsteht.

A. Und was wollt Ihr, daß daraus entstehen soll? Doch was geht das mich an? Mag kommen, was da kommen kann. Ich will schlafen. Guten Abend.

Diese Unterredung ist gleichsam die Ouverture zu der Gedankenoper im „Traum d'Alembert's". Sie beseitigt die Einwendungen, welche man gegen Diderot's Ansicht machen könnte. Sie verwirft das Cartesianische System, den Dualismus der Substanzen von Natur und Geist oder, wie Descartes sagt, von ausgedehnter und denkender Substanz. Sie verwirft das Bonnet'sche Einschachtelungssystem, die Theorie der präexistirenden Keime. Sie verwirft das atomistische System, sofern es eine Homogeneität der Materie annimmt. Sie stellt als Gegensatz die Einheit der Substanz, aber als eine in sich heterogene auf, die in stetem Proceß von einem Zustand in den andern, von einer Form in die andere, übergeht. Die Individuen sind also nicht als Individuen präformirt, sondern entstehen als solche und vergehen auch als solche. Durch Vermittelung, durch Uebergänge, kann Alles zu Allem werden. Der Marmor kann Fleisch werden. Der Marmor geht in den Humus, der Humus in die Pflanze, die Pflanze als Nahrung in das Thier über und wird hier zu Blut, aus welchem sich die Nerven, Muskeln u. s. w. hervorbilden. Alle Eigenschaften der Materie sind untheilbar und deshalb mechanisch nicht zu übertragen. Kann es von der Undurchdringlichkeit, von der Rundheit, von der Bewegung, von dem Gedanken, von einem Ohr, einem Finger eine Hälfte, ein Drittel, ein Viertel geben? Es gibt die Hälfte eines runden Körpers, aber nicht die Hälfte der Rundheit. Die Materie soll aber nach Diderot nicht homogen sein, weil sie sonst alle Veränderung, alle Wechselwirkung, allen Unterschied des Leichten und Schweren unmöglich machen würde. Das Andersartige soll nicht als ein schlechthin festes Dasein, sondern sein Dasein als ein werdendes, in steter Umbildung begriffenes, gedacht werden. Die Materie könnte nicht empfindend werden, wenn sie es nicht an sich wäre; die actuelle Empfindung ist dem Ton vergleichbar, der in einer Saite an sich möglich ist, aber erst durch die Vibration der Saite wirklich wird. Wenn ein Klavier Empfindung hätte, so würde es im Schwingen seiner Saiten sich selbst vernehmen. Das Thier ist ein sensibles Klavier, dessen Saiten von der Freude und dem Schmerz, dem Hunger und Durst, dem Staunen und dem Entsetzen getroffen werden. Unter dem Pol wie unter dem Aequator muß es dieselben Töne hervorbringen. Der Uebergang des Eies aus dem todten Zustande durch die Wärme in die Existenz eines Thieres, eines empfindenden Wesens, scheint Diderot darzuthun, daß der Zustand, den wir Leben nennen, auf immanente Weise aus der Materie hervorgeht. Er sagt zu d'Alembert:

„Seht Ihr dies Ei? Damit stürzt man alle Theologie und alle Tempel der Erde."

Diderot denkt gerade so, wie unsere heutigen materialistischen Physiologen. Das Ei, als bloße Materie betrachtet, ist sinnlich todt; es besteht aus so und so viel Procenten Stickstoff, Kohlenstoff, Eiweißstoff, Phosphor, Schwefel u. s. w. Der Same, der ein Ei befruchtet, ist, als bloße Materie angesehen, auch nur, wie Diderot sagt, eine todte und rohe Flüssigkeit. Aber ist denn das Ei bloße Materie? Ist es ein formloses, in sich homogenes Gas? Ist es nicht ein Product des lebendigen Organismus? Hat es nicht eine bestimmte Form? Ist diese Materie, was sie ist, ohne ihre Form? Man zerbreche doch ein Hühnerei und lasse die durcheinandergeworfenen Stücke bebrüten oder setze sie in einem ägyptischen Brütapparat der nöthigen Wärme aus, so wird in alle Ewigkeit kein Thier daraus hervorgehen. Oder man nehme so viel Procente Eiweiß, Salz, Chlor, Kohlenwasserstoff u. s. w., um daraus eine Flüssigkeit zu machen, welche dem in einem thierischen Samentropfen enthaltenen Stoffe entspricht, und betüpfe damit ein Ei, wird man es befruchten? Nie und nimmer, d. h. es ist in dem Ei wie in dem Samen das Leben an sich als ein ideeller Factor mitgesetzt. Wenn ich Froschlaich mit Froschsamen bestreiche, so werden die Frösche nicht auf sich warten lassen, aber chemisch werde ich nie, bei aller Accuratesse des Gewichts und bei aller Vorsichtigkeit der Qualität der Stoffe, einen Frosch hervorbringen. Diderot erkennt sehr wohl, daß wenn ein in sich todtes Atom A zu dem gleichartigen Atom B hinzugefügt wird, daraus nichts weiter folgt. Er fordert deswegen Heterogeneität der Materie, damit der Gegensatz der Atome Wechselwirkung hervorrufe. Da er aber die Form als das unterscheidende Princip des Organischen zu wenig beachtet, so bleibt ihm, wie wir sehen werden, zuletzt nichts übrig, als mit Robinet die Atome in sensible Monaden, in individuelle Keime, germes, zu verwandeln. Man kann Diderot's Satz vom Ei, in dessen Mikrokosmus der ganze Makrokosmus schon mitgesetzt ist, auch umdrehen und sagen:

„Seht Ihr dies Ei? Damit erbaut man alle Schulen der Theologie und alle Tempel der Erde.“

Der ganze Dialog wurde zuerst in den „Oeuvres posthumes“ (IV, 103—239) abgedruckt, nämlich S. 103—129: „Entretien entre d'Alembert et Diderot“; S. 130—223: „Rêve de d'Alembert“; S. 224—239: „Suite de l'entretien.“ Infolge des Gesprächs mit Diderot hat d'Alembert eine unruhige Nacht. Fräulein de l'Espinasse wacht bei ihm. Er fängt an, im Halbschlaf laut vor sich hin zu sprechen, versinkt in Träumerei, murmelt, spricht wieder lauter. Die Espinasse erschrickt über seine Aeußerungen und schreibt sie nieder, sie dem Arzte mitzutheilen, ob d'Alembert nicht wahnsinnig geworden.

Der träumende d'Alembert sagt: „Ein lebender Punkt. Nein, ich täusche mich. Zuerst nichts, dann ein lebender Punkt. An diesen lebenden Punkt legt sich ein anderer, noch ein anderer, und aus diesen sich folgenden Anlagerungen geht ein einiges Wesen hervor, denn ich bin ein Eins, ich kann nicht daran zweifeln.“ (Indem er dies sagte, betastete er sich überall.) „Aber wie hat sich diese Einheit gemacht?“ („Ei, mein Freund“, sagte die Espinasse zu ihm, „was geht Sie das an? Schlafen Sie.“ Er schwieg. Nach einem Augenblick der Stille fing er wieder an, als ob er sich an jemand richtete:) „Halt, Philosoph, ich sehe ganz gut ein Aggregat, ein Gewebe von kleinen fühlenden Wesen, ein Thier! Ein Ganzes, ein in sich einheitliches System, das von seiner Einheit Bewußtsein hat. Ich seh' es nicht, nein ich seh' es nicht. — Meine Schwierigkeit kommt vielleicht von einer falschen Idee. — Mein Freund d'Alembert, nimm dich in Acht, du setzest nur Contiguität voraus, wo Continuität stattfindet. Ja, er ist boshaft genug, mir das zu sagen. Und die Formation dieser Continuität? Sie wird ihn nicht in

Verlegenheit setzen. Wie ein Tropfen Quecksilber sich in einen andern verliert, so verliert sich eine fühlende und lebende Molecule in eine andere. Zuerst waren zwei Tropfen, nach der Berührung ist nur noch einer vorhanden. Vor der Assimilation waren zwei Molecule, nach derselben ist nur noch eine. Das Gefühl wird der gemeinsamen Masse gemeinsam. Und in der That, warum nicht? Ich werde in Gedanken freilich die Länge der thierischen Faser in so viel Theile unterscheiden, als mir gefällt, aber die Faser wird eine continuirende, eine in sich einige, ja, einige sein. Die Berührung der beiden homogenen, vollkommen homogenen Molecule bildet die Continuität. Das ist ein Fall der vollständigsten Vereinigung, Cohäsion, Identität, die man sich vorstellen kann. — Ja, Philosoph, wenn diese Molecule elementar und einfach sind, wie aber, wenn sie aggregirt, wenn sie zusammengesetzt sind? — So wird die Verbindung sich nicht weniger machen, folglich auch die Identität, die Continuität. — Und folglich habituelle Action und Reaction. — Es ist gewiß, daß die Berührung von zwei lebendigen Moleculen etwas ganz anderes ist als die Contiguität zweier todter Massen. — Gehen wir darüber hinweg. Man könnte Euch vielleicht chicaniren, allein ich kümmere mich nicht darum, ich epilogisire niemals. Fahren wir fort. Ein Faden aus Gold, ich erinnere mich, ist ein Vergleich, den er mir machte; ein homogenes Gewebe, zwischen dessen Molecule sich andere legen und vielleicht ein homogenes Gewebe machen, ein Geflecht sensibler Materie, ein assimilirender Contact, active Sensibilität hier, passive dort, welche sich wie die Bewegung mittheilt, ohne, wie er sehr gut gesagt hat, zu rechnen, daß zwischen der Berührung fühlender Moleculen und solcher, die es nicht sind, ein Unterschied sein müsse. Und dieser Unterschied, worin kann er bestehen? Nur in habitueller Action und Reaction, die einen besondern Charakter hat. Alles trifft mithin zusammen, eine Art von Einheit hervorzubringen, die nirgends als im Thier existirt. Wahrlich, wenn das nicht Wahrheit ist, so gleicht es dieser sehr."

Dann fing er an, von Körnern und Stücken Fleisch zu murmeln, die er im Wasser verwesen ließ, von verschiedenen Thierarten, die er successiv entstehen und verschwinden sah. Mit seiner rechten Hand hatte er die Röhre eines Mikroskops und mit seiner linken, wie ich glaube, die Mündung eines Gefäßes nachgeahmt. Er blickte durch die Röhre in das Gefäß und sagte: „Voltaire mag scherzen, soviel er will, aber Needham hat recht. Ich glaube meinen Augen, ich sehe die Aalchen, o wie viel sind ihrer. Wie sie gehen, wie sie kommen, wie sie zappeln! Das Gefäß, worin er so viel neue, nur einen Augenblick dauernde Generationen erblickte, verglich er dem Weltall. Er schaute in einem Wassertropfen die Geschichte der

Welt. Diese Idee schien ihm groß. Er fand sie der echten Philosophie gemäß, welche die großen Körper in den kleinen studirt, und sagte: „In Needham's Wassertropfen geschieht und vergeht alles in einem Augenblick, in der Welt dauert dieselbe Erscheinung ein wenig länger, aber was ist unsere Dauer im Vergleich mit der Ewigkeit der Zeiten? Weniger als der Tropfen, den ich mit der Spitze einer Nadel nehme, im Vergleich mit dem grenzenlosen Raum, der uns umgibt. Eine unendliche Folge von Thierchen im gärenden Atom, eine ebenso unendliche Folge von Thierchen in einem andern Atom, das man Erde nennt. Wer kennt die Arten der Thiere, die uns vorangegangen sind? Wer die Thiere, die den unserigen folgen werden? Alles ändert sich, alles geht vorüber, nur das Ganze bleibt. Die Welt beginnt und endet unaufhörlich. Jeden Augenblick ist sie in ihrem Anfang und ihrem Ende; es ist keine andere und es wird nie eine andere sein. In diesem unermeßlichen Ocean von Materie gleicht keine Molecule der andern, gleicht keine Molecule auch nur einen Moment hindurch sich selbst. Rerum novus nascitur ordo, das ist ihre ewige Inschrift." Dann setzte er seufzend hinzu: „O Eitelkeit unserer Gedanken! O Armseligkeit unsers Ruhms und unserer Arbeiten! O Elendigkeit und Kleinlichkeit unserer Ansichten! Es gibt nichts Solides, als zu essen, zu trinken, zu leben, zu lieben und zu schlafen."

Um 2 Uhr morgens kam er auf seinen Wassertropfen zurück, den er einen Mikrokosmus nannte. Er bewunderte den Scharfsinn der alten Philosophen und sagte oder ließ seinen Philosophen sagen: „Wenn Epikur, als er versicherte, daß die Erde die Keime von allem enthalte und daß das Thier ein Product der Gärung sei, sich vorgesetzt hätte, im Kleinen zu zeigen, was sich vom Anbeginn der Zeiten im Großen macht, was hätte man ihm geantwortet? Und Ihr habt dies Bild vor Augen und Euch lehrt es nichts? Wer weiß, bis zu welchem Moment in der Folge der Thiergeschlechter wir gekommen sind? Wer weiß, ob dieser unförmliche Zweifüßler, der nur vier Fuß Höhe hat, den man noch in der Nähe des Pols einen Menschen nennt, und der nicht anstehen würde, diesen Namen zu verlieren, wenn er sich noch ein wenig entstaltete, nicht das Bild einer nur vorübergehenden Gattung ist? Wer weiß, ob es nicht mit allen Thierarten sich so verhält? Wer weiß, ob nicht alles zuletzt darauf hinausläuft, einen trägen und unbeweglichen Niederschlag zu bilden? Wer weiß, wie lange die Dauer dieser Trägheit sein wird? Wer weiß, welche neue Rasse aus einem so großen Haufen fühlender und lebender Punkte wieder hervorgehen kann? Warum nicht auch ein einziges Thier? Was war der Elefant bei seinem Ursprung? Vielleicht das ungeheure Thier, als welches er uns erscheint, vielleicht ein

Atom, denn beides ist gleich sehr möglich, weil beides nur die Bewegung und die verschiedenen Eigenschaften der Materie voraussetzt. Der Elefant, diese ungeheuere organisirte Masse, das plötzliche Product der Fermentation? Warum nicht? Das Verhältniß dieses großen Vierfüßlers zu seiner ersten Bärmutter ist geringer als das des Wurms zu der Molecule von Mehl, die ihn hervorgebracht hat, aber der Wurm ist nur ein Wurm, d. h. die Kleinheit, die Euch seine Organisation verbirgt, nimmt ihm das Wunderbare. Das Wunder, das ist das Leben, die Empfindung! Und dies Wunder ist keins mehr. Wenn ich die todte Materie in den Zustand des Empfindens übergehen gesehen habe, so darf mich nichts mehr erstaunen. Welch ein Vergleich zwischen einer kleinen Anzahl von Elementen, die in einer hohlen Hand in Gärung gerathen, und zwischen jenem unermeßlichen Behälter der verschiedenen Elemente, die in den Eingeweiden der Erde, auf ihrer Oberfläche, im Schos der Meere, in der Weite der Lüfte ausgestreut sind! Indessen dieselben Ursachen fortbestehen, warum haben die Wirkungen aufgehört? Warum sehen wir nicht mehr den Stier die Erde mit seinem Horn durchdringen, seine Füße gegen den Boden stemmen und sich anstrengen, seinen schweren Körper davon loszumachen? Laßt die Masse der jetzt bestehenden Thiere vorübergehen, laßt das große träge Sediment einige Millionen Jahre thätig sein. Vielleicht bedarf es zur Erneuung der Arten zehnmal so viel Zeit, als ihnen Dauer zugetheilt ist. Wartet und hastet Euch nicht, über die große Arbeit der Natur das letzte Wort zu sprechen. Ihr habt zwei große Erscheinungen, den Uebergang vom todten Zustande zu dem lebendigen, und die spontane Generation, die Euch genügen. Zieht richtige Schlüsse daraus und zwar in einer Ordnung der Dinge, worin schlechthin nichts groß, nichts klein, nichts dauernd, nichts vorübergehend ist. Hütet Euch vor dem Sophisma des Ephemeren!"

Fräulein Espinasse hat den Traum d'Alembert's, wie sie ihn aufgeschrieben, dem Doctor Borden vorgelesen, der statt des von ihr gefürchteten Wahnsinns vielmehr die tiefsten, richtigsten Einsichten darin findet. Als sie an die letzte Stelle gekommen, fragt sie: „Doctor, was ist das, das Sophisma des Ephemeren?"

Borden.

Das eines vergänglichen Wesens, welches an die Unsterblichkeit der Dinge glaubt.

Espinasse.

Fontenelle's Rose, welche sagte, daß seit Gedenken der Rose man noch nie einen Gärtner hätte sterben sehen.

Borden.

Ganz recht. Das ist leicht und tief.

Espinasse.

Warum drückt ihr Philosophen euch nicht immer mit solcher Anmuth aus? Wir würden euch verstehen.

Borden.

Offen, ich weiß nicht, ob dieser leichtfertige Ton ernsten Gegenständen geziemt.

Espinasse.

Was nennen Sie einen ernsten Gegenstand?

Borden.

Nun, die Empfindung, die Bildung des fühlenden Wesens, seine Einheit, den Ursprung der Thiere, ihre Dauer, und alle Fragen, welche sich daran knüpfen.

(Die Unterhaltung der Espinasse mit Borden wird an den schwierigsten Punkten von dem träumenden d'Alembert unterbrochen. Ich kann nur das Wichtigste herausheben.)

Borden.

Dürft' ich wol fragen, welche Fragen Sie so klar finden, daß Ihnen eine Prüfung überflüssig scheint?

Espinasse.

Die meiner Einheit, meines Ichs, zum Beispiel. Wahrlich, es scheint mir, daß es nicht so vielen Geträtsches braucht, um zu wissen, daß Ich bin, daß Ich stets gewesen bin und daß Ich nie eine andere sein werde.

Borden.

Die Thatsache ist ohne Zweifel klar, aber der Grund der Thatsache ist es keineswegs, besonders in der Hypothese derer, die nur Eine Substanz annehmen, und die Bildung des Menschen oder Thieres im allgemeinen durch successive Entgegensetzung mehrerer empfindender Molecule erklären. Jede Molecule hatte ihr Ich vor der Anfügung, aber wie hat sie es verloren und wie ist aus allen diesen Verlusten das Bewußtsein eines Ganzen resultirt?

Espinasse.

Es scheint mir, daß die Berührung dazu hinreicht. Wenn ich meine Hand auf meinen Schenkel lege, so fühle ich zuerst, daß meine Hand nicht mein Schenkel ist, aber einige Zeit nachher, wenn die Wärme in beiden gleich ist, unterscheide ich sie nicht mehr. Die Grenzen beider Theile vermischen sich und machen nur noch ein Eins aus.

Borden.

Ja, so lange, bis man Euch in den einen oder andern sticht. Dann erneut sich die Unterscheidung. Es ist also etwas in Ihnen, welchem nicht unbekannt bleibt, ob es Ihre Hand oder Ihr Schenkel ist, die man gestochen hat, und dies Etwas ist nicht Ihr Fuß, auch nicht Ihre Hand, die man gestochen hat, und welche leidet, sondern es ist ein Anderes, welches weiß und nicht leidet.

Espinasse.

Aber ich glaube, daß das mein Kopf ist.

Borden.

Ihr ganzer Kopf?

Espinasse.

Nein. Ich will mich erklären.

Sie vergleicht die Einheit des Ichs mit einer Spinne, welche jede Bewegung des Netzes, dessen Fäden sie aus ihrem Leibe gezogen hat, als die ihrige fühlt.

Der träumende d'Alembert kreuzt diese Betrachtung, die im Begriff stand, den wichtigen Unterschied des Gefühls vom Selbstbewußtsein zu erörtern, dem Standpunkte Kant's sich zu nähern, und sagt:

„Ich bin also ein solcher, weil ich ein solcher werden mußte. Aendert das All und Ihr ändert nothwendigerweise auch mich. Das All aber ändert sich beständig. Der Mensch ist nichts, als eine gewöhnliche Wirkung, das Monstrum nur eine seltene Wirkung, beide gleich natürlich, gleich nothwendig, gleich in der allgemeinen Ordnung. Und was ist dabei erstaunlich? Alle Wesen kreisen ineinander, folglich auch alle Arten. Alles ist in einem ewigen Flusse. Jedes Thier ist mehr oder weniger Mensch, jedes Mineral ist mehr oder weniger Pflanze, jede Pflanze ist mehr oder weniger Thier. Es gibt nichts Begrenztes in der Natur. Jedes Ding ist mehr oder weniger irgendetwas, mehr oder weniger Erde, mehr oder weniger Wasser, mehr oder weniger Luft, mehr oder weniger Feuer, mehr oder weniger von einem Reich oder von einem andern. Also ist nichts von der Natur eines besondern Wesens. Nein, ohne Zweifel, weil es keine Qualität gibt, woran nicht ein Wesen theilnähme, und weil es das mehr oder weniger große Verhältniß dieser Qualitäten ist, die es uns einem andern Wesen als ausschließlich zuschreiben läßt. Und ihr sprecht von Individuen, arme Philosophen? Laßt doch euere Individuen und antwortet mir: ist in der Natur ein Atom strenggenommen einem andern gleich? Nein. Gesteht ihr nicht zu, daß in der Natur alles zusammenhängt und daß in ihrer Kette unmöglich eine Lücke sein könne? Was wollt ihr also mit euerm Individuum sagen? Es gibt keins, es gibt keins und es gibt nur ein einziges großes Individuum: das ist das All.

„Was ist ein Wesen? Die Summe einer gewissen Anzahl von Tendenzen. Kann ich etwas anderes als eine Tendenz sein? Nein, ich gehe einem Ende entgegen. Und die Arten? Sind Tendenzen zu einem ihnen gemeinsamen Ziel. Und das Leben? Ist eine Folge von Actionen und Reaction; lebend handle und fühle ich in Masse, todt handle und wirke ich in Moleculen. Ich sterbe also nicht? Nein, ohne Zweifel, ich sterbe in diesem Sinne nicht, nicht Ich, noch was es sonst sei. Entstehen, leben, vergehen, ist Wechsel in allen Formen. Und was liegt an der Form? Jede Form hat ihr eigenes Glück und Unglück, vom Elefanten bis zur Laus."

Endlich erwacht d'Alembert und steht auf. Borden muß fort, Kranke zu besuchen, kommt zum Essen zurück, findet aber Fräulein Espinasse allein, weil d'Alembert auszugehen genöthigt worden. Er nimmt mit ihr die verlassene Untersuchung wieder auf.

Der ganze Dialog besteht also aus drei Dialogen. Der erste, zwischen d'Alembert und Diderot, der von dem Uebergang der Materie zur Empfindung handelt, gibt d'Alembert die Richtung, die er in den Anschauungen seines Traumes fortsetzt. Der zweite, zwischen Fräulein Espinasse und Borden, der von Aeußerungen des träumenden d'Alembert durchbrochen wird, bespricht die Bildung des Organischen. Der dritte, worin die Espinasse und Borden sich allein unterhalten, ist gleichsam das Satyrspiel des vorhergängigen ernsten Dramas, denn er zieht ganz ungescheut die praktischen Consequenzen, welche sich vom Standpunkt des absoluten Naturalismus im Widerspruch mit den Grundsätzen der Moral ergeben. Diderot hat, wie wir gehört haben, der Form seines Dialogs Adel verleihen wollen und hat wol aus diesem Grunde die Geliebte seines Freundes zur eigentlichen Trägerin des Gesprächs gemacht, um den Ausdrücken desselben, ohne ihrer wissenschaftlichen Bestimmtheit Eintrag zu thun, eine gewisse Grazie zu erhalten, da Borden, als Mediciner, geneigt ist, sich unbefangen bis zu cynischen Thatsachen und bis zu Wendungen gehn zu lassen, die für ein weibliches Ohr bedenklich sind. Er nimmt mit ihr den ganzen Proceß der Zeugung haarklein durch. Diderot würde in der That auch das Anerkenntniß verdienen, einen wissenschaftlichen Gegenstand wissenschaftlich und doch anmuthig, einen heikligen Gegenstand offen und doch mit allem Anstand behandelt zu haben, hätte es ihm nicht gefallen, in der dritten Unterredung eine Episode einzuschalten, welche sich über die [illegible] Befriedigung des Geschlechtstriebes bei dem Menschen verbreitet. Sie ist es gewiß, auf die er anspielt, wenn er seiner Freundin schreibt, daß er dem Dialog zum bis sechs Seiten hinzugefügt habe, welche der Frau von Blacy, seiner amoureuse, die Haare würden aufsträuben machen. Frau von Blacy, eine Schwester Sophiens, war nämlich eine außerordentlich unschuldige und sittsame, schämige Frau, die, wie Diderot in mehrfachen Beispielen erzählt, für gewisse Elemente der pariser Corruption gar kein Verständniß hatte. Diderot kann hier dem Prickel nicht widerstehen, den Naturalismus auf das Aeußerste zu treiben, und läßt Bordeu, vom Standpunkt des Naturbedürfnisses, die Zulässigkeit einer solchen Handlung, nämlich der Manustupration, auf gut diogenisch vertheidigen; sie dürfe nur nicht willkürlich provocirt werden. Die Natur als solche, die ihrem Triebe folgen müsse, sei gleichgültig gegen die Moral. Ist das nun Diderot's Ernst gewesen? Wollte er sagen, daß die solitäre Befriedigung des Geschlechtstriebes dem Menschen erlaubt sei? Gewiß nicht. In den „Salons" betheuert er, daß, wenn er seinen Sohn zu den Füßen der Venus Kallipygos sich selbst befleckend fände, er die Statue zertrümmern würde. In der Encyklopädie hat er selber den Artikel „Manustupration" geschrieben und erklärt sich darin ganz mit Tissot's Polemik gegen diese unglückliche Gewohnheit, welche die Jugend verwüstet, einverstanden. Er erzählt selbst mehrere abschreckende Beispiele aus seiner Erfahrung an Mitschülern u. s. w. Freilich wenn der Mensch nur ein etwas höher organisirter Affe wäre, so würde die Masturbation für ihn keine unerlaubte Handlung sein, denn Affen sehen wir vor unsern Augen masturbiren. Für den consequenten Naturalismus läßt sich die Berechtigung zum brutalsten Cynismus nicht ableugnen, da für ihn der Mensch vom Thier nicht qualitativ, nur quantitativ unterschieden ist. Wenn nun Diderot diese ekelhafte, geschmacklose Episode nicht eingeflochten hätte, wäre denn dadurch dem eigentlichen Gehalt des Dialogs etwas entzogen?

Dieser eigentliche Gehalt besteht in dem Bemühen, sich von dem nur mechanischen Atomismus loszureißen. Er erkennt, daß das Todte nicht das Lebendige hervorbringen kann. Wirkliche, in sich unbewegte, unveränderliche Atome können weiter nichts, als ihren Ort verändern. Sie können in immer andere Lagen kommen, allein sie müssen den Atomen, mit welchen sie zufällig zusammentreffen, äußerlich bleiben. Sie können nur zu einem Aneinander, zur Contiguität, nicht zu einem Ineinander, zur Continuität, gelangen. Diderot postulirt daher selbstthätige Molecule, die sich stets verändern und die mit andern sich verbinden, verschmelzen, mit ihnen als fühlende Eins werden. Er operirt eigentlich mit Leibniz'schen Monaden, allein er vermeidet den Ausdruck, weil die Monaden Leibnizens wesentlich vorstellende Wesen, êtres représentatifs sind, während er sich mit sensibeln Fasern, [illegible], mit animalischem u. s. w. begabt. Er unterscheidet sich hierin nicht von Robinet, wie wir schon angegeben, allein er nennt ihn nicht, vielleicht, weil Robinet noch Gott als schöpferische Ursache bestehen ließ. Diderot läßt sich das Organische aus einem ursprünglich flüssigen Zustande zu einem Gewebe, gerinnen, [illegible], das sich nach den verschiedensten Seiten hin zu andern Geweben entwickeln kann, welche sich für uns als die verschiedenen Organe eines lebendigen Individuums darstellen. Das Organ des Schmeckens, Riechens, Sehens, Hörens ist ursprünglich nur eine kaum wahrnehmbare Faser, welche sich aus sich selbst nach ihrer Eigenthümlichkeit entfaltet, indem sie zugleich von der Einheit des Ganzen getragen wird, in welcher das Nebeneinander der einzelnen Functionen zum Ineinander wird. Jedes Organ als solches ist ein selbständiges Wesen, ein besonderes Thier, und jedes Thier gleichsam ein Thier von Thieren. Bordeu vergleicht es mit einem Bienenschwarm, der sich in Traubenform an einen Baum gehängt hat. Alle diese Bienen machen ein Ganzes aus, während doch jede für sich selbst ein fühlendes Individuum ist.

Wird nun die Tendenz einer Faser in ihrer Entwicklung gehemmt, so ermangelt das Individuum eines Organs und es fehlt ihm dann eine Seite des Lebens, die es haben sollte, wie z. B. wenn bei einem Thiere mit zwei Augen der Sehnerv zur Bildung nur Eines Auges gelangt, also eine cyklopische Form entsteht.

Wird die Tendenz einer Faser während ihrer Entwicklung durch gewaltsame Störung bei dem Embryo in eine falsche Lage gebracht, so entsteht eine Abnormität, monströse Verwachsung, verkehrte Lagerung der Organe, überzählige Glieder.

Zwischen den Verrichtungen der einzelnen Organe und zwischen der ursprünglichen Einheit des Individuums, das in ihnen sich realisirt, findet ein beständiger Antagonismus statt, der nur mit dem Leben aufhört, weil er selber das Leben ist. Das Wachen besteht in der Herrschaft der Einheit über die Bewegung der Sonderorgane, das Schlafen in der Unterbrechung der Herrschaft. Die Thätigkeit der Organe geht während des Schlafs in sich zurück, weil sie nicht durch willkürliche Aufmerksamkeit mit Fühlen, Schmecken, Riechen, Sehen, Hören, angestrengt werden. Der Tod hebt die Einheit des Ganzen auf und läßt die vereint gewesenen Moleculen in andere Verbindungen treten. Den Begriff für die Continuität der Einheit können wir nur aus dem Gedächtniß schöpfen, zu dessen Identität die Allmählichkeit seiner Entwicklung gehört.

Da aus Todtem nichts Lebendiges entstehen kann, so ist anzunehmen, daß das, was wir todt nennen, es nur relativ ist und sich in ein auch für uns wahrnehmbares Leben zu verwandeln vermag. Wir sehen, daß elementare Stoffe, Humus, Wasser, Luft, zur Pflanze werden. Wir sehen, daß die Pflanze, welche das Thier frißt, in diesem zu Fleisch und Blut wird. Wir sehen also, daß Marmor Fleisch, mithin Seele werden kann, was unmöglich wäre, wenn der Marmor nicht mit dem Lebendigen an und für sich Eins wäre.

Diese Metamorphose ist eine Lieblingsansicht Diderot's. Sie beruht aber auf einem Fehlschluß. Das Niedrigere wird nicht durch sich selbst zum Höhern, sondern das Höhere macht das Niedrigere durch seine Energie zu sich selbst. Das Wasser, die Luft, der Humus werden nicht durch eigene, blos chemische Veränderung zum Pflanzensaft. Die Pflanze wird im Magen des Thiers nicht durch sich zum Chylus, sondern es ist die organische Macht des Lebendigen, welche die Todheit der unorganischen Stoffe tödtet, indem es sie mit sich inficirt. Sie verarbeitet die Stoffe zu sich selbst, weil sie nichts duldet, was sie nicht selbst ist. Die Natur enthält wirklich den Gegensatz des Todten und Lebendigen. Die Gase, die Luft, das Wasser, die Mineralien sind wirklich todt, d. h. sie sind ohne subjective Einheit. Das Mineral ist schon als Krystall, als krystallinisch gestaltet, ein Individuum, aber ein im Werden fertiges, wohingegen Pflanze und Thier sich in ihrer Gestalt stets von neuem hervorbringen und das Thier auch während dieses Processes sich selbst empfindet. Von seiten der Natur steht der Affe dem Menschen am nächsten. Wie aber der Affe den Menschen aus sich soll hervorbringen können, bleibt unbegreiflich. Die Anatomie und Physiologie können aus dem Affen immer nur wieder einen Affen realiter erzeugen lassen. Der Mensch verhält sich zum Affen nicht wie die Modification einer veredelten Pflanze zur wilden. Die Stufenfolge der Natur ist durch den Begriff geordnet und ist deshalb nicht ein continuirliches Werden der einen aus der andern, sondern eine Entwickelung mit qualitativen Sprüngen. Man kann wol, wie Diderot seinem Freunde d'Alembert in den Mund legt, auf gut heraklitisch sagen, daß Alles in Allem ist, daß Alles aus Allem besteht, daß die Elemente beständig ineinander übergehen, allein daraus folgt noch keineswegs, daß nicht das Lebendige ein Individuum wäre, welches das Centrum seiner Eigenthümlichkeit in sich selbst besäße, eine Einheit, welche Diderot auch selbst zugesteht. Diese Einheit ist es auch, welche die einzelnen Organe als Momente ihrer Totalität aus sich hervorbringt; nicht aber sind die Organe das Prius der Einheit, als ob dieselbe nur eine Composition, wie ein Bienenschwarm, nicht eine ihre Unterschiede aus sich selbst erzeugende und sie in sich haltende Identität wäre. Hirn, Magen, Herz, Lunge, Niere u. s. w., oder Arme, Füße, Flossen, Flügel u. s. w. kommen nicht von außen her zusammen, miteinander zu verwachsen, sondern bilden sich von innen her nach einem vorbestimmten Begriff, nach der Nothwendigkeit einer gewissen Stufe der progressiven Formation, nach einem constanten ideellen Typus, dessen Zweckmäßigkeit nach innen wie nach außen eine absolute Intelligenz voraussetzt, die zu leugnen das Hauptbestreben des Materialismus ist. Diderot fußte darauf, daß die spontane oder sogenannte äquivoke Generation eine durch die Entdeckung der Infusorien empirisch bewiesene Thatsache sei, was keineswegs der Fall ist. In dem tiefsinnigen Vorwort zum „Salon" von 1767 hatte er vortrefflich auseinandergesetzt, daß jedes Thier ein System sei, in welchem die äußere Gestalt nur den Proceß des innern Lebens darstelle, das an und für sich eine untrennbare Einheit sei. Das Thierreich selber kann nur als ein System von Systemen aufgefaßt werden, in welchem das höchste alle ihm vorangehenden integrirt, indem es sie alle ihrer Einseitigkeit nach negirt.

Daß Diderot am Ende dieses Dialogs die Freiheit leugnet, wird uns nicht weiter befremden. Jeder Act in einem Individuum ist ihm die nothwendige Folge aller bis zu diesem Augenblick in ihm geschehenen Veränderungen. Mit diesem Satz glaubt Diderot alle Freiheit vernichtet. Und doch enthält er nur das eine Moment des Handelns, die Motivirung eines Actes, nicht aber den Act selber, mit welchem wir uns als von aller Vergangenheit, als von allen Umständen frei, selber bestimmen und ihn ebendadurch zur Schuld für uns machen, ohne welche gar kein moralisches Interesse existirte. Doch wir wissen schon, daß Diderot hier mit sich in ewigem Widerspruch lebt. Er will auch hier die Moralität erhalten. Es soll aber nur Wohlthun und Uebelthun geben; die Belohnung soll zu jenem ermuthigen, die Bestrafung soll dieses hemmen. Aber auf einem so elastischen Begriff, wie Wohlthun, bienfaisance, läßt sich keine Moral gründen.

Die Frage nach der Beständigkeit der Gattungen und Arten haben wir schon am Schluß des Briefs über die Blinden ebenso getroffen, als sie hier auftritt. Sie ist eine natürliche Folge aus dem Princip, daß die organische Tendenz sich je nach den Umständen im Wasser, in der Luft, auf der Erde, auf dem Saturn u. s. w. modificire. Noch weiter zurück ist sie eine Folge der Atomistik, die sich wundern muß, warum nicht täglich aus dem concursus atomorum neue Gestalten sich unserer Anschauung darbieten.

Daß Diderot kein abstracter Atomistiker war, sehen wir auch aus der

Beurtheilung einer Schrift: „Principes philosophiques sur la matière et le mouvement" (1770), von einem Ungenannten. Ein Freund des Verfassers, der auch ein Freund Diderot's war, bewog diesen zur Prüfung. Diderot bekämpft in seiner Kritik den abstracten Begriff der Materie, der in ihr nur eine homogene, an sich träge Masse erblickt, welche nur von außen her bewegt werden kann. Er behauptet, daß alle Materie aus an sich heterogenen Moleculen bestehe, die in sich das Streben zur Thätigkeit auf andere Moleculen und damit zur Bewegung besitzen. Alle Materie befindet sich in nisu oder in translatione, im Triebe zur Bewegung oder schon im Uebergange zu ihr. Die Auffassung der Materie vom mathematisch-mechanischen Standpunkt als eines bloßen Quantums sei einseitig und müsse durch die des Physikers und Chemikers, welche auch die Qualität in Anschlag bringen, vervollständigt werden. Die Schwere, vermöge welcher verschiedene Körper nach Einem Centrum hinstreben, reiche nicht aus, das Wesen der Materie begreiflich zu machen, denn die Flamme strebe in die Höhe, Wasser drücke im Verhältniß seiner Höhe zur Basis nach allen Seiten und der Dampf zerbreche kraft seiner Ausdehnung die härtesten Körper und hebe die schwersten empor (voir la vapeur élever les corps les plus pesants dans la machine à feu). Alles sei Wirkung und Gegenwirkung; alles zerstöre sich unter einer Form, während es sich unter einer andern wiederherstelle. Verflüchtigungen, Auflösungen, Verbindungen aller Art seien unverträglich mit der Annahme der Gleichartigkeit der Materie, wenn auch das Quantum derselben an sich gleich bleibe.

Die nur mechanische Auffassung der Materie genügt Diderot nicht, er will auch noch die dynamische beachtet wissen. Es gibt nach ihm ebenso viel verschiedene Gesetze, als es Mannichfaltigkeit in der eigenen und innern Kraft jedes elementaren und constitutiven Atoms der Körper gibt. Diese dynamische Thätigkeit geht über die Gewalt des bloßen Massenverhältnisses hinaus. Wir sehen alle Tage in den Laboratorien, daß man eine inerte Materie durch Zusatz einer andern volatilisirt.

Man hat Diderot so oft den Deutschesten unter den Franzosen genannt. Man kann diesem allgemeinen Ausdruck einen bestimmtern Sinn unterlegen, wenn man sieht, wie nahe Diderot als Philosoph oft daran ist, in eine kantische Lösung der Probleme überzugehen. Wenn er die Kritik der Urtheilskraft erlebt hätte, würde er nicht gesagt haben: Das war es, was ich suchte! Wenn er für den Sturz der alten Metaphysik die Absolutheit der praktischen Idee mit ihren Consequenzen hätte eintauschen dürfen, wie würde es ihn entzückt haben! Wie freudig würde er sich zur Religion innerhalb der Grenzen der reinen Vernunft bekannt haben, er, der auf dem Lande seinen Atheismus immer dann werden sah aus der [illegible] in der Stadt, d. h. in dem corrupten Paris, sich als ein kleines allerliebstes [illegible] Und so würde er auch die Dynamik der Construction der Materie in Kant's metaphysischen Anfangsgründen der Naturwissenschaften unzweifelhaft als den Anfang einer befriedigendern Lösung der Frage: Was ist die Materie? begrüßt haben.

Ich habe schon oft wiederholt, daß man Diderot als den Philosophen ansehen muß, in welchem die Widersprüche der Zeit miteinander kämpfen. Er versuchte es, sie bald von dieser, bald von jener Seite zu lösen. Dann stellt er sich auf einen Standpunkt und verfolgt ihn in seine Consequenzen. Er schreckt nicht davor zurück, sie auch dann zu ziehen, wenn sie ins Widrige auslaufen. Diese cynischen Extreme gehören mit zur Charakteristik seiner Wahrhaftigkeit, welche nichts verschweigen, nichts beschönigen will. Ich habe sie daher auch nicht unterdrückt, wie es gewöhnlich geschieht. Bei einem historischen Gegenstande hat man kein Recht, sich die Thatsachen nach seinem Geschmack auszusuchen. Ganz falsch aber ist es, Diderot wie einen Professor zu behandeln, der über die Theologie, Kosmologie, Physik, Moral, Politik, Aesthetik ein dogmatisches Lehrgebäude besitzen soll, denn wenn Diderot auch ganz entschiedene Richtungen hat, die sich Stufe um Stufe in ihm entwickeln, so besteht doch das Interessante seiner Erscheinung gerade in seinem unaufhörlichen Fortarbeiten, das ihn auch für die Ansichten anderer empfänglich erhielt. Wenn man daher seine Unterhaltung mit d'Alembert anführt, um zu beweisen, daß er alle Freiheit, alle Individualität, und damit alle Geschichte geleugnet habe, so vergißt man, daß er anderwärts, wo er von dem denkenden Menschen ausgeht, nicht weniger die Freiheit behauptet. In den Briefen an Falconet macht er sogar die naive Forderung, daß die Erde, die Geschichte und ihre Tradition, niemals untergehen sollen, weil sonst niemand geneigt sein würde, Großes und Schönes, unvergänglichen Nachruhms Würdiges, hervorzubringen. Dieser Glaube setzt doch wol eine ewige Weltordnung, nicht einen blos fermentirenden und unbestimmte experimentirenden Naturproceß voraus, der die Paradoxie jenes Dialogs ausmacht.

Einige von Diderot's kleinen Papieren.

Naigeon kannte den „Traum d'Alembert's" und gab in seinen Memoiren von Diderot's Leben und Werken zuerst einen Auszug daraus, denn das Original wurde erst 1830 gedruckt. Er bewunderte die Physiologie, welche Diderot darin entwickelte. Wäre nun dieser Dialog damals, als er verfaßt wurde, auch gedruckt worden, so hätte er in die Geschichte der Wissenschaft eingreifen können. Da dies aber nicht geschehen, so bleibt er für uns nur ein geistreicher Anachronismus, über welchen die Wissenschaft bereits hinausgeschritten ist. Aehnlich ist es mit so vielen kleinern Schriften Diderot's ergangen, die sich nur zufällig oder dadurch erhalten haben, daß Grimm sie in seine „Correspondance" aufnahm. Diese petits papiers, wie Diderot selber sie zu nennen pflegte, stechen vor seinen Druckschriften durch ihre Wärme, durch ihre unbedingte Offenheit und durch jene merkwürdige Verbindung des schärfsten gesunden Menschenverstandes mit einer außerordentlichen Phantasie hervor, die sich in allen Sphären mit gleicher Leichtigkeit und Fruchtbarkeit bewegt. Diderot wiederholt daher zwar die nämlichen Ueberzeugungen, allein er wiederholt sich niemals in der Form. Er ist, so oft er auch denselben Gegenstand berührt, immer wieder neu und stellt ihn mit einer Frische dar, als ob er zum ersten mal an ihn heranträte. Wir müssen hier einige seiner kleinen Papiere erwähnen, welche in diese Zeit fallen und zu seinen trefflichsten Leistungen auch in stilistischer Hinsicht gehören.

Die eine dieser Schriften führt den Titel „Introduction aux grands principes ou Réception d'un philosophe". Weil darin des „Émile" von Rousseau gedacht wird, so kann sie erst in die sechziger Jahre fallen. Ein alter frommer Offizier hatte die ungläubigen Philosophen verspotten wollen und unter obigem Titel einen Dialog geschrieben, in welchem ein Weiser, ein Proselyt und ein Taufzeuge auftreten. Der Proselyt verlangt, auf die Philosophie des Tages getauft zu werden, weshalb der Weise ihn prüft. Der Proselyt bekennt sich nun zu den Ansichten, welche die

Gegner der Encyklopädisten diesen zuschrieben und welche vom Publikum im allgemeinen auch für die Lehre derselben gehalten wurden: Verachtung aller Religion, alles Cultus, Unglaube an die Unsterblichkeit, Verwerfung aller Offenbarung, Verwerfung aller Autorität, Alleinherrschaft der Vernunft, Untrüglichkeit der Sinne, Erwerbung von Vermögen um jeden Preis unter dem Vorwand wohlgeordneter Menschenliebe, Gehorsam gegen die Natur und die Leidenschaften u. s. w. Als der Proselyt alles dies zu glauben bekennt, schließt der Weise den feierlichen Act mit diesen Worten:

„Das nenne ich noch einen Mann. Nun, um Euch gänzlich die Freiheit zu geben, enttaufe (débaptise) ich Euch im Namen der Autoren des «Émile», des «Esprit» und des «Dictionnaire philosophique». Nun seid Ihr ein wahrer Philosoph und unter der Zahl der glücklichen Schüler der Natur. Durch die Macht, welche sie Euch wie uns gibt, gebt, reißt aus, zerstört, stürzt um, tretet Moral und Religion mit Füßen, empört die Völker gegen die Fürsten, befreit die Sterblichen vom Joch der göttlichen und menschlichen Gesetze. Ihr werdet Euere Lehren durch Wunder bestätigen und hier sind die, welche Ihr thun werdet: Ihr werdet die, welche sehen, blind machen. Ihr werdet die, welche hören, taub machen, und Ihr werdet die, welche gerade gehen, hinken lassen. Ihr werdet Schlangen unter den Rosen hervorbringen und alles, was Ihr berühren werdet, wird sich in Gift verwandeln."

Auf diese Satire antwortete Diderot in einer Parodie unter der Aufschrift „Le prosélyte, répondant par lui-même".

Gegen diese Parodie veranlaßte jener Offizier einen Theologen, für ihn eine Antwort an Diderot zu schreiben. Sie bekam den Titel „Examen du prosléyte, répondant par lui-même".

Auf dies Schreiben antwortete Diderot abermals: „Réponse de Diderot à l'examen du prosélyte, répondant par lui-même."

Diese vier Stücke, von denen also nur zwei Diderot gehören, muß man wohl auseinanderhalten, um nicht, wie geschehen, aus seinen Schriften zu citiren, was er nicht geschrieben hat und was zu seinen übrigen Gedanken im Gegensinn steht. Alle diese Schriftstücke waren übrigens nur private Aeußerungen und wurden zuerst durch Naigeon in seiner Ausgabe der Werke Diderot's (1798, I, 283 fg.) dem Druck übergeben.

Ueber den Inhalt der Parodie Diderot's können wir im allgemeinen weggehen, da er im wesentlichen nicht von demjenigen abweicht, den wir in seiner Abhandlung über die natürliche Religion kennen gelernt haben. Der logische Beweis steht über dem moralischen, der moralische aber dem historischen; sofern eine Religion den Glauben an geschichtliche Thatsachen fordert, muß es erlaubt sein, sie logisch, physisch, moralisch zu prüfen, widrigenfalls es gar keinen Halt gibt, den Aberglauben vom Glauben an die Wahrheit zu unterscheiden; das Gewissen ist die Offenbarung Gottes in allen Menschen; Gott verfällt keinem confessionellen Fanatismus; er ist der Gott nicht nur der Christen, sondern auch der Juden, Mohammedaner, Inder u. s. w. In einer Anmerkung aber hat Diderot sich über den Ursprung des Uebels mit einer so einfachen Klarheit ausgesprochen, daß wir sie hier einzuschalten uns nicht versagen können. Er sagt:

„Ich habe gelehrte Systeme, dicke Bücher über den Ursprung des Uebels geschrieben gesehen und ich habe nichts als Träumereien gesehen. Das Uebel hängt mit dem Guten selber zusammen; man kann das eine nicht von dem andern trennen und sie entspringen beide aus denselben Ursachen. Die Gesetze der Materie, welche die Bewegung und das Leben im Weltall unterhalten, sind es, woraus die physischen Unordnungen, die Vulkane, Erdbeben, Stürme u. s. w. entspringen. Aus der Empfindung, der Quelle aller unserer Lust, resultirt der Schmerz. Das moralische Uebel, d. h. das Laster, ist eine nothwendige Wirkung der Selbstliebe, die für unsere Erhaltung so wesentlich ist und gegen welche falsche Vernünftler so viel declamirt haben. Damit keine Laster auf der Erde existiren, haben die Gesetzgeber dafür zu sorgen, daß die Menschen kein Interesse daran nehmen. — Ich weiß nicht, ob es ein System geben kann, worin alles gut wäre, aber ich weiß wohl, daß es unmöglich ist, es zu begreifen. Nehmt den Thieren Hunger und Durst, was wird sie an ihre Bedürfnisse mahnen? Nehmt ihnen den Schmerz, was wird sie vor dem warnen, das ihrem Leben Gefahr droht? Die Leidenschaften des Menschen sind eine Folge seiner Empfindung. Um den Menschen leidenschaftslos zu machen, muß man ihn zum Automaten machen. Pope hat sehr gut nach Leibniz bewiesen, daß die Welt nicht anders sein kann, als sie ist. Wenn er aber daraus geschlossen hat, daß alles gut sei, so hat er eine Abgeschmacktheit behauptet. Er hätte sich begnügen müssen, zu sagen, daß alles nothwendig sei."

Gegen das Ende seiner Prüfung spielt Diderot auf die Aufhebung des Jesuitenordens durch Choiseul an, woraus man schließen möchte, daß dieser ganze theologische Handel 1764 stattgefunden hat. Er wünscht, daß Choiseul, dem er große Complimente als Staatsmann macht, alle Klöster aufheben möchte, weil sie so viel Menschen aus den untersten Schichten der Bevölkerung dem Pfluge und der Werkstatt entziehen und die übrigen Bürger zur Ernährung eines Heeres von Müßiggängern zwingen.

Der liebenswürdige Vernet schenkte ihm aus Dankbarkeit eine von den Landschaften, welche Diderot im „Salon" verherrlicht hatte, einen Schiffbruch. Dies rührte Diderot sehr und er schrieb eine reizende Elegie auf seinen alten Schlafrock, die den Panegyrikus auf Vernet zum Ziel hatte: **Regrets sur ma vieille robe de chambre ou avis à ceux, qui ont plus de goût, que de fortune"** (1767).

Man hatte eine Abwesenheit Diderot's benutzt, sein Zimmer umzugestalten und an die Stelle traulicher Einfachheit den Prunk modischer Eleganz zu setzen. Anstatt seines schlichten Holztisches hatte man ihm ein kostbares Bureau, anstatt seiner alten bergamasker Tapete eine Tapete von Damast, anstatt der Kupferstiche, die ohne Rahmen mit Nägeln an der Wand befestigt waren, Oelgemälde in Goldrahmen, anstatt einiger Gypsstatuetten von seinem alten Freunde Falconet eine lauernde Venus von Bronze, anstatt der Fichtenbreter, auf welche er seine Bücher hinwarf und die er selbst mit Büchern, mit Cicero und Virgil, stützte, einen prächtigen Bücherschrank, anstatt seines Strohstuhls einen Maroquinlehnsessel, und endlich anstatt seines kalamankenen Schlafrocks einen Scharlachsammtrock gegeben.

Dieser alte Schlafrock, wie schmiegte er sich ihm an! Er sah malerisch darin aus, während der neue, steif und schwer, ihn zur Gliederpuppe machte. Jedem Bedürfniß kam er gefällig entgegen. Staub von einem Buch zu wischen, bot er einen seiner Zipfel. Wollte die dicke Tinte nicht fließen, stellte er eine seiner Seiten zur Verfügung. In langen, schwarzen Streifen sah man die vielen Dienste, die er geleistet. Diese Streifen verkündeten den Literaten, den Schriftsteller, den arbeitenden Menschen. „Jetzt", sagt Diderot, „habe ich das Aussehen eines Faulenzers; man weiß nicht, wer ich bin. Unter seinem Schutz fürchtete ich weder die Ungeschicklichkeit eines Bedienten noch meine eigene, weder den sprühenden Funken des Feuers noch den Sturz des Wassers. Ich war absoluter Herr des alten Schlafrocks, ich bin Sklave des neuen geworden. Jeden Augenblick sage ich: Verdammt sei, wer die Kunst erfand, gemeinem Stoffe dadurch Werth zu geben, daß er ihn mit Purpur färbte! Verdammt sei das kostbare Kleidungsstück, das ich beichone! Wo ist mein alter, mein demüthiger, mein bequemer kalamankener Lappen?"

Nachdem er noch einer vergoldeten Stutzuhr à la Geoffrin am Marmorkamin erwähnt hat, geht er zur Beschreibung des Gemäldes von Vernet: Der Sturm, über, dessen Schilderung mit der des ruhigen Arbeitszimmers effectvoll contrastirt. Er macht einen sehr rührenden, ihn als Menschen hoch ehrenden Uebergang dazu:

„Von meiner ersten schlichten Einrichtung ist mir nichts als ein alter Fußteppich geblieben, der, ich fühle es wohl, gar nicht zu meinem Luxus stimmt. Aber ich habe geschworen und schwöre, — denn die Füße von Denis dem Philosophen sollen nie auf einem Meisterwerk der Savonnerie herumtreten — ich werde diesen Teppich behalten, wie der Bauer, der von der Hütte in den Palast des Fürsten versetzt wurde, seine Holzschuhe bewahrte. Trete ich morgens, bedeckt mit dem kostbaren Purpur, in mein Zimmer, so bemerke ich, wenn ich den Blick senke, meinen alten Fußteppich; er ruft mir meinen ersten Stand zurück und der Stolz bleibt am Eingang meines Herzens stehen. Nein, mein Freund, nein, ich bin nicht corrumpirt. Meine Thür öffnet sich stets dem Bedürfniß, das sich an mich wendet, und findet bei mir die nämliche Zugänglichkeit. Ich höre es, berathe es, unterstütze es, beklage es. Meine Seele hat sich nicht verhärtet, mein Nacken hat sich nicht emporgeworfen. Mein Rücken ist gut und rund wie vordem. Es ist derselbe Ton der Freimüthigkeit, dasselbe Gefühl. Mein Luxus ist von frischem Datum und das Gift hat noch nicht gewirkt. Allein mit der Zeit, wer weiß, was geschehen kann! Was soll man von dem erwarten, der seine Frau und Tochter vergessen, der sich verschuldet, der aufgehört hat, Gatte und Vater zu sein, und der, statt auf den Grund eines treuen Koffers eine nützliche Summe niederzulegen, — ach, heiliger Prophet, erhebe deine Hände zum Himmel, bitte für einen Freund in Gefahr, sage zu Gott: Wenn du in deinem ewigen Rathschluß siehst, daß der Reichthum das Herz des Denis verderbt, so verschone die Meisterwerke nicht, die er vergöttert, zerstöre sie und führe ihn zu seiner ersten Armuth zurück! Und ich meinerseits werde sagen: O Gott, ich unterwerfe mich der Bitte des heiligen Propheten und deinem Willen. Ich überlasse dir alles. Nimm alles, ja, alles, ausgenommen den Vernet. Ach, laß mir den Vernet! Nicht der Künstler, du hast ihn gemacht. Achte das Werk der Freundschaft und das deinige. Sieh diesen Leuchtthurm, sieh diesen Thurm, der sich daneben zur Rechten erhebt, sieh diesen alten Baum, den die Winde zerrissen haben. Wie schön ist diese Masse! Unter dieser dunkeln Masse sieh diese von Grün bedeckten Felsen. So hat deine mächtige Hand sie gebildet, so hat deine wohlthätige Hand sie mit einem Teppich geschmückt. Sieh diese ungeheuere Terrasse, die vom Fuß der Felsen zum Meere herniedersteigt! Sie ist das Bild der Abstufungen, welche du der Zeit auf die festen Dinge der Welt auszuüben erlaubt hast. Deine Sonne, würde sie dieselbe anders beleuchtet haben? Gott, wenn du dieses Werk der Kunst vernichtest, so wird man sagen, daß du ein eifersüchtiger Gott bist. Nimm dich mitleidig der Unglücklichen an, die auf diesem Ufer zerstreut sind. Genügt es dir nicht, ihnen die Klüfte des Abgrundes gezeigt zu haben? Hast du sie errettet, um sie zu verderben? Höre das Gebet dessen, welcher dir dankt. Hilf dort den Kräften jenes, welcher die traurigen Trümmer seiner Habe sammelt. Verschließe dein Ohr den Flüchen jenes Wüthenden. Ach! er versprach sich eine so vortheilhafte Rückkehr, er hatte nach Ruhe und Zurückgezogenheit getrachtet, es war seine letzte Reise. Hundertmal hatte er unterwegs mit den Fingern den Bestand seines Vermögens berechnet und seine Verwendung geordnet, und nun sind alle seine Hoffnungen enttäuscht, kaum bleibt ihm so viel, seine nackten Glieder zu bedecken. Sei gerührt von der Zärtlichkeit dieser beiden Gatten. Siehe den Schrecken, den du dieser Frau eingeflößt hast. Sie dankt dir für das Wehe, das du ihr nicht gethan hast. Das Kind, zu jung noch, zu wissen, welcher Gefahr du es mit Vater und Mutter ausgesetzt, beschäftigt sich indessen mit dem treuen Gefährten der Reise und befestigt wieder das Halsband seines Hundes. Sei gnädig diesem Unschuldigen! Sieh diese Mutter, die soeben mit ihrem Gatten den Wassern entrann; nicht für sich hat sie gezittert, nur für ihr Kind. Sieh, wie sie es an ihren Busen drückt, wie sie es küßt. O Gott, erkenne die Wasser, die du geschaffen hast. Erkenne sie, wie dein Hauch sie bewegt, wie deine Hand sie besänftigt. Erkenne die dunkeln Wolken, welche du versammelt hattest und die zu zerstreuen es dir gefallen hat. Schon theilen, schon entfernen sie sich; schon gebiert sich der Schimmer des Tageslichts wieder auf der Oberfläche der Gewässer; ich weissage Ruhe diesem rothen Horizont. Wie weit ist er, dieser Horizont! Er grenzt nicht mit dem Himmel zusammen. Vollende, dem Meer seine Ruhe zu geben. Gestatte diesen Matrosen, ihr gescheitertes Schiff wieder flott zu machen; fördere ihre Arbeit; gib ihnen Kräfte und laß mir mein Bild. Laß es mir als die Ruthe, womit du den eiteln Menschen züchtigst. Schon bin ich es nicht mehr, den man besucht, den man zu hören kommt: es ist Vernet, den man bei mir bewundern will. Der Maler hat den Philosophen gedemüthigt."

In allen „Salons" hat Diderot bei Vernet's Landschaften die Wendung variirt, ihn als den Rivalen Gottes selber darzustellen. Dadurch, daß er hier Gott zum Zuschauer des Bildes als seines eigenen Werkes macht und daß er ein Gemälde vor sich zu haben ganz zu vergessen scheint, indem er Gott für die Schiffbrüchigen anfleht, hat er diese schmeichlerische Wendung auf ihre höchste Potenz erhoben.

Unter den petits papiers, von denen wir jetzt sprechen, befinden sich auch zwei, welche das Weib und die Ehe betreffen, deren Betrachtung sich durch das ganze Leben Diderot's hinzieht. Es ist merkwürdig, zu beobachten, wie er die tiefsten Blicke in das Wesen des Weibes wirft, aber mit dieser Einsicht in Widerspruch geräth, sobald er auf die Ehe kommt. Man kann sich wol kaum der Reflexion entschlagen, daß die Nichtbefriedigung, die er in seiner eigenen Ehe fand, und der thatsächliche Widerspruch, in welchem er, wie das ganze damalige Paris, mit der Ehe lebte, viel Antheil an seiner Theorie derselben haben. Wir haben soeben sein schmerzliches Geständniß vernommen, mit welchem er sich anklagt, Frau und Tochter vergessen, sich verschuldet und, Gatte und Vater zu sein, aufgehört zu haben. Das war der Ausbruch einer momentanen Zerknirschung. In den Briefen aber an Fräulein Voland finden wir die Ehe beständig nur als eine gleichgültige conventionelle Form behandelt, die gar nichts bedeute. Sehr natürlich sucht er seiner Freundin und sich selber dies Sophisma einzureden, um ihr und sich für den Bruch seiner Ehe ein gutes Gewissen zu machen. Wenn die Mutter Sophiens den Liebenden manchmal unbequem wird, ist er empört gegen sie. Ein Mädchen im Alter seiner Freundin habe das Recht, sich ihre Bekanntschaften, ihren Umgang selbst zu wählen. Wie schmerzlich ist es, in seinen Briefen an sie ihn von seiner Frau als der Madame Diderot reden zu hören, als ob sie eine ihm Fremde wäre. Nach seiner Art knüpfte er, was sich bei ihm über jene Themata aufgelagert hatte, an zwei andere Schriften an, an eine von Thomas und an eine von Bougainville.

Thomas, den er als Menschen wie als Schriftsteller sehr hoch schätzte, hatte zu Anfang des Jahres 1772 einen „Essai sur le caractère, les moeurs et l'esprit des femmes dans les différents siècles" herausgegeben. Diderot beurtheilte seine Schrift für Grimm's „Correspondance". Er fand in ihr viel Gelehrsamkeit, viel Feinheit, viel Verstand, viel Stil und Harmonie, aber er vermißte darin das Feuer, welches einem Gegenstande wie dieser gebührt hätte. Thomas ist ihm zu trocken, zu unpoetisch. „Wenn man über das Weib schreibt", meint er, „muß man seine Feder in den Regenbogen tauchen und den Staub von Schmetterlingsflügeln auf seine Zeilen streuen. Man muß, wie der kleine Hund des Pilgers, von dessen Pfote, wenn man sie schüttelte, Perlen fielen, immer Perlen aus der Feder fallen lassen; aber aus der des Herrn Thomas fallen keine Perlen." Statt sich weiter auf eine kritische Analyse einzulassen, gibt er sofort ein Gegenstück zu ihr, in welchem er, was er an ihr vermißt, bietet, was er an ihr tadelt, positiv besser macht. Physiologisch, psychologisch und ethisch entwirft er selber eins derjenigen Gemälde, in denen das Weib sich wiedererkennen muß, weil es die ganze Scala seiner Zustände, die zwischen den Extremen seiner Natur liegen, mit Treue und mit Sympathie schildert.

Mit zarten Worten hebt er zuerst die Abhängigkeit hervor, in welcher sich das Weib von der Eigenthümlichkeit seines Organismus befindet. Er beschreibt den innigen Zusammenhang seiner Stärke mit seiner Schwäche und erläutert diese pathologische Dialektik mit einer Menge interessanter Anekdoten und geschichtlicher Thatsachen, die wir beiseite müssen liegen lassen. Die Biegsamkeit des weiblichen Naturells macht es einer unendlichen

Mannichfaltigkeit fähig. Der Anblick einer Maus, einer Spinne läßt es in Ohnmacht fallen, während es oft den größten Schrecknissen des Lebens trotzt. Vor allem sind es die Anfälle der Eifersucht in der Leidenschaft der Liebe, die Entzückungen der mütterlichen Zärtlichkeit, die Verzückungen des Aberglaubens, die Verbreitung epidemischer Volksbewegungen, durch welche die Frauen in Erstaunen setzen, schön wie Klopstock's Seraphinen, fürchterlich wie Milton's Teufel. Das Gefühl des Mannes erreicht diese Höhe nicht. Der Contrast der heftigsten Affecte mit der Sanftheit ihrer Züge macht sie häßlich. Die Zerstreuungen eines geschäftigen und [illegible] Lebens brechen die Leidenschaften des Mannes, während das Weib die seinigen, in der Stille brütend, pflegt. Sein Müßiggang oder die Gehaltlosigkeit seiner Verrichtungen hält seinen Blick beständig auf Einen Punkt gefesselt und, um toll zu werden, würde dem leidenschaftlichen Weibe nur die gänzliche Einsamkeit fehlen, die es sucht. Die Unterordnung unter einen Herrn, der ihr misfällt, ist für es eine Qual. Es schaudert bei der Annäherung eines ungeliebten Gatten: es empfindet seine Umarmung wie eine Befleckung, von der es sich nicht schnell genug wieder reinigen kann. Mehr Herr seiner Sinne als der Mann, ist der Genuß der Wollust für das Weib bei weitem fraglicher. Die Beweglichkeit seiner zarten Organisation, welche der des Mannes entgegengesetzt ist, täuscht es oft in seiner Erwartung.

Auf dem heiligen Dreifuß in Delphi saß nie ein Mann, und die Rolle der Pythia ziemt nur einem Weibe, das sich bis dahin erhitzen kann, das Nahen eines Gottes ernstlich zu fühlen, sich das Haar zu raufen, zu schäumen, zu rufen: Ich fühle, ich fühle ihn, da ist er, der Gott, und die rechte Sprache dafür zu finden.

Undurchdringlich in ihrer Verstellung, grausam in ihrer Rache, beständig in ihren Vorsätzen, ohne Scrupel über die Mittel, sie zu erreichen, beseelt von einem tiefen und geheimen Haß gegen den Despotismus des Mannes, scheint unter den Frauen eine Art Verschwörung, eine Art Ligue zu bestehen, deren Artikel sie kennen, ohne sie sich mitgetheilt zu haben. Von Natur neugierig, wollen sie gern alles wissen, sei es zum Gebrauch, sei es zum Misbrauch. Aus Neugier prostituiren sie sich in revolutionären Zeiten den Parteiführern. Wer sie erräth, ist ihr unversöhnlicher Feind; lieben sie euch, so werden sie euch, so werden sie sich selbst verderben, sobald ihr ihre ehrgeizigen Absichten kreuzt. Sie werden die Trunkenheit der Leidenschaft vortäuschen, wenn sie ein großes Interesse haben, euch zu betrügen, ja, sie werden sie empfinden, ohne sich zu vergessen. Der Stolz ist mehr ihr Laster als das unserige.

Das Weib trägt ein Organ in sich, welches der furchtbarsten Krämpfe fähig ist und in seiner Phantasie Wahnbilder aller Art hervorruft. In der hysterischen Raserei sind ihm Vergangenheit und Zukunft gegenwärtig. Alle außerordentlichen Vorstellungen gehen bei dem weiblichen Geschlecht von der Gebärmutter aus. Nichts ist verwandter als die Ekstase, die Vision, die Prophetie, die Offenbarung, die sprudelnde Poesie und die Hysterie. Das von ihr ergriffene Weib empfindet etwas Höllisches oder Himmlisches. Manchmal hat es mich schaudern gemacht, wenn ich es in der Wuth eines wilden Thieres gesehen und gehört habe. Welch Gefühl, welcher Ausdruck! Was es sagte, war nicht von einer Sterblichen. Aber der stürmische Geist, den man für unbezwinglich halten sollte, kann durch ein einziges Wort niedergeschlagen werden. Ein Arzt, Silva, sagte zu den Frauen in Bordeaux, die von entsetzlicher Besessenheit geplagt wurden, daß sie von der Fallsucht bedroht seien — — und sie waren sofort geheilt. Die Frauen sind einer epidemischen Wildheit unterworfen. Das Beispiel einer einzigen zieht die Menge nach sich. Nur die erste ist schuldig, die andern sind krank. O Frauen, ihr seid ganz außerordentliche Kinder.

Mit inniger Theilnahme beschreibt Diderot die Leiden, denen das Weib durch sein Geschlecht, durch seine Liebesbedürfnisse, durch die Lebenslänglichkeit eines periodischen Misbefindens, durch die Ehe, durch die Schwangerschaft, Geburt, Wartung der Kinder, durch die Krankheiten des Alters, die Grausamkeit der Gesetze, unterworfen ist. Er zeigt, daß die Frau unglücklich in den Städten der Civilisation, noch unglücklicher in den Wäldern ist, wo sie sich der Mishandlung durch den rohen Mann und dem mühevollsten Dienste für ihn preisgegeben sieht. Er läßt eine Indianerin von den Ufern des Orinoco ihr trauriges Sklavenleben schildern und ruft aus: O Frauen, wie beklag' ich euch!

Die Ueberzeugung dringt nur bis zu einem gewissen Grade in den Verstand der Frauen. Die Vorstellungen von Gerechtigkeit, Tugend, Laster, Güte, Bosheit schwimmen auf der Oberfläche ihrer Seele. Sie haben die Eigenliebe und das persönliche Interesse mit der ganzen Energie der Natur bewahrt. Mehr als wir im Aeußern civilisirt, sind sie mehr Wilde im Innern, und alle sind mehr oder weniger Macchiavellistinnen. Das Symbol der Frauen ist im allgemeinen das der Apokalypse, auf deren Stirn geschrieben steht: Mysterium. Wo für uns eine eherne Mauer ist, da ist für sie oft nur ein Spinngewebe. Wenn wir mehr Vernunft haben, so haben sie mehr Instinct als wir. Das einzige, was man sie gelehrt hat, ist, das Feigenblatt, das sie bei ihrem ersten Fall erhalten, mit Geschick zu tragen. Alles, was man achtzehn, neunzehn Jahre hintereinander ihnen gesagt und wiederholt hat, kommt auf die Worte zurück: Meine Tochter, nimm dein Feigenblatt in Acht!

Diderot fragt, was denn bei einer galanten Nation eine sogenannte Erklärung anderes als den Austausch des Genusses bedeute? Die Worte: Ich liebe dich! die so leichtfertig ausgesprochen werden, bedeuteten in der Wirklichkeit: „Wollen Sie mir Ihre Unschuld und Sittlichkeit opfern; wollen Sie die Achtung vor sich selbst und die Achtung der andern verlieren; wollen Sie mit niedergeschlagenen Blicken in die Gesellschaft gehen, bis die Gewöhnung an die Liederlichkeit Ihnen die Schamlosigkeit derselben erworben hat; wollen Sie jedem ehrbaren Stande entsagen, Ihre Aeltern vor Schmerz sterben lassen und mir einen Augenblick Vergnügen gewähren, so werde ich Ihnen unendlich verbunden sein." Dies, ihr Mädchen, ist der Commentar aller Schmeichelreden, die man an euch richtet. Man hat der Galanterie eine so große Wichtigkeit beigelegt, daß derjenigen, welche diesen Schritt gethan hat, keine andere Tugend mehr bleibt. Ist einmal das große Verbrechen begangen, so können sie vor nichts mehr zurückschrecken. Während wir in den Büchern lesen, lesen sie im großen Buche der Welt. Auch macht ihre Unwissenheit sie zur sofortigen Aufnahme der Wahrheit fähig, wenn sie ihnen gezeigt wird. Keine Autorität hat sie unterjocht, statt daß die Wahrheit beim Eintritt in unser Gehirn einen Plato, einen Aristoteles, Epikur, Zeno als Schildwachen findet, sie bewaffnet zurückzutreiben. Selten sind sie systematisch, stets unter der Herrschaft des Augenblicks.

Die Seele der Frauen ist nicht sittenreiner als die unserige. Da aber der Anstand ihnen nicht erlaubt, sich mit unserer Freimüthigkeit auszudrücken, so haben sie sich ein köstliches Gezwitscher zurechtgemacht, mit dessen Hülfe man alles ganz honnet in ihrem Vogelkäfig sagen kann. Entweder schweigen die Frauen oder oft haben sie den Anschein, als wagten sie nicht, zu sagen, was sie sagen. Man merkt leicht, daß Jean Jacques viel Zeit zu den Knien, Marmontel viel in den Armen der Frauen zugebracht hat. Sie gewöhnen uns, Anmuth und Klarheit in die trockensten und dornigsten Materien zu bringen. Unaufhörlich richtet man an sie das Wort und will von ihnen gehört sein. Man fürchtet, sie zu ermüden oder zu langweilen und nimmt eine außergewöhnliche Leichtigkeit des Ausdrucks an, die von der Unterhaltung in den Stil übergeht. Haben sie Genie, so hält Diderot den Ausdruck desselben für origineller als bei uns.

Wenn man diese psychologisch so tief geschöpfte Charakteristik des Weibes überdenkt, so bleibt kein anderer Schluß möglich, als daß dasselbe nur durch wahrhafte Liebe die ihm gemäße Befriedigung finden kann. Da aber das Weib zugleich durch die Schwangerschaft, die Geburt, das Säugen und Abwarten der Kinder eine gefahrvolle und mühselige Arbeit zu übernehmen hat, welche dem Manne fremd bleibt, so hat die Natur selber hierdurch den Grund zur monogamischen Ehe gelegt. Der Mann soll der treue Gatte, der treue Vater, der Schutz seiner Familie sein. Dies Thema hat Diderot in jener Zeit, wo er seine eigene Tochter zu verheirathen suchte, lebhaft beschäftigt. Die Worte, mit denen er in der Kritik von Thomas' „Essai" die jungen Mädchen vor den Verlockungen der Galanterie warnt, hatte er, wie wir sahen, einige Jahre zuvor an seine eigene Tochter gerichtet, sie über den wahren Sinn derselben aufzuklären. Er wußte jedoch nicht recht, wie er die Forderung der Natur, welche nichts als die Erhaltung der Gattung betreibt, und die Forderung des Geistes, welcher den Naturgenuß mit sittlichen Rechten und Pflichten verknüpft, miteinander ausgleichen sollte. Er glaubte, daß die Gesetzgebung der Staaten über die Ehe einen künstlichen Menschen mit dem natürlichen in Widerspruch setze, und fiel darauf, diesen Widerspruch in einer otaheitischen Idylle nach seiner ganzen Craßheit auszumalen, indem er fingirt, daß der Almosenier eines französischen Schiffs auf Otaheiti in die Lage gebracht wird, nacheinander bei den Töchtern und sogar bei der Frau seines Gastfreundes zu schlafen. Die äußere Veranlassung zu dieser Einkleidung seiner Gedanken gab ihm die Reise Bougainville's nach der Südsee. Bougainville kam 1769 zurück und veröffentlichte die Beschreibung seiner Reise 1771. Diderot schrieb nun, wir wissen nicht genau wann, ein „Supplément au voyage de Bougainville, ou dialogue entre A et B sur l'inconvénient, d'attacher des idées morales à certaines actions physiques, qui n'en comportent pas".

Dies Supplement wurde erst lange nach seinem Tode, 1796, in den von uns öfter schon erwähnten „Opuscules philosophiques et littéraires" gedruckt. Es besteht aus vier Kapiteln:

1) Urtheil über Bougainville's Reise.
2) Der Abschied des Greises. Supplement zu Bougainville's Reise.
3) Unterhaltung von Bougainville's Almosenier mit dem Otaheiter Orou.
4) Folge des Dialogs.

Es wird von der Thatsache des Kindermordes ausgegangen, der auf den Inseln der Südsee in einem ungeheuern Umfang der Sitte einheimisch war, weil das beschränkte Terrain einer Insel unter dem milden Klima leicht zur Uebervölkerung und damit zur Hungersnoth führte. Otaheiti selbst wird als ein Ort geschildert, der bis zur Ankunft der Europäer das höchste Glück eines der Natur gemäßen Daseins gewährte. Bougainville hatte einen jungen Otaheiter Aotourou mitgebracht, den er bald wieder zurücksenden mußte, weil er sich in Europa höchst unglücklich fühlte. Diderot theilt in dem angeblichen Supplement die Rede eines otaheitischen Greises Orou mit, der die Gewaltsamkeit, Härte, Grausamkeit, Barbarei, Ungerechtigkeit, Schlechtigkeit der Europäer in ihrem Benehmen gegen die otaheitischen Naturkinder mit dem größten Nachdruck schildert. Mit Trauer blickt der Greis in die Zukunft, weil er den Untergang des schönen, genußfrohen Lebens der Otaheiter für bedroht hält. Diese Rede, ein rhetorisches Meisterstück, verherrlicht den selbstgenugsamen Zustand Otaheitis vor der Ankunft der Europäer. Nahrung, Kleidung, Wohnung, ungehemmte Befriedigung des Geschlechtstriebes, Jagd, Fischerei, Baden und Spiele waren das Glück aller. Die Ernten waren gemeinsam.

Der Almosenier des Schiffs von Bougainville wurde in der Hütte Orou's einquartiert, der ihm abends seine Frau und seine drei Töchter als Bettgenossinnen zur Auswahl stellte. Der Almosenier weigerte sich, das Anerbieten anzunehmen, und Orou konnte dies nicht begreifen. Er fragte, ob der Almosenier krank, ob er unfähig sei? Keineswegs, allein er habe das Gelübde der Enthaltsamkeit gethan. Das war Orou noch unbegreiflicher und er setzte dem Almosenier das otaheitische System der freien Liebe auseinander, welches den Mann für die Kinder, die er zeugt, zum Unterhalt derselben verpflichtet, nur die Unfruchtbaren zu öffentlichen Mädchen preisgibt, und bei der Wahl der Gatten vor allem auf Kraft und Schönheit der Nachkommenschaft bedacht ist. Nach demselben würden seine Töchter entehrt sein, wenn er, der Gastfreund, es verschmähte, ihnen ein Kind zu machen. Die jüngste Tochter, mit welcher die Aeltern ihn allein ließen, flehte, weinte — und er wußte selbst nicht, wie es geschah, daß er am andern Morgen an ihrer Seite erwachte. Und so setzte er es fort, bis er auch Orou's Frau beglückte, immer ausrufend: Mais ma religion! Mais mon état!

Dieser boshaften Idylle folgt ein Dialog von A und B über das Problem, wie ein so hoher Zweck als die Zeugung, zu welcher die Natur durch die mächtigsten Reize einladet, wie das größte, süßeste und unschuldigste aller Vergnügen zur furchtbarsten Quelle unserer Entartung und unserer Leiden geworden ist?

Die Ursachen werden darin gefunden, daß die Tyrannei des Mannes den Besitz der Frau in ein Eigenthum verwandelt hat; daß Sitte und Brauch die eheliche Vereinigung mit Bedingungen überladen; daß die bürgerlichen Gesetze die Heirath einer unendlichen Menge von Förmlichkeiten unterworfen haben; daß durch die Verschiedenheit des Vermögens und des Ranges in unserer bürgerlichen Gesellschaft entsprechende und nichtentsprechende Verhältnisse entstanden sind; daß durch einen sonderbaren Widerspruch, der allen bestehenden Gesellschaften gemein ist, die Geburt eines Kindes für die Nation ein Zuwachs ihres Reichthums, für die Familie öfterer und gewisser ein Zuwachs ihrer Dürftigkeit ist. Auch die Fürsten haben zur Entartung der Natur beigetragen, indem sie ihren Nutzen und ihre Sicherheit an die eheliche Institution knüpften; endlich die Religionen, indem sie Handlungen, die an sich keiner Moralität fähig sind, mit dem Namen von Lastern und Tugenden belegten. Man hat in das Innere des natürlichen Menschen einen künstlichen eingeführt und dadurch einen Krieg erzeugt, der das ganze Leben hindurch dauert und in welchem bald der natürliche Mensch über den moralischen und künstlichen, bald dieser über jenen siegt. Das traurige Monstrum wird unaufhörlich gezwickt, gerädert. Es seufzt, es ist unglücklich, bald durch einen falschen Enthusiasmus des Ruhmes, der es erhebt und berauscht, bald durch eine falsche Schande, die es beugt und niederschlägt. Nur extreme Zustände, Elend und Krankheit, diese großen Exorcisten, führen den Menschen unwiderstehlich zum Naturzustand zurück. Ehe und Galanterie sind in der Natur begründet; Koketterie vielleicht auch; Beständigkeit und Treue nicht. Der Mann gehorcht dem Geschlechtstriebe direct; das Weib fürchtet die Folgen des Geschlechtsgenusses, und der Mann sucht diese Furcht durch Schmeichelei und Zerstreuung zu überwinden.

Soll man also den Naturzustand dem der Civilisation vorziehen?

In der That, meint Diderot, es ist schwer, darauf zu antworten, wenn man erwägt, zu welch verwickelten Mechanismen die Staaten geworden sind, die den einzelnen beim geringsten Zusammenstoß ihrer Räder zerstören. Nur in Otaheiti, in Calabrien und vielleicht im niedern venetianischen Volk existirt noch das Glück harmonischer Freiheit. Was sollen wir thun? Sollen wir zur Natur zurückkehren, sollen wir uns den Gesetzen unterwerfen? Gegen die unsinnigen Gesetze werden wir sprechen, bis sie reformirt sind, und einstweilen uns ihnen unterwerfen. Derjenige, der ein schlechtes Gesetz mit seiner privaten Autorität bricht, autorisirt jeden andern, die guten zu brechen. Es ist besser, ein Narr mit Narren, als ein Alleinweiser zu sein. Laßt uns unaufhörlich uns zurufen, daß man Schimpf, Züchtigung, Schmach mit an sich unschuldigen Handlungen verknüpft hat, aber laßt sie uns nicht begehen, weil Schimpf, Züchtigung und Schmach die größten Uebel sind. Laßt uns den guten Almosenier nachahmen, Mönch in Frankreich, Wilder in Otaheiti. Und vor allem laßt uns ehrlich und aufrichtig bis zur Scrupulosität mit gebrechlichen Wesen sein, die unser Glück nicht machen können, ohne den kostbarsten Vortheilen der Gesellschaft zu entsagen.

Einstweilen also wollte Diderot sich dem Gesetz unterwerfen; aber er wollte es reformiren, ohne doch recht zu wissen, wie, denn die Aufhebung der Ehe ist, wie alle socialen Experimente darüber bewiesen, unmöglich, ohne die Familie aufzulösen und mit dieser Auflösung auch die Aufhebung des Privateigenthums zu verbinden, d. h. in den Communismus zu fallen. Daß wir Diderot nicht unrecht thun, wenn wir ihn beschuldigen, die Ehe zu mißachten, erhellt aus einem merkwürdigen Briefe vom 29. Aug. 1762 an Sophie Voland. Er hatte seiner Freundin eine casuistische Frage vorgelegt, ob eine Frau, die eine zahlreiche Familie hat, um ihrem Manne einen einträglichen Posten zu verschaffen, sich dem, von welchem die Besetzung desselben abhängt, preisgeben dürfe? Fräulein Voland hatte sich mit ihrer Schwester dagegen erklärt. Diderot ergeht sich nun in äußerster Beredsamkeit, um diese Prostitution als ein hohes Opfer der Tugend hinzustellen. Er malt den Kampf aus, den es die redliche Frau koste u. s. w. Der Fall war, wie er unter dem 31. Juli 1762 erzählt, ein wirklicher. Diderot fügt eine Betrachtung hinzu, die ich mit seinen Originalworten hersetze: „Comme tout se fait ici! Un poste vaque, une femme le sollicite; on lève un peu ses jupons, on les laisse retomber, et voilà son mari, de pauvre commis à cent francs par mois, Mr. le directeur à quinze ou vingt mille francs par an. Cependant quel rapport entre une action juste ou généreuse, et la perte voluptueuse de quelques goutes d'un fluide? En vérité, je crois, que nature ne se soucie ni du bien ni du mal; elle est toute à deux fin : la conservation de l'individu et la propagation de l'espèce." Am 29. Aug. meint er in Bezug auf diesen Fall, wir seien einmal nicht mehr unschuldig und es komme auf einen Fleck mehr oder weniger nicht an. Er spricht wie der ausgemachteste Sophist und ärgste Cyniker. „Il ne s'agit, que — d'une infraction de la loi civile, la moins importante et la plus bizarre de toutes; d'une action si commune, si fort dans les moeurs générales de la nation, que l'attrait seul du plaisir, sans aucune autre considération plus importante, suffit pour la justifier; d'une action, dont on loue notre sexe, et dont en vérité on ne s'avise plus guere de blamer le votre; du frottement de deux intestins mis en comparaison avec les aisances de la vie; d'une faute moins répréhensible que le mensonge le plus leger." Er fügt nun zu diesem Fall noch einen andern höchst seltsamen hinzu, daß nämlich eine junge Dame, die Erzieherin gewesen war, um der natürlichen Bestimmung ihres Geschlechts zu genügen, gern ein Kind haben und sich einen Mann aussuchen wollte, der ihr die Gefälligkeit erzeigte, ihr ein solches zu machen, das sie dann vortrefflich erziehen wollte.

Auch hier hatte Sophie Voland sich dagegen erklärt, und er fährt nun auf sie los: „A présent, venons à Vous, mademoiselle. Eh bien! Vous ne voulez donc pas, qu'on ait la complaisance pour cette honnête créature, qui a le sens assez droit pour sentir, que le mariage est un sot et fâcheux état, et qui a le coeur assez bon, pour vouloir être mère, de lui faire un enfant? Vous l'appellez tête bizarre!" Diese Dame mit ihrer affaire de tempérament sieht nicht ein, daß ihr dies eine Ursache der Schande sein könne: „Parcequ'on ne s'assujettit pas à quelques formalités de convention, qui ne signifient rien, et qui varient d'un peuple à l'autre; parcequ'on connoit la légèreté du coeur humain et qu'on craint, en faisant un voeu indiscret, de devenir parjure; parce qu'on ne veut pas accepter un tyran etc. etc." Diderot will nicht eingestehen, daß die Ehe nothwendig ist. Er findet in dem Dialog von A und B, daß, Otaheiti im Augenblick vielleicht ausgenommen, überall die Sittlichkeit fehlt, unter welcher er den allgemeinen Gehorsam und das consequente Betragen gegen die Gesetze versteht, seien sie nun gut oder schlecht. Sind die Gesetze gut, so sind es auch die Sitten; sind die Gesetze schlecht, so sind es auch die Sitten. Werden die Gesetze, gute oder schlechte, nicht beobachtet, so ist das der schlimmste Zustand der Gesellschaft, sie ist sittenlos. Aber, fragte er, wie soll man die Gesetze beobachten, wenn sie sich widersprechen? In der Geschichte aller Völker und aller Jahrhunderte wird man die Menschen immer dreien Gesetzbüchern unterworfen finden, dem Gesetzbuch der Natur, dem der bürgerlichen Gesellschaft und dem der Religion. Man wird aber auch finden, daß sie sich gezwungen gesehen haben, wechselsweise gegen diese drei Gesetzbücher, die nie miteinander übereingestimmt haben, zu verstoßen.

Die Schilderung Bougainville's von Otaheiti hatte damals Diderot, wie so viele andere, bezaubert. Der Contrast eines solchen, dem Anschein nach glücklichen Naturzustandes mit den Gebrechen unserer Culturzustände hatte ihn tief bewegt. Die Erwägung dieses Contrastes, bei welcher er den gräßlichen Untergrund des otaheitischen Geschlechtsgenußparadieses, den Kindermord, vergaß, ließ ihm das Leben jener Insulaner als ein heiteres Spiel erscheinen, das lediglich dem Gesetzbuch der Natur gehorche. Ob man auch anderwärts zu dem Naturzustande zurückkehren solle oder auch nur könne, schien ihm zweifelhaft, und er wollte den Gehorsam gegen die einmal bestehenden, ob guten oder schlechten Gesetze unter allen Umständen aufrecht erhalten wissen. Er scheute die Anarchie. Er wollte reformiren, nicht revolutioniren. Man würde ihm unrecht thun, wenn man ihm schuld gäbe, die Liebe überhaupt zu verkennen, als ob sie nur den physischen Gemuß bezwecke. Wir haben gehört, wie er hierin gegen Helvetius protestirt. Auch an Falconet schrieb er 1767: „Ich kann unter keinen Umständen leiden, daß man den Menschen auf vier Füße setze und daß man auf ein paar Tropfen wollüstig vergossener Flüssigkeit die Leidenschaft zurückführe, die in Tugenden und Verbrechen die furchtbarste ist. Ich kann nicht leiden, daß man aus Eros, dem Herrn der Menschen und Götter, einen kleinen, heftigen und stummen Tropf mache."

Das Sophisma, was er aufstellt, besteht darin, anzunehmen, daß *auch für den Menschen der Geschlechtsgenuß ein nur physischer Act sei*. Das ist der Standpunkt des Thieres, den er Bordeu gegen die Espinasse bis in seine scheußlichsten Consequenzen aussprechen läßt. Aber für den Menschen existirt eine solche nur physische Handlung gar nicht. Die *ethische Idee* strebt bei ihm nach Allgegenwart. Auch essen und trinken kann er nicht, ohne aus dem physischen Act zugleich einen ethischen zu machen. Das Thier hat kein Bewußtsein über seinen Trieb und über die Folgen seiner Befriedigung. Mit blinder Wuth gibt es ihr sich hin und kümmert sich entweder à la Rousseau gar nicht um seine Jungen, indem die Natur sie schon mit ihrer Geburt selbständig macht, oder pflegt sie aus instinctiver Naturnothwendigkeit nur so lange, bis sie, sehr bald, für ihre Erhaltung selbst sorgen können. Diderot kennt sehr wohl den Unterschied der Liebe des Mannes und des Weibes. Der Mann folge dem Naturtrieb ohne weiteres, das Weib schaudere — frissonne — bei dem Andringen des Mannes, sobald es durch die Erziehung oder die Erfahrung wisse, welche Folgen für es selber aus der Befriedigung des Triebes entstehen. Seine Lage ist eine ganz andere als die des Mannes, denn es hat monatelang die Frucht mit Beschwerden auszutragen, es hat sie mit Gefahr des Todes zu gebären, es hat sie mit großer Mühsal zu säugen und vom Zustand äußerster Hülflosigkeit zur Selbständigkeit und Menschlichkeit heranzuziehen.

Ueber diese ihm wohlbekannte ernste Seite des Geschlechtsgenusses schlüpft Diderot hinweg, allein in ihm liegt der *thatsächliche Widerspruch* gegen die Roheit des eudämonistischen Naturalismus, der nur bei dem Triebe und bei der Annehmlichkeit der Empfindung stehen bleibt. Kinder sind leicht zu erzeugen, schwer zu gebären, schwerer zu erhalten, noch schwerer zu erziehen. Die Kinder haben das *Recht*, von ihren Aeltern — nicht blos von der Mutter — ernährt und erzogen zu werden. Und die Aeltern haben die *Pflicht*, dies zu thun. Mit diesem aus der *Natur* stammenden Recht, mit dieser aus der Natur stammenden *Pflicht* fällt der ganze Naturalismus zusammen, denn an die Stelle vereinzelter Personen, gleichsam socialer Atome, die sich im Geschlechtsgenuß zufällig einen Augenblick berühren, tritt ein ganz neues Element, die Familie auf. Das Fleisch wird Geist. Es entwickelt sich eine natürliche Einheit, die seelisch und sittlich ist. Eifersucht und Treue dünken Diderot illusorisch, weil Eifersucht nur aus einem engen geizigen Gefühl entspringe, Treue aber bei der Veränderlichkeit der menschlichen Gefühle unmöglich sei oder zu den scheußlichsten Zuständen führe. Und das sagt Diderot, der uns sonst unaufhörlich predigt, daß die Tugend, welcher Art sie auch sei, das Opfer seiner selbst fordere! Seiner Frau freilich war er nicht treu; ihr opferte er sich nicht; aber seiner Sophie schwor er Treue und forderte sie mit aller Eifersucht.

Nicht die Natur allein darf den Menschen bestimmen, sondern nicht weniger soll die Vernunft die Natur bestimmen. Das wahrhafte Naturrecht des Menschen ist nicht die Nachahmung der thierischen Brutalität, sondern das Vernunftrecht, welches die Forderungen der Natur in Harmonie mit dem Wesen des Geistes, zu denken und zu wollen, befriedigt. Der Geist der Familie ist es, der den Geschlechtstrieb beschränkt und den physischen Genuß in einen zugleich ethischen verwandelt. Die monogamische Ehe kann, wie sie es bei Diderot war, empirisch eine verfehlte sein, aber ihre Wahrheit ist die Liebe und die Wahrheit der Liebe die Treue. Das Unglück des einzelnen, das der Freiheit halber möglich sein muß, beweist nichts gegen die Nothwendigkeit der Idee.

Diderot hat in diesem Aufsatz sich einem Detail hingegeben, wie wir es bei allen Utopisten finden, die praktisch werden wollen. Er erinnert dadurch fast an die cynischen Quengeleien des Mönchs Campanella in seiner „Urbs solaris". Er hat z. B. weiße, graue und schwarze Schleier erfunden, sofort durch sie die gesunde, kranke und unfruchtbare Frau zu unterscheiden und zu markiren! Welche Roheit! So weit kann ein zartfühlender Mann sinken, sobald er durch Sophisterei sein eigenes unrechtes Handeln vor seinem Gewissen mit einer Theorie beschönigen will. So weit kann ein Diderot sinken, der einen „Père de famille", freilich ohne eine Hausfrau, geschrieben. Wenn er in seine moralisirende Ekstase geräth, so lesen wir jeden Augenblick von einem bon fils, bon mari, bon père u. s. w. Aber hier lesen wir, daß jenes verschrobene Frauenzimmer, das einen Mann lediglich als Naturwerkzeug wählen wollte, ihm ein Kind zu schaffen, richtig urtheilt, wenn es die Ehe für einen état sot et fâcheux hält. Die Geschichte der Völker beweist uns, daß die Förmlichkeiten, mit denen sie die Schließung und Auflösung der Ehe nach Diderot erschwert haben, nichts anderes als das Streben ausdrücken, durch den Schutz der Ehe, durch ihre öffentliche Anerkennung, durch ihre Heiligung, den Bestand der Familie als des Anfangs und Gipfels aller Cultur zu sichern. Die empirische Verschiedenheit dieser Förmlichkeiten ist gleichgültig, ihre Tendenz aber ist überall dieselbe.

Die Heiligkeit der Ehe ist offenbar der wunde Fleck in Diderot's Leben und Denken. Er fiel hierin der allgemeinen Corruption seiner Zeit, welcher er sich doch als Moralist entgegensetzen wollte, zum Opfer. Sobald er aus dem Bereich dieser Reflexionen heraustritt, wird er wieder der gesunde Geist, der die Dinge klar und tief erfaßt. So gibt es einen Aufsatz von ihm über eine Horazische Satire, der über den **Zusammenhang des Charakters eines Menschen mit seiner Beschäftigung** die vortrefflichsten Bemerkungen enthält und in welchem er zugleich selber eine Satire schreibt: „Satire I sur les caractères et les mots de caractères, de profession etc. — A mon ami Naigeon, sur un passage de la I Satire du II Livre d'Horace."

Er geht von der Bemerkung aus, daß der Mensch durch seine Prärogative, die Vernunft, allein schon der ganzen Mannichfaltigkeit entspricht, die im Instinct der Thiere erscheint. Hieraus ergibt sich die **Aehnlichkeit**, welche die besondere Gestalt eines Menschen mit der eines **Thieres** hat: der Tigermensch, der Wolfsmensch, der Fuchsmensch, der Maulwurfsmensch, der Schafsmensch, der gewöhnlichste, der Aalmensch, der uns stets entschlüpft, der Hechtmensch, der alles verschlingt, der Schlangenmensch, der sich in hundert Manieren windet, der Bärenmensch, der mir nicht misfällt, der Adlermensch, der in den Höhen des Himmels schwebt u. s. w. Es gibt einen **Naturschrei**, den man vernimmt, wenn Sarah vom Opfer ihres Sohnes sagt: von seiner Mutter hätte Gott es nie verlangt. In den Werken der Kunst vernehmen wir ihn selten. Hat aber ein Dichter ihn erfaßt, so erstaunt und entzückt er uns, weil er uns dann das Geheimniß unsers Herzens offenbart. Es gibt einen **Schrei der Leidenschaft**, den man vernimmt, wenn der Geizige, nach Anhören einer beredten Rede über das Almosen, beim Ausgang aus der Kirche sagt: das könnte Lust zum Betteln machen. Um zu dem **Schrei des Charakters** überzuleiten, schiebt Diderot das Intermezzo einer Unterredung mit dem Abbé de Cannaye ein, den er fragte: „Glauben Sie, Herr Abbé, daß Madame Geoffrin Sie mit großem Vergnügen bei sich empfängt?" Der Abbé antwortete ihm: „Was thut mir das, wenn ich mich dort nur wohl befinde." Der **Schrei des Menschen** nimmt eine unendliche Menge verschiedener Formen nach der **Werkthätigkeit** an, die er übt, und diese Formen verdecken oft den Accent des Charakters. Diderot führt mehrere Aeußerungen an, die es zweifelhaft machen, ob man eine Aeußerung dem Charakter oder dem Metier beilegen soll, namentlich bei den Aerzten. Er erzählt von sich selbst, daß er bei einem periodischen Erbrechen den Doctor Thierry habe holen lassen, der, nach Anblick seines Auswurfs, gerufen habe: „Sie sind zu glücklich, Sie haben uns den glasigten Schleim (pituite vitrée) der Alten, den wir verloren hatten, wiedergegeben." Diderot lächelte, achtete aber den Arzt deshalb nicht mehr, nicht weniger hoch. Es folgt ein neues Intermezzo durch ein Gespräch, welches Diderot nach einem Diner bei Mademoiselle Dornais mit Rulhières im Tuileriengarten gehabt hat, dessen Pointe darauf hinausläuft, wie interessant es ist, in einer Gesellschaft Personen, die uns nicht vorgestellt sind, aus ihren Aeußerungen zu errathen. Endlich, nachdem er fast selber eine Satire geschrieben, erläutert er die Verse der zehnten Epistel des ersten Buchs von Horaz:

Imperat aut servit collecta pecunia cuique
Tortum digna sequi potius, quam ducere funem

sehr eingehend aus der Technik des Seilerhandwerks bei den Alten.

Es ist unmöglich, Diderot nur annalistisch zu behandeln, weil er zu vielseitig ist. Noch verkehrter wäre es, seine Schriften aus abstracten Principien zu deduciren, vielmehr muß man versuchen, den chronologischen Gang seiner Entwickelung mit dem besondern Inhalt seiner Arbeiten auszugleichen. Ich halte es daher für gerechtfertigt, wenn ich seine Schriften, um sie nicht zu sehr zu zerstreuen, epochenweise zu gruppiren suche, und wenn ich aus diesem Grunde hier noch einen kleinen Dialog erwähne, der vielleicht erst in spätere Jahre fällt, in seiner ganzen Haltung aber sich den bisher aufgeführten petits papiers anschließt. Es ist dies der „Entretien d'un philosophe avec la maréchale de ... —".

Diese Marschallin war die Frau von Broglie. Die Unterhaltung hatte wirklich stattgefunden, und Diderot, dem sie merkwürdig erschien, hatte sie sogleich aufgeschrieben. Sie wurde zuerst 1777 in den „Pensées philosophiques" französisch und italienisch abgedruckt und 1796 in den „Opuscules philosophiques et littéraires" wiederholt, welche der Abbé von Vauxelles zu Paris herausgab. Diderot hatte sich darin, nach dem Maskensystem seiner Zeit, den Namen eines verstorbenen italienischen Dichters Crudeli beigelegt. Der Inhalt dieses Dialogs betrifft den Glauben und den Unglauben. Die Marschallin vertheidigt jenen, Diderot diesen.

Die Marschallin verwunderte sich, einen Mann vor sich zu sehen, der nichts glaubt, und der doch nicht stiehlt oder mordet und der mit seinem Unglauben auch nichts zu gewinnen hofft, während sie von sich gesteht, ihrem Gott auf wucherische Zinsen zu leihen. Man könne Gott nicht ruiniren; den Himmel zu erreichen, sei es mit Gewalt, sei es mit Geschicklichkeit, müsse man keinen Vortheil außer Acht lassen. Sie kann nicht begreifen, welches Motiv ein Ungläubiger haben könne, gut zu sein, er müsse denn närrisch sein. Crudeli stellt ihr das Vergnügen entgegen, welches ein wohlerzogener Mensch an dem Thun des Guten selber hat, ganz abgesehen von der Erfahrung, daß, sein Glück in dieser Welt zu machen, es am Ende besser ist, ein ehrlicher Mann als ein Schurke zu sein.

Die Marschallin.

Man glaubt und man beträgt sich täglich, als ob man nicht glaubte.

Crudeli.

Und ohne zu glauben, beträgt man sich ungefähr so, als ob man glaubte.

Die Marschallin erblickt nichts Ungereimtes darin, wenn die Religion dem Vollbringen des Guten einen Beweggrund mehr hinzufügt und einen Grund weniger im Unglauben hat, das Gute zu thun. Crudeli gesteht dies zu, sofern der Glaube ein Motiv wäre, das Gute, der Unglaube eins, das Böse zu thun. Aufgefordert von ihm, gibt die Marschallin eine Definition vom Guten und Bösen: das Böse sei das, welches mehr Nachtheile als Vortheile, das Gute im Gegentheil das, welches mehr Vortheile als Nachtheile habe.

Sofort rechnet Crudeli die Nachtheile her, welche die Religion seit jeher den Völkern gebracht habe, und findet Christi Vorhersage, daß seinetwegen der Gatte sich von der Gattin, die Mutter von ihren Kindern, der Bruder von seiner Schwester, der Freund vom Freunde trennen werde, nur zu buchstäblich erfüllt. Er meint, daß kein Misanthrop der Menschheit ein verderblicheres Geschenk hätte machen können, als den Glauben an ein unfaßliches Wesen, dem man doch zugleich die höchste Wichtigkeit beilegt.

Die Marschallin.

Aber es muß doch etwas geben, was die Menschen über die schlechten Handlungen, welche der Strenge des Gesetzes entschlüpfen, erschreckt! Wenn Sie die Religion zerstören, was würden Sie an ihre Stelle setzen?

Crudeli.

Hätte ich auch keinen Ersatz für sie, so wäre doch schon immer ein schreckliches Vorurtheil weniger.

Er behauptet nun, daß die Religion niemals die öffentliche Moral begründet habe, daß zwischen Heiden und Christen in sittlicher Hinsicht kein Unterschied sei; daß er noch niemals Christen, wie sie nämlich sein sollten, gesehen habe, und daß selbst die frommsten Frauen sündigten, indem sie, wie eine seiner Nachbarinnen, ihren Anzug, der ihren schönen Busen dem

Blicken der Männerwelt verführerisch offen legt, mit der Mode, ja mit den Wünschen ihres Mannes entschuldigten, denen sie sich fügen müßten. In den Schriften aller geoffenbarten Religionen ist eine allgemeine Moral enthalten, die man ungefähr befolgt, außerdem aber für jede Nation und für jeden Cultus eine besondere, die man in den Tempeln predigt, in den Häusern preist und die man keineswegs befolgt. Die Versuchung ist zu nahe und die Hölle zu weit. Die Religionen ermuthigen zum Verbrechen durch die Bequemlichkeit der Abbüßungen. Sie entfremden den Menschen der wahren Sittlichkeit, indem sie ihn mit bizarren und chimärischen Pflichten belasten. Wenn man einen Priester fragt, welches Verbrechen scheußlicher sei, in ein geweihtes Gefäß zu pissen, oder den Ruf einer ehrbaren Frau zu verschwärzen, so würde er bei dem erstern schaudern und das bürgerliche Gesetz würde die Kirchenschändung mit dem Feuertode bestrafen.

Die Marschallin.

Ich kenne mehr als Eine Frau, die sich ein Gewissen daraus macht, am Freitag Fleisch zu essen, und die — doch ich wollte eine Dummheit sagen. Fahren Sie fort.

Crudeli meint, es sei mit der Religion, wie mit dem Heirathen, für den einen ein Glück, für den andern ein Unglück. Da die Religion, die so viele Schlechte mache, die Marschallin besser gemacht habe, so thue sie wohl, sie sich zu erhalten. „Es ist Ihnen süß, sich an Ihrer Seite, über Ihrem Haupte, ein großes und mächtiges Wesen vorzustellen, das Sie auf der Erde gehen sieht. Und diese Vorstellung bekräftigt Ihre Schritte. Fahren Sie fort, Madame, dieses hehren Bürgen Ihrer Gedanken, dieses Zuschauers, dieses erhabenen Musters Ihrer Handlungen sich zu erfreuen."

Die Marschallin.

Sie haben, wie ich sehe, nicht die Wuth des Proselytismus.

Crudeli.

Durchaus nicht.

Die Marschallin.

Ich schätze Sie um so mehr.

Crudeli.

Ich gestatte jedem, in seiner Weise zu denken, vorausgesetzt, daß man auch mich in der meinigen denken lasse. Ueberdem bedürfen diejenigen, die dazu angethan sind, sich von diesen Vorurtheilen zu befreien, nicht, daß man sie katechisire.

Die Marschallin.

Glauben Sie, daß der Mensch sich des Aberglaubens entschlagen könne?

Crudeli.

Nein, solange er unwissend und furchtsam bleibt.

Auf die Frage der Marschallin, ob es ihm nicht widerstrebe, nach seinem Tode nichts zu sein, antwortete er, daß er kein Leben nach dem Tode hoffe, weil das Verlangen danach ihm nicht die Eitelkeit gegeben. „Wenn man glauben kann, daß man ohne Augen sehen, ohne Ohren hören, ohne Kopf denken, ohne Herz lieben, ohne Sinn fühlen, daß man existiren wird, ohne irgendwo zu sein, und etwas zu sein ohne Ausdehnung und Ort, so stimme ich bei."

Die Marschallin.

Aber wer hat diese Welt gemacht?

Crudeli.

Das frage ich Sie.

Die Marschallin.

Gott.

Crudeli.

Was ist Gott?

Die Marschallin.

Ein Geist.

Crudeli.

Wenn ein Geist Materie macht, warum soll nicht die Materie einen Geist machen?

Die Marschallin.

Und warum sollte sie ihn machen?

Crudeli.

Ich sehe sie es täglich thun. Glauben Sie, daß die Thiere Seelen haben?

Die Marschallin.

Gewiß, ich glaube es.

Crudeli erzählt ihr nun von einer peruanischen Völkerschaft, welche glaubt, daß eine in einem Rauchfang aufgehängte Schlange räuchere, vertrockene und nach zwei Jahren wieder auflebe. Das will die Marschallin nicht glauben. Der Mensch, meint Crudeli, sei doch auch eine Seele.

Die Marschallin.

Noch eine Frage, die letzte. Sind Sie in Ihrer Ungläubigkeit sehr ruhig?

Crudeli.

Man kann es nicht mehr sein.

Im weitern Verlauf des Gesprächs fragt er sie, ob sie einen Sokrates, Phocion, Aristides, Cato, Trajan, Marc Aurel nicht verdamme?

Die Marschallin.

Pfui doch! Nur reißende Thiere können das denken. St.-Paul sagt, daß jeder nach dem Gesetz, das er gekannt hat, gerichtet werden wird, und St.-Paul hat recht.

Um zu sagen, daß Gott, wenn er existirt, einen Menschen, der aus Redlichkeit geirrt hat, nicht auf ewig verdammen könne, erzählt Crudeli zuletzt eine Parabel:

Ein junger Mexicaner spazierte, ermüdet von seiner Arbeit, eines Tags am Ufer des Meeres. Er erblickt ein Bret, das mit dem einen Ende im Wasser, mit dem andern am Ufer lag. Er setzte sich auf dieses Bret, und in die Anschauung der vor ihm ausgedehnten Weite sich verlierend, sagte er zu sich: Meine Großmutter hat gewiß unrecht, wenn sie von Menschen spricht, die, ich weiß nicht wann, hier, ich weiß nicht wo, von einem Lande jenseit des Meeres gekommen sein sollen. Es ist kein gesunder Menschenverstand in dem Geschwätz, denn sehe ich nicht Meer und Himmel zusammengrenzen? Kann ich, gegen das Zeugniß meiner Sinne, eine alte Fabel glauben, deren Ursprung man nicht kennt, die jeder nach seiner Manier sich zurechtlegt und die nur ein Gewebe widersinniger Umstände ist, über welche sie sich das Herz verzehren und sich die Augen auskratzen? Indeß er so vernünftelte, wiegten ihn die schaukelnden Wasser, und er schlief ein. Während er schläft, wächst der Wind, die Welle hebt das Bret, auf das er sich ausgestreckt hat — und siehe da, unser junger Vernünftler ist eingeschifft.

Die Marschallin.

Ach! Das ist ein Bild von uns selbst. Wir sind jeder auf unserm Bret; der Wind bläst und die Welle trägt uns davon.

Crudeli.

Es war schon weit vom festen Lande, als er erwachte. Wie erstaunt war unser junger Mexicaner, sich auf dem Meere zu finden! Und wer noch mehr erstaunte, war er, daß ihm, als er das Ufer, auf dem er noch soeben spazierte, aus dem Gesicht verloren hatte, das Meer mit dem Himmel auf allen Seiten zusammenzugrenzen schien. Der Verdacht stieg in ihm auf, daß er sich geirrt haben könne und daß er, wenn der Wind seine Richtung behielte, vielleicht an das Ufer und unter jene Menschen getragen werden könnte, von denen seine Großmutter ihn so oft unterhalten hatte.

Die Marschallin.

Und von seiner Unruhe sagen Sie mir kein Wort?

Crudeli.

Er hatte keine. Er sagte sich: Was thut mir das, wenn ich nur ankomme! Ich habe unbesonnen geurtheilt; gut, aber ich bin gegen mich selbst aufrichtig gewesen, und das ist alles, was man von mir fordern kann. Wenn es keine Tugend ist, Geist zu haben, so ist es auch kein Verbrechen, seiner zu ermangeln. Unterdessen dauerte der Wind fort. Der Mensch und das Bret schwammen weiter und das unbekannte Ufer fing an zu erscheinen. Er berührt es, er ist da.

Die Marschallin.

Wir werden uns dort eines Tags wiedersehen, Herr Crudeli.

Crudeli.

Ich wünsche es, Frau Marschallin. Wo es auch sei, es wird mir immer schmeichelhaft sein, Ihnen meine Ergebenheit zu bezeigen. — Kaum hat er sein Bret verlassen und den Fuß auf den Sand gesetzt, als er einen ehrwürdigen Greis an seiner Seite erblickt, den er fragt, wo er sei und mit wem er zu sprechen die Ehre habe? Ich bin der Fürst des Landes, erwidert ihm der Alte. Ihr habt mein Dasein geleugnet? — Es ist wahr. — Und die Existenz meiner Herrschaft? — Es ist wahr. — Ich verzeih' es Euch, weil ich der bin, der auf den Grund der Herzen schaut und weil ich auf dem Grunde des Eurigen gelesen habe, daß Ihr in gutem Glauben waret; aber der Grund Euerer Gedanken und Handlungen ist nicht gleichmäßig unschuldig. — Nun rief ihm der Alte, der ihn am Ohr hielt, alle Verirrungen seines Lebens zurück, und bei jedem Artikel beugte sich der junge Mexicaner, schlug sich die Brust und bat um Vergebung. Nun setzen Sie sich, Frau Marschallin, einen Augenblick und sagen Sie mir, was Sie gethan haben würden? Würden Sie diesen jungen Thoren bei den Haaren ergriffen und sich darin gefallen haben, ihn die ganze Ewigkeit am Ufer zu schleifen?

Die Marschallin.

In Wahrheit, nein.

Crudeli.

Wenn eins dieser allerliebsten sechs Kinder, welche Sie haben, aus dem väterlichen Hause entwichen wäre und, nachdem es viele Dummheiten gemacht, voller Reue zurückkäme?

Die Marschallin.

So würde ich ihm entgegenlaufen; ich würde es in meine Arme pressen und es mit meinen Thränen benetzen, aber der Herr Marschall, sein Vater, würde die Sache nicht so sanft nehmen.

Crudeli.

Der Herr Marschall ist kein Tiger.

Die Marschallin.

Das wol nicht.

Crudeli.

Er würde sich vielleicht ein wenig zwicken lassen, aber er würde vergeben.

Die Marschallin.

Gewiß. — Nach allem ist es das Beste, sich so zu betragen, als ob der Alte existirte.

Crudeli.

Selbst wenn man nicht an ihn glaubte.

Die Marschallin.

Und wenn man an ihn glaubte, nicht auf seine Güte zu rechnen.

Crudeli.

Ist dies nicht gerade das Höflichste, so ist es wenigstens das Sicherste.

Die Marschallin.

Noch Eins! Wenn Sie unserer Obrigkeit Rechenschaft von Ihren Principien geben sollten, würden Sie dieselben eingestehen?

Crudeli.

Ich würde mein Möglichstes thun, ihr eine gräßliche Handlung zu ersparen.

Die Marschallin.

Ach der Feige! Und wenn Sie auf dem Punkt wären, zu sterben, würden Sie sich den Ceremonien der Kirche unterwerfen?

Crudeli.

Ich würde nicht verfehlen.

Die Marschallin.

Pfui! der verächtliche Heuchler.

In der schönen Parabel, welche dieser Dialog enthält, hat Diderot sich selber in seiner Toleranz gegen Andersgläubige, in seinem Skepticismus, in seinem Vertrauen zu Gott, falls ein solcher existire, für seinen Unglauben, bei ihm Vergebung desselben seiner Aufrichtigkeit halber zu finden, gezeichnet. Sie ist eine recht würdige Nachahmung ihres Vorbildes, der Parabel Christi vom verlorenen Sohn. Diderot ist der verlorene Sohn der Speculation.

Diderot's gesellige Beziehungen.

In diesem Jahrzehnt zwischen 1760 und 1770 fixirte sich der gesellige Kreis, in welchem Diderot sich bewegte und der nach seiner Zurückkunft aus Rußland sich nicht mehr erweiterte, sondern durch den Tod des einen und des andern sich nur verengte. Er hatte einen sehr ausgedehnten und mannichfaltigen Umgang, der in sehr verschiedenen Sphären der Gesellschaft auseinanderging.

Die nächste Sphäre war die seines eigenen Hauses, seiner eigenen Familie. Er war, als er sich verheirathete, seinen Aeltern ungehorsam gewesen, aber er liebte sie mit innigster Pietät. Er stimmte mit seinen Geschwistern in religiöser Beziehung nicht überein, allein er war ihnen zärtlich zugethan, vorzüglich seiner Schwester. Daß er seinen Bruder wegen seiner orthodoxen Starrheit bemitleidete, ist gewiß, aber ebenso gewiß, daß er ihn seiner Rechtlichkeit und Aufrichtigkeit halber hochachtete und nichts unversucht ließ, mit ihm auf gutem Fuß zu stehen. Wir erinnern uns z. B., daß er ihm seine Bearbeitung der „Moral" von Shaftesbury widmete. — Mit seiner Frau lebte er die ersten Jahre glücklich, später gestaltete sich sein Verhältniß zu ihr durch seine Verbindung erst mit Frau von Puisieux, dann mit Fräulein Voland zu einem äußerlichen um, in welchem er ihr jede Rücksicht zutheil werden ließ, zu der sie als Gattin und Mutter berechtigt war, aber für seine geistigen Bedürfnisse nicht die entsprechende Nahrung fand. Wir haben gesehen, daß er ihr für ihre Frömmigkeit und für ihren Umgang völlige Freiheit ließ und gefällig genug war, den kleinern Festlichkeiten, welche sie gelegentlich arrangirte, beizuwohnen. Er schreibt zuweilen an Sophie Voland, wie sehr sie sich verwundern würde, in demselben Kopf die größten Ideen neben einem solchen Gevatterschnack zu finden, als er in diesen Gesellschaften auftische. Die heranwachsende Tochter machte ihm das Verweilen im Hause wieder behaglicher und es scheint, daß seitdem auch in das Verhältniß zur Mutter wieder eine größere Wärme getreten sei. Wir müssen aus nicht wenigen seiner Aeußerungen schließen, daß er auf das Urtheil seiner Frau mehr Gewicht legte, als man erwarten dürfte. Wir lesen z. B. Urtheile über Gemälde im „Salon", von denen wir durch seine Briefe an Fräulein Voland wissen, daß sie ursprünglich von seiner Frau herrührten. Was ihr Kummer oder Sorge bereiten konnte, hielt er ihr mit aller Anstrengung geheim. So erzählt er unter dem 20. Nov. 1770, daß er einer großen Gefahr entronnen sei. Er hatte die Gewohnheit, nachts zu arbeiten. Vor Müdigkeit war er eingeschlafen. Ein Licht war auf seine Papiere gefallen und hatte ein Feuer entzündet, das einen Theil der Bücher und Papiere, die auf dem Tisch lagen, verzehrte, glücklicherweise ohne etwas Wesentliches zu zerstören. Er erwachte darüber, löschte ganz allein das Feuer und vertilgte alle Spuren desselben. Er schwieg über diesen Vorfall, weil das geringste Wort darüber seiner Frau, wie er versichert, für immer die Ruhe geraubt haben würde. Wie theilnehmend und aufmerksam er sich bei dem häufigen Kranksein der Frau betrug, ist früher von uns erzählt worden.

Außer dem Hause war das Verhältniß zu den für die Encyklopädie vereinigten Buchhändlern, namentlich das zu Le Breton, das älteste und, trotz der mannichfachen Kämpfe zwischen ihnen, andauerndste, denn es war gewissermaßen das, welches Diderot eine Art von Amt gab. Zu einem wirklichen Amt, sei es des Staats, sei es der Kirche, hätte er so wenig als Rousseau wegen seiner Liebe zur persönlichen Unabhängigkeit getaugt. Die Arbeit für die Encyklopädie, wie viele Jahre sie ihn auch fesselte, wie viele gebieterische Pflichten sie ihm auch auflegte, gestattete ihm doch eine gewisse freie Disposition über seine Zeit. Durch concentrirten Fleiß konnte er Versäumnisse wieder einbringen, und wir wissen, daß er dann vom Morgen bis Abend bei Le Breton über den Correcturen, namentlich der vielen Kupfertafeln, in einem kleinen nicht zu hellen Arbeitsstübchen sitzen konnte, wo er sich, wie er oft klagt, über den Zahlen und Buchstaben bei der Beschreibung der Maschinen die Augen abnutzte.

Treten wir aus diesem geschäftlichen Kreise heraus, der ihn mit einer so großen Menge von Gelehrten aller Fächer in Berührung brachte, so sind es d'Alembert, Rousseau, Condillac und Voltaire, die wir als seine ältesten wichtigern Beziehungen entdecken. Mit d'Alembert, den er hoch verehrte, blieb er zeitlebens befreundet, wenn auch d'Alembert's Rücktritt von der Redaction der Encyklopädie zwischen ihnen eine Menge näherer Interessen aufhob. Rousseau brach mit ihm, wie wir ausführlich erzählt haben, und Paris war auch damals schon groß genug, daß sie zusammen in derselben Stadt wohnen konnten, ohne sich jemals persönlich zu begegnen. Condillac wurde Diderot dadurch entfremdet, daß er auf lange Zeit als

Prinzenerzieher nach Italien ging. Voltaire's Bekanntschaft, den er als ein Wunder der Menschheit verehrte, hatte Diderot gesucht und ihm deshalb seinen „Brief über die Blinden“ zugesandt. Er blieb mit ihm in einer sehr unterbrochenen, seltenen Correspondenz, die vom Ende der sechziger Jahre ab ganz einschlief. Als Voltaire zu seinem letzten Triumph nach Paris kam, machte Diderot, der ihn bis dahin nie gesehen hatte, ihm seinen Besuch, erregte aber nicht Voltaire's Wohlgefallen, weil er diesen zu wenig zu Worte kommen ließ. Dieser Mensch, meinte Voltaire, sei nur zum Monologisiren, nicht zum Dialogisiren da.

Mit dem Baron von Holbach scheint Diderot durch die Encyklopädie genauer bekannt geworden zu sein, wenn nicht Holbach, der gern mit allen Gelehrten verkehrte, ihn schon früher aufgesucht hatte, was wir nicht wissen. Wir haben sein freundschaftliches Verhältniß zu Diderot bei der Schilderung von Grandval schon charakterisirt. Der Baron, wie Diderot ihn schlechtweg zu nennen pflegte, war zehn Jahre jünger als Diderot. Ihr Verkehr war der der aufrichtigsten Freundschaft und sie standen nicht an, sich auch derb die Wahrheit zu sagen. Wenn Diderot bei solchen heftigen Scenen unrecht hatte, so gestand er es freimüthig ein. Da Holbach zwar gern in Gesellschaft den cynischen Satyr spielte, außerdem aber zart, gewissenhaft, freigebig, wohlwollend, großmüthig war, so war der Umgang mit ihm angenehm und wurde noch durch seine große Neugier erleichtert. Es scheint mir gar nicht fraglich, daß Diderot in der Synagoge der Rue royale und namentlich in Grandval, wo er so ganz zu Hause war und von jedermann geliebt ward, viele der köstlichsten Stunden seines Lebens verbracht hat, welche durch keinerlei Versetzung mit andern störenden Elementen getrübt waren.

Hierher rechne ich vor allem seine Liebschaften, denn wenn sie ihm auch die größten Entzückungen bereiteten, so wurden sie doch auch für ihn eine Quelle größter Unruhe. Mit der Familie seiner Freundin Voland verschmolz er endlich ganz und gar, auch mit ihren Schwestern, der Madame Legendre und der Frau von Blacy, ja sogar mit ihrer Mutter, nachdem dieselbe ihren Widerstand gegen ihn aufgegeben. Im Winter und Frühjahr brachte er einen großen Theil seiner Abende bald bei dieser, bald bei jener Schwester zu. Es war seine zweite Familie.

Hierher rechne ich sodann sein Verhältniß zu Grimm. Es ist nun Zeit, der Vollständigkeit halber, einige Worte über diesen so oft schon erwähnten Mann, der eine so große Herrschaft über Diderot erwarb, zu sagen. Er war als der Sohn eines evangelischen Pfarrers 1723 zu Regensburg geboren und studirte in Leipzig, wo er ein großer Bewunderer Gottsched's war, der gerade in seinem Ruhm culminirte und dem er später von Paris noch zuweilen Berichte gab. Er erwarb sich eine gute philologische und musikalische Bildung. Ein Trauerspiel von ihm: „Die asiatische Banise", nach dem bekannten Roman dieses Namens, ließ Gottsched in seiner „Schaubühne" abdrucken. Er wurde Secretär des kursächsischen Reichstagsgesandten, Herrn von Schönberg, kam mit diesem nach Frankfurt am Main, dann als Begleiter seines Sohnes nach Paris, wo derselbe das Regiment der deutschen Dragoner commandirte. Hier wurde er zuerst Vorleser des Prinzen von Sachsen-Gotha, dann Secretär des Grafen von Friesen, des genußsüchtigen Neffen und Erben des Marschalls von Sachsen. Der Prediger des Prinzen von Gotha, Klüpfel, erschloß ihm den Umgang mit Rousseau und Diderot. Er schrieb Artikel in den „Mercure de France" und unterstützte Rousseau 1745 und 1752 in seinem Kampf für die italienische Musik gegen die französische. Eine Zeit lang war er Cabinetssecretär des Herzogs von Orleans, der ihn an den Marschall d'Estrées empfahl, an dessen Seite er 1756 den Feldzug in Westfalen mitmachte. Später wurde er Geschäftsträger der Stadt Frankfurt, dann bevollmächtigter Minister des Herzogs Ernst von Gotha am französischen Hofe. Der wiener Hof ernannte ihn 1775 zum Baron, der petersburger später zum Colonel und Staatsrath. Seine Berichte an den letztern seit 1789 befinden sich noch im kaiserlichen Hausarchiv. Beim Ausbruch der Französischen Revolution ging er nach Gotha. Im Jahre 1795 machte ihn der russische Hof zum ministre plénipotentiaire in Hamburg, allein er kehrte bald wieder nach Gotha zurück, wo er 1807 einsam starb. Weil er in dem Streit über die französische Musik eine kleine Broschüre unter dem Titel „Der Prophet von Böhmisch-Broda" geschrieben hatte, so bekam er im Holbach'schen Kreise den Beinamen der Prophet. Auch Voltaire nennt ihn so.

Paris beherrschte damals die obern Schichten der ganzen europäischen Gesellschaft. Das Bedürfniß, von allen irgend interessanten Vorkommenheiten in ihm unterrichtet zu sein, war ein dringendes. Die Geschichte des pariser Hofes, das Theater, die neuen Bauten und Anlagen, die Salons, die Anekdoten von Schauspielerinnen und Operntänzerinnen, die Kunstausstellungen, die hervorragenden Erscheinungen der Wissenschaft, die Besetzung eines vacant gewordenen Platzes in der Akademie, den Skandal der Maitressenwirthschaft, die neuen Romane, Memoiren, Satiren, Pamphlets, Chansons, Impromptus, Calembourgs u. s. w., genug alle diese Nouveautés de Paris wollte man wissen. Der Abbé Raynal hatte seit 1747 eine solche Correspondenz für Gotha angefangen, welche Grimm 1753 übernahm. Diese „Correspondance littéraire, philosophique et critique" verschaffte ihm eine unabhängige Stellung. Alle 14 Tage, am 1. und 15. jeden Monats, gab er einen Bericht, der abschriftlich in immer weitern Kreisen verbreitet wurde. Die kleinen deutschen Höfe, von Zweibrücken, von Hessen-Darmstadt, von Nassau-Saarbrück u. s. w. waren gegen ein mäßiges Honorar sämmtlich darauf abonnirt; 1763 trat Friedrich der Große, 1764 Katharina von Rußland hinzu.

Man muß Grimm zugestehen, daß er sein Amt mit Einsicht, mit Geschmack, mit Gerechtigkeit verwaltete. Seine Urtheile sind eine unschätzbare Fundgrabe für die Literatur und für die Geschichte der Gesellschaft geworden. Sie haben sich fast sämmtlich bewährt. Ste. Beuve in seinen „Causeries du Lundi" hat Grimm jetzt diese Anerkennung gezollt. Man muß über die Aufrichtigkeit, Rückhaltslosigkeit, Kühnheit, womit er sich seinen fürstlichen Abonnenten gegenüber äußerte, oft erstaunen, wenn er auch, wie wir Naigeon haben behaupten hören, Diderot's zu üppig wuchernde Ranken in den „Salons" beschnitten haben mag. Servil, wie Naigeon ihn schildert, war er nicht. Diderot klagt einmal, daß er zwei Gerechtigkeiten zu unterscheiden anfange, eine für die Fürsten und eine andere für die Völker, aber einen servilen Menschen hätte er nicht lieben können.

Allerdings war er aber nicht nur literarischer Correspondent, sondern auch politischer geheimer Agent einiger Regierungen, namentlich der russischen, eine Stellung, die ihn zu Verhältnissen und Arbeiten führte, welche Diderot ganz fremd blieben. Er mußte zuweilen auch Reisen machen, während welcher Diderot einigemal die „Correspondance" besorgte, einmal in Gemeinschaft mit Frau von Epinay. Dies Geschäft war ihm aber ein Greuel. Er schreibt jedesmal mit äußerstem Verdruß darüber. So sagt er z. B. am 11. Sept. 1769 zur Voland, nachdem er, wie Grimm am 15. Febr. selbst seine Kunden benachrichtigt, dasselbe wieder einmal übernommen: „Es ist Zeit, daß Grimm ankommt und daß ich ihm die Schürze seiner Butike zurückgebe. Ich bin dieses Handwerks müde, und Sie werden zugestehen, daß es das platteste Metier von der Welt ist, alle platten Werke, die erscheinen, zu lesen. Man könnte mich mit Gold aufwiegen, und ich gehöre nicht zu den leichten Personen, so möchte ich um nichts fortfahren." In der gedruckten „Correspondance" von 1769 fehlen die Monate Mai bis October. Im Jahre 1773—75 hatte ein Zögling Grimm's, Heinrich Meister, die Redaction, weil Grimm in Berlin und Petersburg abwesend war. Grimm sagt in seinen „Mémoires secrets et inédits", welche 1834 zu Paris in zwei Bänden herauskamen, selber, daß Diderot, mit dem er gleichzeitig in Petersburg war, keine Ahnung von dem eigentlichen Motiv seines Aufenthalts gehabt habe.

Diderot schwärmte für Grimm als für einen Idealmenschen. Die dithyrambische Natur Diderot's scheint an der kühlen Besonnenheit Grimm's eine ihr wohlthuende Ergänzung gefunden zu haben. Er berieth mit ihm alle wichtigen Entschlüsse und widmete ihm das unbedingteste Vertrauen. Zuweilen empfand er die Herrschaft, welche Grimm über ihn ausübte, als eine Last; er klagte über die harten Zumuthungen, die er sich gegen ihn erlaube; er scheute nicht den Zank mit ihm; er forderte Aufklärung über sein räthselhaftes Betragen, allein zuletzt gab er Grimm gewöhnlich recht und war wieder von seinem Charakter und seinem Geist entzückt. Wenn Grimm dem Andringen Diderot's ausweichen wollte, hatte er sich die Ausflucht zurechtgemacht, daß er ihm in Rom, im Pantheon, sobald sie zusammen nach Italien reisen würden, alle Geheimnisse seines Benehmens aufdecken wolle. Hierauf bezieht sich folgende Stelle in dem Vorwort zum „Salon" von 1767:

„Die so oft projectirte Reise nach Italien wird niemals gemacht werden. Niemals, mein Freund, werden wir uns in diesem antiken, schweigenden und heiligen Gemäuer umarmen, wohin die Menschen so oft gekommen sind, ihre Irrthümer anzuklagen oder ihre Bedürfnisse auseinanderzusetzen; unter diesem Pantheon, unter diesen dunkeln Gewölben, wo unsere Seelen sich rückhaltslos öffnen, wo sie alle jene zurückgedrängten Gedanken, alle jene geheimen Gefühle, alle jene verstohlenen Handlungen, alle jene verborgenen Vergnügungen, alle jene hinuntergewürgten Leiden, alle jene Mysterien unsers Lebens ausschütten sollen, deren Mittheilung an die Freundschaft, selbst an die innigste, die gewissenhafte Rechtlichkeit versagt. Nun wohl, mein Freund, wir werden sterben, ohne uns vollkommen gekannt zu haben, und Sie werden von mir nicht alle die Gerechtigkeit erhalten haben, welche Sie verdienen. Trösten Sie sich! Ich würde wahr gewesen sein und vielleicht ebenso viel dabei verloren haben, als Sie gewonnen hätten. Wie viel Seiten in mir, die ganz nackt zu zeigen ich fürchten würde! Noch einmal, trösten Sie sich, es ist viel süßer, seinen Freund unendlich zu achten, als von ihm unendlich geachtet zu werden."

Wäre Grimm nicht der Hausfreund der Frau von Epinay geworden, so würde das Verhältniß zu ihm einfacher und vollständiger geblieben sein. Wir haben früher bei dem ausführlichen Bericht über den Bruch Rousseau's mit Diderot erzählt, wie langsam dieser dazu sich entschloß, einen wirklichen Umgang mit Frau von Epinay anzuknüpfen. Nur die Freundschaft für Grimm zog ihn in denselben hinein und er brachte nun auch viele Tage in der Chevrette, später in dem romantisch gelegenen Landhaus Labriche bei

Frau von Epinay zu, die ihn mit ausgezeichneter Aufmerksamkeit behandelte und den Philosophen dafür nicht entgegenkommend genug fand. Am 19. Sept. 1767 schreibt Diderot an Sophie, daß Grimm ihm einen Brief voll sehr übler Laune geschickt habe, worin er ihn beschuldigt, Frau von Epinay bis zur Beleidigung zu vernachlässigen. Und doch war er in Paris nur geblieben, um für Grimm den verdammten „Salon" zu fertigen. Der Baron Holbach hatte seinerseits gehofft, Diderot nach Grandval mitnehmen zu können, und machte ihm, als er es weigerte, die heftigsten Vorwürfe. „Die Ungeduld", schreibt Diderot, „packt mich und, beredt gemacht durch die Ungerechtigkeit aller dieser Leute, breche ich fürchterlich gegen die Freundschaft los, die ich als die unerträglichste aller Tyranneien, als die Qual des Lebens schildere, und schließe mit diesen Worten: Meine Freunde, Sie, die ich zum letzten mal meine Freunde nenne, ich erkläre Ihnen, daß ich keine Freunde mehr habe, daß ich keine mehr haben, daß ich allein leben will, weil ich unglücklich genug bin, niemand glücklich zu machen, indem ich mich denen, die mir theuer sind, ohne Rückhalt hingebe. — In diesem Augenblick schnürte sich meine Seele zusammen, ich vergoß einen Strom von Thränen, und der Marquis, der mir zur Seite war, nahm mich in seine Arme und zog mich in eine andere Allee der Tuilerien, wo diese Scene vor sich ging. Er sagte mir die ehrenhaftesten, süßesten, tröstendsten Worte, goß etwas Balsam in meine Wunden und führte mich zu den Freunden zurück, die ich abgeschworen hatte. Ich hatte vor dem Essen gehen wollen, war aber, etwas besänftigt, nun entschlossen zu bleiben und mit ihnen zu speisen. Was mich besonders verletzt hatte, war ein Wort von Grimm, welcher sagte, daß er, weil er mir nicht mehr schreiben könne, ohne mir die Wahrheit zu sagen und die Wahrheit mir Schmerz verursache, mir gar nicht mehr schreiben wolle. — Das, sagte ich zum Marquis, sind nun diese Menschen, die sich auf ihre Zartheit etwas einbilden. Sie stürzen mich in Verzweiflung, und wenn ich mich über die Leiden beklage, welche sie mir verursachen, vollenden sie dieselben, indem sie mir kalt sagen, daß sie mir keine mehr machen würden. — Indessen war das Mittagessen heiter. Man unterhielt sich über die Kleinlichkeit derer, die aus Eitelkeit Hülfe ablehnen. Man trennte sich frühzeitig, und wir umarmten uns alle sehr zärtlich." Trotz solcher harten Stöße, die von Zeit zu Zeit vorkamen, blieb aber die Freundschaft zwischen Grimm und Diderot unverändert bis zu seinem Tode. Grimm und Sophie Voland waren die unveränderlichen Polarsterne seines Lebens. — Sehr nahe in Diderot's Herzen ihnen stehend erscheint der oft schon erwähnte Damilaville, der auch Schriftsteller war und am 13. Dec. 1768 nach einer langen und schmerzlichen Krankheit starb.

Diderot liebte ihn unendlich und hatte seinem Krankenlager viele Stunden gewidmet.

Ein sehr intimes, jedoch ganz anders geartetes Verhältniß hatte er zu Jacques André Naigeon, der für das Fortleben seines Ruhms so wichtig geworden ist. Er war 1738 zu Paris geboren und hatte anfänglich, wie Diderot selber in den „Salons" erzählt, der Sculptur und Malerei sich gewidmet, hierauf die exacten Wissenschaften studirt und schließlich sich ganz und gar der Philosophie ergeben, zu welcher ihn der Umgang mit Diderot, den er im achtzehnten Jahre kennen lernte, unwiderstehlich hinzog. Durch Diderot war er mit Herrn von Holbach bekannt geworden, der an ihm einen Collaborator seiner vielen Schriften erwarb. Naigeon mußte ihm nämlich Copien davon machen, die er nach Lüttich an den Buchhändler Lonçin oder nach Amsterdam an den Buchhändler Michel Rey zum Druck zu schicken hatte. Unstreitig wollte Holbach seine eigenen Manuscripte nicht aus der Hand geben. Es war Vorsicht von seiner Seite. Da er aber sehr viel schrieb und aus Zerstreutheit oder zufälliger Unkenntniß auch Fehler machte, so gestattete er Naigeon die größte Freiheit der Verbesserung, der Aenderung, der Ausgestaltung. Naigeon überkam von ihm wirklich die Rolle, die man in den Literaturgeschichten gewöhnlich Diderot bei Holbach spielen läßt. Er eignete sich auch insofern vortrefflich dazu, als er mit dem Baron in der Begeisterung für den Atheismus und für die Propaganda desselben völlig übereinstimmte. Diese letztere war Diderot durchaus fremd, wie Naigeon selber bei Gelegenheit der Unterredung desselben mit der Marschallin von Broglie bezeugt. Der Abbé de Vauxelles hatte Diderot durch die Versicherung lächerlich zu machen gesucht, daß derselbe an der Manie gelitten habe, unaufhörlich gegen Gott zu polemisiren. Naigeon in seinen Memoiren über Diderot, S. 386, erwähnt zuerst, daß wol niemand so genau als er über diese Anschuldigung einer maladie habituelle, de disserter contre Dieu urtheilen könne, da er wol 28 Jahre hindurch mit Diderot in fast täglichem Verkehr gestanden und mit ihm auf ihren ländlichen Spaziergängen über alle möglichen philosophischen Probleme in vollkommenster Freiheit gesprochen habe. Und in dieser ganzen Zeit sei die Existenz Gottes nicht zweimal durch Zufall Gegenstand ihrer Unterhaltung gewesen, obwol Diderot, wenn es darauf angekommen sei, sich klar und freimüthig darüber ausgesprochen habe. Er sei aber gegen die Einstimmung oder Nichtübereinstimmung der Ansichten anderer mit den seinigen vollkommen gleichgültig gewesen. Aehnlich berichten Morellet und Marmontel von ihm. Naigeon erzählt dann weiter, daß Diderot in der Unterredung mit andern Philosophen den Streit über die Existenz Gottes gewöhnlich dadurch vermieden habe, daß er das Gespräch auf die Religionsgeschichte hinlenkte, in welche er sich dann mit aller Offenheit erging.

Naigeon litt aber wirklich an der Manie, alles zu atheisiren, wie man von ihm gesagt hat. Er ward ein Pfaffe des Atheismus, der Großinquisitor desselben, wie Chenier sich ausdrückte. Alle seine Bestrebungen hatten kein anderes Ziel, als den Materialismus zu verbreiten und den Glauben an den Atheismus und an die Nichtunsterblichkeit der menschlichen Seele als den einzig vernünftigen darzustellen. Er richtete in diesem Sinn 1790 eine Adresse an die constituirende Versammlung, in ihrem Eingang die Berufung auf Gott ganz wegzulassen und sich mit der unbedingten Preß- und Sprechfreiheit zu begnügen. In diesem Sinn arbeitete Naigeon 1791—94 für die „Encyclopédie méthodique" die Geschichte der alten und neuen Philosophie und feierte darin Diderot als einen der Hauptträger des Atheismus. In diesem Sinn gab er seit 1768 verschiedene kleinere Schriften heraus. In diesem Sinn äußerte er sich im Institut national, dem er als Mitglied der Klasse der moralischen und politischen Wissenschaften angehörte, bis die öffentliche Exhortation Lalande's durch den Kaiser Napoleon ihn verstummen machte. Er verlor durch den Tod Holbach's einen Mann, den er wie einen Vater liebte, achtete und beweinte. Unstreitig hatte dieser auch für seine Existenz gesorgt. Späterhin sah er sich gezwungen, hierin seinem Meister Diderot ähnlich, aus Noth seine Bibliothek zu verkaufen. Er liebte seine Bücher sehr und hatte wenigstens die Freude, daß ihr Käufer, Didot, sie zu schätzen wußte. Als das größte Unglück in der Revolution erschien ihm, daß Robespierre den Glauben an die Existenz des höchsten Wesens decretirte. Er war untröstlich darüber. Kränklich und durch den Verlauf der Zeit, der seinen Erwartungen so gänzlich widersprach, verstimmt, starb er 1810. Er war klein, etwas verwachsen, trug sich aber immer sehr sauber, was die Veranlassung gab, ihn in folgenden Versen zu verspotten:

Je suis savant, je m'en pique,
Et tout le monde le sait.
Je vis de métaphysique,
De légumes et de lait.
J'ai reçu de la nature
Une figure de bonbon,
Ajoutez-y ma frisure,
Et je suis Mr. Naigeon.

Als Laharpe infolge einer Gefängnißhaft während der Revolution fromm wurde, verspottete Chénier diesen und Naigeon in einem Gedicht, das mit folgenden Versen schloß:

> Partout ces deux Prométhées
> Vont formant mortels nouveaux,
> Laharpe fait les athées
> Et Naigeon fait les dévots.

Naigeon war, wie Laharpe von ihm sagte, der Affe Diderot's. Es ist wahr, allein doch nicht so ganz und gar, als er es wahr haben will, um von einem solchen Schüler den Schatten auf den Meister zurückzuwerfen. Naigeon verehrte in Diderot den weisesten, tugendhaftesten und beredtesten Menschen. Er nährte sich, wie Holbach und Grimm, von dem Gedankenreichthum desselben, den dieser für jedermann ausstreute, welcher sich der Goldstücke, die er zum Fenster hinauswarf, bemächtigen wollte. Mit ihm verglichen, waren sie ohne Productivität. Dafür hatten sie andere an sich untergeordnete Gaben, namentlich Ausdauer, wodurch sie zu nutzen suchten. Naigeon war ganz zum Herausgeber der Diderot'schen Schriften gemacht. Er hatte 1795 die Memoiren über ihn vollendet und begann die Ausgabe 1798. Sie erschien in 15 Bänden zweimal, erst in Octav und 1800 in groß Duodez bei d'Etterville in Paris. Wenn Naigeon sich auch mit fanatischer Beschränktheit bemüht hat, durch Einleitungen und Anmerkungen den Atheismus Diderot's hervorzuheben, so bleibt ihm doch das große Verdienst, zuerst eine Gesammtausgabe der Werke Diderot's so viel als möglich auf Grund der Handschriften Diderot's selber veranstaltet und dadurch das Studium und die Würdigung dieses Autors erst wahrhaft möglich gemacht zu haben. Rechtlichkeit, Festigkeit, Moralität, Offenheit, sind Naigeon schlechterdings zuzusprechen. Er genirt sich nicht, Diderot's historische Irrthümer zu rügen, seine erotischen Licenzen als unmoralisch zu beklagen und die Heuchelei, in welche er durch den Censurzwang verfallen, bemerklich zu machen. Seine Schwäche war, Atheismus und Philosophie zu identificiren, und, wie in der „Théologie portative", jede Religion als eine Monstrosität, als ein lächerliches Vorurtheil zu verfolgen. Diese Sucht trieb ihn, die Artikel, welche er von Diderot aus der Encyklopädie zur Geschichte der Philosophie abdrucken ließ, nach der negativen Seite hin durch Zusätze zu verschärfen, die sich in der gedruckten Encyklopädie nicht finden, worauf zuerst Depping in seinen Notizen zu Diderot's Leben (Supplement zu seiner Ausgabe der Werke desselben), später Génin in der Einleitung zu den „Oeuvres choisies de Diderot" aufmerksam machte.

Nächst Holbach, Grimm und Naigeon, mit denen Diderot in einer beständigen, von Woche zu Woche sich erneuenden Verbindung blieb, treffen wie viele andere Männer, mit denen er verkehrte. Es sind einerseits Philosophen, andererseits Künstler. Unter den Philosophen ragen Morellet, Raynal, Duclos, Marmontel, Boulanger hervor, denen sich die dilettantischen Denker, wie Suard, Salverte und andere anschließen. Von Morellet haben wir schon bei der Geschichte der Encyklopädie gesprochen. Raynal ist durch seine Geschichte der Niederlassungen der Europäer in den beiden Indien bekannt genug, zu welcher die Grafen Aranda und Souza und der Generalpachter Paulze ihm Materialien lieferten. Marmontel versichert, daß Diderot zwei Jahre hindurch Raynal Beiträge dazu geliefert habe. Diderot soll ein Exemplar besessen haben, worin er das von ihm Herrührende angestrichen hatte. Mit Duclos, dem Secretär der Akademie und dem Nachfolger Voltaire's in dem Amt eines königlichen Historiographen, war er sehr befreundet. Die rauhe Sprechweise dieses Sittenbeobachters sagte ihm zu. Es existirt ein Brief Diderot's vom 29. Juni 1756 an einen Herrn L., der uns gänzlich unbekannt ist, aus welchem wir ersehen, daß Diderot mit Duclos sich vereinigt hatte, ihm eine jährliche Unterstützung zu geben; Duclos gab 400, Diderot 100 Francs, jeder, wie er sagt, nach seinem Arrangement. Dieser uns Unbekannte belästigte sie schon vier Jahre hindurch, klagte unaufhörlich über sein trauriges Los, schob die Schuld desselben stets auf die andern, mißtraute allen, die ihm wohlwollten, und muthete Diderot die Revision und den Druck eines gefährlichen Manuscripts zu. Dieser Brief ist es, in welchem Diderot seine Moral in der schärfsten Weise predigt und unter anderm von sich selbst sagt: „Es war Ihnen nicht unbekannt, daß ich Frau und Kinder habe, daß ich im schwarzen Buch der Regierung notirt bin, daß Sie mich der Gefahr aussetzten, als ein Rückfälliger behandelt zu werden, aber Sie achteten entweder alle diese Rücksichten nicht oder übersahen sie. Sie halten mich für einen Wahnsinnigen oder Sie sind einer; aber Sie sind nicht blödsinnig. Man darf nie von einem andern fordern, was man nicht selbst für ihn thun würde, ohne sich dem Verdacht der Hinterlist und Ungerechtigkeit auszusetzen. Ich sehe die Zwecke der Menschen und widme mich ihnen oft, ohne sie zu merken, sie über die Dummheit zu enttäuschen, welche sie bei mir voraussetzen. Es genügt, daß ich in ihrem Gegenstande einen großen Nutzen für sie und für mich nicht zu viel Unbequemes darin erblicke. Ich bin nicht jedesmal ein dummer Teufel, wenn man mich dafür hält." — Marmontel, der als der Sohn eines Steinhauers sich wie Rousseau und Diderot nach oben emporgearbeitet, durch Voltaire in Paris seinen Eingang gefunden hatte und der Liebling der Madame Harenc, der Madame Geoffrin, der Madame de Pompadour geworden war, der eine Zeit lang den „Mercure de France" redigirte, moralische Erzählungen und beliebte Operntexte schrieb, viele literarische und ästhetische Artikel für die Encyklopädie verfaßte, war ein aufrichtiger Freund und Bewunderer Diderot's, wie er dies namentlich durch die Schilderung bewies, die er in seinen Memoiren lange nach Diderot's Tode von ihm machte. Sie ist gewissermaßen das heitere Gegenbild zu Rousseau's düsterm und carikirtem Bilde Diderot's in den „Confessions". — Mit Boulanger, dem gelehrten Ingenieur, der 1772 starb, war Diderot, wie er selbst in dem Nekrolog sagt, den er ihm widmete, innig verbunden. Die Gedanken desselben über die Entwickelung des Schichtengebäudes der Erde und über die Entwickelung der Mythologie der Religionen zogen ihn ebenso sehr an, als der edle, humane Charakter des Mannes, der bei seinen Brücken- und Wegebauten nur zu viel Gelegenheit hatte, das Elend und die schamlose Ausbeutung der untern Volksklassen kennen zu lernen. Boulanger hat die Artikel „Déluge" und „Corvée" für die Encyklopädie geschrieben.

Bei den Künstlern, mit denen Diderot umging, ist es schwer, eine genauere Rechenschaft zu geben. Sein Verhältniß zu Falconet haben wir schon kennen gelernt. Ebenso wissen wir aus den „Salons", daß er mit Michel Vanloo, mit Chardin, mit Greuze, mit Vernet, mit Bouchardon, mit Boucher und andern befreundet war. Unter den Dichtern waren es Saurin, der in seinem Drama „Beverley" den „Spieler" Moore's für die französische Bühne bearbeitete, Sédaine und der Abbé Lemonier, mit denen er in einen engern Rapport trat, der sich besonders dadurch steigerte, daß diese Herren auch an Landpartien theilnahmen, welche Diderot mit der Familie Voland machte. Es sind noch einige Briefe Diderot's an Lemonier vorhanden, die bei Brière in Band 12 abgedruckt sind. Sédaine hatte ihn durch sein Drama „Le philosophe sans le savoir" gewonnen; Lemonier durch seine Uebersetzung des Terenz, die er für ihn vor dem Druck revidirte. — Wie weit er sich mit den Musikern und Schauspielern eingelassen, ist schwer zu sagen. Aus den Dialogen „Le Neveu de Rameau" und „Paradoxe sur le comédien" erhellt sattsam, wie genau er hinter den Coulissen Bescheid wußte.

Eine ganz besondere Anziehungskraft übten die Frauen auf ihn. Er konnte ohne den Umgang mit ihnen nicht bestehen und sie ihrerseits scheinen ihn auch sehr gern gehabt zu haben, wenn wir darauf aus der Gunst schließen dürfen, in welcher er bei den Damen im Holbach'schen Hause, ferner bei Frau von Epinay, bei Madame Geoffrin, bei Madame Necker, bei Madame Le Breton, bei Fräulein Boileau u. s. w. stand. Zu größern gesellschaftlichen Vereinigungen taugte er aber nicht. Er war von Natur schüchtern. Das gefällt den Frauen schon, allein Diderot verstummte auch leicht, wenn er sich nicht mit Vertrauen und Offenheit äußern durfte. Das Salonleben, das eine vielseitige Rücksichtnahme erfordert, um nicht Anstoß zu erregen, war daher nicht nach seinem Geschmack. Die kleine Tafelrunde unter guten Freunden oder das Tête-a-Tête mit den von ihm verehrten und geliebten Personen, das war seine Lieblingsgesellschaft und hier wurde er auch leicht der beredte, der gedankensprudelnde Diderot.

Mit dem Hofe oder mit den eigentlich aristokratischen Kreisen hatte er, ein durch und durch bürgerlicher Mensch, gar kein Verhältniß. Er hatte zwar viele Edelleute unter seinen nähern Bekannten, den Marquis Saint-Lambert, den Marquis de Croismare, den Herrn de Chastellux, den Baron von Creutz, den Grafen von Gleichen u. s. w., mit denen er oft im Palais-Royal oder bei den Feuillants in den Tuilerien zu Mittag aß, allein den Gesellschaften des Adels blieb er fern. Die Ausländer pflegten ihn aufzusuchen und er mußte sich auch zuweilen zu ihrem Führer durch die Merkwürdigkeiten der Hauptstadt machen, wie er der Voland erzählt. David Hume, Garrick, der Fürst von Galizyn, die Prinzessin d'Aschkoff, die Fürstin von Nassau-Saarbrück, der Herzog von Gotha, der Herzog von Braunschweig, unter andern auch der Buchhändler Nicolai aus Berlin mit dem Dichter Georg Jacobi aus Düsseldorf und zahllose andere gehören hierher. Mit dem italienischen Geschäftsträger, dem Abbé Galiani, kam er vorzüglich dadurch in nähern Verkehr, daß derselbe auch bei Holbach und noch mehr bei Frau von Epinay einheimisch wurde. Galiani galt als eine Autorität in der Numismatik und in der Kornfrage. Diderot besorgte 1769 die Herausgabe und Correctur seines Werks über den Kornhandel.

Obwol Diderot an Galiani manches auszusetzen hatte, so liebte er ihn doch sehr und vermißte ihn schmerzlichst, als er Paris hatte verlassen und nach Neapel zurückkehren müssen. Er schrieb nach diesem Weggang an einen uns Unbekannten eine kurze Biographie und Charakteristik Galiani's, die bei Brière, III, 116 fg., abgedruckt ist und die mit der größten Anerkennung seiner gründlichen Gelehrsamkeit und originellen Phantasie die zärtlichste Anhänglichkeit an seine Person bekundet. Er hat diese freundschaftliche Gesinnung auch für ihn selbst in einem Briefe ausgedrückt, den er ihm 1773 von Paris aus nach Neapel schrieb und den wir noch besitzen. Er war mit Naigeon über die Interpunktion der sechsten Ode des dritten Buchs des Horaz in Streit gerathen. Naigeon verfocht die gewöhnliche Auffassung, daß nämlich

> Delicta majorum, immeritus lues,
> Romane, donec templa refeceris,

gelesen werden müsse.

Hiergegen sträubte sich Diderot. Wie? Der Unschuldige soll für die Vergehungen seiner Vorfahren leiden? Eine solche Barbarei schien ihm der humanen Denkart des feinen Epikuräers Horaz nicht zu entsprechen. Man müsse lesen:

Delicta, majorum immeritus, lues,
Romane, donec templa refeceris.

Der damalige Römer sei seiner Vorvordern so lange unwerth, bis er, wie sie, zur selben Gottesfurcht zurückgekehrt sei, welche sie einst groß gemacht und den Göttern Tempel erbaut habe, die nun infolge der einreißenden Unfrömmigkeit in Verfall geriethen. Mit großem Scharfsinn sucht er diese Lesart aus dem innern Zusammenhang der Ode, aus den äußern Zeitumständen, aus der politischen Klugheit des Augustus, aus der Analogie der lateinischen Sprache, die bei Horaz auch immeritus mori sage, aus der Analogie der griechischen, die ἀνάξιος τῶν πατρῶν sage, zu begründen. Er macht hierbei eine Menge geistvoller Bemerkungen über die Grammatik und den poetischen Ausdruck überhaupt.

Galiani entschied gegen Diderot für die alte Lesart, machte jedoch eine neue nicht stichhaltige Hypothese über die Composition der Ode als einer von zwei Interlocutoren im Wechselgesang vorgetragenen.

Diderot liebte, wie wir wissen, die Musik außerordentlich und bot alles auf, seine Tochter gut darin unterrichten zu lassen. Hierdurch kam er mit mancherlei Personen in Berührung, unter andern mit einem Deutschen Bemetzrieder, von welchem er in der Anzeige eines Werks desselben: „Sur les leçons de clavecin ou principes d'harmonie" (1771), selber Folgendes erzählt: „Dieser junge Mann war, wie so viel andere, an mich adressirt. Ich fragte ihn, was er verstünde? — Ich verstehe Geschichte und Geographie. — Wenn die Aeltern ihren Kindern eine solide Erziehung geben wollten, könnten Sie von diesen nützlichen Kenntnissen Vortheil ziehen; aber man kann nicht einen Schluck Wasser dafür trinken. — Ich habe einen Cursus im Recht gemacht und die Gesetze studirt. — Mit dem Verdienst eines Grotius könnten Sie hier in einem Winkel Hungers sterben. — Ich verstehe noch etwas, was bei mir zu Hause jedermann versteht, die Musik. Ich spiele das Klavier ziemlich und glaube die Harmonie besser zu verstehen als die meisten, welche sie lehren. — Und warum sagten Sie das nicht gleich? Bei einem frivolen Volke, wie das hiesige, führen die ernsten Studien zu nichts; mit den Künsten der Unterhaltung gelangt man zu allem. Mein Herr, Sie werden jeden Abend ½7 Uhr hierher kommen; Sie werden meine Tochter ein wenig in der Geographie und Geschichte unterrichten; die übrige Zeit wird auf das Klavier und die Harmonie gewendet werden.

Sie werden jederzeit bei mir essen können und da man außer der Nahrung auch Wohnung und Kleidung bedarf, werde ich Ihnen jährlich hundert Livres geben. Das ist alles, was ich für Sie thun kann. — Das war meine erste Unterhaltung mit Herrn Bemetzrieder." Diderot wohnte den Unterrichtsstunden häufig bei und überzeugte sich so sehr von der vortrefflichen Methode des Lehrers, daß er ihn ersuchte, sie aufzuschreiben. Dies geschah in dialogischer Form, wie er sie mit Angelika gehalten. Diderot überarbeitete dies Werk, es den Franzosen genießbar zu machen, und ließ es drucken. 360 Seiten in Quart! Die Anzeige, die er von seinem Inhalt gab, beweist, wie tief er in das Wesen der Musik eingedrungen war. Die obige Erzählung aber beweist, wie rasch er handelte, wo sein Mitleid ins Spiel kam. Von dem, was er alles gethan, wissen wir doch nur das Wenigste. Ohne seine Correspondenz mit Fräulein Voland würden wir gar keine ausreichende Vorstellung von der Ueberbürdung haben, die gewöhnlich auf ihm lastete. Wissenschaftliche Untersuchungen, Dramen, Romane, industrielle Pläne u. s. w. häuften sich täglich in seinem Pult, um von ihm gelesen, beurtheilt, ins Leben gefördert zu werden.

Von dem Umgang mit der gebildeten Gesellschaft und mit ehrlichen Leuten gab es aber für Diderot noch eine Menge Abstufungen niederwärts bis zur Berührung mit zweideutigen Existenzen, wie Jean Rameau, und mit ganz untergeordneten, bettelhaften Subjecten, die sich ihm aufdrängten und seine Menschenfreundlichkeit misbrauchten. Seine Tochter erzählt, daß einst ein Pommadenhändler zu ihm kam, und ihn bat, ihm eine Empfehlung seiner Pommade zu schreiben. Diderot lachte, aber schrieb zuletzt die Empfehlung. — Sie erzählt, daß ein junger Mann ihm eine Satire brachte, die er auf ihn selbst und seine Werke geschrieben hatte. Diderot war erstaunt und fragte ihn, wodurch er ihn beleidigt habe? Der junge Mann erwiderte, er sei brotlos und habe gehofft, Diderot werde ihm einige Thaler schenken, damit er die Satire nicht drucken lasse. Diderot sinnt nach und gibt ihm den Rath, sie dem Herzog von Orleans zu widmen, der fromm geworden sei und ihn hasse; das würde ihm etwas einbringen. — Der junge Mann entschuldigt sich mit der Unkenntniß des Prinzen und mit der Schwierigkeit, die Widmungsepistel zu verfassen. „Setzen Sie sich", sagte Diderot, „ich werde sie Ihnen machen." Er schrieb die Epistel; der junge Mann ging zum Prinzen, erhielt 25 Louisdor, kam nach einigen Tagen, sich bei Diderot zu bedanken, und empfing von ihm den Rath, sich doch ein weniger erniedrigendes Metier zu wählen. — Sie erzählt auch den Ausgang der Geschichte, die wir oben mit Diderot's eigenen Worten von jenem jungen Manne erwähnt haben, für welchen Diderot sich bei einem Geistlichen, seinem

Bruder, verwandt hatte, ihm ein Jahrgeld von 600 Livres zu geben. Er hieß Rivière. Diderot berichtete ihm den glücklichen Erfolg der Unterhandlung, machte ihm aber Vorwürfe, ihm nicht die volle Wahrheit gesagt zu haben, und beschwor ihn, sich zu bessern. Rivière dankt ihm, plaudert noch etwas und geht dann. Diderot begleitet ihn hinaus. Als Rivière auf der Treppe ist, dreht er sich um und fragt: Herr Diderot, wissen Sie Naturgeschichte? — Ein wenig. Ich unterscheide eine Aloe von Lattich und einen Kolibri von einer Taube. — Kennen Sie die Geschichte des Ameisenlöwen? — Nein. — Das ist ein kleines, sehr industriöses Insekt. Es gräbt ein trichterförmiges Loch in die Erde, bedeckt es auf der Oberfläche mit leichtem Sand, zieht unbesonnene Insekten heran, packt sie, saugt sie aus und sagt ihnen dann: Herr Diderot, ich habe die Ehre, Ihnen Guten Tag zu wünschen.

Diderot selber erzählt unter dem 19. Sept. 1762 an seine Freundin folgende Begebenheit, die uns nicht nur für ihn, sondern auch für die Zeit höchst charakterisch scheint und mit welcher wir diese kleine Galerie seiner geselligen Beziehungen beschließen wollen:

„Unter denen, welche Zufall und Elend mir zugewiesen hatten, war ein Mann, Namens Glénat, der Mathematik verstand, eine gute Hand schrieb und des Brotes ermangelte. Ich that das Möglichste, ihn aus der Klemme zu ziehen. Ich bettelte Kunden für ihn von allen Seiten. Kam er zur Zeit des Essens, so behielt ich ihn bei mir. Hatte er keine Schuhe, so gab ich ihm welche und schenkte ihm auch von Zeit zu Zeit etwas Geld. Grimm, Frau von Epinay, Damilaville, der Baron, alle meine Freunde interessirten sich für ihn. Er hatte das Aussehen des ehrlichsten Mannes von der Welt und ertrug seine Dürftigkeit mit einem gewissen heitern Sinn, der mir gefiel. Ich schwatzte gern mit ihm; er schien aus Vermögen, aus Ehren und sonstigen Reizen des Lebens sich wenig zu machen. Vor sieben oder acht Tagen schreibt mir Damilaville, ihm diesen Mann für einen seiner Freunde zu schicken, ein Manuscript zu copiren. Ich schicke ihn und man vertraut ihm das Manuscript an. Es war ein Werk über die Religion und die Regierung. Ich weiß nicht, wie es zugegangen, aber das Manuscript befindet sich jetzt in den Händen des Polizeilieutenants. Damilaville gibt mir Nachricht davon und ich gehe zu meinem Glénat, ihm zu sagen, daß er nicht weiter auf mich zu rechnen hat. — Und warum soll ich nicht mehr auf Sie rechnen? Ich habe mir nichts vorzuwerfen. Ich bin Ihrer Wohlthaten beraubt, aber andere lassen mir mehr Gerechtigkeit widerfahren. — Weil Sie notirt sind. — Was wollen Sie sagen, mein Herr? — Daß die Polizei die Augen auf Sie gerichtet hat und man Sie also nicht mehr gebrauchen kann. Ich habe Sie wie etwas Grausenerregendes schildern hören und es hätte mir das auch nicht begegnen können. Man muß aber bei Ihnen unschuldige und gefährliche Werke ohne Unterschied mit Beschlag belegen; dann hat man, sie wiederzuerhalten, nichts als Ansuchen bei der Polizei; man setzt sich nicht gern solchen Unannehmlichkeiten aus. — O, mein Herr, man setzt sich ihnen nicht aus, wenn man nur nichts Gesetzwidriges schreibt. Die Polizei kommt nur dann zu mir, wenn sie Witterung von solchem Wildpret hat. Wie sie das anfängt, weiß ich nicht, aber sie betrügt sich niemals. — Ich, ich weiß es und Sie lassen mich da mehr wissen, als ich je von Ihnen zu hören gehofft hatte. — Damit wendete ich dem verächtlichen Menschen den Rücken zu.

„Ich hatte Gelegenheit, zum Polizeilieutenant zu gehen. Ich gehe und er empfängt mich wundervoll. Wir sprechen von allerlei, ich spreche von dieser Sache. — Nun ja, sagt er, ich weiß, das Manuscript ist da, es ist ein sehr gefährliches Buch. — Das kann sein, mein Herr, aber, der es Ihnen übergeben hat, ist ein Schurke. — Nein, es ist ein guter Junge, der nicht anders gekonnt hat. — Noch einmal, mein Herr, ich kenne das Werk nicht, ich kenne auch den nicht, der es Glenat anvertraut hat. Es ist ein Kunde, den ich ihm nebenher verschafft hatte. Stand ihm das Buch nicht an, so mußte er es ablehnen und sich nicht mit dem elenden Handwerk eines Angebers erniedrigen. Sie bedürfen dieser Leute; Sie gebrauchen, Sie belohnen ihre Dienste, aber es ist unmöglich, daß sie in Ihren Augen etwas anderes als Koth seien.

„Herr von Sartine fing an zu lachen. Wir brachen darüber ab und ich ging in tiefem Nachdenken darüber weg, wie schändlich es ist, die Wohlthätigkeit eines Menschen zu misbrauchen, um einen Spion in sein Haus einzuführen. Stellen Sie sich vor, daß Glenat diese Rolle vier Jahre bei mir gespielt hat. Glücklicherweise habe ich ihm keine Handschrift gegeben, allein wie leicht konnte mir ein indiscretes Wort über Personen entschlüpfen, die um so mehr Hochachtung fordern, je weniger sie dieselbe verdienen; wie leicht konnte es geschehen, daß dies Wort vergiftet, angezeigt wurde und mir einen ernsten Handel bereitete. Ist es nicht ein glücklicher Zufall, daß ich seit undenklicher Zeit nichts Kühnes geschrieben habe? Gewiß hätte ich keinen andern zum Copisten genommen, als den ich auch meinen Freunden empfohlen hatte. Wenn ich bedenke, daß er auf dem Punkt stand, bei Grimm für seine ganze auswärtige Correspondenz als Schreiber einzutreten, so schaudere ich vor Entsetzen. Alle, die in Zukunft mit [illegible] Aermeln und zerrissenen Manschetten, mit Löchern in den Strümpfen, mit zerrissenen Schuhen, mit ungekämmtem Haar, mit einem fadenscheinigen Reitrock oder mit schwarzen Kleidern, denen die Nähte zu fehlen beginnen, mit der Miene und dem Ton des Elends und der Ehrlichkeit zu mir kommen werden, werden mir als Sendlinge des Polizeilieutenants, als Schufte erscheinen, die man abschickt, mich zu beobachten."

Am 17. April 1770 war Diderot mit allen seinen philosophischen Freunden, Holbach ausgenommen, bei Madame Necker zum Diner. Man fiel hier darauf, Voltaire eine Statue zu errichten, welche Pigalle ausführen sollte. Es waren hier zu diesem Acte vereinigt: Diderot, Suard, de Chastellux, Grimm, de Schomberg, Marmontel, d'Alembert, Thomas, Necker, St.-Lambert, Saurin, Raynal, Helvétius, Bernard, Arnaud und Morellet. Der Patriarch von Ferney war der Gott dieser Philosophen. Er war für ihre Anbetung um so geeigneter, als er außerhalb Paris lebte und den einen und andern von ihnen vorübergehend nur als Gast bei sich sah.

Diderot hatte den Artikel über seine Vaterstadt Langres für die Encyklopädie selber geschrieben. Einer seiner Verehrer, Herr de Verseilles, machte der Stadt ein Geschenk mit einem Exemplar der Encyklopädie. Der Magistrat ließ für den Saal des Stadthauses einen Schrank anfertigen, in welchem er dasselbe nebst den Werken Diderot's aufstellte und sich 1780 mit der Bitte an ihn wandte, sich malen zu lassen, um sein Porträt in dem Saale aufhängen zu können. Diese Bitte beantwortete Diderot damit, daß er seine Büste in Bronze von dem Bildhauer Houdon schickte. An dem Tage, an welchem die Büste auf dem Schrank aufgestellt ward, veranstaltete der Maire mit den Schöffen im Saal ein Festessen, bei welchem ein Toast auf Diderot ausgebracht wurde. Der Magistrat hatte auch seinen Bruder eingeladen, der zwar ablehnte, allein einige Zeit nachher unter einem Vorwande nach dem Stadthause kam, die Büste zu sehen.

Reise nach Bourbonne, Langres und Isles. 1770.

Wie weit sich Diderot's Umgang auszweigte, läßt sich gar nicht übersehen. Im Jahre 1770 im Juli reiste er mit Grimm nach dem Bade Bourbonne, von wo er in einem Briefe an Sophie Voland einer Frau von Meaux und ihrer Tochter und eines Herrn de Solières nebst seiner Frau als gemeinsamer Bekannten erwähnt. Er selber gebrauchte das Bad nicht, sammelte aber Nachrichten über die Alterthümer des Orts, über die Quellen, über ihre Wirkung, über die Stadt und ihre Einwohner, die Einrichtung der Bäder, und schrieb über dies alles einen Brief zum Nutzen der Badegäste, der in den „Oeuvres posthumes" (III, 129—179) abgedruckt ist.

Von Bourbonne reiste er nach Langres, wo er seine Schwester frisch und munter wiedersah, mit seinem Bruder aber vergeblich sich zu stellen versuchte.

Er besuchte hier auch die Familie seines künftigen Schwiegersohns. Seine Tochter war also schon verlobt. Doch fehlen hier alle nähern Angaben.

Von Langres reiste er auf das Landgut der Madame Voland bei Isles, wohin Sophie inzwischen auch gekommen war. Im September reiste er über Châlons zurück, wo er einige Tage bei Madame Duclos zubrachte. Er erwähnt in einem Briefe an Sophie, daß Frau von Prunevaux mit ihrer Tochter und mit einem jungen, eleganten, liebenswürdigen Mann, Herrn von Foissy, dem Stallmeister des Herzogs von Chartres, ebenfalls dorthin gekommen sei. Er habe mit diesen Damen, zu denen noch Frau von Meaux sich gesellte, am Sonntag Abend das Theater besucht. Da man ihn anwesend gewußt, so habe der Schauspieler, der das Compliment an das Publikum zu sprechen gehabt, an ihn einige Verse der Huldigung gerichtet und er sich währenddem in der Loge so tief gebückt, gebückt, gebückt, daß er sich fast in die Unterröcke der Damen verloren habe.

Von diesen Damen war Frau von Prunevaux ihm gefährlich geworden. Er kannte sie schon seit längerer Zeit und hatte mit ihr ein Verhältniß angeknüpft, denn schon unter dem 1. Mai 1770 theilte Grimm den Lesern seiner „Correspondance“ eine Charade mit, welche der alte Philosoph zur Verherrlichung der Frau von Prunevaux gemacht hatte. Sie betraf das Wort Orange und spielte etwas geziert mit den Worten or und ange. Grimm nennt sie eine junge Frau von 20 Jahren; sie war aber schon, wie Diderot zweimal in einigen spätern Briefen an Grimm ganz positiv sagt, 45 Jahre alt, was auch besser dazu paßt, daß sie eine schon erwachsene Tochter hatte. Sie muß sehr schön gewesen sein, was die geistreiche, kränkliche Sophie nicht war. Durch ihre Schönheit und anmuthige Koketterie muß sie Diderot bestrickt haben, der ihr, aus seinen Klagen über sie zu schließen, sehr reelle Opfer gebracht zu haben scheint. Sie war ebenfalls in Bourbonne gewesen, wo Diderot also ein Rendezvous mit ihr hatte. Hier aber machte jener Herr von Foissy ihre Bekanntschaft. Sein angenehmes Aeußere und sein feines Betragen bereiteten ihm eine günstige Aufnahme. Diderot wußte erst nicht, ob er es auf die Mutter oder die Tochter abgesehen habe. Auf der Reise von Châlons nahmen sie ihn mit in ihren Wagen und, in Paris wieder angelangt, gestatteten sie ihm täglichen freien Zutritt, fuhren mit ihm in seiner Equipage spazieren, nahmen Wildpret, das er ihnen schickte, an u. s. w. Diderot kehrte am 26. Sept. nach Paris zurück. Am 12. Oct. schrieb er von hier aus einen Brief über seine Rückreise an Sophie, aus welchem erhellt, daß sein künftiger Schwiegersohn ihn auf derselben begleitete. Dieser Brief ist voll unveränderter Zärtlichkeit und ersehnt ihre Rückkehr. Anfang November treffen wir ihn in Grandval in dem uns bekannten Verlauf des dortigen Lebens.

Von hier richtete er drei Briefe an Grimm, die uns noch erhalten sind, und in diesen Briefen beklagte er sich bitter über Frau von Prunevaux, die in ihrem Benehmen mit dem jungen Stallmeister jede Rücksicht gegen ihn aus den Augen setze. Er schrieb ihr Briefe voll Aerger und Eifersucht. Sie nahm die Vermittelung Grimm's in Anspruch, der den Zorn Diderot's zu beschwichtigen suchte, allein wir sehen ziemlich deutlich, daß er mit einer Enttäuschung kämpfte. Diese Freundin, aussi franche, aussi bonne, aussi honnête, war doch nicht die „merveilleuse“, für welche sie sich ausgab. Diderot vermuthete, daß er, trotz seiner Aufopferung, trotz seines Geistes, trotz seiner Berühmtheit, dem jüngern Manne werde weichen müssen. Er ist empört, so sehr er Grimm schwört, daß er ganz ruhig sei. Er widerspricht dieser Versicherung auch selbst durch andere Aeußerungen. Es wiederholte sich für ihn, was er schon mit Frau von Puisieux erlebt hatte. Da von hier ab der Name der Frau von Prunevaux in seiner Geschichte gar nicht weiter vorkommt, so können wir wol annehmen, daß es zum Bruch mit ihr kam, und können ihm nur Glück dazu wünschen, denn, wenn wir auch zu wenig thatsächlichen Anhalt haben, ihn mit völliger Entschiedenheit zu verurtheilen, so genugt das, was wir aus seinen Briefen an Grimm entnehmen können, doch dazu, die Unverträglichkeit dieser seiner Leidenschaft mit seiner Liebe zu Sophie zu constatiren, von seiner Frau ganz zu geschweigen, die er schon dem Fräulein Voland aufgeopfert hatte.

Wir besitzen aus diesem selben Jahre 1770 eine kleine Folge von Briefen Diderot's an den Abbé Lemonier. Der erste derselben ist noch von dem 1. Aug. des Jahres 1769 vom Schlosse Conterne bei Alençon geschrieben, wohin er, wir wissen nicht wie, gekommen war. Diese Briefe geben uns auch eine Probe, wie Diderot bei der stilistischen Correctur der Werke seiner Freunde verfuhr. Er lobte, was er loben konnte, zuweilen in der Erregtheit des Augenblicks und aus Freundschaft zu überschwenglich, aber auch mit dem Tadel ging er offen heraus und schonte nicht im geringsten. Wie viel Zeit hat er aber auch auf solche Exercitien hingebracht! Und wie viel Zeit hat er auf die Cultur seiner Liebschaften hingebracht, die er verstecken mußte! In jenen Briefen an Lemonier ersucht er ihn einmal, mit ihm am Abend nach einem Ort zu kommen, wo sie sich ganz allein sprechen könnten. Er müsse ihm nämlich seine häusliche Lage auseinandersetzen, wenn nicht sein Betragen für ihn immer etwas Unerklärliches haben solle. Dies sei durchaus nothwendig.

O Diderot, welche traurige Nothwendigkeit!

Merkwürdig ist mitten in solchem Tumult der Affecte seine Rüstigkeit zum Arbeiten, seine unermüdliche Aufgelegtheit, andern in allen möglichen Angelegenheiten dienstfertig zu sein. Dem Abbé Lemonier z. B. revidirt er nicht nur seine Manuscripte, die Correctur seines Terenz. Er verkauft ihm auch sein Exemplar der Encyklopädie für 950 Livres und bietet ihm, wenn ihm dies noch nicht aus der Verlegenheit helfe, von seinem eigenen Gelde an.

Diderot's kleine Erzählungen.

Diderot warf zwar Laharpe vor, daß er von der Manie des Erzählens besessen sei, allein er selber war es nicht weniger. Was erzählt er nicht alles seiner Freundin in seinen Briefen, was erzählt er nicht in den „Salons", ja mitunter sogar in den Artikeln der Encyklopädie. Ein echt französischer Conteur, verstand er gut zu erzählen. Es ist daher nicht überraschend, außer jener Fülle von Anekdoten und kleinen Geschichten, die er gelegentlich mit vollen Händen ausstreut, noch eine ganze Anzahl kleiner Erzählungen unter seinen Papieren zu finden, die irgendein sociales Thema behandeln. Sie haben, wie wir schon bei ihm gewohnt sind, fast immer einen realistischen Hintergrund, dem jedoch die allgemeinere Bedeutung nicht fehlt. Ohne eine solche Basis fiel Diderot ins Allegorische, wie in jenem Conte bleu vom weißen Vogel, übrigens seiner reinsten und heitersten Dichtung. Die Kunst dieser kleinen Erzählungen ist größer, als sie ihrer Einfachheit wegen scheint. Eine derselben: „Les deux amis de Bourbonne", hatte er schon im Herbst 1770 an Grimm als Beilage für seine „Correspondance" gegeben. Als er aber im November in Grandval war, erbat er sie sich, mitten in den verdrießlichen Stürmen seiner leidenschaftlichen Verirrung, noch einmal zurück, sie umzuarbeiten, um mehr Einheit und Rundung in sie zu bringen. Diese Erzählung hatte mit noch einer andern aus derselben Zeit ein eigenthümliches Schicksal. Geßner's Idyllen waren durch Huber ins Französische übersetzt und von den Franzosen mit Beifall aufgenommen. Er suchte für seine neuen Idyllen einen guten Uebersetzer und hatte sich deshalb nach Paris gewandt. Diderot, der davon hörte, machte ihm aus Anerkennung zwei Erzählungen zum Geschenk: „Les deux amis de Bourbonne" und „Entretien d'un père avec ses enfants". Geßner übersetzte sie ins Deutsche und ließ sie mit seinen neuen Idyllen 1772 zu Zürich unter dem Titel „Moralische Erzählungen und Idyllen von Diderot und S. Geßner" erscheinen. So kam es, daß sie eher in deutscher als in französischer Sprache bekannt wurden. Französisch wurden sie von Grimm's Collaborator, dem Schweizer H. Meister, in Zürich 1773 herausgegeben: „Contes moraux et nouvelles idylles de M. M. D... et Gessner, publiés par Meister."

Die Kraft, welche in Diderot schlummerte, bedurfte immer eines Anstoßes von außen, geweckt zu werden. Sein Freund, der Marquis St.-Lambert, hatte einige Tage nach seiner Aufnahme in die Akademie eine Erzählung veröffentlicht: „Deux amis. Conte iroquois." Sie reizte Diderot zu einem Gegenstück, worin er ein Muster geben wollte, die Wirklichkeit anziehend darzustellen, ohne einen äußerlichen Schmuck hinzuzufügen, der die Erzählung in die Länge ziehe. Er wollte ein Muster von eindrucksvoller Kürze geben. Er benutzte dazu die Geschichte zweier Männer Felix und Olivier aus dem Volke, die er nach Grimm im Bade erfunden hatte. Sie liebten sich mit einer Art animalischer Freundschaft, wie Diderot selber sich ausdrückt. Sie sagten es sich nie, allein sie handelten beständig so, als ob sie nur eine einzige Person ausmachten. Alles, was ihrer Leidenschaft von seiten der Gesellschaft und der Gesetze entgegenstand, warfen sie ohne Bedenken nieder; sie wagten hundertmal ihr Leben füreinander, ohne einen Augenblick zu denken, daß es anders sein könne. Sie dienten zusammen in der Miliz. Als sie sich beide in dasselbe Mädchen verliebten, überließen sie sich keiner Eifersucht. Felix, der die Leidenschaft Olivier's bemerkte, entfernte sich und wurde Schleichhändler. Er wurde mit den Waffen in der Hand ergriffen und zum Tode verurtheilt. Olivier hört es, macht sich nach Rheims auf, wo sein Freund hingerichtet werden sollte, stürmt auf das Schaffot, schlägt auf den Henker und die Gerichtsdiener los, erregt die Theilnahme des Pöbels, rettet Felix, empfängt aber bei der Flucht einen Bajonnetstich in die Seite, an dessen Folgen er stirbt. Felix, der auf der Flucht von ihm getrennt war, nimmt die Sorge für seine Familie auf sich, nachdem er sich zu einem Kohlenbrenner vor der ihn verfolgenden Maréchaussée gerettet. Er weiß nicht, was aus Olivier geworden, und überredet den Kohlenbrenner, mit ihm nach Rheims zurückzugehen, wo er seinen Freund im Gefängniß glaubte. Unterwegs haben sie ein Gefecht mit den Gensdarmen zu bestehen, in welchem der Kohlenbrenner fällt. Felix ladet seinen Leichnam auf den Rücken und trägt ihn zur Hütte des Kohlenbrenners im Walde zurück. Er überredet nach einigen Tagen die Witwe desselben, mit ihm durch die Wälder zu Olivier's Haus zu gehen, wo er dessen Tod erfährt und eine Zeit lang wahnsinnig wird. Die Witwe Olivier's und die des Kohlenbrenners pflegten ihn mit rührender Treue. Nachdem er Olivier's Sohn mit der Tochter der Kohlenbrennerin verheirathet und ihnen einige Wiesen, die er besaß, zur Mitgift geschenkt hatte, entfernte er sich eines Nachts, trieb sich in den Wäldern um, wurde Wildmeister eines Herrn von Ranconnières, verwundete bei einem Streit desselben mit seinem Nachbar, Herrn Fourmont, über ihren Grenzstein einen Offizier und ward wieder ins Criminalgefängniß geworfen. Die Tochter des Stockmeisters verhalf ihm zur Flucht. Er ging zu Friedrich dem Großen und trat in sein Garderegiment, wo er von seinen Kameraden, die ihn liebten, den Beinamen der Traurige empfing. Er hörte nicht auf, Olivier's Witwe zu unterstützen.

Diderot fügt dieser Geschichte ein paar Briefe hinzu. Eine vornehme Dame hatte von den beiden Witwen im Walde gehört und sie unterstützen wollen, vorher aber bei dem Pfarrer Papin zu St.-Marien bei Bourbonne Rath darüber eingeholt. Der Pfarrer lobte ihr Mitleid, sagte ihr aber, daß sie ihr Geld lieber christlichen Unglücklichen zuwenden möchte als diesen ganz heidnisch lebenden Frauen, die nie bei ihm im Beichtstuhl erschienen seien und gegen ihn der Ehrfurcht ermangelten, welche man den Dienern der Kirche schulde.

Diderot hatte also eine doppelte Tendenz; eine ästhetische, indem er mit der äußersten Einfachheit eine Geschichte erzählt, in welcher die heftigsten Affecte miteinander wechselten; eine satirische, indem er die natürliche Güte des menschlichen Herzens einem von der Kirche geweihten Handeln entgegensetzte.

Die Wirkung dieser Erzählung in ihrer realistischen, knappen Manier fiel nicht nach Frankreich, sondern nach Deutschland. Goethe berichtet in seinem „Leben“, daß sie auf den strasburger Kreis einen gewaltigen Eindruck machte. Man fühlt bei ihrem Waldleben, ihren Kohlenbrennern, ihren Galgenscenen, ihren Kämpfen mit der Gensdarmerie, ihren Leidenschaften, ihrer Wahrheit eines mit Worten kargen Naturausdrucks schon eine ganz ähnliche Atmosphäre, als sie uns in Schiller's „Räubern“ begegnet. Die eigentliche Bezeichnung für sie nach unserer heutigen Sprechweise aber würde sein, sie eine Dorfgeschichte zu nennen, wie sie demnächst von Pestalozzi 1781 in „Lienhard und Gertrud“ geschrieben ward.

Die andere Geschichte ist nun: „Entretien d'un père avec ses enfants, ou du danger, de se mettre au dessus des lois.“ Diderot schildert darin seinen trefflichen Vater, seinen Bruder, den Abbé, seine Schwester, sich selbst, den Hausarzt und einige Landsleute mit porträtirender Genauigkeit. Der alte Herr erzählt seinen Kindern, daß er eines Tages in Gefahr gewesen sei, sein ganzes Vermögen aufs Spiel zu setzen und sie ohne Erbe zu hinterlassen, wenn er sich nicht dem Gesetz gefügt hätte. Ein hochbejahrter Pfarrer Thivet in der Umgegend von Langres war gestorben und hatte ein großes Vermögen hinterlassen, auf welches ein Dutzend armer Verwandter den nächsten Anspruch hatte. Sie wählten Diderot's Vater zum Vollzieher der Erbtheilung, da er bei seinen Mitbürgern das unbedingteste Vertrauen genoß und sie ihm häufig solche und ähnliche Ehrendienste, namentlich auch Vormundschaften, übertrugen. Er reitet nach dem Dorfe, sieht alle Papiere des Pfarrers durch und findet in einem Koffer mit alten Quittungen und Briefen ein vollständiges, in fester Form abgefaßtes Testament von altem Datum, welches den Buchhändler Firmin in Paris zum alleinigen Universalerben einsetzte. Außer sich über diese Entdeckung, welche die armen Leute ihrer Hoffnungen beraubt, bringt er die Nacht schlaflos zu und ist oft im Begriff, das Testament ins Feuer zu werfen. Am Morgen reitet er nach Langres zurück, seinem Hause vorüber, zu einem Pater Bouin, der seiner Klugheit und Rechtschaffenheit halber sein ganzes Vertrauen besaß, und stellt ihm den Fall vor. Bouin urtheilt, er könne das Testament verbrennen und die armen Verwandten erben lassen, wenn er Firmin das ihm gesetzlich zustehende Vermögen aus seinem eigenen auszahlen wolle. Er kommt wieder zum Dorfe zurück und erklärt den Verwandten mit tiefstem Schmerz, daß sie enterbt seien. Es folgt eine Scene fürchterlicher Verzweiflung. Diderot's Vater hofft noch auf Firmin selber, den er schleunigst von Paris kommen läßt und sein Mitleid zu erregen sucht. Allein diese Erwartung schlägt fehl, und Firmin erklärt trocken, daß die Verwandten ihn nichts angingen.

Ueber diesen Fall entspinnt sich nun ein Gespräch, in welchem der Hausarzt und der Abbé auf seiten des alten Diderot sind, sich dem Gesetz unterworfen zu haben, Diderot der Sohn und seine Schwester dagegen die Vernichtung des Testaments als die richtige Handlungsweise vertheidigen. Mit dramatischer Lebendigkeit werden alle Gründe für und gegen erörtert und in einem analogen Zwischenfall abgespiegelt, indem ein Hutmacher zu Diderot's Vater kommt, von ihm Rath zu verlangen, wie er sich bei der Beerbung seiner eben verstorbenen Frau benehmen solle, die 18 Jahre hindurch krank gewesen sei, ihm sehr viel Kosten verursacht und ihn in seinem Geschäft ganz zurückgebracht habe. Das Eingebrachte seiner Frau würde ihn dafür entschädigen; da er jedoch keine Kinder von ihr habe, so würde es gesetzlich eigentlich den Verwandten seiner Frau zufallen müssen. Diderot's Vater fragt ihn, ob ihn der Gedanke, denselben ihr Recht vorzuenthalten, nicht beunruhige? Der Hutmacher aber erklärt, lieber Langres verlassen und nach Genf auswandern, als die, wie ihm scheine, für seine lange und harte Aufopferung billige Entschädigung im Stich lassen zu wollen. Auch dieser Fall wird mit einem paar befreundeten Geistlichen, die unterdessen gekommen, durchgesprochen, und Diderot der Sohn steht auch hier wieder auf seiten des Hutmachers. Sein Vater bleibt für die Aufrechthaltung des Gesetzes entschieden. Der Sohn findet das Gesetz schlecht.

Keine Frage, daß Diderot's Vater, der ehrliche Messerschmied, vollkommen recht hat, wenn er fragt, was wol aus der Gesellschaft werden solle, sobald jeder, der ein Gesetz für schlecht hält, sich befugt glauben sollte, ihm nicht gehorchen zu dürfen? Diderot verfiel dem natürlichen Mitleid, dem er das Gesetz opfern zu müssen glaubte, wie er dies auch im Leben zuweilen wirklich gethan hat. Indem er seinen Vater, ihm Gute Nacht zu sagen, umarmt, meint er, daß es, wenn alle Menschen weise wären, gar keiner Gesetze bedürfe; Ausnahmen ließen sie doch einmal zu, und da könne dann im Grunde nur der Weise beurtheilen, wenn er dem Gesetz zu gehorchen, wenn er ihm auszuweichen habe. Der Vater aber antwortet:

„Fürwahr, ich würde es nicht ungern sehen, wenn in der Stadt ein oder zwei Bürger gefunden würden, welche dir glichen, aber wohnen möchte ich nirgends, wo alle so dächten wie du."

Diese beiden Erzählungen Diderot's sind vorzüglich bekannt geworden; es gibt aber noch einige andere von ihm, die in keiner Weise diesen oft gelobten nachstehen und sehr interessante Schicksale aus der Nachtseite der menschlichen Gesellschaft enthalten. Es sind sociale Novellen.

„Ceci n'est pas un conte." Dies ist der Titel zweier Geschichten, welche Diderot 1749 und 1751 selbst als Augen- und Ohrenzeuge erlebt hatte.

Ein junger Mann, Namens Tanié, hatte sich in eine schöne Elsasserin, Madame Reymer, verliebt. Er war so arm als sie. Um aus dem Elende herauszukommen, entschloß er sich, nach San-Domingo zu gehen. Mit Thränen ließ er seine Geliebte zurück, gab ihr alle Freiheit und beschwor sie nur, sich nicht formell an einen andern zu binden. Auf Domingo widmete er sich kaufmännischen Geschäften, die es ihm möglich machten, Madame Reymer jährlich eine ansehnliche Summe zu schicken. Sie verwendete unterdessen ihre Schönheit zu neuen Eroberungen, wurde im stillen reich und legte ihr Geld heimlich in Renten an. Nach etwa neun Jahren kehrte Tanié zurück und ward mit offenen Armen empfangen. Fünf bis sechs Jahre lebte er glücklich. Aber Madame Reymer wollte Glanz, wollte Equipage u. s. w. Alles dies hätte sie von ihrem Vermögen haben können, aber sie verbarg es und quälte Tanié mit ihren Klagen. Da bot der Minister Maurepas ihm eine mercantilische Verhandlung in Canada an, derentwegen er zunächst nach Petersburg reisen mußte. Er zögerte, das Anerbieten anzunehmen, denn er mußte drei bis vier Jahre entfernt bleiben;

allein Madame Reymer trieb ihn, eine solche Gelegenheit, reich zu werden, nicht vorüberzulassen, und er ging daher auf den Wunsch des Ministers ein. Sein Herz jedoch war durch die Härte der gewinnsüchtigen Frau ge brochen. Er reiste in der leidenschaftlichsten Erregung ab, kam krank in Petersburg an und starb am vierten Tage an einem hitzigen Fieber. Ma dame Reymer tröstete sich durch einen neuen Liebhaber.

Die zweite Geschichte ist das Gegenstück zu dieser. Sie erzählt die Geschichte der scheußlichsten Undankbarkeit eines Mannes.

Ein Fräulein de Lachaux, schön, arm, gebildet, fleißig, zeichnete sich auch in der Philosophie aus. D'Alembert und Condillac achteten sie hoch. Diderot richtete den Zusatz zu seinem „Briefe über die Taubstummen" an sie. Sie verliebte sich in einen Dr. Gardeil, der arm war und dem sie, unter den Verwünschungen ihrer Familie, ihr kleines Vermögen widmete. Diderot trieb mit ihm zusammen das Griechische und war dadurch mit beiden in die nächste Vertraulichkeit gerathen. Gardeil wurde vom Grafen von Herouville gebraucht, ihm die Materialien zu einer allgemeinen Geschichte des Kriegs vorzubereiten. Fräulein de Lachaux unterstützte ihn hierin. Sie lernte griechisch, sie übersetzte für ihn aus dem Xenophon und Thucydides; sie excerpirte tausend Schriftsteller; sie lernte sogar hebräisch und stach zur Abwechselung Noten in Kupfer. Sie theilte mit Gardeil eine dürftige Wohnung und opferte in der Anstrengung für ihn ihre Gesundheit. Sie wurde leidend, blieb aber thätig.

Eines Tages kam sie in Verzweiflung zu Diderot, weil Gardeil sie verlassen, weil er ihr, daß er sie nicht mehr liebe, auf das trockenste, schneidendste gesagt habe. Sie bat ihn, mit ihr zu ihm zu gehen. Er hatte sich in der Straße Hyacinthe eingemiethet. Diderot mußte eine Sänfte kommen lassen, die Unglückliche zu tragen. Sie kommen bei Gardeil an. Er wiederholt seine Erklärung, daß er das Fräulein de Lachaux nicht mehr liebe, daß sie ihm widrig geworden sei, daß er nichts für sie thun könne, daß er sie ihrem Schicksal überlassen müsse, mit den dürrsten Worten. Diderot stellt ihm seine heiligen Verpflichtungen gegen ein Wesen vor, das ihm alles geopfert, das seinen Ruf für ihn in die Schanze ge schlagen, das für ihn sich krank gearbeitet, das seinetwegen sich mit ihrer Familie entzweit habe. Ohnmächtig sinkt sie nieder. Er kümmert sich nicht um sie, sondern setzt sich ruhig in seinen Lehnstuhl. Der Bediente meldet die Ankunft des Grafen d'Herouville, und Diderot eilt mit seiner Clientin davon.

Sie fiel in eine schwere, lebensgefährliche Krankheit. Der Doctor Antoine Le Camus behandelte sie, verliebte sich leidenschaftlich in sie, wollte sie heirathen, aber sie versagte sich seinen Anträgen, weil sie, wie hoch sie ihn achtete, doch ihn nicht lieben könne.

Le Camus und Diderot suchten ihr nun in ihrem Elend nützlich zu werden. Le Camus selbst hatte nur wenig, unterstützte sie aber in zarter Weise. Sie verstand vortrefflich italienisch und englisch. Diderot munterte sie auf, Hume's „Essay of human understanding" zu übersetzen. Sie that es. Er sah die Uebersetzung durch und versichert, daß er nur wenig zu ändern und zu bessern gehabt habe. Die Uebersetzung wurde in Holland gedruckt und vom gelehrten Publikum wohl aufgenommen. Aber die holländischen Buchdrucker druckten zwar alles, zahlten jedoch wenig. Le Camus und Diderot schlugen ihr nun vor, ein livre d'agrément zu versuchen. Sie schrieb in der That einen Roman: „Les trois favorites", der aber auf den Hof bezogen werden konnte und insofern mislich war. Diderot in seiner Verwegenheit rieth ihr, der Frau von Pompadour das Manuscript zu senden und ihr ihre Lage vorzustellen. Nach einiger Zeit brachte ein Ritter des Ludwigsordens ihr eine artige Antwort, eine Einladung nach Versailles und hinterließ mit Delicatesse eine Rolle von 50 Louisdor auf dem Kamin. Sie zögerte mit dem Besuch. Es erfolgte eine neue Einladung mit der gleichen Summe, allein das Elend hatte sie schon zu sehr entmuthigt. Sie zog in den äußersten Winkel einer Vorstadt und starb hier in einer Dachkammer auf Stroh. Le Camus drückte ihr die Augen zu.

Le Camus, der 1712 zu Paris geboren war, hat sich durch mehrere medicinische Werke und durch eine französische Uebersetzung von Longus' „Daphnis und Chloë" einen Namen gemacht. Gardeil starb als ein reicher und gesuchter Arzt in Paris 1808.

„Sur l'inconséquence du jugement public de nos actions particulières." Ein junger Mann, Desroches, ohne Vermögen, hatte es zuerst mit dem kirchlichen Dienst versucht, ihn aber, da er zu weltliche Neigungen in sich entdeckte, wieder verlassen. Er war Jurist geworden, aber die Erfahrung, die er bei einem Todesurtheil machte, welches das Gericht auf seinen Antrag aussprach, verleidete ihm auch diesen Stand. Der Delinquent gestand ihm zu, vollkommen gerecht verurtheilt zu sein, was seine Schuld anbetraf, bewies ihm aber, daß dies aus seiner Anklageschrift nicht hervorgehe und daß er lauter falsche Schlüsse gemacht habe. Er wurde Offizier und zeichnete sich im Kriege 1745 aus. Keine der Kugeln traf ihn, sein Pferd aber überschlug sich. Er brach das Bein und wurde auf das Schloß einer jungen Witwe de Lacarlière gebracht, wo er die sorgsamste Pflege fand.

Seine Beschützerin gab endlich seinen dringenden Bitten nach, ihn zu heirathen. Sie war als ein vierzehnjähriges Mädchen einem alten Manne vermählt worden und hatte nur die Qualen des Ehestandes kennen gelernt. Sie wollte daher sich nicht gern wieder verheirathen und mit Desroches lieber in offener Freundschaft leben. In einer feierlichen Versammlung der beiderseitigen Familien hielt sie eine ernste Anrede, die Ehe nur unter der Bedingung einzugehen, daß Desroches ihr unbedingt treu bleibe und sie sich ihrerseits ganz ebenso verpflichte. Desroches betheuerte die Liebe für sie, die aufrichtig war, beklagte die Libertinage seiner Jugend und gelobte die reinste Treue.

In den ersten Jahren lebten sie vollkommen glücklich. Madame Desroches genas von einem Kinde und bestand darauf, es selbst zu säugen. Dies setzte seine Sinnlichkeit einer harten Probe aus. Eine galante Dame versuchte es, ihn abwendig zu machen. Umsonst, er blieb ein zärtlicher Ehemann. Aber ein Freund von ihm gerieth in eine üble Lage. Er besann sich auf eine vornehme Dame, mit welcher er früher ein Verhältniß gehabt, die hier sehr nützlich sein konnte. Er näherte sich ihr wieder. Sie ging auf die Sache ein, suchte aber zugleich, ihn wieder für sich zu gewinnen. Er fiel zurück und es entspann sich zwischen ihnen ein geheimer Briefwechsel. Die Briefe verschloß er in ein mit Stahlplatten ausgelegtes Kästchen. Auf einer Reise ließ ein Diener, der es durch ein Zimmer trug, hinfallen. Es zersprang und die Briefe streuten sich auf dem Boden aus. Madame Desroches griff sie auf, durchflog sie, überzeugte sich von der Schuld ihres Mannes, behielt die beschwerendsten Briefe zurück und ließ das Kästchen in die Stube ihres Mannes stellen, als ob es unangetastet geblieben sei.

Sie wurde unwohl. Er schob dies darauf, daß sie ihr Kind säuge. Sie wußte ihn zu veranlassen, aus der Provinz mit ihr nach Paris zu gehen. Eines Tages erschien sie vor ihm in vollem Putz, schöner als je, aber traurig. Sie kündigte ihm an, daß sie alle Verwandte zu Mittag gebeten habe. Er ahnte nichts. Man aß. Er sagte ihr Schmeicheleien und wünschte, daß sie nur einmal lächeln möchte, allein sie blieb ernst. Nach Tisch forderte sie alle Anwesende auf, sie anzuhören, säugte ihr Kind mit mütterlicher Würde und erinnerte dann alle an die Eide, welche Desroches ihr geschworen. Sie fragte ihn, ob er ihr den geringsten Vorwurf machen könne? Er verneinte es. Nun erhob sie die Anklage gegen seine Untreue und gab die Briefe zu lesen. Er wollte sich vertheidigen. Sie hörte ihn nicht. Zerschmettert stürzte er hinaus und hoffte, daß die Verwandten sich seiner annehmen würden. Aber die Frau blieb unbeweglich. Sie überließ ihm ihr ganzes Vermögen und behielt für sich nur eine mäßige Summe. Sie zog zu ihrer Mutter.

Desroches verging vor Kummer und versuchte tausend Wege, sich ihr zu nähern, sich mit ihr zu versöhnen. Sie wies alles ab, las keinen Brief, hörte auf keine Vorstellung und wurde krank. Ihre Mutter starb. Einer ihrer Brüder, der in die Stelle von Desroches beim Regiment eingetreten war, wurde im Kriege erschossen. Das Kind starb. Sie selbst zehrte sich auf und starb in der Kirche, als sie bei der Communion eben die Hostie empfangen sollte. Zufällig war Desroches in der Kirche. Er wurde bemerkt. Der Pöbel wollte ihn, der die ganze Familie gemordet habe, steinigen. Nur mühsam rettete man ihn, aber in jedem Kaffeehause, wo er sich blicken ließ, mied man ihn.

Die Erzählung zeigt nun die Wandelbarkeit des öffentlichen Urtheils in allen ihren Phasen. Zuerst z. B. trat sie auf die Seite von Desroches, daß die Frau gegen ihn zu hart verfahren. Als diese aber krank ward, wendete sie sich gegen ihn und machte ihn für jeden weitern Unglücksfall in der Familie der Frau de Lacarlière verantwortlich. Diderot hat die Geschichte dialogisch erzählt, indem er jemand in einem Kaffeehause den unglücklichen, von allen gemiedenen Desroches zeigt, ihm seine Geschichte erzählt und diesen Unterredner zum Träger aller der verschiedenen Urtheile macht, welche das öffentliche Urtheil über das Betragen von Desroches durchlaufen war.

Diese Erzählungen nebst den beiden ersten sind von K. Spazier unter dem Titel „Diderot's Erzählungen" (Magdeburg 1799) ins Deutsche übersetzt. In ihrer Einfachheit sind sie doch wirklich kleine Kunstwerke. An sie schließen sich noch einige andere Productionen Diderot's, die halb Erzählung, halb Dialog sind, jedoch mehr nach der Seite der Reflexion hinneigen und irgendein psychologisches, ethisches oder religiöses Problem betreffen. Man wird sie füglich der Gruppe der kleinen Erzählungen beigesellen können, wenn man sie nicht als fliegende Blätter ins Blaue hinein ohne Anhalt will umherflattern lassen.

„La Marquise de Claye et St.-Alban." Dieser Dialog behandelt jene sonderbare Verstimmung, in welche an sich edle Menschen verfallen können, indem sie das Misgefühl eines einzelnen Widerspruchs auf ihr ganzes Dasein, ja auf die Existenz der Welt selber ausdehnen. Diderot schildert die Qual jener Melancholie, die sich in der Klage der Verzweiflung gefällt, während sie thatsächlich das ihr angeblich verhaßte Dasein genießt.

Herr von St.-Alban kommt zu seiner Freundin, der Marquise de Claye, in übelster Laune. Voller Theilnahme sucht sie den Grund seiner Unzufriedenheit zu erkunden. Ist er krank? Keineswegs. Er ist kerngesund.

Fühlt er sich in seiner Familie unbehaglich? Im Gegentheil. Er betet seine Mutter an, weil sie die verehrungswürdigste, liebevollste Frau ist. Er liebt seine Schwester unendlich, obwol er bedauert, daß er ihres Umganges sich nicht so, wie er wünschte, erfreuen kann, da sie verheirathet, glücklich verheirathet ist. Oder seine Wohnung misfällt ihm? Auch nicht, sein Landhaus ist der reizendste Aufenthalt. Hat sein Freund ihn gekränkt? Nichts weniger, er beglückt ihn durch seine reinste Hingebung; täglich bringt er mit ihm die schönsten Stunden zu. Aber seine Nachbarn sind vielleicht unleidlich? Etwa der Herr von Belincourt? Durchaus nicht und die Tochter des Herrn von Belincourt, Julie, liebt er sogar ebenso sehr, als er von ihr wiedergeliebt wird. Wie, und ein Mensch, der so in der Fülle des Glücks lebt, will sich ertränken, weil ihm das Leben verhaßt ist? Allerdings, denn Herr von Belincourt besteht sammt seiner Tochter darauf, daß er sich ein Amt suchen sollte, thätig zu sein. Sie machen dies zur Bedingung der Heirath. Dies ist es, was ihn verdrießt, denn er ist ja reich genug, amtlos leben zu können.

Die Marquise vertheidigt jene Bedingung. Sie vertheidigt auch das Betragen seiner Geliebten, die ihn nämlich bald zärtlich tröstet, bald aber auch mit seinen Schwächen auslacht und ironisch behandelt. Die Marquise hält die Versuchung zum Selbstmord nur für einen Gefangenen erlaubt, dem alle Aussicht auf Freiheit genommen ist. St. Alban gesteht ihr auch, daß er mit ihr, mit seinem Freunde, mit Julien, mit seiner Mutter sich stets glücklich fühle; sowie er aber allein sei, scheine ihm das Leben elend, weil so viel kleine Dornen es verwundeten.

Die Marquise.

Nun, bei Gott, so bleiben Sie doch bei Ihrer Mutter, Ihrer Schwester, bei Julien, bei Ihrem Freunde. Beschäftigen Sie sich mit Ihrem Glück und verleumden Sie sie nicht, wie Sie es thun, durch ungerechtes und grundloses Murren. Vergleichen Sie ihre Leiden mit den Ihrigen. Glauben Sie, daß sie frei von solchen sind? Arbeiten Sie gemeinschaftlich, sie sich gegenseitig zu mildern.

St.-Alban.

Die Art der meinigen ist unerträglich. Man befreie mich davon und ich werde glücklich sein.

Die Marquise.

So? Wenn Sie diese nicht hätten, würden Sie nicht andere haben?

„Cinqmars et Derville.“ Wenn diese Diderot'schen Dialoge, wie die Platonischen, außer dem hypostatischen Titel der Personen auch einen von dem Inhalt hergenommenen pragmatischen hätten, so müßte der vorliegende vom Lächerlichen überschrieben werden.

Cinqmars hat mit seinem Freunde Derville bei dem Director eines Hospitals gespeist und ergeht sich nach dem glänzenden Diner mit ihm im Garten. Er ist voller Traurigkeit, welche Derville unbegreiflich findet, denn das Diner sei vortrefflich und die Laune der Gäste die heiterste gewesen. Welche Scherze, welche Witze, welch Gelächter! Allein Cinqmars ist schon verstimmt darüber, daß in einem Hospital, wo arme kranke Menschen verpflegt werden, ein solcher Luxus und zwar vom Director selber getrieben wird. Er ist auch verstimmt über die Witzelei und das Gelächter. Man hat z. B. über die Convulsionäre gespottet; man hat sie nachgeahmt, um sich an ihrem Fanatismus, ihren blutigen Verirrungen, zu ergötzen. Das tadelt Cinqmars, denn lachen dürfe man nur über einen Mangel, der ganz unschädlicher Art sei. Sowie mit einem solchen der Ernst des Lebens verbunden sei, verbiete sich das Lachen. Derville macht allerlei Einwendungen, allein Cinqmars hält seine Behauptung aufrecht. Man werde vielleicht über einen Buckeligen lachen, aber gewiß nicht, wenn er zu unserer Familie gehöre; über einen Hinfallenden, allein gewiß nicht, wenn er fallend Schaden nähme, wenn es z. B. eine schwangere Frau sei; über einen Schiffer, der beim Schifferstechen über Bord gestoßen werde, weil man wisse, daß er schwimmen könne, aber gewiß nicht, wenn er mit dem Sturz in Todesgefahr geriethe; man lache da, wo das Schädliche den Mangel nicht überwiege. Sonst verletze das Lachen, denn es werde zu einem Lachen aus Schadenfreude, die schlechthin verwerflich sei. Melancholische und Verliebte pflegten nicht zu lachen, nur zu lächeln.

Zuletzt spielt Diderot noch auf Palissot's „Philosophen" an, deren Tendenz er verächtlich findet, weil sie redliche und verdiente Männer dem Hohn des Publikums preisgibt. Es frage sich, welche Grenzen die Regierung hier der Kritik vorzuschreiben habe, worüber Cinqmars ein andermal mit seinem Freunde verhandeln will.

„Mon père et Moi." Nicht etwa von Diderot und seinem Vater ist hier die Rede, sondern von der Tochter eines Generals, der Commandant einer Provinz war. Die Tochter hatte mit ihm ein Gespräch über den Reichthum und dessen Verwendung. Die Tochter ist nicht abgeneigt, Luxus zu treiben, weil durch ihn ja viele Menschen in Thätigkeit gesetzt werden und Gelegenheit zum Verdienst erhalten. Auch möchte sie wol ein großes Gebäude zu einem gemeinnützigen Zweck erbauen u. dgl. m. Der Vater bekämpft diese Richtung, indem er darin nicht sowol wahrhaftes, nachhaltiges Wohlthun, als Eitelkeit erblickt. Er will, daß man den Ueberfluß seines Vermögens wirklich Hülfsbedürftigen und Unglücklichen persönlich zuwende und sich in diesem aufopferungsvollen Thun durch das Urtheil der Welt nicht irremachen lasse, welches den Reichen bald für geizig, bald für verschwenderisch erklärt. Könnte man einerseits die ganze Summe des öffentlichen Elends, so würde dieselbe andererseits die ganze Nationalschuld sein und jeder einzelne würde wissen, welcher Theil derselben ihm zu decken zufiele. Das, was er weniger geben würde, würde ein Diebstahl sein, den er an den Armen beginge; menschlich, wohlthätig, großmüthig würde er erst mit dem werden, was er darüber gäbe. Da jetzt niemand den Antheil seiner Schuld kennt, so entledigt man sich ihrer entweder gar nicht oder schlecht. Man wirft einen Pfennig in den Hut des Armen und glaubt sich seiner Verbindlichkeit quitt, weshalb man eher zu viel als zu wenig thun sollte. Seinen Erben hat man nur das für ihren Stand Nothwendige zu hinterlassen. Es ließe sich wol eine Einrichtung denken, welche Millionen Ungerechtigkeiten ersparen und unendlich viel Gutes schaffen würde. Der König brauchte nur einen Generaltarif der Auflagen und ihrer Vertheilung veröffentlichen zu lassen. Dadurch würde man die Menschenzahl, die Bevölkerung des einen Ortes, die Uebervölkerung eines andern, das Einkommen jedes Bürgers, die Armuth und folglich die Schuld des Reichthums kennen lernen. Die Ungleichheit des Vermögens würde verhindert. Die Steuer dürfte nur den treffen, der über die Nothdurft hinaus ist; der, welcher darunter ist, gehört zur Klasse der Armen, die nichts zu zahlen braucht, ganz abgesehen davon, daß eine solche Einrichtung der Habgier und den Plackereien der Steuereintreiber einen Zügel anlegen würde, denn in unsern Provinzen auf dem Lande kann man sehen, wie weit hier der Misbrauch gediehen ist. Denis Diderot war also dicht bei dem Gedanken der progressiven Einkommensteuer angelangt.

„Qu'en pensez Vous? Conte." Diese allegorische Erzählung spinnt dieselbe Vorstellung aus, welche Diderot in der Unterredung mit der Marschallin von Broglie von einem Mexicaner vorträgt, der schlafend in einem Nachen über das Meer an eine fremde Küste geführt wird, deren Existenz er bezweifelt hatte.

Jemand kommt als Fremder in ein ihm unbekanntes Land, wo ihm Beamte sagen, daß er sich den Gesetzen des Herrschers zu unterwerfen und je nach seinem Betragen Lohn oder Strafe zu gewärtigen habe. Obwol ihm die Bedingungen gestellt werden, unter denen er existiren darf, soll er sich doch für frei halten. Der Regent, ein Geist, der in einem jenseitigen Aufenthalt wohnt, erlaubt, daß seine Lieblinge zuweilen erwürgt werden, um seine Gerechtigkeit, Güte und Huld zu verherrlichen. Alle seine Unterthanen müssen an seine Vollkommenheit glauben, weil sie sich während ihres ersten Schlafs durch einen Eid dazu verpflichtet haben. Er weiß nichts von der Verpflichtung, allein zwei Bürgen übernehmen sie für ihn. Der Geist ist zwar unsichtbar, unendlich u. s. w., hat aber drei Köpfe u. s. w. Eines Tages setzt der Fremde sich auf ein Bret am Ufer des Meeres und wird auf das jenseitige Ufer geworfen, wo er endlich den Geist fand, obwol nichts Positives darüber feststeht. Wenn er aber ihn fand, so wird er ihm gesagt haben:

„Mein Herr Geist, wenn Sie wüßten, was man von Ihnen drüben sagt, so glaube ich, würden Sie von ganzem Herzen darüber lachen. Es ist nicht meine Schuld, wenn ich nichts von alledem glauben wollte, was Sie für mich gethan zu haben vorgeben, und wenn ich selbst an Ihrer Existenz gezweifelt habe. Man hat mir dies alles in einer so lächerlichen Weise mitgetheilt, daß es in Wahrheit unmöglich war, daran zu glauben."

Ueber die Freimüthigkeit des Fremden wird der Geist unstreitig gelächelt und ihm dann mit majestätischem und spöttischem Ton gesagt haben:

„Es liegt sehr wenig darin, mein Freund, ob Ihr oder Euersgleichen meine Existenz glaubt oder leugnet. Beruhigt Euch übrigens. Ist man einmal auf dem Wege, auf dem Ihr Euch befindet, so ist es nothwendig, in jenes Land einzutreten, weil der Weg nirgends anders hinführt. Durch dieselbe Nothwendigkeit hat der Strom des Wassers Euch hierher gebracht. Ich könnte Euch über dies alles recht schöne Dinge sagen, aber Ihr glaubt mir wol schon, mein Kind, daß ich andere Dinge zu thun habe, als einen Buben, wie Euch, zu unterrichten. Richtet Euch in einem Winkel ein und laßt mich in Ruhe, bis Zeit und Nothwendigkeit weiter über Euch bestimmen. Guten Abend."

Der Fremde wird, indem er sich zurückzog, sich gesagt haben:

„Ich wußte wohl, daß, wenn ein Geist in diesem Jenseits existirt, derselbe gut und nachsichtig sein und daß ich keinen Streit mit ihm haben würde. Auf alle Fälle ist, daß man sich täuscht, nur dann erlaubt, wenn man immer aufrichtig gegen sich selbst ist."

Was denkt Ihr davon?

Verglichen mit der schönen Parabel vom Mexicaner ist diese Erzählung frostig und langweilig und erinnert an den Stil der „Kastanienallee". Die speciellen Anspielungen auf den Papst, als den Knecht der Knechte, auf die Dreieinigkeit, auf die Inspiration, auf die Taufe u. s. w. machen die Allegorie schleppend. Für das Gemüth Diderot's ist sie immerhin charakteristisch. Alle mythischen und symbolischen Vorstellungen der Religion hatte ihm seine Reflexion vernichtet; der kritische Verstand hatte ihm nur die Materie als unüberwindlich zurückgelassen: er war aus Ueberzeugung Atheist geworden. Wenn aber, gegen seine Einsicht, doch ein ihm undenkbarer Gott, ein Geist, existiren sollte, würde er ihm, als einem aufrichtig Forschenden und Zweifelnden, seinen Irrthum nicht verzeihen? Vor Gott ist ein Unterschied zwischen Atheisten und Atheisten und ein aufrichtiger Atheist wird ihm immer lieber sein als ein heuchlerischer Christ.

Daß Gott, wenn er existirt, denjenigen, der aus aufrichtiger Ueberzeugung seine Existenz leugnet, mit Toleranz behandeln müsse, war ein Lieblingsgedanke Diderot's, dessen Keime wir schon in jenem Gebet finden, das in der amsterdamer Ausgabe seiner Werke der „Interpretation der Natur" hinzugefügt ist. Wenn die Parabel vom Mexicaner diese Ueberzeugung poetischer darstellt, so mag der Grund davon mit Wahrscheinlichkeit darin liegen, daß sie eine spätere und daher noch freier gewordene Gestaltung des Themas ist als die Allegorie „Qu'en pensez Vous?"

In diesen kleinen Erzählungen, wie in den petits papiers und in den „Salons", herrscht vorzüglich jene eigenthümliche Verbindung eines ironischen Realismus mit einem sehnsüchtigen Idealismus, welche Diderot eine so moderne Physiognomie ertheilt und ihn unserm Heinrich Heine oft so nahe rückt. Vom Ton dieser Darstellungen möchte ich sagen, was Goethe von Diderot's Kunst der Unterhaltung als sein Zeitgenosse urtheilte: „Die studirten, ausgearbeiteten Reden der vollkommensten Redner würden vor seinen glänzenden Improvisationen erbleicht sein. Die Wärme, mit welcher er sein Thema ankündigte, riß fort. Gründlich und rasch griff er seinen Gegenstand an, ging von einem zum andern durch unerwartete und doch natürliche Uebergänge fort, naiv ohne Trivialität, erhaben ohne Anstrengung, anmuthig ohne Ziererei, kräftig ohne Roheit. Ob er die Stimme der Vernunft, des Gefühls oder der Phantasie vernehmen ließ, immer hatte das Genie das Wort. Der Weltmann verdankte ihm Einsichten, der Künstler Inspirationen. Niemand ist weiter in den Geist seiner Zuhörer eingegangen, niemand hat die Seelen durch die Macht der Rede mehr unterworfen. In dieser Gattung des Triumphs hat er kein Muster gehabt und in ihr hat er keinen Nachfolger hinterlassen."

Jacques le fataliste. 1772.

An die kleinen Erzählungen Diderot's schließt sich sein letzter Roman: „Jacques le fataliste" (oder auch „Jacques et son maître" genannt), als ein Convolut von Erzählungen an, welche durch die Geschichte der Erzähler äußerlich zusammengehalten werden. Man kann nicht authentisch nachweisen, wann er geschrieben worden. Es geschieht aber darin des „Bourru bienfaisant" von Goldoni Erwähnung. Da nun derselbe im November 1771 zur Aufführung kam, so kann der Roman wenigstens nicht vor dieser Zeit geschrieben sein; Diderot ergeht sich, nach seiner uns bekannten Weise, in Vorschlägen zur Umgestaltung von Goldoni's Komödie, und daraus dürfte wol zu schließen sein, daß der Roman wahrscheinlich 1772 verfaßt ist. Wenn seine Tochter sagt, daß er nach der Rückkehr aus Rußland geschrieben sei, und wenn auf dies Zeugniß hin die Biographen Diderot dies wiederholt haben, so ist kein Gewicht darauf zu legen, denn die Tochter berichtet zugleich, daß er nun auch erst die „Religieuse" verfaßt habe, was ein ganz entschiedener Irrthum ist.

Er wurde in Deutschland eher als in Frankreich bekannt, denn er erschien 1792 zu Berlin bei Unger in zwei Bänden unter dem Titel „Jakob und sein Herr. Aus Diderot's ungedrucktem Nachlasse" in einer sehr guten Uebersetzung von M. (d. h. Mylius). Der Uebersetzer gibt folgende Nachricht: „«Jacques le fataliste» gehört unter die schätzbarsten Stücke von Diderot's ungedrucktem schriftstellerischen Nachlasse. Schwerlich möchte dieser kleine philosophische Roman je in der Ursprache gedruckt werden. Es existiren zwar wol zwanzig Abschriften davon in Deutschland, allein sie existiren nur als ein heiliges, nie durch öffentlichen Druck zu veräußerndes Depot. Dem Uebersetzer ist eine solche Abschrift zum Behuf seiner Uebersetzung blos unter dem feierlichen Versprechen mitgetheilt worden, das französische Original nie der Presse zu übergeben."

Dies geschah jedoch sehr bald in Frankreich. Man hatte hier den Verlust eines Gesanges von Gresset's „Vert-Vert. L'Ouvroir" beklagt und glaubte, der Bruder Friedrich's des Großen, der Prinz Heinrich von Preußen, sei im Besitz desselben. Das Institut national wandte sich deshalb an ihn. Er besaß ihn nicht, schickte aber dem Institut mit einem sehr verbindlichen uns erhaltenen Schreiben ein Manuscript von Diderot's „Jacques le fataliste" als Ersatz zum Geschenk. Nun wurde er 1796 zuerst bei Buisson in Paris gedruckt.

Wahrscheinlich war er als Beilage zu Grimm's „Correspondance" nach Deutschland gelangt. Schiller hatte ihn 1785 durch Herrn von Dalberg erhalten und daraus in der „Thalia" die Geschichte der Frau von Pommeraye unter dem Titel „Weibliche Rache" übersetzt.

Naigeon in seinen Memoiren kennt ihn, ist aber übel darauf zu sprechen, weil er ihn für eine licenziöse, frostige, insipide Composition hält, mit welcher Diderot Rabelais' „Gargantua und Pantagruel" und Voltaire's „Candide" habe nachahmen wollen, ohne das komische und graziöse Talent zu solchen Darstellungen zu besitzen. Diderot habe sich forciren müssen und daher sei ihm der Roman trotz der auf den Stil verwendeten Sorgfalt mislungen. Aber wir wissen schon, daß Naigeon für nichts als für den Atheismus Sinn hat und die künstlerische Seite seines Herrn und Meisters nicht zu würdigen weiß. Lassen wir alle Urtheile über den Roman zurück und sehen wir uns zuerst ihn selber an.

Herr und Diener haben sich, man weiß nicht wie, zusammengefunden. Sie unterhalten sich und der Diener soll dem Herrn seine Liebschaften erzählen. Er thut es, aber der Herr erzählt dem Diener auch die seinigen. Hieraus entsteht ein Doppelbild der Gesellschaft; die Liebschaften des Dieners bewegen sich in den untern, die des Herrn in den obern Schichten der Gesellschaft. Dort sehen wir Bauermädchen, Bauerfrauen, Kammermädchen, Gastwirthinnen; hier sehen wir vornehme Damen, luxuriöse Courtisanen, Ritter und Edelleute auftreten. Beide Gruppen ergänzen einander zu einem vollständigen Bilde der Gesellschaft in der erotischen Sphäre. So verschieden beide Gruppen an sich sind, so sehen wir doch, daß das Wesen der Liebe in der einen wie in der andern dasselbe ist. Aus diesem einen und selben Wesen entspringen jedoch zahllose Modificationen. Von der noch halb unschuldigen Sinnlichkeit und ihren komischen Verlegenheiten und Verwickelungen werden wir bis zu verbrecherischen Leidenschaften und künstlichen Intriguen mit tragischem Ausgang fortgeführt. Alle Tonarten der Liebe werden angeschlagen.

Ein anderer Gegensatz, der durch das Ganze hingreift, ist der des Glaubens des Dieners an die göttliche Prädestination und des Unglaubens des Herrn daran. Herr und Diener widersprechen aber jeden Augenblick durch ihre wirkliche Freiheit ihren fatalistischen Meinungen.

Die allgemeine Form des Romans ist dem „Don Quixote“ des Cervantes sogar bis so weit nachgeahmt, daß öfters von den Papieren die Rede ist, aus welchen die Erzählung geschöpft sei.

Herr und Diener sind zu Pferde auf einer Reise begriffen, kehren in Wirthshäuser ein und unterhalten sich theils untereinander, theils mit den Wirthinnen und Reisenden. Die Erzählungen werden in der Regel unterbrochen und zuweilen nicht auf komisch erheiternde, sondern verdrießliche Art, welche der Autor selber empfindet, allein mit Schadenfreude darüber spottet. Bald unterbricht der Herr den Diener, bald der Diener den Herrn; bald mischt sich ein Reisezufall in die Erzählung, bald veranlaßt eine Erzählung den Absprung zu einer episodischen Geschichte; bald unterbricht Diderot selber die Erzählung mit Reflexionen über die Möglichkeiten, die ihm für die Fortführung seiner Geschichte zu Gebote standen, und persiflirt damit die Romanschreiber seiner Zeit. Und über dies Unterbrechen werden abermals unterbrechende Betrachtungen angestellt. Man kann nicht sagen, daß die Unterbrechungen gezwungen wären, denn sie sind durch die Umstände wahrscheinlich, wie z. B. wenn die Gastwirthin Zum Hirsch in ihrer Erzählung durch geschäftliche Fragen ihres Mannes oder ihrer Leute aufgehalten wird; oder wenn plötzlich das Pferd mit Jacques im besten Erzählen durchgeht, weil es einen bekannten Ort wittert; oder wenn ein Bedenken im Hörer aufsteigt u. s. w.; allein deshalb sind doch diese an sich natürlichen Unterbrechungen dem Vortrag der Geschichten nicht immer günstig, zerstücken dieselben zu sehr und erwecken öfter nicht sowol eine größere Spannung, als, wie Diderot selber sagt, nur eine vermehrte Ungeduld. Viele dieser Geschichten, namentlich die der Frau von Pommeraye, des Paters Hudson, des Herrn von Desglands und andere, hat man ohne die Zwischenreden abgedruckt und sie machen dann in ihrer Continuität eine viel epischere Wirkung.

Der Herr ist mit seinem Diener unzertrennlich. Jacques beweist seinem Herrn, daß ihr Verhältniß durch das Schicksal einmal so bestimmt worden, daß er, der Diener, der eigentliche Herr seines Herrn sei; ohne ihn sei er nichts und falle nur in Verlegenheiten und Verkehrtheiten, weshalb man von ihnen ein Sprichwort machen werde: „Jacques, qui mène son maître.“ Eine schwere Verwundung wirft Jacques auf das Lager. Als er zu sich kommt, erblickt er seinen Herrn, der ihn abwartet und ihm auf seine Verwunderung erklärt, daß dies in der Ordnung sei; wenn er, Jacques, gesund sei, diene der Herr ihm. Nun sehe ich, erwidert Jacques gerührt, daß Sie menschlich sind. Ein andermal kommt es zwischen ihnen zu einer heftigen Scene, indem der Herr vom Diener verlangt, daß er ihn allein lassen und in den untern Stock des Gasthofs heruntergehen solle. Sie wiederholen ihre Antithese: tu descendras und je ne descendrai pas, so lange, bis die Wirthin sich ins Mittel schlägt, Jacques zum Nachgeben bewegt und ihn bei dem Arm nimmt, mit ihm hinunterzugehen. Kaum sind sie jedoch über die Schwelle des Zimmers, als der Herr, gerührt durch die Nachgiebigkeit von Jacques, ihm nachstürzt, ihn und die Wirthin mit Thränen in den Augen umarmt, seinen Freund Jacques zurückbringt und ihm verspricht, nie wieder auf diesen Vorfall zurückkommen zu wollen.

Jacques erzählt allmählich seine ganze Lebensgeschichte. Er ist auf einem Dorfe aus einer Trödlerfamilie geboren, in welcher man fast kein Wort sprach. Für die Verstummtheit, zu der er hier zwölf Jahre seiner Jugend gezwungen war, hält er sich im spätern Leben durch unwiderstehliche Plaudersucht schadlos; seinem Herrn, der gern hört, dazwischen nach der Uhr sieht und eine Prise nimmt, ist er durch sie angenehm. Jacques hat viel gesehen, in wechselndem Dienst gut beobachtet, besitzt gesunden Menschenverstand in Fülle und erleuchtet ihn obenein durch häufigen Trunk aus einem Weinschlauche, den er mit sich führt. Er hat auch den Krieg mitgemacht, ist bei Fontenay verwundet worden und beginnt seine Geschichte mit der Erzählung, wie eine arme Bauerfrau ihn in ihr Haus aufgenommen und ihre Kinder nach einem Wundarzt geschickt habe, seinen Fuß, der eine Schußwunde bekommen, zu verbinden. Später führt er diese Geschichte so weit fort, zu erzählen, wie er aus dem Hause eines Chirurgen, bei dem er sich in Pflege gegeben, als ein Hülfloser auf einem Schlosse aufgenommen und hier von Denise, der Tochter des Verwalters, zärtlich behandelt sei.

Dazwischen erzählt Diderot die Geschichte des Dichters von Pondichéry. Ein junger Mann ohne Vermögen war von der Wuth, Verse zu machen, besessen. Er legte sie dem Urtheile Diderot's vor, der sie nicht nur schlecht fand, sondern auch die Unmöglichkeit erkannte, sie zu bessern, da es dem Verfasser an poetischem Talent fehlte. Er sagte es ihm unumwunden und gab ihm den Rath, sich erst Vermögen zu erwerben, um dann in Ruhe seinen Gelüsten fröhnen zu können. Der junge Mann verschwand. Nach sieben Jahren kam er wieder zu Diderot; er war nach Pondichery gegangen, reich geworden und hatte dieselbe Lust behalten, Verse, und wie er nun selber einsah, schlechte Verse zu machen. Aber er mußte sie machen.

Jacques erzählt dagegen die Geschichte des Karmeliters Ange, den wir schon aus Diderot's Jugendleben kennen. Er hatte sich in seinem Orden mit Klugheit zu großem Ansehen emporgebracht, dann aber sich in verwegene Händel verstrickt, aus denen er mit Noth nach Lissabon entkam, dort beim Erdbeben der Stadt sofort seinen Tod zu finden.

Er erzählt ferner die Geschichte des Herrn Le Pelletier und des Herrn Aubertot. Der erstere hatte es sich zur Aufgabe gemacht, die Armen zu unterstützen, und nahm dafür alle Welt in Anspruch. Eines Tages kam er zu einem reichen Kaufmann Aubertot und bat in der liebenswürdigsten Weise für seine Armen. Aubertot schlug es ab, verließ das Zimmer, wurde von Herrn Le Pelletier durch das ganze Haus verfolgt und gab ihm endlich eine Ohrfeige. Dieser, statt sich zu erzürnen, sagte freundlich: „Das, mein lieber Herr Aubertot, ist für mich, aber was bekomme ich nun für meine Armen?“ Dies rührte Aubertot so sehr, daß er ihm sofort zu Füßen fiel, ihn um Verzeihung bat und ihn reichlichst beschenkte.

Weiter erzählt er die Geschichte zweier Offiziere, die sich leidenschaftlich liebten, sich schnell gegeneinander erzürnten und sich dann duellirten, bis der eine verwundet war. Dann umarmten sie sich mit Thränen und der Verwundete wurde von seinem Freunde auf das zärtlichste gepflegt, was nicht hinderte, daß sie nicht nach einigen Monaten dasselbe Spiel von neuem begannen. Hier fällt Diderot wieder mit seiner Erinnerung an einen Mann ein, der ihm, was er für kaum glaublich gehalten, Molière's „Médecin malgré lui“ fast buchstäblich dargestellt habe, und knüpft daran die Erinnerung an einen gewissen Gousse, der mit Aufopferung all seiner Habe Herrn Prémontval dazu verhalf, mit Fräulein Pigeon nach Deutschland zu entfliehen, was wir auch früher schon gehört haben. Sollte man nun hieraus auf einen edeln Charakter schließen, so führt Diderot von demselben Gousse an, wie er eine Anweisung, die er ihm gegeben, durch Hinzufügen einer Null gefälscht und einem Geistlichen kostbare Bücher gestohlen habe, um sie ihm zu bringen. Welche Widersprüche! Ja, um seine Frau zu betrügen und seinen Hausrath zu einem Frauenzimmer hinzuschaffen, in das er sich verliebt hatte, ließ er sich künstlich auspfänden. Aber diese Dirne betrog ihn. Als er in ihre Wohnung kam, hatte sie die Möbel verkauft und sich mit dem Gelde aus dem Staube gemacht.

Kleinere Begebenheiten und Anekdoten kreuzen diese Erzählungen, namentlich eine über Ahnung. Eine junge Frau hatte einen Trauring, der aus zwei Hälften zusammengesetzt war. Ihr achtzigjähriger Mann mußte verreisen, sich bei einem berühmten Arzte dem Steinschnitt zu unterwerfen. Er schrieb ihr Tag und Stunde der lebensgefährlichen Operation. In dem Augenblick, in welchem sie den Brief empfing, zersprang ihr Trauring, der ihren und ihres Mannes Namen enthielt, mitten voneinander. Sollte sie nicht darin eine traurige Vorbedeutung erblicken? Aber am andern Tage kam die Nachricht, daß die Operation glücklich vollendet worden.

Diderot erzählt auch noch die Geschichte des Intendanten des Herrn von St.-Florentin, der die Frau eines Pastetenbäckers verführte und ihren Mann durch eine Lettre de cachet wollte verhaften lassen, aber, weil der mit der Ausführung der Gefangennahme beauftragte Beamte zufällig ein alter Bekannter des Bäckers war, selbst im Bette der Frau gefangen, seines Postens entsetzt und in Bicêtre eingesperrt wurde.

Von Regenwetter überrascht, müssen die Reisenden einige Tage in einem Gasthof zubringen, in welchem die schmucke Wirthin sie vortrefflich pflegt und bei einem Glase Champagner mit der Geschichte der Frau von Pommeraye unterhält, deren ehemaligen Geliebten, den Marquis von Arcis, sie im Gastzimmer getroffen hatten. Eine sehr schöne, reiche und allgemein geachtete junge Witwe, Frau von Pommeraye, lebt sehr zurückgezogen, wird aber von einem Freunde ihres verstorbenen Mannes, dem Marquis von Arcis, bestürmt. Anfänglich weist sie ihn zurück, gibt ihm aber endlich nach. Einige Jahre verfließen in glücklichem Stilleben, allmählich aber empfindet der Marquis Langeweile und sucht Zerstreuung außer dem Hause auf. Frau von Pommeraye wird inne, daß er sie nicht mehr liebt. Hierüber Gewißheit zu haben, macht sie ihm eines Abends das Geständniß, daß sie ihn nicht mehr liebe, obwol sie keinen andern liebe. Er ist entzückt über diese Offenheit, findet in ihren Worten die treue Beschreibung seines eigenen Zustandes, bewundert ihre Großmuth und gelobt ihr, sie zur Mitwisserin aller seiner Begegnisse zu machen. Allein ihr Herz ist tief verletzt und sie sinnt auf Rache. Sie erspäht ein paar Courtisanen, Mutter und Tochter, welche sie zu ihrem Werkzeug macht. Sie läßt sie nämlich die Rolle von der Welt zurückgezogener Frauen spielen und weiß bei einem Besuch des Tuileriengartens ihren gelangweilten Liebhaber gleichsam zufällig auf die Reize der Mademoiselle d'Aisnon aufmerksam zu machen. Monate lang schmachtet der Marquis umsonst und verzehrt sich in Leidenschaft, deren Glut er ihr mit einer Aufrichtigkeit schildert, durch welche sie in ihrem Rachedurst immer mehr bestärkt wird. Alle Anerbieten des Marquis, wie glänzend, wie verführerisch sie auch seien, müssen Frau von Aisnon und ihre Tochter auf ihre Anordnung ablehnen, bis der Marquis sich zur Heirath entschließt. Als diese wirklich vollzogen ist, eröffnet sie ihm, daß er sich einer Prostituirten vermählt habe. Der Marquis fühlt sich vernichtet. Die junge Frau ist in Verzweiflung. In einer gräßlichen Scene respectirt er sie äußerlich als seine Gemahlin, verläßt sie aber denselben Tag und begibt sich auf das Land, in die tiefste Einsamkeit. Nach vierzehn Tagen kehrt er zurück. Die unglückliche Frau wirft sich ihm zu Füßen, schwört ihm die treueste Liebe und er entschließt sich, sie wirklich als seine Frau zu behandeln, schickt die Mutter in ein Kloster, geht mit der Frau aufs Land und lebt hier mit ihr sehr glücklich.

Diese interessante Geschichte ist von Diderot sehr liebevoll mit der Sauberkeit eines Gemäldes der niederländischen Schule ausgeführt. Sie ist ebenso sehr der Mittelpunkt der ganzen Galerie von Erzählungen, als der Aufenthalt im Gasthof Zum Hirsch der Mittelpunkt der Reise von Jacques und seinem Herrn. Ohne Unterbrechung geht es auch bei ihr nicht ab. Die Wirthin hat eine Hündin Nicole, welche sie sehr liebt und dadurch zu einigen komischen Scenen Anlaß gibt. Ihr Mann hat mit einem ihm verschuldeten Gevatter, den er auspfänden lassen will, einen heftigen Auftritt. Als der Bedrängte ihm endlich die Pfändung einräumt, aber die traurige Zukunft seiner Familie schildert, wie seine Tochter nun nach Paris gehen müsse, sich einen Dienst zu suchen, wie sein Sohn sich als Soldat müsse anwerben lassen u. s. w., schlägt der Wirth plötzlich um und bittet, von tiefstem Mitleid ergriffen, seinen Gevatter, doch um Gottes Willen seine Hülfe anzunehmen, was derselbe anfänglich, durch die vorige Härte gekränkt, weigert, bis die Wirthin ihre Aussöhnung vollständig macht. Jacques tischt eine etwas zweideutige Geschichte von Coutelet und Gaine (Messer und Scheide) auf und erzählt theils die Geschichte seines Großvaters, des Trödlers Jason, theils die des Herrn von Guerchy, welche mit der des Kameraden seines Kapitäns bis auf einen gewissen Punkt dieselbe ist. Der Herr dagegen erzählt in der Kürze als Gegenstück zu der Geschichte des Marquis von Arcis die des Herrn Desglands, der seiner Geliebten schwor, das Spiel zu meiden, dem er leidenschaftlich ergeben war, bis er nach zehn Jahren glücklichen Zusammenseins sich eines Tages von alten Bekannten doch wieder zum Spiel verführen ließ und all das Seinige verlor. Die Geliebte, obwol sehr reich, trennte sich von ihm und setzte ihm ein nur mäßiges Jahrgeld aus. Vom Gasthof setzen Herr und Diener die Reise eine Strecke lang mit dem Marquis Arcis und seinem Secretär Richard fort, der Prämonstratensermönch gewesen war. Der Marquis erzählt die Geschichte desselben, wie ein Pater Hudson, der im geheimen den liederlichsten Lebenswandel führte, durch seine Entschlossenheit, Geistesgegenwart und Verschmitztheit die Ueberwachung seiner Obern zunichte gemacht und den Mönch Richard nebst einem Genossen sogar in den Verdacht des vertrauten Umgangs mit einer Buhlerin gebracht habe, die von ihm zu ihrer Rolle bestellt war.

Nun erst folgt die Geschichte von Jacques' Liebschaften mit einer Nähterin Justine und mit einigen Bäuerinnen. Es fehlt darin nicht an lüsternen und glücklicherweise zugleich komischen Situationen, die besonders durch die Verliebtheit von Geistlichen herbeigeführt werden. Hierauf erzählt der Herr ihm seine eigene Liebesgeschichte, wie er von einem falschen Spieler und geheimen Polizeiagenten, einem Chevalier St.-Ouin, auf das schändlichste ausgebeutet und in seiner Liebe zu einer Mademoiselle Agathe betrogen sei, sodaß er, weil der Anschein gegen ihn, sogar die Nähr- und Ziehkosten für ein Kind, dessen Vater der Chevalier gewesen, noch immer bezahlen müsse. Eben zu diesem Kinde wollte er jetzt hin, sich doch selbst einmal von seinem Befinden zu unterrichten.

Sie kommen an diesem Orte an. Im Augenblick, als sie auf das Haus zugehen, in welchem das Kind erzogen wird, tritt ein Mann aus demselben, welchen der Herr sogleich als den Chevalier St.-Ouin erkennt. Sofort ziehen beide den Degen und der Chevalier bleibt todt auf dem Platze. Mademoiselle Agathe stürzt aus dem Hause und winselt auf dem Leichnam. Der Herr aber rettet sich durch die Flucht auf seinem Pferde. Das Pferd von Jacques geht mit ihm durch. Er fällt unter Räuber, die ihn zwingen, an ihren Gewaltthaten theilzunehmen, kommt aber endlich zu Herrn Desglands, wo er auch seinen Herrn wieder trifft. Eben bei Desglands ist er früher als Verwundeter von Denise gepflegt worden, die noch immer unverheirathet ist. Er heirathet sie, als der Schloßwart einige Tage nach seiner Ankunft stirbt und er in dessen Stelle tritt.

Dies ist in farblosen Umrissen der wesentliche Inhalt des Diderot'schen Buchs, dessen Geschichten, die unstreitig eine Menge von Porträtfiguren enthalten, mit markigem Pinsel einfach, anschaulich und mit einer vollendeten dramatischen Lebendigkeit erzählt sind. Jacques ist der Fatalist, der von seinem Hauptmann den Glauben ererbt hat, daß jede Kugel ihre Adresse habe und nur an den gelange, für welchen sie bestimmt sei. Eine Tendenz hat das Buch weiter nicht. Es werden eben Liebesgeschichten erzählt, denn, sagt Diderot, die Erzählung von Liebesgeschichten ist der Kern aller Geschichte. Wollte man den Fatalismus als Tendenz urgiren, so könnte man ihn nur darin finden, daß die Entwickelung der Begebenheiten ihren Ausgang ganz anders ausfallen läßt, als es dem Anschein nach erwartet werden kann; dies unsern Verstand überraschende Geschehen pflegen wir Schicksal zu nennen. Der Herr erwartet z. B., Jacques werde sich mit der Frau des Bauern einlassen, die ihn mitleidig in ihre Wohnung aufgenommen hat. Keineswegs. Er erwartet, er werde sich in die Tochter des Chirurgen verlieben, bei dem er sich in Pflege gegeben. Keineswegs. Er erwartet, er werde die Tochter des Schloßwarts verführen. Keineswegs u. s. w., Jacques selber urtheilt, daß sein Herr immer rathen und ewig falsch rathen werde, denn auf dem großen Rouleaux dort oben sei es anders geschrieben. So kann man erwarten, daß der geohrfeigte Le Pelletier das Haus Aubertot's mit Entrüstung verlassen werde. Keineswegs. Man kann erwarten, daß der so raffinirt und so entsetzlich getäuschte Marquis von Arcis für immer unglücklich sein werde. Keineswegs u. s. w. Die Reisenden begegnen einem großen Leichenzug. Jacques erblickt auf dem Leichenwagen das Wappen seines ehemaligen Hauptmanns. Er ist untröstlich vor Schmerz. Plötzlich kommt die Gensdarmerie und greift die Leichenträger an, die nach allen Seiten auseinanderstieben. Es sind Schleichhändler, die ihren Transport verbotener Waaren so maskirt hatten. Das Entgegengesetzte schlägt ins Entgegengesetzte um. Das für den Verstand Unwahrscheinliche geschieht zu seiner Verwunderung. Wenn aber das Schicksal alles vorherbestimmt, wie ist es mit der Freiheit? Hierüber raisonnirt der Herr mit dem Diener in uns bekannten Diderot'schen Wendungen. Das Gute und das Böse sind sich durchaus entgegengesetzt. Das Gute ist ewig liebenswerth, das Böse ewig verabscheuenswerth, wenn auch der einzelne, der das Gute oder das Böse thut, nach der ursachlichen Verkettung der Umstände an dem, was er thut, gleichsam unschuldig ist. Die Belohnung ist die Ermuthigung, die Bestrafung der Schrecken der Bösen. Der Uebelthäter muß öffentlich vernichtet werden und der Henker ist der wirksamste Prediger für die bürgerliche Gesellschaft. Diderot läßt daher auch einen Henker auftreten, welcher den verwundeten Jacques höchst menschenfreundlich behandelt, sodaß dieser, der seinen Stand nicht kennt, ihn auf öffentlicher Landstraße dankbar umarmt.

Als der Hauptmangel der Composition wird gewöhnlich das Fehlen eines Plans, eines Fortschritts der Erzählung behauptet, als ob die einzelnen Erzählungen wirr durcheinanderliefen. Es ist wahr, daß eine Handlung, welche die besondern Geschichten miteinander in lebendige Wechselwirkung setzte, fehlt; es existirt nur eine Einheit der Reflexion; die Reise des Herrn und Dieners ist nur der Rahmen für die Erzählungen. Aber so ganz planlos sind sie doch nicht aneinandergereiht, wenn Diderot auch zuweilen selber sagt, daß er nicht wisse, was nun mit seinem Helden geschehen werde, und daß man es abwarten müsse. Hiermit will er nur die gewöhnlichen Romanschreiber verspotten, die es nämlich auch oft nicht wissen, sich aber so geberden, als ob sie es von Anfang an gewußt hätten. Man sieht, wie er mit künstlerischer Berechnung die Geschichte von Jacques und seines Herrn Liebschaften, die als Dorf- und Stadtgeschichte miteinander contrastiren, bis so lange hemmt, daß sich an sie das Ende der Erzählung selber ungezwungen anschließt.

In der Darstellung ist es vorzüglich die Kunst der Individualisirung, welche Diderot auszeichnet und worin er oft ganz schon als eine

Vorwegnahme Balzac's erscheint. Ich führe als Beispiel eines solchen Details die Schilderung des sittsamen Anzugs der Madame d'Aisnon und ihrer Tochter an, durch welchen Frau von Pommeraye den Herrn von Arcis betrügt; ferner den mit Meisterschaft durchgeführten Unterschied der Sprechweise des Dieners und des Herrn, von denen jener sich immer in der des Volks, dieser in der der Aristokratie ausdruckt, daher auch Schriftsteller, einmal sogar den Dante, citirt und Jacques dann die nöthige Belehrung gibt; ferner die Schilderung des Magazins des wucherischen Trödlers, in dessen Hände der Chevalier St. Ouin den Herrn liefert, als er Agathen Geschenke machen will u. s. w.

Die Geschichten Diderot's in diesem Buch sind Liebesgeschichten, in denen die Frivolität nicht fehlt, die aber nicht frivol im Sinne der Libertinage sind. In der Mehrzahl herrscht ein ernster Ton und schlüpfrige Malerei kommt selbst in sehr pikanten Scenen nicht vor. Die Satire freilich auf die Mönche ist ein Zug, den er mit Boccaccio's „Decamerone" gemeinsam hat. Die pfiffige Liederlichkeit und scheinheilige Frechheit des Pater Hudson, die perfide Kuppelei des Beichtvaters der Mademoiselle d'Aisnon, das Geschick, mit welchem der beliebte Pater Angin überall von ihm geschwängerte Mädchen zu verheirathen weiß u. s. w., sind mit bitterer Wahrheit gezeichnet. O die Mönche, die Mönche! Diderot vertheidigt sich selbst gegen den Vorwurf der Obscönität, indem er meint, daß man den Alten und Todten zugestehe, was man den Lebenden versage. „Votre Jacques", läßt er sich einwerfen, „n'est qu'une insipide rhapsodie. De faits, les uns réels, les autres imaginés, écrits sans grâce et distribués sans ordre." Seine Vertheidigung wird aber zuletzt crasser und im Ausdruck anstößiger, als die naive Lüsternheit seiner erotischen Dorfidyllen es ist. Ueberhaupt hat er dem kritischen Element eine zu große Breite gegeben. Er verspottet die Leichtigkeit, mit welcher die gewöhnlichen Romanschreiber ihre Begebenheiten erfinden; er verspottet die Prunkreden voll pathetischer Salbung, welche sie an ganz ungeeigneten Orten einschieben; er verspottet die langweiligen Charakterschilderungen, welche sie mit zahllosen Prädicaten und Antithesen entwerfen. Er zeichnet eine Theorie der Romanschreibung, indem er selbst einen solchen zu schreiben in Abrede stellt, da er nur wahrhafte Geschichten erzähle. Die Schärfe seiner Kritik ist beißend, leidet aber an einer gewissen Trockenheit, die uns zu sehr an den Kritiker von Fach erinnert.

Gewöhnlich sagt man, daß Diderot mit diesem Roman Sterne habe nachahmen wollen, wie er mit den „Bijoux indiscrets" Crébillon le jeune, mit der „Nonne" Richardson nachgeahmt habe. Man kann auch hier den

Anstoß von außen her unbedenklich zugeben, allein das ganze Gemälde des französischen Lebens, wie Diderot es hier geschildert, bietet eine vollkommen selbständige Anschauung, die mit ihrem Realismus eine an sich ganz gesunde Tendenz verräth. Und dieser Realismus ist kein roher Empirismus, obwol, wie ich selber oben gesagt habe, die meisten der hier erzählten Geschichten auf Thatsachen beruhen, sondern Diderot hat sehr wohl eine jede bis zu ihrem ideellen Gehalt durchdrungen und ihre fatalistische Pointe herausgekehrt. Als sein Roman über Gotha nach Weimar gelangte, schrieb Goethe am 7. April 1780 an Merk: „Es schleicht ein Manuscript von Diderot: « Jacques le fataliste et son maître », herum, das ganz vortrefflich ist. Eine sehr köstliche und große Mahlzeit mit großem Verstand für das Maul eines einzigen Abgottes zugerichtet und aufgetischt. Ich habe mich an den Platz dieses Bels gesetzt und in sechs ununterbrochenen Stunden alle Gerichte und Einschiebeschüsseln in der Ordnung und nach den Intentionen dieses künstlichen Koches und Tafeldeckers verschlungen. Es ist nachhero von mehreren gelesen worden, diese haben aber leider alle, gleich den Priestern, sich in das Mahl getheilt, hier und da genascht und Jeder sein Lieblingsgericht davon geschleppt. Man hat ihn verglichen, einzelne Stellen beurtheilt u. s. w." — 1840 erklärte der Philosoph E. Erdmann in seiner „Entwickelung des Empirismus und Materialismus zwischen Locke und Kant", S. 268, den Roman für ein noch unübertroffenes Meisterstück. — Der Kunstphilosoph H. Hettner aber hat auch in der zweiten, umgearbeiteten Auflage seiner „Geschichte der französischen Literatur im 18. Jahrhundert" (1865, S. 337) diesen Roman für den unbedeutendsten unter Diderot's größern Dichtungen erklärt. Er soll dem Inhalt nach sich an Voltaire's „Candide" anlehnen, eine Erzählung wirr an die andere reihen, durch seine Derbheiten verletzen und ohne allen gesunden Humor zuletzt in eine trostlose Oede versumpfen. — Nach der Analyse, die ich von dem Roman gegeben habe, bedarf es wol keiner Erklärung dieser sich widersprechenden Auffassungen.

Reise nach Petersburg. 1773—74.

Diderot war mit seinem Leben so gut als fertig. Er hatte die Encyklopädie, auch die zu ihr gehörigen Kupfertafeln, beendigt. Er hatte, seit seinen Dramen, beschlossen, nichts mehr drucken zu lassen. Er hatte mit Bruder und Schwester sich auseinandergesetzt und sie 1770 zum letzten mal gesehen. Er hatte den Kreis seiner geselligen Beziehungen abgerundet und, was ihm so sehr am Herzen lag, seine Tochter verheirathet. Er sah durch das Wohlwollen der Kaiserin von Rußland, nachdem der Unterhalt seines Hauswesens durch das Honorar für die Encyklopädie aufhörte, sein Alter vor Nahrungssorgen geschützt und hatte, seiner Meinung nach, bevor er starb, nur noch die Pflicht zu erfüllen, der Kaiserin persönlich zu danken, nachdem er ihr brieflich schon in Prosa und in ganz überschwenglichen Versen gedankt hatte. Er war seit 1765 ihr näher getreten und hatte manche kleine Aufträge für sie ausgeführt. Er kaufte für sie die Gemäldegalerie Gaignat; er bestimmte Falconet, die Statue Peter's des Großen zu arbeiten; er bewog in ihrem Interesse de la Rulhière, seine Schrift über die Revolution in Rußland im Jahre 1762, worin Katharina nicht geschont war, zurückzuhalten u. s. w. Er machte 1770 die Bekanntschaft der Fürstin d'Aschkoff, die bei ihrem ersten Aufenthalt in Paris, der nur drei Wochen dauerte, von allen Notabilitäten nur ihn aufsuchte. Sie reiste damals incognito als Madame Michalkof, holte mittags Diderot gewöhnlich mit ihrem Wagen ab und behielt ihn bis Mitternacht bei sich, unersättlich im Gespräch mit ihm. Sie hat in ihren Memoiren eine sehr lebendige Beschreibung von diesen Unterhaltungen gegeben, unter anderm über die Emancipation der Leibeigenen, welche Diderot für den Wohlstand, die Bildung und Zukunft Rußlands forderte. (Vgl. „Memoiren der Fürstin d'Aschkoff. Zur Geschichte der Kaiserin Katharina II. Nebst Einleitung von Alexander Herzen", 2 Bde., Hamburg 1857.) Die Fürstin behandelte Diderot mit dem ganzen Ungestüm seines Affects, der sogar so weit ging, sie ohne weiteres in manchen Dingen zu bevormunden. Er hielt sie z. B. ab, sich mit

Madame Geoffrin persönlich bekannt zu machen, weil die Zeit zu kurz sei, sie vollständig kennen zu lernen, und weil die Geoffrin eine der pariser Trompeten sei, welche sie aus Misverstand verschreien würde. Er hielt sie auch ab, de la Rulhière, der sich bei ihr anmelden ließ, anzunehmen, weil sie dadurch seinem Buch, das er bei dem Ministerium der auswärtigen Angelegenheiten und beim Erzbischof von Paris niedergelegt hatte, eine Bestätigung ertheilen würde. Sie dankte ihm später für diesen guten Rath, der ganz richtig war. Sie sagt von ihm, a. a. O., I, 192: „Die Aufrichtigkeit und Wahrheit seines Charakters, die glänzende Größe seines Genies, verbunden mit dem Interesse und der Achtung, die er mir bei allen Gelegenheiten erzeigte, fesselten mich an ihn, solange er lebte, und machen mir noch in diesem Augenblick sein Andenken theuer. Die Welt hat diesen außerordentlichen Mann nicht genug gekannt. Tugend und Einfachheit bezeichnen alle seine Handlungen, und zu dem Nutzen seiner Nebenmenschen beizutragen war seine vorherrschende Leidenschaft und sein Streben. Wenn zu große Lebhaftigkeit ihn zuweilen zu Irrthümern verleitete, so war er doch aufrichtig, denn er war immer im Nachtheil dabei. Doch es ist nicht an mir, seinen vielen Vortrefflichkeiten eine Lobrede zu halten; andere, besser Befähigte, haben das gethan."

Zehn Jahre später war sie, diesmals als Fürstin, wieder in Paris und sagt: „Ich kann die Freude nicht beschreiben, mit welcher ich Diderot, der mich mit aller Herzlichkeit empfing, wiedersah. — Obgleich seine Gesundheit sehr im Abnehmen begriffen war, kam er doch jeden Tag mit mir zusammen. Unsere Vormittage wurden gewöhnlich damit zugebracht, die Werke der besten Künstler zu studiren."

Diderot hat 1770 ein vortreffliches „Portrait de la Princesse d'Aschkoff" geschrieben, das mit den Worten anfängt: „Die Fürstin d'Aschkoff ist 14 Tage hier gewesen, während welcher ich viermal mit ihr zusammen war, von 5 Uhr nachmittags bis Mitternacht. Ich hatte die Ehre, mit ihr zu Mittag und zu Abend zu essen, und bin beinahe der einzige Franzose, dessen Hülfe sie angenommen hat." Er schildert sie nun als eine echte Russin, intus et in cute, und sucht alle Spuren auf, die ihm wahrscheinlich machen, daß die Kaiserin von dem Morde ihres Gemahls Peter nichts gewußt habe. Er schließt mit diesen Worten: „Sie hatte die Güte, zu sagen, ich sei einer der angenehmsten Leute, welchen sie je begegnet sei; und ob ich den Weisen oder den Narren vorstelle, sie habe immer bemerkt, daß ich niemals anders, als beständig und charakterfest gewesen sei." Die Fürstin war auch Präsidentin der petersburger Akademie der Wissenschaften.

Eine Reise von Paris nach Petersburg war damals ein schwieriges Unternehmen. Bevor Diderot abreiste, übergab er die Sorge für seinen literarischen Nachlaß seinem Freunde Naigeon, denn er sei im Begriff, eine lange und gefahrvolle Reise zu unternehmen, und könne nicht wissen, was ihm zustoßen werde. In der Verordnung, die er hierüber an seine Familie hinterließ, machte er Naigeon zur Bedingung, nichts von seinen Papieren zu veröffentlichen, was entweder der Ehre seines Andenkens oder dem Wohl anderer schaden könnte. Er reiste im Mai 1773 nach dem Haag ab, wo er sich bei dem Fürsten Galizyn aufhielt, mit welchem er von Paris her sehr befreundet war. Er gefiel sich auch sehr mit seiner Frau, welche durch Hemsterhuis, Jacobi, Hamann und Goethe in der deutschen Literatur zu einer sehr großen Berühmtheit gelangte. Er lobt ihre Kenntnisse, ihre Fertigkeit in mehrern Sprachen, ihre musikalische Bildung, ihren Verstand und sagt, daß sie wie ein kleiner Löwe disputire; nur sei sie vielleicht zu gefühlvoll, um ganz glücklich sein zu können. Er lebe zwischen dem Fürsten und seiner Frau, wie ein guter Bruder und wie eine gute Schwester. Er verhalte sich häuslich und arbeite manches; wenn er ausgehe, gehe er immer an das Ufer des Meeres, das ihn zur Träumerei stimme. Die republikanische Haltung und der republikanische Ton der Niederländer interessirten ihn; die beiden Bentinck erschienen ihm wie zwei alte Römer.

Am 22. Aug. reiste er in Gesellschaft des kaiserlichen Kammerherrn, Herrn von Nariskin, über Düsseldorf, wo er die Gemäldegalerie sah, nach Petersburg. Die ebenso langweilige als gefährliche Strecke zwischen Königsberg und Memel besang er in einem Gedicht: „La poste entre Koenigsberg et Memel“, das sich noch erhalten hat. Er malt darin aus, wie er auf der einen Seite in die Wüste des Sandes zu versinken, auf der andern von den Wellen des Meeres verschlungen zu werden gefürchtet habe, denn zwischen beiden zog der Weg sich öde am Ufer des Kurischen Haffs hin. Wann er in Petersburg angekommen, weiß ich nicht. Am 29. Dec. schrieb er Fräulein Voland, daß er ein paar Wochen von dem Newawasser sehr gelitten habe, sich nun aber besser befinde. Er hatte gehofft, bei seinem Freunde Falconet, der ihn so oft nach Petersburg zu kommen eingeladen, wohnen zu können; dieser empfing ihn jedoch sehr kühl und schlug es ihm ab, weil er das für ihn bestimmte Bett seinem Sohne, der gekommen sei, habe einräumen müssen. Dies schmerzte Diderot sehr und hatte eine kleine vorübergehende Entfremdung zwischen ihnen zur Folge. Er zog zu dem Fürsten Nariskin, der ihn die ganze Zeit seines Aufenthalts mit größter Aufmerksamkeit behandelte. Nachdem er im Atelier Falconet's das Modell zur Reiterstatue Peter's gesehen hatte, schrieb er demselben am 6. Dec.

einen warmen Brief, in welchem er ihm seine Bewunderung über seine Schöpfung ausdrückte. Wir sehen daraus, daß der Künstler und der Mensch Falconet ihm theuer blieben. Er fing aber in demselben Briefe einen Streit mit ihm über das Pferd der Equesterstatue Marc Aurel's auf dem Capitol an, über das Falconet 1771 ein Buch geschrieben hatte, worin er dasselbe mit einer gewissen Engherzigkeit herabsetzte.

Die Kaiserin gestattete ihm, jederzeit zwischen 3 und 6 Uhr freien Zutritt zu ihr zu haben. Er brachte viele Stunden in ihrem Cabinet zu und unterhielt sich mit ihr in der freimüthigsten Weise über alle möglichen Gegenstände, namentlich über die Gesetzgebung und Civilisation Rußlands. In der Lebhaftigkeit des Gesprächs klopfte er ihr zuweilen auf die Knien, was sie gar nicht übel nahm. Sie bezauberte ihn förmlich und er schwor, daß sie die Seele eines Brutus in der Gestalt einer Kleopatra besäße. Zum Leben unter den Hofleuten, die ihn natürlich ebenso sehr beneideten als bespöttelten, war er freilich nicht gemacht. Sie hatten von ihm nur leichte, witzelnde Unterhaltung erwartet und fanden ihn zu ernst, zu nachdenklich. Doch gab er ihnen keine Blößen. Er war zur Kaiserin in einem einfachen schwarzen Anzug gekommen. Sie schenkte ihm einen mit Pelz gefütterten farbigen Staatsrock und einen Muff. Von den Gelehrten, mit denen er sich berührte, erwähnt er nur des „guten und ehrwürdigen" Euler. Er hielt das Klima ziemlich gut aus, nur die heftige Kälte verursachte ihm entsetzliche Schmerzen in der Brust. Zu seiner großen Freude kam Grimm auch nach Petersburg.

Die Municifenz Katharinens hätte ihn mit Gnaden überhäuft, wenn er sie gewünscht hätte, denn sie war für ihn aufrichtig eingenommen, wie dies namentlich aus einem Briefe von ihr an Voltaire hervorgeht, der deswegen Diderot beglückwünschte. Diderot erbat sich aber nur kostenfreie Rückkehr und ein Andenken von etwas, das sie selbst im Gebrauch hatte. Sie schenkte ihm einen Ring, mit einem geschnittenen Stein, der ihm unendlich theuer war.

Am 4. März 1774, nach einem fünfmonatlichen Aufenthalt, verließ er Petersburg in einem Wagen, den die Kaiserin eigens für ihn hatte einrichten lassen, sodaß er darin essen und schlafen konnte. Sie beauftragte einen liebenswürdigen, gewandten Mann, Namens Bala, mit seiner Führung. Bei dem Uebergang über die Dwina bei Riga war er in Gefahr, von den Eisschollen in den Strom versenkt zu werden. Bei Mitau wurde ihm ein Arm und eine Schulter bei der Ueberfahrt mit der Fähre fast zerquetscht und 30 Menschen hatten die größte Mühe, seinen Wagen auf die Fähre zu bringen.

Er reiste fast ohne Aufenthalt bis nach dem Haag, wo der Fürst Galizyn mit seiner Frau sich außerordentlich freuten, ihn wieder bei sich zu haben. Nach Berlin hatte er von Friedrich eine Einladung erhalten, ihr jedoch nicht Folge gegeben, wahrscheinlich weil er fürchtete, sich im berliner Hofleben einer zu großen Anstrengung auszusetzen, vielleicht auch, weil er seine Verehrung nicht zwischen Katharina und Friedrich persönlich theilen wollte. Friedrich hatte sich übrigens unter dem 7. Jan. 1774 in einem Briefe an d'Alembert über Diderot nicht günstig geäußert. Er habe gehört, daß Diderot in Petersburg Langeweile errege, weil er immer die nämlichen Dinge wiederkäue. Er selber, ein so unerschrockener Leser er sei, könne die Lektüre seiner Bücher nicht aushalten, weil darin ein selbstzufriedener, anmaßender Ton herrsche, der den Instinct seiner Freiheit empöre. — Früher hatte Friedrich sich für die Encyklopädie interessirt und ihr noch früher als Katharina die Fortsetzung in Berlin angeboten. D'Alembert hatte das ablehnende Dankschreiben an ihn verfertigt. Diderot mochte vielleicht auch seinerseits fühlen, daß der Instinct seiner Freiheit sich durch eine so mächtige Persönlichkeit, als die Friedrich's, genirt sehen könnte.

Im Haag kam er über Hamburg am 15. April an und blieb bis zu den ersten Tagen des September, sich der glücklichsten Muße und des heitersten Umgangs erfreuend. Er suchte das ganze Land kennen zu lernen, wovon wir gleich noch specieller sprechen werden. Seine Frau und Tochter kamen ihm entgegen. Die Tochter fand ihn mager und verändert. „Zähle meine Sachen", sagte er zu seiner Frau, „du wirst keine Ursache zu schelten finden; ich habe auch nicht Ein Schnupftuch verloren."

Diese Angaben über seine Reise sind in den Hauptpunkten aus seinen eigenen Worten in den Briefen an Fräulein Voland geschöpft, und müssen daher für genauer gelten als die, welche man gewöhnlich trifft, selbst als die seiner Tochter. Sie werden durch das Zeugniß eines Schweden Björnstähl bestätigt, der mit ihm 1774 bei Fürst Galizyn im Haag häufig zusammentraf. (Vgl. „Björnstähl's Briefe auf seinen ausländischen Reisen an den königlichen Bibliothekar Gjörwell. Aus dem Schwedischen von Groskind", III, 217—233, Brief 14, aus dem Haag, 31. Oct. 1774.) Er sagt unter anderm von ihm: „Er wird von dem Prinzen und der Prinzessin Galizyn sehr hoch geschätzt. Und wer könnte ihn nicht hochschätzen? Er ist so angenehm und einnehmend in seinem Umgange, so lebhaft und munter und zugleich so belehrend, hat so viel neue Gedanken und Einfälle, daß man nicht anders als ihn bewundern kann. Allein so gern er redet, wenn man zu ihm kommt, so wenig vortheilhaft zeigt er sich in großen Gesellschaften, und daher kommt es, daß er in Petersburg nicht allen hat gefallen können."

Naigeon erzählt einen Fall von ihm, wo er in einer Gesellschaft von russischen Großen mit Euler zusammen war und über ein mechanisches Problem mit den Russen in Streit gerieth. Es kam dabei auf die Anwendung des Parallelogramms der Kräfte an. Diderot hielt seine Meinung mit Lebhaftigkeit aufrecht. Euler schwieg. Die Russen mochten darin eine Misbilligung seiner Ansicht erblicken, bis er mit fester und lauter Stimme Euler aufforderte, sein hierin competentes Urtheil auszusprechen, und dieser nun erklärte, daß Herr Diderot ganz recht habe.

Er besorgte im Haag die stilistische Revision und die Correctur einer Schrift des russischen Ministers, Generals Betzky: „Les plans et les statuts des différents établissemens ordonnés par sa majesté impériale Chatherine II pour l'éducation de la jeunesse et l'utilité générale de son empire; écrits en langue russe par Monsieur Betzky, et traduits en langue française d'après les originaux par Monsieur Clerc. Un bon prince est semblable à la divinité, à qui l'on ne peut rien offrir, qui ne fasse partie de ses bienfaits" (2 Bde., Amsterdam 1775).

Diderot hatte Herrn von Angiviller versprochen, ihm Proben von sibirischem Marmor mitzubringen, und hielt Wort, indem er ihm eine in einem kleinen Kasten wohlgeordnete Sammlung schenkte. Herrn Darcet, dem Chemiker, hatte er Erzstufen versprochen und sie ebenso wenig vergessen. In Holland bemühte er sich, seltene Bücher für Bekannte aufzukaufen. Schöne Gemälde, Skizzen, Handzeichnungen führten seine eigene Liebhaberei öfter in Versuchung. Es wird immer zu bedauern bleiben, daß er Holland und Italien nicht schon in jüngern Jahren sah. Sein Geschmack würde an Sicherheit und Läuterung unendlich gewonnen und sich von der Einseitigkeit des pariser Localgenius freier gemacht haben.

Voyage de Hollande. 1774.

Unter diesem Titel hat Diderot eine sehr ausführliche Beschreibung Hollands und Belgiens während seines zweiten Aufenthalts daselbst gemacht, die 1819 zum ersten mal gedruckt ward. Sie ist nicht, wie man vielleicht glauben sollte, eine chronologisch sich abwickelnde Geschichte seiner Reise, sondern eine sehr zweckmäßig geordnete Darstellung alles dessen, was er selber an Ort und Stelle über die Niederlande erkundet hatte. Er nennt immer, wo er nach Berichten anderer beschreibt, seine Gewährsmänner, woraus man ersieht, daß er sich mit allen Klassen der Gesellschaft eingelassen hatte. Er beginnt mit der geographischen Lage Hollands, des europäischen Aegypten, wie er es nennt, mit dem Klima, der Bodenbeschaffenheit, den einheimischen Krankheiten; geht dann zur Verfassung, zur Religion, zur Industrie, zum Handel, zum Zustand der Künste und Wissenschaften über und schließt mit einer Beschreibung der Merkwürdigkeiten der vornehmsten Städte. Die Neger und Hottentoten der auswärtigen Besitzungen sind nicht vergessen. Die österreichischen Niederlande sind nicht so weitläufig beschrieben als die vereinigte batavische Republik. Sie erscheinen in einem viel ungünstigern Lichte als Holland, dessen freisinnige Verfassung Diderot vorzüglich darin anerkennt, daß sie die verschiedensten Religionsbekenntnisse in Frieden nebeneinander zu erhalten wisse.

Er benimmt sich in seiner Beschreibung ganz objectiv. Man sieht hier den ernsten, von dem innigsten Interesse für die fortschreitende Entwickelung der Völker erfüllten Mann, dessen vielseitige Bildung es möglich macht, die verschiedensten Gegenstände mit einer gleichmäßigen Gründlichkeit und Kennerschaft aufzufassen und sie in ihrem Zusammenhange mit der Eigenthümlichkeit und dem Wohl des ganzen Staats zu würdigen. Bei Besprechung und Beurtheilung der Gewerbe, Maschinen, Handelseinrichtungen zeigt sich Diderot's Vertrautheit mit der Technik in einem glänzenden Lichte. Die Sprache selbst verräth in ihrer Specification der Eindrücke, daß hier kein Laie, sondern ein Eingeweihter spricht. Schlicht, sachlich, körnig, deutlich, zuweilen auch trocken, wo es am Ort ist, so schreibt hier Diderot. Erst am Schluß, bei der Schilderung der Städte, erlaubt er seiner Person hervorzutreten und den Leser mit pikanten Zügen, mit Anekdoten, mit Witzworten zu unterhalten. Diderot hat seiner Arbeit eine Theorie der Reisebeschreibungen vorangeschickt und dadurch selber einen hohen Maßstab für sie geschaffen. Man darf nicht scheuen, ihn anzulegen.

Die Sauberkeit der holländischen Städte machte den heitersten Eindruck auf ihn. Die Reise nach Harlem machte er mit dem ihm von Paris her befreundeten Grafen von Gleichen, mit welchem er zufällig zusammentraf. Er bewunderte dies dem Meere von der Kraft des Menschen abgetrotzte Land, das hinter seinen schirmenden Deichen die Schätze aller Welttheile zusammenhäuft. Es erwirbt, wie Diderot sagt, sein Leben in der Ferne. Man sieht in Holland keinen Bettler, in den österreichischen Niederlanden Scharen derselben.

Er schließt: „Passons vite à Roye et à Senlis, quisqu'il nous reste assez de jour pour arriver à Paris. Mais voilà, je crois, ma femme et ma fille, qui viennent au devant de moi. Ah! qu'il est doux, mes amis, de se trouver entre les bras de ceux, qui nous sont chers, après en avoir été séparé si longtemps!" Hieraus erhellt, daß er diese Beschreibung nicht, wie gewöhnlich angegeben wird, 1773, sondern 1774 machte, was auch ganz natürlich ist, da er doch das Land erst kennen lernen mußte, so ausgedehnte Resultate gewinnen zu können.

Was ihn offenbar ganz besonders frappirte, war, daß die Freiheit des Glaubens und des Gewissens, daß die Freiheit der Presse in Holland doch keine Frivolität zur Folge hatte. Die Buchhändler in Amsterdam und Rotterdam druckten frivole, aufklärerische, licenziöse Schriften nicht für die Holländer, sondern eben für die Franzosen, für welche sie durch das Verbot reizend wurden. Der Protestantismus setzte Diderot in Erstaunen. Er beschreibt ihn ausführlich auch in seinen Sekten, und man merkt, daß er eigentlich früher keine rechte Vorstellung von ihm gehabt und ihn nicht sowol für eine Religion, als für eine Art von Philosophie gehalten hatte.

Plan d'une université pour le gouvernement de Russie ou d'une éducation publique dans toutes les sciences. 1774.

Die Kaiserin Katharina hatte gewünscht, daß Diderot ihr einen Entwurf zur Organisation des öffentlichen Unterrichts machen möchte. Ob er diesen schon im Haag schrieb und vollendete, wissen wir nicht, glauben aber, daß es erst in Paris geschehen, da die Herausgabe des Beyly'schen Werks und die Beschreibung Hollands ihn dort genugsam beschäftigten. Das Wort Université ist dabei im französischen Sinn zu nehmen, wonach es alle öffentlichen Unterrichtsinstitute in sich begreift; Mr. Suard theilte 1813 Guizot die 170 Seiten starke Handschrift mit. Guizot machte daraus für seine „Annales de l'éducation", 1813, 15. Nov. bis 15. Dec., VIII—XI, und 1814, 15. Jan., einen Auszug. Nach Suard's Tode ging dies Manuscript an dessen Witwe zurück und ist wahrscheinlich vernichtet. Guizot's Auszüge sind in der Édition Brière, Paris 1821, XII, 150—234, wieder abgedruckt. Sie stimmen nicht nur im ganzen, sondern auch in den einzelnen Anführungen mit der Analyse, welche Naigeon von diesem Werk in seinen Memoiren über Diderot, a. a. O., S. 352—375, gegeben hat, woraus folgt, daß ihm dem Inhalt nach dieselbe Handschrift vorgelegen haben muß. In dem Kataloge der von Diderot nachgelassenen Handschriften zu Petersburg befindet sich Nr. 391 die Reinschrift des Diderot'schen Autographons: „Plan d'une université et d'une bibliothèque." Es ist dies daraus zu vermuthen, daß Suard's Handschrift viele Correcturen und Rasuren enthielt, welche sich dort nicht finden. Der Zusatz: „Plan d'une bibliothèque", bezieht sich darauf, daß Diderot für die einzelnen Wissenschaften und Klassen Lehrbücher empfahl.

Die Arbeit zerfällt in zwei Haupttheile. Im erstern gibt Diderot der Kaiserin den Rath, bei der Organisation der Unterrichtsanstalten die Einrichtung der Deutschen zum Muster zu nehmen, welche in Volksschule,

Gymnasium und Universität zerfallen. Er beschreibt dieselben ziemlich richtig und stellt die Vortheile auch von solchen Einrichtungen dar, die zuerst etwas Befremdliches haben können. Durch seine deutschen Freunde, namentlich durch Grimm, hatte er sich von den protestantischen Unterrichtsanstalten eine congruente Vorstellung erwerben können, die ihn sehr dafür einnahm. Als einen in der Pädagogik hocherfahrenen Mann empfiehlt er der Kaiserin den Professor Ernesti in Leipzig; an ihn solle sie sich wenden, und er bitte nur, ihm zu sagen, daß er ihn zu nennen sich erlaubt habe. — Im zweiten Theil entwirft Diderot den Plan einer Universität im deutschen Sinn mit allen vier Facultäten. Zu oberst stellt er jedoch die philosophische, welcher er die juristische, theologische und medicinische folgen läßt. Er schließt mit Bemerkungen über die Polizei der Universitäten. Er sieht voraus, daß die Zeit kommen wird, wo sich, als isolirte Anstalten, Ackerbau- und Handelsschulen an geeigneten Orten etabliren werden. Am ausführlichsten beschäftigt er sich mit der philosophischen Facultät, die er Faculté des arts nennen will.

Er theilt ihr drei Curse zu. Der erste zerfällt in acht Klassen: 1) Arithmetik, Algebra, Wahrscheinlichkeitsrechnung, Geometrie. 2) Die Gesetze der Bewegung, der Fall der Körper, frei oder auf einer schiefen Ebene, die Centrifugal- und Attractionskraft, die Mechanik und Hydraulik. 3) Der Kreis und die Kugel, das Weltsystem, die Berechnung der Eklipsen, die Bewegung der himmlischen Körper oder die Astronomie, die Gnomonik. 4) Naturgeschichte, Experimentalphysik. 5) Chemie, Anatomie. 6) Logik und Kritik, allgemeine philosophische Grammatik. 7) Die Muttersprache. 8) Griechisch, Lateinisch, Poesie und Beredsamkeit oder das Studium der schönen Künste.

Der zweite Cursus zerfällt nur in zwei Klassen. Die erste handelt 1) von den ersten Principien der Metaphysik oder von der Unterscheidung der beiden Substanzen; von der Existenz Gottes, von der Unsterblichkeit der Seele und den künftigen Strafen; 2) von der allgemeinen Moral; 3) von der natürlichen Religion; 4) von der geoffenbarten Religion.

„Die Religion", sagt Diderot, „ist die Heiligung des geoffenbarten und der natürlichen Moral hinzugefügten göttlichen Willens. Man könnte diese Lehren mit einer strengen Beweisführung schließen, daß man, alles in allem genommen, für sein Glück in dieser Welt nichts Besseres thun könne, als ein guter Mensch zu sein, sei es durch eine Vergleichung mit den Uebelständen des Lasters, oder sei es sogar durch eine Vergleichung seiner Vortheile mit denen der Tugend. Wenn wenig Menschen für die Erhaltung oder das Wachsthum ihres Wohlseins von ihren Talenten Nutzen zu ziehen wissen, so ist das Elend ein so mächtiger Feind der Rechtschaffenheit, und der Verlust des Vermögens ist so häufig und für die Erziehung der Kinder von so verderblichen Folgen, daß ich hier die Elemente der ökonomischen Wissenschaft oder der Kunst des Haushalts anreihen würde, einer Kunst, von welcher die Griechen und Römer so viel hielten."

Die zweite Klasse umfaßt Geschichte, Mythologie, Geographie und Chronologie.

Der dritte Cursus soll den beiden andern parallel laufen, allen Schülern während der Dauer ihrer Erziehung gemeinsam sein und begreift nur Eine Klasse für das Zeichnen und die Perspective in sich. Diderot wünscht, daß dem Zeichenunterricht sich ein Lehrer für das gute Lesen und Schreiben anschließen möge.

„Fehlerhafte Aussprache und schlechte Schrift sind zwei sehr analoge Mängel, d. h. Stottern für die Augen und für die Ohren."

Bei der theologischen Facultät kann Diderot sich nicht entbrechen, sich in Betrachtungen über die Schwierigkeiten zu ergehen, welche der Priester, selbst der edle, den Regierungen bereite, weil derselbe an eine Macht appellirt, welche über die des Souveräns hinausliegt. Naigeon ist natürlich entzückt über diese Polemik. Für den Atheisten erscheint die Religion als Wahnsinn, weil für ihn das Subject, auf welches sie sich bezieht, gar nicht existirt. Diderot gibt der Kaiserin zu, daß der Atheismus immer nur die Ueberzeugung einer kleinen Schule sein könne. Für die Massen sei der religiöse Glaube nothwendig, um sie von noch ärgerm Wahnsinn zurückzuhalten. Die Tempel erscheinen ihm gleichsam als Sicherheitsventile gegen die verwüstenden Ausbrüche des fanatischen Irrsinns, der immer heimlich in den großen Massen gärt.

Diderot zeigt sich bei seinem Entwurf als einen Anhänger des pädagogischen Realismus; obwol er die griechische und römische Sprache und Literatur leidenschaftlich liebte, wollte er doch das Studium derselben auf solche beschränkt wissen, die sich einem durch die Kenntniß des Alterthums speciell bedingten Beruf oder einem wissenschaftlichen Leben widmeten, weil sie ihm außerdem zu viel Zeit auf das Erlernen der alten Sprachen zu verwenden schienen, eine Zeit, in welcher man sich nur mit den Namen zu thun mache, eine Zeit, die für so viele mit besserm Erfolg auf das Erlernen anderer Gegenstände und moderner Sprachen verwendet werden könne. Er ahnte unsere Realschulen.

Der Entwurf Diderot's war ein abstract rationeller, der von dem Gesichtspunkt der Nützlichkeit ausging und auf die eigenthümlichen Verhältnisse Rußlands, die er zu wenig kannte, keine Rücksicht nahm. Hundert

Jahre später hat Rußland gegenwärtig unter dem Kaiser Alexander II. den Entwurf eines Unterrichtsgesetzes durch eine Commission ausarbeiten lassen, in welchem man versucht hat, das Maß des Unterrichts in den alten Sprachen mit dem Bedürfniß des Unterrichts in den neuern, und das Maß des Unterrichts in den Sprachen überhaupt mit dem Bedürfniß des Unterrichts in den Realwissenschaften auf diejenige Proportion zurückzuführen, welche durch die modernen Verhältnisse gefordert wird. Diderot erkannte die wachsende Bedeutung der technischen Cultur. Rußland, der jüngste der europäischen Culturstaaten, der zur Erziehung der Barbaren Nordasiens berufen ist, der jetzt so vielen Millionen Menschen als freigelassenen den Unterricht zugänglich gemacht hat, wird dazu gedrängt, sich auf einen ganz neuen Standpunkt zu stellen, dessen Embryo gleichsam in dem Diderot'schen Plan vorliegt.

Dramatische Versuche.

Nach seiner Rückkehr aus Petersburg lebte Diderot bald wieder in der gewohnten Weise mit seinen alten Freunden und Freundinnen. Da ihn die Encyklopädie zu keiner anhaltenden Arbeit mehr zwang, so konnte er sein Greisenalter in ihm bequemer Weise mit Studiren, Spazierengehen, Plaudern verbringen. An Thätigkeit gewöhnt, beschäftigte er sich mit den verschiedensten Gegenständen, vorzüglich aber, wie es scheint, mit dem Theater, bevor er sich für die Biographie Seneca's concentrirte. Er wollte, seine dramatische Theorie zu unterstützen, vier Stücke zusammen herausgeben: 1) ein französisches in Einem Act und in Prosa, wahrscheinlich die „Sylvie" von Landois; 2) Lillo's „Londoner Kaufmann"; 3) Moore's „Spieler"; 4) Lessing's „Miß Sarah Sampson". Er unterhielt sich damit, Pläne zu Trauer- und Lustspielen zu entwerfen, wie sie sich unter seinen Papieren auf der kaiserlichen Bibliothek zu Petersburg befinden.

Wir wissen aus dem Briefwechsel mit Fräulein Voland, daß er sich damit trug, eine Tragödie: „Le Shérif", zu schreiben; er kam aber nicht dazu, was Grimm im Decemberheft seiner „Correspondance" vom Jahre 1769 sehr bedauert. Er beschuldigt Dorat, mit seinem Stück: „Sylvie et Molhésof", das er für eine freie Uebersetzung aus dem Englischen ausgab, Diderot den Stoff weggenommen zu haben. Er vergleicht Diderot mit einer Biene, die unerschöpflich Honig producire, den sie aus Gutmüthigkeit und Leichtigkeit des Benehmens aller Welt zur Verfügung stelle, statt den Honig für sich selbst zu bereiten. Diderot wollte den Stoff, der auf geschichtlichen Thatsachen beruht, zu einem Trauerspiel in fünf Acten verarbeiten; es ist aber nur das Scenarium davon übrig. Unter Jakob II. wurden die Nonconformisten hart verfolgt. Ein schändlicher Mensch wurde aus seinem Dorfe verjagt, weil er sich abscheulich betragen hatte. Er machte sich zu einem Werkzeug der Verfolgung und wurde Sheriff in London. In dieser Eigenschaft kommt er nach dem Dorfe zurück und gibt es der Wuth seiner rohen Soldateska preis. Ein wohlhabender

Greis, der ihm seine Tochter zur Ehe verweigert, und ein Richter, der das Schuldig über ihn ausgesprochen hatte, sind der besondere Gegenstand seiner Rache. Er läßt den Vater tödten; er läßt der Tochter, die seinen viehischen Gelüsten widersteht, die Augen ausstechen; er läßt den Geliebten derselben, der einst sein Freund war, mit dem Tode bedrohen. Dieser ermordet ihn endlich. Das durch ihn von der Schreckensherrschaft des Sheriffs befreite Volk erhebt ihn und die Tochter, die auf dem Grabe ihrer Mutter sitzend getroffen wird, im Triumph. — Nach sonstigen Andeutungen Diderot's war es seine Absicht, den Stand des Richters besonders hervorzuheben, der durch keine Gefahr, durch keinen Nachtheil, durch den Tod selbst nicht, sich in seiner Pflicht wankend machen läßt.

„L'infortunée ou les suites d'une grande passion." Von diesem Trauerspiel ist nur der allgemeine Plan übrig, der eine furchtbare Geschichte aufrollt. Eine Frau hat einem Manne alles geopfert. Er verliebt sich in ein junges Mädchen und ist so grausam, seiner Geliebten die Mittheilung dieser Leidenschaft zu machen. Sie verfällt in Verzweiflung und Wahnsinn und vergiftet sich selbst.

„Les deux amis." Ein noch sehr unvollkommener Plan der Geschichte von Damon und Pythias und Dionys von Syrakus, die Schiller in der Ballade von der Bürgschaft verarbeitet hat.

„Les pères malheureux. Petite tragédie en prose et en un acte." Sie erinnert in vieler Hinsicht an das „Gemälde der Dürftigkeit", von welchem wir früher gesprochen haben. Diderot nahm den Stoff aus dem Geßner'schen kleinen Drama „Erast", aus welchem auch Marmontel seinen „Sylvain" geschöpft hatte. In den Grundzügen hat er nichts verändert. Ich beschreibe das Stück mit wenig Worten, um dem Leser die Vergleichung mit Geßner möglich zu machen. Ein Vater hat seinen Sohn verstoßen, weil er gegen seinen Willen ein Mädchen geheirathet hat. Der Sohn, der sich in einen Wald zurückzieht, geräth allmählich in das äußerste Elend, in welches ihn ein alter treuer Diener des Hauses, Simon, begleitet. Dieser fällt in seiner Verzweiflung einen Cavalier zu Pferde an, ihm Geld zu geben. Er nimmt die Hälfte der Börse, kehrt mit einigen Lebensmitteln, die er kauft, zur Hütte der Jammernden zurück, ist aber im stillen über seine That unglücklich. Da erscheint zu seiner schrecklichen Ueberraschung der Cavalier, der sich im Walde verirrt hat, selber vor der Hütte und erkennt ihn. Seinen Sohn aber erkennt er so wenig als dieser ihn. Er vertheidigt den alten Diener gegen den Verdacht, welchen dieser gegen ihn ausspricht. Es kommt nun zu einer rührenden Scene, in welcher der Cavalier den edeln Diebstahl, den tugendhaften Raubanfall, verzeiht, preist und merken läßt, daß er ein sehr unglücklicher Mann sei, weil er einen Sohn mit großer Härte behandelt habe. Die hierdurch geweckten Nachfragen des Sohnes bringen endlich die Wahrheit ans Licht. Der unglückliche Vater findet in dem unglücklichen Vater der Hütte seinen eigenen Sohn wieder und ist glücklich, mit ihm und den Seinigen sich zu versöhnen. Die Kinder des Sohnes haben einen großen Antheil an dem Pathos der Scenen. Diderot macht übrigens in einem kleinen Vorwort sehr bescheiden mit seiner Bearbeitung des Geßner'schen Dramas, das in Inhalt und Form ganz und gar seiner Tendenz entgegenkam, keinerlei Ansprüche.

„Térentia. Tragédie." Diese Tragödie in fünf Acten ist nicht nur im Plan, sondern auch in der Sprache wenigstens flüchtig schon zum größten Theil ausgeführt; nur die pathetischen Hochpunkte sind noch offen gelassen, weil sie, wie Diderot sagt, eine andere Kraft erfordern, als man bei dem Durchskizziren eines Plans aufwendet.

Die ganze Tragödie beruht auf der bizarren Fiction Diderot's, daß er Terentia, die Frau Cicero's, die ähnliche Rolle spielen läßt, welche Cicero in der Catilinarischen Verschwörung die allobrogischen Gesandten wirklich spielen ließ, die Rolle des Verraths. Terentia ist von Cicero verstoßen und will sich dafür an ihm rächen. Sie kokettirt mit Catilina, weil sie in ihm den Revolutionär wittert. Sie verspricht ihm sogar, ihn zu heirathen, ihm seine staatsgefährlichen Geheimnisse zu entlocken. Diese vertraut sie einer Freundin Fulvia an, welche sie wiederum der Tochter Cicero's, Tullia, anvertraut, welche wiederum ihrem Vater alles verräth. So rettet Terentia Cicero zweimal das Leben; so rettet sie Rom vor einer Feuersbrunst und Plünderung, welche die Catilinarische Verschwörung beschlossen hatte; so rettet sie den Staat, denn der mit seinen Genossen flüchtige Catilina wird geschlagen und Cäsar kehrt mit seinem Haupt zurück. Cicero ahnt nichts von den patriotischen Motiven seiner Frau. Er sieht nur ihre Schändlichkeit und geht, wie seine Tochter, verzweifelnd umher, denn er muß seine Frau wegen ihrer Verbindung mit Catilina des Hochverraths anklagen und zum Tode verurtheilen lassen. Terentia soll schon hingerichtet werden. Schon stehen die Lictoren mit ihren Beilen bereit. Der ganze Senat ist versammelt. Da erscheint Fulvia und übergibt Cato einen Brief an Cicero, den Terentia ihr anvertraut hatte, ihn Cicero nach ihrem Tode zu überhändigen. Cato liest ihn vor; der wahre Zusammenhang wird nun enthüllt; die Größe Terentia's wird mit Bewunderung erkannt; der zerknirschte Cicero decretirt, daß ihr ein Monument errichtet werden solle. Die Römer haben in ihm nicht nur einen pater patriae, sie haben in der Terentia auch eine mater patriae.

Man kann sich leicht vorstellen, wie ergiebig dieser Plan für Diderot's Leidenschaft ist, über Tugend und Laster zu declamiren. Die Tochter Cicero's, als die von Terentia vortrefflich erzogene, edle, unschuldige Jungfrau, hat vorzüglich diese Rolle überkommen und macht von der in Rom herrschenden Sittenlosigkeit und Verworfenheit Schilderungen, wie man sie aus einem jungfräulichen Munde nicht erwarten sollte. Sie ist, wie ihre Mutter, durch und durch Römerin und einmal nahe daran, die eigene Mutter, welche sie für eine Verrätherin Roms hält, zu erdolchen. Terentia, die Hauptfigur des Stücks, soll durch den Adel ihrer Seele, durch ihre Charakterstärke, durch ihren weder vor Schande noch vor dem Tode zurückbebenden Opfermuth, die Trägerin des tragischen Pathos sein, weil sie uns ebenso viel Mitleid als Furcht einflößt. Wenn sie nur nicht in den Scenen, worin sie sich gegen Catilina verstellt, als ob sie ihn liebe, sich mit der Geschicklichkeit eines geheimen Polizeiagenten benehmen müßte, ihm seine Umsturzplane abzulisten! Diese Monstrosität ist unüberwindlich. Cicero ist ihrer androgynen Entschlossenheit gegenüber schwach; sie behandelt ihn im Bewußtsein ihrer Opferung zuweilen als einen sehr schülerhaften Staatsmann. Die arme Tochter Tullia wird zwischen Vater und Mutter, welche sie beide aufrichtig liebt, schrecklich hin- und hergezerrt. Fulvia, welche Diderot aus Sallust's Erzählung nahm, ist die bekannte Vertraute der alten conventionellen Tragödie der Franzosen, und Terentia's Brief an Cicero, der durch Fulvia im Moment, wo ihre Freundin hingerichtet werden soll, dem Senat überliefert wird, eine recht verbrauchte kalte Maschinerie. Wenn Diderot dies Drama, das er schon so weit ausgesponnen hatte, doch nicht vollendete, so glaube ich, lag dies vielleicht in dem dunkeln Gefühle, daß er mit ihm eigentlich in diejenige Tragödie zurückfiel, die er bekämpft hatte. Für einen solchen Stoff, als er hier vorlag, eignete sich auch die von ihm angewendete Prosa lange nicht so gut als der Alexandriner, dessen Cäsur, Cadenz und Reim recht gemacht war, die Widersprüche der hier in allen Personen kämpfenden Gefühle zu pointiren. Diderot ist außerordentlich beredt, aber je mehr er es ist, um so mehr wünscht man dieser feurigen Sprache die Erhebung in den Vers. Diderot mußte bedenken, daß er mit Cicero und Catilina aus der Familie in den Staat übergetreten und daß das Pathos seiner Personen nicht ein nur moralisches, sondern zugleich politisches war. Er hatte kein Bewußtsein darüber, daß er mit der Wahl des Stoffs einen Fortschritt machte.

Das ist der tragische Nachlaß Diderot's. Es ist aber auch ein komischer vorhanden.

„Le mari libertin puni." Dies ist der Plan eines Vaudeville.

Die Scenen sind sämmtlich und zwar allerliebst ausgeführt, nur da, wo ein Lied eintreten soll, ist nur eine Prosaandeutung seines Inhalts gegeben. Ein alter geiziger Bankier Christophe hat eine junge liebenswürdige Frau, verliebt sich aber in deren Kammermädchen Nanette. Dasselbe hat Jean, sein Kammerdiener gethan, und sie erwidert seine Neigung. Durch einen komischen Zufall entdeckt die Frau des Hauses die Bewerbungen ihres Gemahls und bestimmt das junge Mädchen, scheinbar auf seine Anträge einzugehen. Dies geschieht und Herr Christophe wird so von seiner Gemahlin überlistet und entlarvt.

„Madame de Linan ou l'honnête femme. Plan d'une comédie." Dies Stück würde ein Drama ganz im Sinne des „Père de famille" dargestellt haben. Frau von Linan hat einen wahren Freund, Herr von Linan einen falschen. Der wahre sucht die Gatten immer einander zu nähern, der falsche durch Uebertreibungen, Verdächtigungen, Lügen voneinander zu entfernen. Herr von Linan führt ein sittenloses, verschwenderisches Leben und behandelt seine tugendhafte Frau mit Härte. Sie haben eine Tochter, um welche sich ein junger Mann bewirbt. Die Tochter aber, erschreckt durch das Geschick ihrer Mutter, will nicht auf die Heirath eingehen, obwol sie den jungen Mann liebt. Endlich kommt es durch die Verschwendung des Herrn von Linan, in welche der falsche Freund ihn fortreißt, zum gänzlichen Ruin seines Vermögens, während es der Frau von Linan durch den Rath ihres wahren Freundes gelingt, ihren Mann zu retten, seinen falschen Freund zu entfernen und die Heirath ihrer Tochter durchzusetzen.

Man möchte fast glauben, daß Diderot hier die Geschichte der Frau von Epinay vor Augen gehabt habe, in welcher Grimm ganz und gar die Rolle eines solchen treuen Freundes spielte.

„Le train du monde ou les moeurs honnêtes, comme elles le sont. Plan d'une comédie." Der Plan ist ziemlich weitläufig dargelegt, ich möchte sagen, bis an die Schwelle, ihn zum Scenarium umzusetzen. Die Art, wie jeder Charakter behandelt werden soll, ist von Diderot genau angegeben, aber der Plan erträgt keinen Auszug, weil er viele Personen und eine Menge kleiner Intriguen umfaßt, die nur durch eine detaillirtere Erzählung interessiren können. Ich beschränke mich deshalb auf die Andeutung, daß die Hauptintrigue durch ein junges Mädchen hervorgerufen wird, das, als Mann verkleidet, mit einem andern jungen Mädchen zusammen wohnt, welches für seine Schwester gilt. Aber es ruft nicht nur die Hauptintrigue hervor, sondern es bemächtigt sich auch aller Nebenintriguen und versteht sie durch Klugheit, Schlauheit, Geistesgegenwart, Heiterkeit zu lösen. Diderot hat ihm den Namen „le petit chevalier“ gegeben.

Dies Stück ist von Diderot, so tief er sich in dasselbe hineingedacht hat, nicht ausgeführt, wie ich glaube, nicht blos aus Zufall, sondern weil es mir eher zu einer Novelle als zu einem Drama zu taugen scheint. Es ist eine zu große Mannichfaltigkeit besonderer Verhältnisse und Personen darin, welche die Handlung lähmen müssen; der Zuschauer würde immer neugierig werden, wie sich der petit chevalier aus allen Verlegenheiten heraushilft, allein dies Verstandesinteresse würde den Mangel einer eigentlichen durchgreifenden Handlung nicht zu ersetzen vermögen. Von der bodenlosen Entsittlichung unter verfeinerten Formen, die in diesem Stücke spielt, will ich weiter nichts erwähnen.

Etwas Aehnliches ist von einem Drama zu sagen, welches zuerst den Titel führte: „La pièce et le prologue“; dann den Titel bekam: „Est-il bon, est-il méchant?“ oder auch: „L'officieux persifleur ou celui, qui les sert tous et qui n'en contente aucun. Pièce en quatre actes et en prose.“ — Diderot schrieb dies Stück ursprünglich als ein gelegentliches zu einer häuslichen Festfeier, wie auch noch die Widmung an Frau von M. bezeugt, worin er bittet, sein Stück als das Werk Eines Tages nicht vom Standpunkt des Geschmacks, sondern von dem der Freundschaft aus zu beurtheilen. Es war anfänglich, wie es in der Édition Brière, Bd. 3, abgedruckt ist, viel einfacher. Diderot überarbeitete es mehrmals; die letzte, vierte Bearbeitung theilte es in vier Acte und fügte Frau von Bertillac mit ihrer Tochter, Herrn von Crancey und Herrn von Tourvelle hinzu. Aus einem bloßen Divertissement zur Feier bei der Ankunft der Frau von Malves wollte er es zu einem förmlichen Lustspiel machen. Es kommen darin folgende unter sich ganz verschiedene Interessen vor. Eine Frau von Chepy erwartet eine Freundin Frau von Malves aus Paris. Zweitens, um ihre Ankunft zu feiern, wünscht sie ein kleines Festspiel und wendet sich deshalb an ihren alten Freund, Herrn Hardouin. Er verspricht es. Drittens, er thut aber nichts dazu, bis er einen Freund, Herrn von Surmont beredet, es zu übernehmen. Viertens, eine Frau vo Bertillac kommt mit ihrer Tochter an, um sie den Bewerbungen des ihr misfälligen Herrn von Crancey zu entziehen. Dieser hat aber, als Postillon verkleidet, sie selber zur Frau von Chepy gefahren und wendet sich an Hardouin, dem er sich entdeckt, ihm zur Ehe mit der Tochter, die mit ihm im Einverständniß ist, zu verhelfen. Er verspricht es, wenn er ihm freie Hand lassen wolle, und lügt der Frau von Bertillac vor, daß ihre Tochter durch Herrn von Crancey verführt sei und sich Mutter fühle. Er räth ihr, da Herr von Crancey sich zurückzuziehen scheine, zur Beschleunigung der Heirath durch einen Revers, in welchem sie sich, wenn sie sich zurückziehe, ein Reugeld aussetzt. Fünftens, die Witwe eines Seecapitans Bertrand wünscht für ihren Sohn eine Pension. Sie hat sich bei den Behörden vergeblich darum bemüht und wendet sich an Hardouin, den Freund eines in dieser Sache einflußreichen Mannes, des Herrn Poultier im Ministerium. Er verspricht es und lügt diesem, als er zum Fest der Frau von Malves kommt, vor, daß er eigentlich der Vater des Kindes sei, worauf dieser ihm die Gewährung seiner Bitte zusagt. Sechstens, ein normannischer Advocat, Herr von Renardeaux, hat einen Proceß mit einer Madame Servin, in welchem es sich um eine Summe Geldes und um einen alten Lehnstuhl handelt. Er kommt zu Hardouin, der von Madame Servin bevollmächtigt ist. Hardouin lügt ihm einen Rechtsfall vor, in welchen er durch den Tod seiner Schwester und eine alte Freundin derselben versetzt sei, und fragt ihn um seinen Rath. Der Advocat findet den Fall schwierig und räth ihm zum Vergleich. Als er so weit ist, kommt er auf den Fall der Madame Servin und zwingt den Advocaten durch die Analogie der Processe zum Vergleich mit seiner Gegnerin. Siebentens, Frau von Bertillac möchte gern eine gute Pfründe, die ein Herr von Tourvelle zu vergeben hat, einem allerliebsten Abbé Dubuisson zuwenden und ersucht Hardouin um seine Vermittelung. Er verspricht sie, gewinnt das Zutrauen des Herrn von Tourvelle durch die Fiction, daß er selber, des Weltlebens müde, sich in die Einsamkeit zurückziehen wolle, und durch die Schilderung des Gegencandidaten des Abbé als eines flatterhaften Weltmenschen. Herr von Tourvelle vergibt die Pfründe an Herrn Dubuisson.

So hat Hardouin alles erreicht, was man von ihm wünschte. Er hat Herrn von Crancey die Tochter der Frau von Bertillac zur Frau, er hat dem Sohn der Witwe Bertrand eine Pension, er hat Madame Servin den Vergleich ihres Processes, er hat dem Abbé Dubuisson eine Pfründe, er hat Frau von Chepy das verlangte Festspiel geschafft. Aber durch welche Mittel? Er hat Crancey zum Verführer seiner Geliebten, die Witwe Bertrand zur Ehebrecherin gemacht, er hat einen Proceß erdichtet, den er führe, von sich selbst Lebenssattheit simulirt und einen Candidaten verdächtigt, den er nicht kennt. Als die von ihm befriedigten Personen erfahren, wie er sie getäuscht hat, stürzen sie sämmtlich auf ihn los und bestürmen ihn mit Vorwürfen. Herr von Renardeaux nimmt sich jedoch seiner an, hört die Klagen der Parteien und entscheidet sie im Sinne Hardouin's. So endet das Stück, indem zuletzt Frau von Malves als stumme Person erscheint, und von den Kindern mit Tanz, Blumensträußen und einigen Strophen empfangen wird. Hardouin wird in der Gesellschaft rehabilitirt. Frau von Chepy wirft schließlich die Frage auf, ob er gut, ob er böse sei? Ihr Kammermädchen, Fräulein Beaulieu, meint, eins nach dem andern. Frau von Vertillac: „Wie Sie, wie ich, wie alle Welt.“

Diese Skizze wird genügen, um zu beweisen, daß alle diese Interessen der Frau von Vertillac, der Witwe Bertrand, des Advocaten Renardeaux, des Herrn von Tourvelle, des Herrn von Surmont, nur nebeneinander hinlaufen und sich nur äußerlich in der Person des Herrn Hardouin vereinigen. Es mangelt gänzlich an einer Handlung, welche die verschiedenen Personen und Interessen miteinander in Wechselwirkung setzte. Das Stück ist nur eine Charakterschilderung des Herrn Hardouin, der daher auch gar nicht von der Bühne herunterkommt und dessen Gutmüthigkeit, Erfindungsgabe, Schlauheit, Ueberredungskunst, Laune und ausdauernde Naivetät uns vorzugsweise interessiren. Er spielt dieselbe Rolle, wie der petit chevalier im „Train du monde“, und er spielt sie mit demselben Jesuitismus, der sich um den sittlichen Werth seiner Mittel nicht sehr bekümmert, wenn es ihm nur gelingt, seinen Zweck zu erreichen. Lächerliche Momente entstehen zwar dadurch, aber kein wirkliches Lustspiel, so vortrefflich auch der Dialog, so elegant und witzig die Sprache ist. Nach der Theorie Diderot's würde man dies Stück in das Genre des „sérieux-comique“ rechnen müssen. Man kann nicht weinen und man kann nicht lachen; zum Weinen ist es zu lustig, und zum Lachen ist es zu ernsthaft.

Diderot hat dies Drama 1776 geschrieben und im Privatcirkel die Rolle Hardouin's selber gespielt, wie er in seinem „Paradoxe sur le comédien“, IV, 36, erwähnt: „Ich persiflire zuweilen und sogar mit solcher Wahrheit, daß ich den gewandtesten Weltdamen damit imponire. Wenn ich in der Scene mit dem normännischen Advocaten über den simulirten Tod meiner Schwester mich betrübe; wenn ich in der Scene mit dem ersten Beamten im Marineministerium mich anklage, der Frau eines Schiffskapitäns ein Kind gemacht zu haben, so habe ich ganz und gar das Ansehen, als empfände ich den Schmerz und die Scham. Bin ich aber voll Schmerz, bin ich voll Scham? Ebenso wenig in meiner kleinen Komödie als in der Gesellschaft, worin ich diese beiden Rollen spielte, bevor ich sie in ein Theaterstück aufnahm. Was ist also ein großer Schauspieler? Ein großer Persifleur, dem der Dichter seine Hülfe geliehen hat.“

Ich habe das Wort persifleur hier im Deutschen stehen lassen, weil ich kein völlig entsprechendes deutsches dafür finde. Wenn Diderot sagt, daß er diese Scenen, bevor er sie geschrieben, in der Gesellschaft gespielt habe, so wissen wir aus seiner Correspondenz mit Fräulein Voland, daß er einen Proceß der Madame Geoffrin in jener Weise, wie mit dem Herrn von Renardeaux, betrieben, und daß er sich bei dem Herrn von Boynes im Marineministerium für den Vater eines jungen verwaisten Menschen ausgegeben hat, den er nie gesehen hatte und dem er später eine Stelle im französischen Guyenne verschaffte. Wenn man daher gefragt hat, ob Diderot sich in Hardouin selber conterfeit habe, so muß man die Frage bejahen. Freilich kritisirt er sich als Hardouin auch zuweilen sehr scharf, allein wir dürfen nicht zweifeln, daß der leibhaftige Diderot sich in der Stille ebenfalls die Vorwürfe nicht erspart hat, wenngleich seine materialistische Theorie nichts von der Reue wissen wollte. Act III, Scene 12, wird ihm die wenig haushälterische Art, wie er mit seinem Talent und seiner Zeit umgeht, vorgeworfen. Er antwortet: „Wahrhaftig, ich gebe sie allen, die Gewicht genug darauf legen, sie anzunehmen." Frau von Vertillac entgegnet ihm, daß das Leben sich dann verlaufe, ohne weder Vermögen noch Ruhm zu erwerben. Das Vermögen, meint er, würde er nicht zurückweisen, wenn es zu ihm käme, allein er würde nicht danach laufen; um das einen Augenblick schmeichelhafte Gemurmel des Ruhms kümmere er sich nicht. Act II, Scene 11, gesteht er, seit zwanzig Jahren zwischen der Klage seiner Freunde und seinen eigenen Gewissensbissen zu gehen. Act III, Scene 9, verurtheilt er sich mit Härte: „Ich ein guter Mensch, wie man sagt! Ich bin es nicht. Ich bin von Natur recht gründlich hart, schlecht, verkehrt. Hardouin, du amusirst dich mit allem! Es gibt nichts Heiliges für dich. Du bist ein Hauptungeheuer. Das ist übel, sehr übel. Du mußt dich schlechterdings von diesen schlimmen Gaukeleien losmachen."

Diderot kam zu den Mystificationen, die er sich erlaubte, durch sein Mitgefühl für die Lage anderer. Er ward von dem Augenblick überwältigt. In seiner „Holländischen Reise" erzählt er ein Geschichtchen von sich, das ihn uns ganz und gar in dieser Manier zu handeln vor Augen stellt. In Quiévrain wurden die Reisenden sehr genau der Contrebande halber visitirt. Ein junges Mädchen, das nach Spaa ging, mit Gaze, Spitzen und andern Putzsachen zu handeln, verneinte, steuerbare Sachen zu haben. Man öffnete seine Koffer und fand Waaren, die verbotene werden, wenn man sie nicht declarirt. Man belegte sie mit Beschlag und ergriff das bestürzte Mädchen. „Mitten in dieser tumultarischen Scene", sagt Diderot, „hatte ich meine Besonnenheit behalten, wandte mich an den Chef des Bureau und sagte ihm: Sachte, mein Herr, wenn's gefällig ist; wo haben Sie gelernt, sich an die Frau zu wenden, wenn der Mann da ist? — Nun schrie ich aus Leibeskräften einem jungen Manne, der vor dem Postwagen zu Fuß ging, zu: He! Kommen Sie doch, mein Herr, man bemächtigt sich hier aller Sachen

Ihrer Frau! — Der junge Mann verstand mich wundervoll und sprach zu dem Chef mit aller Festigkeit im Ton des Titels, den ich ihm gegeben hatte. Wir alle standen ihm bei. Er erbot sich, die gewöhnliche Taxe zu bezahlen, was dem Chef, nachdem er ein wenig nachgesonnen, billig schien. Wir stiegen wieder ein und setzten unsern Weg fort. Das Spaßhafte ist, daß die improvisirte Heirath gelang. Der junge Mann folgte der jungen Händlerin nach Spaa und heirathete sie."

Wie nun aber, wenn der junge Mann auf die ihm zugemuthete Mystification nicht eingegangen wäre?

Von allen hier aufgeführten dramatischen Versuchen ist nur das letzte Stück: „Est-il bon, est-il méchant?" in der zweiten Ausgabe der „Oeuvres posthumes" (Paris 1834, IV, 419—517) gedruckt, die übrigen befinden sich handschriftlich in Petersburg, von wo ich durch die gütige Vermittelung des Herrn Bibliothekars Dr. Minzloff eine Copie derselben erhalten habe.

Versuchen wir es, diese Stücke nach der eigenen Theorie Diderot's zu klassificiren, so würden sie folgende Abstufung darbieten: 1) „Térentia", politische Tragödie, die in ihrem Bau sich dem traditionellen Schematismus am nächsten anschließt. 2) „Le Shérif", politisch-bürgerliche Tragödie und zugleich Idealbild des Standes eines Richters. 3) „L'infortunée", bürgerliches Trauerspiel. 4) „Les deux amis", Schauspiel als drame sérieux. 5) „Les pères malheureux", Schauspiel als drame sérieux. In diesen beiden Stücken tritt die Consequenz des abstract-moralischen Standpunktes hervor, daß die Tugend zum Verbrechen übergeht, dort zum Tyrannenmord, hier zum Raubanfall. 6) „Madame de Linan", Schauspiel; das drame sérieux im Uebergang zur comédie; zugleich Idealbild der Hausfrau als Gattin und Mutter. 7) „Est-il bon, est-il méchant?" Drame sérieux-comique. 8) „Le train du monde", Komödie; sie kommt durch die Art ihrer Intriguen den heutigen Dramen des Demi-Monde von Dumas fils, von Augier, Feuillet u. s. w. am nächsten. 9) „Le mari libertin puni", Lustspiel. Wenn es in der Sprache ein wenig modernisirt und wenn es mit den noch restirenden Couplets ausgefüllt würde, könnte es gleich auf dem Vaudevilletheater in Paris aufgeführt werden.

Les Éleuthéromanes ou abdication d'un roi de la fève.

Diderot hat auch lyrische Gedichte gemacht, von denen sich einige erhalten haben. Ein so gefühlvoller Mensch er auch war, so taugte er doch nicht zum Lyriker, weil er zu rhetorisch war. Wenn er seine Empfindungen äußern wollte, fing er an, auch darüber zu reflectiren und die Reflexion schwächte dann die reine Thätigkeit der Phantasie. Wir müssen aber doch ausführlicher bei einem seiner Gedichte verweilen, welches durch zwei aus dem Zusammenhang herausgerissene Verse für seinen Ruf wahrhaft verhängnißvoll geworden ist. Wer wüßte von Diderot, wenn er auch sonst nichts von ihm wüßte, doch nicht so viel, daß er der blutdürstige Atheist gewesen, der gewünscht habe, daß man den letzten König mit den Gedärmen des letzten Priesters erdrosseln solle! Wie tausendfach hat man diese Worte wiederholt, ohne sich darum zu bekümmern, wie Diderot dazu gekommen, sie auszusprechen! Daher lohnt es sich wol, einen Augenblick dabei stehen zu bleiben, wie er zu diesen Versen veranlaßt worden.

Diderot war Mitglied einer kleinen geschlossenen Gesellschaft von Männern und Frauen, die sich durch das Los einen sogenannten Bohnenkönig gab. Zufällig traf dasselbe Diderot drei Jahre hintereinander. Im ersten Jahre, 1770, als er die Bohne in seinem Kuchen fand, machte er, wie Grimm im Januarheft seiner „Correspondance" dieses Jahres ausführlicher erzählt, während der Tafel ein Gedicht: „Le code Denis, chanson faite le jour des rois", worin er das Gesetz gab: „Sois heureux à ta mode. Car tel est notre bon plaisir." — Im zweiten Jahre machte er ein Gedicht: „Le roi de la fève. Le lendemain de son regne." Er entschuldigt sich, daß er als König, wozu die Ungerechtigkeit des Geschicks ihn bestimmt, nichts gethan habe, als diese Verse zu machen:

Vers et prose de roi sont mauvais d'ordinaire,
Et ce n'est pas un grand péché;
C'est le moindre, qu'on puisse faire
Quand on est roi.

— Im dritten Jahre dichtete er die Dithyrambe: „Les Éleuthéromanes ou abdication d'un roi de la fève", womit er Pindar, wie er selber in einem kleinen Vorwort sagt, nachzunahmen suchte, obwol er in seiner Licenz vielleicht viel weiter als die Alten gegangen sei.

Er war es müde, König zu sein, und sehnte sich, seine Krone niederzulegen. Das Kind der Natur, sagt er, fühlt sich durch jeden Zwang verletzt; es will keine Autorität, es will Freiheit. Wenn dies Gefühl in dem Menschen erwacht, den die Grimasse der conventionellen Sitte äußerlich fesselt, so gleicht er dem Tiger. Wenn die verborgene Wildheit losbricht, erbeben und schwanken die Throne der Tyrannen. Umsonst berufen sie sich auf den Vertrag. Der Mensch wird niemals aus freien Stücken seine Rechte dem öffentlichen Vortheil zum Opfer bringen. Wenn er nur seinem Herzen gehorchen wollte, so würde er bald seine Sprache ändern und wie der Gast der Wälder zu uns sagen:

„La nature n'a fait ni serviteur ni maître;
Je ne veux ni donner ni recevoir de lois.
Et ses mains ourdiraient les entrailles du prêtre,
Au défaut d'un cordon, pour étrangler les rois.

Der freie Naturmensch läßt den elenden Sklaven erbleichen, der sich aus Blindheit von den Tyrannen gängeln läßt. Diderot will nun, daß Güte, Tugend, Schönheit und Talent für ihn und seine Freunde die einzigen Größen auf Erden seien; alles andere sei Chimäre. Er schließt:

Issus d'un même sang, enfants d'un même père,
Oublions en ce jour toute inégalité.
Naigeon, sois mon ami; Sédaine, sois mon frère.
Bornons notre rivalité,
À qui saura le mieux caresser sa bergère,
Célébrer ses faveurs et boire à sa santé.

Es ist nicht zu leugnen, daß in Diderot's Dithyrambe der Naturmensch, der darin nach Gleichheit und Freiheit lechzt, wie eine Vorwegnahme des kannibalischen Sansculottismus der Revolution erscheinen kann; aber es ist noch weniger zu leugnen, daß man Diderot sehr unrecht thut, wenn man ihm persönlich eine solche Gesinnung zuschreibt und jene viel umhergetragenen Verse gleichsam zu einem Dogma stempelt, welches er gepredigt habe. Björnstähl erzählt a. a. O., daß Diderot diese Dithyrambe dem Fürsten von Galizyn und seiner Frau selber vorgelesen habe. Dies wäre im Hause des Gesandten der Kaiserin Katharina, welcher Diderot soeben seine persönliche Verehrung bezeugt hatte, unmöglich gewesen, wenn er nicht mit jenen Gefühlen des Rousseau'schen Naturmenschen, dessen Willkürleben sich gegen alle Autorität negativ verhält, hier nur ein poetisches Spiel getrieben hätte. Er declamirte diese Verse aber als abdankender Bohnenkönig zur Erheiterung seiner Unterthanen, deren er bei seiner Inthronisirung drei Jahre zuvor das Gesetz gegeben hatte: „Sois heureux à ta mode!" Man muß Scherz verstehen.

Obwol nun aber das Gedicht von Diderot keineswegs in revolutionärer Absicht, sondern ganz gelegentlich zur Unterhaltung einer Tischgesellschaft verfaßt war, so athmete es doch das absolut revolutionäre Pathos, welches, im Streben nach Unabhängigkeit, mit aller Gesetzlichkeit bricht. Es athmete das Pathos des Fürsten- und Priesterhasses. Es erblickte schon die Revolution, wie sie, mit blutigen Fäusten, mit wildem Blick, mit drohendem Eisen, an das Bett des Tyrannen tritt und ihm das Erwachen zudonnert. Es malte schon den empörten Unterthan, den keine Leibwache mehr zurück hält. Der wüthende Naturmensch lebt unbezwungen im Herzen des civilisirten, hypokritischen Städters. Die Französische Revolution entfesselte wirklich diesen Kannibalen, der in Paris, in Lyon, in Toulon und Marseille auf das entsetzlichste mordete, dem die Guillotine nicht mehr genügte, der die Füsiladen und Noyaden erfand. In dieser Zeit erinnerte man sich auch des Diderot'schen Gedichts. Es wurde am 30. Fructidor des vierten Jahres der Republik, aber ungenau, in der „Décade philosophique" abgedruckt. Der Bürger Roederer veranstaltete daher im folgenden Jahre 1797 am 20. Brumaire in seinem „Journal d'économie publique" einen Abdruck nach zwei autographischen Manuscripten der Dithyrambe.

Essai sur la vie de Sénèque le philosophe, sur ses écrits et sur le règne de Claude et de Néron. 1778.

Holbach hatte seinen Hauslehrer, Lagrange, vermocht, den Lucrez ins Französische zu übersetzen. Diese Uebersetzung erschien 1768. Hierauf ermunterte er ihn, den Seneca zu übersetzen. Natürlich, je weiter man sich vom Christenthum entfernte, um so tiefer mußte man in das Heidenthum hineingerathen. Diderot trug immer den Horaz in einer kleinen Taschenausgabe bei sich. Gassendi hatte durch seine Biographie und sein Syntagma der Lehre Epikur's so viel für das gethan, was man damals gesunden Menschenverstand nannte, daß eine Erneuung der stoischen Philosophie, die schon Lipsius versucht hatte, ihrer Moral halber nicht undankbare Mühe zu sein schien. Lagrange ging auf die Uebersetzung ein, arbeitete acht Jahre daran und starb, bevor er sie mit Anmerkungen, die er für nöthig hielt, herausgeben konnte. Naigeon gab sie 1778 heraus. Holbach und Naigeon veranlaßten nun Diderot, das Leben Seneca's zu schreiben, das gegen Ende des Jahres 1778 unter dem Titel „Essai sur la vie de Sénèque le philosophe, sur ses écrits et sur le règne de Claude et de Néron" erschien. Eine zweite erweiterte und verbesserte Ausgabe wurde von ihm 1782 veranstaltet, welche den Titel der vorigen umkehrte: „Essai sur les règnes de Claude et de Néron et sur la vie et les écrits de Sénèque; pour servir d'introduction à la lecture de ce philosophe" (2 Bde., Bouillon).

In seiner Jugend hatte Diderot Seneca selber angegriffen. In einer Anmerkung zu seiner Bearbeitung von Shaftesbury's „Essai de la vertu" hatte er nachzuweisen gesucht, daß Sittlichkeit und Wohlsein, Unsittlichkeit und Elend, immer einander proportional wären und daß man sich durch äußern Glanz, wie bei Tiberius, Claudius und Nero, nicht dürfe täuschen lassen. Bei dieser Gelegenheit hatte er auch Seneca vorgeworfen, Reichthümer aufgehäuft, Nero's Schwelgereien begünstigt, die Hinrichtung braver Bürger nicht gehindert und zuletzt für die Erhaltung seines Lebens seine Reichthümer umsonst geboten zu haben. Er schloß die Note mit diesen Worten: „Man wird finden, daß ich Seneca etwas hart behandle, allein nach dem Bericht des Tacitus kann man ihn nicht günstiger auffassen und, um es mit zwei Worten zu sagen, weder er noch Burrhus sind so rechtschaffene Leute gewesen, als man daraus macht."

So hatte er Seneca beurtheilt. Jetzt behauptete er, daß er damals in dem Vorurtheil der Schulen gegen ihn befangen gewesen sei. In der Encyklopädie schwieg er über ihn. In dem Artikel „Römische Philosophie" begnügte er sich mit der trockenen Nennung seines Namens. Jetzt war er seiner Bewunderung voll und stellte ihn neben Sokrates. Er bewunderte den Menschen, den Rhetor, den Philosophen, den Staatsmann Seneca. Er behandelte alle, die ihn tadelten, die ihn angriffen, als seine Verleumder. Diese Ehrenrettung war ein Product seiner Altersschwäche, die sich ganz besonders auch in der zerfahrenen, schlotterigen, jeden Augenblick von fremdartigen Digressionen unterbrochenen Darstellung verräth. Er hatte von den Mängeln derselben ein Bewußtsein und suchte sich in einer Widmungsepistel an Naigeon zu entschuldigen: „Je ne compose point; je ne suis point auteur; je lis ou je converse; j'interroge ou je reponds." Er habe die große Gestalt Seneca's isolirt hinstellen können, allein es habe ihm geschienen, als wenn er, in das Centrum des Gemäldes der ganzen Zeit gestellt, die Schwierigkeit wie die Würde seiner Rolle tiefer fühlen lasse. Der antike Gladiator werde anziehender, wenn er seinen Antagonisten sich gegenüber hätte. Diese Manier vertrage sich auch besser mit seiner Nachlässigkeit. Stelle man auf der Leinwand nur eine einzige Person dar, so müsse man sie mit der Wahrheit, Kraft und Farbe van Dyck's malen; und wer könne einen van Dyck machen? Das Buch, wenn es eins sei, sei einer seiner Spaziergänge. Begegne er einer schönen Aussicht, so stehe er still und genieße dieselbe. Er beschleunige oder verlangsame seine Schritte, je nach dem Reichthum oder der Oede der Gegenden. Immer geleitet von seinen Träumereien, denke er nur daran, dem Moment der Ermüdung zuvorzukommen.

Seneca kann sehr verschieden aufgefaßt werden, weil er, wie seine Zeit, die größten Widersprüche in sich trägt. Stärke und Schwäche, Adel und Gemeinheit, Größe und Kleinlichkeit, Talent und Trivialität, Weisheit und Sophistik, Beredsamkeit und leere Declamation stellen sich bei ihm mit greller Gleichheit heraus. Er ist daher recht gemacht, sich über ihn zu streiten, denn der Streit kann gar kein Ende nehmen, wenn man nicht objective Kritik zu üben versteht. Diese müssen wir Diderot hier absprechen. Der moralisirende Seneca entsprach seinem eigenen Hange, über die Liebe zur Tugend und den Haß gegen das Laster sich in verzilckten Sentenzen zu ergehen; die stilistische Virtuosität des gutgeschulten Rhetors blendete ihn; der Witz Seneca's in der Verspottung des Claudius, durch die Verkürbissung desselben (Apokolokyntosis) überraschte ihn; die satirisch gefärbten Sittenschilderungen des Verderbens seiner Zeit schrieb er dem Menschen Seneca zu gute; die Kaltblütigkeit seines Todes, die er doch mit so vielen seiner Zeitgenossen gemeinsam hatte, imponirte ihm und er ging daher in seiner Vertheidigung über alles Maß hinaus. Er wirft alle Schuld der Anklagen gegen ihn auf Suilius, der ihn mit Bosheit verdächtigt habe. Hierauf habe Dion und auf diesen wieder der Mönch Xiphilin gefußt, die aber beide nach Tacitus gelebt hätten, an den man sich also halten müsse. Er citirt nun auch oft den Tacitus, allein er interpretirt ihn auch oft künstlich und gezwungen, um durch ihn Seneca in dem gewünschten glänzenden Licht erscheinen zu lassen.

Er behandelt erst das Leben, dann die Werke Seneca's. Zu einer ruhig fortschreitenden Darstellung hat er nicht mehr die Kraft. Er springt jeden Augenblick aus der Geschichterzählung heraus, auf die Franzosen, auf die Aehnlichkeit von Claudius und Ludwig XV., auf sich selbst Seitenblicke zu werfen. Die Verbannung Seneca's nach Corsica will er nicht durch eine Liebschaft desselben mit Julie motivirt wissen, denn Seneca sei ein zu reiner, zu moralischer Mensch gewesen, einen solchen Handel anzuspinnen. Seine Anklägerin sei unglaubwürdig, denn es sei die verworfene Messalina gewesen. Von Corsica richtete Seneca eine Schmeichelschrift an Polybius, den Kammerdiener des Claudius, um durch ihn seine Rückkehr nach Rom zu bewirken. Diese Schrift, „De consolatione", kann nach Diderot entweder nur unecht sein oder sie muß als Satire genommen werden, denn, wenn sie echt oder ernst gemeint wäre, so könnte die Apokolokyntosis nicht echt sein, weil in dieser Claudius ebenso herabgesetzt als dort emporgehoben wird. Gregorovius in seinem schönen Buche über Corsica hat bei Gelegenheit des Thurms daselbst, der noch den Namen des Philosophen führt, drei Kapitel über Seneca geschrieben: Seneca morale, birbone, eroë, und gezeigt, wie diese Contraste in ihm zusammenhängen. Das hat Diderot nicht begriffen. Er war voll überschwenglicher Dankbarkeit gegen Seneca, der ihn moralisch erbaut hatte. Ein Mensch, der so schöne Sentenzen geschrieben, als er aus ihm excerpirt, der die Erziehung eines vernachlässigten Knaben, des Nero, mit solchem Erfolg übernimmt, daß derselbe als junger Fürst fünf Jahre lang zur Freude der Römer regiert, bis die Buhlerin

Poppäa ihn corrumpirt, ein solcher Mann sollte seinen eigenen Worten durch seine Thaten so widersprechen? Nein, antwortet Diderot, non, und abermals nein, und schiebt dies Nein, wenn er mit seiner Begründung ins Stocken geräth, dem Gewissen des Lesers zu: „Mettez vous à ma place!“ Das ist der monotone Refrain seiner Apologie; das ist zugleich die Ankündigung der Schwäche oder gar Nullität seines Beweises. Bei dem Muttermorde Nero's und bei dem Briefe desselben an den Senat, der ihn als eine politisch nothwendige Maßregel rechtfertigen sollte, bemüht er sich in aller ersinnlichen Weise, Seneca zu entschuldigen. Der Mord sei nur das Werk Nero's und seines Freigelassenen Anicetus gewesen; den Brief aber, der keine Unwahrheit enthalte, habe Seneca nicht als Philosoph, sondern als Minister geschrieben. Seneca habe wohl eingesehen, daß ein Widerspruch gegen den Tyrannen vergeblich gewesen wäre; er habe daher zu dem Vorhaben des Mordes, als Nero es ihm und Burrhus eröffnete, geschwiegen; und den Brief habe er geschrieben, sich in seiner Stellung zu erhalten, die ihm noch immer viel Gutes zu thun und Nero von manchen Scheußlichkeiten zurückzuhalten ermöglicht habe. Gewilligt habe er in den Muttermord gewiß nicht, da er der Agrippina Dankbarkeit schuldig gewesen sei, die ihn aus dem Exil zum Erzieher Nero's berufen habe. Die großen Reichthümer, die Nero ihm an Geld, Landhäusern, Aeckern u. s. w. geschenkt, habe er in einer solchen Zeit annehmen müssen und können, um damit Gutes zu thun. Als Philosoph habe er den Reichthum verachtet. Wenn Xiphilin aus Dion, Dion nach Suilius erzähle, daß er mit seinen sechs Millionen — so viel besaß er — Wuchergeschäfte durch ganz Italien getrieben, so sei das eine einfache, abscheuliche Verleumdung.

Die Schriften Seneca's nimmt Diderot in derselben Ordnung durch, als Lagrange sie übersetzt hatte. Er macht Auszüge daraus und begleitet dieselben mit sehr zufälligen, oft ganz persönlichen Bemerkungen, wie wenn er bei dem dritten Kapitel der Schrift „De brevitate vitae“, das von der Zeitverschwendung handelt, eingesteht, daß er es nicht habe lesen können, ohne zu erröthen. „C'est mon histoire!“ Von einem Versuch, die Philosophie Seneca's als ein einheitliches Ganzes darzustellen, ihn in seinem Verhältniß zur stoischen Schule zu beurtheilen, seine „Quaestiones naturales“ mit den Büchern des Epikuräers Lucrez „De rerum natura“, seine Moral mit der des Epiktet und des Marc Aurel zu vergleichen, ist keine Spur zu finden.

Diese Schrift sollte für Diderot sehr verhängnißvoll werden. Er hatte 1771 Laharpe tödlich beleidigt. Derselbe hatte in diesem Jahre bei der

Französischen Akademie den Preis für ein Gedicht über das Thema „Des talents dans leurs rapports avec la société et le bonheur" davongetragen, und Diderot hatte dasselbe einer beißenden Kritik unterworfen, worin er ihm allen Schwung absprach und sein Gedicht einem faden Wasser verglich, das tropfenweise absickere. Wenn Laharpe nie etwas anderes als dies Stück über die Talente gemacht habe, so würde man einstimmig ihm sagen, daß er nie Talent besessen. Im November desselben Jahres befragte eine Madame M. Diderot in einem Briefe um sein Urtheil über die Lobrede Laharpe's auf Fénélon. Diderot antwortete ihr ausführlich in einem noch vorhandenen Briefe, worin er ihn zerfleischte, ihm den Besitz der Aeußerlichkeiten des Stils zuerkannte, aber alle Seele ableugnete, und ihm rieth, einige Jahre in Rousseau's Schule zu gehen. Diese Urtheile blieben Laharpe nicht unbekannt, und seitdem sann er auf Rache gegen Diderot. Als er seit 1786 seine Vorträge im Lycée über die alte und moderne Literatur hielt, benutzte er in einem langen Kapitel (Bd. 1, Kap. 2) Seneca, um durch ihn Diderot zu geiseln und aus allen Vorwürfen, welche die Journale ihm seinerzeit gemacht hatten, einen einzigen Angriff zusammenzuschmieden. Er schilderte Seneca als einen eiteln Declamator ohne wahre Beredsamkeit; als einen lächerlichen Sophisten, der mit Scheinweisheit prunkt; als einen charakterlosen Feigling, der, trotz seiner philosophischen Schmuckphrasen, nicht den Muth gehabt habe, den verbrecherischen Gelüsten eines Tyrannen, der sein Schüler gewesen, zu widersprechen. Er zieht nun unaufhörlich Diderot's Vertheidigung herbei, sie zu widerlegen und dem Leser zu sagen: Diderot bewundert in Seneca sein Vorbild, denn er ist ein ebensolcher Declamator, Sophist und erbärmlicher Mensch. Laharpe beschuldigt ihn sogar, in der Art und Weise, wie er den Tacitus zu Gunsten Seneca's übersetze und interpretire, gelogen zu haben.

Dieser Angriff Laharpe's auf Diderot war der Vorläufer des noch heftigern und hämischern, aber viel schlechter motivirten, den er nach seiner im Gefängniß erfolgten Bekehrung zur Orthodoxie gegen ihn richtete und dessen wir schon bei den „Bijoux indiscrets" erwähnt haben.

Diderot fordert am Schluß seines Essai seine Leser auf, ihm zu sagen, ob Seneca und Burrhus rechtschaffene Männer oder feige Höflinge; ob Seneca ein Genie oder ein falscher Schöngeist; ob er, sein Biograph, Lob oder Tadel verdiene; ob er gehaltvoll spreche oder ein frivoler Declamator sei; ob er Logik und Ideen besitze oder nicht; ob er ein schlechtes Buch gemacht habe oder nicht. Er wirft auch eine Frage auf, die sich auf seinen Apologeten der Zukunft bezieht. Ich setze sie mit seinen Worten her: „Si quelqu'un s'avisait de prendre ma défense, comme j'ai pris celle de Sénèque, encourrait il le mépris et l'indignation universelle?"

In den Andeutungen zur Charakteristik des Zeitalters Diderot's, mit welchen ich diese Schrift eröffnet habe, habe ich das römische Element hervorgehoben, das sich in der Geschichte der Franzosen bemerklich macht. Ich habe weiterhin von Diderot gerühmt, daß er sich zu einem freiern Verständniß der griechischen Kunst, namentlich des Homer, als seine Zeitgenossen erhoben habe. Es ist aber interessant zu sehen, wie sehr er dennoch von diesem Element unterjocht blieb. Horaz, Terenz, Lucrez, Tacitus, Seneca standen ihm zuletzt doch viel näher als die Griechen. Die moralisirende Reflexion, die satirische Tendenz, die declamatorische Form der Römer trugen bei ihm den Sieg davon. Die Tragödie, die er dichten wollte, entnahm ihren Stoff aus der Uebergangsepoche der römischen Republik zum Kaiserthum. Vor ihm hatten der ältere Crébillon und Voltaire bereits den Catilina tragisch behandelt. Den Cäsarismus selbst verehrte er in der Zarin Katharina, welche nach ihm die Seele eines Brutus in der Gestalt einer Kleopatra besitzen sollte.

Auch die morose Bitterkeit, mit welcher er hier wiederholt seine eigenen Schwächen und Untugenden der Kritik unterwirft, ist echt römisch. In früherer Zeit hatte er die Tugend vorangestellt; jetzt, im Greisenalter, huldigt er mit dem Stoicismus der Pflicht, die uns kategorisch befiehlt, was wir thun sollen. Das Vollbringen der Pflicht, das ist die Tugend. Er bewundert jetzt Holbach's „Universelle Moral", welche das System der menschlichen Pflichten auseinandersetzt. Der Philosoph klärt die Obrigkeit, den Soldaten, den Priester, den Fürsten, den Menschen in der Familie und Gesellschaft über ihre Pflichten auf. Der Philosoph lehrt die Ueberwindung des Uebels durch Resignation, des Schmerzes durch die Tapferkeit der Geduld, des Bösen durch den Muth zum Besserhandeln. Uebrigens galt Diderot die Wissenschaft als die einzige Macht, welche den wahren Fortschritt der Menschheit fördert, weshalb er in diesem Essai auch die Preßfreiheit als nothwendige Folge der Denkfreiheit postulirte.

Diderot's Polemik gegen Rousseau und Apologie seiner selbst.

Aber der Essai über Seneca sollte für Diderot in noch anderer Weise als durch einen zwei Jahre nach seinem Tode auf ihn gemachten Angriff verhängnißvoll werden. Die Besprechung der Anklage Seneca's durch Suilius hatte ihn in der ersten Ausgabe seiner Schrift dazu verführt, bei dem einundsechzigsten Kapitel folgende Exclamation zu machen:

„Wenn durch eine Bizarrerie, die nicht ohne Beispiel ist, jemals ein Werkt erschiene, in welchem ehrenwerthe Menschen durch einen verschmitzten Ruchlosen unbarmherzig zerrissen würden, der, um seinen ungerechten und grausamen Anschuldigungen mehr Wahrscheinlichkeit zu geben, sich selbst in den schwärzesten Farben malte, so fragt vorweg, ob ein Unverschämter, ein Cardan, der sich zu tausend Schlechtigkeiten bekennte, wol ein Bürge wäre, der Glauben verdiente; was die Verleumdung kosten und was wol eine Schändlichkeit mehr oder weniger der geheimen Niederträchtigkeit eines Lebens hinzufügen würde, das sich länger als funfzehn Jahre unter der dicksten Maske der Heuchelei verborgen hätte. Werft sein infames Libell weit von euch und fürchtet, daß ihr, verführt durch eine tückische Beredsamkeit, fortgerissen durch den ebenso unsinnigen als kindischen Beifall seiner Bewunderer, nicht damit endigt, sein Mitschuldiger zu werden. Verabscheut den gräßlichen Menschen, der nicht ansteht, seine alten Freunde zu verschwärzen, verabscheut den Feigen, der die Veröffentlichung ihm anvertrauter Geheimnisse oder solcher, die er bei Lebzeiten in Erfahrung gebracht, auf seinem Grabe zurückläßt. Was mich betrifft, so schwöre ich, daß meine Augen niemals durch Lesung seiner Schrift besudelt werden sollen. Ich betheuere, daß ich seine Beschimpfung seinem Lobe vorziehen würde. Aber hat ein solches Ungeheuer existirt? Ich denke nicht."

Als Rousseau 1758 in jener Note zum Briefe an d'Alembert sich von Diderot lossagte, nannte er seinen Namen nicht, sorgte aber, wie er selber erzählt, mit Geflissentlichkeit dafür, daß man nicht fehlgreifen konnte, wenn er meinte. Seltsam! Nach zwanzig Jahren, 1778, that Diderot, der so lange geschwiegen hatte, dasselbe gegen Rousseau, denn gegen ihn war jener Ausfall gerichtet, der durch seine „Confessions" hervorgerufen war. Sie waren zwar noch nicht gedruckt, aber er hatte sie verschiedenen Personen mitgetheilt und sie in mehreren Kreisen vorgelesen. Diderot war darin, wie er durch Dusaulx und andere erfuhr, als ein durch Grimm Verführter noch etwas geschont, aber Grimm selbst, Frau von Epinay, Frau von Houdetot, der Marquis St. Lambert, der Baron Holbach u. s. w., die sämmtlich noch lebten, waren darin preisgegeben. Der Gedanke, ihre Ruhe und ihr Glück durch Rousseau's indiscrete und gehässige Mittheilungen bedroht zu sehen, empörte ihn. Diderot's Aeußerung war ungeschickt, denn sie konnte nichts ändern. Rousseau war todt. Die Neugier des Publikums mußte durch Diderot's Protestation nur noch verschärft werden und hat gar nichts gefruchtet, da er die verleumdeten Personen nicht vertheidigen konnte. Bis zum Jahre 1818, wo die Memoiren der Frau von Epinay erschienen, stand das Publikum immer auf seiten Rousseau's. Diderot's Invective machte natürlich ungeheueres Aufsehen. Viele Journale griffen ihn an und schalten ihn feige, daß er die Manen Rousseau's insultire; zweideutig, daß er so viele Jahre mit jemand verkehrt habe, den er verachte; ungerecht gegen den beredtesten Schriftsteller der Nation, der zugleich der tugendhafteste.

Auf diese Einwürfe antwortete Diderot 1781 in der zweiten Ausgabe seines „Seneca" mit einer Schärfe, die von einer gereizten Stimmung nicht freizusprechen ist. Er kannte Rousseau zu lange und zu genau, um nicht gründlich über ihn urtheilen zu können, allein sein jetziges Urtheil war ein grämliches, greisenhaftes, durch den Journalzank überdem verärgertes. Er sagte die Wahrheit, wenn er die Widersprüche in Rousseau aufzählte, allein es wäre besser gewesen, dies einem andern zu überlassen. Er opferte sich freiwillig seinem Freundschaftsheroismus. Wenn man fast überall, auch in der neuen Ausgabe der „Biographie universelle", im Artikel „Diderot" von Génin, liest, daß Grimm derjenige gewesen sei, welcher Diderot zu seinen bittern Aeußerungen angestachelt habe, so erlaube ich mir, dies zu bezweifeln, nicht nur, weil die ganze Handlungsweise Grimm's keine Spur aufweist, daß er zu solchen Einflüsterungen geneigt gewesen sei, sondern weil er im Märzheft 1782 seiner „Correspondance" eine Kritik der zweiten Ausgabe von Diderot's „Seneca" gibt, welche beweist, daß er dies Werk nicht sehr hoch stellte, und welche die Diatribe gegen Rousseau offenbar tadelt. Er lobt hauptsächlich nur die Kunst, mit welcher Diderot Stellen aus dem Tacitus übersetzt habe, bei welcher Gelegenheit wir auch erfahren, daß Diderot der Großfürstin von Rußland den ganzen Tacitus zu übersetzen versprochen hatte; spottet über die in der Composition herrschende Zerfahrenheit, die beständig von Rom nach Paris, von Claudius zu Ludwig XV., von den Auguren zur Sorbonne überspringe, in ihrem dramatischen Enthusiasmus die Erzählung in Frage und Antwort zerstückele, und meint über den Ausfall auf Rousseau, daß derselbe jetzt wenigstens besser motivirt und dadurch vielleicht auch weniger heftig und gehässig erscheine. So hätte Grimm nicht urtheilen können, wenn ihm der Angriff Diderot's auf ihren ehemaligen Freund angenehm gewesen wäre und es bleibt daher nur übrig, Diderot die ganze Schuld desselben tragen zu lassen. Grimm hatte nach seinen „Mémoires" (II, 359 und 399) keinen andern Wunsch gehabt, als daß Rousseau noch über seine Irrthümer enttäuscht worden wäre. Als er gestorben war, fuhr er nach Ermenonville hinaus, einige Blumen auf sein Grab zu streuen. Diderot war viel empfindlicher, nicht seinetwegen, sondern seiner Freunde halber. Er sagt ja selber hinlänglich, was ihn so in Harnisch gebracht. Es war die Undankbarkeit Rousseau's, der sterbend seine alten Freunde, seine Wohlthäter, seinem Ruhme und der Wuth opferte, die Zukunft von sich sprechen zu machen, der das ganze Jahrhundert in sein Grab zieht, seinen Staub zu vergrößern. Er war außer sich über Rousseau's gehässige Vorsicht, die Veröffentlichung seines Werks erst nach seinem Tode zu gestatten, wo er nicht angegriffen werden konnte und wo die, welche er angriff, nicht mehr da waren, sich zu vertheidigen. Er sagte:

„Möge Rousseau das Urtheil der Welt verachten, soviel er wolle, so darf er diese Verachtung doch nicht bei den übrigen voraussetzen. Man will für sich, für die Seinigen, für seine Freunde und vielleicht selbst für die Gleichgültigen ein ehrenhaftes Andenken hinterlassen. Jean Jacques schreibt gut, aber sein mistrauischer Charakter läßt ihn schlecht sehen, wie sein Haß gegen d'Alembert, gegen Voltaire, sein Verfahren mit Mylord Maréchal, mit M. Dusaulx und vielen andern beweist. So hat er zwanzig achtungswerthe Freunde verloren. — Hätte er seine unwürdigen «Confessions» in Gegenwart einer Anzahl von Zeugen verbrannt, so würden seine Feinde geschwiegen haben. Die Bewunderer seines Talents hätten ihn unter die ersten Schriftsteller seiner Nation gestellt und die fanatischen Verehrer seiner Tugenden ihn sogar den Heiligen zugesellt, ohne daß jemand ein Wort dagegen geäußert hätte, mit Ausnahme etwa derjenigen, welche alle Tugend beneiden un alles Verdienst gewerbmäßig herunterziehen. — Nicht die Manen Rousseau's hat man insultirt, sondern man hat nicht leiden können, daß seine Manen die Lebenden insultirten. Ich werde mir nie einen Vorwurf daraus machen, den Wirkungen einer großen Verleumdung in dem

Augenblick zuvorgekommen zu sein, in welchem das allgemeine Gerücht ihren demnächstigen Ausbruch verkündigte."

Die erste Hälfte der „Confessions", gefolgt von den „Träumereien eines einsamen Spaziergängers", erschien noch zu Diderot's Lebzeiten in Genf 1782.

Er erwähnt, daß man seiner großen Werthschätzung der Werke Rousseau's mehrfach mit der Behauptung entgegengetreten sei, daß es ihnen an Originalität der Ideen fehle, daß Rousseau's „Heloise" von Richardson's Romanen übertroffen werde und daß die pädagogischen Grundsätze Locke's vor den theils falschen, theils übertriebenen Begriffen in Rousseau's „Emile" den Vorzug verdienten. „Wie dem aber auch sei", meint Diderot, „Rousseau wird unter den Schriftstellern stets das Verdienst der großen Coloristen in der Malerei haben, deren Productionen trotz der Incorrectheit der Zeichnung und der Vernachlässigung des Costüms von den Liebhabern gesucht sind. Der Aufenthalt in der Einsamkeit der Wälder hat ihn verderbt, denn mit einem Charakter, wie er ihn mitbrachte, und mit Motiven, wie sie ihn bestimmten, wird man in den Wäldern nicht besser. Ich sagte vorher, was ihm widerfahren würde.

„Durch welches Wunder aber hat derjenige, der das Glaubensbekenntniß des savoyischen Vicars geschrieben, der den Gott des Landes lächerlich gemacht hat, indem er ihn als einen angenehmen Gesellschafter schildert, der den guten Wein liebte, die Courtisanen nicht haßte und gern mit den Generalpächtern verkehrte; derjenige, der die Mysterien der Religion als absurde und kindische Logogryphen und ihre Wunder als Märchen behandelte; wodurch hat er nach seinem Tode so viel eifrige Anhänger unter den Klassen von Mitbürgern erworben, welche durch ihr Interesse, ihr Gefühl, ihren Charakter ihm am meisten entgegengesetzt sind?

„Die Antwort ist leicht. Es ist dies dadurch bewirkt, daß er sich zum *Antiphilosophen* machte; daß unter seinen Fanatikern diejenigen, die einen Unvorsichtigen, der die Hälfte seiner Blasphemien vorgebracht hätte, zum Scheiterhaufen schleppen würden, ihre Feinde mehr hassen, als sie Gott lieben; daß unter seinen Fanatikern diejenigen, welche den religiösen Meinungen weder große Gewißheit noch große Wichtigkeit beilegen, noch weniger die Priester, als die Philosophen hassen; daß eine Anzahl alter Frommen der Ansicht ihrer Beichtväter folgt; daß eine Anzahl junger Frauen durch die Wärme seiner wollüstigen Schilderungen verführt ist; daß die meisten der Weltmänner seine Abhandlung «Sur l'inégalité des conditions» vergessen haben, und daß selbst diejenigen, die seinen Charakter und seine praktische Moral am genauesten kannten, nichtsdesto weniger sein Talent preisen und mit seinen Bewunderern sich vermischten.

„Wie aber, fragt man, wurde Jean Jacques, nachdem er zwanzig Jahre mit den Philosophen gelebt, zum Antiphilosophen?

„Gerade, wie er katholisch wurde unter den Protestanten, protestantisch unter den Katholiken, und wie er mitten unter Katholiken und Protestanten sich zum Deismus oder Socinianismus bekannte. — Wie er in derselben Woche zu Genf zwei Briefe schrieb, in deren einem er seine Mitbürger ermahnte und mit dem andern den Geist der Rache und des Aufstandes in ihnen schürte. — Wie er die Sache der Irokesen in Paris vertrat, während er in den Wäldern Canadas die unsere verfochten hätte. — Wie er gegen das Theater schrieb, nachdem er selbst Schauspiele verfaßt hatte. — Wie er behauptete, daß wir keine Musik hätten und niemals eine haben würden, als wir eine zu haben glaubten, und daß wir eine hätten, als es so gut wie entschieden war, daß wir niemals eine haben würden. — Wie er sich gegen die Wissenschaften losließ, nachdem er sie zeitlebens cultivirt hatte. — Wie er den Mann, den er am meisten achtete, verleumdete, nachdem er seine Unschuld eingestanden, und wie er ihn wieder aufsuchte, nachdem er ihn verleumdet hatte. — Wie er, indem er gegen die Liederlichkeit der Sitten predigte, einen frivolen Roman verfertigte. — Wie er, nachdem er die Jesuiten an die Spitze der gefährlichsten Mönche gestellt, im Begriff war, ihre Vertheidigung in dem Augenblick zu übernehmen, in welchem die bürgerliche Autorität sie aus dem Königreich verbannt und die kirchliche sie von den religiösen Körperschaften getrennt hatte.

Er betheuerte mir eines Tages, daß er Christ sei. — Ich will es gern glauben. Ihr seid Christ, wie Jesus Jude war. — Er betheuerte, es fehle wenig, daß er an die Auferstehung glaube. — Ihr glaubt daran, wie Pilatus, als er fragte, ob Jesus gestorben sei. — Als das Programm der Akademie von Dijon erschien, kam er, mich um Rath zu fragen, welche Partei er nehmen solle? — Die Partei, welche Ihr nehmen werdet, ist die, welche niemand nehmen wird. — Ihr habt recht, antwortete er. — Was er Herrn von Malesherbes geschrieben hat, hat er mir zwanzigmal gesagt: Ich fühle, daß mein Herz undankbar ist; ich hasse die Wohlthäter, weil die Wohlthat Dankbarkeit erheischt, Dankbarkeit eine Pflicht und die Pflicht mir unerträglich ist.

„Woher aber dieser siebzehnjährige Verkehr in der Zelle eines Mönches, den man verachtet? — Fragt einen betrogenen Geliebten um den Grund seiner hartnäckigen Anhänglichkeit für eine Ungetreue und ihr werdet das Motiv der hartnäckigen Anhänglichkeit eines Gelehrten für einen Mann von ausgezeichnetem Talent verstehen. Fragt einen Wohlthäter nach dem Grunde seiner Anhänglichkeit und seines Mitleids für einen Undankbaren, und ihr werdet erfahren, daß unter allen Banden, welche die Menschen eng verknüpfen, eins der am schwersten zu zerreißenden die Wohlthat ist, weil sie der Eigenliebe schmeichelt.

„Warum aber den Tod des Undankbaren und Schlechten abwarten, um sich über seine Schlechtigkeit zu erklären? Ohne Zweifel, sobald seine Schlechtigkeit ihn überlebt und sobald die Klage, solange er lebte, Aufklärungen nach sich gezogen hätte, welche dem Ruf und der Ruhe einer Anzahl guter Menschen nachtheilig gewesen wären.

„Rousseau ist nicht mehr. Obwol er von den meisten unter uns während langer Jahre alle Hülfen der Wohlthätigkeit und alle Dienste der Freundschaft angenommen und obwol er, nachdem er meine Unschuld anerkannt und bezeugt hatte, mich tückisch und feige beschimpfte, so habe ich ihn doch weder verfolgt noch gehaßt. Ich achtete den Schriftsteller, aber ich achtete nicht den Menschen, und die Verachtung ist ein kaltes Gefühl, das zu keinem heftigen Verfahren treibt. Meine ganze Rache beschränkt sich darauf, die wiederholten Versuche, die er machte, sich mir wieder zu nähern, zurückzuweisen. Das Vertrauen dazu war nicht mehr da. Ich will sein Gedächtniß nicht angreifen. Wenn aber Jean Jacques ein guter Mensch war, so könnte man schließen, — und die Boshaften haben so geschlossen, — daß er lange Zeit von Verderbten umgeben war. Er selbst hat an mehrern Stellen seiner Werke diese Folgerung der Böswilligkeit seiner Leser eingeflößt und je berühmter er durch sein Talent und die vorgebliche Strenge seiner Sitten geworden ist, um so wichtiger scheint es, das Stillschweigen zu brechen.

„Ich schreibe keine Satire, ich schreibe eine Apologie und die Apologie einer ziemlich großen Anzahl meiner Mitbürger, die mir theuer sind. Ich erfülle eine heilige Pflicht. Wenn ich ihr nicht eher nachgekommen bin und wenn ich mich hier nicht in Einzelheiten einlasse, die keinen Widerspruch dulden, so kennen und billigen mehrere seiner Vertheidiger meine Gründe. Ich würde nicht anstehen, sie zu nennen, wenn sie sich erklären dürften, ohne in eine verbrecherische Indiscretion zu fallen, aber Rousseau selbst hat in einem posthumen Werk, worin er sich selbst als einen Wahnsinnigen, als einen Stolzen, als einen Heuchler und Lügner zerfleischt, einen Zipfel des Schleiers gehoben. Die Zeit wird das übrige thun und dem Todten wird sein Recht geschehen, sobald es ohne Verletzung der Lebenden geschehen kann."

Diese Zeit ist inzwischen gekommen. Die Memoiren der Frau von Epinay und viele andere Zeugnisse sind erschienen. Das Urtheil über

Rousseau's „Confessions" ist von der einseitigen Voreingenommenheit für die unbedingte Glaubwürdigkeit seines Berichts befreit, und wir selber haben in dem Kapitel, welches den Bruch Rousseau's mit Diderot darstellt, auch diesem die ihm lange vorenthaltene Gerechtigkeit actenmäßig zutheil werden lassen. Diderot schrieb aber in der zweiten Ausgabe seines Essai über Seneca nicht nur die Polemik gegen Rousseau im Interesse seiner Freunde, sondern auch seine eigene Apologie. Er hatte, weil der Klerus sehr heftig gegen ihn aufgetreten war, nach der Rückkunft aus Petersburg, um sein Greisenalter nicht zu beunruhigen, nichts mehr schreiben, wenigstens nichts mehr drucken lassen wollen, die Vertheidigung Seneca's hatte ihm jedoch ein würdiger und unbefangener Gegenstand geschienen, dem er die Zeit eines glücklichen Landaufenthalts, wahrscheinlich in Grandval, widmete. Wider Erwarten hatte man aber den Essai mit großer Bitterkeit angegriffen. Seine Freunde riethen ihm, nicht zu antworten. Dieser Rath stimmte, wie er sagt, nur zu sehr mit seiner Neigung zur Ruhe und mit seiner Trägheit überein, als daß er ihn nicht hätte befolgen sollen; allein infolge von Bemerkungen, welche Marmontel ihm zusandte, fühlte er sich veranlaßt, Kapitel 109 mit seiner eigenen Vertheidigung herauszugehen, die sich als Zusatz an diejenige anschließt, mit welcher Marmontel im „Mercure de France" den Angriffen im „Journal de Paris", in der „Année littéraire", im „Journal de littérature" und andern zu begegnen gesucht hatte.

Man warf Diderot vor, nicht sowol der Biograph als der Apologet Seneca's zu sein, der mit kälterm Blute mehr Unparteilichkeit bewiesen haben würde. — Aber, meint Marmontel, auch weniger Interesse für die Wahrheit, weniger Unwillen gegen die Verleumdung, weniger Verachtung für die modernen Nachtreter der alten Verleumder Seneca's. Wann, fragt Marmontel, soll es einem Schriftsteller erlaubt sein, warm zu werden, wenn nicht für die Tugend? Warum handelt es sich? Darum, die Kraft einer Natur zu messen, die den gefährlichsten Proben ausgesetzt und jeden Augenblick zur Wahl zwischen den härtesten Extremen gedrängt wird. Das war die Fatalität der Umstände, in denen Seneca sich befand, sodaß es unmöglich ist, einem Menschen einen für die Tugend schwierigern und schlüpfrigern Weg zu eröffnen.

Man hatte Diderot vorgeworfen, daß er der schlechteste Schriftsteller und der ungeschickteste der Apologeten sei. Marmontel behauptete, daß die Schrift über Seneca den Mann von Geist, den großen Schriftsteller, den gefühlvollen Menschen erkennen lasse. Von diesen drei Qualitäten will Diderot nur die letztere beanspruchen. „Das Lob eines ehrenwerthen und einsichtsvollen Mannes wie Marmontel kann mir schmeicheln, aber mich nicht eitel machen. Ich habe nie begriffen, wie man in der Mitte so vieler Kolosse, deren Größe uns demüthigt, sich als etwas Besonderes zu schätzen wagte. Der Haß ist ein peinliches Gefühl, das sich in meiner Brust nur gegen die Feinde des Verdienstes und der Tugend erhebt. Da schlummert es. Bin ich eines starken und augenblicklichen Unwillens fähig, so erlischt meine Verachtung mit dem Andenken derer, die ich verachtet habe. Indessen bekenne ich, daß ich, wenn ich von der Natur die furchtbare Waffe eines Montesquieu erhalten hätte, schwer der Versuchung widerstanden haben würde, sie gegen die Verkleinerer der antiken und der modernen Weisheit zu gebrauchen. Glaubte ich, daß sie aufrichtig handelten, so würde ich Mitleid mit ihnen haben, allein ich halte sie für falsch. Was ich verabscheue, ist die **politische Religion**, weil sie auf die Länge die Philosophie und die wahre Religion verderben muß: die wahre Religion, die in jenen Menschen nur heuchlerische Vertheidiger haben kann; die Philosophie, die an ihnen nur kleinmüthige Freunde besitzt."

Wir übergehen mehrere Vorwürfe, die sich besonders auf Nachlässigkeiten in Diderot's Stil beziehen, bis zu dem Rousseau'schen Satze, daß eine **philosophische Conföderation** bestehe. Marmontel erwidert, er wisse nicht, was diese Conföderation sei, und sei geneigt zu glauben, daß sie, weit entfernt, reell zu sein, nicht einmal in dem Kopf der Kritiker existire. Reell, so würde man zu sehr geehrt sein, ihr zugerechnet zu werden; reell oder chimärisch, was könnte es den kümmern, der, wie Diderot, isolirt lebt, der nur in seiner Familie oder mit einigen Freunden verkehrt, deren Achtung er seit dreißig Jahren zu pflegen sich befleißigt, indem er ihr Beispiel und ihren Rath benutzt und für welchen die große Stadt in Wahrheit sich auf einen sehr engen Raum beschränken würde, worin er aber von seinen Mitbürgern oder von den Fremden diejenigen sich bewegen sehe, welche durch Geburt und Rang oder durch Ausdehnung und Mannichfaltigkeit ihrer Kenntnisse berühmt sind.

Diderot fügt hinzu, daß dieser seltene Mann, Holbach, auf welchen mit jenem engen, so inhaltsvollen Raume gedeutet wird, längst mit dem dreifachen Lorber seiner Talente geschmückt sein würde, wenn er sich darum beworben hätte, daß dies aber der kleinste Theil des Lobes sei, das er verdiene. Er vertheidigt Raynal gegen eine wegwerfende Mißbeurtheilung. „Der Kritiker", sagt er, „irrt sich, wenn er auf unsere Geduld rechnet und einen Mann schmäht, der von ganz Europa gekannt und geehrt ist, der von den Holländern Beweise der schmeichelhaftesten Auszeichnung empfangen hat, dem der Feind, um seinen großen Talenten Gerechtigkeit widerfahren zu lassen, einen Neffen zurücksandte, der auf unsern Schiffen zum Kriegsgefangenen gemacht war, den Verfasser eines Werkes voll von Untersuchungen, von Kühnheit, Beredsamkeit und Genie."

Er vertheidigt sein Verhältniß zu Voltaire, von dessen vielseitigen Verdiensten als Dichter, Historiker, Philosoph und Menschenfreund er eine umfassende Schilderung entwirft. „Ich habe", sagt er, „mir die Freiheit genommen, Voltaire mündlich und schriftlich mit aller Rücksicht zu widersprechen, die ich den Jahren und der Ueberlegenheit des großen Mannes schuldig war, aber auch mit aller Freimüthigkeit, die mir zukam, und das, ohne ihn zu beleidigen, ohne von ihm misliebige Antworten zu hören. Ich erinnere mich, daß er eines Tages mit Bitterkeit über die Brandmale klagte, welche die Obrigkeit Büchern und Personen aufdrücke. Aber, sagte ich zu ihm, nimmt die Zeit nicht das Brandmal zurück, es der Obrigkeit einzubrennen? Der Schierling brachte dem Philosophen Athens einen Tempel ein. Da schlang der Greis seine Arme um mich, preßte mich an seine Brust und fügte hinzu: Ihr habt recht und ich erwartete das von Euch. Andere haben von ihm dieselbe Nachsicht erfahren." Diderot vertheidigt seine Aeußerung, daß Voltaire von der ganzen Nation Huldigungen erhalten, wie sie selten ihren Fürsten zutheil geworden. Er schildert besonders den Enthusiasmus, den er im Theater hervorgerufen, erwähnt der Leichenfeier, die für ihn in der katholischen Kirche zu Berlin veranstaltet worden, und weist den Versuch zurück, die Feindseligkeit des pariser Klerus gegen Voltaire's Leiche zu leugnen. „Dennoch ist die Thatsache wahr. In demselben Jahre, in welchem die Großen Englands in der Westminsterabtei unter den Grabmälern der Könige, zur Seite der Urne Newton's, die Asche Garrick's beigesetzt hatten, der seine Berühmtheit der Darstellung Shakspeare'scher Dramen verdankt, verweigerte man zu Paris dem Nebenbuhler Corneille's und Racine's eine Hand voll Erde, einen Winkel auf einem Kirchhofe." Durch einen der Kritiker veranlaßt, hatte Marmontel Diderot's gesammte Position zu schildern versucht: „Zwanzig bis fünfundzwanzig Jahre hat er dem Entwurf der Geschichte der Philosophie und der Beschreibung der mechanischen Künste gewidmet. Man hat in den Werkstätten mitten durch alle Arten von Widerspruch und Verfolgung drei- bis viertausend Platten gezeichnet. Er hat Kaufleuten ein unermeßliches Vermögen geschaffen, sich selber keins, weil unter allen Umständen Vermögen das gewesen ist, woran er am wenigsten gedacht hat. Von Zeit zu Zeit empfängt er im Theater den Dank einiger Thränen und Beifallsbezeigungen. Das Urtheil, welches er über seine andern Werke fällt, besteht darin, daß sie die Irrthümer angreifen, ohne die Personen anzugreifen, und daß sie, wenn sie nicht immer unterrichten, niemals verletzen." — Diderot fügt hinzu: „In Wahrheit weiß ich vielerlei, allein es ist fast kein Mensch, der seine Sache nicht besser wüßte als ich. Diese Mittelmäßigkeit ist die Folge einer zügellosen Wißbegier und eines so knappen Vermögens, daß es mir nie vergönnt war, mich einem einzigen Zweige der menschlichen Erkenntniß zu widmen. Mein ganzes Leben hindurch bin ich gezwungen gewesen, Beschäftigungen zu verfolgen, zu denen ich nicht geneigt war, und diejenigen beiseitezulassen, zu denen mich Geschmack, Talent, Hoffnung auf Erfolg hinzogen. Ich glaube, ein leidlicher Moralist zu sein, weil diese Wissenschaft nichts voraussetzt, als einige Verständigkeit des Geistes, eine gutgeschaffene Seele, häufige Selbstgespräche und die strengste Aufrichtigkeit gegen sich selbst, um sich anzuklagen, und die Kunst zu ignoriren, sich zu entschuldigen." — „Da die Erforschung der Wahrheit und die Ausübung der Tugend die beiden großen Gegenstände der Philosophie sind, — wann hört man auf, ein philosophischer Lehrling zu sein? Niemals, niemals, so wenig als der Christ, der sich eine evangelische Vollkommenheit vorgesetzt hat, ein christlicher Lehrling zu sein. Es verhält sich mit dem Christenthum und mit der Philosophie nicht wie mit einer Anzeige oder einem Anschlagzettel."

Diese Bemerkungen waren von einer Schrift begleitet: „Geschichte des häuslichen Lebens von J. Jacques Rousseau." Diderot sagt, daß er sie unterdrückt habe, obwol er die Wahrheit der darin enthaltenen Thatsachen bezeugen müsse.

Ich kann das „Leben Seneca's" noch nicht verlassen, ohne nicht des Urtheils zu erwähnen, welches Diderot in demselben über Lametrie bei Gelegenheit der Briefe Seneca's, Kapitel II, gefällt hat, weil es der Scheidebrief ist, den er dem unmoralischen Atheismus, dem gewissenlosen Materialismus, gibt, obwol Lametrie die directe Consequenz des Materialismus zog und Diderot nur durch Inconsequenz den Idealismus der Freiheit neben seinem sonstigen theoretischen Naturalismus behauptete. Lametrie hatte einen „Anti-Seneca" geschrieben, der Diderot zu folgender Erklärung gegen ihn reizte:

„Lametrie ist ein Autor ohne Urtheil, der von der Lehre Seneca's spricht, ohne sie zu kennen; der bei ihm alle Rauheit des Stoicismus voraussetzt, was falsch ist; der in seinem «Traité du bonheur» nicht eine Zeile geschrieben hat, die er nicht aus unserm «Philosophen» geschöpft oder aus Zufall, was leider nicht oft möglich war, bei ihm aufgehascht hatte; der überall die Mühen des Weisen mit den Qualen des Bösen, die leichten Misstände der Wissenschaft mit den unseligen Folgen der Unwissenheit verwechselt; der die Frivolität seines Geistes in dem, was er sagt, die Verderbtheit seines Herzens in dem, was er nicht zu sagen wagt, erkennen läßt; der hier ausspricht, daß der Mensch von Natur verkehrt ist, und der anderwärts aus der Natur der Wesen die Regel ihrer Pflichten und die Quelle ihrer Glückseligkeit macht; der sich damit zu beschäftigen scheint, den Bösewicht in seinen Verbrechen, den Verderbten in seinen Lastern zu beruhigen, dessen groben, aber durch die Heiterkeit des Witzes, mit welcher er sie würzt, gefährliche Sophismen einen Schriftsteller enthüllen, der nicht die ersten Principien der wahren Moral besitzt, dieses ungeheuern Baumes, dessen Gipfel in den Himmel hinauf, dessen Wurzeln in die Hölle hinabreichen, worin alles zusammenhängt, wo Schamhaftigkeit, Anstand, Höflichkeit, die leichtesten Tugenden, wie das Blatt an dem Zweige befestigt sind, den man entehrt, wenn man ihn desselben beraubt; dessen chaotische und ausschweifende Vernunft nur von solchen Lesern ohne Ekel angesehen werden kann, welche den Scherz mit der Evidenz verwechseln und denen man alles bewiesen hat, wenn man sie lachen gemacht hat; dessen Principien, wenn man sie bis in ihre letzte Consequenzen verfolgt, die Gesetzgebung umstoßen, die Aeltern von der Erziehung der Kinder dispensiren, den Menschen, der muthig seinen übeln Hang bekämpft, in das Irrenhaus sperren, dem Schlechten, der sich dem seinigen ohne Gewissensbisse überläßt, die Unsterblichkeit zusichern würden; dessen Kopf so verworren ist, daß Sinn und Unsinn auf der nämlichen Seite bei ihm zusammenstoßen, weshalb es ebenso leicht ist, ihn zu vertheidigen, als ihn anzugreifen: Lametrie, lasterhaft, unverschämt, Hanswurst, Schmeichler, war für das Leben der Höfe und die Gunst der Großen gemacht. Er ist gestorben, wie er sterben mußte, ein Opfer seiner Unmäßigkeit und Narrheit; er hat sich durch Unwissenheit in der Kunst, die er als seinen Beruf übte, getödtet.

„Ich bewillige den Titel eines Philosophen nur dem, welcher sich der Erforschung der Wahrheit und der Ausübung der Tugend mit Beständigkeit widmet."

Sagt Diderot hier nicht gegen Lametrie, was andere so oft gegen ihn gesagt haben? Er selber machte für sich als Philosophen nur bescheidene Ansprüche, wie er bei Gelegenheit seines Porträts von Vanloo sagt: „Uebrigens war er ernst in seiner Haltung, streng in seinen Sitten, einfach in seiner Rede. Der Mantel eines Philosophen war fast das einzige, was ihm fehlte; er war arm und in seiner Armuth zufrieden. Er liebte nicht, sich über die öffentlichen Angelegenheiten zu unterhalten, sondern von den Wissenschaften und der Moral, von den großen Fragen der Philosophie, über welche er indessen fast nur Zweifel aufbringen zu können eingesteht, denn, wenn man ihn fragte, was das Wahre, Gute und Schöne sei, so hatte er keine fertigen Antworten und litt doch, daß man ihn Philosoph nannte."

Das Studium der Werke des Sallust, Sueton und Tacitus zum Behuf seines Essai über Seneca veranlaßte Diderot noch zur Abfassung von 221 Maximen der absolutistischen Regierungskunst, denen er den Titel „Principes de politique des souverains" gab, welche Naigeon zuerst in seiner Ausgabe von Diderot's Werken drucken ließ. Sie sind zum großen Theil in Wendungen ausgedrückt, welche er den Schriften jener Autoren entnahm. Sie machen einen düstern Eindruck und können, da Macchiavell's „Principe" existirt, keinen sonderlichen Werth ansprechen. Verstellung, Heuchelei, Lüge, Verrath, Gewalt, Grausamkeit, das ist zuletzt das, worauf nach Diderot die Kunst des Absolutismus hinausläuft. Der Fürst soll sich vor allem ein schlagfertiges Heer halten; das Volk soll er so besteuern, daß es nothdürftig zu leben hat, weil es dann mit der Sorge für seine Existenz so beschäftigt ist, daß es nicht an die allgemeinen Interessen denken kann und die Kritik des Souveräns vergißt. Sein Lob zu singen, bedarf es nur einiger Schmeichelei gegen die Gelehrten und einigen Geldes. Der Souverän muß sich um das, was er selber im Grunde will, bitten lassen. Er muß in Kleinigkeiten gerecht sein, um sich so das Unrecht in großen Dingen zu erkaufen. Er soll die Menschen nur zu dem brauchen, wozu sie taugen, was die Jesuiten so vortrefflich verstanden haben u. s. w.

Im Gegensatz zur Tyrannei eines Claudius und Nero hatte er im Essai, Kapitel LXXIV, den Freiheitskrieg der Nordamerikaner gefeiert und folgende Apostrophe an sie gerichtet: „Möchte nach Jahrhunderten einer allgemeinen Unterdrückung die Revolution, die sich jenseit der Meere vollzieht, indem sie allen Bewohnern Europas eine Freistatt gegen den Fanatismus und die Tyrannei darbietet, diejenigen, welche die Menschen regieren, über den legitimen Gebrauch ihrer Autorität unterrichten! Möchten diese braven Amerikaner, die lieber ihre Frauen geschändet, ihre Kinder ermordet, ihre Wohnungen zerstört, ihre Felder verwüstet, ihre Städte verbrannt sehen, und die lieber ihr Blut vergießen und sterben, als den geringsten Theil ihrer Freiheit verlieren wollten, dem maßlosen Anwachs und der ungleichen Vertheilung des Reichthums, des Luxus, der Weichlichkeit, der Sittenverderbniß zuvorkommen und für die Aufrechthaltung ihrer Freiheit und die Dauer ihrer Regierung sorgen! Möchten sie, wenigstens für einige Jahrhunderte, das Urtheil verzögern können, das allen Dingen dieser Welt gesprochen ist, ein Urtheil, welches sie verdammt, ihre Geburt, ihre Zeit der Reife, ihren Verfall und ihr Ende zu haben! Möchte die Erde diejenige ihrer Provinzen verschlingen, die eines Tages mächtig und wahnsinnig genug sein könnte, nach Mitteln zu suchen, die andern zu unterjochen! Möchte nie in einer von ihnen geboren werden oder sofort unter der Hand des Henkers oder durch den Dolch eines Brutus der Bürger sterben, der eines Tages mächtig genug und genugsamer Feind seines eigenen Glückes wäre, um das Vorhaben zu fassen, sich zu ihrem Herrn zu machen!"

Politik war nicht Diderot's Feld, weil er zu sehr Moralist war. Er war gebildet genug, so gut als andere über die Geschichte des Tages raisonniren zu können, allein eine tiefere Durchdringung des weltgeschichtlichen Processes fehlte ihm. Geistreiche aphoristische Gedanken über einzelne Völker, Begebenheiten, Fürsten, Staatsmänner haben noch weithin bis zu einer organischen Entwickelung der Menschheit. Es gibt von ihm einige politische Fragmente, die am Ende des dritten Bandes der Édition Brière abgedruckt sind, worin sich Ansätze zu höhern Anschauungen finden, aus denen er aber nur zu bald in die Gemeinplätzlichkeit seiner Declamationen gegen den Fanatismus und die Tyrannei herabfällt. Die moralische Erhitzung verflüchtigt in ihm den Erfolg der politischen Einsicht. In einem jener Fragmente glaubt er, Europa werde keine großen, gewaltsamen Revolutionen mehr erleben, weil seine Nationen schon zu gleichmäßig gebildet seien, und noch weniger werde ein großer Eroberer in ihm auftreten können, da die Fürsten genug zu thun hätten, die Interessen des Ackerbaues und des Handels in ihren Staaten zu fördern. In einem andern erblickt er das alternde Europa China sehr ähnlich, wo die Uebervölkerung jedes Fleckchen Erde sorgfältigst zu bebauen zwinge, wo im Kampf des natürlichen Egoismus der einzelnen die Moral und Gesetzgebung die einzigen Wissenschaften seien, die ein allgemeines Interesse hätten, und wo in der Prosa der Nützlichkeit aller Enthusiasmus untergegangen sei. In einem dritten Fragment bedauert er, daß die Menschen immer so viel Arbeit auf die Bergwerke gewendet hätten, welche Gold bieten, statt auf die Gewinnung des Eisens sich zu richten, aus welchem sie alle Instrumente bilden müssen, die Natur zu bezwingen u. s. w.

In der Ausgabe von Diderot's Werken durch Brière, III, 85, findet sich die Notiz, daß in der Bibliothek seines Enkels, des Herrn von Vandeul, ein Exemplar von Raynal's philosophischer Geschichte der beiden Indien vorhanden war, in welchem Diderot alle von ihm herrührenden Stellen mit Bleistift am Rande bezeichnet hatte. Sie würden einen ansehnlichen Band ausmachen. Wenn man sie zusammen gedruckt besäße, würde man auch Diderot's Politik besitzen.

Diderot's letzte Tage und Tod.

Die Strapazen auf der Reise nach und von Petersburg hatten Diderot sehr angegriffen und in der Brust wie in den Füßen Spuren zurückgelassen. Als er das „Leben Seneca's" ausarbeitete, fing er an, sich über seine Gesundheit zu beklagen, fand seinen Kopf abgenutzt, sagte, er habe keine Ideen mehr, und war immer müde. Sich anzuziehen, war ihm eine Anstrengung. Die Zähne wurden ihm lose und er konnte sich einen nach dem andern schmerzlos herausnehmen. Er aß und ging weniger. Drei bis vier Jahre vollzog sich in ihm ein Zerstörungsproceß, welchen die Fremden, die ihn aufsuchten, nicht bemerken konnten, da er in der Unterhaltung noch immer sehr lebhaft war. Seine Freundin Voland war 1783 gestorben. Auch sein alter Genosse d'Alembert war in diesem Jahre hingeschieden.

Am 19. Febr. 1784 hatte er ein heftiges Blutspeien. „Es ist aus mit mir", sagte er zu den Seinigen; „wir müssen uns trennen, in ein paar Tagen vielleicht, oder in einem Monate, in einem Jahre." Man ließ ihm einigemal zur Ader und er schien wieder zu genesen. Am achten Tage seiner Krankheit verwirrten sich im Gespräch seine Gedanken; er sprach verkehrt, ward es gewahr, fing von neuem an und sprach wieder verkehrt. Da stand er auf, blickte in einen Spiegel und sagte zu seiner Tochter: „Ein Schlagfluß!" Er zeigte ihr, daß sein Mund etwas verschieft und seine Hand kalt und bewegungslos war, ging in seine Stube, umarmte seine Frau und Tochter, sagte ihnen Lebewohl, warf sich auf das Bett und zeigte den Ort, an welchem sich einige Bücher befanden, die ihm nicht gehörten. Dann hörte er auf zu sprechen. Die Aerzte, welche kamen, suchten ihn vergeblich zu bestimmen, seinen Platz zu verändern. Er bedeutete durch Zeichen, daß man ihn ruhig möchte sterben lassen. Man legte ihm Zugpflaster und Spanische Fliegen an und bewog ihn, etwas Milch zu trinken. Um 1 Uhr morgens stand er auf, setzte sich in seinen Lehnstuhl und nahm Brechweinstein, der ihm verordnet war und ihn sehr quälte. So brachte er drei Tage und drei Nächte in einem kalten und raisonnirenden Deliriren zu. Er sprach über griechische und lateinische Grabinschriften, die er seiner Tochter übersetzte; er sprach über die Tragödie, erinnerte sich schöner Verse aus Horaz, Virgil, fragte, welche Stunde es sei, wollte schlafen gehen, setzte sich ganz angekleidet auf sein Bett und stand fünf Minuten nachher wieder auf. Am vierten Tage verschwand dieser Zustand mit der Erinnerung des Geschehenen. Seine Gesundheit schien wiederhergestellt, er plauderte mit seinen Freunden so heiter wie sonst, hatte viel Appetit und aß ein wenig zu viel. Er schlief und wünschte wieder ausgehen zu können. Endlich ging er auch wieder einige Monate hindurch täglich spazieren, empfand keinen besondern Schmerz, war aber matt und schwach und bemerkte, daß seine Füße zu schwellen anfingen. Er consultirte den Dr. Maloët, der ihm viel Sorgfalt widmete, allein von der Unmöglichkeit ihn zu heilen überzeugt war. Die Geschwulst stieg bis zu den Schenkeln. Nun wendete sich Diderot an den Dr. Bacher, der wegen seiner gründlichen Kenntniß der Wassersucht berühmt war. Es war aber schon zu spät. Dr. Bacher konnte ihm nur noch die Geschwulst ermäßigen und die Schmerzen lindern.

Der Pfarrer von St.-Sulpice hörte von seiner Krankheit und besuchte ihn. Diderot empfing ihn sehr artig und sprach mit ihm über seine vortreffliche Verwaltung der Wohlthätigkeitsanstalten seines Viertels, indem er ihm noch einige Arme empfahl, welche der Pfarrer auch unterstützte. Er besuchte Diderot zwei- bis dreimal die Woche und sie unterhielten sich auch über theologische Gegenstände. Diderot suchte diese nicht für die Unterhaltung, wich ihnen aber auch nicht aus. Eines Tags erlaubte sich der Pfarrer die Andeutung, welch schönen Effect es in der Welt machen würde, wenn Diderot einen kleinen Widerruf seiner Werke drucken ließe. „Ich glaube es wohl, Herr Pfarrer", entgegnete er, „aber gestehen Sie, daß ich eine unverschämte Lüge sagen würde." Seine Frau hätte ihr Leben hingegeben, wenn sie damit den Glauben ihres Mannes hätte erkaufen können, aber sie wollte lieber sterben, als ihn zu einer Handlung verleiten, welche sie als ein Sacrilegium betrachtete. Mutter und Tochter ließen daher Diderot niemals mit dem Pfarrer allein.

Diderot wünschte auf das Land gebracht zu werden. Sein alter vierzigjähriger Freund Belle nahm ihn zu sich nach Seve und pflegte ihn mit der innigsten Theilnahme. Er that für ihn, was er nur für seinen eigenen Vater hätte thun können.

Diderot bewohnte seit 30 Jahren den vierten Stock eines Hauses an der Ecke der Straßen Taranne und St.-Benoit. Seine Bibliothek befand sich im fünften Stock. Der Arzt erklärte, daß er nicht mehr ohne die größte Gefahr hinaufsteigen könne, allein Diderot war zu einer Aenderung seiner Wohnung schlechterdings nicht zu bewegen. Grimm wendete sich daher an die Kaiserin, welche den Befehl gab, in der Rue Richelieu ein prachtvolles Quartier zu miethen, worauf Diderot in die Stadt zurückkam und etwa zwölf Tage in dem neuen Logis, das ihn bezauberte, zubrachte. Er wurde aber täglich schwächer. Sein Kopf blieb frei. Von seinem nahen Ende überzeugt, bemühte er sich, seine Umgebung zu täuschen, sprach nicht von seinem Tode und ließ jeden Tag einige neue Anordnungen ausführen, z. B. das Aufhängen seiner Kupferstiche. Den Tag vor seinem Tode brachte man ihm ein bequemeres Bettstell. Die Arbeiter hatten Mühe, es aufzuschlagen. „Meine Freunde", sagte er zu ihnen, „ihr quält euch sehr mit einem Möbel herum, das nicht vier Tage dienen wird." Abends empfing er seine Freunde und sprach mit ihnen über die verschiedenen Wege, zur Philosophie zu gelangen. „Der erste Schritt zur Philosophie ist die Ungläubigkeit." Dies Wort war das letzte, welches seine Tochter von ihm vernahm.

Sonnabend, 30. Juli 1784, stand er auf, plauderte den ganzen Vormittag mit seinem Schwiegersohn und seinem Arzt, setzte sich zu Tisch, aß einen Teller Suppe und nahm eine Aprikose. Seine Frau wollte ihn hindern, sie zu essen. „Aber was zum Teufel willst du, daß mir das für Schaden thun soll?" Er aß sie, stützte seinen Elnbogen auf den Tisch, um noch einige eingemachte Kirschen zu essen, und hustete etwas. Seine Frau richtete eine Frage an ihn. Er schwieg. Als sie ihn ansah, war er nicht mehr.

Seine Beerdigung stieß nur auf leichte Schwierigkeiten. Der Pfarrer von St.-Roch schickte einen Priester, bei seiner Leiche zu wachen, und ließ ihn nicht ohne Pomp in der Kapelle der heiligen Jungfrau zu St.-Roch beisetzen.

Diderot hatte gewünscht, secirt zu werden. Es geschah daher. Der Kopf war so vollkommen gesund wie bei einem Menschen von 20 Jahren. Eine der Lungen war voll Wasser. Sein Herz war um zwei Drittel größer als gewöhnlich. Die Gallenblase war ganz trocken und enthielt 21 Gallensteine, deren kleinster die Größe einer Haselnuß hatte.

Seine Frau erhielt von der Kaiserin eine Pension.

Allgemeine Charakteristik Diderot's.

Diderot's Tod erregte nicht nur kein Aufsehen, sondern war auch bald vergessen. Die Zeit drängte der Revolution entgegen. Grimm's „Correspondance" hatte 1783 den nahe bevorstehenden Tod d'Alembert's und Diderot's vorherverkündet, aber keinem von ihnen, als sie starben, einen Nachruf, einen Nekrolog gewidmet, wie sie sonst mit allen Berühmtheiten zu thun pflegte. Erst 1786 im Novemberheft brachte sie von Grimm's Collaborator, Meister, einen Aufsatz: „À la mémoire de Diderot", den ich hier ganz aufnehme, weil er, nach meinem Urtheil, auch jetzt noch das Beste ist, was sich zur allgemeinen Charakteristik Diderot's sagen läßt. Er schildert Diderot richtig, unparteiisch und mit Wärme, weil Meister ihn persönlich lange genug gekannt hatte. Er sagte:

„O Diderot, wie viel Tage sind schon verflossen, seit dein Geist erlosch, seit die Dunkelheit des Grabes deine leblose Asche bedeckt hat! Und von so vielen Freunden, denen du deine Nachtwachen widmetest, denen du die Hülfsquellen deines Talents und die Reichthümer deiner Phantasie verschwendetest, hat noch keiner sich beschäftigt, dir ein Denkmal zu errichten, würdig der Dankbarkeit, welche die Freundschaft, dein Jahrhundert und die Zukunft dir schulden!

„Welches Gelehrten Lob könnte indessen anziehender sein, der Nachwelt überliefert zu werden? Es ist wahr, daß er keine Entdeckung machte, welche die Sphäre unserer Kenntnisse vergrößert hätte; vielleicht hat er nicht einmal ein Werk hinterlassen, welches ihn in den ersten Rang unserer Redner, unserer Philosophen, unserer Dichter stellte; aber ich frage alle, welche das Glück hatten, ihn zu kennen, ob er deshalb weniger eine der erstaunlichsten Erscheinungen der Macht des Genies war?

„Wenn es Menschen gibt, von denen es für den Ruhm des menschlichen Geistes wichtig ist, ein treues Andenken zu bewahren, so sind es die, welche auf die öffentliche Achtung und Bewunderung die reellsten Ansprüche hatten, denen aber die Umstände, eine gewisse Fatalität ihres Schicksals, nie erlaubte, all ihre Kraft, den ganzen Umfang ihrer Fähigkeiten, zu entwickeln. Welches Lob Virgil's könnte heute noch der Vorstellung, die er uns von sich durch die Aeneide, welches Lob der Vorstellung Racine's, die er uns von sich durch die »Phädra« und »Athalie« hinterlassen hat, etwas hinzufügen? Wie viel Weise aber, die von ihrem Jahrhundert, das sie geboren werden sah, wie von den folgenden Jahrhunderten gleich sehr verehrt werden, würden unserm Gedächtniß verloren sein, wenn es nicht durch die Huldigungen ihrer Zeitgenossen geheiligt wäre? Es ist nicht dein Lob, o Diderot, welches ich zu unternehmen wage. Kaum schmeicheln sich meine schwachen Talente, hier einige Blumen zu sammeln, würdig, deine Graburne zu schmücken. Allein auch ich habe oft das Glück gehabt, mich deinem bescheidenen Asyl zu nähern; auch ich habe oft die kostbaren Gaben getheilt, welche dein Genie mit einer so leichten und großmüthigen Hingebung, mit einer so sanften und anziehenden Wärme ausstreute. Nicht in eitle Lobeserhebungen soll meine Dankbarkeit sich ergießen, aber ich werde wenigstens auszudrücken versuchen, was ich gesehen, was ich gefühlt habe, und diejenigen deiner Freunde, welche diese flüchtigen Umrisse sehen, werden darin vielleicht einige Züge deines Bildes treu wiedergegeben finden.

„Der Künstler, welcher das Ideal zum Kopf eines Aristoteles oder Platon gesucht hätte, würde schwerlich einen bessern modernen Kopf als den Diderot's dazu gefunden haben. Seine breite, offene und sanft gerundete Stirn trug das imposante Gepräge eines umfassenden, hellen und fruchtbaren Geistes. Der große Physiognomiker Lavater glaubte darin einige Spuren eines schüchternen, wenig unternehmenden Charakters zu bemerken. Da er nur nach einigen Porträts hatte urtheilen können, so schien uns diese Auffassung immer einen sehr feinen Beobachter zu verrathen. Seine Nase war von männlicher Schönheit; der Umriß seines obern Augenlides zart, der Ausdruck seiner Augen sanft und gefühlvoll, außer, wenn sein Kopf zu arbeiten begann, wo sie von Feuer glühten; sein Mund athmete eine anziehende Mischung von Freiheit, Anmuth und Gutmüthigkeit. Wie nachlässig er sich sonst auch trug, so hatte er doch von Natur in der Haltung seines Kopfes, und vorzüglich wenn er seine Rede mit Geberden begleitete, viel Adel, Energie und Würde. Es scheint, als ob der Enthusiasmus die natürlichste Art und Weise seiner Stimme, seiner Seele, aller seiner Züge geworden war. In einer kalten und gleichgültigen Situation konnte man bei ihm oft Zwang, Unbeholfenheit, Furchtsamkeit, sogar eine Art von Affectation finden. Er war der wirkliche Diderot, er war wahrhaft nur er selbst, wenn sein Gedanke ihn außer sich versetzt hatte.

„Um von dem Umfang und der Fruchtbarkeit seines Geistes sich einige

Vorstellung zu machen, genügt es, ich sage nicht, auf alles, was er gethan hat, sondern nur auf die Werke, welche das Publikum von ihm kennt, einen raschen Blick zu werfen. Derselbe Mann, der den Plan zu dem schönsten Denkmal faßte, das jemals ein Jahrhundert dem Ruhm und dem Unterricht des Menschengeschlechts widmete, der Mann, der selbst einen großen Theil desselben ausführte, hat zwei Theaterstücke in einer ganz neuen Gattung gemacht, denen auch der strengste Geschmack wenigstens große dramatische Effecte, und einen Stil voll Wärme und Leidenschaft nicht abstreiten kann, derselbe Mann, dem wir so viel Stücke der subtilsten Metaphysik, in seinen Briefen über die Blinden und die Taubstummen, in seinen philosophischen Gedanken, in seiner Interpretation der Natur, in so vielen Artikeln der Encyklopädie über die alte Philosophie verdanken, eben derselbe hat die kleinste, genaueste und eingehendste Beschreibung aller unser Gewerbe gemacht. Jedermann weiß, wie sehr diese Arbeit seitdem vervollkommnet ist, kann man aber vergessen, daß man vor Diderot über diesen Gegenstand keine lesbare Zeile besaß? Derselbe Mann, der uns so viele kenntnißreiche, philosophische und gelehrte Werke, selbst mathematische Abhandlungen hinterlassen hat, von denen ich oft den ersten unserer Geometer mit großer Anerkennung sprechen gehört habe, hat noch Erzählungen und Romane beschrieben, hat die ausbündigsten Sachen voll Originalität, Schwung und Humor gemacht und hat mit einer der besten moralischen Schriften in der französischen Sprache, seinem «Essai sur les règnes de Claude et de Néron» seine literarische Laufbahn zum allgemeinen Nutzen beschlossen. Bedenkt man, daß so viele und in ihrer Gattung so verschiedene Werke von einem Manne herrühren, der zu ihrer Abfassung nur die Zeit hatte, deren er nicht bedurfte, seine eigene Subsistenz und die seiner Familie zu sichern, der in der Folge ihnen nur einige Augenblicke schenken konnte, welche ihm die Zudringlichkeit der Fremden, die Unbescheidenheit seiner Freunde übrigließ, und vor allem die außerordentliche Sorglosigkeit seines Charakters, so wird man ohne Zweifel zugeben, daß wenig Menschen mit einem umfassendern Geist, mit der Geschicklichkeit eines seltenern und fruchtbarern Talents begabt gewesen sind.

„Diderot's Genie glich jenen Söhnen, die, im Schos einer wohlhäbigen Familie erwachsen, den Fonds ihres Reichthums für unerschöpflich halten und daher ihrem Verlangen keine Grenzen setzen und in ihren Ausgaben keine Ordnung halten. Bis zu welchem Grade der Ueberlegenheit hätte dies Genie sich nicht erhoben, zu welchem Unternehmen hätten seine Kräfte nicht hingereicht, wenn er sie auf Einen Gegenstand gerichtet, wenn er wenigstens die Zeit und die Anstrengung, die er unaufhörlich für jedermann, der seine Hülfe, seinen Rath, seine Einsicht in Anspruch nahm, der Vervollkommnung seiner eigenen Werke aufgespart hätte! Das, was er anfänglich aus Gutmüthigkeit, aus Gewohnheit, aus einem gewissen Hange seines Charakters that, that er hinterher aus Nothwendigkeit, aus Grundsatz, und er selbst drückte sich darüber sehr naiv aus: Man stiehlt mir mein Leben nicht, ich gebe es. Was kann ich Besseres thun, als dem, der mich genugsam achtet, mich um einen Theil desselben zu bitten, ihn zu geben? Der Hauptpunkt ist nicht, daß die Sache durch einen andern oder durch mich gemacht, sondern daß sie gemacht und gut gemacht werde, sei es durch einen schlechten oder guten Menschen. Man wird mich deshalb weder jetzt noch nach meinem Tode loben, aber ich werde mich selbst um so mehr achten und man wird mich um so mehr lieben. Der Tausch der Wohlthätigkeit, deren Lohn sicher ist, gegen die Berühmtheit, die man nicht immer und nicht ohne Unbequemlichkeit erwirbt, ist kein schlechter. Vielleicht imponire ich mir durch Scheingründe und bin mit meiner Zeit verschwenderisch, weil ich so wenig Werth darauf lege; ich vergeude nur, was ich verachte; man fordert sie als ein Nichts von mir und so bewillige ich sie auch. — Als eine Art Gewissensbiß des Gelehrten fügte er hinzu: So muß es wol sein, weil ich an andern tadeln würde, was ich bei mir selbst billige.

„Umstände und Gewohnheit haben gewiß einen großen Einfluß auf den Charakter, die Ausdehnung oder die Grenzen unserer Vermögen; wenn aber die Natur sie oft auf eine eigenthümliche Art modificirt hat, so ist es umsonst, für solche Sonderbarkeiten einen andern Ursprung zu suchen. Wenn jemals eine Fähigkeit existirt hat, alle menschlichen Kenntnisse aufzunehmen und zu befruchten, so war es die Diderot's. Er war von Natur ein encyklopädischer Kopf. Subtile Metaphysik, tiefer Calcul, gelehrte Untersuchung, poetische Conception, Geschmack an den Künsten und am Alterthum, an alle diese so verschiedenen Gegenstände heftete sich seine Aufmerksamkeit mit derselben Energie, mit demselben Interesse, mit derselben Leichtigkeit; aber seine Gedanken begeisterten ihn abwechselnd so leidenschaftlich, daß sie vielmehr seines Geistes, als sein Geist ihrer sich bemächtigte. Seine Ideen waren stärker als er; sie rissen ihn mit sich fort, ohne daß es ihm möglich war, sie aufzuhalten oder ihren Gang zu regeln. Wenn ich mich der unendlichen Mannichfaltigkeit seiner Ideen, der erstaunlichen Vielseitigkeit seiner Kenntnisse, des raschen Aufschwungs, der Wärme, des ungestümen Tumults seiner Phantasie, des ganzen Reizes und der ganzen Unordnung seiner Unterhaltungen erinnere, so wage ich seine Seele der Natur zu vergleichen, wie er sie selbst erblickte, reich, fruchtbar, voll von überschüssigen Keimen aller Art, sanft und wild, einfach und majestätisch, gut und erhaben, allein ohne ein herrschendes Princip, ohne Herrn und ohne Gott.

„Ich will mich hier über die Ungläubigkeit meines Jahrhunderts nicht betrüben. Der Aberglaube hat den Menschen so viel Uebel zugefügt, daß man der Vernunft danken muß, endlich sein Joch zerbrochen zu haben; aber wie gern ich auch allen Menschen verzeihe, nichts zu glauben, so halte ich es doch für Diderot's Ruf, vielleicht sogar für die Ehre seines Jahrhunderts, für wünschenswerth, daß er kein Atheist oder daß er es wenigstens nicht mit solchem Eifer gewesen wäre. Der hartnäckige Krieg, den er Gott zu machen sich verpflichtet glaubte, ließ ihn die köstlichsten Augenblicke seines Lebens verlieren, entzog ihn oft der Cultur der Wissenschaften und Künste, ließ ihn vor allem das Talent vernachlässigen, welches seinen Ruf am sichersten begründet hätte. Er hatte sich zum Philosophen gemacht, während die Natur ihn zum Redner oder Dichter bestimmt hatte. Wer will in Abrede stellen, daß sie zu andern Zeiten, unter andern Umständen, nicht lieber einen Kirchenvater aus ihm gemacht hätte? Er wäre nicht minder geeignet gewesen, auf den Pfaden eines Calvin oder Luther zu wandeln, wenn er einer strengern Haltung fähig gewesen wäre oder wenn er im Charakter nicht ebenso viel Schwäche als Kraft und Festigkeit im Geist besessen hätte.

„Alle Tugenden, alle schätzbaren Eigenschaften, die keine große Folge der Ideen, keine große Beständigkeit der Zuneigung erheischen, waren Diderot natürlich. Er hatte die Gewohnheit, sich zu vergessen, wie die Mehrzahl der Menschen die, nur an sich zu denken. Er gefiel sich darin, andern nützlich zu sein, wie man sich in einer angenehmen und heilsamen Uebung gefällt. Alle Feinheit, alle Thätigkeit des Geistes, die man gewöhnlich aufwendet, sein eigenes Glück zu machen, verbrauchte er für den ersten, besten und überschritt hierin oft alles Maß; eine recht verwickelte Intrigue, die zum Ziel zu führen schien, verlieh für ihn seinem Vergnügen der Aufopferung einen neuen Reiz. Schüchtern und ungeschickt für eigene Rechnung, war er es nie für andere. «Ist er gut, ist er böse?» ist der Titel eines kleinen Lustspiels, worin er sich selbst schildern wollte. Er besaß in Wahrheit mehr Sanftmuth als wirkliche Güte, zuweilen die Bosheit und den Zorn eines Kindes, vor allem aber einen unerschöpflichen Vorrath von Gutmüthigkeit. Mit aufrichtigem Vertrauen liebte er alle Menschen, bis er starke Gründe hatte, sie zu verachten oder zu hassen. Selbst wenn er sich schon aus sehr gerechten Ursachen über sie zu beklagen hatte, lief er noch Gefahr, es zu vergessen. So oft er sich ernstlich verpflichtet glaubte, sich daran erinnern zu müssen, schrieb er sich dies auf kleine Blätter ausdrücklich auf; allein diese Blätter blieben in einem Winkel seines Schreibschranks und selten kam ihm das Verlangen, dies Register zu consultiren: ich habe ihn nur ein einziges mal danach greifen sehen, die Vergehen zu erzählen, welche der unglückliche Rousseau gegen ihn begangen hatte.

„Diderot unterhielt sich weniger mit den Menschen als mit seinen eigenen Ideen. Obwol ein leidenschaftlicher Vertheidiger des Materialismus, kann man doch behaupten, daß er in seiner Art zu fühlen und zu existiren der entschiedenste Idealist war; er war es, ihm zum Trotz, durch den unüberwindlichen Zug seines Charakters und seiner Phantasie. Der größte Reiz der Gesellschaft, worin er gewöhnlich lebte, bestand darin, daß sie das einzige Theater war, auf welchem er seiner natürlichen Begeisterung sich ganz hingeben und sich in seiner ganzen Exaltation entfalten konnte. Als das Alter seinen Kopf abkühlte, schien ihm die Gesellschaft gleichgültig genug zu werden; oft machte sie ihm sogar mehr Verdruß als Vergnügen und er kehrte mit Wonne in seine Einsamkeit zurück. Seine Bücher, welche den Wohlthaten Katharinens zum Vorwand dienten, einige einsiedlerische Spaziergänge, eine vertraute Plauderei, besonders mit seiner Tochter, wurden seine süßesten Erholungen. Diese Tochter, die er so zärtlich liebte und welche dieser Liebe so würdig war, blieb bis zum letzten Augenblick die Erquickung und der Trost seines Lebens. Sie half ihm mit unveränderlicher Geduld und Sanftmuth die langwierigen Leiden und die peinliche Langeweile einer Krankheit ertragen, deren Ausgang er lange Zeit ohne Furcht und ohne Schwäche entgegengesehen hatte."

Dies von Meister aufgestellte Bild Diderot's, das auch seine Schattenseiten nicht verhehlt, ist so vortrefflich, daß man es nicht verbessern, nur ergänzen kann. Ich versuche dies in den folgenden Zügen.

Das, was an Diderot zunächst als charakteristisch auffällt, ist eine gewisse Passivität, die immer erst eines Anstoßes von außen bedarf, um sich aufzuheben und dann einer oft höchst intensiven, verwundersamen Activität Raum zu machen. Es war diese Form seiner Entwickelung kein Mangel an Kraft oder Mangel an Thätigkeit, aber an Bestimmtheit. Er war in sich selbst unaufhörlich beschäftigt, allein um aus sich herauszugehen, bedurfte er einer positiven Aufforderung durch die Gelegenheit. Wie er auf dem Collége in Paris jenem Mitschüler, welcher die Rede nicht zu Stande bringen konnte, womit die Schlange Eva verführte, sofort die nöthigen Verse machte, so blieb er sein ganzes Leben hindurch. Er wurde nicht aus spontaner Originalität, sondern infolge einer äußern Veranlassung productiv. Er selbst schildert sich ganz richtig oft genug als einen träumerischen Menschen, der sich gern in Muße dem Spiel seiner Gedanken überläßt. Er lebte in einer steten Ideenfermentation, die, um zu krystallisiren, von außen her auf einen Punkt centralisirt werden mußte. Diese Indolenz, welche die Aufforderung, sich zu manifestiren, gleichsam abwartete, ist unstreitig der wahre Grund der grenzenlosen Bereitwilligkeit, mit welcher er andern entgegenkam und ihnen seine Zeit, seine Verwendung, seine Arbeit, sein Geld, je nach ihrem Anspruch, ohne Rücksicht auf sich opferte. Hätte er in sich selbst größere Aufgaben genährt, hätte er, aus seiner eigensten Individualität heraus, künstlerische oder wissenschaftliche Probleme zu gestalten gehabt, deren Lösung ihm jeden Augenblick kostbar gemacht hätte, so würde er für andere nicht so viel Zugänglichkeit, nicht so viel Zeit gehabt und sich mehr in sich abgeschlossen haben. Er assimilirt, er kritisirt, er übersetzt, er ahmt nach, und nun überrascht ihn im Verlauf der Thätigkeit sein eigener Genius mit Productionen, die er selbst, als er anfing, noch nicht ahnte. Die Grundform seiner Productivität war die Improvisation, die ihn durch Frische, Freimuth, Fruchtbarkeit, als Gesellschafter unter vier Augen glänzender als in seinen Schriften erscheinen ließ. Hierin stimmen alle Berichterstatter, die ihn persönlich kannten, Morellet, Marmontel, Suard, Garat und andere überein. Der letztere hat uns in seinen Memoiren ein sehr detaillirtes Bild von dem Sturm und Drang einer Diderot'schen Unterhaltung hinterlassen. Die unbedingte Hingabe an seinen Gegenstand, der Enthusiasmus, war die seinem Wesen gemäßeste Stimmung. Madame Necker konnte ihn gar nicht genug hören und wünschte, daß ein Secretär hinter seinem Rücken alles, was er spräche, aufzeichnen könnte. Sein vorwärts strebender Geist war in einem rastlosen Umbilden des Gegebenen begriffen. Nichts ist für sein Verhalten charakteristischer als die Anekdote, daß er eines Tages einem Bekannten ein Buch ganz außerordentlich lobte und ihm die interessanten Ideen, die er darin gefunden habe, auseinandersetzte. „Aber, Herr Diderot, ich habe das Buch auch gelesen und von all den schönen Dingen, welche Sie mir da berichten, nichts entdeckt.“ Diderot antwortete: „Wie? Diese Dinge stehen nicht darin? Nun gut, so sage ich Ihnen, daß sie wenigstens hätten darin stehen sollen.“ So hoch wir daher Diderot's Intelligenz stellen müssen, so erscheint er doch von dieser Seite nur als ein Talent, nicht als ein Genie. Er war eine genialische Natur, allein in der Art seiner Entwickelung stellt er nur eine Synthese vieler, unter sich weit auseinandergehender Talente dar, die ihn in jedem einzelnen als Philosophen, als Dichter, als Mathematiker, als Historiker, zu einem Schriftsteller nur zweiten Ranges macht. Montesquieu hat seine Größe durch die Idee des Staats, Voltaire durch die Poesie in ihrem ganzen Umfang und durch die Geschichtschreibung, Rousseau durch die Schilderung und reformirende Kritik der Gesellschaft, Buffon durch die

Naturwissenschaft, d'Alembert durch die Mathematik, Turgot durch die Staatswirthschaft. Diderot ist keinem dieser Gebiete fremd, allein er hat sich durch alle zerstreut und, mit Ausnahme der Technik und des Dramas, keins mit entschiedener Nachhaltigkeit gefördert. In keiner Wissenschaft hat er ein Gesetz entdeckt, in keiner Kunst ein Ideal erschaffen. Als er älter wurde, concentrirte er sich jeweilig zu Effulgurationen, denen man den schöpferischen Hauch nicht absprechen kann. Weil er aber diese Arbeiten nur zu seiner eigensten Genugthuung hinwarf, weil er sie von vornherein nicht für die Oeffentlichkeit bestimmte, so haftet ihnen etwas Unfertiges, Privates, Hyperindividuelles, ja Bizarres an, das uns hindert, sie bei aller Bewunderung, welche sie uns abnöthigen, als vollkommen classische Werke anzuerkennen.

Diderot war mit einem großen Verstande, aber auch mit einer nicht weniger großen Phantasie begabt. Sein Verstand faßte die Erscheinungen der Welt mit Schärfe und Klarheit auf, unterwarf sich ihnen mit Geduld, und war sogar der kältesten Abstraction, der verwickeltsten mathematischen Berechnung fähig. Seine Phantasie hingegen spielte mit den Erscheinungen, erging sich im Luxus ihrer Combinationen, erhob mit Kühnheit ihren Flügelschlag zu den Sternen und versenkte sich ohne Furcht in die dunkelsten Abgründe. Hieraus entstand bei ihm ein gewisser Dualismus von Verstandesraisonnement und phantastischem Bildwerk. Er sprang gewöhnlich vom Begriff zur Anschauung, von der Anschauung zum Begriff. Er haßte die Allegorie in der bildenden Kunst wegen ihrer Mattheit, Unbestimmtheit, Leblosigkeit, allein in seinem „Spaziergang eines Skeptikers", in seinen „Träumen Mongogul's und Mirzoza's", in seinem „Weißen Vogel" huldigte er ihr selber. Diderot weiß sehr wohl, daß jede Definition das Resultat einer Vermittelung sein sollte, allein gewöhnlich begnügt er sich als Didaktiker mit einem unmittelbaren Aufstellen von Definitionen und dem Herausziehen der nächsten Consequenzen aus ihnen. Bald aber mischt er in die Reihe der Schlußfolgerungen Beispiele, die ihm stets in reicher Fülle zu Gebote stehen. Das Detail ist seine Stärke. Will er abschließen, so geschieht es oft nur durch ein Bild oder auch eine Anekdote, die er vortrefflich zu erzählen versteht. Er wird dadurch unterhaltend wie irgendeiner, er unterrichtet auch damit immer noch besser, als ein lahmes Compendium, allein er bringt es nicht zu einem architektonisch befriedigenden, wissenschaftlichen Kunstwerk. Immer werden wir ihm eine außerordentliche Anregung verdanken, selten wird er eine tiefe Ueberzeugung in uns begründen. Nach der Seite der Phantasie gelangt er ebenso wenig zu einer vollkommen freien Entfaltung. Er bedarf des Anhalts einer Thatsache, einer Tendenz, um ihr Spiel nach einer gewissen Richtung zu lenken. Er bringt es zu keiner großen, wahrhaft idealen Dichtung. Der Philosoph und der Poet unterstützen sich zwar in ihm bis zu einem gewissen Grade, allein sie hemmen sich auch, jeden zu einer selbständigen Größe werden zu lassen. Der Philosoph benutzt den Poeten, unterhaltend zu werden; der Poet läßt sich durch den Philosophen verführen, lehrhaft, d. h. prosaisch zu werden, und Diderot, dieser Riese der Intelligenz, diese mächtige Phantasie, wurde weder ein großer Philosoph noch ein großer Dichter, sondern blieb an der Grenze der classischen Größe stehen und zeigte nur, daß er sie vielleicht hätte erreichen können. Die Vielseitigkeit seiner Leistungen und der geistreiche Schimmer, der keiner von ihnen fehlt, dürfen uns nicht über den absoluten Werth derselben täuschen, so wichtig ihre relative Bedeutung ist. Nachdem Diderot durch einzelne, an sich zufällige Versuche die Erfahrung der ungeheuern in ihm schlummernden Möglichkeit gemacht hatte, überkam ihn selber das schmerzliche Gefühl, zwar viel gearbeitet, aber nichts Großes, Vollendetes geschaffen zu haben. Bisher, sagte er selber noch 1767, habe ich noch nicht die Hälfte meiner Kraft zusammengenommen; „je n'ai que baguenaudé". Als es nun aber doch zu keinem großen Werk kam, schob er dies auf seine Lage oder tröstete sich damit, daß das Gute, was er andern Menschen gethan, besser sei als gute Schriftwerke, die er hätte verfassen können. Die Form des Dialogs und des Briefes war daher in der That für sein zwischen Philosophie und Poesie getheiltes Wesen die angemessenste, weil sie ihm mit der größten Lebendigkeit des Ausdrucks zugleich die größte Freiheit der Uebergänge gestattete.

Diderot wurde von seinen Freunden der Philosoph schlechtweg genannt. Er nannte sich auch selbst so. Und er war auch in der That ein Philosoph, allein ein mit sich selbst in unbewußtem Widerspruch befangener. Er war vom Sensualismus zum Materialismus, vom Theismus zum Atheismus fortgegangen und wollte doch zugleich noch die Moralität festhalten. Dies ist ein Widerspruch, denn der Materialismus, der nur physische Causalität kennt, muß folgerichtig alle Freiheit von sich ausschließen. Wenn Diderot philosophirt, metaphysicirt, so thut er dies auch. Wenn er aber moralisirt, wenn er ästhetische Kritik übt oder vollends wenn er dichtet, so vergißt er diese Consequenz seines Standpunkts und postulirt die Freiheit.

In dem Artikel der Encyklopädie „Liberté", von welchem wir früher Rechenschaft gegeben haben, sagt Diderot in erster Person wörtlich: „Ich gestehe, daß man gegen die Freiheit vortreffliche Einwände macht. Man macht aber ebenso gut welche gegen die Existenz Gottes, und wie ich, ungeachtet der äußersten Schwierigkeiten gegen die Schöpfung und die Vorsehung, nichtsdestoweniger an sie glaube, so glaube ich mich auch frei, ungeachtet der gewichtigen Einwürfe, die man stets gegen diese unglückliche Freiheit machen wird. Und wie sollte ich sie nicht glauben? Sie trägt alle Kennzeichen einer ersten Wahrheit. Keine Meinung ist im menschlichen Geschlecht so allgemein. Sie ist eine Wahrheit, zu deren Aufklärung es nicht erst des Raisonnements der Bücher bedarf. Freiheit ruft die Natur uns zu; Freiheit singen die Schäfer auf den Bergen; Freiheit die Dichter auf den Theatern; Freiheit lehren die einsichtsvollsten Männer auf den Kathedern; Freiheit wiederholen und fordern alle Conjuncturen des Lebens. Zeigt nicht die kleine Zahl derer, die aus sonderbarer Affectation oder aus übertriebener Spitzfindigkeit das Gegentheil zu sagen beliebt hat, durch ihr eigenes Betragen die Falschheit ihrer Worte?" Diderot bleibt hier also bei der Erfahrung der Freiheit stehen, obwol er anderwärts, z. B. in dem Briefe an jenen uns unbekannten L. behauptet, daß im Grunde nur physische Ursachen existirten, und daß Reue zu empfinden eine falsche Philosophie sei. Dieser Brief, in welchem er mit einem anspruchsvollen und hypochondrischen Menschen zu thun hatte, ist oft angezogen worden, um Diderot's Leugnung der Freiheit zu beweisen, allein eben dieser Brief ist ganz der nämliche Widerspruch, der hier bei Diderot überall uns entgegenklafft. Einmal ermahnt er seinen Freund zur Tugend; dann soll Freiheit ein sinnleeres Wort sein; dann soll der Freund das Ungerechte seiner Klagen, seiner Selbstüberschätzung einsehen, dann soll er sein Betragen reformiren, sich mit seinen Einkünften einrichten u. s. w., d. h. ich halte diesen Brief für ein Product des Affects, worin Diderot alle möglichen Gründe zusammenhäuft, seinen Freund zu beruhigen und in die nothwendigen Grenzen zurückzuweisen, aber ich halte ihn nicht für eine philosophische Abhandlung. Der Widerspruch Diderot's mit sich selbst, neben der mechanischen Nothwendigkeit als der absoluten doch zugleich die Freiheit zu postuliren, legt sich übrigens auch hier offen genug dar. Bei keinem Franzosen fühlt man stärker als bei Diderot, daß ein Deutscher, daß ein Kant kommen mußte, die Gegensätze von Sinnlichkeit und Geist, Receptivität und Spontaneität, Verstand und Vernunft, Anschauung und Begriff, Endlichkeit und Unendlichkeit, Nothwendigkeit und Freiheit, antinomisch zusammen zufassen und dialektisch aufzulösen. Ich glaube, wie ich früher schon äußerte, Diderot wäre Kant's größter Bewunderer geworden, denn er steht ihm mit seiner Skepsis oft ganz nahe.

Wir haben die stufenweise Entwickelung Diderot's kennen gelernt; wir haben gesehen, wie er durch den Skepticismus zum materialistischen Dogmatismus gelangte. Er wollte für die Wissenschaft keine Voraussetzung. Platon nannte dies Anhypothetik; er nannte es incrédulité. Ein Urtheil soll immer Resultat eines Schlusses sein, sonst ist es ein Vorurtheil. Der Glaube an die Existenz eines Gottes ohne Beweis ihrer Nothwendigkeit galt ihm als ein Vorurtheil. Wir können ihm dies zugestehen, aber wir können auch fragen, ob er die Nothwendigkeit bewiesen hat, die Materie, wie er thut, als das Erste vorauszusetzen; ob er bewiesen hat, daß kein Gott existirt? Hier finden wir in seiner Entwickelung, wie bei so vielen Materialisten, einerseits einen Sprung, andererseits einen Paralogismus. Der Sprung besteht darin, daß der teleologische Beweis für die Existenz Gottes übersprungen wird; der Paralogismus darin, daß der Natur, obwol sie nur blindwirkende Materie sein soll, in der Anordnung der Massen, der Kräfte, der Formen, im Zusammenwirken der Processe, in der Wechselwirkung der unorganischen und organischen Körper, die verständigste Berechnung, die weiseste Oekonomie, die bewunderswürdigste Absichtlichkeit zugeschrieben wird; d. h. man spricht von ihr als einem intelligenten Subjecte. Man schmuggelt durch Subreption den Gedanken in die Materie ein. Solange Diderot Theist war, stützte er sich auf den teleologischen Beweis. Der Flügel eines Schmetterlings predigte ihm das Dasein eines Gottes. Späterhin, von 1760 ab, wirft er die Teleologie fort, weil sie ihm nur subjective Fictionen zu bieten scheint. Wir Menschen schieben allerdings der Natur auch Zwecke unter, welche sie gar nicht kennt. Das ist ein Irrthum, in welchen wir verfallen können. Unser Egoismus kann sehr kleinliche, sehr lächerliche Zweckursachen erfinden. Allein das Unwesen einer äußerlichen Teleologie berechtigt noch nicht dazu, die Teleologie überhaupt zu verwerfen, und läßt vor allem die innere Zweckmäßigkeit unerklärt. Wie kommen die Atome dazu, jene zahllosen Systeme zu bilden, welche wir Mineralien, Pflanzen, Thiere nennen? Wie kommen sie, als undenkende und unwollende, dazu, Gebiß, Magen, Gedärme der Pflanzenfresser für die Pflanzennahrung, Gebiß, Magen, Gedärme, Tatzen der Fleischfresser für die Fleischnahrung zu organisiren? Wie kommen an sich todte Atome, die nur Substanzen, nicht Subjecte sind, dazu, eine Reihenfolge der Entwickelung, eine Continuität in der Umbildung eines Typus zu zeigen? Ist diese der Natur immanente Berechnung ohne ein ihr transscendentes Subject erklärlich? Hier vermissen wir in der Geschichte des Diderot'schen Philosophirens den Beweis, daß das Universum in seiner wandellosen Harmonie nicht das Product einer absoluten Intelligenz ist. Als ein sinniger, phantasievoller Mensch fällt er um so mehr in den Paralogismus, die Weisheit der Natur zu bewundern und ihr alles mögliche Schöne nachzusagen, wenn er auch zuweilen mit der Möglichkeit spielt, daß die bestehende Welt in einen Klumpen zusammenstürzen und dann durch die Action und Reaction der Atome sich ganz andere Formen der Dinge bilden könnten, obwol nicht abzusehen ist, weshalb nicht, die Gleichheit der Substanz und der Form der ewigen Atome einmal vorausgesetzt, gerade die nämliche Welt sich wiederholen sollte, und der relative Untergang der jetzigen ein ganz überflüssiger wäre. Die Atome können immer nur nach ihrer Attraction und Repulsion mechanische, in sich todte Aggregate hervorbringen. Inneres, Zweck, Leben, Seele, Geist, Idealität sind für den Materialismus sinnleere Wörter. Wollte man ausrufen: Wie groß ist die Materie, wie bewundernswürdig ist ihre Weisheit! so würde man die Absurdität des Urtheils merken, denn das Prädicat der Weisheit, der intellectuellen Größe, ist mit dem Substantivum Materie unverträglich. Bei dem Wort Natur aber haben wir uns an diese aus dem Polytheismus, aus dem Paganismus abstammende Sprechweise gewöhnt. Die Materialisten reden von dem Plan, den die Natur verfolgt, von der Ordnung, welche sie festgesetzt hat, von den Gesetzen, nach welchen sie das All regiert. Sie hören nicht auf, Verstand in der Natur vorauszusetzen. Das hat Diderot denn auch reichlich gethan, namentlich in den „Salons", wo er so oft die Schönheit der Natur bewundert. Es geht nicht anders. Wer den Geist als absoluten nicht zu denken vermag, der muß ihn in dem Surrogat der magna mater, der großen Göttin von Ephesus, anbeten. War dies nun schon ein Widerspruch des Materialismus mit sich selber, so war der noch größere, in welchen Diderot fiel, der, daß er die Moralität festhalten wollte. Moralität ist allerdings für den Atheisten möglich, sofern er die Nothwendigkeit der Pflicht anerkennt, allein der Materialist, der consequent zugleich Atheist sein muß, kann die Möglichkeit der Moralität nicht mehr zugeben, weil er nur den mechanischen Proceß der materiellen Bewegung als einzige Causalität proclamiren darf. Denken, Wollen, Selbstbestimmung, Unabhängigkeit von sinnlichen Motiven, Handeln, Schuld, Schuldbewußtsein, sind für ihn unmöglich. Sie sind ein Vorurtheil. Reue über eine That, als hätte man in einem gegebenen Augenblick anders, als geschehen, handeln können, ist für ihn ein Wahn. Es existirt für ihn keine causa finalis, nur eine causa efficiens. So raisonnirt Diderot auch, wenn er den Arzt Bordeu als consequenten Materialisten reden läßt. Aber der Mensch Diderot? wie kommt er dazu, daß er sich gleich den Daumen würde haben abhacken lassen, wenn er damit seinen schlüpfrigen Roman der „Bijoux indiscrets" hätte vernichten können? Er bereute also. Und der Aesthetiker Diderot? Wie kommt er dazu, den Künstlern Mangel an Ideen, an Erfindung, verkehrte Richtungen, schlechten Geschmack zum Vorwurf zu machen? Wie kommt er dazu, zu behaupten, daß, wenn eine Maschine die Madonnen Rafael's zu verfertigen im Stande wäre, wir aufhören würden, sie zu bewundern? Er fordert also Freiheit, schöpferische Kraft, productive Intelligenz für die Kunst, obwol er principiell nur die Nothwendigkeit der causa efficiens in den Atomen kennt. Und der Dramatiker Diderot? Er kann ohne die Freiheit der Personen nicht Eine Scene dichten, denn alles Handeln ist Handeln nur als Product der Freiheit. Ohne That, ohne Schuld, ohne Zurechnung, ist das Drama undenkbar. Und endlich der Moralist Diderot? Wie kann er das Wesen der Tugend als Aufopferung definiren, wie kann er Wohlwollen, Mitleid, Heroismus fordern, wenn der Mensch in seinen Handlungen necessitirt ist, wenn die ganze Sprache der Moral in einem Selbstbetrug besteht, wenn unser Wollen und Thun zwar ein Geschehen, aber ein seelenloses, unfreies ist? Was für ein Interesse hat die Geschichte der Menschheit noch, auch in ihren schrecklichen Seiten, in den Untiefen des Verbrechens, wenn sie kein Product der Freiheit, wenn sie nicht der Gegensatz der Natur ist? Gewiß ehrt es, unserer Meinung nach, den Menschen Diderot, daß er an der Moralität festhielt, aber den Philosophen Diderot können wir nicht von dem Widerspruch absolviren, principiell Materialist und Atheist zu sein und doch nicht wie ein Lametrie zu denken, den er verachtete.

Wir haben gesehen, daß Diderot eine esoterische und eine exoterische Philosophie hatte, daß er in jener Atheist, in dieser Theist war. Wir haben jedoch bemerkt, daß diese Entgegensetzung bei ihm erst allmählich entstand und sich erst fixirte, als er seine Artikel für die Encyklopädie beendigt hatte. In dem einzigen Buche, das er noch mit seinem Namen drucken ließ, in dem „Leben Seneca's", spricht er im 56. Kapitel über den Atheisten, daß es nur dem moralischen Menschen zukomme, Atheist zu sein. Es sind das jene Worte, von denen Naigeon behauptete, daß sie in einem von Diderot verfaßten Symbol vorkämen, von welchem er weiter nichts als jene Worte behalten habe. Er hatte gut behalten, da sie gedruckt waren, da er selber Noten zu dem „Leben Seneca's" verfaßt hatte. Er hatte also vergessen, woher er die Worte hatte, denn in dem Gebet, welches Diderot zur „Interpretation der Natur" hinzugefügt hatte, stehen sie nicht, wie Naigeon meinte. Auch dies Gebet hätte er lesen können, da es in die amsterdamer Ausgabe aufgenommen war. Man sieht aus solchen Bestrebungen Naigeon's, wie viel ihm daran lag, Diderot zum Atheisten zu stempeln. Und für diesen Zweck benutzte er auch den Unterschied einer esoterischen und exoterischen Form in übertriebener Weise, während er bei Diderot gewiß einen sehr naiven Charakter hatte. Alles, was er selber, während er lebte, drucken ließ, hatte eine theistische Färbung; alles, was er von 1760 ab zu seiner privaten Genugthuung, höchstens zur Mittheilung für ein halb Dutzend Freunde, schrieb, war atheistisch. Die Unsterblichkeit, die er gegen Falconet verfocht, war nur die geschichtliche des Ruhms, die am Ende doch nur einer kleinen Aristokratie des Menschengeschlechts zufallen kann. Er war aber kein Fanatiker für die Propaganda des Atheismus, wie Holbach und Naigeon. Er respectirte die religiöse Ueberzeugung des einzelnen. Man könnte ihn nun des Widerspruchs zwischen seiner öffentlichen und privaten Lehre bezichtigen; man könnte ihn Heuchler schelten. Er selber läßt sich auch so von der Marschallin von Broglie am Schluß der Unterredung mit ihr bezeichnen. Indessen müssen wir erwägen, daß er alle die Schriften, in denen er sich zum Materialismus und Atheismus bekannte, nicht drucken ließ, das Urtheil des Publikums also nicht herausforderte; ferner daß er, wie wir wahrscheinlich zu machen gesucht haben, während der Composition der Artikel der Encyklopädie Skeptiker, aber noch nicht entschiedener Atheist war; ferner, daß er diese Artikel als Depositar der allgemeinen Durchschnittsbildung schrieb und daß seine Vorsicht durch die damaligen Zustände entschuldigt wird, welche den Schriftsteller zur Unaufrichtigkeit zwangen, weil sie seine Bücher, sofern sie der Orthodoxie widersprachen, mit Confiscation und Verbrennung, seine eigene Person mit Gefängniß und Feuertod bedrohten. Diderot hielt es für nutzlos, sich durch Provocation in solcher Weise zu opfern. Er wollte, wie er sich ausdrückte, den Parisern ein Verbrechen ersparen, das die Athener an Sokrates begangen hatten.

Der ganze Diderot war dualistisch. In seiner Ausdrucksweise war er bald sentimental, bald cynisch. Er war der gefühlvollste Mensch seines ganzen Kreises. Die Lebhaftigkeit seiner Empfindungen war ebenso heftig, als schnell wechselnd. Leicht wurde er gerührt; beim geringsten Anlaß vergoß er Thränen, wie alle seine Zeitgenossen. Was für eine Rolle spielt die Thräne nicht bei Voltaire, bei Rousseau! Diderot aber sprang aus der Thränenseligkeit auch leicht zum Lachen über. Er war zum Humor beanlagt, und konnte sich auch gegen sich selbst ironisch und satirisch verhalten. Seinen Cynismus kann man als die Reaction seines Verstandes gegen das Uebermaß seiner Empfindsamkeit ansehen. Er stellte in ihm wieder den ganzen Menschen her und bewahrte ihn davor, in Empfindelei zu versinken. Er lachte über die Widersprüche, in welche er sich selbst und andere fallen sah, und verschmähte dann auch die Zote nicht, um der krankhaften Verweichlichung der Gefühle durch das Extrem des nackten Naturalismus entgegenzutreten. Sehr viel trug zu seiner cynischen Art, sich zu äußern, auch der Umstand bei, daß er so vieles, und gerade seine besten Sachen, eben nur für sich und seine Freunde schrieb und daher in der Vertraulichkeit sich gehen ließ. Zuweilen entspringt der Cynismus bei ihm aus der Consequenzmacherei. Er kann dem Prickel nicht widerstehen, irgendeine Seite des naturalistischen Standpunkts auf das Aeußerste zu treiben, wie in dem Gespräch Bordeu's mit Fräulein de l'Espinasse, wie in dem Supplement zu Bougainville's „Reise" u. a. m. Oft aber gibt er sich ihm auch nur in aller Unschuld hin, weil ihm gerade eine für den Fall einschlägige Anekdote in die Erinnerung kommt. Dieser Art sind die meisten Cynismen in den „Salons". Sie sind heiterer als diejenigen, die aus dem realistischen Tic fließen, auch das auszusprechen, was der bessere Geschmack nur andeuten würde. Er bekommt zuweilen Gewissensbisse über die Unsauberkeiten, die er dem Leser zumuthet; er betheuert dann: lasciva nobis pagina, vita proba; allein er hätte oft mit einiger Feinheit ganz dasselbe erreichen können, ohne unser ästhetisches und ethisches Gefühl zu verletzen.

Wie wir also bei Diderot in Passivität und Activität, in Verstand und Phantasie, in Materialismus und Moralismus, in esoterischer und exoterischer Philosophie, in Sentimentalität und Cynismus, überall dem Gegensatz begegnen, so sehen wir auch sein Leben sich dualistisch gestalten. Er hatte seiner Familie im Hause eine andere außer dem Hause entgegengesetzt. Dort lebte er mit Frau und Tochter, hier mit Fräulein Voland, deren Schwestern und ihrer Mutter, ohne daß zwischen beiden Familien der geringste Verkehr stattfand. Und so war er einerseits von ganzer Seele Franzose, der überall, wo die Gelegenheit sich bietet, für das Wohl, für die Ehre und den Ruhm seiner Nation ein starkes Gefühl an den Tag legt; andererseits aber gravitirte seine Dankbarkeit nach Rußland zur großen Zarin, die seine Verdienste so zart als glänzend anerkannt hatte. Wie sehr es ihn schmerzte, diesen Dank nicht seinem eigenen Volke, nicht seinem eigenen Könige zollen zu dürfen, sehen wir aus vielen seiner Aeußerungen, deren einige er auch nach seiner Rückkehr aus Rußland sich selbst als Hardouin in seinem Lustspiel „Est-il bon, est-il méchant?" in den Mund legte.

Als Mensch war er trotz seiner Schwächen gewiß einer der liebenswürdigsten, die je existirt haben. Hierüber ist eigentlich auch nur Eine Stimme. Er gehört zu den seltenern Schriftstellern, die als Menschen im Umgange bedeutender als in ihren Schriften gewesen sind. Er war ein guter Sohn, der seine Aeltern zärtlich liebte. Er war ein guter Bruder. Er war ein treuer Freund und in seiner Freundschaft ebenso wahrhaftig als rücksichtsvoll. Mit Duclos, Boulanger, Raynal, Marmontel, Galiani, Grimm, Naigeon, Sédaine, Lemonnier, Salverte, Michel Vanloo, Greuze, Chardin, Falconet, Holbach und andern finden wir ihn immer in dem gleichen Verhältniß, wenn es natürlich auch in der langen Reihe der Jahre zu manchen vorübergehenden Verstimmungen und Differenzen kam. Er hatte ein weiches und reiches Herz. Von manchen seiner freundschaftlichen Beziehungen zu untergeordneten Personen erfahren wir nur gelegentlich, wie z. B. von jenem Belle, auf dessen Landhaus er sich kurz vor seinem Tode einige Wochen aufhielt und von welchem seine Tochter sagt, daß er seit 40 Jahren sein treuer, erprobter Freund gewesen sei, der den Kranken mit der innigsten Liebe gepflegt habe. Oft ist über sein Verhältniß zu d'Alembert gesprochen. Dies war in jüngern Jahren ein wärmeres. Es erkaltete etwas nach d'Alembert's Abtritt von der Redaction der Encyklopädie, nicht aber, als ob Diderot ihm denselben nachgetragen, sondern ganz natürlich, weil damit unendlich viele Berührungspunkte zwischen ihnen aufgehoben wurden, wozu noch kam, daß gerade von dieser Zeit an Diderot immer mehr in die Voland'sche Familie hineinwuchs, deren Gesellschaft seine Abende nur zu häufig ausfüllte, denn wenn er nicht bei Sophie war, so war er bei Madame Legendre, und wenn nicht bei dieser, so war er bei Frau von Blacy. Von allen seinen Freunden ist uns nur Rousseau bekannt, dem er sich entfremdete, und der Anstoß zur Entfremdung ging hier, wie wir uns überzeugt haben, nicht von ihm aus. Auch den Frauen, die einmal seine Achtung, seine Zuneigung oder gar seine Liebe gewonnen hatten, blieb er dauernd ergeben, wie der Frau von Aine, der Frau von Epinay, der Madame Geoffrin, der Madame Necker und andern. Er ärgerte sich manchmal über sie, namentlich über die Geoffrin, welche ihn öfter besuchte und, wie er behauptete, seine Frau und Tochter gegen ihn aufreizte, allein er entschuldigte ihre Uebergriffe über ihn durch die Passivität seines Betragens.

In seinen objectiven Beziehungen war er ein durchaus rechtschaffener Mann. Er erlaubte sich wol im Interesse seiner Freunde und Freundinnen zuweilen einige Mystificationen, aber er war ein redlicher Mensch ohne Eigennutz; er hat wol in der Zerstreutheit seines vielbeschäftigten Lebens manches Rendezvous vergessen, woraus Rousseau ihm ein so großes Vergehen macht, allein für wichtigere Dinge hat er stets ein wachsames Gewissen gehabt. Er war pflichttreu, arbeitsam, zuverlässig und wir haben gesehen, welche Lasten ihm nicht nur seine Freunde, sondern auch ihm an sich fremde Personen aufbürdeten, weil sie Vertrauen zu ihm hatten. Als d'Alembert von der Encyklopädie zurücktrat, als man ihm, sie zu vollenden, die Uebersiedelung nach Berlin und Petersburg anbot, widerstand er dem lockenden Anerbieten, weil er sich durch den Contract mit den pariser Verlegern für gebunden erachtete. Er hat sich gegen Voltaire, gegen Falconet, gegen Sophie Voland, hierüber zu verschiedenen Zeiten immer gleichmäßig erklärt. Einem gegebenen Versprechen nachzukommen, konnte er wochenlang unausgesetzt arbeiten. Es ist fast keiner seiner Freunde, für welchen er nicht vollkommen uneigennützig thätig gewesen wäre. Was hat er nicht für Grimm alles geschrieben! Wie haben ihn nicht die Manuscripte von Raynal, Galiani, Lemonnier, Holbach und andern beschäftigt! Wenn seine Freundin Sophie auf dem Lande war, schrieb er des Nachts regelmäßig jeden Donnerstag und Sonnabend Briefe an sie, welche den Umfang kleiner Broschüren haben.

Er war hülfreich gegen jedermann, fast ohne Kritik, wie die Sonne mit ihrem erwärmenden Strahl Gute und Böse ohne Unterschied bescheint. Wir wissen von dem, was er andern mit Rath und That, mit Geld und Gut gethan hat, nur das Geringste, aber aus dem Wenigen, das wir wissen, können wir einen Schluß auf den Rest machen. Wir haben gesehen, daß er einem uns unbekannten Herrn L., den er mit Duclos gemeinschaftlich unterstützte, von seiner Seite 100 Francs Pension; daß er der alten Levasseur, für die er mit Grimm sorgte, seinerseits 200 Francs Pension gab; daß er für Fräulein de Lachaux, für die undankbare Madame Therbouche, für einen betrügerischen Schuft, wie den Polizeispion Glénat, sich aufopferte; daß er Jean Rameau das Geld zu seiner Verheirathung beisteuerte; daß er für die Ausbildung der Schauspielerin Jodin und für die vortheilhafteste Veranlagung ihrer Ersparnisse sorgte; daß er des jungen Musikers Bemetzrieder sich nachdrücklichst annahm u. s. w. u. s. w. Seine Tochter sagt, daß die Stube ihres Vaters, solange sie ihn gekannt habe, einem Kaufladen geglichen habe, wo jedermann ohne weiteres aus- und eingegangen sei. Er selber schreibt einmal an Sophie, als er mehrere Wochen lang, um zu arbeiten, gar nicht ausgeht, daß sich dies bald verbreitet habe und alle Unverschämten, alle Zudringlichen, ihn um so mehr mit ihren Ansuchen belästigten. Konnte er doch einmal, wie früher erzählt worden, einen Pomadenhändler nicht eher los werden, als bis er ihm, halb ärgerlich, halb lachend, eine Reclame für seine Pommade schrieb.

So viel Geld er auch für seine Wohlthätigkeit verbrauchte, so hören wir doch nie, daß er, seit seiner Verheirathung, die Hülfe anderer in Anspruch genommen hätte. Nur, als er in Vincennes gefangen saß, bat er seinen Vater um eine Beihülfe von 500 Francs. Sonst sehen wir ihn an andere, z. B. an Rousseau, Geld leihen. D'Alembert bietet er, wenn er aus ihm die Redaction der Encyklopädie fortsetzen will, aus seinem eigenen Vermögen 1000 Thaler an. Als seine Tochter heranwächst, als er, was ihm zu so hoher Ehre gereicht, sofort daran denkt, sie glücklich zu verheirathen und angemessen auszustatten, als er sich für verpflichtet hält, die Hälfte seiner Habe mit ihr zu theilen, geräth er in Verlegenheit, sucht aber die Hülfe nicht außer sich, sondern bei sich selbst. Er entschließt sich, was für ihn ein unendliches Opfer war, seine Bibliothek zu verkaufen. Und nur, als er sie endlich an die Kaiserin von Rußland verkauft, das von Rußland erwartete Geld aber zuerst ausbleibt, sieht er sich genöthigt, von seinen pariser Buchhändlern Vorschüsse zu borgen. Wenn er sich von schlechten Menschen gemisbraucht sah, überkam ihn zuweilen die Furcht, daß er vorsichtig, mistrauisch, zurückhaltend, ablehnend, kalt werden könnte, aber dann meinte er schließlich doch, Gott habe den Denis Diderot gut und dumm geschaffen, und so hoffe er, werde er auch bleiben.

Das Elend der untern Volksklassen, die Noth der Bauern, das Hungerantlitz eines verschämten Armen, die augenblickliche Pein eines Hülfesuchenden, rührten Diderot unwiderstehlich und er vergaß darüber stets von neuem sich selbst. Er steckte von dieser Seite tief in den Vorstellungen seiner Zeit, das Wohlthun mit dem Geldgeben zu identificiren, obwol er auch Kleider und Sachen fortschenkte oder Leute bei sich essen ließ, wie jenen heuchlerischen Glénat, oder wie die Mutter des Fräulein Jodin oder den armen Deutschen Bemetzrieder. Es war eine elende Zeit, in welcher Diderot lebte. Der Hof und die Kirche hatten die Menschen verwöhnt, Pensionen zu verzehren, für welche sie nichts thaten. Alle Welt wollte von Renten leben. Man verlangte Jahrgelder vom Könige, von den Großen, von den Ministern, von seinen Freunden und Verwandten. Man gab Geld, das war die bienfaisance, und man mußte es so geben lernen, daß die Gabe die persönliche Eitelkeit der Bittenden und Bettelnden nicht verletzte, das war die bienséance. Wir müssen uns daraus erklären, wie Diderot dazu kam, Rousseau anräthig zu sein, die ihm vom Hofe in Aussicht gestellte Pension anzunehmen; wie er dazu kam, in seinen Dramen auf das Vermögen einen so großen Werth zu legen und im „Père de famille“ den idealisch sein sollenden St. Albin ausrufen zu lassen: „Ah Sophie, vous ne sentirez plus les atteintes de la misère; j'ai quinze cents livres de rente!“

An Diderot wurden unzählige Personen als an eine Art unfehlbarer Hülfsquelle für alles Mögliche nicht nur aus Paris, aus der Provinz, sondern selbst vom Auslande her verwiesen. Sie kamen in Paris mit Empfehlungen an Mr. Diderot an. Wir hören von ihm, z. B. in seinen Briefen an Sophie, daß zwei junge Deutsche, Nicolai und G. Jacobi, ihm ihren

Besuch machen; daß er zwei jungen Engländern, die an ihn adressirt sind, einige Tage als Fremdenführer in Paris dient u. s. w. Nur mit den Fürsten war er schwierig. In einem Aufsatz über die Rücksichten, welche man dem Range und Stande anderer schuldig ist, spricht er davon, daß er einmal mit dem Besuch des Königs von Schweden bedroht gewesen sei. Grimm erlaubte sich deshalb manche Mystificationen mit ihm und führte z. B. den Herzog Ernst II. von Gotha als einen jungen Schweizer bei ihm ein. Der Herzog nahm ihn durch sein gesetztes Wesen für sich ein. Diderot sagte eines Tages beim Weggehen zu ihm: „Jeune homme, retournez bientôt à Vôtre pays, pour conserver Vôtre innocence; ne Vous laissez pas gâter ici." Als der Herzog ihn nach einiger Zeit wiederbesuchte, klopfte Diderot ihm auf die Schulter und bedauerte, daß er noch in Paris sei, denn es würde ihn sehr schmerzen, wenn ein solcher Jüngling, wie er, Schaden darin litte. Bald darauf traf nun Diderot mit dem Prinzen in einer Gesellschaft zusammen, wo derselbe ohne Incognito war. Diderot bat ihn seiner Aeußerung halber um Verzeihung, der Prinz aber sagte: „Der Rath, den Sie mir gegeben, ist der schmeichelhafteste, den ich je erhalten habe, ohne von einem Schmeichler ertheilt worden zu sein."

Die Unterhaltung mit Diderot in einem vertraulichen Cirkel oder ganz allein mit ihm war ein solcher Genuß, daß man ihn gern aufsuchte, denn die Improvisation war seine Stärke. Gewiß tragen nun auch seine Schriften viel von diesem Gelegentlichen, Plötzlichen und Sprudelnden der Conversation und momentanen Inspiration an sich. Wenn man dies aber auf seine Schriftstellerei überhaupt ausgedehnt und behauptet hat, daß er nur eine schöne Seite, aber kein Buch zu schreiben verstanden habe, so ist diese tausendmal wiederholte Phrase nur sehr relativ wahr. Sie ist wahr, insofern Diderot in der That kein einziges dickleibiges Buch über irgendeinen Gegenstand hinterlassen hat. Sie ist aber unwahr, sofern das Talent Diderot's damit herabgesetzt werden soll. Das ist aber die Absicht, denn man will damit eine Schwäche, einen Mangel andeuten. In dem hausbackenen Sinne, in welchem dieser Tadel gemeint ist, würde nun Diderot unzweifelhaft, wenn er es gewollt hätte, Band auf Band haben schreiben können, ohne dazu einer andern Anstrengung zu bedürfen, als die Langeweile zu überwinden, die es ihm verursacht hätte. Wer einen Band mathematisch-physikalischer Abhandlungen so, wie er über die Akustik gethan hat, schreiben konnte, der konnte unzweifelhaft auch mehr Bände über ähnliche Gegenstände in gleicher Weise schreiben. Bücher im Zuschnitt der herkömmlichen Kathederweisheit schrieb er nicht, allein es ist nicht abzusehen, warum seine an Grimm gerichtete „Abhandlung über die dramatische Poesie", warum seine

„Dialogen", sein „Versuch über die Malerei", seine „Reise durch Holland", sein „Leben Seneca's", nicht auf den Namen von Büchern sollten Anspruch machen dürfen? In den Artikeln der Encyklopädie konnte er freilich keine Bücher in der wohlconditionirten Form, als man zu verlangen scheint, schreiben; das wäre ungeschickt gewesen; indessen würden manche, z. B. der Artikel „Encyclopédie" selber, in einem Sonderabdruck einen ganz artigen Band formiren. Von seinen Romanen und Dramen läßt sich doch gewiß nicht behaupten, daß sie nur belles pages seien. Kleinere Erzählungen und Abhandlungen von ihm sind doch deswegen, weil sie nicht viele Bogen füllen, nicht nur flüchtige Fragmente eines zufälligen Wurfs, sondern es sind kleine höchst sinnreiche Kunstwerke, die mit Bewußtsein angelegt und durchgeführt sind. Eine so idealische Composition, wie z. B. seine Beschreibung der sieben Vernet'schen Landschaften ist, scheint nur eine leichte Skizze zu sein, ist aber ein wohldurchdachtes Gedicht, eine Beethoven'sche Gedankensymphonie. Diderot hat eine Neigung, seine Erzählungen zu unterbrechen. Das epische Element wird dadurch in seinem Flusse wie durch Stromschnellen aufgehalten. Es bekommt eine subjective Färbung. In der „Nonne" aber hat Diderot gezeigt, daß er der vollendeten Kunst des Erzählens ohne solche Episoden fähig war.

Ein anderer Vorwurf, der ihm gemacht wird, ist der der Dunkelheit. Für seine Zeitgenossen ist zugegeben, daß ihnen manches in seinen Schriften dunkel erscheinen konnte, weil es für sie neu, oder wenigstens in einer für sie neuen originellen Weise ausgedrückt war. Wenn aber gemeint wird, daß Diderot in sich unklar und verworren gewesen sei und sich deshalb unverständlich ausgedrückt habe, so ist das ein Irrthum. Man kann Diderot vorwerfen, daß er in der Analyse oft nicht tief genug ging, daß er zuweilen wichtige Mittelglieder übersprang, allein nicht, daß er nicht deutlich geschrieben habe. Seine Zeitgenossen beschuldigten ihn z. B., daß er die Schrift über die „Interpretation der Natur" in einer orakelnden Sprache verfaßt habe, allein heutzutage, wo die darin dargelegten Ansichten über die Methode der Naturforschung zum Gemeingut geworden sind, wird das gewiß niemand mehr sagen. Er beherrschte die Sprache in einem bewundernswürdigen Umfang. Kein Gegenstand war seiner Darstellung unzugänglich und er wagte sich auch ganz unbefangen an alles. Er war mit der Sprechweise des Volks, mit der Terminologie aller Naturwissenschaften und Künste vertraut und griff ohne Bedenken zu, wo er den ihm gerade passenden Ausdruck fand. Charles Nodier hat in der „Revue de Paris" in einer Abhandlung: „De la prose française et de Diderot", seine stilistischen und sprachlichen Verdienste gewürdigt. Er schrieb nicht immer correct im Sinne der akademischen Classicität, aber er schrieb immer lebensvoll und anregend. Nur das Moralisiren war eine Klippe für ihn; sobald er auf die Tugend, auf die Sitten (les moeurs), auf das Wohlthun, auf die Dankbarkeit, Freundschaft, Aufopferung kommt, verfällt er leicht in Declamation und kann uns durch eine Flut von paränetischen Reflexionen langweilen. Diese Sucht zur Moralpredigt hat er mit vielen seiner Zeitgenossen gemein, weil die Moral an die Stelle der Religion getreten war. Montaigne, Pascal und Bayle haben auf seinen Stil unstreitig großen Einfluß gehabt. Obwol er aber deutlich und in der Regel zugleich unterhaltend schreibt, so ist er doch sowol durch den Inhalt der Gegenstände, die ihn beschäftigt haben, als durch die Eigenart seines Ausdrucks nicht dazu gemacht, ein Autor für die Masse zu sein. Er wird immer nur einem kleinern Kreise von Gebildeten angehören können, weil er zwar leicht zu verstehen scheint, da er ja nur Skizzen, Erzählungen, Kritiken, Briefe schreibt und da er statt der Schulsprache eine allgemein verständliche, geistreiche Sprache spricht, allein seine Themata wie seine Behandlung derselben liegen doch in einer höhern Region, als in der der selbstverständlichen Alltäglichkeit, und fordern eine gewisse Vermittelung, ihnen das richtige Interesse abzugewinnen.

Der Paradoxie, der Unordnung, des Widerspruchs, wird Diderot oft beschuldigt, weil man nicht genugsam auf ihn eingeht und weil er seine Gedanken oft mehr hinschleudert, als in ruhiger Entwickelung aufrollt. Er ist auch zuweilen, wenn er sich polemisch erhitzt, paradox, allein gar nicht so häufig, daß man, wie Nisard in seiner Geschichte der französischen „Literatur", ihn mit dem Urtheil: Diderot ist die Paradoxie, abfertigen könnte. Diderot sagt: Der Naturforscher soll unterrichten, instruire, er soll sich in Acht nehmen, zu erbauen, édifier. Das findet Laharpe paradox, thöricht u. s. w. Es ist aber ganz richtig und heutzutage wird jeder Naturforscher den Diderot'schen Satz unterschreiben. Wenn die Erkenntniß der Wunder der Natur unwillkürlich in mir den Gedanken der Größe einer Intelligenz hervorruft, die ihren Plan fassen und berechnen konnte, so ist nichts dagegen zu sagen, aber der Naturforscher als solcher soll sich diese Bewunderung nicht zum Zweck machen. Alfred Michiels, von welchem ich früher einmal Erwähnung gethan, führt in seiner „Histoire des idées littéraires en France", a. a. O., folgende Stelle aus Diderot's Dramaturgie an: „Si vous obtenez de l'intérêt et de la rapidité par des accidents multipliés, vous n'aurez plus de discours, vos personnages auront à peine le temps de parler; ils agiront, au lieu de se developper. On ne peut mettre trop d'action et de mouvement dans la farce: qu'y dirait on de supportable? Il en faut moins dans la comédie gaie, moins encore dans la comédie sérieuse et presque point dans la tragédie." Hierin findet nun Alfred Michiels Diderot's gewohnte Unordnung, alles durcheinanderzumischen, und einen Widerspruch Diderot's mit sich selbst, als wolle er sagen, daß die dramatische Sprache und die Handlung sich nicht miteinander vertrügen. Er erinnert Diderot daran, daß die conventionelle Tragödie durch Armuth der Handlung und durch Uebermaß der Rednerei, die statt der Katastrophe Dissertationen gab, zu Grunde gegangen sei. Diderot will aber sagen, daß von der Farce durch das Lustspiel und Schauspiel bis zur Tragödie eine stufenweise Abnahme der Menge des Geschehens und Zunahme der rhetorischen Entfaltung der Personen stattfinde. Er will nicht sagen, daß in der Farce nicht gesprochen, in der Tragödie nicht gehandelt werden solle. Er will vielmehr sagen, daß in der Farce ein lustiger Streich den andern drängen, eine witzige Erfindung die andere ablösen muß. Albernheiten, Mißverständnisse, seltsame Zufälle, Ohrfeigen, Prügel, Fußtritte, Capriolen, Grimassen, Ueberstürzungen, müssen in ihr Schlag auf Schlag sich folgen. Das Wort ist für sie nur der flüchtige Exponent der köstlichen Dummheiten. In der Tragödie hingegen kommt es wesentlich darauf an, daß wir den Handelnden ins innerste Herz schauen, daß ihre geheimsten Gefühle und Gedanken uns bekannt werden, daß die Interessen, die miteinander in Collision gerathen, uns in ihre Berechtigung einweihen, und daß wir durch die Gewichtigkeit des Wortes begreifen, weshalb die Personen sich, indem sie handeln, zu Grunde richten müssen. Hier ist die pathetische Sprache unerläßlich, weil sie uns erst die Charaktere durchsichtig macht. Die Handlung darf natürlich nicht fehlen, aber sie kann sehr einfach sein. Diderot will sagen, daß action und mouvement, wie er sich ausdrückt, von der bunten Aeußerlichkeit des Geschehens, wie dieselben in der Farce herrschen müssen, bei der Tragödie in die gedankenvolle, von den herben, großen und unvermeidlichen Widersprüchen des Lebens bewegte Innerlichkeit überzutreten haben. Die Farce kann von dem Zufall und seiner Häufung den breitesten Gebrauch machen; in der Tragödie muß jeder Zufall nothwendig sein. Man vergleiche einmal „Mr. de Pourceaugnac" von Moliere als Farce, „Les fourberies de Scapin" von eben demselben als comédie gaie, „Le misanthrope" von eben demselben als comédie sérieuse, und „Phèdre" von Racine als tragédie miteinander, um sich zu überzeugen, daß Diderot etwas ganz Richtiges hat sagen wollen. In dem Tumult der Farce ist das Wort untergeordnet; in dem Pathos der tragischen, in ihrer Collision einfachen Handlung ist das Wort die höchste poetische Macht.

Diderot schreibt oft in ganz kurzen Sätzen, oft in sehr langen Perioden. Diese letztern sind es, die ihn unfaßlich erscheinen lassen. Er wird von der Fruchtbarkeit seiner Gedanken gleichsam übermannt und häuft besonders da Schichten auf Schichten übereinander, wo er aus einem Vordersatze eine Menge Schlußfolgerungen zieht, die immer nur mit einem que auf den Vordersatz zurückgehen. Ein sehr anschauliches Bild dieser Manier gibt z. B. die Art, wie er im „Salon" von 1767 den Landschaftsmaler Julliart behandelt. Erst schildert er ihn nach seinem eigenen, schlechten Standpunkt des gewöhnlichen Schlendrians in einer langen Periode. Dann vergegenwärtigt er ihm in einer doppelt so langen, was eine Landschaft als Bild sein solle, und zählt in seinem didaktischen Zorn hintereinander nicht weniger als siebzehn verschiedene Requisite immer mit il faut, que — auf, wie er es mit Luft, Wasser, Licht, Felsen, Bäumen, Beiwerken, Staffage halten müsse. Man könnte glauben, damit die Theorie der Landschaft beendigt zu sehen, allein er stürmt von neuem in einer Periode von sieben bis acht Sätzen auf ihn los, ihm die höhern Forderungen der Kunst, die Poesie der Landschaft, ans Herz zu legen. Man kann beim oberflächlichen Lesen sich von dieser Menge von Gedanken, die in derselben Construction einförmig sich aufstellen, leicht ermüdet werden. Sieht man aber genauer zu, so entdeckt sich, daß sie von innen aus in ihrer wie zufällig erscheinenden Form einen ganz consequenten Stufengang bilden, daß sie das Wesen der Zeichnung, des Colorits, des Ausdrucks, der Composition vortrefflich beschreiben. Ein Aesthetiker könnte jeden Satz in einen Paragraphen für ein Lehrbuch verwandeln. Der pathetische Ton würde verloren gehen, aber der Gehalt der Gedanken sich um so entschiedener herausstellen.

Der Vorwurf des Schwulstes, den man Diderot auch gemacht, den besonders Villemain noch gegen ihn gerichtet hat, kommt zuletzt, wenn man nach Belegen für seine Bestätigung sucht, darauf zurück, daß er Phantasie, eine ganz originelle Phantasie gehabt hat. Ich will bei dem Artikel über Julliart stehen bleiben, dies zu verdeutlichen. Ein recht begabter, aber nicht genialer Schriftsteller würde, nachdem er das Ideal der Landschafterei entworfen, sich beruhigt haben. Aber nun zeigt sich erst der wahre Diderot. Um Herrn Julliart bemerklich zu machen, daß seine Forderungen keine hyperideale, chimärische sind, erinnert er an Poussin's Landschaften, worin sie erfüllt sind, und fragt den Maler nunmehr mit brüskem Ton: „Wenn ich ein Morgenroth von Ihnen verlangte, wie würden Sie sich dabei benehmen? Ich, Herr Julliart, der ich das Metier nicht verstehe, würde einen Hügel vor den Thoren von Theben malen. Vor diesen Thoren würde man die Statue Memnon's erblicken. Um diese Statue würde ich Personen aus allen Ständen gruppiren, welche die Neugier herbeigezogen hätte, die Statue bei den ersten Strahlen der Sonne erklingen zu hören. Philosophen würden sitzend astronomische Figuren in den Sand zeichnen; Frauen und Kinder würden hingestreckt theils schlafen, theils nach dem Ort des Sonnenaufgangs hinschauen. In der Ferne würde man andere aus Furcht, zu spät zu kommen, ihren Marsch beschleunigen sehen. So würde ich einen Moment des Tages historisch charakterisirt haben." D. h. nachdem Diderot in dem Vorhergehenden sich als Kritiker, als Theoretiker gezeigt hat, zeigt er sich nun in einem positiven Entwurf selber als Maler. Er dichtet ein Gemälde. Das ist es, was man bei ihm Schwulst genannt hat. Nun würde er in dem vorliegenden Falle doch den Anschein haben, zu einer pathetischen Uebertreibung hinzuneigen, wenn er nicht sofort seine sachliche Natur herauskehrte und, statt einer so pomphaften Charakteristik, auch die einfachere bespräche, indem er die Staffage eines Morgenroths durch Kohlenbrenner, Jäger und Bauern zeichnet, denn er hat zwar eine phantastische Seite, einen rhetorischen Hang an sich, allein er ist ein sehr sachlicher Mensch. Wie oft er auch in der ersten Person spricht, so ist es ihm doch nie um seine Person zu thun. Er besitzt zwar Selbstgefühl, aber keine Eitelkeit. Er schreibt ohne alle Prätension, mit aller Naivetät einer wahrhaft schönen Seele und reißt uns daher in der Fülle seiner Gedanken nicht ins Ziellose, sondern bis zu einem bestimmten Resultat mit sich fort, wie wir nicht ermüden, mit dem Auge einem Wasserfall von der Stirn eines Felsens in seinem unaufhaltsamen Sturz bis zu dem Boden zu folgen, in welchem die schäumenden Wellen sich zu beruhigen anfangen und als ein durchsichtiger See den Felsen und den Wasserfall in sich spiegeln.

Weil Lessing selber einen Anstoß dazu gegeben, so ist es hergebracht, Diderot mit Lessing zu vergleichen und, wenn dieser Vergleich von Deutschen gemacht wird, ihn gegen Lessing herunterzusetzen. Ich glaube nicht, daß dies im Sinne Lessing's wäre. Unstreitig steht Lessing in sittlicher Reinheit, in Keuschheit des Geschmacks, in Gründlichkeit des Wissens, in kritischer Schärfe über Diderot, allein an Universalität der Bildung, an Wärme des Gefühls, an Fülle der Phantasie, an Leichtigkeit des Witzes, an ausgiebiger Kraft des persönlichen Wirkens übertrifft ihn Diderot. In der Achtung vor der Wahrheit, in der Liebe zur Freiheit, stehen sie sich gleich. Ihre geschichtliche Situation war eine schlechthin verschiedene. Die französische Literatur hatte ihr goldenes Zeitalter hinter sich, Lessing aber half das deutsche mit begründen. Diderot lebte in Paris, d. h. im Centrum einer ungeheuern geistigen Agitation, Lessing lebte in Leipzig, Berlin, Breslau, Hamburg, Wolfenbüttel, d. h. in einem steten Wechsel seines Aufenthalts. Diderot galt als Chorführer einer Partei, Lessing hatte zwar einige Freunde, die seine Tendenzen theilten, stand aber sonst ganz einsam und unabhängig da. Er hatte nicht die Collectivarbeit einiger hundert Autoren zu vertreten. Diderot mußte in dem, was er drucken ließ, stets die Bastille und den Scheiterhaufen vor Augen haben; Lessing konnte drucken lassen, was er wollte. Die kleinen deutschen Fürsten und der große Friedrich von Preußen machten sich eine Ehre daraus, die Aufklärung zu schützen. Das Buch des Helvétius, „De l'esprit", welches in Paris verdammt und von der Hand des Henkers verbrannt ward, konnte von Gottsched 1760 ganz ruhig dem Druck überliefert werden. Er nannte sich als Herausgeber mit allen seinen Titeln und schrieb eine empfehlende Vorrede. Ich wundere mich, daß man, statt der monoton gewordenen Parallele zwischen Diderot und Lessing, den erstern nicht auch mit Herder verglichen hat, mit welchem er durch seine allseitige Receptivität, durch seine Neigung zum Moralpredigen, durch sein declamatorisches Pathos und durch seinen Enthusiasmus für alles, was Sache der Menschheit ist, so viel Berührungspunkte bietet.

Mag man ihn aber mit Lessing oder mit Herder, mit Voltaire oder mit Rousseau, mit Montesquieu oder mit Buffon vergleichen, so bleibt bei allen großen schriftstellerischen Eigenschaften Diderot's sein großer Mangel, der ihn jenen Männern nachstellt, daß er seine Kraft nicht zusammengenommen hat, etwas durchaus Selbständiges hervorzubringen, worin ein nothwendiges Moment jener Culturperiode seinen plastischen Ausdruck gefunden hätte, denn die Encyklopädie, die noch seinen größten Anspruch vertritt, ging doch ursprünglich nicht von ihm aus. Sie wurde ihm angetragen, und nun faßte er sie von einem höhern und weiter reichenden Gesichtspunkte. Die Beschreibung der pariser Kunstausstellungen, die wegen ihrer subjectiven Ausgelassenheit gleichsam die Kehrseite zu den objectiv sein sollenden Artikeln der Encyklopädie bildet, und in der That so viel Schönes enthält, wurde ihm von Grimm angetragen und ist doch nur ein Aggregat von Fragmenten, kein einheitliches Werk. Das „Leben Seneca's", das ein Kunstwerk als Biographie und als kritische Reproduction der Schriften des Stoikers hätte werden können, ist ein desultorisches Werk, zu welchem Holbach und Naigeon ihn aufforderten. Die Veranlassung, Lagrange's Uebersetzung des Seneca, sowie die Aufforderung, kamen also von außen. Diderot hätte hier Gelegenheit gehabt, die stoische Philosophie in ihrem principiellen Unterschied von der Platonischen, Aristotelischen und Epikuräischen und die römische Phase der Stoa in ihrem Unterschied von der griechischen zu zeichnen und dadurch für die Geschichte der Philosophie ein bleibendes Resultat zu gewinnen. Statt dessen bleibt er überall im Persönlichen und Moralischen hängen. Von seinen poetischen Schriften hat er sich nur als Autor der Dramen in einem literarischen Zusammenhang erhalten, der ein Bedürfniß der damaligen französischen Bühne charakterisirt. Hier sehen wir ihn ebenfalls zuerst ein Goldoni'sches Stück umarbeiten und erst, als ihm der Vorwurf des Plagiats gemacht wird, ein zweites originelles schaffen, ohne damit die Kraft zu gewinnen, zu höhern Leistungen fortzugehen, wie unser Lessing that, der, nach der Vorschule im Lustspiel, mit dem prosaredenden Realismus des bürgerlichen Trauerspiels in der „Miß Sarah Sampson“ anfing, aber mit dem Idealismus des pathetischen Verses im „Nathan“ endigte. Diderot redete sich allerlei ein, warum er der Bühne entsagt habe, allein der Hauptgrund war unstreitig Mangel an nachhaltiger productiver Kraft. Hätte er diese besessen, so würde er durch keinen Mißerfolg abgeschreckt worden sein. Er spielte als Greis mit seinen dramatischen Skizzen. Das einzige Stück, das wir unter seinen nachgelassenen Manuscripten vollendet finden, „Les pères malheureux“, ist doch nur die Paraphrase eines Geßner'schen. Was er nun sonst noch geschrieben hat, mag es bei seinen Lebzeiten oder erst nach seinem Tode gedruckt sein, könnte in der Literatur fehlen, ohne daß man es im großen Gange derselben vermissen würde. Es ist das für den, welcher den Menschen Diderot liebt und seine großen schriftstellerischen Eigenschaften zu schätzen weiß, ein trauriges Eingeständniß, das man aber der Wahrheit schuldig ist. Das, was in den Abhandlungen Diderot's über theologische Themata den eigentlichen Fonds ausmacht, ist bei den englischen Freidenkern und bei Voltaire nicht weniger zu finden. Von seinen drei Romanen aber hat keiner eine nachweisliche Einwirkung auf die Gestaltung dieser Gattung geübt. Keiner von ihnen kann sich mit Voltaire's „Candide“ oder mit Rousseau's „Julie“ vergleichen und von den „Bijoux indiscrets“ möchte man sogar, wie Diderot selber, wünschen, daß sie nie geschrieben wären. Seine Romane haben nicht sowol einen ästhetischen, als vielmehr einen culturhistorischen Werth, sofern sie die Entartung der Sitten am Hofe, in den Klöstern und in der Provinz schildern. Diderot's Briefe an Sophie Voland haben wir als eine ungesuchte Parallele der Selbstschilderung Diderot's mit Rousseau's „Bekenntnissen“ verglichen, allein der unermeßliche Unterschied dieser besteht darin, daß sie ein wohldurchdachtes, wenngleich manchmal hämisch berechnetes Kunstwerk sind, während jene nur bunten Journalartikeln gleichen. Und um diese Hervorkehrung der Mängel Diderot's zu vollenden, so ist sein Stil im Guten und Schlechten, was er hat, der Vorläufer unsers Feuilletonstils, wie Jules Janin ihn zur Classicität erhoben hat. Voltaire hat den Stil jeder Gattung, worin er schreiben will; Rousseau hat den Stil eines Pädagogen der Menschheit; Montesquieu den des Staatsmannes, der auf dem Boden der Geschichte steht; Buffon den der malerischen Naturanschauung. Mit ihnen verglichen, hat Diderot gar keinen specifischen Stil, sondern spielt kaleidoskopisch in alle Stilarten hinüber. Er ist Künstler genug, einen Plan zu verfolgen und einen Ton einzuhalten, aber er hat seinen Stil nicht zu einer vollkommenen Individualität durchgebildet, die ihn von jedem andern mit Unverkennbarkeit abschiede. Ohne diesen Umstand hätten ihm auch nicht so viel Schriften anderer untergeschoben werden können. Als die Kaiserin von Rußland ihm das Geld für sein Bibliothekariat hatte auszahlen lassen, schrieb er am 29. Dec. 1767 einen hyperenthusiastischen Brief an einen russischen Großen, wahrscheinlich General von Betzky, worin er schwor, seine Dankbarkeit vor seinem Tode durch ein Werk auszudrücken, das wie eine Pyramide zum Himmel ragen und allen zukünftigen Fürsten zeigen sollte, welche Ehren sie vom Genie zu erwarten hätten, wenn sie es sich verpflichteten. Aber dies Werk ist der alternde Diderot schuldig geblieben. Er hielt vielleicht seinen „Seneca" dafür, wenn man die stolzen Worte erwägt, mit denen er am Schluß der zweiten Ausgabe die Kritik herausfordert.

Nicht ohne Wehmuth kann man eine so große Intelligenz, als die Diderot's, in ihrer Zersplitterung, Halbheit und Unfertigkeit betrachten. Selbst das, was er für die Geschichtschreibung der Philosophie that, für welche er durch die Elasticität seines Geistes, durch die Vielseitigkeit seiner Kenntnisse und durch seinen kritischen Takt gut beanlagt war, sodaß seine Freunde, wie er selber, Werth auf seine hier einschlägigen Arbeiten legten, ist doch in seiner Totalität nicht über die Mittelmäßigkeit hinausgekommen. Aber ein ähnliches Gefühl der Wehmuth erweckt auch die Betrachtung des Menschen Diderot in uns. Welch eine reiche Begabung mit den liebenswürdigsten Eigenschaften, die uns unwiderstehlich fesseln, welch eine Fülle von Güte, Freundschaft, Mitleid, Hingebung, Aufopferung! Welche Redlichkeit, Freimüthigkeit, Tapferkeit! Aber auch welche Schwäche! Diderot besitzt nicht nur sensibilité, sondern auch sensualité; er besitzt nicht nur Naivetät, sondern auch Unbesonnenheit; seine Bonhomie ist oft nicht sowol wirkliche Güte, als nur gewährenlassende Sanftheit; seine Klugheit verschmäht nicht die Mystification, einen ihm erlaubt scheinenden Zweck zu erreichen; sein Wohlthun hat zuweilen einen kleinen pharisäischen Beigeschmack; er wird leicht von Frauen hingerissen und wird noch mit 60 Jahren einige Zeit seiner Sophie für Frau von Prunevaux, eine Frau von 45 Jahren, untreu; er ist beredt, aber er wird auch ein Schwätzer, der Stunden auf Stunden verplaudert; er vermeidet in seiner Leutseligkeit niemand, aber er läßt sich auch in sehr gewöhnliche Gesellschaft fallen, wie es durch die weitern Anhängsel der Familie Voland geschah, und verbringt damit eine übergroße Zeit. Er hat viel Verfolgungen zu dulden, aber kein eigentliches

Schicksal, wie Rousseau, zu ertragen gehabt. Er hielt sich in einem gewissen Mittelmaß. Ohne seine Verheirathung, ohne seine Haft in Vincennes und ohne seine Reise nach Petersburg würde sein Leben uninteressant sein.

Wollte man nun aber Diderot als einen gewöhnlichen Menschen, als einen nur mittelmäßigen Autor, als einen gemeinen Sophisten behandeln, wie würde man sich irren, denn mitten in seinen Schwächen, mitten in seinen Skizzen, mitten in seinen amphibolischen Uebertreibungen überrascht uns der ursprüngliche Adel seiner Seele, die Genialität seiner Erfindung, die Kraft seiner Beredsamkeit. Wundern wir uns daher nicht über die so verschiedenartigen Auffassungen, die er erlebt hat, denn es ist schwer, gegen ihn gerecht zu sein, weil er, schätze man ihn im ganzen oder im einzelnen leicht zu Extremen verführt. Versuchen wir es zum Schluß, uns noch einmal seine ganze Entwickelung zu vergegenwärtigen und die Tendenzen zu mustern, durch welche er selbst noch bis zu uns herüberreicht. Voltaire ist der Dichter, der Historiker und Philosoph der Rococoperiode; Montesquieu ist der Politiker, der den Franzosen die Taufe der constitutionellen Monarchie Englands gibt; Rousseau ist der Pädagoge der culturkranken Menschheit, der sie durch die Rückkehr zur Natur heilen will und damit die Atomistik der republikanischen Gleichheit vorbereitet; Turgot ist der Nationalökonom, der die Einseitigkeiten des mercantilen und agricolen Systems durch einen tiefern Begriff des Staats und der Theilung der wirthschaftlichen Arbeit aufzuheben sucht; Buffon porträtirt die Thiere und schreibt die Geschichte der Revolutionen des Erdballs; Diderot, eine echt französische, sociale Natur, verewigt sich durch kein großes, selbständiges Werk, sondern durch eine Collectivarbeit, dem Vorbilde vieler folgenden, und durch das prophetische Aussprechen der modernen Tendenzen.

Rückblick.

Schauen wir noch einmal auf die ganze Entwickelung Diderot's zurück, so zerlegt sie sich sehr einfach in die Periode seines Jugend-, Mannes- und Greisenalters. Das Jugendalter reicht bis zu seiner Verheirathung; das Mannesalter bis zu seiner Rückkehr aus Rußland; das Greisenalter bis an seinen im Schos seiner Familie erfolgten Tod.

In seinem Jugendalter erscheint er passiv. Er macht erst in Langres, dann in Paris die Schule durch, versucht es mit der juristischen Praxis, mit dem Hauslehrerthum, bis er jeden Anspruch, auf ein regelmäßiges Fortkommen aufgibt und ganz und gar seinem grenzenlosen Wissensdurst auf das Ungefähr hin sich überläßt. Er studirt, was ihn reizt, Sprachen, Mathematik, Alterthum, Theologie, Medicin. Er gibt Privatunterricht und schlägt sich durch, wie er kann. Manchmal denkt er daran, Schauspieler zu werden, und übt sich in den Frühstunden in den noch einsamen Alleen des Luxembourg Rollen ein. Er trug einen Oberrock von Plüsch. Seine Manschetten waren öfter zerrissen und seine Strümpfe von grober Wolle hinten mit weißen Fäden gestopft. Lange wohnte er in der Vorstadt St.-Marceau. Er lebte nur seiner Selbstbildung, brachte manche Zeit auch mit frivoler Lektüre hin und arbeitete nach außen nur so viel, als er bedurfte, gerade sein Leben zu fristen. In dieser Periode eines desultorischen Studiums erwarb er sich unstreitig den großen Schatz vielseitiger Kenntnisse und Fertigkeiten, den er später so fruchtbar zu machen wußte. Die Ungebundenheit seiner Lage gewöhnte ihn zugleich an die Selbständigkeit seines Urtheils. Die englische Literatur in ihrer Baconisch Locke'schen Richtung wurde seine Führerin.

Mit seiner Verheirathung 1743 beginnt seine große, auch auf das Publikum gerichtete Thätigkeit. Zunächst wird er, etwas Geld für das Haus zu verdienen, Uebersetzer aus dem Englischen. Er übersetzt Stanyan's „Geschichte Griechenlands", Shaftesbury's „Moral", James' „Medicinisches Wörterbuch". Den Geldbedürfnissen seiner Geliebten, der Frau von Puisieux, abzuhelfen, schreibt er 1746 seine „Pensées philosophiques", 1748 seine „Bijoux indiscrets". Dort zeigte er zum ersten mal, was er als Denker, hier, was er als Dichter leisten konnte. Sein Denken erschien aber nur erst negativ als Empörung des Verstandes über die in sich widerspruchvollen Vorstellungen der religiösen Phantasie und über die fanatische Grausamkeit einer herrschsüchtigen Hierarchie; auch seine Dichtung nur als eine negative, satirische, welche die Sittenlosigkeit und die Verkehrtheiten der Zeit geiselte. Er veröffentlichte mit Nennung seines Namens einen Band mathematisch physikalischer Abhandlungen. Sein „Brief über die Blinden" zog ihm 1749 eine dreimonatliche Haft in Vincennes zu, die ihm für das gesammte Publikum ein höheres Interesse gab.

Bei der natürlichen Passivität Diderot's und bei der zerstreuenden Unentschiedenheit seiner vielseitigen Bildung müssen wir es als ein Glück für ihn erachten, daß jetzt ein Anstoß zu einer großen Thätigkeit durch den Antrag der Buchhändler an ihn kam, welche sich vereinigt hatten, Chambers' Encyklopädie aus dem Englischen ins Französische übertragen zu lassen. Ihr Privilegium war von 1746, allein ihre anfänglichen Arbeiten waren theils durch Zerwürfniß mit den von ihnen gewählten Redacteuren, theils durch Ungeschick derselben mißglückt. Diderot verband sich für dies Unternehmen mit seinem Freunde d'Alembert. 1750 erschien im November der Prospect der Encyklopädie von Diderot, 1751 der erste Band derselben. 1765 wurden die letzten Bände gedruckt; allein der Stich und Druck einiger tausend Kupfertafeln sowie die Abfassung und Correctur des sie begleitenden Textes dauerte noch bis 1773.

Dies Werk ist der Mittelpunkt von Diderot's öffentlicher Thätigkeit. Durch die Encyklopädie, welche bei allen Mängeln der Ausführung eine große, eine nothwendige Tendenz der modernen Welt vertrat, gehört er der Weltgeschichte an. Seine mannichfaltigen Kenntnisse, seine nichts ausschließende Empfänglichkeit, seine improvisirende Energie, die schnell einen Artikel hinwarf, sein kritischer Blick, seine Kunst, die Mitarbeiter zu gewinnen und anzutreiben, endlich seine Gewissenhaftigkeit in der treuen Beachtung einmal eingegangener Verpflichtungen, befähigten ihn im höchsten Grade zu einer solchen bunten, zersplitternden socialen Arbeit. Wohl hat er im höhern Alter, als er allmählich aller Gaben seines Talents inne geworden war, in manchen Augenblicken der Verstimmung sich gefragt, ob er nicht etwas Besseres habe thun können. Er fühlte den Schmerz, in der Reife seiner Kraft kein großes, ideales, classisches, ihm allein gehöriges Werk geschaffen zu haben, und redete sich ein, die Encyklopädie nur aus Noth übernommen zu haben, für Frau und Kinder eine auskömmliche Existenz zu sichern. Er wünschte, dramatischer Dichter oder Mathematiker geworden zu sein. Dies war eine Täuschung. Ohne die Encyklopädie war er seinem Naturell nach ebenso gut in Gefahr, in einer ganz untergeordneten Thätigkeit mit stetem Aerger darüber zu verkümmern. Er selbst übernahm, außer der allgemeinen Organisation des Wörterbuchs, außer tausend zufälligen supplementarischen Artikeln, speciell die Geschichte der Philosophie und die Technologie. Wenn er in jener, wie wir gesehen haben, es eigentlich nur zu einem geistreichen Compilator brachte, so leistete er desto mehr in dieser. Sie bleibt sein titre de gloire.

Die Encyklopädie erregte zuerst, als ein gigantisches Gemeinwerk der ganzen französischen Intelligenz und als Ausdruck der gegen den politischen wie gegen den pfäffischen Despotismus, gegen die Intoleranz und den Aberglauben, gerichteten Aufklärung ein europäisches Interesse, welches durch die Angriffe der jesuitischen und der jansenistischen Partei noch gesteigert ward. Es war natürlich, daß sich dasselbe allmählich abstumpfte, vorzüglich da ihm seit der Ausgabe des siebenten Bandes keine Nahrung geboten ward und Diderot die letzten zehn Bände mit stillschweigendem Gewährenlassen der Regierung 1765 auf einmal herausgab. Diderot war mit den von ihm übernommenen Artikeln am Ende des Jahres 1759 im wesentlichen, wie er selbst am 1. Nov. von Grandval aus an Sophie Voland schreibt, fertig. Von hier ab war seine Thätigkeit eine mehr äußerliche. So groß diese Anstrengung auch war, die ihn zuweilen wochenlang vom Morgen bis Abend bei Le Breton fesselte, so fand er doch von hier ab mehr Muße, sich auf sich selbst zu besinnen. Die Artikel für die Encyklopädie hatten eine stete Ueberwachung nothwendig gemacht, censurgerecht zu schreiben. Sie nöthigten ihn außerdem, einen einfachen Lehrton einzuhalten und die bizarren Anwandlungen seines Gefühls und seiner Phantasie zu unterdrücken. Aber in manchen Augenblicken, wo der individuelle Mensch in ihm sich zu mächtig regte, mußte er diesen Zwang abwerfen, mußte er sich gehen lassen, wie ein Musiker, der lange genug nach den Noten anderer gespielt hat, sich in sogenannten Phantasien den Zickzackpfaden seiner eigenen Inspiration anvertraut. Das, was der Encyklopädist Diderot in solch rücksichtsloser, jeder genialen Laune huldigenden Form hervorbrachte, übergab er nun zwar dem Papier, aber nicht mehr dem Druck. Es existirte von hier ab ein öffentlicher und ein kryptischer Diderot. Nur das Theater hatte eine Ausnahme gemacht. Er hatte es mit ihm 1757 versucht und, wie bei den mathematischen Abhandlungen, seinen Namen genannt. Er erntete jedoch nicht den Erfolg, den er sich versprochen hatte. Ohne die Theorie des Dramas, die er seinen Stücken hinzufügte, würden diese noch weniger Wirkung gehabt haben. Durch sie stürzte er die conventionelle Poetik der Franzosen, und dies bleibt eins seiner großen literarischen Verdienste. Seine Kühnheit ermuthigte alle strebenden Geister, die von den ausgefahrenen Gleisen des herrschenden Systems gelangweilt und gepeinigt wurden. Auch Lessing hat diese Wirkung Diderot's auf ihn dankbar anerkannt. Wie schwer es gewesen sein muß, sich gegen die Autorität zu stemmen, ersehen wir vorzüglich daraus daß Shakspeare von Diderot unverstanden blieb. Er hatte Sinn für seine Größe. Er verstand vortrefflich englisch und hätte ihn also in der Ursprache lesen können. Er erwähnt ein paar mal Tragödien von ihm. Er wurde mit Garrick, der den Engländern Shakspeare auf dem Theater wieder erschloß, persönlich befreundet. Er vergleicht Shakspeare einmal der kolossalen Statue des heiligen Christophorus über dem Portal von Notre Dame, zwischen dessen Beine wir hindurchgehen könnten, aber er begreift nicht, daß ein Lillo, ein Moore gegen ihn eben nur Pygmäen sind. Diese hatten es mit ihrer derb realistischen Manier ihm angethan. Die Weltweite des Shakspeare'schen Systems verwirrte ihn; er konnte sich von der Einheit des Ortes und der Zeit noch nicht losmachen. Er, der in den antiken Tragikern, der im Homer vieles so ungleich besser, als alle seine französischen Zeitgenossen, verstand, blieb hier in einer kleinbürgerlichen Welt befangen und wollte das Drama durchaus für den moralischen Nutzen fruchtbar machen. In dieser Zeit sollte ein neues persönliches Verhältniß zu einem Freunde, dem deutschen Predigersohn Grimm, mit welchem er seit dem Beginn der funfziger Jahre nach und nach näher bekannt geworden war (Grimm sagt in einem Briefe an Frau von Epinay, 1757, daß er Diderot seit etwa fünf Jahren kenne), und zu einer Freundin, dem Fräulein Sophie Voland, die er etwa seit 1755 kannte, ihm eine neue höhere Existenz bereiten und alle edlern Keime seiner Seele großziehen. Wie viel er ihnen auch aus der Unerschöpflichkeit seines Geistes und Gemüths gegeben haben mag, so hat er doch unzweifelhaft auch von ihnen empfangen und beide bis an seinen Tod mit höchster Innigkeit geliebt. Seine Briefe an seine Geliebte erschließen uns seine Individualität bis in ihre geheimste Verborgenheit. Wenig Menschenleben ertragen eine solche mikroskopische Beleuchtung, ohne nicht von ihrem Glanze zu verlieren; Diderot hat durch sie nur gewonnen, das Höchste, was sich zu seinem persönlichen Lobe sagen läßt, da er seiner Schwächen, Untugenden nicht das geringste Hehl hat. Getragen von dem beglückenden Bewußtsein solcher Freundschaft und Liebe, verfaßte er jetzt den Roman „La religieuse“, den Dialog „Le Neveu de Rameau“, die Beschreibung der pariser Kunstausstellungen, die Briefe an Falconet über den Werth des Urtheils der Nachwelt, den Dialog mit d'Alembert über die

Entstehung des organischen Lebens, seine kleinen Erzählungen und den humoristischen Roman: „Jacques le fataliste“, d. h. alle die Schriften, welche, obwol sie erst lange nach seinem Tode bekannt wurden, ihm bei der Nachwelt einen größern Ruhm begründen und sichern sollten als alle seine philosophischen Artikel in der Encyklopädie.

In dieser Periode seiner Meisterjahre fixirte sich bei ihm Schritt um Schritt der fundamentale Widerspruch zwischen Materialismus und Moralität. Als speculativer Philosoph wollte Diderot nur die Materie als das Absolute anerkennen. Aus ihr sollte der Mensch als der denkende und wollende Geist hervorgehen. Von einem Gotte, von einem schöpferischen Geist wollte er nichts wissen. Wenn aber die Materie das Erste ist, so bleibt unbegreiflich, wie in ihrer Erscheinung eine Ordnung, ein Plan, eine stufenreihige Entwickelung, eine Berechnung ihrer Maßverhältnisse, ein zweckmäßiges Aufeinanderwirken an sich ganz verschiedener Potenzen, eine constante Form, existiren kann. Rechnen setzt Denken voraus. Denken setzt ein denkendes Subject voraus. Die Materie ist kein Subject, sie ist nur eine undenkende Substanz. Wenn das Denken sich nicht selbst betrügen will, so muß es nicht nur eine absolute Substanz, sondern auch ein absolutes Subject denken. Das Absolute ist nicht nur absolute Substanz, sondern zugleich absolutes Subject. Bleiben wir bei der äußern Erscheinung stehen, so geht der Geist aus der Materie hervor und wir können also sagen, das, was wir Geist nennen, sei an sich selber Materie, nämlich Nerven und Hirn. Aber der durch die Natur in seiner Existenz vermittelte Geist ist nur der menschliche, der sich bewußt wird, nicht Ursache der Natur, nicht Ursache seiner selbst zu sein. Er findet die Natur und in ihr sich selbst vor. Er unterscheidet sich von der Materie, er bestimmt sich aus sich selbst, kann alle Möglichkeiten des Denkens und Wollens auch nach ihrer negativen Seite hin verwirklichen und sogar den Trieb zum Leben durch seinen Willen negiren. Er kann sich gegen die Natur, gegen ihren Imperativ negativ verhalten. Auf der Möglichkeit der Negation des Naturwillens beruht alle Moral. Diderot hielt diese fest, aber nur durch eine Inconsequenz, wie alle edelgesinnten Materialisten. Als Materialist mußte er die Freiheit leugnen: jeder Act unsers Willens ist für den Materialismus nur die nothwendige Summe aller ihm voraufgegangenen materiellen Vermittelungen, denn er läßt nur eine causa efficiens, keine causa finalis zu. Als Moralist mußte er die Freiheit fordern, weil Güte, Wohlwollen, Liebe, Vertrauen, Aufopferung ohne sie ebenso sinnleere Worte sind, als Bosheit, Miswollen, Haß, Mistrauen, Eigennutz. Der Materialismus war Diderot, wie man wol beobachten kann, vorzüglich deswegen zusagend, weil er durch ihn zum Atheismus sich berechtigt sah. Die Religion, wie er sie aus der Geschichte und namentlich aus der seiner Gegenwart auffaßte, erschien ihm als die Zerstörung aller Moral, als Princip der entsetzlichsten Verirrungen, der furchtbarsten Qualen der Menschheit. Menschenopfer, Molochdienst, Völkerhaß, Glaubenskriege, Inquisition, Kerker, Schaffot und Scheiterhaufen für Andersgläubige, ein Jesus, der Held der Liebe, von fanatischen Pharisäern und fanatisirtem Pöbel gekreuzigt, woher dies alles, als aus dem Wahn, daß ein Gott es fordere? Daß die Freiheit des Menschen eine unvollständige, also nicht wahrhafte sein würde, wenn Gott ihn nicht auch frei gelassen hätte, ihn zu erkennen, also in dem Proceß des Erkennens auch zu irren, übersah Diderot. Man kann Welt und Gott nie richtig verstehen, wenn man das Wohlsein, das Glück, nicht die Freiheit selber als letzten Zweck alles Daseins erkennt. Sobald Diderot, der Epikuräer, recht tief zu philosophiren glaubte, leugnete er die Freiheit. Er blieb daher von dieser Seite bei der Materie, die uns nichts als Bewegung in Raum und Zeit zeigt. Sie zeigt uns empirisch keinen Gott außer ihr, der sie bewegte, sondern sie bewegt sich nach den ihr selbst innewohnenden Gesetzen. Attraction und Repulsion ist danach das einzig Wahre. Was bleibt nun für einen Gott zu thun, wenn die Materie durch spontane Generation das Lebendige hervorbringt und wenn die Menschen, wie alle andern Wesen, der Nothwendigkeit der Natur gehorchen müssen? Er wird eine leere, überflüssige, unbequeme, die Wissenschaft der Wahrheit störende Hypothese. Wenn der Mensch aber sich nicht mehr zu einem Gott über sich erheben, in ihm und seiner Absolutheit sich von sich und aller Endlichkeit befreien kann, so wird er in den Cultus des Menschen fallen, sofern er nicht sogar noch unter diesen aus Hochmuth hinuntersinkt und seine Liebe einem Thier zuwendet, wie der Philosoph Arthur Schopenhauer seinen klugen Pudel mehr liebte als die bornirten bipedes. Je mehr Diderot sich von dem Glauben an einen allwissenden und allmächtigen Gott als einem Druck erleichterte, je mehr er sich in den Atheismus vertiefte, je einheitlicher ihm die Welt als eine nur materielle erschien, um so leidenschaftlicher sehen wir ihn sich dem Cultus der Freundschaft für Grimm, der Liebe zu Sophie weihen. Dieser Cultus tritt bei ihm an die Stelle des positiven Verhältnisses zu einem persönlichen Gott. Ohne Liebe, ohne Verehrung kann er nicht leben. Seine Verehrung ist vorzüglich Voltaire und Katharina II. gewidmet. Aber wir haben gesehen, daß einzelne Menschen allein, wie hoch er sie stellte, wie sehr er sich von ihnen befriedigt fühlte, ihn doch noch nicht ausfüllen. Es bleibt noch ein Winkel in seinem Herzen, der einer verborgenen Kapelle gleicht. Und so verzückt er sich, nachdem er die persönliche Unsterblichkeit abgeschworen, in die Unsterblichkeit des Nachruhms, in den Cultus, welchen die Menschheit in einer durch die Jahrhunderte hin wachsenden Progression dem Genius zollt. Dies ist die für den edeln Atheisten nothwendige Consequenz; er verehrt die Menschheit, die ihn verehren soll; er macht sich eine Pseudoreligion.

Diese Periode Diderot's endete mit seiner Reise nach Petersburg, die er, wie beschwerlich, wie gefahrvoll sie für ihn auch war, für eine Pflicht seiner Dankbarkeit gegen eine geistvolle Fürstin hielt, die ihn öffentlich ehrte, ihm die Verheirathung seiner Tochter ermöglichte und sein Alter vor Nahrungssorgen schützte. Mit der Rückkehr von dieser Reise 1774 begann sein stilles Greisenalter. Er wurde allmählich schwächer, häuslicher und liebte die Einsamkeit immer mehr. Er beschäftigte sich viel mit dramatischen Versuchen, ohne den Muth oder den Ernst zu gewinnen, sich noch einmal öffentlich auf das Theater zu wagen. Er schrieb noch mit sprudelndem Witz den paradoxen Dialog über den Schauspieler, kritisirte noch einige „Salons" und arbeitete endlich das umfassende Werk über Seneca's Leben und Schriften. Er, der Epikuräer, wurde zu einem milden Stoiker. Nur die „Confessions" seines ehemaligen Freundes Rousseau, durch welche er das Glück und die Ruhe ihm so nahe stehender Personen bedroht sah, versetzten ihn in eine vorübergehende zornige Aufwallung. Fast unbemerkt vom Publikum schied er aus dem Leben. Die Priester versagten ihm das Begräbniß nicht, weil er nicht sowol sie, als nur Gott angegriffen hatte. Er hinterließ bei allen, die ihn gekannt hatten, das Lob eines fleißigen Arbeiters, eines gefälligen und höchst wohlthätigen Menschen, eines liebenswürdigen Gesellschafters, eines rechtschaffenen Mannes, eines treuen Freundes.

Mustern wir das Resultat seines Wirkens, so läßt sich dasselbe im allgemeinen dadurch ausdrücken, daß er, dessen Leben zwischen die Komödie der Regentschaft und die Tragödie der Revolution fiel, alle modernen Tendenzen in sich trug. Er ging von dem englischen Geist aus, welcher durch die Aufnahme der Reformation das Princip der modernen Welt, die subjective Freiheit, in sich durchgekämpft hatte. Die Freiheit des Gewissens, die Freiheit des Denkens, das Recht der freien Presse, war in England anerkannt. Bacon, Hobbes, Locke, Hume, Shakspeare, Milton, Addison, Richardson, Adam Smith, Newton, Clarke, Payne u. s. w. gingen aus diesem Princip hervor. England besaß in der ersten Hälfte des 18. Jahrhunderts und, wenn wir seine Einwirkung auf Deutschland mit heranziehen, auch in der zweiten, die Hegemonie des Geistes. Als Diderot in das Gefängniß von Vincennes abgeführt wurde, steckte er noch geschwind

Milton's „Paradies" in seine Tasche. Er war ganz von dem englischen Geist durchdrungen und wir können nur wiederholt beklagen, daß er von Shakspeare, mit Ausnahme einiger hervorragenden Tragödien, „Macbeth" und „Hamlet", keine richtigere Anschauung gehabt hat. Diderot nahm aber den englischen Geist nicht nur als ein Fortsetzer, sondern auch als Fortbildner auf. Er gestaltete ihn unter den ihm gesetzten Bedingungen auf eigenthümliche Weise. Die Franzosen hatten das protestantische Princip anfänglich durch Calvin und Beza auch bei sich aufgenommen; dann hatten sie es durch die Hugenottenkriege, durch die Bartholomäusnacht, durch den Widerruf des Edicts von Nantes, wieder von sich ausgestoßen, und die politische Censur der Parlamente wie die kirchliche Censur der Bischöfe und der Sorbonne wütheten im 18. Jahrhundert bei ihnen gegen die Freiheit des Glaubens und des Gewissens, des Denkens und der Presse. Der Kampf gegen diese brutale Gewalt mußte die Opposition zum Extrem und zur Anwendung einer künstlichen Maskirung ihrer Angriffe treiben, zu welcher Montesquieu durch seine „Lettres Persanes" ein so verführerisches Beispiel gab. Der politische Despotismus bewirkte, daß die Franzosen von der absoluten Monarchie zum Republikanismus; der kirchliche, daß sie vom Katholicismus zum Atheismus übergingen, während die Engländer bis auf den heutigen Tag dort in der constitutionellen Monarchie, hier in dem Deismus stehen geblieben sind. Die Franzosen verabsolutirten den Nihilismus in einer satirisch verbitterten Form, während die Engländer am Positiven festhielten und die nihilistischen Extreme, wenn sie unter ihnen auftauchten, in einer humoristischen Form verlachten.

Von seiten der Franzosen stand Diderot zwischen Voltaire und Rousseau. Mit jenem theilte er die Sympathie für die Zerstörung alles kirchlichen und politischen Despotismus, mit diesem die Sympathie für ein einfaches naturgemäßes Leben. Wie jener wollte er die Fortbildung zu bessern Zuständen durch den Weg der Cultur, weil er die Menschheit für perfectibel hielt; wie dieser wollte er die Natur zum Leitfaden für die Arbeit des Menschen machen. Zugleich aber unterschied er sich von beiden. Voltaire war, hierin mit Rousseau einstimmig, Deist und glaubte an Gott, Freiheit und Unsterblichkeit. Diderot ward Atheist, weil er Materialist ward, wollte aber die Moralität festhalten, deren Möglichkeit der consequente Naturalismus leugnen muß. Durch diese Inconsequenz näherte er sich Voltaire wieder und begegnete sich mit ihm speciell auf dem dramatischen Gebiet. Voltaire unterstützte das Unternehmen der Encyklopädie und feuerte d'Alembert und Diderot zum Kampf gegen die Hindernisse an, die ihnen von der klerikalen Partei bereitet wurden. Rousseau hingegen sagte sich durch seinen öffentlichen Bruch mit Diderot von den Encyklopädisten los und setzte die Natur der Cultur entgegen. Consequent hielt er die Negation aller Bildung für die Rettung des Menschen von der Corruption der civilisirten Gesellschaft und erblickte in dem atomistischen Menschen, der in der wilden Natur nach Willkür umirrt, den wahrhaft freien Menschen, indem er Ungebundenheit mit Freiheit verwechselte. Diderot hatte epochenweise, wenn er sich aus dem Wust der pariser Gesellschaft hinaussehnte, starke Anwandlungen, auch unter Wilden einer glückseligen Insel der Südsee zu leben, allein sein großer Verstand, seine Kenntniß der Entwickelung der Künste und Wissenschaften, seine Ueberzeugung von der Compensation des Glücks und Unglücks der persönlichen Zustände, welche den Reichen mit dem Armen, den Vornehmen mit dem Geringen, den Gebildeten mit dem Ungebildeten, ausgleicht, ließen ihn doch nicht in den absoluten Naturzustand heruntersinken und er faßte das Ideal der Freiheit, zu welcher der Geist sich durch das Studium der Natur erhebt, als die Wahrheit der Natur selber. Es war die Erkenntniß des Wesens der Kunst, die ihn ganz vorzüglich zum Idealismus trieb. Wir haben gesehen, daß der ästhetische Naturalismus, den man ihm gewöhnlich nachsagt, nur die polemische Seite seiner Kunstauffassung im Gegensatz zum akademischen Schulzwang, nicht aber seine ganze Theorie enthält. Die Rückkehr zur Natur, die er predigte, war nur das Correctiv der verfälschten und verzerrten Natur, die man als höchste Kunst pries. In der Entschiedenheit des Wirkens, in der Consequenz der Principien, steht Diderot niedriger, als Voltaire und Rousseau; es fehlt ihm die Einfachheit des Standpunkts, die jeden von ihnen auszeichnet. Er hat daher als Schriftsteller, weder als Denker, noch als Dichter, etwas geleistet, das mit so durchschlagender Gewalt eingegriffen hätte als die Werke Voltaire's und Rousseau's. Die Encyklopädie, so groß und wichtig sie als ein Symptom des Zeitgeistes war, mußte, als eine Collectivarbeit und als ein durch Nützlichkeitszwecke bestimmtes Organ der Aufklärung, seine Originalität absorbiren. Die Artikel, welche er für sie schrieb, konnten unter den vorhandenen Umständen nur seine halbe Meinung ausdrücken. Und wer konnte sich aus den so heterogenen, durch 17 Folianten zerstreuten, durch Jahre voneinander in ihrem Erscheinen getrennten Artikeln ein Bild der Totalität Diderot's machen? Gegen Montesquieu, Voltaire und Rousseau erscheint Diderot unbestimmt, zweideutig, von Vorbildern abhängig. Er besitzt keine Einseitigkeit, wie sie Voltaire und Rousseau untereinander zum vollkommensten, sich ergänzenden Gegensatz macht. Man kann ihn nur verstehen, wenn man erwägt, daß er, wie Sokrates, mehr mündlich als schriftlich lehrte, und daß sich in ihm, wie in Sokrates, der Proceß der Zeit von der Regentschaft bis zur Revolution in allen Phasen seiner Entwicklung vollzog. Es war in Diderot, wie in Sokrates, etwas Dämonisches. Er war nur ganz er selber, wenn er wie Sokrates sich zu den Ideen des Wahren, Guten und Schönen erhoben hatte. In dieser Ekstase, die auch, nach seiner eigenen Beschreibung, äußerlich an ihm sichtbar wurde und die er zuerst an einer Bewegung seines Haars auf der Mitte der Stirn und an einem alle seine Glieder durchrinnenden Schauer fühlte, war er erst der wirkliche Diderot, dessen geisttrunkene Beredsamkeit, wie die des Sokrates, alle Zuhörer mit sich fortriß. Wenn man Diderot entweder auf dem Voltaire'schen oder auf dem Rousseau'schen Standpunkt fixiren will, so geräth man bald in Widersprüche, denn Diderot ist selber der Widerspruch von Materie und Geist, von Natur und Cultur, von Cynismus und Sentimentalität, von Unglauben und von Bedürfniß einer Religion, von sich bescheidender Resignation und von revolutionärer Kühnheit, von Corruption und Sittlichkeit. Allein er ist nicht nur der Widerspruch, sondern auch die in tausend Versuchen, in tausend Formen unaufhörlich mit Tapferkeit, mit Aufrichtigkeit, zuweilen auch mit Leichtfertigkeit arbeitende Kraft, ihn aufzulösen. Ohne dies Streben würde man ihn zu den Sophisten seiner Zeit werfen müssen; aber durch dies Streben, durch seine Wahrhaftigkeit, die sich keinem Gott mehr anlügen mochte, nachdem er den Glauben daran durch die Wissenschaft verloren, ist er in seiner wunderlichen Vielgestaltigkeit werth geworden, neben Montesquieu, Voltaire und Rousseau als einer der großen Hierophanten der Revolution, als ein Träger der modernen Tendenzen genannt werden zu dürfen.

In diesen Tendenzen reicht er über Voltaire und Rousseau hinaus; er reicht bis in unsere Zeit hinein. Voltaire und Rousseau fanden in der Französischen Revolution das vollständige Ziel ihres Wirkens, Diderot's Tendenzen gehören noch unserer Gegenwart an. Er berührt sich jeden Augenblick mit Voltaire oder Rousseau, allein es ist noch etwas Ueberschüssiges in ihm, das ihn von ihnen unterscheidet und das auf seinem wissenschaftlich durchgearbeiteten Bewußtsein beruht, aus welchem heraus seine ahnungsvollen Combinationen eine noch ganz andere Grundlage und Tragweite empfingen.

Um sogleich an diejenige Tendenz anzuknüpfen, die mit seinem Namen am innigsten und öffentlichsten verbunden ist, an die encyklopädische, so sehen wir sie, von ihm ab, in immer erneuten Gestalten erscheinen. Der moderne Mensch bedarf, bei der Vielseitigkeit des Wissens, das ihm zugemuthet wird, eines Hülfsmittels, sich schnell und genau an eine naturwissenschaftliche Kenntniß, an eine geschichtliche Thatsache, an einen ästhetischen

Begriff zu erinnern oder irgendeine Lücke seiner Vorstellungen auszufüllen. Für dies Bedürfniß kann nur die alphabetische Form eine prompte Handhabe bieten. Sie zerstückt das Wissen in tausend fragmentarische Artikel, aber diese müssen zu ihrem Hintergrunde den systematischen Zusammenhang haben; ihre Auswahl muß von der Anschauung der Totalität ausgehen; sie muß von dieser die nöthige Proportion und die richtige Verweisung auf die verwandten Artikel erhalten. Waren nun [auch schon vor Diderot von andern solche Wörterbücher versucht worden, so unterscheidet ihn doch von ihnen das ausdrückliche, wissenschaftliche Bewußtsein über die Eigenthümlichkeit der Aufgabe und über die Methode ihrer correcten Lösung. Er ist daher der weltgeschichtliche Mensch dieser Tendenz. Sein Prospect zur Encyklopädie und sein Artikel „Encyclopédie" geben den Beweis von der Höhe des Standpunkts, den er wissenschaftlich einnahm. Er war weit entfernt, die Popularisirung des Wissens mit Verseichtigung, die bequeme Zugänglichkeit desselben mit atomistischer Zersplitterung zu verwechseln und kannte auch sehr wohl die oft unvermeidliche Unvollkommenheit seiner eigenen Leistung. Diese encyklopädische Tendenz hat sich in Deutschland durch das Brockhaus'sche „Conversations-Lexikon" eine bleibende Centralisation erschaffen, in welcher ein fortlaufender kritischer Proceß das Wichtige vom Unwichtigen, das der Ueberlieferung Würdige vom Ephemeren, abscheidet. Das Neue wird zuerst in zeitgemäßer Form durch vorläufige Auffassungen assimilirt, aber aus dieser experimentirenden Vorarbeit wird nach einiger Zeit alles entfernt, was nur der Neubegier des Tages angehörte, was sich nicht probehaltig erwies, was nur ein vorüberblitzendes Meteor, kein fortleuchtender Stern war. Nur der gediegene Niederschlag des ganzen Culturprocesses wird nach dem ihm zustehenden Maße dem eigentlichen „Conversations-Lexikon" ergänzend incorporirt, sodaß es von Jahrzehnt zu Jahrzehnt in continuirlicher Selbstverjüngung fortwächst. Diese Arbeit hat das Brockhaus'sche „Conversations-Lexikon" mit einer allmählich erlangten Virtuosität der Formgestaltung derartig entwickelt, daß es verschiedene Stufen der Ausführung abgesetzt und den Holzschnitt wie den Stahlstich zur Illustration des Wissens herangezogen hat. Der aparte „Bilderatlas zum Conversations-Lexikon" gibt in methodischer und compendiarischer Form, was Diderot in elf Folianten auseinanderlegte. Die „Ersch und Gruber'sche Encyklopädie", die nun ebenfalls dem Brockhaus'schen Verlag angehört, soll mit deutscher Gründlichkeit für unser Jahrhundert leisten, was die Diderot'sche für das 18. Jahrhundert. Gründlicher ist sie ohne alle Frage, allein nicht in gleichem Grade einheitlich, weil sie nicht, wie die französische, aggressiv zu sein braucht, da sie die Revolution im Rücken hat, während die französische durch die radicale

Negation der mittelalterigen Weltanschauung dieselbe vorbereitete. Sie kann sich in den Gegenstand der einzelnen Artikel mit gediegener Gelehrsamkeit ruhig vertiefen und macht in dem Proceß des Brockhaus'schen Encyklopädismus das aristokratische Extrem zu den in die Zukunft vortastenden Werken, der „Gegenwart" und „Unsere Zeit", aus. Sie ist in ihrer ernsten Abgeschlossenheit kategorisch, diese sind in ihrer journalistischen Beweglichkeit problematisch. Das eigentliche „Conversations-Lexikon", das in seinen tausendfältigen Abdrücken, Nachdrücken, Nachahmungen zu einem Weltbuch geworden ist, stellt die Mitte dieser Extreme, die zur dauernden Erinnerung berechtigten Resultate in übersichtlicher Kürze dar.

Was aber die französische Encyklopädie speciell zu weltgeschichtlicher Bedeutung erhebt, das ist ihre rationelle Tendenz, und diese Tendenz hatte in Diderot ihr selbstbewußtes Organ. Gewiß war der Gedanke, alle wesentlichen Kenntnisse der Menschheit nach einem bestimmten Plan zu vereinigen und sie durch die Form der Bearbeitung dem intellectuellen Bedürfniß gleichsam in jedem Augenblick zur Verfügung zu stellen, an sich schon ein großer. Die Menschheit schien sich durch die Encyklopädie Rechenschaft von all ihren Errungenschaften zu geben. Gewiß waren viele Artikel in ihr wirkliche Fortschritte der Erkenntniß. Manche dem Umfang nach unansehnliche waren das Resultat mühsamer Forschungen gewesen. Man fand in ihr selbst über untergeordnete Dinge Rath, wie der Hof in Versailles z. B. einst über das Wesen und die Geschichte der Pommade sich unterrichten wollte, auf den Vorschlag der Frau von Pompadour die Encyklopädie holen ließ und zu seinem freudigen Erstaunen die gewünschte Belehrung fand; eine Erfahrung, die ihn sofort toleranter gegen das verrufene Werk stimmte. Müssen wir nun auch zugestehen, daß der Rationalismus der Encyklopädie oft oberflächlich war, daß er nicht sowol Vernunft, als nur Verstand enthielt, daß er in Betreff der Religion sogar von Misverstand nicht freiblieb, so ist doch das Princip im allgemeinen anzuerkennen, denn die Wissenschaft kann nur durch die Nothwendigkeit und Allgemeinheit des Gedankens sich bestimmen; sie kann nur in der Vernunft ihre Autorität finden. Die Encyklopädisten geriethen durch dies Princip als Vertreter der modernen Bildung mit der Geistlichkeit in Opposition, sofern diese die Autorität des Glaubens der Kritik des Gedankens entziehen wollte. Die ganze Geschichte der Encyklopädie zeigt uns den Kampf des Klerus gegen die Encyklopädie. Die Jesuiten versuchten im „Dictionnaire de Trévoux" ein positives Gegengewicht zu geben. Die These des Abbé de Prades, welche die Sorbonne 1751 zugelassen hatte, zeigte den Abfall eines Theologen von der nationalen Cartesianischen Philosophie, seinen Uebergang zur Locke'schen, die Verwandtschaft seiner Begriffe mit denen, welche die Vorrede zur Encyklopädie aufgestellt hatte. Die Bischöfe geriethen in Aufregung, die Parlamente beunruhigten sich, der Papst schleuderte eine Bulle; die Sorbonne erfand die erbärmlichsten Vorwände, um den Fehler, dessen man sie von allen Seiten bezichtigte, wieder gut zu machen. Sie demüthigte sich zur speciellen Freude der Jansenisten und erklärte sich nun gegen den Herrn de Prades. Das Parlament erließ am 11. Febr. 1752 einen Verhaftsbefehl gegen ihn, der ausdrücklich die angeborenen Ideen der Cartesianischen Philosophie in Schutz nahm. Die beiden ersten Bände der Encyklopädie wurden mit Beschlag belegt, allein nach einiger Zeit wieder freigegeben. D'Alembert wurde autorisirt, in der Vorrede zum dritten Bande zu sagen, daß die Regierung ein Unternehmen von dieser Natur nicht aufgegeben wünsche. 1758 sah d'Alembert voraus, daß man den achten Band schwer würde durchbringen können, weil er die Artikel „Hérésie“, „Hiérarchie“, „Indulgence“, „Infallibilité“, „Immortalité“, Immatériel“, Hébreux“, „Jésus-Christ“, „Jésuites“, „Inquisition“, „Jansénists“, „Intolérance“ u. s. w. werde enthalten müssen. Das Buch des Helvétius, „De l'esprit“ (1757), gab, wie wir uns erinnern, Anlaß zu einer ausdrücklichen Anklage von seiten des Staatsanwalts. Es erfolgte am 8. März 1759 jener Arrêt du conseil d'état, der das am 21. Jan. 1746 ertheilte Privilegium aufhob und den Verkauf der erschienenen und noch erscheinenden Bände verbot. D'Alembert, betäubt und erschreckt von dem Sturm, der sich aus allen kirchlichen und gouvernementalen Blättern gegen die Encyklopädie erhob, zog sich zurück. Rousseau brach mit Diderot. Dieser hielt aus. Er hielt auch aus gegen die Komödie „Les philosophes“, mit welcher Palissot ihn 1760 verspottete. Er setzte die Arbeit in der Stille fort, die Regierung ignorirte den Druck und die 1765 erfolgte Ausgabe der letzten zehn Bände. In diesem Jahre versuchte der Klerus noch einmal, den Fanatismus gegen Diderot aufzuregen, indem er, wie wir erzählt haben, den Proceß des jungen de Labarre dazu benutzte. Diderot machte sich gefaßt, sein Leben daransetzen zu müssen. Seine Freunde wollten ihn zur Flucht bereden, allein er blieb, und der Erfolg rechtfertigte sein Verfahren. Man wagte nicht in Paris, was man in der Provinz sich erlaubte. 1770 wurde auf Antrag des Erzbischofs von Rheims eine große Anzahl Exemplare der drei ersten von Panckoucke neu aufgelegten Bände der Encyklopädie auf die Bastille gebracht. Die Buchhändler beschwerten sich. Als Antwort vermauerte man den Eingang zu dem Local, worin die Bücher moderten. Aber solche Gefälligkeit erwies die Regierung dem Klerus jetzt nur vorübergehend, wenn sie ihn brauchte. Wir haben diese Hauptmomente der Geschichte der Encyklopädie uns zurückgerufen, um uns die Schwierigkeiten zu vergegenwärtigen, mit welchen das Unternehmen zu kämpfen hatte, und um gegen die Zugeständnisse, welche Diderot zu machen gezwungen war, billig zu denken. Er mußte die schwersten, die gefährlichsten Artikel: „Jésus-Christ“, „Jésuites“, „Immatérialisme“, „Providence“ u. s. w. alle selbst auf sich nehmen. Wenn er aber auch vorsichtig war, so wird man doch nie finden, daß er etwas gegen die Vernunft und Freiheit schrieb. Despotisme et superstition waren die Feinde, die er beständig im Auge behielt. Wie vieles von dem, was seine Gegner ihm als revolutionär oder frivol vorwarfen, ist jetzt schon, nach hundert Jahren, eine von der Wissenschaft anerkannte Wahrheit, ein Gemeingut aller Gebildeten.

Man muß den Rationalismus und Liberalismus in der Tendenz der Encyklopädie sehr wohl von dem Materialismus unterscheiden, zu welchem sich Diderot als Philosoph bekannte. Der officielle Standpunkt der Encyklopädie war der theistische, wie d'Alembert ihn in seinem „Discours préliminaire“ gezeichnet hatte. Ihm gemäß verfaßte Diderot auch seine philosophischen und theologischen Artikel. Der Theismus war, dem Glauben der katholischen Kirche gegenüber, schon eine Häresie, ließ aber noch die Möglichkeit einer Offenbarung offen. Der Materialismus hingegen war die Negation aller Religion, weil er alle Erscheinungen lediglich auf physische Bewegung zurückführte. Es ist ebenso leicht, gegen den Materialismus zu declamiren, als es diesem leicht ist, gegen die Religion und ihre unseligen Consequenzen, den Wunderglauben, den Haß Andersgläubiger, die Priestertyrannei, die Unnatur des Mönchthums u. s. w., zu declamiren; allein in wissenschaftlicher Hinsicht darf man nicht vergessen, daß der damalige Materialismus das unvermeidliche Resultat der Naturwissenschaft und einer auf Erfahrung begründeten Psychologie war. Er war die Umkehrung der mittelalterlichen Weltanschauung, welche die Natur verachtet hatte. Zum Extrem ihres Spiritualismus war er das entgegengesetzte. Wenn man die Materie als ursprünglich durch sich in alle Ewigkeit bestehend annimmt, so hat man damit ein einheitliches Princip, dessen Entwickelung man in der Realität nachweisen kann. Es existirt dann keine Welt außer der sinnlich wahrnehmbaren, und es hören folglich alle Fragen auf, mit denen sich die Theologie so angelegentlich beschäftigt, was aus den Kindern werde, die abortirt oder todt geboren werden, wie sich die Freiheit des Menschen mit dem Vorherwissen Gottes vereinigen lasse, wie es einem Gott der Weisheit und Liebe möglich sei, so viel Uebel und Böses zugelassen, überhaupt eine Welt zu schaffen, worin dies möglich gewesen, wie man sich ein Leben nach dem Tode in purer Körperlosigkeit vorstellen solle u. s. w. Wenn ein

Gott existirt, so müssen diese teleologischen Fragen aufgeworfen werden, wenn keiner existirt, so fallen sie einfach fort. Das Nachdenken darüber erscheint dann als eine unfruchtbare, quälerische Grübelei. Grimm hat in seiner „Correspondance“ 1770 sich am deutlichsten hierüber ausgesprochen, als Voltaire und Friedrich der Große sich Holbach's „System der Natur“ entgegensetzten. Er behauptet, daß die physische Bewegung hinreiche, alles zu erklären, und daß durch Annahme einer absoluten schöpferischen Intelligenz die Schwierigkeiten der Erklärung der Welt vermehrt und unlösbar gemacht würden, weil dann ein Dualismus existire. Die consequente Philosophie könne nur materialistisch sein, alles andere sei Kinderei. Den Vortheil der unterschiedlosen Einheit wollen wir dem Materialismus zugestehen; wir wollen ihm auch gegen die phantastische Mythologie ganz bodenloser abstracter Transscendenzen seine relative Berechtigung zugestehen; aber fragen wir, erklärt er uns wirklich das Universum? Läßt er uns in der That begreifen, wie die Materie dazu kommt, sich harmonisch zu gruppiren, sich in periodischen Ordnungen zu erneuen, sich organisch zu gestalten, an sich ganz verschiedene Existenzen in Wechselbezug zu setzen und einer höhern Einheit als Mittel zu unterwerfen? Daß die Materie in ihren Atomen nicht denkt, nicht will, ist gewiß. Woher nun die Einheit in ihr, welche über die Mannichfaltigkeit der Erscheinungen als ihr Gesetz übergreift? Woher die Verbindung der Gesetze untereinander? Woher der Stufengang der Entwickelung in der Natur wie in der Geschichte? Erklärt uns dies der Materialismus, wenn er eine in der Materie thätige, ihr immanente Vernunft annimmt? Diese Immanenz ist thatsächlich vorhanden; das ist wiederum noch der Vortheil des materialistischen Monismus; allein wie ist sie möglich? Wie ist sie in die Materie gekommen? Setzt er nicht mit der der Materie immanenten Vernunft ein zweites Princip, ein ideales, das, als Gedanke, die Wahrheit der sinnlichen Materie ist? Darauf hat er keine Antwort. Der Theismus hat eine, denn er schließt von der Existenz des Gedankens in der materiellen Welt auf ein denkendes Subject, weil Denken nur als Thätigkeit eines Denkenden, als Proceß, möglich ist. Ein Gedanke kann nicht so, wie ein Atom, existiren. Der teleologische Schluß des Theismus ist ein vollkommen berechtigter und unwiderlegter. Der Materialismus erfindet sich von Zeit zu Zeit immer eine neue Terminologie, den Zweckbegriff, den er gar nicht umgehen kann, zu verhüllen. Das Atom ist ebenso sehr nur ein Gedanke als der Zweckbegriff. Das Atom ist eine Hypothese des Gedankens, niemand hat es empirisch wahrgenommen. Wenn wir die Natur in ihrer ungeheuern Massenhaftigkeit, in ihrer Unendlichkeit des Raums, in der zahllosen Vielgestaltigkeit ihrer Sternsysteme, in der rastlosen Wanderung und Wandlung ihrer Gebilde, in der universellen Gleichmäßigkeit ihrer Gesetze, von denen wir das der Schwere und des Lichts bis in die fernsten Räume hin verfolgen können, wenn wir die unendlichen Metamorphosen betrachten, die ein einziger Typus entwickeln kann, dann scheint es uns wol problematisch, ob ein einziges Subject dies gigantische All, welches die Astronomie uns erschlossen hat, zu denken, zu schaffen, zu durchdringen, ewig zu durchwachen im Stande sei. Unsere Phantasie erlahmt. Aber im Denken müssen wir dem Denken gehorchen. Die Unendlichkeit des Raums kann man sich auch nicht vorstellen, und doch muß man sie denken. Denken wir Menschen denn nicht, so beschränkt wir sind, das Universum, die Ewigkeit, die Weltordnung, die tausendjährige Vergangenheit und Zukunft, indem wir uns weit, weit über unsere kleine empirische Persönlichkeit erheben? Wir müssen eine absolute Intelligenz denken, wenn wir auch nicht wissen, wie sie zu existiren vermag. Grimm und auch Diderot, im „Essai" über Seneca, bringen das alte Gerede vor, daß die Summe der Inconvenienzen, wie sie sich ausdrücken, im Geschaffenen größer sei, als die Summe der Vortheile, d. h. daß Gott eine unvollkommene Intelligenz sei. Der Encyklopädist Diderot war weiser gewesen. Er hatte in der Encyklopädie gesagt: bevor Harvey den Blutumlauf entdeckt hatte, fand man vieles im thierischen Organismus überflüssig und unvollkommen, was von da an bewundert werden mußte. Der Materialismus muß nur als die Waffe angesehen werden, deren die rationelle Tendenz des Jahrhunderts sich bediente, um allen unvernünftigen Wunderglauben zu zertrümmern und den Menschen ganz auf seine eigenen Füße zu stellen. Er wurde durch die Negation eines Jenseits der stärkste Beförderer der politischen Freiheit.

Die Encyklopädie war der Ort, in welchem Diderot einer andern Tendenz der modernen Welt huldigte, der Anerkennung der Industrie und ihrer Technik. Hier liegt, wie wir gezeigt haben, eins seiner größten Verdienste. Es war ja nicht etwa nur das sorgfältige Beschreiben der Gewerbe und ihrer Maschinen überhaupt, sondern es war das Bewußtsein über ihren Werth und ihre allgemeine menschliche Bedeutung, womit er sie beschrieb und seinen Zeitgenossen eine ganz andere höhere Auffassung der Handwerke eröffnete. Ich habe nicht mit dem Urtheil zurückgehalten, daß ich die Arbeit, welche Diderot an die Technologie gesetzt hat, für solider und ungleich wichtiger halte als die, welche er der Geschichte der Philosophie gewidmet hat, obwol seine Freunde diese vorzüglich bewunderten. Man lese den Artikel „Art" im ersten Bande der Encyklopädie, um sich zu überzeugen, von welch hohen und neuen Gesichtspunkten Diderot für die Beschreibung der mechanischen Künste ausging; wie er einen allgemeinen Plan dafür entwirft, eine genetische Methode vorschlägt, deren Vortheile auseinandersetzt, den besondern Unterschied der Maschinen, die Geometrie, die Sprache der Künste, die ungerechte Verkennung ihrer Entdeckungen, die Ueberlegenheit einer Manufactur über eine andere, zeigt, genug, eine Philosophie der Technik hervorbringt. Und wie viel Artikel hat er geschrieben, die, ohne speciell ein Handwerk zu betreffen, doch auf die Technik sich beziehen, wie „Agriculture", „Argent", „Chasse", „Chemin", u. s. w.

Die Technik zwingt den Menschen, mit den Kräften der Natur zu arbeiten. Er muß sich ihren Gesetzen unterwerfen, um sie beherrschen zu können. Die Wissenschaft von den Gesetzen der Natur ist die unerlaßliche Bedingung, um sie den menschlichen Zwecken gehorsam zu machen. Die Natur muß daher aus sich selbst erklärt werden. Ob sie ewig durch sich selbst besteht oder ob sie beständig durch einen Gott geschaffen wird, ändert nichts an ihr selbst. Ihre Gesetze bleiben die nämlichen. Insofern kann die Naturwissenschaft relativ atheistisch verfahren, d. h. sie kann für die Erforschung der Natur von Gott abstrahiren. Diesen Weg hat Diderot eingeschlagen und diese Tendenz ist der modernen Naturwissenschaft verblieben. Sie sucht die Natur auf immanentem Wege zu erforschen. Die Art und Weise, wie Diderot in der Unterhaltung mit d'Alembert und im „Traum" desselben die Entstehung des organischen Lebens verfolgt, ist völlig mit unserer modernen Physiologie in Einklang. Die vitalen Molecule und die Gewebelehre Diderot's sind nicht weit von unserer Zellentheorie, und seine Ansicht über den Ursprung der Arten aus der Modification einfacher prototypischer Formen ist nicht weit von der Darwin'schen Permutationstheorie. Diderot wurde vom theologischen Skepticismus zum Atheismus, wie es scheint hauptsächlich durch die Annahme bestimmt, daß die Infusorien den thatsächlichen Beweis des Uebergangs der sogenannten todten Materie in lebendige Individuen, des Unorganischen ins Organische, ablegten. Die Heterogenese unserer modernen Naturforscher, wonach ein niedrigeres Thier ein höheres, folglich der Affe auch einen Menschen, aus sich soll hervorbringen können, ist nur eine consequente Ergänzung der äquivoken oder spontanen Generation.

In der Moral war Diderot dadurch modern, daß er den Begriff des Guten und Bösen von dem einer äußern Belohnung und Bestrafung unabhängig machte. Der Gute ist glücklich, weil er eben gut, der Böse unglücklich, weil er eben böse ist. Gutsein ist das höchste Glück, Bösesein ist das höchste Unglück. Indessen ging es ihm wie Kant. Für die Idee der Gerechtigkeit fand er sich doch nicht durch die bloße Innerlichkeit des ruhigen und des mit sich entzweiten Gewissens befriedigt. Er äußert zuweilen, daß man dem System der Strafen gegenüber, durch welche man vom Bösen abzuschrecken sucht, ein System von Belohnungen aufstellen müßte, zur Tugend anzureizen. Er sucht sich aus der Geschichte zu überzeugen, daß der gute Mensch, auch wenn er viel zu leiden hat, doch reellerweise glücklicher sei als der böse, auch wenn er scheinbar in der Fülle des Glücks schwelge. Er fährt einmal gegen seine Freundin Sophie und deren Schwestern in einer furchtbaren Weise los, als sie ihrer Meinung nach in dem Richardson'schen Roman „Clarisse" die wahre Gerechtigkeit herstellen wollen, und schärft ihnen ein, daß nicht uns Menschen, nur einem allüberschauenden Gotte, der auch die geheime Geschichte der Menschen kennt, das Richteramt zukomme. Wie Kant hat er das Bedürfniß eines Gottes, der die vollkommene Gerechtigkeit übt, die wir in dem Lebenslauf der Menschen nicht immer zu entdecken vermögen; Kant entschließt sich deshalb, die Unsterblichkeit und die Existenz eines allwissenden und allmächtigen Gottes anzunehmen. Hiergegen sträubt sich Diderot, krümmt sich aber in der Qual, welche ihm sein Unglaube verursacht; er schreibt 1769 an Sophie Voland und in den „Salons" an Grimm: „Je souffre mortellement, de ne pouvoir croire en Dieu."

Als Aesthetiker verfolgte er eine durchaus moderne Tendenz. In der Metaphysik des Schönen sucht er von dem unbestimmten Standpunkt des sogenannten guten Geschmacks zu einem objectiven Begriff des Schönen und der Kunst zu gelangen. In der ästhetischen Kritik steht er am höchsten, weil er hier am unbefangensten, begeistertsten ist und am naivsten schreibt. Die Aesthetik war bis auf ihn hin hauptsächlich von der Poetik aus behandelt worden. Diderot berücksichtigte nicht weniger die bildende Kunst. Batteux hatte schon die Nachahmung der Natur empfohlen, aber Diderot zeigte, daß dieselbe nicht genüge, sondern daß der Künstler sich durch die Vermittelung der Empirie und Nachahmung zum Ideal erheben müsse, das er empirisch in der Natur nicht finden könne, die in ihren Producten wegen der zufälligen Entstehung derselben mehr oder weniger unvollkommen bleiben müsse.

Als Dichter hat Diderot einen durchaus modernen Instinct gehabt. Er hat das Drama mit Bewußtsein als eine mittlere Proportion zwischen der Tragödie und Komödie aufgestellt, hat selbst ein paar Beispiele dazu componirt und durch sie das Familiendrama begründet, das bei den häuslichern Deutschen mehr als bei Franzosen zündete. Die herrschende Gattung bei allen europäischen Völkern ist das in Prosa geschriebene Schauspiel geworden. Nicht weniger hat Diderot in seinen Erzählungen den modernen Instinct der Dorfgeschichte und der socialen Novelle gehabt. Sie gehen bei ihm aus demselben Realismus hervor, den er dem falschen Idealismus entgegensetzte, aus welchem er auch in der Malerei die Landschaft und das Genrebild bevorzugte. Es ist der nämliche Realismus, aus welchem er für das Theater nicht nur eine andere, natürlichere Sprache, sondern auch eine andere Kleidung und Decoration verlangte, wie wir sie jetzt nun lange schon auf der Bühne sehen.

Durchaus modern erscheint Diderot in seiner Auffassung des Weibes. Er war so unglücklich, sich durch seine Ehe nicht befriedigt zu fühlen; er wurde seiner Gattin wiederholt untreu und verdient deshalb unsere entschiedenste Misbilligung. Er wurde ein Sophist in Betreff der Ehe, die er für ein sich selbst widersprechendes Institut erklärte, wenn er darüber mit seiner Geliebten zu reflectiren anfing. Er warf sich in den elendesten Hypothesen umher, ihre Heiligkeit leugnen zu können. Er sank in der Polemik gegen sie zuweilen so weit herunter, daß er den Ehebruch unter Umständen zu einer tugendhaften Handlung, zu einer heroischen Aufopferung stempeln, daß er die Befriedigung des Geschlechtstriebes für eine sittlich gleichgiltige Handlung erklären wollte, die mit dem Essen, Trinken und Schlafen auf gleicher Linie stehe. Das war seine Schattenseite; seine Lichtseite war der Kampf für die Gleichberechtigung des Weibes mit dem Manne, für die Emancipation desselben aus einem Zustande falscher Rechtlosigkeit und Unmündigkeit. Er hat einer Indianerin aus den Wäldern des Orinoco eine Klage in den Mund gelegt, welche die bitterste Satire gegen alle Tyrannei des Mannes über das Weib ist. Er hat gegen Helvétius das Recht und die Ehre des Weibes gegen die Ausbeutung seiner Schönheit durch die Brutalität des Mannes mit Nachdruck vertheidigt. Er hat in der Betrachtung, zu welcher die Schrift von Thomas über die Frauen ihn veranlaßte, das Geniale und Dämonische des weiblichen Naturells vortrefflich gezeichnet und die Schwäche des Weibes als den Grund zur Berechtigung aller der Forderungen aufgestellt, welche es an die Gesellschaft zu machen hätte. Er gelangte bis zur Anerkennung der Selbstständigkeit des Weibes, aber nicht zum Begriff der Ehe, in welcher er, statt einer sittlichen Harmonie, immer nur zwei verheirathete Personen erblickte. Doch bemerke ich, daß er 1778 in seinem „Seneca" bei Durchnahme der Briefe desselben an den Lucilius, Kapitel 37, ausdrücklich sagt: „Obwol die Entsittlichung seit einem Jahrhundert große Fortschritte gemacht hat, so sind wir doch noch nicht so weit gekommen, den Ehebruch zu loben." Er erkannte also das Recht der Gatten auf Treue formell an, war aber, wie seine ganze Zeit, gegen ihren Bruch tolerant und kann uns mit seinen Sophistereien, wie er sie in seinen Briefen den Frauen vorträgt, empören.

Diderot war hier mit sich im Widerspruch. Er wollte die Familie, er trug aus seinem älterlichen Hause ein hohes Bild derselben im Herzen, er wollte durch die Poesie wie durch die Malerei die Familienbande verherrlicht wissen; er hielt das Drame domestique für den Gipfel der Kunst und begriff nicht, daß die Ehe die Bedingung der Familie, wie die Familie die Bedingung der Gesellschaft ist. Oder mit andern Worten, er war ein ganz moderner Mensch in seinem Kampf für die Emancipation des Weibes nach seiner persönlichen Individualität, aber er verkannte, gerade wie die St.-Simonisten und alle ihnen ähnliche Ritter für die Hebung des Frauenstandes, daß die wahre Emancipation des Weibes nur durch die wahre, d. h. auf wirklicher Liebe beruhende Ehe möglich ist, weil seine Individualität nur in der sittlich geheiligten Ehre der Frauenschaft und der Mutterwürde volle Befriedigung und angemessene Wirksamkeit finden kann.

Endlich war die religiöse Tendenz Diderot's eine gänzlich moderne, nämlich die äußere Offenbarung des kirchlichen Glaubens in die innere des Gewissens, die Dogmatik in die Ethik, die Theologie in die Anthropologie aufzulösen. Diderot war als Atheist Pantheist. Er hatte den einen Gott, den absoluten Geist, verloren und das All, le grand tout, die Natur zurückbehalten, die im Menschen zur Erkenntniß ihrer selbst sich erhebt. Er war kein dogmatischer, sondern ein skeptischer Atheist. Er bekämpfte den ungöttlichen Gott der Jesuiten und Jansenisten, dies monströse Zerrbild des alten Jehovah, diesen apotheosirten Tyrannen, diesen Moloch. Gern hätte er an einen andern Gott, an den Gott der Freiheit, der Liebe, der Wahrheit und Schönheit, geglaubt, wenn der Materialismus es ihm gestattet hätte. Sein Atheismus hatte einen religiösen Charakter, sofern er berechtigt war, den Gott der Sorbonne und der Parlamente als einen falschen Gott zu verwerfen, und sofern wir an ihm beobachten, wie er durch sein enthusiastisches Temperament, durch den Cultus, den er der Freundschaft und Liebe widmete, durch sein Streben zum Idealen, durch sein Glauben an die Idee des Wahren, Schönen und Guten, recht eigentlich für die Religion gemacht war. Ein Franzose, Paul de St.-Victor, sagte 1861, am 9. Dec., im Feuilleton der „Presse", von ihm: „Diderot, Atheist, das ist das Feuer, welches seinen Herd verzehrt; der Adler, welcher die Sonne leugnet." Wir wollen uns beschränken, zu sagen, daß sein Atheismus sittlicher, humaner und an sich religiöser war, als die fanatische Orthodoxie seiner Zeit, welche die Andersgläubigen nicht durch Liebe und richtigere Erkenntniß für ihren Glauben zu gewinnen, sondern als Verbrecher durch Amtsentsetzung, durch Kerker, Schaffot und Scheiterhaufen zur Unterwerfung zu zwingen suchte.

Schluß.

So war Diderot in seiner Stärke und Schwäche, in seiner Größe und Kleinheit, in seiner Wahrheit und Irrthümlichkeit. Er nahm das protestantische Princip der subjectiven Freiheit, welches Frankreich durch den Widerruf des Edicts von Nantes von sich ausgestoßen und damit den Zwang des Glaubens, des Gewissens, der Presse bei sich nothwendig gemacht hatte, durch die Vermittelung der englischen Literatur wieder auf. Vom Locke'schen Empirismus ging er zum Sensualismus, von diesem zum Materialismus, von diesem zum Atheismus fort und erblickte in diesem letztern die Bedingung aller wahren moralischen und politischen Freiheit. Das 16. Jahrhundert hatte durch Luther und Calvin die kirchliche, das 17. durch Cromwell, Gustav Adolf und den großen Kurfürsten von Brandenburg die politische Reform durchgesetzt; das 18. drängte zur socialen hin, welche sowol den kirchlichen als den politischen Particularismus den allgemeinen Rechten des Menschen unterordnete. Die Proclamation dieser Rechte zunächst für die Franzosen, mittelbar aber durch sie für alle Völker, war die größte That der ersten Französischen Revolution, und diese That war allerdings durch die Arbeit der Philosophen vorbereitet. Wenn das Hauptwerk Raynal's in Frankreich wol zwanzigmal, im Auslande mehr als funfzigmal nachgedruckt wurde, so ist dies Eine Factum ein bedeutsames Symptom des Interesses, welches man an der Aufhebung der Sklaverei nicht blos der Neger, sondern in allen ihren Formen nahm.

Die sociale Reform, welche auf die Anerkennung der Humanität ausging, operirte beständig mit dem kirchlichen und politischen Factor. Gegen die inhumane Beschränkung der Kirche berief sie sich auf das unabweisliche Interesse des Staats; gegen die inhumane Beschränkung des Staats auf das göttliche Recht der Religion. Diderot's Artikel „Société" in der Encyklopädie stellt diese Taktik in der naivsten Weise dar. Die Moral war die Waffe, welche alle gegen alle führten, aber die Moral war sehr verschieden. Die Moral Spinoza's stimmte mit der Shaftesbury's darin überein, in der Tugend selber das Glück zu finden. Der Eudämonismus der Encyklopädisten und Oekonomisten setzte die Tugend in die Verwirklichung des wohlverstandenen Interesses eines jeden. Bei Helvetius wurde sie zum Egoismus des consequenten Materialismus; bei Rousseau zum unbestimmten Tugendenthusiasmus des guten Herzens; bei Holbach zum Rigorismus des Gehorsams gegen die Pflicht. Alle diese Systeme, die sich nach- und auseinander entwickelten, standen dem pelagianischen System der kirchlichen Werkheiligkeit gegenüber, gegen welches innerhalb der katholischen Kirche selber der Jansenismus sich gekehrt hatte. Diderot stand, wie ich oft gesagt habe, zwischen der Regentschaft und der Revolution, zwischen dem Kampf des Jansenismus mit dem Jesuitismus und der Vernunftreligion des Convents, zwischen der monadologischen Metaphysik Leibniz' und der Moralpolitik Kant's mitteninne. Ich habe oft berührt, daß wol keine Philosophie Diderot in solchem Grade, als die Kantische, befriedigt haben würde, weil sie das moralische Interesse obenanstellte, Gott aus der Natur und Geschichte mit wissenschaftlicher Würde eliminirte und doch, im Bewußtsein der unleugbaren Beschränktheit des menschlichen Erkennens, in der Religion den Mysterien des Gemüths unter der Polizei des Moralregiments einen Ort offen ließ, den der Staat als res publica selber zu schützen die Pflicht habe. Diderot ist zweimal mit der Post durch Königsberg gefahren. Hätte er eine Ahnung von Kant gehabt, der damals im stillen seinen Wendepunkt vom Wolf'schen Dogmatismus zum Hume'schen Skepticismus durchlebte, wie würde er zu ihm geeilt sein! Diderot hielt neben der Natur an der Trias des Wahren, Schönen und Guten fest, allein nur empirisch, während Kant den Grund dieser Ideen untersuchte und sie in die höhere Trias der Vernunft, der Natur und des Geistes umbildete. Was nicht vernünftig ist, d. h. was den ebenso allgemeinen als nothwendigen Bestimmungen des Denkens nicht entspricht, ist nicht wahr. Was nicht, sei es ein unmittelbares Naturschöne, sei es ein von Geist vermitteltes Kunstschöne, durch die Harmonie seiner sinnlichen Form ein allgemeines Wohlgefallen ohne sinnliches Interesse erzeugt, ist nicht schön. Eine Handlung, welche nicht die vernünftige Nothwendigkeit der Pflicht als freie That realisirt, ist nicht gut. Kant vereinigte den Rationalismus mit dem Naturalismus und Spiritualismus zu einem System, in welchem sie sich gegenseitig vermittelten. Er riß das logische Element vom physischen und psychologischen los, um es zu verselbständigen. Er riß ebenso das moralische vom physischen los, um es zu verselbständigen, aber er verlor niemals die Aufgabe aus den Augen, diese Unterschiede in einer höhern Einheit zu versöhnen. Das Gute blieb ihm der absolute Zweck der Weltordnung und er kritisirte von seiner Idee aus auch die Religion. Eine so starke Polemik er auch gegen allen Glaubenszwang, gegen alles Pfaffenthum übte, so erkannte er doch das Christenthum als diejenige Religion an, deren Vorstellungen einen an sich vernünftigen Gehalt besäßen, weil sie sich moralisch interpretiren ließen. Er rechtfertigte sogar die Vorstellung einer Erbsünde unter dem Begriff des radicalen Bösen und die Möglichkeit eines unsündlichen Idealmenschen, wie Jesus von Nazareth, aus dem kategorischen Imperativ der Pflicht, der sich im Gewissen eines jeden vernehmen lasse. Diese ethische Reconstruction des Christenthums macht seine Existenz als Weltreligion der Humanität unabhängig von dem Buchstaben der Tradition, über welchen der Streit der theologischen Kritik fortdauern wird. Kant ist der wahre Philosoph der Aufklärung; er beugt sich keinem Vorurtheil; er beachtet sorgfältig die Erfahrung; er fürchtet eine falsche Transscendenz des Denkens, weshalb er es einer methodischen Controle unterwirft; er ist politisch freisinnig, denn er verlangt vor allem die Herrschaft des Gesetzes im Staate; aber er haßt das Christenthum nicht und er findet die Vorstellung eines Gottes als eines absoluten Geistes nicht lächerlich. Kant vereinigt in einer mit tiefster Besonnenheit und Gewissenhaftigkeit angelegten und mit einer bewundernswürdigen Ausdauer durchgeführten Systematik, was die Hauptvertreter der Aufklärung bei den Franzosen, Voltaire, Rousseau, Diderot, nur in tausendfach zerstreuten Wendungen ausdrückten. Der deutsche Baron Holbach wird allerdings, nachdem die Encyklopädie beendigt war, der Systematiker der französischen Aufklärung; er wird insofern ein Vorläufer Kant's, namentlich auch in der Kritik der Beweise für das Dasein Gottes, allein er ist zugleich von fanatischer Wuth gegen alle Religion erfüllt, theils weil er als entschiedener Materialist außer der Materie kein anderes Princip anerkennt, theils weil er mit der Hypothese eines Gottes außer dem Menschen die sittliche und politische Freiheit bedroht glaubt. Wenn Holbach als Materialist die Materie sich durch ihre eigene Energie bewegen läßt, sodaß sie weder eines Schöpfers, noch, wie bei dem Newton'schen Impulse der Weltkörper durch Gott, eines sie von außen stoßenden Gottes bedarf, so reducirt sich das Gesetz des physischen Universums bei ihm auf Attraction und Repulsion; das Gesetz der moralischen Welt, die nach ihm ja nur eine Seite der materiellen darstellt, kann kein anderes sein; wir benennen nur die moralische Attraction Liebe, die Repulsion Haß. Hier, wo Holbach unaufhörlich gegen den Despotismus declamirt, kommen alle Schwächen seines Princips zum Vorschein. Hier ist es, wo Kant unendlich höher steht, so oft er auch im einzelnen ihm verwandt erscheint. In Kant erreichte die Kritik, welche der Protestantismus mit der Weltanschauung des

Mittelalters begonnen hatte, ihr höchstes Selbstverständniß. Luther war noch Supernaturalist; er berief sich auf die Schrift. Leibniz war schon Rationalist; er versuchte durch seine Unterhandlungen mit Bossuet und mit den kleinen deutschen Fürsten den Katholicismus mit dem Protestantismus zu neutralisiren; er berief sich auf den zureichenden Grund von allem; er rechtfertigte Gott wegen der Anklage des Verbrechens, eine so mangelhafte, schmerzenreiche Welt geschaffen zu haben, durch den Gedanken der prästabilirten Harmonie. Kant war auch Rationalist, aber in einem viel höhern Sinn, denn er machte den Begriff der Vernunft selber zum Princip der philosophischen Kritik. Dieser Begriff scheint allerdings Gott überflüssig zu machen und man hat ja die Stellen aus Kant's Schriften gesammelt, in denen er, fast einem Holbach gleich, sich über die Verlegenheit des menschlichen Verstandes, die Existenz Gottes zu beweisen, mit Schadenfreude ausspricht. Aber diese Schadenfreude gilt bei ihm nicht, wie bei den französischen Atheisten, der Idee Gottes, sondern der beschränkten Wissenschaft des Menschen. Von der Kritik der praktischen Vernunft ab wächst bei ihm die Tendenz, die Vernunft als die Idee des Unbedingten auch in ein unbedingtes Subject als ihren Grund zu verlegen. Die Freiheit als den reinen Willen des Guten, der sich die Natur als Mittel unterwirft, macht Kant zur Definition des Geistes selber.

Man kann sich kaum einen größern Contrast vorstellen, als Diderot in Paris und den hagestolzen Kant in dem protestantischen Königsberg, an einer protestantischen Universität, unter einem protestantischen Könige, ein nach dem Glockenschlag geordnetes Leben führend und einen systematischen Feldzug nach dem andern mit Bedächtigkeit organisirend, ungestört in einer kahlen Gegend durch Reize der Natur, ungestört in einer damals noch ganz kunstarmen Stadt durch Genüsse von Gemälden und Statuen, ungestört durch Reisen oder Reisende, einen Tag wie den andern den einsamen Philosophendamm nur der Verdauung halber hindurch spazierend. Diderot hingegen, nicht nur verheirathet, sondern mit einer Menge geistvoller Frauen in stetem Verkehr, in einer Stadt, in welcher die Kämpfe des Jansenismus und Jesuitismus herrschten, in welcher das Parlament alle berühmten Schriften verbrennen, alle bedeutenden Autoren, wenn sie nicht zeitig entflohen, irgendeinmal verhaften ließ; in einem Staate, in welchem das Gewissen der Könige von der Leitung ihrer Beichtväter abhing; Diderot, in unendlicher geselliger Zerstreutheit lebend, seine Gedanken nur aphoristisch in brennender Eile hinwerfend, bald in der schönen Umgegend von Paris die Natur, bald im Theater, in Concerten, in Galerien, in Ausstellungen, die Kunst genießend; von seinen Freunden geliebt, aber noch mehr von seinen

Feinden gehaßt und noch in hohem Alter die Mühseligkeiten einer weiten Reise auf sich nehmend.

Und doch waren diese so verschiedenen Naturen, diese in ihrer Weltlage so verschieden gestellten Menschen innerlich viel näher verbunden, als es den Anschein hat. Ihre skeptischen Gedanken durchliefen oft die nämlichen Bahnen. Ihr Interesse für die Rettung der Moralität war ein gleich leidenschaftliches. Die Menge der Diderot'schen Schriften, besonders aber die occasionelle und individuelle Form derselben, lassen ihren Verfasser bei der ersten Auffassung chaotisch erscheinen, allein eine genauere Prüfung zeigt, daß es ihnen nicht an einer innern Einheit fehlt, welche man in die Formel des Kampfes der Natur gegen die Unnatur zusammenfassen kann. Ich werde von Diderot's Bearbeitung der Shaftesbury'schen „Moral" ganz absehen und gleich mit seiner ersten selbständigen Schrift beginnen, um an ihr, wie an allen übrigen, diesen Inhalt nachzuweisen.

Die „Pensées philosophiques" stellen die Unnatur eines Gottes, welcher die Beseligung der Menschen von der precären und zufälligen Kenntniß des orthodoxen Glaubens, von der oft unmöglichen Erfüllung äußerlicher Ceremonien, von der Vermittelung durch herrschsüchtige Priester abhängig macht, der wahren Natur Gottes gegenüber, den man sich als ein ebenso gerechtes wie liebevolles Wesen denken müsse, das weder die Grausamkeit eines rücksichtslosen Tyrannen, noch die Weichherzigkeit eines sentimentalen Menschen besitze. Der wahre Gott kann vom falschen nur durch die Idee der Wahrheit, Gerechtigkeit und Güte unterschieden werden. Die „Promenade du sceptique" und die Abhandlung „De la suffisance de la religion naturelle" sind weitere Ausführungen dieses Gedankens. Da es so viele und so verschiedene geoffenbarte Religionen gibt, von denen jede das ausschließliche Vorrecht zur Beseligung der Menschen durch ihren Glauben zu besitzen versichert, so kann zwischen dem Anspruch der wahren und falschen Religion nur durch den Begriff der natürlichen Religion entschieden werden. Die natürliche ist diejenige, welche den Gesetzen der Natur und der Moral entspricht. Was in einer sogenannten geoffenbarten Religion wahr ist, kann es nur sein durch seine Uebereinstimmung mit der nicht historischen, sondern absoluten Wahrheit der natürlichen Religion.

Die Moralität sollte das Glück der Menschen ausmachen. Was aber zeigt uns die bestehende Gesellschaft? Wenn die Natur durch einen Zauber sprechen könnte, so würde sie uns den Abgrund der Unsittlichkeit enthüllen, in welchen die Menschen versunken sind. Diese Schilderung der zur Unnatur entarteten Gesellschaft gibt die Satire der „Bijoux indiscrets". — Ist aber unsere Moral nicht von unserer natürlichen Organisation abhängig?

Würden wir nicht eine andere moralische Auffassung haben, wenn wir gewisse Sinne, z. B. den des Gesichts, oder den des Gehörs, nicht hätten? Oder wenn wir noch mehr Sinne oder auch nur die jetzigen in andern Maßverhältnissen besäßen? Diese Frage behandeln mit bejahender Antwort die „Lettre sur les aveugles" und die „Lettre sur les sourds et muets".

Der eigentliche Grund unserer Vorurtheile und des aus ihnen entspringenden falschen Handelns, der Grund unserer Verirrung aus der Natur in die Unnatur, ist die Unwissenheit über die Natur, welche wir daher durch die Wissenschaft bekämpfen müssen. Die Menschen müssen über die Gesetze der physischen und moralischen Welt aufgeklärt werden. Dies in dem Umfange zu thun, den die Wissenschaft einstweilen erreicht hat, ist der Zweck der Encyklopädie als eines „Dictionnaire raisonné des sciences, des arts et métiers". Nicht die Rückkehr aus der Civilisation zur rohen Natur, wie Rousseau will, kann die Lösung der socialen Frage sein, sondern die Erhebung der Cultur zur wahren, von der Wissenschaft begriffenen, von den technischen Künsten für die humanen Zwecke bearbeiteten Natur. Die Encyklopädie soll vom Standpunkt der Aufklärung eine kritische Revision der gesammten Errungenschaften des Menschengeschlechts sein, um die Wissenschaft durch eine gemeinfaßliche und geschmackvolle Sprache zum Gemeingut zu machen, um durch selbstbewußte Bildung Wohlstand und Freiheit zu verbreiten, deren Gründung und Befestigung der politische wie hierarchische Despotismus und Obscurantismus sich so oft heuchlerisch entgegenstellen.

Die Realität des Wissens aber beruht auf Erfahrung. Diderot vertheidigt daher den Empirismus gegen die Angriffe des Bischofs von Auxerre in der „Apologie de Mr. de Prades", außerdem das Recht der freien Forschung, die allerdings irren könne, als ein natürliches Recht des Menschen. Ihren Zweck, die wahre Natur zu erkennen, vermag die Wissenschaft nur zu erreichen, wenn sie dieselbe objectiv auszulegen bemüht ist, wozu die „Pensées sur l'interprétation de la nature" anweisen. Die Wissenschaft darf in die Natur nicht Beziehungen legen, welche aus den egoistischen Wünschen des Menschen entspringen; sie darf die physischen Fragen nicht mit theologischen vermischen und muß für den Beweis der Wahrheit nicht durch den Zweckbegriff, sondern nur durch das Gesetz der wirkenden Ursachen sich bestimmen lassen. Allein obwol die Erfahrung vom sinnlich erregten Gefühl ausgeht, so ist doch sentir und juger nicht dasselbe. Dies ist der Irrthum von Helvétius in seinem Buche „De l'esprit", dessen Moral Diderot nicht minder verwirft als seine Psychologie. Das Urtheil bezieht sich nicht auf die Empfindungen als Sensationen, sondern auf die Vorstellung von ihnen, und vergleicht zwei Vorstellungen miteinander, welche das vorstellende Subject gleichzeitig festhält, aus ihrem Vergleich einen Gedanken hervorgehen zu lassen.

Von dem religiösen, moralischen, politischen und psychologischen Gebiet trägt Diderot den Kampf für die Natur gegen die Unnatur auch auf das ästhetische. Er tritt gegen die Unnatur des damaligen französischen Dramas auf, sich als Tragödie beständig in der Mythologie und Geschichte längstverstorbener oder gänzlich fremder Völker mit einer verkünstelten Diction zu bewegen, statt die socialen Interessen des eigenen Volks und der Gegenwart in einer natürlichen Sprache darzustellen. Er thut dies theils durch seine Dramen, „Le fils naturel“ und „Le père de famille“, theils durch seine kritische Theorie des Dramas, welches als Drame honnête die Sitten der Nation veredeln ließ.

In den „Salons“ nimmt seine Kritik den Kampf für die Natur gegen die in Unnatur entartete akademische Kunst der Maler und Bildhauer auf. In tausendfachen Wendungen geiselt er die Monotonie der mythologischen, die Leerheit der allegorischen, die Mattigkeit der historischen, die Erfindungslosigkeit der heiligen Malerei. Er geiselt die frechen Nuditäten der üppigen Schäferscenen, die Zweideutigkeit der frivolen Genrebilder. Er preist dagegen die Wahrheit der Natur in den Genrebildern von Chardin, in den Familiengemälden von Greuze, in den Landschaften von Vernet, Robert, Loutherbourg. Als Natur gilt ihm jedoch nicht das bloße Copiren der empirischen Natur, der rohe Naturalismus, sondern das Hervorbringen des absoluten Ideals, dem auch die Natur nachstrebt, ohne es in ihrer Zufälligkeit und Bedingtheit vollkommen erreichen zu können. Die Kunst muß insofern, um die Wahrheit der Natur darzustellen, idealisiren, wie dies die Kunst des Schauspielers am augenscheinlichsten darthut, was Diderot in dem „Paradoxe sur le comédien“ speciell ausführt.

Das natürliche Gefühl des Künstlers, des thätigen Menschen überhaupt, im Urtheil der Nachwelt ehrenvoll fortleben zu wollen, vertheidigt er gegen Falconet's unnatürliche Verachtung des Nachruhms.

Was aber ist die Natur an sich? Ist sie, wie Gassendi meinte, ein Conglomerat von todten Atomen, die unaufhörlich nur ihre Lage verändern, ohne aus der Contiguität zur Continuität miteinander zu gelangen? Oder existiren, wie Descartes meinte, zwei Substanzen, eine ausgedehnte und eine denkende, die gegeneinander vollkommen gleichgiltig sind und nur durch eine dritte außer ihnen in Verbindung gesetzt werden? Oder existirt, wie Spinoza glaubte, nur Eine Substanz, die allen Erscheinungen immanent ist, sodaß dieselben als bloße Modificationen nur als ein Schein der Veränderung sich verlaufen? Oder existiren ursprünglich, wie Maupertuis aus der Leibniz'schen Monadologie folgerte, unendlich viele Keime, gleichsam organische Embryone, die sich zu immer neuen Gestalten verbinden und sich ineinander continuiren können? Für diese Hypothese entscheidet sich Diderot in dem „Entretien entre d'Alembert et Diderot". „Le rêve de d'Alembert" schildert die spontane Generation und den Proceß der sexuellen Zeugung als den thatsächlichen Beweis, daß die Materie aus einem Zustande, den wir todt zu nennen pflegen, in den des Lebens, des Empfindens, des Denkens übergehen könne. Von einem immateriellen Denken wissen wir nichts. Die „Suite de l'entretien" zieht die cynischen Folgerungen, welche sich vom Standpunkt des exclusiven Naturalismus ergeben. Moral und Politik werden dann nur Conjecturalwissenschaften.

Ueber diesen Naturalismus kam Diderot als Philosoph nicht mehr hinaus, während der Mensch und Dichter in ihm gegen die Consequenzen desselben für die Moral immer reagirte. Im Dialog „Le Neveu de Rameau" beschreibt er die consequente Moral des materialistischen Atheismus und setzt ihr das pädagogische System der Tugend entgegen, obwol man durch diese in der Corruption der bestehenden Gesellschaft sich nur unglücklich macht, denn durch Erfüllung der Pflicht schafft man in ihr sich Feinde, während die Gewissenlosigkeit des Lasters, wenn es nur der Macht und dem Reichthum geschickt zu schmeicheln versteht, sich ungescheut allen Ausschweifungen überlassen darf. Den Gegensatz zur frivolen Weltlichkeit von Paris scheint die Stille des hinter hohen Mauern abgeschlossenen Klosters zu bilden, aber die Verleugnung der Natur durch unnatürliche Gelübde führt hier zu noch feinern und intensivern Formen der Eitelkeit, der Herrschsucht, der Sinnlichkeit. Diderot's „Religieuse" malt uns den Kampf einer edeln, wahrhaft jungfräulichen Natur mit der unnatürlichen Grausamkeit und Wollust, die sich im geheimnißvollen Schos des Klosters erzeugen. In vielen kleinen Erzählungen, besonders in der Dorfgeschichte „Le deux amis de Bourbonne", in dem Roman „Jacques le fataliste" sucht Diderot zu zeigen, daß, was wir Schicksal nennen, nicht das Werk einer fatalistischen Vorherbestimmung oder einer dem Geschehen vorauseilenden und es geheimnißvoll lenkenden Vorsehung, sondern das nothwendige Ergebniß eines ganz natürlichen Zusammenhangs der Thatsachen sei. Gegen die Meinung der Menschen schlage daher zu ihrer großen Ueberraschung das Entgegengesetzte so oft in das Entgegengesetzte um.

Wäre denn aber die Freiheit etwa selber die Unnatur? Wäre im natürlichen Zusammenhang der menschlichen Thatsachen die Freiheit kein Coëfficient? Wäre die äußere Nothwendigkeit des mechanischen Geschehens die wahre

Natur nicht nur der physischen, sondern auch der moralischen Welt? Als Naturalist behauptet dies Diderot, als Moralist widerspricht er dem Naturalisten, denn in seinem letzten Werke, das er selber veröffentlichte, in der „Vie de Senèque", schildert er die Unnatur der römischen Gesellschaft unter halb blödsinnigen Herrschern, wie Claudius, unter halb wahnsinnigen, wie Nero, und stellt ihr den Stoiker Seneca gegenüber, der, trotz des herrschenden Sittenverderbens, trotz seiner ungeheuern Reichthümer, trotz seiner moralisch so gefährlichen Stellung als Prinzenerzieher und Minister, dennoch der Natur bis zum Tode getreu zu bleiben strebte. „Naturae convenienter vivere oportet", lehrten die Stoiker. „La nature nous a fait pour la vertu", das ist die Wendung, mit welcher Diderot hier seinen Gedankenlauf beschließt. Diderot schreibt die Apologie Seneca's, aber einer Apologie ist nur ein freies, zurechnungsfähiges Subject würdig, das auch anders, als es gethan, hätte handeln können. Wenn Diderot sich so große Mühe gibt, aus der Frage Seneca's an Burrhus, als Nero ihnen seinen Entschluß zum Morde seiner Mutter mittheilt: „An militi imperanda caedes esset?" die Mitschuld Seneca's an dem Morde, die Einwilligung zu demselben, zu leugnen, so liegt das ganze Gewicht seiner Erörterung in der Annahme der Freiheit des Philosophen. Wenn derselbe Diderot in dieser nämlichen Apologie Seneca's die Revolution der Nordamerikaner gegen England mit enthusiastischem Beifall begrüßt, so hat dies einen Sinn nur unter der Voraussetzung, daß dieser Act nicht ein natürliches Geschehen, sondern ein Act des Geistes sei, der, im Bewußtsein seiner Freiheit, das natürliche Leben als Opfer dafür einzusetzen bereit ist.

So, glaube ich, nachgewiesen zu haben, wie in der Mannichfaltigkeit der Arbeiten Diderot's, welche die verschiedensten Richtungen von Voltaire und Rousseau, von Montesquieu und Buffon, von Condillac und Maupertuis, von d'Alembert und Robinet, von Crébillon fils und Lachaussée, von Richardson und Sterne, von Batteux und Marmontel, von Quesnay und Holbach, in sich vereinigen, doch ein sie alle verknüpfender, sie alle beseelender Grundgedanke vorhanden ist. Diderot legt dem Neffen Rameau's im Dialog dieses Namens eine Stelle in den Mund, von welcher es mir immer geschienen hat, als ob sie sein eigenes Glaubensbekenntniß und seine Ueberzeugung von der still wirkenden, unwiderstehlichen Macht der Aufklärung am deutlichsten ausspräche. Sie lautet: „Das Wahre, das Gute, das Schöne hat seine Rechte. Man bestreitet es, aber man bewundert es zuletzt; was nicht den Stempel dieser drei Mächte trägt, kann eine Zeit lang gefallen, zuletzt aber gähnt man dabei. Gähnt doch, ihr Herren, gähnt nach Bequemlichkeit, genirt euch nicht. Die Herrschaft der Natur und meiner

Dreieinigkeit, gegen welche die Pforten der Hölle nichts vermögen werden: des Wahren, welches der Vater ist, der das Gute erzeugt, welches der Sohn ist, aus welchem das Schöne, der Heilige Geist, hervorgeht; diese Herrschaft befestigt sich unmerklich und langsam. Der fremde Gott stellt sich demüthig auf den Altar neben den Götzen des Landes, nach und nach faßt er festen Fuß; eines schönen Tages stößt er seinen Kameraden mit dem Elnbogen an und, blauz, baradauz! da liegt der Götze zertrümmert am Boden. Auf solche Art sollen die Jesuiten das Christenthum in Indien und China eingeführt haben; und diese Jesuiten haben gut reden; diese politische Methode, welche ohne Geräusch, ohne Blutvergießen, ohne Märtyrer, ohne daß ein Büschel Haare ausgerauft wird, ihrem Ziel entgegengeht, scheint mir die beste zu sein."

Der Morgen aber, an welchem die Sonne der Freiheit, die von den Philosophen der Aufklärung verkündigt war, den Franzosen aufging, war im Widerspruch mit Diderot's Erwartung einer der blutigsten in der Weltgeschichte. Vom Gerüst der Guillotine auf dem Grèveplatze rann das Blut in Strömen den Wellen der Seine zu. Alle Parteien, welche sich vor der Revolution gebildet hatten, kamen nacheinander an die Reihe, ihr Haupt unter das Beil zu legen. Und wie oft noch sollte das Blut in den Straßen von Paris vergossen werden, weil die zur Macht gelangte Partei in den Aberglauben an den Despotismus und Obscurantismus zurückfiel, während nur eine charaktervolle und aufgeklärte Regierung, welche die von der Revolution geheiligten Menschenrechte respectirt, bei einer mit so viel stolzen Erinnerungen gesättigten, bei einer so beweglichen und thatschnellen, so geistreichen und ruhmliebenden Nation, wie die Franzosen es sind, Aussicht auf dauernden Erfolg hat.